십자가를 삶의 자리에서 체현(體現)하는 행동이 초기 기독교 공동체의 일치된 신앙이었음을 간파한 저자는 바울의 주요 서신에 섬세하게 직조된 그의 신학과 영성이 궁극적으로 십자가를 구현하는 것이었다고 역설한다. 본서는 교회와 복음의 진정성이 무엇인지 심층적으로 탐구하는데, 복음이 영성적 차원에 머물 때 얄팍하고 협소할 수밖에 없지만, 삶 속에서 육화될 때 더 굳건해지는 특징을 가질 수 있음을 보여준다. 또한 바울의 사상을 일목요연하게 파악할 수 있는 길은 신학자로보다는 선교사와 목회자로서 그의 면모를 인식하는 것이라는 포인트는 참을 수 없는 갈증을 해결해주는 오아시스처럼 상쾌하다. 즉 교회와 그리스도인의 정체성이 본질적으로 실천적이며 선교적이라는 논지는, 오늘의 교회와 그리스도인들에게 던지는 시의적절한 도전임에 틀림없다. 독자는 바울해석의 막다른 골목(cul-de-sac)에서 졸지에 맛보는 쾌감으로부터 한동안 헤어나지 못할 것이다.

윤철원 | 서울신학대학교 신학대학원 신약학 교수

복음을 믿는 것은 우리가 복음이 되는 것이다. 개인이나 집, 교회의 영역을 넘어 핍박이 따르는 공적 영역에서도 말이다. 하나님을 믿는 것과 하나님을 향해 신실하게 사는 것은 구분될 수 없다. 마이클 고먼의 이 상식적인 주장들은, 그간 우리가 얼마나 상식이 없었는가를 자세하게 알려준다. 이 책의 장들은 연속적인 성경 강해나 설교를 위해 친절하게 구성되어 있다.

이민규 | 한국성서대학교 신약학 교수

바울 사도는 무엇보다 실천적 선교사로 십자가의 복음을 전파하면서 변방을 개척한 선구자였다. 그가 남긴 편지들은 이 선교 현장과의 부단한 소통 과정에서 생산된 것으로, 그것과 동떨어진 채 제대로 이해할 수 없는 텍스트다. 이러한 지당한 전제가 오늘날 점점 더 정교해져가는 "바울신학"에 관한 각종 담론의 홍수 속에 소

외되는 증상은 아이러니가 아닐 수 없다. 이 책은 이러한 문제의식으로 바울의 주요 서신들을 선교적 해석학의 틀 속에서 재조명하되, 각각의 서신이 강조하는 핵심 주제에 초점을 맞춰 십자가의 복음이 무엇보다 하나님의 선교를 구현하고, 이에 전방위적으로 참여해야 할 것을 역설한다. 바울신학과 선교학의 긴밀한 학제적 대화의 진풍경을 담아낸 이런 책들이 많이 나올 때 바울 서신에 대한 해석은 균형을 잡아가며, 그 본래적인 취지와 배경이 좀 더 종합적으로 이해될 수 있을 것이다. 온갖 이론과 관념의 숲을 헤집어 바울 서신의 각종 개념들을 세밀하게 파헤치고 난 뒤에도 바울의 선교적 열정과 전략을 품고 그의 동선을 따라갈 수 있을 때에야 비로소 그가 서신에 명토 박아 쓴 말들의 풍경을 뻐근하게 실감할 수 있기 때문이다. 이 책은 이러한 절박한 실천적 요청과 실험의 연장선상에서 기획된 적실한 도전으로 평가된다.

차정식 | 한일장신대학교 신학과 교수, 한국신약학회 회장

오늘날 한국교회 신자들에게 복음은 그리스도인들이 말로 선포할 뿐 아니라 몸으로 따르고 살아내야 할 기쁜 소식으로 이해되지 않고, 단지 추상적인 교리나 개념으로 축소된 듯하다. 이러한 축소된 복음과 환원적 신앙에 대해 마이클 고먼은 본서에서 바울 서신에 나타난 주요 텍스트들에 관한 심오하고도 폭넓은 선교적 해석학을 제시함으로써 바울이 선포하고 살아냈을 뿐 아니라 초기 교회 신자들의 삶을 변혁시키고 재형성했던 예수 그리스도의 복음의 총체적 성격을 확실하게 보여주고 있다. 특히 본서에서 저자는 예수 그리스도의 십자가로 수렴되는 하나님의 선교의 총체적 내러티브들에 대한 깊은 통찰을 통해 오늘날 분열되고 깨어진 사회문화 가운데 살아가는 그리스도인들에게 하나님의 선교에 참여함으로써 하나님의 형상과 그리스도의 성품을 회복하라는 중대한 교훈과 도전을 제시한다. 본서는 삼위일체 하나님에 의해 공적 광장으로 보냄 받은 화해의 사신으로서 교회 공동체, 즉 하

나님의 선교를 말로 선포하고 변증하며, 몸의 행위로 구현하고 성육신적으로 참여하기(신성화) 원하는 모든 그리스도인들이 반드시 숙독해야 할 탁월한 책이다.

최형근 | 서울신학대학교 선교학 교수

한국교회는 바울 서신을 구약이나 복음서와 달리 신앙생활에 관한 사적이며 교훈적인 내용으로 편협하게 해석하는 경향이 있다. 이런 편견을 본서는 완전히 뒤집고 바울 서신을 새로운 차원에서 읽고 적용할 수 있는 근거를 제시한다.

저자가 제안하는 것처럼 하나님의 선교 개념으로 바울 서신을 읽는 것은 매우 흥미로운 일이며, 바울 서신을 매우 역동적으로 읽고 적용하도록 이끈다. 20세기 중반부터 등장한 하나님의 선교 개념은 에큐메니칼 선교의 전형적인 개념으로 간주되어 아직도 한국교회에서는 익숙한 개념으로 받아들여지지 않고 있다. 그러나 선교는 교회의 활동 이전에 하나님의 주권과 주체적인 사랑으로부터 출발한다. 삼위일체 하나님의 본성 자체가 선교적이라는 사실이 선교의 기초가 되고 있다.

하나님의 선교에서 교회의 선교가 차지하는 위치와 역할이 모호하다는 지적이 있어 왔다. 저자는 이러한 질문을 의식하고 바울이 각 교회에 전한 서신들이 하나님의 선교에 어떤 의미가 있는가를 교회들의 다양한 삶의 자리와 연관 지어 밝히고 있다. 무엇보다 바울 서신이 단지 개인적, 영적 교훈을 담고 있는 것이 아니라 역사 속에서 행하시는 하나님의 선교에 참여하는 교회와 그리스도인의 실천적인 내용이라는 점을 강조한 것이 본서의 공헌이다. 복음을 믿을 뿐 아니라 구현하는 것이 바울 서신의 메시지의 핵심이라는 주장은 선교를 믿음 우선주의 차원에서 이해하면서 믿음과 행함이 분리되어 있는 문제를 해결하는 중요한 근거를 제시한다. 저자가 세계성서학회와 선교적 교회 운동(GOCN)에 함께 참여하면서 얻은 통찰은 한국교회에도 현재 연구와 실천이 활발하게 진행되고 있는 선교적 운동에 대한 든든한 지원이 될 것이다.

한국일 | 장로회신학대학교 선교학 교수

마이클 고먼은 또 하나의 탁월하고 획기적인 석의적 연구서를 써냈다. 그는 바울 서신에 나타난 선교를 단순히 복음전도의 의미에서뿐만 아니라 포괄적인 의미에서 하나님의 계획, 곧 하나님의 선교에 뿌리를 두고 있는 것으로 이해한다. 신선하고 비판적이며 선교적인 질문들을 던지면서 고먼은 선교의 의미를 바울과 그의 공동체들, 그리고 그의 현대의 해석자들을 위한 해석학적 지시문으로 설명한다. 이 중요한 책은 바울 학자들과 선교학자들, 그리고 사역자들 모두에게 널리 읽혀야 할 책이며, 이 책을 읽는 독자들은 많은 것을 얻게 될 것이다.

마이클 배럼 |『바울에 나타난 선교 및 도덕적 성찰』저자

이 책은 선교적 해석학에 관한 저서 가운데 역작이다. 명쾌한 주석과 신선한 신학적 통찰력을 가지고 고먼은 하나님의 선교에 대한 바울의 풍성하고 총체적인 이해를 파헤친다. 바울이 모든 그리스도인이 복음을 믿을 뿐 아니라 복음을 구현하고, 이로써 복음을 확장해나갈 것을 기대했다는 이 책의 핵심 요지는 엄청난 설득력을 지니고 있다. 또한 이 연구는 우리가 어디에서 살고 있든지 말과 행동으로 복음을 구현하라는 바울의 도전의 목소리에 귀를 기울이도록 강력한 현대적 메시지를 담고 있다.

딘 플레밍 |『온전한 하나님의 선교의 회복』저자

고먼의 바울 읽기는 교회 공동체의 실제적인 관심사와 질문들에 공감할 뿐만 아니라 신약학자들의 기존 패러다임에 도전한다. 바울 서신에 대한 석의에 해석학과 선교학을 결합시킨 고먼은 하나님의 의에 관한 언어와 다양한 참여적 주제를 수반한 옛 논쟁에 새로운 빛을 선사한다. 오늘날 바울연구를 주도하는 바울학자들 가운데 한 명인 고먼은 복음 자체가 지니고 있는 선교적 관심에 깊이 공감할 수 있는 방식으로 글을 전개해나간다.

크리스 틸링 |『바울의 신적 기독론』저자

Becoming the Gospel

Paul, Participation and Mission

Michael J. Gorman

삶으로

바울과 하나님의 선교

담아내는

마이클 J. 고먼 지음 | 홍승민 옮김

복음

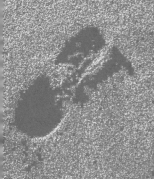

새물결플러스

하나님의 선교(*missio Dei*)에 지속적으로 참여하는

나의 아내 낸시와

장성한 세 자녀 마크, 에이미, 브라이언

그리고 마크 A. 더비 목사에게

이 책을 바칩니다.

❖ 일러두기

저자가 본서에서 자주 사용하는 "becoming"은 "구현하기", "삶으로 담아내기" 등으로 옮겼음을 밝혀둔다.

목차

이 책은 바울과 교회의 사명에 관한 수많은 공식·비공식적인 대화에 크게 빚을 지고 있다. 이 책에 담긴 여러 장의 초고들을 발표할 수 있도록 나를 초청해준 여러 기관과 학회에 감사를 드린다. 여기에는 세인트메리 신학교 및 대학교, 노트르담 신학교, 노스파크 신학교, 워싱턴 안식교 대학교(고린도전후서에 관한 장)와 복음과 세계성서학회(SBL)의 회원 단체인 복음의 선교적 해석학과 우리 문화 네트워크 포럼(빌립보서에 관한 장), 그리고 세계성서학회의 기독교 경전의 신학적 해석(지금은 경전의 신학적 해석) 분과(로마서에 관한 장)가 포함된다. 이와 더불어 나는 다음의 저널들과 편집자들에게 감사의 마음을 전한다. 나는 본래 *Journal of Theological Interpretation*(*JTI*, 「신학적 해석 저널」) 2011년 봄호에 실렸던 로마서에 관한 장의 수정본을 출판하도록 허락해준 조엘 그린(Joel Green) 편집장과 또한 본래 *Journal for the Study of Paul and His Letters*(*JSPL*, 「바울과 그의 서신 연구 저널」) 2011년 가을호에 실렸던 고린도전서와 고린도후서에 대한 장의 수정본을 출판하도록 허락해준 마이클 버드(Michael Bird)와 니제이 굽타(Nijay Gupta) 공동 편집장에게 감사드린다.

여러 공식 포럼에서 이러한 여러 장의 초고에 대해 공식적으로 혹은 비공식적으로 응답해주신 분들, 특별히 스티브 파울(Steve Fowl), 비벌리 가벤타(Beverly Gaventa), 리처드 헤이스(Richard Hays), 밥 주이트(Bob Jewett), 톰 라이트(Tom Wright)에게 또한 감사를 드린다. 이 책의 초고에 대해 유익한 논평을 해주신 플레밍(Flemming) 학장과 짐 밀러(Jim Miller)에게 감사의 마음을 전한다. 마이클 버램(Michael Barram)은 모든 원고를 꼼꼼히 읽고 문체와 내용을 모두 개선하는 등 수많은 제안을 해주었다. 나는 그에게 많은 빚을 졌다. 또한 여전히 나는 책의 여러 부분을 읽고 논평해주었을 뿐만 아니라 그의 출판 이전의 데살로니가전서 주석 연구를 나에게 공유해준 앤서니 존슨(Anthony Johnson)에게 많은 빚을 지고 있다.

이와 더불어 나는 수년에 걸쳐 이 책의 다양한 부분에 도움을 준 연구 조교들, 특히 수잔 재거(Susan Jaeger), 쿠르트 푼트(Kurt Pfund), 대니얼 잭슨(Daniel Jackson), 개리 스타재크(Gary Stazack)에게 감사한다. 개리는 예리한 눈으로 교정과 색인 작업을 수행해줌으로써 이 책의 완성도를 높이는 데 도움을 주었다. 나는 또한 2014년 에큐메니컬 신학 연구소의 "바울과 선교적 교회" 수업에 참석한 학생들에게도 감사한다. 그들은 이 책의 내용을 맨 마지막으로 한 번 더 살펴볼 수 있도록 도와주었다(그리고 다수의 오타도 발견했다!). 그 수업에 참석했던 테드 비세(Ted Wiese)는 상당히 통찰력 있는 몇 가지 제안을 해주기도 했다.

끝으로 여러 해 동안 나와 다른 이들과 하나님과 하나님의 복음에 대한 변함없는 사랑으로 나에게 영감을 선사한 아내 낸시에게 감사의 뜻을 표한다.

2014년 부활절

초대

삶으로 담아내는 복음

신학자 존 콜웰(John Colwell)은 자신의 통찰력 있는 책 『그리스도인의 이야기를 삶으로 살아내기』(*Living the Christian Story*)에서 다음과 같은 주요한 주장을 편다.

> 복음 이야기는…그리스도인들의 삶과 교회의 삶을 정의하는 반면, 교회의 삶과 그리스도인들의 삶은, 이에 상응하는 차원에서, 그 복음 이야기를 개작하고 재해석한다. 세상은 복음의 이야기가 삶과 예배와 교회의 선포 속에서 이야기되는 방식 외에는 그 이야기에 접근할 수 없다.…교회는 섬김과 증언의 삶을 통해 이 세상에 복음을 제시하는 것이다.[1]

탁월한 선교학자인 레슬리 뉴비긴(Lesslie Newbigin)도 이와 유사한 관점을 천명했다.

> 나는 공적인 삶에 대한 기독교의 영향력을 추구함에 있어서 우리가 깊이 고려해야 할 주된 실체는 기독교의 회중이라고 느끼게 되었다. 복음이 믿을 만한 것이 되고, 또 사람들이 인간사의 마지막 결론이 바로 십자가에

---

[1] John E. Colwell, *Living the Christian Story: The Distinctiveness of Christian Ethics* (New York: T. & T. Clark, 2001), 85.

달린 그 사람의 권세에 달려 있다고 믿게 되는 것이 과연 가능한 것일까? 나는 이 질문에 대한 유일한 답, 즉 복음의 유일한 해석학(해석 방법)은 복음을 믿고 복음을 따라 사는 남자와 여자로 이루어진 회중이라고 제안한다.[2]

보다 더 최근에 두 명의 저명한 신학자 존 하워드 요더(John Howard Yoder)와 스탠리 하우어스(Stanley Hauerwas)의 저술을 반향하면서 브라이언 스톤(Bryan Stone)은 그의 저서 『크리스텐덤 이후의 전도』(Evangelism after Christendom)를 다음과 같이 요약한다.

이 책의 논지는 오늘날 교회가 할 수 있는 가장 복음적인 것이 바로 교회가 되는 것이라는 점이다. 다시 말하면 이것은 성령의 인도하심을 따라 예배, 용서, 환대, 경제적 공유와 같은 핵심적 실천(core practices)을 행함으로써 이 세상에 새로운 사회적 대안을 제시하며, 아주 독특한 사람들의 모임인 그리스도의 몸을 형성하는 것을 말한다.[3]

이와 유사한 정서는 교회의 삶에 대해 깊은 충성심을 가지고 있는 여러 신학자와 선교학자와 성서학자에 의해 수없이 표출되어왔다. 캐빈 로우(Kavin Rowe)는 그의 사도행전 해석에서 "그리스도인의 교회

---

2   Lesslie Newbigin, *The Gospel in a Pluralist Society* (Grand Rapids: Eerdmans, 1989), 227("복음의 해석학으로서의 회중"이라는 장에서).

3   Bryan P. Stone, *Evangelism after Christendom: The Theology and Practice of Christian Witness* (Grand Rapids: Brazos, 2006).

적인 삶"은 "하나님의 정체에 대한 문화적 해설"이라고 주장한다.[4]

나 역시 이와 같은 정서를 수차례에 걸쳐 표명했다. 이 책("**삶으로 담아내는 복음: 바울과 하나님의 선교**")의 핵심 주장은 이미 기독교가 탄생한 1세기부터 사도 바울이 자신의 편지를 받는 공동체들이 단순히 복음을 **믿을** 뿐 아니라 그 복음을 **구현하기를** 원했으며 그렇게 함으로써 바로 그 삶과 하나님의 선교에 참여하기를 원했다는 것이다.[5]

사실 이러한 주장은 바울에 관한 나의 모든 저술의 핵심 주장이기도 하다. 이 책 역시 나의 이전 저서 『십자가의 모양을 하신 하나님 안에 거하기』(*Inhabiting the Cruciform God: Kenosis, Justification, and Theosis in Paul's Narrative Soteriology*)의 후속편이며, 후자는 나의 이전 저서 『삶으로 담아내는 십자가: 십자가 신학과 영성』(*Cruciformity: Paul's Narrative Spirituality of the Cross*, 새물결플러스 역간)[6]의 후속편이다. 서로 연관된 이 세 단행본은 바울에 관한 3부작을 형성한다.

나의 이 3부작은 한편으로는 의도적으로, 또 다른 한편으로는 우연히 탄생하게 되었다. 내가 이것을 의도적이라고 말하는 이유는 내가 바울의 신학과 영성에 대한 이해를 지속적으로 더욱 심화시키고 넓혀나가는 가운데 나의 연구가 새로운 결론을 도출해내게 되었고, 이

---

4   C. Kavin Rowe, *World Upside Down: Reading Acts in the Graeco-Roman Age* (New York: Oxford University Press, 2009), 8.

5   약간 다르면서도 보완적인 관점에서 N. T. Wright는 바울에게 있어서 교회의 화해 실천을 비롯해 교회의 연합과 거룩함이 복음의 진실성(integrity) 유지에 결정적인 역할을 한다고 주장하면서 교회를 바울의 세계관과 복음의 "중심적 상징"이라고 부른다. 참조. *Paul and the Faithfulness of God*, vol. 4 of Christian Origins and the Question of God (Minneapolis: Fortress, 2013).

6   *Cruciformity: Paul's Narrative Spirituality of the Cross* (Grand Rapids: Eerdmans, 2001); *Inhabiting the Cruciform God: Kenosis, Justification, and Theosis in Paul's Narrative Soteriology* (Grand Rapids: Eerdmans, 2009).

는 또한 새 저술로 이어졌기 때문이다. 내가 사도 바울과 함께 하는 오랜 여정 기간 동안 이와 서로 비슷하거나 관련된 주제들에 초점을 맞춘 것 역시 의도적이었다. 그러나 이러한 3부작의 탄생은 내가 본래부터 이렇게 잇따라 읽으면 좋은 세 권의 서로 밀접하게 연관된 바울 관련 저서를 쓰려는 의도가 없었다는 의미에서 우연이라고 할 수 있다.

나는 이미 『삶으로 담아내는 십자가』에서 바울의 회중들이 본질적으로 "선교적 특성"을 가진 공동체, 심지어 십자가를 본받는—구체적으로 믿음, 사랑, 능력, 소망 등을 본받는—"군락들"("colonies" of cruciformity)이었다고 주장한 바 있다.[7] 이 세 번째 책은 십자가를 본받음이라는 주제를 그리스도에게로의 참여 및 이로 인한 하나님의 생명에의 참여(『십자가의 모양을 하신 하나님 안에 거하기』의 핵심 주제)와 보다 더 구체적으로, 그리고 더욱 포괄적으로 연결시키면서 이 주장을 더욱 상세하게 설명해나간다. 하지만 이 책은 『삶으로 담아내는 십자가』와 『십자가의 모양을 하신 하나님 안에 거하기』를 추가적으로 발전시킨 것 그 이상이다. 이 책은 신학자 데이빗 콩든(David Congdon)이 내 블로그에서 나의 두 번째 책에 관해 제기한 문제들에 대한 나의 긴 답변이기도 하다. 그의 논평은 내 블로그에서 긴 대화로 이어졌고, 마침내는 정식 서평으로 저널에 실리게 되었다.[8] 『십자가의 모양을 하신 하나님 안에 거하기』를 무척 좋아했던 콩든은 내가 바울신학은 신성화(theosis)의 신학—하나님의 생명에 참여함으로써 하나님과 같이 되는

---

7   *Cruciformity*, 49-67. 공동체들의 선교적 특성에 관한 논의는 363-66을 보라.

8   이 대화는 http://www.michaeljgorman.net/2009/08/16/theosis-and-mission-the-conversation-continues/에서 찾아볼 수 있다. Congdon의 논평은 추후 *Koinonia* 21 (2009): 125-28에 게재되었는데 그는 그 논평에서는 블로그의 글들에서 다룬 선교에 관한 문제를 제기하지 않는다.

것—이라는 나의 논제를 논증하면서 선교의 주제를 심각하게 약화시켰다고 생각했다.[9] 그는 신성화에 대한 나의 이해가 존재와 행위, 그리고 하나님과의 연합과 선교를 암묵적으로 분리시킨다고 주장했으며, 만약 하나님이 선교에 참여하는 존재라면 하나님의 생명에 참여하는 교회 역시 그러하다고 주장했다. 또한 그는 내가 행위와 존재의 분리는 주장하지 않았지만, 참여(혹은 신성화)는 선교를 요구한다는 주장을 펼쳤다고 올바르게 지적했다.[10] 그와 나눈 여러 차례의 의견 교환에

---

9   좀 더 구체적으로 신성화(theosis)에 대한 나의 정의를 내리자면 다음과 같다. "신성화란 하나님의 의도 및 행동, 인간의 변화, 그리고 인간의 존재 목적(telos)에 관한 것, 즉 하나님과의 연합이다"(Inhabiting the Cruciform God, 5). "신성화란 성령의 능력을 통해 성육신하시고, 십자가에 못 박히시고, 부활하신/영화롭게 되신 그리스도를 본받음으로써 자기 비움(kenotic)과 십자가를 본받는 하나님의 성품에 변혁적으로 참여하는 것(transformative participation)이다"(Inhabiting the Cruciform God, 7, 162). "신성화(theosis or deification)라는 용어와 개념은 많은 서구 교회 안에서 잘 알려지지 않았지만, 최근 들어 많은 관심을 받고 있다. 이 용어에 대한 "공식적" 정의는 아직 없지만, 일반적으로 하나님과의 연합, 하나님과 같이 됨, 하나님의 생명을 공유함(혹은 참여함), 인간의 변형(transfiguration), 그리스도 안에서 완전한 인간으로의 회복, 그리스도 안에서 하나님-인간에 참여함, 그리고 심지어 "그리스도화"(Christification)와 같은 표현들이 사용된다. Norman Russell은 이 주제에 관해 개관하면서 포괄적이면서도 통합적인 정의를 다음과 같이 제시한다. "신성화(theosis)란 성령을 통해 그리스도에게 참여함으로써 우리가 인간으로서 우리의 온전함과 완전함으로 회복되는 것이다. 이러한 과정은 교회의 교제와 도덕적 분투의 삶을 통해 이 세상에서 시작되며 궁극적으로 아버지와 우리의 연합 안에서—이 모든 것이 신적 경륜이라는 광범위한 맥락 안에서—성취된다"(Fellow Workers with God: Orthodox Thinking on Theosis [Crestwood, NY: St. Vladimir's Seminary Press, 2009], 21). 신성화의 근본적인 신학적 원리는 우리가 하나님(혹은 그리스도)과 같이 되게 하시려고 하나님(혹은 그리스도)이 우리와 같이 되셨다는 이레나이우스와 아타나시오스와 같은 교부들의 진술에서 발견된다. 이 원리는 갈 3:13, 고후 5:21, 고후 8:9 등(7장에서 논의됨) 바울의 "상호 교환"(interchange) 본문들에 그 뿌리를 두고 있다. 영성 신학으로서 신성화는 바울 서신과 요한복음에 나타난 그리스도의 내주하심의 경험에도 근거를 둔다(예를 들어, 갈 2:19-20; 엡 3:17; 골 1:27; 롬 8:1-17; 요 15; 17:20-23을 보라). 신성화에 관한 추가 참고문헌은 8장의 각주 20을 보라.

10   Congdon의 가장 중요하면서도 다소 전문적인 문장들을 여기에 재차 반복하는 것이 좋으리라 생각된다. "중요한 질문은 당신의 교회론에 존재와 행동 간의 어떤 '틈'이 있는지에 관한 것이며, 이는 또한 당신의 신론에 존재와 행동 간의 어떤 '틈'이 있는지에 관한 것이다. 선교 신학은 하나님의 존재를 선교(행동)라는 관점에서 정의하며 이는 교회론에서도 마찬가지다. 당신의 책에서 나는 당신이 교회의 존재가 행동하고 있다고 말하는 지점까지 왔

서 그는 내 책에서 고려되지 않은 몇몇 바울 본문을 지적했다(이 책을
『삶으로 담아내는 십자가』와 따로 읽는다면 맞는 지적이며, 그 본문들은 이제
이 새 책에서 다루어진다). 흥미롭게도 『십자가의 모양을 하신 하나님 안
에 거하기』에 대한 또 다른 반응은—이제 복구 불가능한 온라인 논평
이 됨—콩든이 우려했던 방식으로 내 책을 읽은 것으로 보인다. 이 다
른 논평의 요점은 "신성화는 선교의 가능성을 배제한다" 정도였던 것
같다.

　　이 책의 논제는 완전히 정반대다. 신성화—성령의 능력으로 십자
가에 못 박히시고 부활하신 메시아 예수 안에서 계시된 하나님의 생명
과 성품에 변혁적으로 참여하는 것(transformative participation)—는 선
교의 출발점이자 사실상 선교의 올바른 신학적 틀이다. 이러한 유형의
제안을 하는 학자는 나 혼자만이 아니다.[11] 데이빗 콩든의 생각은 옳았

—

다고 느끼지만, 당신은 결코 그것을 실제로 말하지 않는다. 당신은 믿음의 순종이 '본질적
으로 하나님의…존재에 참여하는 것'이라고는 말하지만(review of Gorman, *Inhabiting the
Cruciform God*, 93), 이에 상응하는 주장, 곧 하나님에게로의 참여는 본질적으로(그리고
우리는 '오로지'를 덧붙여야 함) 우리의 믿음의 순종이라는 결정적인 주장은 하지 않는다.
당신의 설명은 선교적인 해석학과 부합하기 위해서는 행동적인 존재론을 필요로 한다. 그
렇지 않으면 선교 없이도 하나님께 참여하는 어떤 본질이 있다는 것이다. 나는 당신이 그것
을 말하려고 했다고 생각하지는 않지만, 본문에는 그것이 명확하게 나타나 있지 않다."

11　　참조. Ross Hastings, *Missional God, Missional Church: Hope for Re-evangelizing the West*
(Downers Grove, IL.: InterVarsity, 2012). 그는 기본적으로 요한복음, 특히 요 20:19-23
에 대한 신학적/선교적 독법을 통해 이와 동일한 주장을 펼친다. 물론 그의 책 역시 바울에
대한 적절한 논의들이 간간이 들어 있긴 하지만 말이다. 부분적으로 바울의 증거에 의존하
면서 Hastings는 교회가 선교적인 하나님의 삶(생명)에 참여하는 선교 기구로서 "부활하신
그리스도의 임재 공동체"(5장)일 뿐만 아니라 "십자가에 못 박히신 그리스도의 임재 공동
체"(8장)라고 주장한다. 후자의 결과는 "십자가에 관한 선교"와 "십자가 아래 있는 선교"
모두에 초점을 맞춘 공동체들이며, 이는 십자가에 의해 형성된, 즉 십자가를 본받는 공동체
라는 의미다(8장). Paul Collins도 요 17:21-23에 나타난 "선교학적 증언이라는 요소"가
오늘날 교회라는 집단적 맥락에서 신성화라는 은유가 다시 받아들여지고 하나님의 목적의
우주적 측면에 대한 새로운 이해뿐 아니라 선교에 대해 풍부한 이해의 기초를 제공하는 잠
재력을 한층 강화한다고 제안한다(Paul M. Collins, *Partaking in Divine Nature: Deification
and Communion* [New York: T.&T Clark, 2010], 47). 또한 Morna D. Hooker and Frances

다. 존재와 행동, 생명(삶)과 선교는 하나님과 교회 모두에게 속한 것이다. 내가 블로그에서 그와 나눈 의견 교환에서 밝혔듯이 『십자가의 모양을 하신 하나님 안에 거하기』는 선교를 염두에 둔 특정 이슈들을 다루고 있었지만, 그것이 핵심은 아니었다. 하지만 그렇다고 해서 완전히 옆으로 제쳐둔 것도 아니었다. 이 점을 분명히 하면서도 상대적으로 이 점을 간략하게 요약하는 『십자가의 모양을 하신 하나님 안에 거하기』의 결론을 인용하면 다음과 같다.

신성화라는 용어의 사용은 이스라엘의 성서와 바울 서신이 증언하는 거대한 내러티브와 하나님의 계획으로부터 구원의 개념을 배제하지 않는다. 오히려 바울 서신에서 구원은 유대인의 메시아의 형상으로 빚어져가는 이방인들과 유대인들이 아브라함의 자녀가 됨으로써 새로운 백성으로 부르심을 받는 마지막 아담인 그리스도를 닮은 형상으로 재창조되는 새 인류의 창조, 곧 인류의 위기 사태를 해결하는 것이다(고전 15:45-49). 또한 바울 서신에서 인류의 구원은 전 우주적인 차원에서 예수가 주님으로 선포되는 것(빌 2:9-11)과 하나님이 "만유 안에" 계시게 되는 그 신비로운 실재가 마침내 절정에 이르기 전에(고전 15:28) 신성화의 과정이 완성되는 것(롬 8:29-30)을 비롯해 해방(롬 8:18-25)과 화해(골 1:19-20)와 모든 악한 세력에 대한 승리(고전 15:24-26, 54-57)라는

—

M. Young, *Holiness and Mission: Learning from the Early Church about Mission in the City* (London: SCM, 2010)도 참조하라. 이 책의 첫 두 장에서 신약학자인 Hooker(비록 그녀가 "신성화"라는 용어를 사용하지 않지만)는 초기 기독교 선교가 하나님이 거룩하신 것처럼 거룩하라는 성경적 명령에 근거를 두었으며 기독교의 선포와 실천은 하나님이 우리와 함께하신다는 임마누엘을 모방한 것이라고 주장한다. 이 책 마지막 부분에 나오는 그녀의 마지막 문장도 보라(107). "선교는 거룩함—하나님의 형상이신 그리스도와 같이 되는 것—에 뿌리를 두고 있다."

우주적 드라마의 한 차원—바울이 강조하는—이다. 그 사이에는 아버지와 아들의 영의 능력으로 새 백성, 곧 새 인류가 현재 십자가의 모양을 하신 삼위일체 하나님의 생명과 선교에 참여함으로써 그 영광스러운 미래를 말과 행동으로 증언하는 것이다.[12]

따라서 이 책은 그 인용문과 그 책이 끝나는 곳에서 다시 시작한다. 나는 계속 이어지는 탐구와 대화에 합류하도록 당신을 초대한다.

바울, 참여, 그리고 선교

바울에 의하면 하나님은 그리스도 안에서 세상과 자신을 화목케 하셨으며, 그렇게 하기 위해 하나님은 바울이 고린도후서 5:14-21에서 말

---

12   *Inhabiting the Cruciform God*, 172-73(강조는 덧붙여진 것임). 안타깝게도 Congdon은 비공식적인 블로그 포스트나 혹은 출판된 서평에서 이 단락을 언급하지 않는다. 그러나 그는 마지막 문장이 책의 나머지 부분에서 그것에 대해 상대적으로 주의를 기울이지 않는 것을 극복하기 위해 선교에 관한 이슈를 충분히 다루지 않는다고 말할 수 있을지 모르겠다. 선교와 신성화의 불가분의 관계에 대해서는 곧 출간될 나의 에세이 "Paul's Corporate, Cruciform, Missional Theosis in Second Corinthians" in '*In Christ' in Paul: Explorations in Paul's Theology of Union and Participation*, ed. Kevin J. Vanhoozer, Constantine R. Campbell, and Michael J. Thate, WUNT 2 series (Tübingen: Mohr Siebeck, 2014)를 참조하라. Hastings의 *Missional God*이란 책에는 "신성화로서의 선교"라는 제목의 장이 담겨있는데(268-92), 그는 교회에 대한 자신의 신학을 "**참여적**⋯곧 선교적 하나님과 연합하고 참여한 유기적 결과"로 묘사한다(15). 또한 신성화와 예전(예배)에 관해 논의하며 신성화가 자기 고양적(self-serving)으로 들릴 수 있다는 주장에 대응하는 Collins, *Partaking in Divine Nature*를 참조하라. "교회라는 집단적 정황에서 행해지는 성례 의식은 신성화의 과정을 교회가 이 세상에서 하나님의 선교[mission Dei]에 참여하는 것과의 관계 속에 배치한다. 신성화로의 부름과 신성화되어가는 과정은 은밀하거나 엘리트주의적인 것이 아니라 인간 생명의 목적과 가치에 대한 교회의 증언 및 하나님이 '만유 가운데' 계시기 위하여 만물을 창조하신 하나님의 계획(고전 15:28; 엡 1:23)의 일환이다"(185-86).

하는 것처럼 우리가 그리스도 안에서 하나님처럼 되도록 하기 위해 하나님이 그리스도 안에서 우리처럼 되셨다. 이 본문의 절정(21절)—"하나님이 죄를 알지도 못하신 이를 우리를 대신하여 죄로 삼으신 것은 우리로 하여금 그 안에서 하나님의 의가 되게 하려 하심이라"—에 대해 해설하면서 모나 후커(Morna Hooker)는 다음과 같이 기록한다.

여기서 "우리"는 제자도와 사역에 대한 바울 자신의 이해에 특별한 의미를 가지고 있으며 다른 이들이 신적 활동에 참여하도록 초대하는 초대장이다. 그리스도가 우리에게 의로움, 지혜, 거룩함, 구속이 된 것처럼 이제 그리스도인들은 이 세상에 대해 그렇게 되어야 한다.[13]

바울을 비롯해 그의 말을 기독교 경전으로 받아들이는 이들에게 인간 존재의 목적은 바로 십자가를 본받으시고, 선교적이며, 세상을 구속하시는 하나님, 곧 의와 회복시키시는 정의(dikaiosynē)를 가지신 하나님의 생명과 성품에 개인적으로, 그리고 집단적으로 참여하는 것이다. 나는 이 같은 내용을 다른 책에서도 이미 밝힌 바 있지만, 여기서 다시 한번 약간 수정된 형태로 제시한다.

바울은 자신이 강력한 복음("좋은 소식")의 말씀을 전파하는 하나님의 선교 사명—모든 사람이 인정하지 않는 사명—에 사로잡혔다고 믿었다. 이 사명은 성령의 능력 안에서 하나님의 아들을 본받음으로써 참되신 하

---

13 Morna D. Hooker, "On Becoming the Righteousness of God: Another Look at 2 Cor. 5:21," *Novum Testamentum* 50 (2008): 358-75(인용문은 375쪽). Hooker는 여기서도 고전 1:30을 암시한다.

나님 한 분만을 예배하고, 순종하며, 공적으로 증언하는 변화되고, 평화 지향적이며, 다문화적 공동체로 구성된 전 세계적인 관계망을 수립하는 것이었다.[14]

이러한 하나님의 선교 사명은 "하나님이 이스라엘의 역사에, 더 보편적으로는 인류 역사에, 그리고 엉망진창이 된 이 세상을 바로 잡기 위해 전 우주에 개입"하신 것이며 현재도 개입하고 계시는 것을 가리킨다.[15] 따라서 복음은 계시적이었으며, 또한 계시적이다. 복음은 하나님의 신실하심과 긍휼하심을 드러낼 뿐만 아니라 하나님의 사랑과 하나님의 평화, 정의, 그리고 하나님의 의를 드러낸다. 심지어 우리는 이것을 하나님의 소망, 하나님의 꿈, 곧 조금의 의심의 여지도 없이 언젠가는 실현될 이 세상을 향한 하나님의 꿈이라고도 말할 수 있다. 이러한 하나님의 성품은 모두 예수의 자기 주심(self-gift) 안에서, 그리고 자기 주심을 통해 표현된다. 그리스도 안에 있다는 것은 하나님의 선교에, 그리고 이로써 하나님의 성품에―하나님의 그 생명 자체에―사로잡힌다는 것이다. 나의 견해를 비롯해 점차적으로 증가하는 많은 이들의 견해에 의하면, 이것은 기독교 선교를 위한 엄청난 실천적 함의를 담고 있다.[16]

---

14 Michael J. Gorman, *Reading Paul* (Eugene, OR: Cascade, 2008), 22. 수정된 부분은 "공적으로 증언하는"이라는 문구를 첨가한 것이다.

15 Gorman, *Reading Paul*, 44 (본래 강조 부분을 제거함).

16 앞의 각주들에서 언급한 Hastings의 책과 내가 여러 목사들과 선교에 관여하는 다른 이들로부터 받은 피드백 외에도 나는 이 주장을 뒷받침하기 위해 추가적으로 두 가지 항목을 제시하고자 한다. (1) 내가 다른 신학자들로부터 들은 정서를 대표하면서 *Inhabiting the Cruciform God*을 다룬 학문적 소논문인 David R. Purves, "Relating Kenosis to Soteriology: Implications for Christian Ministry amongst Homeless People," *Horizons in Biblical Theology*

나는 신성화(theosis)를 비롯해 다른 용어들(신성화[deification], 그리스도화[Christication], 크리스토시스[Christosis][17])이 하나님의 생명과 선교에 성령의 능력으로 그리스도와 같이 되는 것에 참여하는 이러한 변혁적 현실을 적절하게 요약해준다고 믿는다. 하지만 나는 다른 학자들이 이 용어들이(만약 그들이 이 용어들을 안다면) 비성경적이거나 시대착오적이라고 주장하면서 이에 동의하지 않을 것을 알고 있다. 또한 나는 교회의 일부 전통이 이 개념을 신성화(theosis or deification)라고 불러왔다는 것을 이해하지 못한 채 하나님께 참여한다는 개념을 받아들일 수도 있다는 것도 알고 있다. 나는 이 책에서 이와 같이 덜 알려진 용어들을 폐기하지 않고 "참여"라는 용어와 상호 교환적으로 사용할 것이다. 물론 참여라는 용어를 훨씬 더 자주 사용할 것이지만 말이다. 이러한 용어의 대체에 만족스러워하지 않거나 신성화(theosis)라는 용어 사용을 회피하는 이들은 적어도, 내가 바라기는, 변혁적 참여가 바울을 비롯해 오늘날 그의 영성과 선교 활동으로부터 배울 점이 많은 우리에게 가장 핵심적이라는 데 동의할 것이다. 신성화(theosis, deification)와 같은 용어들―특정 그룹에서 통용되기 시작한―을 선호하는 이들은 내가 이 책에서 이 용어들을 덜 사용하는 것이 보다 더 폭넓은 독자층과 소통하기 위한 실용적인 이유 때문이며, 『십자가의 모양을 하신 하나님 안에 거하기』의 내 논제를 철회하는 것이 아니라는

---

35 (2013): 70-90; (2) 장차 세계성서학회 모임에서 복음의 선교적 해석학과 우리 문화 네트워크 포럼(GOCN)이 계획 중인 이 책에 대한 논평(GOCN은 후기 서구 기독교 세계 이후 교회의 선교 사명에 관심을 가지고 있는 학자, 목회자, 공동체 등의 네트워크다).

17 Ben C. Blackwell, *Christosis: Pauline Soteriology in Light of Deification in Irenaeus and Cyril of Alexandria*, WUNT 2/314 (Tübingen: Mohr Siebeck, 2011).

사실을 이해할 것이다.[18] 어쨌든 신성화 그리고/혹은 참여라는 용어는 단순히 개인적인 관용어가 아니라 특별한 교회론적인 관용어다. 즉 이 용어는 십자가 모양의 삼위일체 하나님께 공동체적으로, 또 십자가를 본받는 형태로 참여하는 실재를 설명해준다.[19]

비록 내가 앞으로 이 책에서 많은 바울 서신 본문을 다룰 것이지만, 이 책의 "주제 본문"은 고린도후서 5:21이라고 말할 수 있을 것이다. "하나님이 죄를 알지도 못하신 이를 우리를 대신하여 죄로 삼으신 것은 우리로 하여금 그 안에서 하나님의 의[또는 정의]가 되게 하려 하심이라."[20] 사실 이 책은 "하나님의 공의 실현하기"(*Becoming the Justice of God*)라는 제목이 붙을 수도 있다. 왜냐하면 바울의 복음은 예

---

18   앞으로 더 분명해지겠지만, 이 책에서 가장 비중을 차지하는 마지막 장(로마서에 관한 장)에서는 "테오시스"라는 용어가 실제로 더 두드러지게 나타날 것이다. 이미 반세기 전 개혁주의 신학자인 T. F. Torrance는 서구 그리스도인들에게 "'신성화'(theosis)라는 용어가 우리에게 다소 거슬리더라도 그 용어를 놓고 논쟁을 벌이지 말고 그 의도—"창조주이자 구속자이신 하나님의 살아계신 임재와 구원 행위에 동참하는 것"—에 충실하라"고 조언했다(*Theology in Reconstruction* [Grand Rapids: Eerdmans, 1965; repr. Eugene, OR: Wipf & Stock, 1996], 243-44). 즉 이것은 하나님의 생명과 선교에 변혁적으로 참여하는 것을 의미한다. 보다 더 최근에 Constantine R. Campbell (*Paul and Union with Christ: An Exegetical and Theological Study* [Grand Rapids: Zondervan, 2012], 『바울이 본 그리스도와의 연합』[새물결플러스 역간])은 비록 "그리스도와의 연합"이라는 표현이 연합, 참여, 합일, 통합 등 이 개념의 네 가지 측면을 편리하게 요약해준다고 말하면서도(414), 바울신학의 이 핵심적인 측면을 표현하는 데 이 네 가지 용어를 사용하는 것이 적절하다고 주장했다(요약은 29, 406-20). Campbell은 "신성화"(divinization)라는 표현의 오용 가능성을 우려하지만(63), 신성화(theosis)에 대한 나의 해석, 즉 십자가를 본받음, 십자가에 못 박히신 그리스도를 닮아감이 실제로는 하나님을 본받음, 하나님을 닮아감이라는 것을 조심스럽게 받아들인다(57-58, 364-68). 안타깝게도 그 책에서 Campbell은 바울의 참여적 표현이 암시하는 선교학적 함의들을 제시해주지 않는다.

19   나는 이 주장을 *Inhabiting the Cruciform God*에서 심도 깊게 탐구한다. 참조. Hastings, *Missional God, Missional Church*, esp. 268-92. 그는 신성화/참여는 교회의 내외적 삶이 삼위일체 하나님의 내외적 삶, 즉 공동체적이며 자기 비움의 삶을 반영하는 것임을 의미한다고 말한다(265).

20   모든 성구 인용은 별도의 표시가 없는 한 NRSV에서 인용한 것이며, 때때로 여기처럼 괄호 안에 대안을 표기하기도 할 것이다. MJG로 표기된 번역은 저자의 것이다.

수 그리스도 안에서 성취된 하나님의 변혁적 정의의 도래와 그 능력의 선언이기 때문이다. 고린도후서 5:14-21(그리고 롬 1:16-17과 같은 복음의 더 간결한 요약들)에는 변화의 개념을 내포하는 칭의와 참여, 그리고 선교가 모두 강하게 나타나 있다.[21] **칭의의 의미를 축소하여 이해한다는 것은 바울을 오해하는 것이다.** 하지만 이 책은 바울의 칭의(더 정확히 말하자면 **하나님의 칭의**)의 "정의"(justice)가 신실함, 사랑, 평화, 화해, 의로움 등과 같은 하나님의 속성 및 인간의 실천적 덕목(하나님의 영에 힘입은)과 밀접하게 연관되어 있는 것으로 이해한다. 이러한 하나님의 속성은 선교적이며 십자가를 본받은 하나님 안에 거하는 개개인과 공동체들의 인간적·선교적 특징이 된다. **더 간단하게 말하자면 그리스도의 십자가는 선교적이며, 의롭게 하고, 정의를 실현하시는**

---

21   정의(justice)라는 주제는 점차적으로 나의 바울 해석에서 더욱더 중심을 차지하게 되었다. 그러나 일부 독자는 사도 바울과 관련하여 "정의"라는 용어가 거론되면 상당히 거북해한다. 그들은 마치 바울이 비인격적이거나, 세속적이거나, 진보적이거나 혹은 "자유주의적인" 신학을 추구하는 사람으로, 그래서 바울의 실제 의도와는 거리가 먼 사람으로 만들지나 않을까 우려한다. 내가 이미 *Inhabiting the Cruciform God*에서 주장했고, 특히 앞으로 칭의와 정의를 다루는 장에서 보여주겠지만, 그러한 우려는 잘못된 것이다. 바울의 신학과 영성은 히브리 예언자들 및 예수의 예언자적 사역과 메시지의 계보를 본질적으로, 그리고 적법하게 이어간다. 이것은 그를 "세속적인"(unspiritual) 인물―혹은 혹자가 우려하는 그 무엇―로 만들지 않으며, 오히려 그를 언약적으로 온전히 영적인 인물로 적절하게 해석한다. 즉 그는 이사야, 아모스, 호세아, 예수에게 충만했던 정의의 영으로 가득 찬, 곧 하나님 사랑과 이웃 사랑에 대한 열정이 차고 넘치는 인물이다. 하지만 바울은 성령으로 충만한 이 예언자적 실체를 예수의 성육신과 죽음과 부활이라는 관점에서 새롭게 해석한다. 다시 말하면 십자가를 본받음과 정의는 서로 불가분의 관계다. 성서에서(구체적으로 바울 서신에서) 정의뿐만 아니라 사랑과도 연관이 있는 화평과 화해도 이와 마찬가지라고 할 수 있다. 이는 모두 **샬롬**이라는 성경의 원대한 비전에 속한 요소다. 이런 상호 연관된 실천적 요소들은 이른바 한 동전의 여러 면, 즉 그리스도 안에 있는 이들의 선교적인 정체성의 여러 측면과도 같다. 바울 서신에 나타난 그리스도와 평화에 관해서는 이 책의 두 장뿐 아니라 내 소논문 "The Lord of Peace: Christ Our Peace in Pauline Theology," *Journal for the Study of Paul and His Letters* 3 (2013): 219-53과 내 저서 *The Death of the Messiah and the Birth of the New Covenant: A (Not So) New Model of the Atonement* (Eugene, OR: Cascade, 2014, 『속죄와 새 언약: 메시아의 죽음과 새 언약의 탄생』[에클레시아북스 역간])의 바울 서신에 나타난 평화 관련 장들(6장과 7장)을 참조하라.

(justice-making) 하나님을 드러내며, 선교적이며, 의롭게 되고, 정의를 실천하는(justice-making) 사람들을 창조한다.[22] 십자가가 선교적인 하나님을 드러내기 때문에, 십자가로 구원을 받고 십자가로 형성된 교회는 선교적인 사람들이 될 것이다.[23] 20세기 신학자 에밀 브루너(Emil Brunner)가 말했듯이, "마치 불이 타오름으로써 존재하는 것처럼 교회도 선교에 의해 존재한다. 선교가 없는 곳에는 교회도 없다."[24]

본서의 개요

이 책은 바울 연구, 해석학, 선교학 등 세 개의 신학 연구 분야의 교차점에 놓여 있다. 나는 학자들뿐 아니라 목회자들과 다른 교회 지도자들을 위해 이 책을 집필했다. 최근 수년간 교수로서 나의 학문적 발전에 가장 큰 공헌을 한 부분은(심지어 『십자가의 모양을 하신 하나님 안에 거하기』 저술 이전에) 세계성서학회와 더불어 매년 개최되는 복음의 선교적 해석학 및 우리 문화 네트워크 포럼에 내가 관여한 것이다. 이 포럼을 통해 이루어지는 수많은 대화들은 성서학자, 선교학자, 목회자모두의 수많은 학문적·목회적 관심사를 충족시켜준다. 바울을 선교적

---

22 바울 서신 안팎에 나타난 이 주장의 의미에 관해서는 나의 『속죄와 새 언약』을 참조하라. 우리는 "정의"라는 단어가 최근 통용되는 세속적인 개념이 아닌 성서적인 내용으로 채워져야 함을 재차 강조할 필요가 있다.

23 하나님은 선교적인 하나님이라는 신학적 주장에 관해서는 Stephen R. Holmes, "Trinitarian Missiology: Towards a Theology of God as Missionary," *International Journal of Systematic Theology* 8 (2006): 72-90을 보라.

24 Emil Brunner, *The Word and the World* (London: SCM, 1931), 108.

관점에서 읽는 것을 배운다는 것은—단순히 "선교사"로서가 아니라 선교적인 공동체를 설립한 창시자로서—엄청나게 신나는 경험이었다. 이러한 노력이 가져다준 열매의 일부는 이미 출간된 책들과 소논문들에 담겨 있지만, 이 책에서는 이러한 해석학적 접근 방법에 더 초점을 맞출 것인데, 이러한 내용은 어떤 특정 단락에서는 명시적으로, 책 전반에 걸쳐서는 암묵적으로 나타날 것이다.

이 책의 제목에 관해 한 가지 더 언급할 것이 있다. 첫째, "되기"(becoming)라는 말은 확실히 현재 진행 중인 과정에 강조점이 찍힌다. 왜냐하면 그것이 그리스도에게 참여하는 것—그리스도 안에서 하나님의 형상으로 변화하는 것(혹은 신성화)—의 참된 의미이기 때문이다. 『십자가의 모양을 하신 하나님 안에 거하기』(Inhabiting the Cruciform God)라는 제목에서 "거하기"(inhabiting)는 역동적인 과정보다 정적인 상태를 가리키는 것으로 (잘못) 해석될 수 있다. 그러나 이러한 잘못된 해석은 "되기"(becoming)와 관련해서는 불가능하다.

아울러 이 책에 담긴 장들의 기원과 본질에 관해서도 한 가지 언급할 필요가 있다. 사실 이 중 일부는 각기 하나의 에세이로 시작했다. 물론 이 글을 집필할 당시에는 이 글이 바울의 선교 해석학을 보완해 주는 선교적인 바울에 대한 거대한 프로젝트를 염두에 두고 있었다.[25] (즉 나는 이 책을 염두에 두고 있었던 것이다.) 원 에세이들을 수정하고 확

---

25 다섯 장 가운데 두 장은 이전에 출간된 소논문을 수정한 것이다. "Justification and Justice in Paul, with Special Reference to the Corinthians," *Journal for the Study of Paul and His Letters* 1 (2011): 23-40; "Romans: The First Christian Treatise on Theosis," *Journal of Theological Interpretation* 5 (2011): 13-34. 아울러 이 책에서 전개하는 주된 생각 중 일부는 "Missional Musings on Paul," *Catalyst* (Spring 2011), http://www.catalystresources.org/missional-usings-on-paul/에서 간략하게 다룬 바 있다.

대하고 이 책을 위한 새 에세이들을 집필하면서 나는 바울 서신에 나타난 참여와 선교 및 그 해석학적 의미에 관한 결정적이고, 체계적이며, 포괄적인 글을 쓰려고 하지 않았다. 오히려 이 책은 신학적 연구와 사색, 그리고 행동이라는 중요한 분야로 진출하는 일련의 통합적 저술에 가깝다. 나는 이 책이 단순히 학계에서뿐만 아니라 교회에서도 더욱 풍성한 사색과 논의와 선교 사역을 불러일으키기를 소망한다.

어쨌든 나는 바울 서신에 나타난 참여적 선교 혹은 선교적 참여에 관해 비교적 간략하게 다룬 이 책에서도 이 개념이 사도 바울과 그의 서신을 경전으로 읽는 우리에게 무엇을 의미하는지에 대한 포괄적인 그림을 제공해준다고 생각한다. 구체적으로 우리는 복음을 구현하고(embodied) 또한 이야기하는 증인임을 자처하는 바울을 발견하게 될 것이다. 이는 오늘날 우리가 덕목, 전도, 화목, 정의 등으로 부를 수 있는 것, 즉 십자가에 못 박히시고 부활하신 예수 안에서 성령으로 계시된 하나님의 영광에 변혁적으로 참여하는 것을 통합적으로 실천하는 복음을 가리킨다. 바울 서신에 나타난 이러한 선교의 모든 측면은 바울을 선교의 관점으로 읽는 것에 관한 서론적 개요에 이어 나오는 여러 장에서 다루어진다.

이 책은 서론적 초대에 이어 다음과 같이 구성되어 있다.

1장
바울과 하나님의 선교

2장
선교적으로 바울 읽기

3장

믿음, 사랑, 소망의 복음 구현하기: 데살로니가전서

4장

그리스도의 이야기를 구현하고 전하기: 빌립보서

5장

평화의 복음 구현하기(I): 개요

6장

평화의 복음 구현하기(II): 에베소서

7장

하나님의 정의 구현하기: 고린도전후서

8장

하나님의 정의/의와 영광의 복음 구현하기: 로마서에 나타난 선교적 테오시스

최종적 성찰

삶으로 담아내는 복음(보완적 반복)

"바울과 하나님의 선교"라는 제목의 1장은 하나님이 이 세상에서 행하시고 계신 것(*missio Dei*)에 대한 바울의 생각을 고찰한다. 한마

디로 말하면 구원이다. 이 장은 바울이 자신의 공동체들과 개인 신자들이(단순히 사도들과 "선교사들"이라기보다) 과연 하나님의 선교에 참여했는지, 그리고 그들이 어떻게 참여했는지에 관한 도전적인 질문을 다루기 전에 하나님의 구원을 그리스도께 참여하는 것과 연관시킨다. 이 장은 본서의 나머지 부분을 위한 바울 서신의 기본적인 구조를 제시한다. 이 장은 바울에게 그리스도에게 참여한다는 것이란 해방과 화해라는 하나님의 선교가 가져다주는 혜택을 누림은 물론, 그의 선교를 신실하게 구현함으로써 그 선교의 증인이 되는 것—이로써 그것을 더욱 촉진시키는 것—을 의미한다고 논증한다. 공동체들과 개인들은 모두 복음에 대한 공적 증인이며, 이로써 하나님의 선교(missio Dei)에 참여한다.

"선교적으로 바울 읽기"라는 제목의 2장은 이 책의 나머지 부분에 대한 해석적 틀을 제시해준다. 이 장은 최근 일부 성서학자와 선교학자, 그리고 교회 지도자 사이에서 이미 거론되어온 것처럼 먼저 교회를 파송된 공동체로 보는 관점에서 바라본 선교학적 해석 혹은 성서학적 해석을 탐구한다. 우리는 선교학적 해석에 대한 몇 가지 접근 혹은 "흐름"을 검토하고 선교학적 해석이 바울 서신을 포함하여 성서에 던질 수 있는 여러 유형의 질문을 제안한다. 그다음 우리는 바울의 선교학적 해석에 있어 지침이 될 만한 질문 하나를 던진다. "우리는 바울이 하나님의 선교와, 그리고 우리가 그 선교에 참여하는 것에 관해 말하고 있는 것을 어떻게 읽고 있는가? 다시 말하면 우리는 오직 바울이 그의 교회들에게 말한 것에만 관심이 있는 것이 아니다. 우리의 또 다른 관심사는 그가 그들을 하나님의 선교에 참여하도록 초청했다는 것이 사실은 우리에게도 동일하게 적용되는 초청 또는 명령이라는 데 있다. 따라서 우리가 앞으로 계속해서 바울 서신을 읽어나갈 때 항상 염두에 두어야 할 질문은 바로 "그러면 우리는 어떻게 할 것인가?"라는 질문이다.

"믿음(혹은 신실함), 사랑, 소망의 복음 구현하기: 데살로니가전서"라는 제목의 3장은 차후 세 가지 신학적 덕목으로 알려지게 된 데살로니가전서 1:3과 5:8에 나타난 유명한—그리고 초기의—바울의 삼중 용어(Pauline triad)가 지닌 선교적 의미를 탐구한다. 이 장은 하나님이 그리스도를 통해, 그리고 성령으로 어떻게 사람들을 하나님을 닮은, 곧 그리스도를 닮은 믿음(그리고 신실함), 소망, 사랑을 가진 공동체로 만드시는지를 보여준다. 이 공동체는 오직 이 방법을 통해서만 이스라엘의 하나님이 모든 사람을 새로운 삶의 방식으로 부르신다는 사실을 온 이웃들에게 증언할 수 있다. 오직 이 새로운 삶의 방식 안에서만 우리는 하나님을 온전히 예배하고, 이웃을 서로 사랑하며, 진노와 죽음이라는 두려움을 이길 수 있다. 바울은 데살로니가 교인들과 우리에게 그리스도와 사역자들, 그리고 온 공동체가 어떻게 복음을 구현하는 일에 동참할 수 있는지를 보여준다.

"그리스도의 이야기를 구현하고 전하기: 빌립보서"라는 제목의 4장은 선교의 관점에서 빌립보서 2:6-11에 등장하는 매우 시적인 찬송 본문—내가 바울의 탁월한 이야기라고 부른—을 깊이 살펴본다. 이 본문은 그동안 수많은 연구와 다양한 해석의 대상이었다. 이 장은 이 찬송/시가 바울이 심한 반대에도 불구하고 빌립보 교인들이 (지속적으로) 선포하고 구현하기를 원했던 복음을 잘 요약해준다고 논증한다. 따라서 빌립보서 2:6-11은 선교적인 사람들을 위한 선교적 기독론이다. 다시 말하면 이 본문은 이야기뿐 아니라 그 이야기를 삶으로 담아내는 증인임을 보여주는 선교적인 사람들을 위한 것이다. 빌립보 교인들은 하나님의 선교에 참여함으로써 십자가에 못 박히신 예수—성경을 성취하고 카이사르에 대비되는—가 자기 자신을 내어주며 생명을 주신 하나님의 아들이자 주권적인 주님이시라는 바울의 기본 주장들을 (말과 행동으로) 선포하며 대변한다. 이러한 주장들은 예수를 높이신 하나님에 의해 입증되었으며 머지않아 곧 모든 피조물에 의해 인정될 것이다. 바울은 현대 교회가 선교적인 삶과 메시지를 어떤 형태와 내용으로 담아내야 하는지를 다양한 방식으로 이야기해준다. 이는 "지상 대위임"(the great commission), "지상 대계명"(the great commandment), "지상 대도전"(the great challenge) 등이란 표현으로 요약될 수 있다. 또한 빌립보서는 우리에게 고난은 신실한 증인에게 당연히 따라오는 결과였고, 또 결과라는 사실을 상기시켜준다.

평화(샬롬)의 복음이 되는 것에 관한 주제를 다루는 다섯 번째와 여섯 번째 장은 바울 서신 전반에 걸쳐, 그리고 특별히 에베소서에 나타난 평화와 화해의 중요성을 논증한다. "평화의 복음 구현하기(I): 개요"라는 제목의 5장은 비록 바울 해석자들에 의해 종종 무시되기도 하지만, 샬롬이라는 성경적 비전이 어떻게 그리스도 안에서 성취되며 그의 편지들에서 두드러지게 나타나는지를 보여주기 위해 바울 서신에 나타난 평화와 화해의 용어를 개관한다. 바울에 의하면 평화의 하나님은 그리스도 안에서 하나님의 평화를 가져다주었다. "평화의 복음 구현하기(II): 에베소서"라는 제목의 6장은, 비록 에베소서의 저작권이 논쟁의 대상이긴 하지만, 이 서신은 바울의 선교 신학의 핵심 요소를 잘 보여준다고 주장한다. 우리는 에베소서에서 하나님의 구원 드라마가 하나님이 직접 주도하신 평화 프로젝트에 관한 이야기임을 확인한다. 그리스도를 통해 하나님과 화해를 이룬 이들은 교회 안팎에서 모두 평화를 이루어나가시는 하나님의 끊임없는 선교에 참여하도록 초청받는다. 어떤 의미에서 신자들은 "(평화의) 하나님으로 옷 입는다."

"하나님의 정의 구현하기: 고린도전후서"라는 제목의 7장은 샬롬에 관한 논의를 한층 더 깊게 전개해나가면서 많은 이들이 궁금하게 생각해왔던 중요한 질문, 곧 바울이 특히 구약의 예언서에 나타난 것에 비해 정의라는 성서의 핵심 주제에 무관심했는지를 다룬다. 바울 서신에 나타난 이 주제에 대한 일부 연구가 이미 존재함에도 불구하고, 이 주제는 그동안 큰 주목을 받지 못했고, 이에 대한 의문들은 아직 해결되지 않은 채 남아 있다. 이 장은 정의가 바울신학에서, 특히 칭의에 관한 그의 가르침에서 중심적인 역할을 수행한다고 논증한다. 이 장은 그의 서신, 특히 고린도전후서에서 사도 바울이 칭의와 정의를 서로 연결시키는 데 집중하는 한편, 이 둘 간의 일곱 가지 연결고리를 탐구한다. 바울에게 있어 정의는 성서적 정의와 연속성을 지니고 있으며, 또한 동시에 그 성서적 정의의 새로운 발전을 의미한다. 이것은 예언자적이며 동시에 십자가의 형태를 지닌다. 이 장은 현대 그리스도인 공동체의 선교적인 삶에서 정의가 차지하고 있는 비중에 대한 신학적 성찰로 끝맺는다.

칭의와 정의에 대한 탐구에 이어 나오는 8장의 제목은 "하나님의 정의/의와 영광의 복음 구현하기: 로마서에 나타난 선교적 신성화"다. 이 장은 신성화 전반에 대한 새로운 관심, 특히 바울과 관련된 관심에 기반을 두고 전개해나간다. 이 장은 『십자가의 모양을 하신 하나님 안에 거하기』의 일반 주장을 확대하면서 로마서가 신성화, 더 구체적으로는 **선교적** 신성화에 관한 초기 기독교 논문이라고 논증한다. 『십자가의 모양을 하신 하나님 안에 거하기』에서 나는 바울 서신 안에서 신성화가 성령에 힘입어 성육신하시고, 십자가에 못 박히시고, 부활하시고/영광을 받으신 그리스도를 본받음으로써 자기를 비우시고 십자가를 본받으신 하나님의 성품에 변혁적으로 참여하는 것을 의미한다고 논증한 바 있다. 이 장은 로마서에서 인간의 "의"(dikaiosynē)와 "영광"(doxa) 또는 정의/의와 영광—신성화의 근본적 요소들—을 회복하는 바울의 구원론을 추적한다. 바울에게 있어 이러한 회복은 하나님 자신의 정의/의와 영광에 참여하는 것이며, 신실하게 순종한 아들의 죽음과 부활에 참여함으로써 이루어진다. 이 회복은 그리스도와 같이 하나님을 닮은 다문화적이며 십자가를 본받으며 "의롭게 된" 공동체들 안에서 나타나는데, 그 안에서 이방인들과 유대인들은 다 같이 자신의 최종적 영광을 예표적으로 보여주신 하나님께 영광을 돌린다. 그들의 공동체적 존재는 적어도 암묵적으로는 로마의 가짜 영광과 대조되며, 특히 제국과 같은 정치권력 앞에서 교회가 보여주어야 할 항구적인 모델이다. 그렇다면 그들의 변화는 예배와 선교를 통해 삼위일체 하나님의 생명에 참여하는 것을 의미한다. 그들은 이를 통해 그리스도 안에서 사람들과 화해하시려는 하나님의 열망을 증언하며, 이로써 하나님의 의와 영광을 다 같이 경험한다.

나는 각 주요 장에서 선교적인 교회에 대한 바울의 이해가 어떻게 21세기에까지 이르렀으며, 우리가 처한 상황 속에서 어떻게 구현되고 있는지를 하나 혹은 그 이상의 현대의 예를 가지고 간략하게 보여준다. "삶으로 담아내는 복음(보완적 반복)"이라는 제목의 마지막 장은 앞의 장들을 다시 개괄하고, 바울 서신을 신중하게 읽을 경우 교회의 선교적인 삶이 어떠해야 하는지에 관해 결론적으로 몇 가지 안을 제시한다. 그러나 나는 이 장에서나 책 전반에 걸쳐서나 선교와 관련하여 교회에 어떤 구체적인 "요구사항"도 제시하지 않을 것이다. 이러한 접근은 바울이 당대의 특별한 정황에 따라 그의 회중들을 대했던 방식과 더불어 현대 선교학자들이 하나님의 선교에 참여하기 위해 오늘날의 교회들이 얼마나 신중하게 자신들이 처한 상황을 고려해야 하는지를 잘 드러내 준다. 아울러 기본적으로 이 책은 선교의 틀 안에서 바울 서신을 신학적으로 해석하는 책이지, 실제적 선교나 선교 전략을 다루는 핸드북이 아니다. 이 책의 후속편으로 가장 알맞은 책은 뛰어난 상상력을 가지고 바울 서신을 상황적으로 반추해보는 책이 아닐까 싶다.[26] 따라서 이 저술은 선교를 위한 핸드북이 아니라 선교를 위한 기초와 자극제를 제공해준다. 이 책은 교회의 (이미 존재하는) 전인적인 선교(holistic mission)를 위한 일종의 바울신학일 뿐만 아니라 바울의 신학과 실천(구체적으로 그가 "목회했던" 공동체들 안에서 그가 직접 보고 또 기대했던 실천)의 관점에서 그 선교를 확대해나가고 심화시키는 수단이라고 할 수 있다.[27]

바울의 다른 서신들에 관한 장이 없다는 사실은 그 서신들에 선교적인 측면이 결여되어 있다는 것을 의미하지 않는다. 그보다는 이

---

26 나는 Elaine Enns와 Ched Myers처럼 선교에 관한 바울의 신학화 작업에 대해 책을 집필할 만큼 지식과 경험이 없음을 고백한다. 그들의 저서 *Ambassadors of Reconciliation*, vol. 2: *Diverse Christian Practices of Restorative Justice and Peacemaking* (Maryknoll, NY: Orbis, 2009)을 참조하라. 또한 다양한 방식으로 바울의 선교적 정신을 구현하려는 교회들의 시도에 대한 간략한 묘사에 관해서는 Lois Y. Barrett et al., *Treasure in Clay Jars: Patterns in Missional Faithfulness* (Grand Rapids: Eerdmans, 2004)를 참조하라.

27 이 문장은 Walter Rauschenbush의 명작인 *A Theology for the Social Gospel* (New York: Macmillan, 1917; repr. Louisville: Westminster John Knox, 1997)을 의도적으로 암시한다. 물론 내가 그 책이 주장하는 것과 그 책이 사용되어온 방식을 무조건 다 받아들이는 것은 아니지만 말이다.

책에서 다룬 서신들은 내가 수년간 심도 있게 탐구함으로써 무언가 구체적으로 내놓을 수 있다는 의미일 것이다.

복음 구현하기: 기대, 참여, 선교

바울에 관한 나의 모든 책과 마찬가지로 이 책은 1세기 문맥 안에서 초기 기독교 공동체를 대하는 바울과 그의 서신을 기독교 경전으로 읽는 우리에게 주어지는 지속적인 의미를 해석하는 데 그 목적을 두고 있다. 톰 라이트(N. T. Wright)는 이 책의 정신을 다음과 같이 암묵적으로 드러낸다. 그는 복음의 "진리"가 "치명적으로 왜곡되지 않으려면"

> 하나님의 복음이 바울의 시대뿐 아니라 오늘과 내일도…예수가 그러셨던 것처럼 혈과 육이 되어야만 한다. 예수 그리스도 안에서 미처 준비되지 못한 세상 앞에서 드러난 것은 예수 그리스도를 믿는 자들이 성령을 따라 살면서 복음을 삶과 말로 이 세상에 선포하는 가운데 계속해서 반복적으로 드러나야 한다.[28]

그렇다. 복음은 교회 안에서, 그리고 교회로서 혈과 육이 되어야만 한다. 이 말은 교회가 복음이 되어야 한다는 말과 같다. 우리는 1장에서 "구원"에 관해 논의할 것이지만, 존 웨슬리(John Wesley)가 제시한

---

[28] N. T. Wright, *What Saint Paul Really Said: Was Paul of Tarsus the Real Founder of Christianity?* (Grand Rapids: Eerdmans, 1997), 165.

구원의 정의는 그리스 교부들과 그들의 참여 및 신성화 신학에 많은
영향을 받았다. 그의 구원의 정의는 여기에 인용할 만한 가치가 있다.

나는 구원이 지옥으로부터 간신히(저속한 의미에서) 구원을 받거나 혹은
천국에 가는 것이 아니라, 죄로부터 지금 구원을 받는 것, 본래의 건강함,
곧 본래의 순수함으로 그 영혼이 회복되는 것, 신적 성품이 회복되는 것,
의와 참된 거룩함과 정의와 긍휼과 진리로 하나님의 형상을 따라 우리의
영혼이 갱신되는 것을 의미한다고 생각한다.[29]

오늘날 우리는 이와 동일한 표현을 사용하지는 않지만, 웨슬리가
서술하듯이 하나님을 닮은 정의와 긍휼과 진리를 가져다주는 영적 갱
신은 하나님과만 함께하는 공동체보다는 그리스도 안에서 하나님의
정의와 긍휼과 진리를 이 세상에서 구현하고 증언하며 사는 공동체를
염두에 두고 있다.[30]

일각에서는 구원에 대한 바울의 이해가 기대(anticipation)와 참여

---

29 Gerald R. Cragg, ed., *The Works of John Wesley, Vol. 11: A Farther Appeal to Men of Reason and Religion and Certain Related Open Letters* (Nashville: Abingdon, 1987), 106, para. 1.3. Randy L. Maddox는 이것을 Wesley의 "구원에 대한 특유한 정의"라고 부른다("John Wesley and Eastern Orthodoxy: Influences, Convergences, and Differences," *Asbury Journal* 45 [1990]: 29-53; 여기서는 39).

30 Charles Wesley가 작사한 찬송가 가사는 이 주제에 고도의 그리스도론적인 의미를 부여한다. 예수여, 우리는 당신을 따릅니다./ 모든 것에 당신의 발자취를 따라/ 우리의 높아지신 머리인 당신을/ 완전히 닮기를 갈망합니다.// 우리는 당신의 탄생으로 태어나고/ 당신의 슬픔과 상실을 지탱하며/당신의 가난함, 수치, 조롱에 참여하고/당신의 십자가 위에서 죽습니다.// 당신의 죽음으로 세례를 받아/ 당신의 살리시는 영이 숨 쉴 때까지/ 우리는 당신의 은혜 안에 잠겨/ 마지막 구원으로 나아갈 때까지// 당신이 말씀하시기를 내가 있는 곳에/ 나의 종도 있을 것이다/ 주여, 우리가 전하는 인사요/ 우리는 당신과 더불어 살기 위해 죽습니다(이것은 웨슬리 찬송가 130장으로서 성만찬에 관한 찬송이다. 나는 이 찬송을 나에게 알려준 Phil Hamner 목사에게 감사한다).

(participation)라는 두 단어로 요약될 수 있다고 제안한다.[31] 우리는 이 두 단어를 하나로 묶어 **기대적 참여**라고 부를 수 있겠다. 바울은 예수의 초림, 죽음, 부활, 승귀를 예언자들이 약속한 평화와 정의와 구원의 시대—장차 올 세대 혹은 새 창조—의 도래로 이해한다. 물론 "이 세대"—죄와 사망의 시대—는 **파루시아** 혹은 그리스도의 재림 때까지 지속될 것이다. 그러므로 바울 해석자들은 이러한 현상을 두 세대의 "중첩"이라고 부른다(고전 10:11을 보라). 우리는 이 사실을 다음과 같이 도표로 표현할 수 있다.[32]

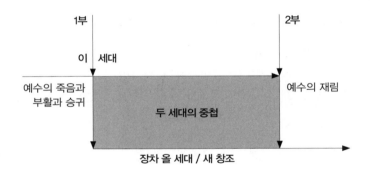

하나님의 새 창조는 그리스도 안에서 성령의 능력으로 시작되었고, 비록 완전히 도래하지는 않았지만, 사실 구원은 이미 우리가 참여하고 있는 현재적 실재다. 바울은 "우리가 소망으로 구원을 얻었다"라고 주장하면서 이 실재의 핵심을 간결하게 표현한다(롬 8:24).

---

31   Marianne Meye Thompson, *Colossians & Philemon, Two Horizons New Testament Commentary* (Grand Rapids: Eerdmans, 2005), 69(Leander Keck을 암시하며).

32   이 그림은 Michael J. Gorman, *Reading Paul* (Eugene, OR: Cascade, 2008), 60에서 발췌한 것이다.

            삶으로 담아내는 복음

기대적 참여는 그리스도를 닮은 사랑, 샬롬, 하나님 및 다른 사람들과의 화해, 회복시키는 정의가 넘쳐나는 새 창조가 현재 성령의 능력을 따라 십자가에 달리시고 부활하신 하나님의 메시아 안에 사는 자들 가운데 펼쳐질 것이라는 뜻이다. 다시 말하면 평화, 사랑, 정의는 단순히 소망의 대상이 아니라 지금 구현되어야 하는 것이다. "하나님의 나라는…오직 성령 안에 있는 의[또는 정의]와 평강과 희락이라"(롬 14:17).[33] 그리고 이 관계적 실재들—사랑, 평화/화해, 정의—은 선교적이다. 이 실재들은 자기중심적이기보다는 자신의 삶과 세상의 삶에—바울의 표현을 빌리자면 현재 멸망하는 자들의 삶에—모두 관심을 두는 공동체가 형성되는 것을 장려한다.[34] J. 크리스티안 베커(J. Christiaan Beker)는 바울에게 있어 "교회의 소명은 영생을 위한 자기보존이 아니라 하나님의 최후의 승리의 때에 이 세상의 변화를 이룰 확실한 소망을 품고 이 창조세계를 섬기는 것이다. 이 소명이 제대로 이루어지지 않는다면 이 세상의 구속을 바라는 교회의 탄식(롬 8:19-21)은 단순히 교회의 미약한 속삭임에 불과할 것"이라고 말한다.[35] 교

---

33 롬 14장의 문맥은 이러한 주장을 사랑이라는 틀 안에 배치한다(롬 14:15). N. T. Wright 의 저서 *Kingdom New Testament: A Contemporary Translation* (New York: HarperOne, 2011)은 롬 14:17의 *dikaiosynē*를 "의"(righteousness)로 번역하기보다는 "정의"(justice)로 번역한다.

34 다른 곳에서 나는 바울 및 다른 신약성서 저자들의 영성이 궁극적으로 구심적이라기보다는 원심적이라고 지적한 바 있다. 참조. Michael J. Gorman, "The This-Worldliness of the New Testament's Other-Worldly Spirituality," in *The Bible and Spirituality: Exploratory Essays in Reading Scripture Spiritually*, ed. Andrew T. Lincoln, J. Gordon McConville, and Lloyd K. Pietersen (Eugene, OR: Cascade, 2013), 151-70 (154). 우리가 곧 살펴보겠지만, 바울은 선교를 구심적인 활동과 원심적인 활동을 모두 포함하는 것으로 본다. 바울의 멸망하는 것에 관한 표현에 대해서는 예컨대 롬 2:12; 고전 1:18; 고후 2:15; 4:3; 살후 2:10 등을 참조하라. 멸망보다 더욱 강한 표현은 엡 2:1, 5; 5:14에서 사용된 죽은 상태 (deadness)다.

35 J. Christiaan Beker, *Paul the Apostle: The Triumph of God in Life and Thought* (Philadelphia:

회는 예수의 죽음과 부활에 의해 출범했고 바울에 의해 선포된 "새 시대의 도래"다.[36] N. T. 라이트도 바울이 "교회를 단지 현재 우리가 살고 있는 세계의 대안, 곧 도시 생활에 지친 이들을 위한 시골의 작은 집으로서가 아닌 장차 도래할 세계의 원형으로서의 작은 세계, 곧 **소우주**(microcosmos)로 보았다"고 말한다.[37] 또한 라이트는 장차 올 세계는 새 창조, 곧 하늘과 땅의 결합 혹은 화해라고 지적한다.[38]

다시 말하면 바울이 교회가 복음을 구현하고 복음이 되기를 기대하기 때문에 교회의 정체성은 본질적으로 선교적이라는 것이다. 우리는 이 책의 나머지 부분에서 이러한 선교적·기대적 참여의 다양한 측면을 탐구할 것이다.

이 책의 주요 주장 중 하나는 이 세상에서 더불어 사는 교회의 삶과 교회의 활동 혹은 증언이 서로 불가분의 관계에 있다는 것이다. 마이클 배럼(Michael Barram)이 설득력 있게 주장한 바와 같이, 바울에게 있어 이 둘은 서로 분리될 수 없었으며 둘 다 하나님의 선교의 일부였다.[39] 철학적으로 이 사실은 존재와 행동의 불가분성으로 묘사될 수 있

Fortress, 1980), 313, 327.

36   "새 시대의 도래"라는 표현은 Beker의 것이다(*Paul the Apostle*, 303-27).

37   Wright, *Paul and the Faithfulness of God*, 1492.

38   Wright는 동일한 문맥에서(*Paul and the Faithfulness of God*, 1493-94) 다음과 같이 말한다. "바울의 사도로서의 사역은 소위 성막 짓기, 성전 건축이었다.…다시 말하면 그는 하늘과 땅이 서로 만나 **화해**하는 '장소들'—사람들을 개인적으로 그리고 집단적으로—로 탄생시키는 것을 자신의 소명으로 본 것이다. '하나님은 메시아 안에서 세상을 자기와 화목하게 하셨다.' 메시아는 자신의 희생을 통해 하늘과 땅이 만나 화해를 이룬 새 성전이다. 바울의 소명은 이 사건이 이미 일어났음을 알리고…따라서 이 성전 모양의 사명을 전 세계로 확대시키는 것이었다. 이것이 성경에서 간혹 갑작스럽게 이교도들이 참된 하나님을 예배하기 위해 무리를 지어 예루살렘으로 몰려오는 모습에 상응하는 것이었다."

39   특히 그의 *Mission and Moral Reflection in Paul*, Studies in Biblical Literature 75 (New York: Peter Lang, 2006)를 보라.

다. 우리는 우리가 신뢰를 잃은 사람이나 기관 또는 진실성이 결여된 사람이나 단체가 공적 여론의 장에서 어떠한 존경심이나 영향력을 행사하지 못하는 것을 볼 때 이 원리에 담긴 진리를 새삼 매일의 삶 속에서 확인한다. 그리스도인들은 예수가 죽기 전에 했던 기도를 통해서도 이 진리에 대해 잘 알고 있다. 그는 그의 제자들이 자신과 아버지 그리고 서로 하나가 되기를 위해 기도했다. 왜 그랬을까? 그 이유는 아들의 삶과 죽음 안에서 시행된 아버지의 구원 사명에 대한 그들의 증언을 이 세상이 그렇게 받아들이도록 하기 위함이었다(요 17:20-23).

이 모든 것을 포괄적으로 나타내는 표현을 찾는 일은 결코 쉽지 않다. 이것을 이분법적으로 "목회적"(pastoral)과 "선교적"(missional)으로 구분하는 것은 적절치 않다. 왜냐하면 그리스도 안에서 교회가 형성되는 것은 하나님의 선교의 일부이기 때문이다. "목회적 돌봄"(pastoral care) 혹은 "영적 돌봄"(spiritual care)과 "전도"(evangelism) 혹은 "복음화"(evangelization)로 구분하는 것도 바울이 말하고자 했던 것과는 어딘가 모르게 간극이 있어 보인다. 한편으로 비록 로마 그리스도인들이 이미 신자임에도 불구하고 바울은 그들에게 복음을 선포하는 것—즉 그들에게 복음을 전하는 것—에 관해 이야기할 수 있었다(롬 1:15). 아울러 바울은 빌립보서에서 교회의 영적인 삶, 곧 공동체가 사랑으로 하나가 되는 것이 복음에 합당한 삶의 방식이며, 또한 이 세상에서 행해지는 그들의 공동체적 증언의 본질이라고 지적한다(빌 1:27-2:16).

어쩌면 "내부를 향한 여정"(inward journey)과 "외부를 향한 여정"(outward journey)과 같은 표현이 더 유용할 수도 있겠다. 물론 이 두 용어가 (이상적으로) 서로 연결되어 있다 하더라도 서로 다른 두 여정

이 존재한다는 전제를 배제한다면 말이다. 완벽한 표현을 찾을 수 있다는 희망을 모두 접고 나는 필요할 때마다 교회의 "내적 초점"과 "외적 초점"으로 구분하기로 했다. 이 표현은 두 여정 혹은 분리된 두 교회의 "삶"이 아니라 하나로 연합된 존재를 드러낸다. 또한 이 두 표현은 실제의 삶의 역동성을 나타낸다. 공동체는 이 두 가지가 서로 불가분의 관계임을 잊지 않으면서도 때로는 그 공동체의 내적 현실에 초점을 맞추기도 하고, 때로는 외적 현실에 초점을 맞추기도 해야 한다.

따라서 나는 교회 지도자들과 공동체들에 의해 시행되는 이 연합된 하나님의 선교와 이를 돌보는 일을 묘사하는 데 "구심적"(밖에서 중심을 향해 움직이는)과 "원심적"(중심에서 밖을 향해 움직이는)이라는 두 용어를 사용하는 것이 적절하다고 생각한다.[40] 이 용어는 각기 에너지

40 　비록 나는 선교학자는 아니지만, 나는 때로는 이 용어들이 선교학자들에 의해 사용되어 왔고, 그들 역시 어느 정도 비판을 받아왔다는 것을 알고 있다. 간략한 신학적 개관을 보려면 David W. Congdon, "Missional Theology: A Primer," at http://www.academia.edu/185132/Missional Theology A Primer, 9를 보라. Congdon은 예배(구심적)와 선교(원심적)의 차이를 구분한다. 하지만 나는 비록 예배가 전적으로는 아니지만 근본적으로 구심적이라는 데에 동의하지만, 이 둘 다 하나님의 선교에 참여하는 것과 선교적 존재의 일부가 되는 것을 가리킨다고 본다. 나는 Congdon의 다음과 같은 주장에 전적으로 동의한다. "우리는 우리 교회론[교회에 대한 이해]에 이 두 움직임[구심적과 원심적]이 모두 필요하다. 둘 중 어느 하나를 우선시하는 시각은 교회에 대한 편향적인 교리를 낳을 것이며 존재와 행동 간의 관계에 대한 오해를 반영한다.…'중심'이 지상의 교회 공동체에 위치하는 한, 구심적인 힘과 원심적인 힘은 모두 중심이신 그리스도에 의해 지배되고 통제될 것이다. 그러나 심지어 우리의 '중심'이 그리스도와 그의 통치가 된다 하더라도 우리는 마치 우리가 예배와 찬양으로 그에게 나아오듯이 여전히 그의 대사로서 선교에 보냄을 받을 것이다." 성경 본문과 연관된 용어들의 사용에 관해서는 예를 들어 사도행전에 나타난 내러티브의 역동성을 묘사하기 위해 이 용어들을 사용하는 Robert L. Gallagher and Paul Hertig, "Introduction: Background to Acts," in *Mission in Acts: Ancient Narratives in Contemporary Context*, ed. Robert L. Gallagher and Paul Hertig, American Society of Missiology Series 34 (Maryknoll, NY: Orbis, 2004), 2-17 (인용은 9-10)을 보라. 나는 이 용어들을 내가 바울 서신에서 발견되는 역동성을 묘사하는 데 편리한 방식(내 견해로는 다른 방법보다 덜 문제가 되는)으로 사용하고 있다. 물론 나는 (1) 이 용어들을 어떤 특정 선교학자들이 사용하는 방식과 완전히 동일한 방식으로 사용한다고 주장하거나 또는 (2) 기독교 선교와 관련된 모든 문제들에 있어 그들의 무비판적 사용을 지지하지 않는다.

와 활동을 암시하고, 정적인 현실보다는 역동적인 현실을 암시한다. 또한 이 두 용어는 다 같이 이러한 활동과 에너지가 흘러나오고 흘러들어가는 단 하나의 중심을 암시한다. 나는 이렇게 지속적으로 안으로 들어갔다 나왔다 하는 역동적 관계가 바로 바울이 인지했던 교회의 본질이라는 생각이 든다. 이러한 교회의 구심적인 활동은 그 중심을 교회 활동의 최종적 목표로 두지 않고, 오히려 언제나 다시 반대 방향으로 풀어 원심적인 활동으로 되돌리는 데 그 목표를 둔다. 이와 마찬가지로 교회의 원심적인 활동도 궁극적으로는 방향을 중심을 향해 재편성하고 재조정한다. 이는 다시 한번 되풀어 바깥으로 이동할 수 있기 위함인 것이다. 나는 이것이 어떤 핵심 포인트에서 바울을 제대로 읽을 수 있는 한 방법이라고 생각한다. 바울은 교회의 내적인 삶과 공적인 증언 모두에 있어 교회의 온전함(integrity)을 주장한다. 왜냐하면 각기 서로의 요구를 만족시켜주기 때문이며 궁극적으로 둘은 우리가 앞으로 곧 보게 되겠지만 하나이기 때문이다.

이러한 서론적 관점을 장착한 상태에서 이제 우리는 바울에 관한 근본적인 질문을 하나 던지고자 한다. 바울은 과연 하나님의 선교에 관해 어떻게 생각하고 있었으며, 자기 자신과 다른 이들이 하나님이 추진하는 프로젝트에 참여하는 것에 관해 마음속에 어떤 그림을 그리고 있었을까?

1장

바울과 하나님의 선교

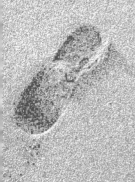

윌러드 스와틀리(Willard Swartley)는 20세기의 위대한 신약학자 중 일부가 "바울의 사고의 중심에는 선교에 대한 비전"이 있다고 제안했음을 인정한다.[1] 만약 스와틀리와 이 학자들이 옳다면(나는 그들이 옳다고 믿는다), 바울을 "선교적으로"(missionally) 읽는다는 것은 우리에게 무엇을 의미하는가? 이 질문에 답하기 이전에 우리는 먼저 이 질문 자체를 분석할 필요가 있다. 이 질문을 이해하는 데는 최소한 두 가지 방법이 있다.

첫째, 우리는 이 질문을 "만약 우리가 바울 서신을 초기 기독교의 흥미진진한 역사적·사회적 상황을 보는 수단으로 혹은 그 서신의 놀라운 문학적·수사학적 특성들을 보기 위해서 혹은 심지어 기독교 신학의 여러 측면에 끼친 특별한 공헌 때문이 아니라, 이 세상에서 행하시는 하나님의 선교에 대한 바울의 비전을 보여주는 증거로서, 그리고 그를 비롯해 그의 동료들과 교회들이 그 선교에서 어떤 역할을 수행하는지를 보기 위해 읽는다면 우리는 과연 그 안에서 무엇을 발견할 것인가?"라는 의미로 해석할 수 있을 것이다. 이 질문을 이런 방식으로 이해한다는 것은 몇몇 중요한 전제를 수반한다. 즉 바울은 하나님이 이 세상을 향해 어떤 사명(선교)을 가지고 계셨다는 것과 특히 그와 그의 동료들뿐 아니라 그가 세웠던 그리고/혹은 "목회했던" 교회들도 이

---

1   Willard M. Swartley, *Covenant of Peace: The Missing Peace in New Testament Theology and Ethics* (Grand Rapids: Eerdmans, 2006), 195. 그는 Johannes Munck, Oscar Cullmann, Krister Stendahl 등을 언급한다.

사명(선교)에 참여하도록 부르심을 받았다는 것을 믿었다는 것을 전제한다. 이러한 전제들을 받아들인다면(어쩌면 이 전제들이 적어도 개연성이 있는 것임을 논증한 후에) 우리는 이 질문에 대한 명시적인 답변과 암묵적인 답변을 분별하는 작업으로 나아가야 할 것이다. 그럼에도 이것은 여전히 기본적으로 바울이 무엇을, 왜, 언제, 그리고 누구에게 말했는지를 파악하는 역사적·석의적 작업이 될 것이다. 이 작업은 오늘날 기독교 선교를 위한 여러 함의를 **반드시** 담고 있을 필요는 없지만, 그럴 수도 있다.

둘째, 우리는 이 질문("바울을 '선교적으로' 읽는다는 것은 무엇을 의미하는가?")을 "바울 서신을 기독교의 경전, 곧 교회를 향한 하나님의 말씀으로 읽는 우리들에게 오늘날 **우리가** 처한 상황 속에서 이루어지고 있는 하나님의 선교(missio Dei)에서 **우리가** 담당해야 할 역할은 무엇인가?"라는 의미로 해석할 수 있다. 이 질문을 이런 방식으로 이해한다는 것은 또한 몇몇 중요한 전제를 수반한다. 즉 바울은 하나님이 이 세상을 향해 어떤 사명을 가지고 계셨다는 것을 믿고 있었을 뿐 아니라 그 사명(선교)에 대해 그가 가지고 있던 그의 이해 또한 **옳았다는** 것을 전제한다. 또한 이 질문을 이런 방식으로 해석하는 것은 교회가 하나님의 선교에 있어서 담당할 역할이 있다는 것과 그 역할은 바울 서신의 연구를 통해 어느 정도 파악될 수 있다는 것을 전제한다. 희망을 가지고 주의 깊은 석의에 근거를 둔 작업을 진행한다면 이와 같은 탐구는 훨씬 더 해석학적인 과제가 될 것이다.

이 질문에 대한 이 두 가지 해석(그리고 바울을 선교적으로 읽는 개념에 대한 두 해석)은 반드시 상호 배타적일 필요는 없다. 그렇지만 이 둘을 서로 분리시키는 것은 분명히 가능하다. 사실, 혹자는 두 번째 질문(해석학적)을 다루지 않고도 첫 번째 질문(역사적, 석의적)을 얼마든지 탐구할 수 있다. 또한 혹자는 바울 서신이 하나님의 선교에 있어 1세기 교회들이 담당해야 할 역할에 대해 거의 언급하지 않는다고 결론내릴 수도 있다. 그 이유는 오늘날 이들이 그러한 선교의 역할을 여전히 교회, 즉 모든 그리스도인에게 부여하면서도 1세기 교회의 정황에서는 그 역할이 오직 사도들과 다른 사역자들에게만 국한되어 있었다고 주장하기 때문이다.

이 책의 주장은 "바울을 '선교적으로' 읽는다는 것은 무엇을 의미하는가?"라는 질문에 대한 이 두 가지 이해가 서로 보완적일 수 있으며, 또한 보완적이어야 한다는 것이다. 사실 우리가 바울 서신에서 하나님의 선교에 대한 증거를 찾을 때 우리는 이미 해석학적 질문을 던지고 있다는 것이 내 생각이다. 그것은 본질적으로 신학적인 탐구다. 이것은 두 가지 중요한 의미를 담고 있다. 첫째, 이것은 역사적·석의적 질문들과 답변들이 이미 해석학적 의미를 담고 있음을 의미한다. 우리는 그 대답들에 대한 함의가 어떤 것인지 정확하게 알 수 없을 수도 있지만, 그 안에 함의가 담겨 있다는 사실은 확실히 알고 있다. 다시 말하면 우리는 그러한 함의를 개인적으로, 그리고 공동체 안에서 이끌어내기 위해 시간과 공간이 필요할 수는 있지만, 그러한 질문들을 단순히 제기하는 것만으로도 이미 이 해석학적 과정에 동참한 것이다. 이 책에서 나는 우리가 얻게 될 답변이 더 많은 질문을 제기할 것이며, 신중하게 검토된 "적용"을 위해 보다 정확한 해석을 요구할 것을 전제한다. 그러나 이 책은 그러한 질문에 대한 답변을 모두 제시하지는 않을 것이다. 왜냐하면 그것은 불가능하기 때문이다.

둘째, 바울을 선교적으로 읽기에 대한 석의적 접근과 해석학적 접근의 상보성(complementarity)은 바울의 원래 비전과 의도를 넘어서도 바울 서신을 적절하게 해석할 수 있는 방법들이 존재함을 의미한다. 예를 들어 우리는 석의적·역사적 탐구를 통해 바울 서신에서 교회들과 비(非)사도적인 인물들에게 주어진 매우 제한적이거나 혹은 단지 암묵적인 선교 역할을 발견할 수도 있다. 혹 우리는 초창기 그리스도인들이 그 당시 그들이 몸담고 있던 사회에서 상대적으로 소외되어 있거나, 심지어 감추어진 위치에 있었기 때문에 그들에게 주어진 암묵적 혹은 명시적인 선교 사명을 완전히 수행할 수 없었다는 것을 인식할 수도 있다. 나는 내가 이러한 여러 가능성을 결론으로 제시하지 않는다는 것을 독자들이 주지하길 바란다. 오히려 나의 요점은 우리가 오늘날 기독교 선교를 생각할 때 바울의 교회들이 담당했던(혹은 담당하지 않았던) 그 어떤 선교적 역할을 확대 적용할 만큼 타당한 신학적 이유들이 있다는 것이다. 어떤 한 상황(예를 들어 1세기 고린도나 로마에서의 평화 유지)에 국한되거나 암시되었던 것이 다른 상황에서는 적절하게 확대 적용될 수 있다. 우리는 바로 이러한 실제적인 가능성을 일종의 선교적 궤적, 즉 교회가 하나님의 선교에 동참하는 암묵적인 운동이라고 부를 수 있다.

이러한 다소 이론적인 이슈들은 바울과 그의 서신을 선교적으로 해석하는 것에 대해 기본적으로 네 가지 질문을 제기하도록 만든다. (1) 하나님의 선교에 대한 바울의 비전은 무엇이었는가? (2) 이 하나님의 선교에 있어 교회들의 역할에 대한 바울의 전반적인 이해는 무엇이었는가? 그들은 단순히 수혜자(다소 수동적 의미로 "신자들")였는가 아니면 그들도 그 일에 참여한 자들인가? (3) 참여는 선교를 전제하는가? (4) 선교적 해석학이라는 신학 분과의 발전은 우리가 바울 서신을 어떻게 우리의 상황에 맞게 읽고 사용할 수 있는지 숙고할 수 있도록 돕는가?

하나님의 선교

하나님은 이 세상에서 무슨 일을 하고 계시는 것일까? 하나님의 선교(*missio Dei*)는 무엇인가?

바울에게 이 질문에 대한 답변은 명확하다. 즉 이 세상에 구원을 가져다주는 것이다.[2] "내가 복음을 부끄러워하지 아니하노니, 이 복음은 모든 믿는 자에게 구원을 주시는 하나님의 능력이 됨이라. 먼저는 유대인에게요, 그리고 헬라인에게로다"(롬 1:16). 이 구원의 수단은 하나님의 아들이자 이스라엘의 메시아이며 이 세상의 참된 주님이신 예수 그리스도의 죽음과 부활이다. 이것은 복음, 곧 좋은 소식이다. 이 구원이 세상에 **전달되는** 방식은 이 좋은 소식을 말과 행동으로 선포하는 것이다. 또한 구원을 **받아들이는** 방식은 지적 동의라는 의미에서의 **믿음**이 아니라 온전한 **참여**, 즉 신념과 성품 및 공동체적 소속감의 총체적인 변화라는 의미에서의 믿음으로 가장 잘 묘사된다. 이것은 바울이 이 참여적인 삶을 가리켜 가장 근본적인 방식으로 표현한 "그리스도 안에" 거한다는 것, 즉 구원 자체를 의미한다.

[14]그리스도의 사랑이 우리를 강권하시는도다. 우리가 생각하건대, 한 사

---

2   우리가 곧 지적하겠지만, 로마서 8장에 의하면 이것은 전 우주를 가리킨다.

람이 모든 사람을 대신하여 죽었은즉, 모든 사람이 죽은 것이라. [15]그가 모든 사람을 대신하여 죽으심은, 살아 있는 자들로 하여금 다시는 그들 자신을 위하여 살지 않고, 오직 그들을 대신하여 죽었다가 다시 살아나신 이를 위하여 살게 하려 함이라. [16]그러므로 우리가 이제부터는 어떤 사람도 육신을 따라 알지 아니하노라. 비록 우리가 그리스도도 육신을 따라 알았으나, 이제부터는 그같이 알지 아니하노라. [17]그런즉 누구든지 그리스도 안에 있으면 새로운 피조물이라. 이전 것은 지나갔으니, 보라! 새 것이 되었도다(고후 5:14-17).

우리는 참여를 통한 갱생이라는 의미의 이 구원 개념으로 다시 돌아올 것이다. 그러나 우리는 그 이전에 하나님의 선교를 좀 더 면밀하게 살펴볼 필요가 있다. 하나님이 이 세상에서 실현하고자 하셨던 이 구원의 본질은 과연 무엇인가?

바울에 의하면 하나님은 죄와 사망의 권세로부터 인간을—사실은 온 우주를—해방시키는 사명을 수행하고 계신다. "이는 그리스도 예수 안에 있는 생명의 성령의 법이 죄와 사망의 법에서 너를 해방하였음이라"(롬 8:2). 이러한 해방의 온전한 의미는 우리가 이제 확신을 가지고 소망할 수 있는, 그리고 소망해야만 하는 어떤 미래적 실재다. 그것은 예언자들이 약속한 새 창조와 전혀 다를 바가 없다. "그 바라는 것은 피조물도 썩어짐의 종노릇한 데서 해방되어 하나님의 자녀들의 영광의 자유에 이르는 것이니라"(롬 8:21). 그러나 하나님은 지금도 장차 올 영광스러운 미래의 맛보기로서 죄를 물리치고 생명을 주시는 그의 아들의 죽음과 부활을 통해 인류를 죄와 사망으로부터 해방시키기 위해 일하고 계신다. 이것이 바로 미래의 일이 현재에 이루어지는 새 창조인 것이다.

　　우리는 바울을 서구적·개인주의적 렌즈로 읽지 않는 것이 중요하다. 하나님은 궁극적으로 온 인류와 온 우주를 위해 일하신다(롬 8:18-25). 현재에도 하나님의 사명(선교)은 개인만을 위하기보다는 그 이상을 위한 것이다. 비벌리 가벤타(Beverly Gaventa)에 의하면 하나님의 사명은 "이 세상을 죄와 사망의 세력으로부터 구출해냄으로써 재창조된 인류―유대인과 이방인―가 한 공동체로서 자유롭게 하나님을 찬양하도록 하시는" 사역이다.[3] 따라서 하나님은 이러한 해방적이며 변혁적인 실재에 지금―비록 비완성적이며 불완전하더라도―참여하는 다양한 다문화적·사회경제적 공동체("교회")의 국제적 관계망을 구축하고 계신다. "그러나 내가 너희로 다시 생각나게 하려고 하나님께서 내게 주신 은혜로 말미암아 더욱 담대히 대략 너희에게 썼노니, 이 은혜는 곧 나로 이방인을 위하여 그리스도 예수의 일꾼이 되어 하나님의 복음의 제사장 직분을 하게 하사, 이방인을 제물로 드리는 것이 성령 안에서 거룩하게 되어 받으실 만하게 하려 하심이라"(롬 15:5-6). 그들은 참되신 하나님 한 분을 예배하고 그의 아들 예수를 유일하게 참되신 주로 고백한다. 그들은 아버지와 아들의 영이신 성령의 능력을 통해 십자가에서 드러난 하나님의 자신을 내어주는 사랑을 본받는 삶을 살며 그들이 참여하는 현재와 미래의 실재들에 대한 증인으로

3　Beverly Roberts Gaventa, "The Mission of God in Paul's Letter to the Romans," in *Paul as Missionary: Identity, Activity, Theology, and Practice*, ed. Trevor J. Burke and Brian S. Rosner, Library of New Testament Studies 420 (London: T. & T. Clark, 2011), 65-75 (여기서는 65-66). Gaventa는 로마서를 가리키고 있지만, 이 주장은 바울 서신 전체에도 동일하게 적용된다. 죄과 사망, 그리고 인류와 우주의 구원의 관계에 대해서는 Beverly Roberts Gaventa, ed., *Apocalyptic Paul: Cosmos and Anthropos in Romans 5-8* (Waco, TX: Baylor University Press, 2013)을 참조하라.

살아간다. 이 공동체들은 예언자들에 의해 이미 약속되었던 새 언약의 백성으로서(예. 렘 31:31-34; 겔 34:25; 37:26) 예수의 죽음으로 인해 시작되었고(고전 11:23-36) 성령에 의해 현실화되었다(고후 3:6). 이 백성은 이미 종말론적 완성을 내다보며 새 창조에 참여하고 있다(갈 6:15; 고후 5:17).

바울은 이러한 구원의 포괄적인 비전에 목소리를 싣기 위해 많은 단어와 이미지를 사용한다. 구원, 해방, 형성, 새 창조 외에도 그는 평화, 화해, 칭의 등—우리는 나중에 이 책에서 이것들을 다양한 방식으로 다룰 것이다—에 관해서도 이야기한다. 아울러 서론("초대")에서 언급한 바와 같이 바울이 명시적으로 사용하지는 않지만, 구원을 적절하게 묘사해주는 다양한 용어와 은유도 등장한다. 이 중 하나—일종의 "우산 용어"라고 할 수 있는 매우 중요한 용어—가 바로 참여다.[4]

---

4   참여에 대한 새로운 관심은 E. P. Sanders, *Paul and Palestinian Judaism* (Philadelphia: Fortress, 1977)에 의해 촉발되었다. 이 주제에 대한 훌륭한 개관은 James D. G. Dunn, *The Theology of Paul the Apostle* (Grand Rapids: Eerdmans, 1998), 390-441을 참조하라. 특히 Daniel G. Powers, *Salvation through Participation: An Examination of the Notion of the Believers' Corporate Unity with Christ in Early Christian Soteriology*, Contributions to Biblical Exegesis and Theology 29 (Leuven: Peeters, 2001); Richard B. Hays, *The Faith of Jesus Christ: The Narrative Substructure of Gal. 3:1-4:11*, 2nd ed. (Grand Rapids: Eerdmans, 2002 [orig. 1983]), 특히 "Participation in Christ as the Key to Pauline Soteriology" (xxix-xxxiii) S. A. Cummins, "Divine Life and Corporate Christology: God, Messiah Jesus, and the Covenant Community in Paul," in *The Messiah in Old and New Testaments*, ed. Stanley E. Porter (Grand Rapids: Eerdmans, 2007), 190-209; Robert C. Tannehill, "Participation in Christ," in *The Shape of the Gospel: New Testament Essays* (Eugene, OR: Cascade, 2007), 223-37; Douglas A. Campbell, *The Quest for Paul's Gospel: A Suggested Strategy* (London/New York: T. & T. Clark, 2005); Douglas A. Campbell, *The Deliverance of God: An Apocalyptic Rereading of Justification in Paul* (Grand Rapids: Eerdmans, 2009); David L. Stubbs, "The Shape of Soteriology and the Pistis Christou [Faith of Christ] Debate," *Scottish Journal of Theology* 61 (2008): 137-57; Constantine R. Campbell, *Paul and Union with Christ: An Exegetical and Theological Study* (Grand Rapids: Zondervan, 2012, 『바울이 본 그리스도와의 연합』[새물결플러스 역간]); N. T. Wright, *Paul and the Faithfulness of God*, vol. 4 of Christian Origins and the Question of God (Minneapolis: Fortress, 2013), ch. 10;

바울, 구원, 참여

바울에게 구원이란 분명히 위대한 선물이다. 바울은 "그리스도와 그의 혜택들"에 관해 말하는 것을 주저하지 않는다.[5] 그러나 바울에게 구원의 "혜택들"은 무언가 먼 곳에 있는 것만도 아니고, 오직 미래에 국한되어 있는 것(새 창조를 포함한 "천국" 혹은 다른 종말론적 상급들)만도 아니다. 오히려 구원은 참여를 수반한다. 그러면 바울 서신에서 구원을 참여로 이야기한다는 것은 무엇을 의미하는가? 바울 서신 안에는 최소한 언어학적·신학적으로 서로 연관된 일곱 개의 용어가 공존하는데, 참여가 바울의 신학과 영성에서 차지하는 중심적 역할을 이해하는데 도움을 준다.[6]

첫째, 그리스도와 함께 죽고 다시 사는 것과 그리스도와 합하는 것을 의미하는 **세례의 용어**가 있다.

> [3]무릇 그리스도 예수와 **합하여** 세례를 받은 우리는 그의 죽으심과 **합하여**

Kevin J. Vanhoozer, Constantine R. Campbell, and Michael J. Thate, eds., 'In Christ' in *Paul: Explorations in Paul's Theology of Union and Participation*, WUNT 2 series (Tübingen: Mohr Siebeck, 2014)를 참조하라.

5   Arland J. Hultgren, *Christ and His Benefits: Christology and Redemption in the New Testament* (Philadelphia: Fortress, 1987)에서처럼.

6   여기서 나의 접근법은 이 주제에 대한 Richard Hays의 중요한 소논문인 "What Is 'Real Participation in Christ'? A Dialogue with E. P. Sanders on Pauline Soteriology," in *Redefining First-Century Jewish and Christian Identities: Essays in Honor of Ed Parish Sanders*, ed. Fabian E. Udoh et al. (Notre Dame: University of Notre Dame Press, 2008), 336-51의 것과는 다르지만, 이를 보완한다. Hays는 바울에게 있어 참여는 네 가지 주된 요소, 곧 가족에 속하기, 그리스도와의 정치적 또는 군사적 연대(롬 6장에서처럼), 에클레시아(*ekklēsia*)에 참여하기, 그리스도의 이야기 안에 살기("내러티브에 참여")로 이루어졌다고 말한다. 나는 이것을 바울의 십자가를 본받는 내러티브 영성이라고 부른다.

세례를 받은 줄을 알지 못하느냐? [4]그러므로 우리가 그의 죽으심과 **합하여** 세례를 받음으로 그와 함께 장사되었나니[*synetaphēmen*], 이는 아버지의 영광으로 말미암아 그리스도를 죽은 자 가운데서 살리심과 같이 우리로 또한 새 생명 가운데서 행하게 하려 함이라. [5]만일 우리가 그의 죽으심과 같은 모양으로 연합한 자가 되었으면 또한 그의 부활과 같은 모양으로 연합한 자도 되리라. [6]우리가 알거니와 우리의 옛 사람이 예수와 **함께** 십자가에 못 박힌 것은[*synestaurōthē*], 죄의 몸이 죽어 다시는 우리가 죄에게 종노릇하지 아니하려 함이니, [7]이는 죽은 자가 죄에서 벗어나 의롭다 하심을 얻었음이라. [8]만일 우리가 그리스도와 **함께** 죽었으면, 또한 그와 **함께** 살 줄을[*syzēsomen*] 믿노니(롬 6:3-8. 강조는 덧붙여진 것임).

세례 이미지(즉 물 안으로 들어가는)와 이 본문에 사용된 다양한 영어 전치사는 기독교 교회 및 예수의 이야기—이 세상에서 역사하시는 그의 지속적이며 실존적인 실재—로 들어가는 입교 예식으로서 세례의 참여적 성격을 이해하도록 돕는다. 복음을 믿고 그 믿음을 공적인 세례 행위를 통해 사람들에게 드러내기로 결정한 이들은 그의 죽으심과 **합하여**, 그와 **함께** 세례를 받는다(강조된 단어에 주목하라). 그들은 새 생명 **안에서** 행하기 위해 그의 죽으심과 **합하여** 그와 **함께** 장사된다. 그들은 이미 그의 죽으심과 같은 죽음 **가운데** 그와 **더불어** 연합한 자들이며 그의 부활과 같은 부활 **가운데** 그와 **더불어** 연합될 자들이다. 그들의 옛 사람은 그와 **함께** 십자가에 못 박혔으며 그와 **함께** 죽었고 그와 **함께** 다시 살 것이다.[7] 여기서 주목할 점은 세례 및 세례의

---

7   그리스어는 실제로 영어의 여러 전치사로 번역된 것을 표현하기 위해 여러 전치사, 접두사,

현재적 결과들, 그리고 참여라는 세례의 미래적 소망에 반복적으로 방점이 찍힌다는 것이다. 특별히 우리의 관심을 끄는 부분은 로마서 6장이 그리스도와 합한 세례가 또 다른 무언가와의 새로운 결합—하나님께 자신과 몸과 마음을 드리는 것(참조. 롬 12:1-2) 및 몸의 "지체"를 하나님께 의/정의의 "무기"로 드리는 것(롬 12:13)을 수반하는 하나님과 의에 "종"이 되는 것—을 의미한다는 것을 강조한다는 것이다(롬 6:13-23). "너희 지체를 불의의 무기로 죄에게 내주지 말고, 오직 너희 자신을 죽은 자 가운데서 다시 살아난 자 같이 하나님께 드리며, 너희 지체를 의의 무기로 하나님께 드리라."[8] 이 모든 것은 궁극적으로 참여에는 반드시 행동이 수반된다는 것—이 세상에서 하나님의 (십자가 모양의, 그리스도를 본받는) 무기와 대리인이 되는 것—을 의미한다.

로마서 6장에서와 마찬가지로 바울은 갈라디아서 3:27에서도 "누구든지 그리스도와 합하기(*eis*) 위하여 세례를 받은 자는 그리스도로 옷 입었느니라"고 말한다. 여기서도 전치사(그리스도와 **합하다**, 그리스도로 옷 입다)와 물 안에 잠기고 옷 입는 이미지에 주목하라(나중에 여섯 번째 포인트 참조). 만약 이것이 복음을 믿고 세례 받은 이들에게 일어나는 일이라면, 신앙 혹은 믿음이 지닌 의미가 암묵적으로 지적 동의 혹은 신뢰의 개념에서 참여의 개념으로 이동했음을 의미한다. 즉 한 영역에서 또 다른 영역으로 이동했다는 것이다. 다시 말하면 이것

문법적인 격조사 등을 사용한다. 접두어 "co-"("함께", 그리스어로는 *syn*)의 중요성은 나중에 일곱 번째 포인트에서 논의할 것이다.

8   그리스어 *hopla*, "무기"는 롬 6:13에서 두 번 등장하는데, 이 단어는 NIV와 NRSV와 같이 보통 "수단"으로 번역된다. 그러나 CEB는 "무기"로 번역한다. *hopla*가 "무기"로 번역되는 것이 타당하다고 보는 견해로는 여러 주석과 Hays, "What Is 'Real Participation in Christ'?," 341-43을 참조하라.

을 믿음을 끌어안는 것(embrace)—아니면 그보다 더 나은, 끌어 안김을 받는 것, 또는 감싸이는 것(enveloped)—으로 이해하는 것이다. 이러한 초기 현실은 세례를 받는 순간 이후에도 지속된다. 신자들은 언제나 그리스도 안에 있고, 언제나 그리스도로 "옷 입으며", 어떤 의미에서는 지속적으로 그리스도와 함께 죽으면서도 역설적이게도 그리스도와 함께 산다.

둘째, 바울 서신에는 그리스도와 함께 죽고 다시 사는 것과 그리스도와 합하는 것을 의미하는 **믿음과 칭의라는 평행적 용어**가 있다. 우리는 이미 세례를 통해 죽고 다시 사는 개념이 믿음을 단지 인지적 혹은 감성적인 의미가 아닌 참여적인 경험으로 새롭게 이해하는 것을 암시한다고 지적한 바 있다. 믿음에 대한 이러한 암묵적인 의미는 바울이 칭의에 관해 다루는 갈라디아서 2장에서 보다 더 명시적으로 나타난다. 거기서 바울은 신자들이 그리스도에게 "믿음을 행사했고"(faithed, 갈 2:16) "이신칭의"의 경험 또한 그리스도와 함께 십자가에 못 박히고 그와 함께 부활하는 경험이라고 말한다.

> [16]사람이 의롭게 되는 것은 율법의 행위로 말미암음이 아니요, 오직 예수 그리스도를 믿음으로[혹은 그의 신실하심으로[9]] 말미암는 줄 알므로, 우리도 그리스도 예수를[혹은 그리스도 예수에게로, 그리스어로는 *eis*] 믿었나니, 이는 우리가 율법의 행위로써가 아니고, 그리스도를 믿음으로써

---

9 이 단락은 그리스도를 믿는 믿음 혹은 그리스도의 믿음(신실하심)을 가리키는 것으로 번역될 수 있는 세 개의 그리스어 어구를 포함한다(16절에서 두 번, 20절에서 한 번). 이에 관해서는 고전적 작품인 Richard Hays, *The Faith of Jesus Christ*와 나의 저서인 *Cruciformity: Paul's Narrative Spirituality of the Cross* (Grand Rapids: Eerdmans, 2001), 96-121에 나오는 요약적 주장을 보라.

삶으로 담아내는 복음

[혹은 그리스도의 신실하심으로써] 의롭다 함을 얻으려 함이라. 율법의 행위로써는 의롭다 함을 얻을 육체가 없느니라. [17]만일 우리가 그리스도 안에서 의롭게 되려 하다가…[19]내가 율법으로 말미암아 율법에 대하여 죽었나니, 이는 하나님에 대하여 살려 함이라. [20]내가 그리스도와 함께 십자가에 못 박혔나니[synestaurōmai], 그런즉 이제는 내가 사는 것이 아니요, 오직 내 안에 그리스도께서 사시는 것이라. 이제 내가 육체 가운데 사는 것은, 나를 사랑하사 나를 위하여 자기 자신을 버리신 하나님의 아들을 믿는 믿음으로[혹은 하나님의 아들의 신실하심으로] 사는 것이라(갈 2:16-18a, 19-20).

이 본문에서 우리는 세례와 마찬가지로 믿음이 그리스도"에게로"(into)의 이동을 유발하고(2:16), 칭의(하나님과 올바른 언약적 관계)가 그리스도 "안에서" 발견되며(2:17), 율법에 의한 것이 아닌, 이러한 참여적 믿음에 의한 칭의 과정은 함께 십자가에 못 박힘과, 암묵적으로는 함께 부활함이라는 용어로 묘사될 수 있다는 사실을 깨닫게 된다(2:19-20).[10] 비록 이러한 내용은 이 본문에 대한 전통적인 해석에서는 일반적으로 부각되지 않지만, 세례(개인적인 반응에 대한 공적인 표현으로서의 입문[initiation])와 마찬가지로 이신칭의(복음에 대한 개인적인 반응으로서의 입문)의 다양한 측면으로서는 상당히 타당성이 뛰어나다.[11] 복음을 믿은 이들은 죽었지만, 그럼에도 그들은 또 살아 있다. 즉 그들은 새

---

10 함께 부활한다는 것은 그리스도가 죽었지만 이제는 살아 있는 신자들 안에 살아 계시고 그 안에 거하신다는 주장에 의해 암시된다.

11 이 두 본문(롬 6장과 갈 2장)과 이 본문의 병행 요소에 관해서는 나의 *Inhabiting the Cruciform God: Kenosis, Justification, and Theosis in Paul's Narrative Soteriology* (Grand Rapids: Eerdmans, 2009), ch. 2, 특히 63-79를 보라.

생명으로 다시 일으킴을 받은 것이다. 갈라디아서 2장은 우리가 이미 세례의 관점에서 살펴보았던 것을 이제 이신칭의의 관점에서 이야기한다. 왜냐하면 믿음과 세례는 참여라는 한 동전의 양면이기 때문이다.

셋째, "그리스도 안에" 있다는 표현과 함께 그리스도가 우리 안에 계신다는 표현이 있다. 로마서 6장과 갈라디아서 2장 및 3장은 모두 믿음/세례의 결과인 그리스도 "안에" 있다는 용어를 사용한다. 또한 이미 잘 알려진 바와 같이 "그리스도 안에" 있다는 용어는 믿음의 삶을 표현하는 바울 특유의 표현 방식이다. 이 용어는 그의 서신에서 무수히 등장한다.[12] 우리는 이 용어가 지니고 있는 세 가지 측면에 특별히 주목할 필요가 있다. 이 용어는 극도로 개인적인 표현으로서 상당히 친밀한 연합을 나타낸다. 또한 이 용어는 집단적인 표현으로서 그리스도의 몸의 지체임을 가리킨다. 더 나아가 이 용어는 언약적인 용어로서 십자가에 죽으시고 부활하신 메시아를 중심으로 재구성된 하나님의 백성의 일원이 되는 것을 암시한다. 따라서 "그리스도 안에"의 관계는 개인적이지만 사적인 관계가 아니며, 단순히 어떤 혜택 세트를 나타내기보다는 언약의 근거한 책임 세트를 포함한다.

바울의 "그리스도 안에"라는 용어를 보완해주는 표현이 바로 "그리스도가 (우리) 안에" 있다는 표현이다. 즉 십자가에 달리시고 부활하신 메시아는 개인적으로, 그리고 특별히 집단적으로 신자들 안에 거하신다. 그로 인해 나타나는 결과를 우리는 "상호 내주" 혹은 "상호 거주"라고 부를 수 있다. 바울은 이러한 신-인 연합에 관해 말할 때 하나님 편의 참여자로서 그리스도 혹은 성령을 언급한다.

12　철저하면서도 일반적으로 유용한 연구로는 Campbell, *Paul and Union with Christ*를 보라.

¹그러므로 이제 **그리스도 예수 안에 있는** 자에게는 결코 정죄함이 없나니…⁹만일 **너희 속에 하나님의 영이 거하시면** 너희가 육신에 있지 아니하고 **영에 있나니**, 누구든지 그리스도의 영이 없으면 그리스도의 사람이 아니라. ¹⁰또 그리스도께서 **너희 안에 계시면** 몸은 죄로 말미암아 죽은 것이나, 영은 의로 말미암아 살아 있는 것이니라. ¹¹예수를 죽은 자 가운데서 살리신 이의 **영이 너희 안에 거하시면**, 그리스도 예수를 죽은 자 가운데서 살리신 이가 **너희 안에 거하시는 그의 영**으로 말미암아 너희 죽을 몸도 살리시리라(롬 8:1, 9-11. 강조는 덧붙여진 것임).

여기서 바울은 이러한 상호 내주의 관계는 죽음과 정죄가 아닌, 생명과 의의 경험, 즉 구원의 경험이라고 주장한다.

넷째, 우리가 갈라디아서 3:27을 논의할 때 살펴본 바와 같이 **그리스도로 옷 입는다는 용어**가 있다. 이 본문의 세례 행위를 나타내는 직설법(baptismal indicative, "누구인가?")은 로마서 13:12-14의 경우처럼 지속적인 실존적 명령법(ongoing existential imperative, "어떤 사람이 되어야 하는가?")이 될 수도 있다.

¹²밤이 깊고 낮이 가까웠으니, 그러므로 우리가 어둠의 일을 벗고 빛의 갑옷을 입자. ¹³낮에와 같이 단정히 행하고, 방탕하거나 술 취하지 말며, 음란하거나 호색하지 말며, 다투거나 시기하지 말고, ¹⁴오직 주 예수 그리스도로 옷 입고, 정욕을 위하여 육신의 일을 도모하지 말라(롬 13:12-14).**¹³**

———

13 참조. 살전 5:8. 직설법과 명령법을 아주 잘 결합시켜놓은 골 3:8-10과 엡 4:22-24도 참

로마서의 본문과 평행을 이루는 데살로니가전서 5:8은 모두 구원과 이로 인해 귀결되는 삶이 일종의 묵시론적 전투임을 암시한다. 즉 이것은 구원을 어떤 정적인 개념으로 이해하는 것과는 거리가 멀다.

다섯째, **나눔, 코이노니아**(*koinōnia*)라는 용어가 있다.[14] 옷 입는 다는 표현이 지닌 친밀함은 충성과 사랑의 협력 관계를 서로 친밀하게 유지한다는 표현에서 발견된다. *koin-*이란 단어군(*koinōnia*와 관련 단어들)은 바울의 용례에서 알 수 있듯이 종종 영어에서 코이노니아(*koinōnia*)에 대한 번역으로 사용되는 "교제"(fellowship)보다 훨씬 더 그 의미가 깊다. 고린도전서 2장과 빌립보서에서 바울은 성령 안에서 누리는 코이노니아에 대해 이야기하는데, 이 문맥에서 이 단어는 하나님 및 타인들과 삶을 서로 친밀하게 나누는 교제를 의미한다(고후 13:13; 빌 2:1). 고린도전서에서 바울은 하나님이 우리를 부르신 목적으로서 예수와의 코이노니아에 대해 이야기한다(고전 1:9).

또한 바울은 주 예수 안에서, 특히 그의 몸과 피―즉 그의 죽음(고전 10:16)―안에서 누리는 코이노니아로서의 성만찬에 대해 이야기한다. 이것은 다른 신이나 제사를 통한 코이노니아를 배제한다(고전 10:18-22). 다시 말하면 성만찬은 그리스도께 전적으로 충성을 다하는, 그리스도의 몸이 되는 개인적이면서도 공동체적인 현실을 나타내는데, 이는 성만찬에서 다른 이들과의 교제 가운데 십자가를 구현함으로써 부분적으로 가능하다(11:17-34). 예수와의 코이노니아와 다른 이들과의 코이노니아가 고린도전서 10장과 11장에서 서로 만난

조하라.

14 바울의 *koinōnia*의 중요성에 관해서는 Wright, *Paul and the Faithfulness of God*, 10-12, 16-21, 48을 보라.

다는 사실은 주목할 만하다. 바울은 그리스도와의 연합을 단순히 교회론으로 축소하지 않는다. 그는 공동체 없는 그리스도와의 연합은 결코 불가능하며 공동체, 곧 그리스도의 몸을 파괴하는 것은 그것이 무엇이든지 간에 주님의 몸인 그리스도 자신을 공격하는 것임을 분명히 한다(특히 11:29). 만약 우리가 성만찬 식사를 "성례/성찬"(sacrament/communion)으로 부르기를 원한다면, 우리는 예수의 정체가 오직 그의 죽음을 반영하는 행위로 구현될 경우에 한해서만 예수가 그 성찬에 임재하신다는 사실을 인식할 필요가 있다. 그렇지 않다면 예수는 거기 계시지 않으며 그 식사는 결코 성만찬이 아닌 것이다(11:20). 즉 떡과 잔을 나눈다는 것은 실로 그리스도께 참여하는 것을 의미한다. 그러나 이것은 이 나눔이 그리스도 및 그의 자기 내어줌으로 옷 입는, 즉 다른 사람들을 향한 사랑을 실천하는 보다 더 근본적인 코이노니아로 표현될 때에만 가능하다.[15]

빌립보서에 따르면 바울의 삶의 목표는 그리스도의 고난(자기 자신을 내어준 사랑의 열매)의 **코이노니아**다. 이것은 그리스도의 죽음에 참여하고 그의 죽음을 본받음으로써 (역설적으로) 그의 부활의 능력을 깊이 아는 것을 의미한다(빌 3:10).[16] 우리가 기억해야 할 것은 바울이 자서전적 진술을 할 때에는 언제든지 자신을 닮아야 할 모본으로 제시한다는 것이다. "내가 그리스도를 본받는 자가 된 것 같이 너희는 나를 본받는 자가 되라"(고전 11:1). 그는 빌립보 교인들을 비롯해 빌립보서를 듣거나 읽는 모든 이들이 자신들의 삶의 목표를 그리스도와 이러한

---

15 특히 Rodrigo Morales, "A Liturgical Conversion of the Imagination: Worship and Ethics in 1 Corinthians," *Letter and Spirit* 5 (2009): 103-24를 보라.

16 참조. 골 1:24(비록 *koin*-이란 어군은 나타나지 않지만 말이다).

종류의 코이노니아—그의 죽음과 부활에 참여하는—를 갖기를 원한다.[17] 더 나아가 바울은 믿음 그 자체가 예수와의 코이노니아라고 말한다(몬 5-6).

코이노니아는 보편적으로 사역에 있어 동역 관계를 가리킬 수 있지만(고후 8:23; 갈 2:9; 몬 17), 또한 재정적 후원과 고난을 내포할 수도 있다(고후 8:4; 빌 1:5, 7; 4:14-15). 신자들 간의 이러한 나눔은, 비록 만질 수 없는 무형의 것이란 의미는 아니지만, "영적"이거나(빌 2:1) 혹은 더 낫게 말해 "성령-적"(Spirit-ual)이다. 왜냐하면 이 나눔은 서로 간의 사랑과 화합이라는 구체적인 실천을 통해 표현되기 때문이다(빌 2:2-4). 또한 이러한 나눔은 금전적일 수도 있다. "성도들의 쓸 것을 공급하며"(koinōnountes, 롬 12:13; 참조. 롬 15:16; 고후 8:4; 9:13; 딤전 6:18; 아마도 갈 6:6). 더 나아가 이러한 나눔은 영적이면서도 금전적인 것일 수 있으며, 이런 관계에서는 서로 보완적인 역할을 감당한다(예. 롬 15:26-27). 신자들 간의 이러한 상호관계는 고난에까지 확대되는데, 이는 고난과 위로의 보완적 코이노니아라고 할 수 있다(고후 1:7). 또한 다른 신들과의 코이노니아가 부적절한 것처럼 "불법"과 "어둠"이라는 특성을 지닌 이들과의 코이노니아 역시 그러하다(고후 6:14).

우리는 지금까지의 논의를 다음과 같이 요약할 수 있다. 바울의 코이노니아 용어는 다른 신자들과 함께 그리스도에게, 특히 그의 죽음에

---

17   바울은 고난이라는 특정 주제에 대해 다음과 같이 쓴다. "그리스도를 위하여 너희에게 은혜를 주신 것은, 다만 그를 믿을 뿐 아니라 또한 그를 위하여 고난도 받게 하려 하심이라. 너희에게도 그와 같은 싸움이 있으니, 너희가 내 안에서 본 바요 이제도 내 안에서 듣는 바니라"(빌 1:29-30).

깊이 참여하는 것을 나타낸다. 이러한 참여는 희생과 관용, 자기를 내어 주는 사랑과 심지어는 고난이라는 구체적인 실천으로 열매를 맺는다.

여섯째, **그리스도 안에 있는 이들의 변화에 관한 용어**가 있다. 로마서 6장과 8장(참여의 다른 측면들과 연결하여 앞에서 논의된) 외에도 이와 관련하여 특별히 중요한 세 본문(고후 3:18, 고후 5:21, 롬 12:1-2)이 있다. 이 본문들은 모두 참여를 통한 갱생에 관해 이야기한다.

고린도후서 3장에서 바울은 주(예수)께로 "돌아가는" 것은 그리스도 안에 거함과 "수건을 벗은 얼굴"로 그를 보는 결과를 가져다준다고 분명하게 말한다(고후 3:14-16). 이 "영역"(location)으로부터, 그리고 이 "지위"(position)에서 신자들은 "그와 같은 형상으로 변화하여 (*metamorphoumetha*) 영광에서 영광에 이르니" "곧 주의 영으로 말미암음이니라"(고후 3:18). 더 나아가 이것은 하나님의 새 창조 행위다. "'어두운 데에 빛이 비치라' 말씀하셨던 그 하나님께서 예수 그리스도의 얼굴에 있는 하나님의 영광을 아는 빛을 우리 마음에 비추셨느니라"(고후 4:6; 참조. 창 1:3). 또한 예수 그리스도는 하나님의 형상이다(고후 4:4). 이 말은 신자들 안에 하나님/하나님의 빛이, 그리고 하나님의 형상/아들/영 안에 신자들이 서로 내주하는 것을 의미한다. 고린도후서 3:18에서 언급된 변화는 이 신적 생명에 깊이 참여함으로써 가능하며, 사실 이것은 그 생명, 즉 그 "영광"에 지속적으로 참여하는 것을 의미한다. 이것은 고난과 죽음에 직면한 상황 가운데서도 지속적인 갱생(*anakainoutai*)과, 심지어 재창조의 과정이다(고후 4:16). 이것은 하나님의 아들의 형상으로 재창조되는 것이다(참조. 롬 8:29). 고린도후서의 문맥은 역설적으로 현재의 "영광"이 십자가를 본받는 모습임을 분명하게 보여준다.

바울은 나중에 같은 편지에서 "누구든지 그리스도 안에 있으면 새로운 피조물이라. 이전 것은 지나갔으니, 보라 새것(*kaina*)이 되었도다!"(고후 5:17)라고 말하고 나서 "하나님이 죄를 알지도 못하신 이를 우리를 대신하여 죄로 삼으신 것은, 우리로 하여금 그 안에서 하나님의 의(*dikaiosynē*)가 되게 하려 하심이라"(고후 5:21)고 말할 때 참여와 새 창조, 그리고 변화라는 주제를 끄집어낸다. 하나님의 새 창조에 참여한다는 것은 변화—이번에는 하나님의 영광으로가 아닌, 하나님의 의 혹은 정의로의 변화—를 의미한다.[18] 그럼에도 근본적으로 하나님의 영광과 하나님의 의/정의는 평행을 이루고, 심지어는 서로 중첩되는 용어다. 각 용어는 하나님의 영광스러운 형상이자(고후 4:4) 하나님의 의/정의의 성육신적 표현(고전 1:30)인 예수를 가리킨다. 하나님의 의/정의가 된다는 것은 하나님의 형상으로 변화하는 것이며, 그리스도 **안에** 거함으로써 그리스도 **같이** 되는 것이다.

따라서 바울은 로마서에서도 "너희 몸을 하나님이 기뻐하시는 거룩한 (하나의) 산 제물로 드리라. 이는 너희의 드릴 영적 예배니라"라고 말하고 "이 세대를 본받지 말고 오직 마음을 새롭게 함으로(*anakainōsei*) 변화를 받아(*metamorphousthe*) 하나님의 선하시고 기뻐하시고 온전하신 뜻이 무엇인지 분별하도록 하라"(롬 12:1-2)고 말한다. 비록 이 두 구절에 "그리스도 안에"라는 용어가 명시적으로 나타나 있지 않지만, 본문은 개인에게 개별적으로 촉구하는 것이 아니라, 다 함께 하나의 "산 제물"을 형성하는 사람들의 공동체에게 촉구하는 것이다. 이것이 이 구절이 의미하는 바라는 사실은 은사를 사용하는

18　그리스어 단어 디카이오쉬네(*dikaiosynē*)는 이 두 가지 의미를 모두 가지고 있다.

것과 다른 사람을 "그리스도 안에 있는 한 몸"과 같이 사랑하는 것(롬 12:5)에 관해 이야기하는 12장의 나머지 부분—고린도전서 12-14장의 요약이기도 한—에 의해 확인된다. 이것은 이미 그리스도와 함께 죽고 다시 살아난 공동체(롬 6장), 곧 각 지체가 주님과 의/정의를 위해 지속적으로 하나님께 자신을 드리면서 날마다 그리스도와 함께, 그리고 그 안에서 죽고 다시 사는 공동체의 모습이다(롬 6:13, 16, 19; 12:1에서 사용된 "드리다"[paristēmi] 동사를 참조하라).

이 모든 것은 극도로 선교적인 의미를 갖고 있다. 그리스도 안에서 계시된 하나님의 형상으로 변화되는 것, 하나님의 새 창조에 참여하고 하나님의 의를 구현하는 것, 하나님의 뜻을 분별하고 행하는 것, 몸을 제물로, 그리고 묵시적 전쟁에서 "무기"로 하나님께 드리는 것(앞에서 살펴보았듯이 롬 6:13에서 사용된 그리스어 hopla는 "수단"보다는 "무기"로 번역하는 것이 옳다) 등은 모두 하나님이 이 세상에서 행하고 계신 것을 지지하는 행동을 나타낸다.

일곱째면서 마지막으로, **그리스어 접두어 syn-(영어의 "co-")을 통해 표현되는 그리스도의 이야기의 다양한 측면에 참여한다는 용어가 있다.**[19] 우리는 이 용어의 일부를 이미 앞에서 언급한 여러 본문에서 목격한 바 있다. 아마도 바울 서신 안에서 가장 극적이면서도 의미 있는 본문은 로마서 8장에 나타난 일련의 용어일 것이다. 바울은 신자들과 그리스도 및 성령과의 합일(identification)의 친밀함을 "함께"의 의미를 지닌 접두사(co-, 그리스어로는 syg-, sym-, syn-, sys-이며, 영어에서는 종종 "with"으로 번역된다)로 시작하는 일련의 단어로 표현한다.

---

19 실제 용례에서는 접두사 syn의 철자는 변할 수 있다.

symmatyrei(8:16, 문자적으로는 "함께 증언하다")

sygklēronomoi(8:17, 문자적으로는 "공동 상속자")

sympaschomen(8:17, 문자적으로는 "함께 고난받다")

systenazei(8:22, 문자적으로는 "함께 신음하다")

synantilambanetai(8:26, 문자적으로는 "함께 붙들다" 예. "돕다")

synergei(8:28, 문자적으로는 "함께 일하다/합력하다")

symmorphous(8:29, 문자적으로는 "함께 형성된", 참조. 빌 3:10, 21).[20]

이러한 일련의 "함께" 용어 사용은 그리스도 안에서의 삶(생명)이 성령에 힘입어 사는 것, 즉 예수의 이야기와 친밀하게 하나가 되는 것임을 강하게 시사한다. 이는 그리스도와 "함께 형성되다" 혹은 그리스도—특히 현재에는 그의 고난과 죽음, 미래에는 그의 부활의 영광—를 "본받는다"(conformed)는 표현으로 요약될 수 있다.[21] 우리가 이 책 전반에 걸쳐 다양한 방식으로 살펴보겠지만, 고난과 영광의 삶의 이야기는 그 자체가 본질적으로 선교적이며, 선교학자 스콧 선퀴스트(Scott Sunquist)가 기독교 선교신학에 관한 자신의 저서의 부제에서 올바르게 단언한 바와 같이 기독교 선교는 근본적으로 고난과 영광에 참여하는 것이다.[22] 바울의 참여 개념을 고난과 영광으로 요약한다는 것은 로마서 6장에서 말하는 그리스도와 함께 죽고 다시 사는 것과 같이 다소 보편적일 수 있지만, 그 구조 자체는 겸손, 관용, 남을 위한 자기희생

---

20   추가적으로 8:32의 "그(그리스도)와 함께"라는 구문도 있다.

21   이 주장은 나의 저서 *Cruciformity*에서 상세하게 다루어진다.

22   Scott W. Sunquist, *Understanding Christian Mission: Participation in Suffering and Glory*

등 그리스도를 닮은 구체적인 행위들이 이러한 전체적인 틀 안에 쉽게 포함될 수 있을 만큼 뚜렷하다. 바울은 이러한 행위들에 관해 다른 본문에서는 물론, 로마서 12-15장에서 구체적으로 논의한다.

그렇다면 우리는 이러한 참여에 관한 바울의 논의로부터 어떤 결론을 내려야 할까?

1. 이신칭의와 그리스도에게 참여하는 세례는 그 자체로 입문하는 참여적 사건이다.
2. 복음을 믿고 세례를 받은 이들은 그리스도에게 참여함과 동시에 그리스도의 몸으로 통합된 다른 이들과 더불어 참여의 삶으로 입문한다.
3. 그리스도인의 존재는 개인적으로뿐 아니라 공동체적으로 그리스도와 친밀하며 배타적인 교제를 나눈다. 신자들은 그리스도/성령 안에서 살고, 그리스도/성령은 그들 안에서, 그리고 그들 가운데 거하신다.
4. 그리스도 안에 있다는 것은 지속적으로 그의 형상으로 변화하는 과정을 의미하는데, 이는 옷을 입는 것과 같이 그리스도를 옷 입는 이미지로 생생하게 표현된다.
5. 이렇게 그리스도께 참여한다는 것은 특히 그의 십자가에 지속적으로 참여한다는 특성을 지니며, 이는 특히 복음을 신실하게 구현하며, 심지어는 그러한 신실한 증언의 결과로 인해 고난을

(Grand Rapids: Baker Academic, 2013). Sunquist는 그의 책을 "역사에 나타난 고난과 영광: 선교 운동", "삼위일체 하나님의 고난과 영광: 성서에 나타난 삼위일체적 선교", "교회의 고난과 영광: 오늘날의 선교하는 교회" 등 세 부분으로 나눈다.

받을 수도 있는 자기 내어줌과 희생적 사랑을 의미한다.

6. 따라서 그리스도 안에 있다는 것은 하나님의 선교의 수혜자와 참여자로서 그 선교의 일원이 되는 것이다. 사실상, 수혜와 참여는 불가분의 관계이며, 심지어는 서로 유사하다.

7. 그리스도 안에서 새롭게 되는 것은 그 자체가 목적이 아니라, 하나님의 거대한 계획—하나님의 의를 구현하고 이 세상에서 하나님의 뜻을 행하기 위해 자신을 하나님께 드림으로써 새 창조에 참여하는 백성을 창조하는 계획—의 일부가 되는 것에 불과하다.

여기까지는 바울에 관해 심각하게 논쟁이 될 만한 결론이 아니다.[23] 그러나 본 논의에 대한 다음의 두 함의는 모두 중대하면서도 논쟁의 여지가 있다.

8. 비록 바울이나 그의 동료들과 같은 "사역자들"이 그들의 삶이 모범적인 만큼 하나님의 선교에 있어 독특한 은사와 역할을 가지고 있긴 하지만, 그리스도께 참여하는 모든 이들도 각자의 특정한 정황에서 그들과 동일한 사랑과 신실함으로 복음을 증언해야 한다. 즉 모든 신자는 증인이며, 어떤 의미에서는 모두

---

23 교회와 사역에 대한 바울의 이해의 핵심으로 그리스도에게 공동체적인 변혁적 참여를 강조하는 통찰력 있는 세 작품(또 다른 "우연의" 3부작?)으로는 James W. Thompson, *Pastoral Ministry according to Paul: A Biblical Vision* (Grand Rapids: Baker Academic, 2006); *Moral Formation according to Paul: The Context and Coherence of Pauline Ethics* (Grand Rapids: Baker Academic, 2011); 그리고 *The Church according to Paul: Rediscovering the Community Conformed to Christ* (Grand Rapids: Baker Academic, 2014)를 보라. 비록 그의 가장 최근 저서인 *The Church according to Paul*에서 선교가 한 장(6장)에 등장하긴 하지만, Thompson의 저작에서는 선교가 중심을 차지하지는 않는다.

가 사도적 증인이다. 모든 신자는 새 창조에 참여하며 묵시적 전투에 참여한다. 그들은 심지어 복음에 대한 신실한 증인이 되는 것이 고난을 의미하더라도 그 일에 참여함으로써 그리스도께 참여한다. 바울에게 교회란 본질적으로 선교적이다.

9. 그리스도께 참여한다는 것은 동료 신자들과 친밀한 교제를 나누는 것뿐만 아니라 이 세상에서 증인의 삶을 사는 것을 의미한다. 이러한 참여는 여러 면에서 암묵적으로 나타날 수도 있는데, 여기에는 우상숭배와 그러한 사회적 상황을 배척하는 등 그리스도에 대한 배타적인 참여가 포함된다. 더 나아가 바울 서신의 거의 전반에 걸쳐 나타나듯이, 그의 공동체들이 복음을 위해 고난을 받을 것이라는 예측은 괴롭힘이나 그보다 더 심한 것을 유발할 수 있는 일종의 신실한 공적 증언을 전제한다.

즉 그리스도 **안에** 있다는 것은 이 세상으로부터 **격리되는** 것이 아니라 이 세상에 **개입하는** 것을 의미한다. 혹은 모나 후커(Morna Hooker)가 말했듯이 바울에게 있어 거룩함 혹은 하나님을 닮음(Godlikeness)은 다른 이들과의 구분의 의미는 사라지고, 신자들이 하나님과 이웃을 **모두** 사랑한다는 의미의 "삼각관계"(triangular)가 되었다.[24]

우리는 앞에서 언급한 요약 포인트를 다음과 같이 종합할 수 있다. **그리스도께 참여한다는 것은 해방과 화해를 가져다주는 하나님의**

—

24 Morna D. Hooker, "Be Holy as I Am Holy," in Morna D. Hooker and Frances M. Young, *Holiness and Mission: Learning from the Early Church about Mission in the City* (London: SCM, 2010), 4-19(여기서는 17).

선교를 신실하게 구현함으로써 그 선교로부터 오는 혜택을 누릴 뿐만 아니라 그 선교에 대한 신실한 증인이 되는—그리고 이로써 그 사역을 확대해나가는—것이다.

그러나 혹자는 바울 자신이 그의 교회들과 그 교회에 속한 개인 들에게 "복음을 전파할" 것을 촉구하지 않았다고 주장하면서 이 결론에 문제를 제기할 수도 있다. 혹자는 이것은 사도들에게 주어진 과제라고 주장한다. 그의 참여적 용어가 내포하고 있는 명백한 논리적 함의에도 불구하고, 어쩌면 바울 자신이 내린 지시들이 앞에서 궁극적으로 제시한 결론에 반기를 들 수도 있다.

정말 과연 그럴까?

참여와 선교: 선교적 개인과 공동체?

바울 연구에서 학자 간에 이루어지는 많은 논쟁 중 하나는 바울이 과연 그가 세운 공동체들과 거기에 속한 개인들에게 복음을 적극적으로 다른 이들에게 전할 것—바울이 한 것처럼 복음(euangelion), 곧 좋은 소식을 전파하는 것—을 의도했는지에 관한 질문이다.[25] 이것은 적법한 질문이다. 왜냐하면 바울이 그런 지시를 내렸다면 빌립보서 2:16이 유일한데, 이 구절의 번역 역시 논쟁의 대상이며 "생명의 말씀

---

[25] 나는 학자들의 논쟁을 공식적으로 길게 검토할 의도가 전혀 없다. 왜냐하면 이 책은 본질적으로 내가 이 논의에 참여하고 나의 답변을 제시하는 것이기 때문이다. 이 이슈에 대해 간략하지만 유용한 개관과 상당히 중요하면서도 건설적인 제안에 관해서는 Michael Barram, "Pauline Mission as Salvific Intentionality: Fostering a Missional Consciousness in 1 Corinthians 9:19-23 and 10:31-11:1," in *Paul as Missionary: Identity, Activity,*

을 붙잡다"(NRSV)와 "생명의 말씀을 이야기하다"(KJV)로 나뉘기 때문이다.[26]

그러나 고린도전서에서 잘 보여주듯이, 바울은 그의 공동체들이 다른 사람들에게—적어도 가족 구성원들에게—구원의 복음을 기쁘게 전하리라는 것을 **전제하는** 것으로 보인다. 바울은 불신자와 결혼한 고린도 교인들에게 이혼하지 말라고 조언한다(고전 7:12-13). 이는 부분적으로 그들의 증거가 믿지 않는 배우자를 회심시킬 수 있기 때문이다. "아내 된 이여, 그대가 그대의 남편을 구원할는지 어찌 압니까? 남편 된 이여, 그대가 그대의 아내를 구원할는지 어찌 압니까?"(고전 7:16, 새번역)[27]

바울이 고린도전서 7:16에서 두 번 사용한 동사 "구원하

—

Theology, and Practice, ed. Trevor J. Burke and Brian S. Rosner, Library of New Testament Studies 420 (London: T. & T. Clark, 2011), 234-46을 보라. 1950년 이전과 이후의 논의로 나누어지는 학계의 논쟁에 관한 보다 더 상세한 평가는 Robert L. Plummer, *Paul's Understanding of the Church's Mission: Did the Apostle Paul Expect the Early Christian Communities to Evangelize?*, Paternoster Biblical Monographs (Milton Keynes, UK: Paternoster, 2006), 1-42를 보라. 보다 광범위하게 바울과 선교라는 주제를 다루는 저서로는 Michael Barram, *Mission and Moral Reflection in Paul*, Studies in Biblical Literature 75 (New York: Peter Lang, 2006)를 보라.

26 이 구절에 관해서는 학자 간의 논쟁이 오래 지속되고 있는데, 4장에서 빌립보서를 다룰 때 다시 논의할 예정이다. 대부분의 역본은 이 구문을 "확고하게 붙잡다"(NIV, NLT) 혹은 "붙잡다"(NAB, CEB), 심지어는 "매달리다"(clinging, N. T. Wright의 *Kingdom NT*; 이와 유사한 *The Voice*) 등으로 번역하면서 RSV를 따르는 NRSV 편에 선다. NIV 본래 역본은 "유지하다"(hold out)로 번역하고 각주에 "견지하다"(hold on to)를 대안적으로 제시한다. The Good News는 "생명의 메시지를 그들에게 제시할 때"로, The Message는 "빛을 제공하는 메시지를 밤 깊도록 전하라"로 각각 번역한다.

27 여기서 바울의 말의 "어조"가 낙관적인지 혹은 비관적인지에 관해 석의적인 논쟁이 있다. 후자의 어조를 따르면 이 질문은 "네가 [네 남편/아내를] 구원할지 어떻게 아느냐?" 정도로 번역될 수 있다(새번역과는 대조적으로 "아내 된 자여, 네가 남편을 구원할는지 어찌 알 수 있으며 남편 된 자여, 네가 네 아내를 구원할는지 어찌 알 수 있으리요?"로 번역한 개역개정은 이 후자에 속한다—편집자 주). 그러나 나는 낙관적인 해석을 선호한다. 그러나 이 두 경우 모두 본문은 개인적인 복음 증거를 규범적으로 간주한다.

다"(sōzō)는 그가 두 장 이후에 자신의 유연하고 사회 순응적이면서도 또한 동시에 일관되게 십자가를 본받는 사도로서 추구하던 목표를 밝히기 위해 사용한 동사와 동일하다. 그는 이 동사를 "얻다"(kerdainō)라는 동사와 상호 교환적으로 사용한다.

> [19]내가 모든 사람에게서 자유로우나 스스로 모든 사람에게 종이 된 것은 더 많은 사람을 **얻고자** 함이라. [20]유대인들에게 내가 유대인과 같이 된 것은 유대인들을 **얻고자** 함이요, 율법 아래에 있는 자들에게는 내가 율법 아래에 있지 아니하나 율법 아래에 있는 자 같이 된 것은 율법 아래에 있는 자들을 **얻고자** 함이요, [21]율법 없는 자에게는 내가 하나님께는 율법 없는 자가 아니요, 도리어 그리스도의 율법 아래에 있는 자이나, 율법 없는 자와 같이 된 것은 율법 없는 자들을 **얻고자** 함이라. [22]약한 자들에게 내가 약한 자와 같이 된 것은 약한 자들을 **얻고자** 함이요, 내가 여러 사람에게 여러 모습이 된 것은 아무쪼록 몇 사람이라도 **구원하고자** 함이니(고전 9:19-22. 강조는 덧붙여진 것임).

늘 그렇듯이, 바울은 단순히 자신을 묘사하기 위해서가 아니라 자신을 하나의 모본으로 제시하기 위해 자서전적인 글을 쓴다. 고린도전서 8:1-11:1의 문맥에서 바울은 내부적인 우려와 외부적인 우려를 모두 염두에 두고 자신을 하나의 모본으로 제시한다. 한편으로 그는 고린도 교인들이 무언가를 함으로써 그 공동체에 속한 누군가가 그리스도를 떠나 우상숭배로 되돌아가는 것을 막으려고 했다(특히 8:1-13). 또 다른 한편으로 그는 그들이 무언가를 함으로써 누군가가 그리스도를 영접하고 교회로 들어오기 위해 우상숭배에서 떠나지 못할 만한 원인을 제공하는 것을 막으려고 했다(특히 10:23-11:1). 다시 말하면 그의 선교적 실천(praxis)은 구심적(현존하는 공동체에 역점을 둔)이면서도 원심적(외부에 역점을 둔)이며, 그는 고린도 교인들도 이와 같이 행동하기를 원했다는 것이다. 이 두 종류의 활동은 그리스도인의 실천과 의사 결정에 대한 전적으로 선교적인 접근 방법의 일환이다.[28] 다음 단락은 바울의 선교적 관심사를 잘 요약해준다.

[23]모든 것이 가하나 모든 것이 유익한 것은 아니요, 모든 것이 가하나 모든 것이 덕을 세우는 것은 아니니, [24]누구든지 자기의 유익을 구하지 말고 남의 유익을 구하라. [25]무릇 시장에서 파는 것은 양심을 위하여 묻지 말고 먹으라. [26]이는 땅과 거기 충만한 것이 주의 것임이라. [27]불신자 중 누가 너희를 청할 때에 너희가 가고자 하거든, 너희 앞에 차려 놓은 것은 무엇이든지 양심을 위하여 묻지 말고 먹으라. [28]누가 너희에게 이것이 제물이라 말하거든, 알게 한 자와 그 양심을 위하여 먹지 말라. [29]내가 말한 양심은 너희의 것이 아니요 남의 것이니, 어찌하여 내 자유가 남의 양심으로 말미암아 판단을 받으리요? [30]만일 내가 감사함으로 참여하면 어찌하여 내가 감사하는 것에 대하여 비방을 받으리요? [31]그런즉 너희가 먹든지 마시든지 무엇을 하든지 다 하나님의 영광을 위하여 하라. [32]유대인에게나 헬라인에게나 하나님의 교회에나 거치는 자가 되지 말고, [33]나와 같이 모든 일에 모든 사람을 기쁘게 하여 자신의 유익을 구하지 아니하고 많은 사람의 유익을 구하여 그들로 구원을 받게 하라. [1]내가 그리스도를 본받는 자가 된 것 같이 너희는 나를 본받는 자가 되라(고전 10:23-11:1).

28　참조. Barram, *Mission and Moral Reflection*.

이 본문에는 도전적인 해석학적 이슈가 여러 개 들어 있다. 그러나 본질적으로 바울이 여기서 묘사하는 선교에 대한 원심적인 사고 방식과 실천은 자신의 이익과 심지어는 권리보다 타인의 행복(well-being)을 우선순위에 놓는 것을 의미한다(고전 10:23-24, 32-33). 이는 또한 동시에 바울을 본받는 자가 되는 것뿐 아니라, 그보다 더 중요한 그리스도를 본받는 자가 되는 것을 의미한다(고전 10:33-11:1; 참조. 빌 2:1-8). 마이클 배럼의 말을 인용하자면, 바울은 고린도 교회 신자들이 "그들의 개인적·공동체적 삶의 모든 측면에서 우리가 '선교적 의식'이라고 부를 수 있는 것, [즉] 단호한 선교적 자세―**'구원 지향성'**(salvific intentionality)―를 함양하기 원한다.…사실은 이러한 구원 지향성이 진정으로 바울의 포괄적인 선교와 고린도 교회의 선교를 서로 연결시켜 주는 것이다."[29] 우리는 이러한 구원 지향성이 고린도 교인들의 가정과 그 가정에 속한 다른 이들과의 사회적 교류에서뿐만 아니라 예배로 모인 회중 가운데서도 역사하기를 원하는 바울을 본다. 바울은 일부 고린도 교인 가운데 방언의 은사를 무분별하게 사용하는 경향을 점검하기 원한다. 예를 들자면 다음과 같다.

[23]그러므로 온 교회가 함께 모여 다 방언으로 말하면 알지 못하는 자들이나 믿지 아니하는 자들이 들어와서 너희를 미쳤다 하지 아니하겠느냐? [24]그러나 다 예언을 하면 믿지 아니하는 자들이나 알지 못하는 자들이 들

---

29 Barram, "Pauline Mission as Salvific Intentionality," 236-37(강조는 덧붙여진 것임). Morna Hooker는 고후 4:10-12과 관련하여 고전 9장에 관해 해설하면서 다른 이들 안에 생명이 나타나게 하기 위해 "사망"이 그를 통해 역사한다는 바울의 패턴은 "오직 사도들에게만이 아닌, **모든** 그리스도인 제자에게 적용되는 패턴"이라고 주장한다(Hooker, "Be Holy as I Am Holy," 15).

삶으로 담아내는 복음

어와서 모든 사람에게 책망을 들으며 모든 사람에게 판단을 받고 [25]그 마음의 숨은 일들이 드러나게 되므로 엎드리어 하나님께 경배하며 "하나님이 참으로 너희 가운데 계신다" 전파하리라(고전 14:23-25).

이것은 어떤 부정적인 결과를 가져다준다고 하더라도 자신의 영적 은사를 드러내려는 자기중심적인 욕망을 통제하고 타인의 행복과, 심지어는 타인의 구원에 역점을 두며 자기 자신을 절제할 것을 촉구하는 것이다. 여기서 한 가지 유의할 점은, 비록 불신자들(아마도 교회의 후견인/후원자의 지인이나 피후견인)이 간혹 집회에 무작정 들어오는 경우를 상정한 것일 수도 있지만, 교인들의 초대로 왔을 가능성이 훨씬 더 높다. 물론 이것은 고린도 교회(그리고 다른 곳에서도)에 속한 이들이 행하는 일종의 "신앙 공유"(faith-sharing, 전도)를 전제한다.

따라서 바울이 고린도를 비롯해 그의 모든 교회에서 드러내고 싶었던 것은 그리스도의 마음이나 또는 그의 사고방식을 나타내는 "구원 지향성"이라고 말하는 것이 더 정확할 것이다. 그리스도를 닮은 행동과 따로 뗄 수 없는 이러한 그리스도를 닮은 사고방식은 빌립보서 2:5-8에서 극명하게 묘사된다.

[5]너희 공동체 안에 이 사고방식이 작동하게 하라. 곧 그리스도 예수 안에 있는 공동체니, [6]그는 근본 하나님의 본체시나, 하나님과 동등됨을 취할 것으로 여기지 아니하시고, [7]오히려 자기를 비워 종의 형체를 가지사 사람들과 같이 되셨고, [8]사람의 모양으로 나타나사 자기를 낮추시고 죽기까

지 복종하셨으니, 곧 십자가에 죽으심이라(빌 2:5-8. 일부 수정).[30]

이것이 바울과 그리스도 안에 있는 모든 이들이 근본적으로 닮아야 하는 부분이다. 즉 이것은 사랑하고 십자가를 본받는 구심적이며 (공동체에 역점을 둔) 원심적인(외부에 역점을 둔) 실천을 할 수밖에 없는 사고방식을 의미한다.[31] 이 둘은 모두 하나님의 선교를 표현하며 이를 촉진시킨다. 그리스도의 마음—즉 그의 근본적인 자세와 필연적인 실천—은 바울을 비롯한 모든 신자가 *ekklēsia*(교회) 안팎에서 모두 다른 이들과 교류하는 방식이 되어야 한다. 비록 바울이 빌립보 교회의 내적 결속을 증진시키기 위해 빌립보서 2:5-8의 내용을 도입하지만, 이 본문에서 서술하고 있는 그리스도의 자기비하 및 자기를 내어주는 성육신과 죽음의 가장 우선적인 목적은 당연히 원심적인 의미에서의 선교적, 즉 인류를 구원하는 것이라고 할 수 있다. 만약 넓은 의미에서 "구원"이 모든 기독교 활동의 맥락이자 목표라면, 근본적인 의미에서의 "목회" 활동과 "선교" 활동(그리고 "목회" 행동과 "복음 전도" 행동) 간

---

30 나는 "가지다"(have)의 역동적 의미를 드러내고 그리스어 구문 *en hymin*(너희 안에/너희 가운데)과 *en Christō Iēsou*(그리스도 예수 안에) 간의 평행을 부각시키기 위해 5절의 NRSV 번역을 수정했다. Steve Fowl은 그리스어 어군 *phron*-(여기서는 "생각" 혹은 "사고방식"의 의미)이 단순히 태도만을 나타내기보다는 인식/생각, 느낌, 판단, 행동의 패턴을 나타내는 것으로 해석한다. 참조. Stephen E. Fowl, *Philippians*, Two Horizons New Testament Commentary (Grand Rapids: Eerdmans, 2005), 28-29, 36-37, 89-90, *et passim*.

31 Barram은 고전 8:1-11:1에서 가장 근본적인 이슈를 논할 때 바울의 요점을 "어떤 상황에서든지 구원 지향성은 실천된 사랑을 드러낸다"로 요약하면서 궁극적으로 이러한 정서를 반영한다("Pauline Mission as Salvific Intentionality," 242). 사랑에 대한 바울의 가장 기본적인 이해는 "다른 이/이들의 유익/행복을 구하는 것"과 "자기 자신의 유익/행복을 구하지 않는 것"을 의미하는 서로 대조적인 그리스어 관용어 한 쌍에서 나타난다. 이러한 한 쌍의 관용어의 다른 버전이나 혹은 그 요소 중 하나는 고전 13:5(바울의 사랑 묘사); 고전 10:24, 33; 빌 2:4-21 등에서도 나타난다.

의 보편적인 구분은 사라지고 만다. 왜냐하면 타인의 궁극적인 유익이 모든 활동의 초점—인류를 구원하시려는 하나님의 구원 프로젝트라는 실체 안으로 들어오거나 혹은 그 안에서 자라나는 것—이 되기 때문이다. 즉 바울에게 있어 **모든 기독교적 실천은 본질적으로 선교적이다.** 또한 모나 후커가 고린도전서 9장과 빌립보서 2장을 서로 연관 지어 말하면서 지적했듯이, 이 모든 것은 그리스도를 닮은 공감하는 마음(empathy)에 근거를 둔다. "모든 선교의 패턴이 여기에 있다. 즉 그것은 궁핍한 이들에게 복음이 가져다주는 축복들을 나누기 위해 그들과 함께 공감할줄 아는 마음—필요한 자들 곁에 함께 있는—이다"[32]

이러한 십자가를 본받는 선교적 실천은—빌립보서에 그 기독론적 근거를 둔—고린도전서에서 중심적 역할을 수행한다. 구원 지향성이라는 이러한 공감적 실천은 부정적으로는 다른 이들에게 피해를 주지 않는 것, 그리고 긍정적으로는 다른 이들을 기쁘게 하거나 그들의 유익(즉 그들의 복리)을 구하는 것으로 규정할 수 있다. 이것은 특별히 그들의 구원을 의미할 수도 있다(10:23-33). 앞에서 인용한 그의 말에 의하면 바울은 자신의 삶이 모든 종류의 사람을 "얻고" "구원하는" 데 (고전 10:33도 보라) 일관되게 기여하기를 원한다. 바울이 고린도 교인들에게 유대인들(비그리스도인 유대인)이나 헬라인들(비그리스도인 이방인) 혹은 하나님의 교회(그리스도인들)에게 걸림돌이 되지 말 것을 권면하고(10:32), 이 권면은 그들이 오히려 모든 이들의 구원을 구해야 한다는 것을 분명하게 암시하고 있기 때문에, 우리는 바울이 불신자들이 예수를 메시아이자 주님으로 믿어 죄 씻음 받고 의롭다 함을 받아 거

---

32   Hooker, in Hooker and Young, *Holiness and Mission*, 91.

록하게 된 자들의 공동체로 들어오게 하는 자신의 사도적 사역에 고린도 교인들이 동참하도록 초대했을 뿐 아니라 그것을 기대했을 것이라고 올바르게 추론할 수 있다(고전 6:11).

달리 말하면 고린도 교인들—그리고 사실 바울 서신의 모든 수신자—의 선교적 역할은, 비록 다른 환경에서, 그리고 다른 **표현 방식으로 표현되었을 뿐**, 바울의 역할과 근본적으로 다르지 않다.[33] 바울과 그의 공동체들은 모두 하나님의 구원 선교에 참여하도록, 그리고 실로 그것을 구현하도록 부름을 받았다. 다른 이들의 구원을 보호하거나 장려하기 위해 자신의 권리를 포기하는 것이 전도의 한 형태다. 사실, 이것이 복음을 구현하는 한 가지 방법인 것이다.[34]

어쩌면 바울의 초기 공동체들이 최소한 복음을 삶으로 구현하고 소위 말해서 "현장에서 붙잡혔다"(caught in the act)는 의미에서 복음을 전했다는 가장 확실한 증거는 이 공동체들이 어떤 형태로든 간에 정기적으로 괴롭힘을 당하고 박해를 받았다는 것이다.[35] 다시 말하면 그들은—십자가를 구현하는 데 **실패**했다는 의미에서가 아니라(바울이 고린도전서에서 언급한 내용), 다양한 방식으로 십자가의 도(말씀), 즉 하나님의 복음을 구현했다는 의미에서—다른 이들에게 불쾌감을 주었다는 것이다. 어쨌든 "십자가의 말씀" 자체가 불쾌감을 주는 것이라면(고전

---

33 Thompson(*The Church according to Paul*, 6장)도 이와 유사한 결론에 도달한다. 그는 개인 신자들과 공동체들이 그들의 가정 구성원 및 다른 이들과의 관계 속에서, 그들의 공동 예배에서, 그리고 그들의 서로 다른 삶의 방식을 통해 그리스도를 증언했다고 주장한다.

34 복음 사역에 참여함으로써 바울을 본받는 것에 관해서는 Morna D. Hooker, "On Becoming the Righteousness of God: Another Look at 2 Corinthains 5:21," *Novum Testamentum* 50 (2008): 358-75를 보라.

35 참조. Plummer, *Paul's Understanding of the Church's Mission*, 107-39.

삶으로 담아내는 복음

1:18-25), 어떻게 그 말씀을 구현하는 공동체가 어느 시점에서든 누군가에게 불쾌감을 주지 않을 수 있었겠는가? 어쩌면 고린도 교인들은 바울의 공동체 중에서 유일하게 박해로부터 자유로웠을 수 있다. 그러나 바울의 관점에서 볼 때 이러한 현상이 "정상적"이라고 혹은 바람직하다고 할 수 있을까? 아니면 이것은 미성숙함의 열매이자 신실함이 결여된 것인가?

우리가 데살로니가전후서와 빌립보서를 읽거나, 갈라디아서와 심지어 로마서를 읽으면 우리는 이 교회의 신자들이 주님의 운명이기도 했던 사도 바울의 운명에 동참했음을 깨닫게 된다.

> ⁶또 너희는 많은 환난 가운데서 성령의 기쁨으로 말씀을 받아 우리와 주를 본받은 자가 되었으니, ⁷그러므로 너희가 마게도냐와 아가야에 있는 모든 믿는 자의 본이 되었느니라(살전 1:6-7).

> ¹⁴형제들아, 너희가 그리스도 예수 안에서 유대에 있는 하나님의 교회들을 본받은 자 되었으니, 그들이 유대인들에게 고난을 받음과 같이 너희도 너희 동족에게서 동일한 고난을 받았느니라. ¹⁵유대인은 주 예수와 선지자들을 죽이고, 우리를 쫓아내고, 하나님을 기쁘시게 하지 아니하고, 모든 사람에게 대적이 되어…(살전 2:14-15).³⁶

> ⁷내가 너희 무리를 위하여 이와 같이[감사하는 마음으로] 생각하는 것이

---

36 나는 이 본문의 문법과 메시지를 보다 더 잘 반영하기 위해 NRSV 번역의 14절 맨 끝부분과 15절 시작 부분을 수정했다.

마땅하니, 이는 너희가 내 마음에 있음이며 나의 매임과 복음을 변명함과 확정함에 너희가 다 나와 함께 은혜에 참여한 자(*synkoinōnous*)가 됨이라.··· ²⁷오직 너희는 그리스도의 복음에 합당하게 생활하라. 이는 내가 너희에게 가 보나 떠나 있으나 너희가 한마음으로 서서 한 뜻으로 복음의 신앙을 위하여 협력하는 것과 ²⁸무슨 일에든지 대적하는 자들 때문에 두려워하지 아니하는 이 일을 듣고자 함이라. 이것이 그들에게는 멸망의 증거요 너희에게는 구원의 증거니, 이는 하나님께로부터 난 것이라. ²⁹그리스도를 위하여 너희에게 은혜를 주신 것은[*echaristhē*], 다만 그를 믿을 뿐 아니라 또한 그를 위하여 고난도 받게 하심이라. ³⁰너희에게도 그와 같은 싸움이 있으니, 너희가 내 안에서 본 바요 이제도 내 안에서 듣는 바니라(빌 1:7, 27-30).**³⁷**

빌립보서에 담긴 바울의 정서는 그의 교회들이 겪는 고난의 실체에 대해 그가 취했던 태도를 아주 잘 포착해준다. 즉 하나님은 그리스도로부터 오는 혜택을 누릴 뿐 아니라 그리스도에게 참여하는 특권까지도 허락하시는 은혜를 너희에게 주셨다는 것이다. 메시아 예수를 위해, 그와 함께, 그리고 그 안에서 고난을 받는 것은 정상적인 것이며, 곧 복음을 구현함으로써 복음에 합당하게 사는 것에 대한 열매인 것이

---

37 참조. 갈 3:4, "너희가 이같이 많은 괴로움을 헛되이 받았느냐?(문자적으로 '고난을 받다'[*ephathete*]) 과연 헛되냐?"와 롬 5:3("우리가 환난 중에도 즐거워하나니"); 8:17-39; 12:12("환난 중에 참으며")을 보라. 고난에 대한 언급으로서 갈 3:4에 관해서는 John Anthony Dunne, "Suffering in Vain: A Study of the Interpretation of ΠΑΣΧΩ in Galatians 3.4," *Journal for the Study of the New Testament* 36 (2013): 3-16; Alexander V. Prokhorov, "Taking the Jews out of the Equation: Galatians 6.12-17 as a Summons to Cease Evading Persecution," *Journal for the Study of the New Testament* 36 (2013): 172-88을 보라.

다. 왜 그런가? 그 이유는 최소한 어떤 사람들은 황제를 포함해 이방 신들을 향한 제의가 포함된 일반 사회적 모임에 참석하는 것을 중단하는 사람들을 싫어하기 때문이다. 어떤 이들은 자신의 노예들—혹은 자신의 주인들—을 새로운 시각으로 바라보는 이들을 싫어할 것이다. 어떤 이들은 공동체의 가장 취약한 구성원들에게 매우 비로마적인 관심을 보이는 이들을 싫어할 것이다. 그리고 이 외에도 더 많은 것을 예로 들 수 있을 것이다.

우리가 이 책의 다른 장에서 논의하게 될 다른 서신을 비롯해 고린도전서, 데살로니가전서, 빌립보서의 복음 증거 그리고/혹은 고난에 관한 본문을 고려하면 우리는 바울이 그의 공동체들이 다른 이들의 회심과 구원을 추구(그것에 국한된 것이 아님)했을 뿐만 아니라 선교적 사명을 담당했다는 사실을 증언한다는 결론에 도달한다.[38] 다시 말해, 우리에게 제기되는 질문은 "**만약** 바울이 그의 공동체들이 선교적(원심적인 의미에서)이며 복음적(복음을 전하는 의미에서)이기를 원했다면"이 아닌, "**어떻게** 그 선교가 실행되었는가?"가 되어야 할 것이다. 우리가 바울이 세우고 양육한 교회들에 관해 이야기할 때 "선교적" 혹은 "복음적"이라는 표현의 의미는 무엇인가?

이 책이 상당한 분량의 지면을 할애해 제시하고자 하는 답변을 간략하게 요약하자면, 교회는 바울에게 있어 하나님의 복음에 대한 살

---

[38] 우리가 바울 서신에 나타난 선교를 "더 포괄적으로", "광범위하게" 그리고 "전인적으로" 이해해야 한다는 Barram의 주장은 전적으로 옳다("Pauline Mission as Salvific Intentionality," 236, 241, 244, et passim). 따라서 내가 Robert Plummer(그리고 그가 기초로 삼는 이들)의 결론—바울이 자신의 선교와 그의 교회들의 선교 간에 연속성이 존재하기를 원했고, 고난은 그 연속성이 존재했음을 보여주는 강력한 지표라는 견해—에 동의하는 편이지만, 나는 "증거"와 "선교 활동"(그의 보편적 표현들)에 대한 Plummer의 이해가 석의적으로나 해석학적으로 지나치게 협소하다고 생각한다.

아 있는 석의(living exegesis)라는 것이다. 교회는 "교회에 대한 살아 있는 해설로서 복음을 실행한다.…교회는 그 이야기를 삶으로 살아내고 그 이야기를 구현하며 그 이야기를 전한다."[39] 그리고 교회가 그렇게 하는 이유는 교회가 그 복음의 근원이자 내용이신 하나님―아버지, 아들, 성령―의 생명에 참여하기 때문이다. 다시 말하면 비록 바울이 그리스도에게 참여하는 모든 이들, 즉 *ekklēsia*(교회)의 모든 구성원이 *euangelistai*(유앙겔리스타이, 순회 선교사 혹은 공중 설교자라는 의미에서 복음전도자)가 되어야 한다고는 믿지 않았지만, 그는 그들 모두가 *euangelion*(유앙겔리온, 복음)이 되어야 한다는 신념을 확고하게 가지고 있었다.[40] 1세기 공동체들과 우리를 향한 바울의 기대를 간략하게 요약하면서 모나 후커는 선교는 "소수의 선택된 대표들에게 주어진 것이 아니라 교회 전체에게 주어진 과제다. 왜냐하면 교회는 이 세상에서 그리스도의 몸으로서 그리스도의 존재를 대표하기 때문이다"라고 말한다.[41]

말과 행위로 증언

지금까지의 논의가 의미하는 바는 바울이 결코 말로 증언하는 것에 무관심했다는 것을 의미하는 것이 **아니다**. 우리가 고린도전서를 논의하면서 살펴보았듯이 바울은, 비록 전도에 대한 관심이 그의 많은 편지

39　*Cruciformity*, 366-67(여기서는 367).
40　"전도자"(*euangelistēs*)라는 용어는 신약성서에서 행 21:8; 엡 4:11; 딤후 4:5에서만 나온다.
41　Hooker, "Be Holy as I Am Holy," 18.

　　　　삶으로 담아내는 복음

에서 표면적으로 드러나지 않았다 하더라도, 교회들의 말을 통해 증언하는 데―개별 교회의 각 구성원의 특정 상황에서 개인적으로 증언하는 것을 포함하여―상당한 관심을 가지고 있었다.[42] 그보다는 딘 플레밍(Dean Flemming)이 설득력 있게 주장했듯이, 교회와 개인의 선교에 대한 바울의 개념은 존재함과 행함과 전함이라는 서로 연관된 세 가지 측면을 가지고 있었다. 또한 이것은 선교에 대한 통합적이며 전인적인 이해라고도 할 수 있다.[43] 이 책에서 우리는 존재함과 행함("구현함")을 강조한다. 왜냐하면 나는 이것이 바울의 강조점이라고 생각하기 때문이다. 그러나 우리가 곧 보게 되겠지만, 이 강조점은 오직 자신들의 정체성을 알리고 자신들의 삶의 방식과 자신들이 전하는 메시지가 일치하는 사람들의 맥락에서만 이해가 된다.

예를 들어, 박해를 받을 때―말로 괴롭힘을 당하거나 아니면 더 심한 것이든―어떤 이가 이러한 새로운 반사회적이며 반종교적인 행동에 대한 설명을 요구하면 바울이 세운 교회의 일부 그리스도인(들)은 "오직 예수만 주님이시며, 그는 우리의 주님이시고 당신의 주님도 될 수 있으며 또한 되어야만 한다. 당신은 이 이야기에 관해 더 듣기를 원하는가?"라는 기본적인 답변을 주었을 것이다. 바울 서신을 포함해 신약성서를 상고하면서 플레밍은 복음 전도가 "말과 행동, 그리고 모범을 통해 사람들로 하여금 그들의 삶 전체로 그리스도를 따르도록 기

---

42   관련 본문에 관한 개관으로는 Plummer, *Paul's Understanding of the Churche's Mission*, 71-139를 보라.

43   Dean Flemming, *Recovering the Full Mission of God* (Downers Grove, IL.: InterVarsity, 2013). 그는 또한 임재, 실천, 선포 등의 용어를 사용한다.

독교 공동체로 초대하는 것을 의미한다"고 주장한다.[44] 플레밍의 주장은 바울을 신실하게 대변한다. 복음-화(gospel-ize, evangelize)는 지속적으로 복음-화되어가는 과정에 있는 공동체를 요구하며, 그렇게 복음-화되어가는 공동체가 그것에 대한 증인이 될 것이다. 이것은 자연히 선교적일 수밖에 없다.

바울도 이런 방식으로 분명하게 자기 자신을 이해했던 것으로 보이며, 이와 유사한 방식으로, 그러나 암묵적으로 그의 공동체들을 이해했던 것으로 보인다. 로마서 15장에서 그는 스페인 방문을 계획하면서 아마도 로마 교회 신자들로부터 재정적 혹은 다른 후원을 얻으려는 기대를 가지고 그들을 향한 자신의 사역을 묘사했을 것이다. 그는 자신의 사역에 관해 그리스도 안에서 정정당당하게 자랑할 것이 있다고 주장하지만, 이는 오직 그가 말하고 **행한** 것이 복음을 전파할 경우에 한해서만 해당된다는 것이다.

> [18]그리스도께서 이방인들을 순종하게 하기 위하여 나를 통하여 역사하신 것 외에는 내가 감히 말하지 아니하노라. 그 일은 **말과 행위**로, [19]표적과 기사의 능력으로, 성령의 능력으로 이루어졌으며 그리하여 내가 예루살렘으로부터 두루 행하여 일루리곤까지 그리스도의 복음을 편만하게 전하였노라(롬 15:18-19, 강조는 덧붙여진 것임).

18절의 "말과 행위"라는 어구는 중요하다. 여기서 행위를 바울이 19절에서 언급하는 표적과 기사에 국한시키는 것은 잘못이다. 오히려

---

44   Flemming, *Recovering the Full Mission of God*, 18.

바울은 그리스도가 자신에게 그의 마음을 주시고, 복음을 온전히 전하고, 삶으로 담아낼 수 있는 능력을 주시면서 자기 안에 살아 역사하셨다고 주장한다. **이것이 내주하시고 능력주시는 성령이 사람들에게 행하시는 것이다.** 만약 바울의 목표가 자신이 세우고 그리고/혹은 서신을 보낸 공동체들이 자신과 그의 동료처럼(고전 2:16) 그리스도의 마음을 품는 것이라면(빌 2:5), 그리고 만약 그가 그들 안에 그리스도가 나타나기를 바란다면(갈 4:19), 바울은 그의 공동체들이 사도로서가 아니라 단순히 그리스도 안에 살고 그리스도가 그들 안에 사는 자들로서 복음을 말과 행위로 선포하기를 바랐다고 결론지을 수밖에—사실 그렇게 결론짓지 않는 것은 잘못된 것임—없다. 그들이 복음을 **구현**해 나가는 과정에서 그들은 복음을 **전할** 기회들을 얻게 될 것이다.

만약 바울이 그의 공동체들에게 복음을 전하라고 더 자주 혹은 더 명시적으로 말하지 않았다면, 그것은 그리스도 안에 있는 공동체가 개와 마찬가지로 짖지 않을 수 없기 때문이다. 개는 개이기 때문에 짖는 것이다. 개들은 짖는 훈련을 받을 필요가 없다. 개들은 때로는 스스로, 때로는 자극을 받거나 동요가 될 때 짖으며, 때로는 짖을까 머뭇거리기도 하고, 때로는 공격적으로 짖기도 한다. 하여간 그들은 짖는다. 바울은 단지 그의 공동체들의 "짖음"이 사람들을 귀찮게 하기보다는 통상적인 의사 전달 방법에 부합하기를 원했다. 아울러 로버트 플러머(Robert Plummer)가 지적했듯이 바울은 궁극적으로 하나님의 능력인 복음(참조. 롬 1:16-17)—우리는 심지어 그 짖음의 배후에 있는 능력이라고도 말할 수 있을 것이다—이 복음으로 충만하고 이로 말미암아 하나님의 성령으로 충만한 공동체가 증인의 삶을 살도록 보장해줄 것이

라고 믿었다.[45]

　내가 지금까지 전개해온 논지는 논쟁의 여지가 있다. 앞에서 이미 언급했듯이, 선교에 있어 바울 공동체들의 역할에 대한 중요한 논쟁이 꾸준히 진행되어왔다. 예를 들어, 존 딕슨(John Dickson)은 그들의 역할이 보다 덜 직접적인(나의 표현으로) 선교 활동에서 나타났다고 강력하게 주장한다.

- 재정 후원: 선교사들을 파송하고 돌보며 그들에게 간헐적으로 선물을 보내는 방식으로
- 기도: 구체적으로 불신자들과 바울의 선교를 위해
- 사회적 통합: 즉 불신자들과의 관계를 유지하며 특정 활동에 그들과 함께 참여하기(특히 만찬)
- 윤리적 변증: "좋은 인상"(평상적인 삶의 책임에 충실하기)을 유지하기, "'은혜로운 모습' 나타내기", 외인들을 향해 일반적으로 "지혜롭게 행동하기" 등
- 공적 예배
- 구두 변증(바울 서신 중에서 골로새서 4:6에서만 발견됨)[46]

45　"비록 바울은 자신에게 위임된 선교 사역을 **의무**라고 표현하지만, 그의 삶 속에서 역동적인 복음의 존재가 자연스럽게 넘쳐난 것으로 보는 것이 더욱 포괄적인 묘사일 것이다. 교회도 동일한 복음에 의해 창조되고 특징지어지기 때문에 능동적인 선교 공동체가 되어야만 한다[나는 **될 수밖에 없다**고 말할 것이다]"(Plummer, *Paul's Understnading of the Church's Mission*, 145). 바울과 그의 교회 및 선교에 대해 언급하면서 Morna Hooker는 "선교는 선택 사양이 아니라 그리스도인이 가지고 있는 DNA의 일부다"라고 말한다(Hooker, "Be Holy as I Am Holy," 17).

46　John P. Dickson, *Mission Commitment in Ancient Judaism and in the Pauline Communities*, WUNT 2/159 (Tübingen: Mohr Siebeck, 2003).

나 역시 이 모든 활동이 바울 서신에 규정되거나 서술되어 있음을 발견한다. 이 중 어떤 것들은(예. "사회적 통합"과 "공적 예배") 이미 지적된 바 있다. 그러나 딕슨은 교회와 "세상"간의 상호 교류의 중요성에 대해—그러한 상호 교류가 그 자체로, 때로는 호의적으로, 또 때로는 대립적으로, 얼마나 선교적인지—보다 더 직접적으로 충분하게 거론하지 않는다. 라이트(N. T. Wright)는, 비록 (빌 2:16은 "생명의 말씀을 말하는 것"만을 의미한다고 주장하는[47]) 제임스 웨어(James Ware)를 전적으로 지지할 만한 충분한 증거가 있다고 확신하지는 않지만, 우리로 하여금 신학적으로 외인들과의 상호 교류가 얼마나 더 직접적으로 선교적인지를 볼 수 있게 해준다.

우리가 핵심적인 세계관-상징, 즉 *ekklēsia*(교회) 자체를 다룰 때 살펴보았듯이, 바울이 교회를 묘사하는 방식 중 하나는 성전이다. 사실 이것은 판이하게 다른 유형의 "선교"를 보여준다고 할 수 있다. 바울은 개별 교회들, 즉 지중해 북동 지역 여기저기에 점처럼 흩어져 예배와 사랑의 공동체를 형성하며 모인 세례 받은 신자들의 작은 무리들이 각자 창조주 하나님, 곧 예루살렘 성전에 거하셨던 그 하나님이 현재 거하시는 살아 있는 성전이라고 믿었던 것으로 보인다. 다시 말하면 개별 교회들은 온 세계가 하나님의 영광으로 가득 차게 될 그때를 미리 보여주는 표징이었다. 골로새나 빌립보에 켜진 각 등불은 하나님의 임재의 빛이 퍼져나갈 원점으로서, 온 세계가 그 빛으로 인해 밝히 빛날 때가 오리라는 여명의 표

47   James P. Ware, *Paul and the Mission of the Church: Philippians in Ancient Jewish Context* (Grand Rapids: Baker Academic, 2011), 특히 256-70.

징이었다. 나는 이것이 골로새서 1:27에 기록된 "너희 안에 계신 메시아 곧 영광의 소망"이라는 그의 말이 의미하는 바의 일부라고 생각한다. 골로새에 있는 자신의 성전에 거주하시는 내주하시는 메시아는 "영광의 소망"—즉 야웨가 그의 성전에 영광 가운데 다시 돌아오실 것과 그로 인해 온 땅을 그의 지식과 영광, 그리고 그의 정의와 평화와 기쁨으로 채우실 것이라는 소망—이 실현되기 시작했음을 보여주는 표징이었다. 바울은 각 *ekklēsia*를 그러한 미래적 현실을 미리 보여주는 표징으로 본다. 그런 차원에서, 그리고 그런 의미에서 우리는 "선교"가 바울이 자신의 공동체들이 어떻게 정의되어야 하는지를 보여주는 상징적 현실의 일부(연합 및 거룩함과 더불어)였다고 말할 수 있다.[48]

나의 견해로는 심지어 라이트조차도 이 주제를 충분히 다루지 못했다고 생각한다. 미리 보여주는 표징도 맞다. 빛이 퍼져나갈 원점도 맞다. 그러나 기대적 참여의 공간으로 더 나아가야 한다. "정의와 평화와 기쁨"의 공동체들은 단지 표징이 아니라 그 이상이다. 이 공동체들은 성령과 같이 할부금(down payment)의 형태를 취하며, 정의와 평화와 기쁨의 시대가 단지 꿈같은 이야기가 아니라, 불완전하고 미완성이긴 하지만, 현재에도 실제로 알 수 있는 미래적 실재임을 보증한다. 이것이 바로 교회들이 복음을 구현하고 이를 통해 하나님의 선교에 참여한다는 것의 의미다.

나는 라이트가 이에 동의한다고 생각한다.

---

48   Wright, *Paul and the Faithfulness of God*, 437.

그들은[하나님의 백성은] 어떤 의미에서든 갱생된 인류, 진정한 인간들, 즉 창조주 하나님이 이 기이한 피조물을 자신의 형상을 따라 처음 지었을 때부터 염두에 두고 있었던 것을 구현할 백성이 되도록 부르심을 받았다. 바울은 이러한 계획이 메시아와 그의 백성을 통해 성취되었다고 믿었기 때문에, 갱생된 인간의 삶을 보여주는 표징들이 자신의 세계관 안에서 이루어지는 상징적 실천의 핵심 요소들 중에 속한다고 보았다.[49]

그렇다. 이것은 십자가에 못 박히시고 부활하신 메시아를 따라 새롭게 갱생된 인간의 삶이다. 즉 복음을 구현하는 것이다. 라이트는 다음과 같이 말한다.

바울은 단순히 부수적이거나 때에 따라 바뀌는 생활양식이 아니라, 교회의 사고 속에 내재되어 있어야 할 실천, 즉 교회의 하나됨과 거룩함을 통해 "메시아 예수의 얼굴에" 온전히 그리고 영원토록 비쳐졌던 한 분 하나님의 형상을 이 세상에 비추는 "새 인류"를 구현하는 실천을 강조한다.[50]

---

49   Wright, *Paul and the Faithfulness of God*, 438. 다음과 같은 문장도 참조하라. "바울의 메시지가 전달하고자 하는 요점의 일부(그리고 바울의 메시지가 복잡한 부분적인 이유)는 우리에게 장래에 일어날 것으로 약속된 것이 **성령의 임재와 능력과 인격을 통해** 현재의 일로 미리 앞당기라는 긴박한 명령이다"(440). "바울은 이 우주를 참되신 한 하나님의 임재를 중재할 형상들이 없이 그냥 내버려두지 않는다. 오히려 이 세상, 곧 우주에게는 유일하게 참된 형상, 즉 메시아가 이미 주어졌다. 따라서 메시아의 백성의 상징적 실천은 성령으로 말미암아 그 형상을 지닌 자들로서 합당하게 행할 소명, 즉 하나님의 참된 생명에 참여하고 철저하게 왜곡된 비전이나 혹은 완전히 거짓된 비전만을 제시해온 형상들로 가득한 세상에 하나님의 참된 생명을 반영하는 수단이 될 소명에 근거한다"(442).

50   Wright, *Paul and the Faithfulness of God*, 450.

맞다. "구현하다"(becoming) 동사를 중심으로 교회 안에서의 바울과 선교(전도/복음화를 포함하여)에 관한 문제를 재설정한다는 것은, 내가 제안하듯이, 구원에 대한 우리의 이해가 넓어져야 함을 의미한다.[51] 만약 바울이 그의 회중들이 모든 사람의 구원을 위해 의도적으로 행동하기를 원했다면, 실제의 삶에서, 이른바 "현장에서" 그 구원은 어떤 것이었을까? 이 책의 주장은, 성경적으로, 그리고 특별히 바울에게 구원은 개인적으로나 집단적으로 인류를 향한 하나님의 열망의 범위를 모두 아우른다는 것이다. 구원은 믿음, 소망, 사랑의 삶을 모두 포함한다. 구원은 다른 이들의 유익을 위해 자신을 내어주시는 그리스도를 닮은 삶이며, 하나님과 그리고 서로 간에 사이좋게 지내며 화해하는 삶이다. 구원은 예언자적이며 회복시키는 정의의 삶이며, 의의 삶이고, 궁극적으로 하나님의 영광에 온전히 참여하는 삶이다.[52] 이것은 신자들이 자주 이야기하는 것이지만, 사실은 무엇보다도 그들이 행하는 것이며 그들 자신인 것이다. 사실 사람들이 실제로 무언가—어떤 의미에서 일반적인 삶과 대조되는 무언가—가 될 때 비로소 그들은 여러 가지 반응을 유발한다. 때로는 상당히 긍정적인, 때로는 더 부정적인, 또 때로는 매우 부정적인 반응을 유발하고, 심지어 데살로니가의 경우에

---

51 광범위한 의미를 강조하는 성서의 구원에 대한 개관으로는 Michael J. Gorman and Richard Middleton, "Salvation," *New Interpreter's Dictionary of the Bible* 5:45-61 (Nashville: Abingdon, 2009)을 보라.

52 서론에서 이미 지적했듯이 John Wesley는 그리스 교부들의 영향을 받아 구원을 "죄로부터 지금 구원을 받는 것, 본래의 건강함 곧 본래의 순수함으로 그 영혼이 회복되는 것, 신적 성품의 회복, 의와 참된 거룩함과 정의와 긍휼과 진리로 하나님의 형상을 따라 우리의 영혼이 갱신되는 것"으로 정의했다(*The Works of John Wesley, Vol. 11: A Father Appeal to Men of Reason and Religion and Certain Related Open Letters*, ed. Gerald R. Cragg [Nashville: Abingdon, 1987], 106, para.1.3).

는 치명적인 반응을 유발한다.

이러한 선교 이해 방식은 일부 현대적 혹은 심지어 탈현대적 정의에 의하면 공식적인 "복음전도"가 아닐 수 있지만, 그러나 아무튼 복음을 선포하는 것은 사실이다(참조. 고전 12:3; 빌 2:6-11 등). 앞에서 언급한 질문—바울은 과연 그의 공동체들이 복음을 선포할 것을 기대했는가?—에 대한 답변은 종종 논쟁의 대상이 되는 단 하나의 석의/번역의 문제—즉 바울은 빌립보 교인들이 생명의 말씀을 "말하기를" 원했는가? 아니면 생명의 말씀을 "붙들기를" 원했는가?(빌 2:6)—에 의해 좌우되지 않는다. 그럼에도 불구하고 나는 그 질문에 대한 바울의 신학적인 답변이 자신감 넘치는 "그렇다"라고 주장한다. 즉 복음을 말하고 붙드는 것을 모두 의미한다. 다시 말하면 이것은 신실하고 창의적인 말과 행동으로 복음을 구현하는 것이다.

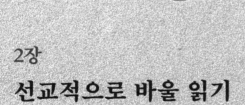

2장
선교적으로 바울 읽기

우리는 1장 서두에서 제기한 "바울을 선교적으로 읽는다는 것은 무엇을 의미하는가?"라는 질문을 해석하는 두 가지 방법 중 하나를 일단 예비적으로 검토했다. "만약 우리가 바울 서신을…이 세상에서 행하시는 하나님의 선교에 대한 바울의 비전을 보여주는 증거로서, 그리고 그를 비롯해 그의 동료들과 교회들이 그 선교에서 어떤 역할을 수행하는지를 보기 위해 읽는다면 과연 우리는 그 안에서 무엇을 발견할 것인가?" 이 장에서는 조금 더 간략하게 이 질문을 해석하는 두 번째 방법을 다루고자 한다. "바울 서신을 기독교 경전으로, 그리고 교회를 향한 하나님의 말씀으로 읽는 우리들은 오늘날 **우리** 상황에서 하나님의 선교에 있어 **우리가** 담당해야 할 역할은 무엇인가?" 소위 바울의 "정신"에 따른 현대 선교는 어떤 모습일까?

우리는 여기서 그 질문에 대한 직접적인 답을 얻는 데 중점을 두기보다는—왜냐하면 이는 이 책의 핵심 장들과 그 질문이 제기된 맥락을 고려할 필요가 있기 때문이다—그 질문을 책임감 있게 그리고 생산적으로 묻고 답변할 수 있게 해줄 일부 자료를 얻는 데 중점을 둘 것이다. 이와 동시에 앞에서 이미 지적한 바와 같이 바울 서신을 기독교 정경으로 읽는 이들에게는 우리가 이미 시작했고 이어지는 장들에서 다룰 석의·역사적 작업은 이미 오늘날 기독교 선교에 관해 바울이 우리에게 말하고자 하는 바에 관한 해석학적 질문에 대한 다양한 관점과 틀, 그리고 심지어는 함축적인 답변까지도 제공해준다.

우리는 이 책에서 바울 연구와 선교적 해석학이란 두 개의 신학

분과가 서로 결합되는 매우 흥미진진한 현상을 목격한다. 전자는 어쩌면 신학 연구에서 가장 오래된 하위분과인 반면(벤후 3:15-16을 보라!), 후자는 공식적으로는 상당히 최근에 신설된 연구 분야다.[1] 선교적 해석학은 선교학과도 동일하지 않으며 보편적으로 알려진 해석학과도 같지 않다. 선교적 해석학은 선교학자들과 성서학자들, 그리고 교회 지도자들이 의도적으로 함께 모여 성경 본문이 하나님의 선교 및 그 선교에 대한 우리의 참여에 관해 무엇을 말하고 있는지를 탐구할 때 일어난다.[2] 선교적 해석학은 신학적 해석의 부분집합 혹은 외연으로 볼 수 있다. 즉 선교적 해석학은 교회가 하나님과 이웃을 이해하고 사랑하며 섬길 뿐 아니라 이를 통해 성경과 신학의 모든 측면을 건설적으로 대화하는 데 매우 유용한 성서학적 접근에 해당한다.[3]

---

[1] George Hunsberger에 따르면 "선교적 해석학"이란 용어는 1992년에 James Brown이 처음으로 고안해낸 것이다. Geroge R. Hunsberger, "Proposals for a Missional Hermeneutic: Mapping a Conversation," *Missiology: An International Review* 39 (2011): 309-11(여기서는 316).

[2] 이에 관한 개관은 Michael Barram, "The Bible, Mission, and Social Location: Toward a Missional Hermeneutic," *Interpretation* 61 (2007): 42-58; James B. Brownson, *Speaking the Truth in Love: New Testament Resources for a Missional Hermeneutic* (Harrisburg, PA: Trinity Press International, 1998); Hunsberger, "Proposals for a Missional Hermeneutic," 이보다 앞선 버전은 http://www.gocn.org/resources/articles/proposals missional-hermeneutic-mapping-conversation); Michael J. Gorman, *Elements of Biblical Exegesis: A Basic Guide for Students and Ministers*, revised and expanded edition (Grand Rapids: Baker Academic, 2009), 155-58. 참조. Richard Bauckham, *Bible and Mission: Christian Witness in a Postmodern World* (Grand Rapids: Baker, 2003); Christopher J. H. Wright, *The Mission of God: Unlocking the Bible's Grand Narrative* (Downers Grove, IL: InterVarsity, 2006); and Michael W. Goheen, *A Light to the Nations: The Missional Church and the Biblical Story* (Grand Rapids: Baker Academic, 2011); James C. Miller, *Reading Scripture Missionally* (Eugene, OR: Cascade, forthcoming); Dean Flemming, *Why Mission? A New Testament Exploration* (Nashville: Abingdon, forthcoming).

[3] 최근에 활성화되고 있는 신학적 해석은 Joel Green이 편집을 맡고 있는 *Journal of Theological Interpretation*을 비롯하여 Brazos (Brazos Theological Commentary on the Bible), Eerdmans (Two Horizons New Testament Commentary; Two Horizons Old

선교적 해석학이란?

선교학자인 조지 헌스버거(George Hunsberger)는 선교적 해석학 혹은 해석적 전략에 대해 근본적인 질문을 제기한다. "만약 성경을 하나님의 선교와 교회의 선교적 본성의 관점에서 접근한다면 결과적으로 어떠한 차이가 있을까?"[4] 선교적 해석학을 사용하는 이들은 성경 본문을 의도적으로 이 세상을 향한 하나님의 계획을 증언하고 그 하나님의 활동에 참여하도록 초대하거나 심지어 소환하는 것으로 읽는다. 신약학자이자 선교적 해석학에서 주도적인 목소리를 내는 마이클 배럼(Michael Barram)의 말에 의하면, 선교적 해석은 "보냄을 받은 공동체로서의 교회가 해석학적 관점에서 수행하는 성경 해석"이다.[5] 배럼은 "믿음의 해석 공동체의 [이러한] 선교적 '보냄 받음'(sent-ness)이 교회의 해석학을 위한 필수조건(sine quo non)처럼 되어버렸다"고 주장한다.[6] 배럼은 이것이 선교적 해석을 최소한 최근까지 묘사되고 실행되어온 신학적 해석과 어느 정도 구별을 두게 만든다고 주장한다.

요약하자면, 나는 선교적 해석학에 대한 핵심적인 전제들과 확언들을 감

Testament Commentary), Westminster John Knox (Belief: A Theological Commentary on the Bible)와 같은 출판사의 몇몇 주석 시리즈가 주도하고 있다. 신학적 해석에 대한 간략한 개관은 Gorman, *Elements of Biblical Exegesis*, 144-55; Richard B. Hays, "Reading the Bible with Eyes of Faith: The Practice of Theological Exegesis," *Journal of Theological Interpretation* 1 (2007): 5-21을 보라.

4   Hunsberger, "Proposals for a Missional Heremenutic," 309.

5   Michael Barram, "Reflections on the Practice of Missional Hermeneutics: 'Streaming' Philippians 1:20-30" (unpublished paper delivered at the GOCN Forum on Missional Hermeneutics, November 21, 2009), 9.

6   Barram, "Reflections," 10.

안하면 선교적 해석학은 적어도 해석 공동체의 "보냄 받음"이 성경 본문을 올바르게 읽어내려는 어떠한 해석학적 시도의 지침이 되는 명시적 요소가 되어야 한다는 암묵적 주장으로 끝나지 않을지 의구심이 든다. 내가 "신학적 해석"과 "선교적 해석학"이 확언하는 광범위한 원칙들과 전제들에 대해 중요한 이견을 발견하지 못한다는 점을 감안하면, 어쩌면 선교적 해석학의 관점에서 볼 때 적어도 한 가지 중요한 차이점은 바로 한 가지 불일치점이다. 이 문제를 보다 더 날카롭게 설정하자면, "선교적 해석학"에 있어 해석 공동체의 "보냄 받음"은 단순히 여러 해석학적 고려 사항 중 하나가 아니라, 어떤 실제적인 의미에서 가장 근본적인 고려 사항으로 기능하는 것으로 보인다. 따라서 선교적 해석학은 반드시 필요한 과제다. 왜냐하면 해석 공동체의 "보냄 받음"에 초점을 맞춘다는 것은 어떤 경우에는 이 해석 공동체로 하여금 이러한 강조가 결여된 "신학적 해석"을 초월할 수 있는 힘을 제공해주기 때문이다.[7]

이러한 배럼의 예리한 진단은 우리가 성경을 접근하는 방법 혹은 우리가 성경을 어떻게 접근해야 하는지를 둘러싼 교회의 근본적인 선교적 정체성을 상기시키는 데 유용하다. 나는 선교와 성서 해석에 대한 배럼의 주장의 기본적인 방향에 전적으로 동의한다. 비록 나는 "보냄 받음"보다 "참여"라는 용어를 더 자주 사용하지만, 이 둘은 서로 대치되는 성경적·신학적 용어라기보다는 상호보완적이다. 그러나 신학적 해석이 교회의 선교적 정체성을 더욱더 명시적으로 드러내며 성서 해석에 있어 더욱더 중심적 역할을 해야 할 필요가 있다는 배럼의 주

7　Barram, "Reflections," 10-11.

장을 수용하면서도 나는 여전히 선교적 해석학이 신학적 해석의 한 형태라는 견해를 견지한다.[8]

최근에 대두되고 있는 정의를 요약하는 차원에서 나는 본인의 다른 저서에서 썼던 내용을 언급하고자 한다.

[선교적 해석학]은 *missio Dei* 또는 하나님의 선교의 신학적 원리에 근거를 둔다. 이 용어는 신구약성서가 모두 이 세상의 창조자이자 구속자이신 하나님을 증언한다는 신념을 요약해준다. 사실 하나님은 본질상 선교적 하나님이시다. 그는 언젠가 하늘로 데려가기 위해 "영혼들"을 구원하실 뿐 아니라 개인과 공동체, 열방, 환경, 이 세상, 온 우주 등 창조된 질서를 회복하고 구원하시기를 원하시는 분이시다. 이 하나님은 그리스도—하나님의 선교의 성육신이었던 분—의 이름으로 모인 하나님의 백성이 이 하나님의 선교에 참여하고, 하나님이 이 세상에서 하고자 하신 일이 무엇인지 분별하며, 그 일에 합류하도록 부르신다.[9]

이러한 성서 해석이 담고 있는 함의는 다음과 같다.[10]

• 선교는 교회의 삶의 **일부**가 아니라(지역 교회의 적은 액수의 선교

---

8 나는 여기서 *Journal of Theological Interpretation*이 스스로를 선교적 해석을 사용하는 학자로 밝히는 일부 학자들의 연구를 출간했다는 사실을 밝힌다. 예를 들어, Michael A. Rynkiewich, "Mission, Hermeneutics, and the Local Church," *Journal of Theological Interpretation* 1 (2007): 47-60; Dean Flemming, "Revelation and the Missio Dei: Toward a Missional Reading of the Apocalypse," *Journal of Theological Interpretation* 6 (2012): 161-78을 보라.

9 Gorman, *Elements of Biblical Exegesis*, 155.

10 이 목록은 Gorman, *Elements of Biblical Exegesis*, 156에 있다.

예산으로 나타나는) 교회라는 존재의 **전부**이자 **본질**이다. 선교는 **포괄적**이다.

- 선교는 교회가 주도하는 것이 아니라 교회의 반응이며, 하나님의 선교에 대한 교회의 참여다. 선교는 **파생적**이다.

- 선교는 서구의(혹은 그 어떤) 힘과 문화와 가치들의 외연이 아니다. 선교는 하나님 나라의 도래에 구체적으로 참여하는 것이다. 따라서 선교는 하나님 통치의 "정치"—예언자들에 의해 약속되었고, 예수에 의해 도래했으며, 사도들에 의해 이 세상에 처음 전파된 "새로운 삶과 평화와 정의"(샬롬)라는 현실—외에 암묵적이거나 명시적인 정치적 목적을 위해 기독교 선교를 강요하는 모든 시도에 대해 비판적이다. 서구 그리스도인들은 기독교 세계의 실패를 온전히 인정하고 교회를 보다 더 광범위한 비기독교적 문화 안에 속한 하나의 구별된 하위문화로 올바르게, 그리고 성경적으로 보는 것이 중요하다. 선교는 **하나님 중심적이며 그리스도 중심적**이다.

- 선교는 **일방적**이기보다는(예. 서구에서 동양으로) **상호적**이다.

- 선교는 모든 성서 해석이 이루어지는 지배적인 구조가 되어야 한다. 선교는 **해석학적**이다.

조지 헌스버거는 선교적 해석학이라는 신흥 분야의 선두주자들의 공헌을 연구한 결과, 선교적 해석학의 네 가지 강조 "추세" 혹은 기본 접근법을 찾아냈다.[11] 내 견해로 이 중 두 가지는 성서 본문 자체를

---

11   Hunsberger, "Proposals for a Missional Hermeneutic." 이 연구는 2005년부터 시작된 선교

강조하는 반면, 나머지 두 가지는 해석자들과 그들의 정황에 더 의도적으로 초점을 맞춘다. 이 네 가지는 완전히 상호 배타적이지 않으며, 서로 다른 관점을 대변한다.

1. 이야기의 선교적 방향. 이러한 본문 중심적 접근법은 "그것[성서]이 하나님의 선교와 그 선교에 참여하도록 보냄을 받은 공동체의 형성에 관해 언급하는 이야기"로서 해석의 틀을 강조한다.[12] 이 접근법은 성서가 그 다양성에도 불구하고 창세기로부터 요한계시록까지 구원에 대한 단일 내러티브로 읽어야 한다는 것을 전제한다. 이것은 성서 전체를 하나로 간주하는 성서신학의 해석학이다.[13]

2. 성경 저술의 선교적 목적. 이 두 번째 본문 중심적 접근법은 해석의 목표가 "성서 저술 자체의 목적을 달성하는 것"이라고 주장한다. 보다 더 구체적으로 말하자면, 신약성서의 목적은 선교적 공동체들을 지속적으로 형성하고 무장하는 것이었으며 (그때) 지금도 그러하다(현재). 이것은 정경 문서(특히 신약성서)에 대한 해석학이다.[14]

적 해석학에 대한 복음과 우리 문화 네트워크(GOCN) 포럼에 참석했던 선교학자들과 성서학자들의 발표와 저술에 근거한다. 이 포럼은 매년 세계성서학회(SBL) 모임과 함께 열린다.

12   Hunsberger, "Proposals for a Missional Hermeneutic," 310.

13   이에 대한 논의와 비판에 관해서는 Hunsberger, "Proposals for a Missional Hermeneutic," 310-13을 보라. 이 접근법과 관련이 있는 두 대가의 이름은 Christopher Wright와 Michael Goheen이다.

14   이에 대한 논의와 비판에 관해서는 Hunsberger, "Proposals for a Missional Hermeneutic," 313-14를 보라. 이 접근법과 관련이 있는 대가의 이름은 James Brownson이며 Darrell Guder도 이와 유사한 관심을 가지고 있다.

3. 기독교 공동체의 선교적 위치. 이러한 보다 더 독자 중심적 접근법은 앞의 두 접근법에 직접적으로 이의를 제기하지는 않지만, 독자들이 성서를 읽을 때, 오늘날 그들이 각자 처한 세계의 특정 모퉁이에서 어떻게 하나님의 목적에 사로잡히게 되는지 묻고 답할 때 특정 문맥의 중요성을 부각시키면서 초점을 해석자들의 사회적 위치로 이동시킨다.[15]

4. 문화와의 선교적 교류. 이러한 정황적 접근법에서 "복음은 물려받은 성서적 전통이 특정한 인간적 맥락과 비판적 대화를 가능케 하는 해석학적 **모체**(matrix)로서 기능한다."[16] 신약성서 저자들이 그들의 문화가 그리스도의 새로운 복음과 조화를 이루도록 하기 위해 이스라엘의 성서를 다시 읽었던 것처럼, 오늘날의 기독교 신자들도 현대 문화가 복음과 잘 교류할 수 있도록 신약성서를 뛰어난 상상력을 가지고 다시 신실하게 읽을 필요가 있다.

제임스 브라운슨(James Brownson)은 이 네 가지 "추세"에 기억해야 할 점을 한 가지 더 추가한다. 그것은 정황을 강조하는 세 번째 추세와 특별히 관련이 있다. "사람들 사이의 그러한 선교적 만남은 당연히

---

15 이에 대한 논의와 비판에 관해서는 Hunsberger, "Proposals for a Missional Hermeneutic," 314-16을 보라. 이 접근법과 관련이 있는 두 대가의 이름은 Michael Barram과 James Miller다. 비록 바울에 관한 해석은 아니지만, 이러한 맥락에서 선교적 해석학을 시도한 저서로는 나의 *Reading Revelation Responsibly: Uncivil Worship and Witness; Following the Lamb into the New Creation* (Eugene, OR: Cascade, 2011, 『요한계시록 바르게 읽기』[새물결플러스 역간])을 보라.

16 Hunsberger, "Proposals for a Missional Hermeneutic," 316. 이 접근법에 대한 논의와 비평으로는 316-18을 보라. 이 접근법에서 주요한 이름은 James Brownson이다.

서로 다른 **문화 간의** 만남이다(cross-cultural encounters)."[17] (그에 의하면) 이는 특히 포스트모던 시대에서 "**차이점**이 근본적이며 절대적"이기 때문이다. 따라서 "선교적 해석학이 차이점을 억제하는 통합적인 내러티브나 혹은 그저 잠시 동안만 만족을 주는 잡동사니가 되지 않으려면, 선교적 해석학은 **차이점**이라는 현실을 극도로 진지하게 다루어야만 한다. 그리고 이것은 선교적 해석학을 위한 문화 간의 만남의 중요성을 우리에게 다시 각인시켜준다." 브라운슨은 이러한 역동성이 사도 바울이 "획일성 없이 화해"를 이루려고 노력했던 바울의 사역과 서신에서 이미 나타났다고 올바르게 지적한다. 우리에게 주는 도전은 하나님의 선교를 이해하고, 이러한 종류의 렌즈를 가지고 성서를 다시 읽는 것이다.

그렇다면 이 네 가지 혹은 다섯 가지 접근법 중에 앞으로 이어지는 장들에서 우리의 가이드가 될 접근법은 과연 어느 것일까?

앞에서 이미 언급했듯이 이 추세들은 상호 배타적이지 않다. 그러나 우리가 이미 서론("초대")에서 논의한 바와 같이 이 책은 특정한 정황에서 선교적으로 직접 개입하는 것에 대한 특정 질문에 초점을 두고 있지 않다. 따라서 비록 세 번째와 네 번째(그리고 어쩌면 다섯 번째) 접근법이 선교적 해석학의 궁극적인 목표를 대변하기는 하지만, 이 책에서 우리의 주 관심사는 처음 두 가지 본문 중심적 접근법이다. 그렇다면 나머지 접근법은 이 책과 성서 본문들을 선교적 관점에서 유용하게 읽을 수 있는 다양한 렌즈와 정황을 제공해준다.

---

17   James V. Brownson, "A Response at SBL to Hunsberger's 'Proposals…' Essay," delivered at the annual meeting of the GOCN Forum on Missional Hermeneutics in November 2008: http://www.gocn.org/resources/articles/response-sbl-hunsbergers-proposals-essay. 이 단락의 모든 인용들은 이 에세이의 웹사이트 버전으로부터 온 것이다.

다시 한번 강조하지만, 이러한 다양한 접근법은 "단순히" 석의적·역사적 방향만을 제시하지 않는다. 이 접근법들은 그 자체로 해석학적 의미를 지닌다. 성서를 이렇게 선교적으로 접근하는 것 자체가 성서 내러티브 안에 연속성이 존재하며, 하나님의 선교가 들어 있으며, 적어도 부분적으로나마 그 하나님의 선교에 참여하도록 우리를 초대하고 소환하는 성서 저술이 있다는 사실을 전제하는 것이다.

다음 다섯 가지 질문은 선교적 해석학을 사용하는 독자들이 성서 본문(이 경우에는 바울 서신)과 자기 자신에게 던질 수 있는 핵심적인 질문이다.[18]

- 이 본문들은 암묵적으로 혹은 명시적으로 다의적인(복잡하면서도 포괄적인) 하나님의 선교 및 그의 선교적 성품에 관해 무엇을 말하는가?
- 이 본문들은 인류와 이 세상에 관해 무엇을 계시하는가?
- 이 본문들은 이 세상에 사는 하나님의 백성, 즉 하나님의 선교의 대리인(어떤 기관, 클럽, 시민 단체 또는 기독교 세계의 수호자로서가 아닌)인 교회의 본질과 사명에 대해 무엇을 말하는가?
- 이 본문들은 신구약성서에서 보다 더 폭넓은 성서적 증언과 하나님의 선교, 그리고 하나님의 백성의 선교와 어떻게 연관되어 있는가?
- 우리의 특정한 정황에서 우리가 이 본문을 의도적으로 하나님께서 하나님의 백성인 우리가 하나님의 선교에 참여하도록 부

---

18 이것들은 Gorman, *Elements of Biblical Exegesis*, 156에서 채택된 것이다.

르시는 소명으로 읽을 수 있는 구체적인 방법은 무엇인가?

앞으로 이어질 장들에서 우리는 위에서 나열한 종류의 질문(특히 앞의 네 질문)에 관한 바울의 관점에 집중할 것이다. 나는 앞의 네 질문과 다섯 번째 질문 사이에 상당한 연속성이 존재한다고 믿기 때문에, 다섯 번째 질문은 항상 우리 곁을 따라다닐 것이다. 사실 이 질문은 매우 함축적이긴 하지만, 이 책이 처음부터 끝까지 꾸준히 제기하는 가장 중요한 질문이 될 것이다. 다시 말하면 이 책에서 바울 서신에 대한 분석 안에, 뒤에, 그리고 앞에 있는 질문은 해석적이자 선교적 질문이다. 왜냐하면 우리가 이미 바울과 교회 안에서의 선교에 관해 논의한 바와 같이 바울 서신은 중요한 의미에서 선교적 저술이기 때문이다. 따라서 이제 우리는 의도적으로 바울을 선교적 저술가로서, 그리고 바울 서신의 독자들을 선교적 해석자들로 생각하기 시작한 바울 학자들의 연구를 다루고자 한다.

바울과 그의 선교, 그리고 선교적 해석학

복음과 우리 문화 네트워크(GOCN)는 2005년에 연례적으로 세계성서학회(SBL)와 동시에 개최하는 선교적 해석학 포럼을 시작했다. 이 포럼의 운영위원회에 참여하는 세 명의 성서학자를 비롯해 이 포럼에 정기적으로나 간헐적으로 참여하는 이들은 모두 바울 학자다.[19] 물론

---

19   바울 학자 중에서 이 포럼의 운영위원으로 섬겼던 이들은 나를 비롯해 Michael Barram과

바울과 선교를 서로 연결시키는 작업은 자연스러우면서도 유서 깊은 해석학적 단계다.[20] 그러나 선교사로서의 바울에 대한 우리의 이해와 그 이해에 대한 다양한 현대적 함의는 현재 새로운 방향으로 움직이고 있다.

마이클 배럼은 가독성이 좋은 그의 출간된 논문인 *Mission and Moral Reflection in Paul*(바울에 나타난 선교 및 도덕적 성찰)에서 "선교" 가 복음 전도와 초기 공동체 형성과 같이 바울 사역의 따로 분리된 측면이 아니라, 도덕적 성찰과 공동체의 지속적인 양육을 포함해 사도 바울의 전체적 소명을 이해하는 데 없어서는 안 될 핵심 요소라고 주장한다.[21] 따라서 바울 서신은 "선교 문서"다. 만약 배럼의 주장이 옳다면(나는 그렇다고 생각한다), 우리는 바울 서신을 다음 두 가지 방식으로 읽어야 한다. 첫째는 바울을 하나님의 선교 및 그 안에서 그가 수행하는 역할과 그의 회중의 위치에 대한 그의 증언으로서, 그리고 둘째는 우리 자신의 선교적 정체성 및 우리의 소명과 교회로서의 자기이해와 실천을 위한 성서 본문으로서 읽는 것이다. 이로써 1장에서, 그리고 본장 서두에서 재차 제기된 두 가지 질문에 대해 다루는 바울의 선

James Miller다. 이 외에도 Matthew Lowe를 포함해 다수의 바울 학자가 이 포럼에 정기적으로 참여했다. 2014년에 열릴 예정인 N. T. Wright의 저술에 나타난 선교적 해석학에 관한 세션(물론 그를 포함하여)에 초대를 받은 학자는 Stephen Fowl, Richard Hays, Sylvia Keesmaat 등이다.

20 고전적 작품으로는 Johannes Munck, *Paul and the Salvation of Mankind*, trans. Frank Clarke (London: SCM, 1959)을 꼽을 수 있다. 최근의 작품으로는 예컨대 Eckhard J. Schnabel, *Paul the Missionary: Realities, Strategies and Methods* (Downers Grove, IL: InterVarsity, 2008); Trevor J. Burke and Brian S. Rosner, eds., *Paul as Missionary: Identity, Theology, Activity, and Practice* (Library of New Testament Studies 420; London: T. & T. Clark, 2011)를 보라.

21 Michael Barram, *Mission and Moral Reflection in Paul*, Studies in Biblical Literature 75 (New York: Peter Lang, 2006).

살으로 담아내는 복음

교적 해석학이 비로소 탄생한다.

바울의 선교적 해석학에서 지침이 되는 질문은 위에서 열거한 다섯 번째 질문을 다소 변형시킨 것이다. "하나님의 선교에 관하여, 그리고 그 선교에 대한 우리의 참여에 관하여 언급한 바울 서신을 우리는 어떻게 읽을 것인가?" 달리 말하자면, 비록 우리 앞에 놓인 **주제**(topic)가 예컨대 고린도 교인들을 향한 바울의 지시, 바울과 정의 혹은 바울과 화해일 수 있지만, 우리 앞에 놓인 **이슈**(issue)는 일차적으로 석의적 혹은 역사적인 것이 아니라 해석적이라는 것이다. 우리는 어떤 기본적인 질문에 특정한 방식으로 답변한다. 바울 서신은 어떤 것인가?(선교문서) 수신자가 누구인가?(특정한 정황에 있는 우리에게) 우리는 그 서신을 어떻게 올바로 읽을 것인가?(선교적으로) 보다 오래된 역사적·석의적 질문―예를 들어, 바울은 어떻게 그리고 누구에게 전도했으며, 그는 과연 그의 공동체들도 그렇게 하기를 기대했는지에 관한 질문―은 여전히 유효하지만, 우리의 주된 관심사가 아니며 그 자체가 우리의 목적이 아니다. 오히려 이 질문들은 바울과 선교에 관한 더 폭넓은 논의의 일부이며, 1세기와 21세기에서 선교가 교회의 정체성에 있어 절대적으로 필요하다는 것을 전제하는 대화의 일환이다. 따라서 이제 우리는 "바울은 과연 그의 회중들이 다른 이들에게 복음을 전할 것을 기대했는가?"라는 오래된 질문을 다시 설정할 필요가 있다. 왜냐하면 이 질문은 어떤 의미에서 잘못된 질문이기 때문이다. 이보다 더 나은 질문은 "하나님은 바울 서신을 읽는 우리가 하나님의 선교에 어떻게 참여하기를 기대하는가?"라는 근본적인 해석학적 질문과 함께 던지는 "바울은 자신의 공동체들이 하나님의 선교에 어떻게 참여하기를 기대했는가?"다.

새로운 질문은 언제나 새로운 가능성을 제기하고 더 많은 질문을 유도해내기 마련이다. 우리는 선교적 해석학이 우리로 하여금 교회론과 윤리학에 대한 기본적인 질문들을 신중하게 고려하도록 만든다는 사실을 이미 확인했다. 사실 선교적 해석학은 이러한 이 두 분야를 서로 밀접하게 연관시킴으로써 서로 다른 이 두 신학 분야("교회론"과 "윤리학")를 더 이상 따로 분리할 수 없도록 만든다. 자신의 저서인 *Moral Vision of the New Testament*에서 리처드 헤이스(Richard Hays)가 내세운 주장—바울 서신에서 신학과 윤리학은 불가분의 관계라는 주장—은 이제 선교적 독법에 의해 더욱 강화된다.[22] 배럼이 지적한 것처럼 "바울의 선교에서 신학과 윤리학은 서로 잘 조화를 이룬다."[23] 이는 원심적 관심사와 구심적 관심사가 그러한 것과 마찬가지다.

우리가 바울처럼 우리의 구체적인 정황을 더욱더 신중하게 고려하면 보다 많은 새 관점과 질문이 제기될 것이다. 예를 들어, 바울은 고린도 교인들과 빌립보 교인들을 동일하게 취급하지 않았다. 선교적 해석학은 상황적 해석학이며, 따라서 우리는 우리가 속해 있는 위치에 따라 서로 다른 질문을 구체적으로 던지게 될 것이다.

예를 들어, 누가나 야고보와는 달리 바울은 "사회 정의"의 다양한 측면에 관심을 둔 자들이 즐겨 찾는 대상이 절대 아니었다. 그러나 고린도전서와 고린도후서를 자세히 읽어보면 바울이 정의에 관심을 두고 있었음을 알 수 있으며(예. 고전 6:1-11; 고전 11:17-34; 고후 5:21과

---

22   Richard B. Hays, *The Moral Vision of the New Testament: Community, Cross, New Creation; A Contemporary Introduction the New Testament Ethics* (San Francisco: HarperCollins, 1996), 18.

23   Barram, Mission and Moral Reflection, 142.

관련하여 고후 8장), 이러한 관심은 예수 및 그 안에 있는 칭의/구원에 대한 바울의 확신에 그 근거를 둔다.[24] 이러한 관심사와 신학적 기반에 주목하게 되면 우리는 "정의에 관한 바울의 훈계는 그리스도 및 기독교 공동체를 이 세상에서의 하나님의 정의 구현으로 보는 그의 이해에 대해 무엇을 드러내는가?"와 같은 질문을 던지게 된다. 그리고 또한 우리는 또 다른 후속 질문을 던진다. "그렇게 드러난 사실은 오늘날 교회 안에서, 그리고 교회로서 우리의 삶에 어떤 의미인가?" 이와 같은 맥락에서 바울은 피스메이커 혹은 비폭력주의자로 해석된 적이 거의 없지만, 이것 역시 지금은 바뀌는 추세에 있으며 선교와의 연계도 이루어지고 있다.[25] 더 나아가 최근에 부상하는 생태학적 이슈에 관한 신학적 관심은 바울 학자들로 하여금 로마서 8장이나 골로새서 1장과 같은 본문에 눈을 돌리게 만들었으며, 그들은 거기서 오늘날 우리 시대가 직면한 여러 생태학적 문제에 대한 해결책을 찾는 방안을 모색한다.[26] 선교적 해석학의 관점에서 볼 때 이러한 시도는 단순히 "뜨거운

---

24   예를 들어 A. Katherine Grieb, "'So That in Him We Might Become the Righteousness of God' (2 Cor. 5:21): Some Theological Reflections on the Church Becoming Justice," *Ex Auditu* 22 (2006): 58-80을 보라.

25   신약신학과 평화를 다룬 최근 두 저서는 사도 바울에 크게 주목한다. 메노나이트 소속의 Willard Swartley가 저술한 *Send Forth Your Light: A Vision for Peace, Mission, and Worship* (Scottdale, PA: Herald, 2007)과 보다 더 학문적인 *Covenant of Peace: The Missing Peace in New Testament Theology and Ethics* (Grand Rapids: Eerdmans, 2006)가 바로 그것이다. 또한 나의 *Inhabiting the Cruciform God: Kenosis, Justification, and Theosis in Paul's Narrative Soteriology* (Grand Rapids: Eerdmans, 2009), 특히 2장과 4장, 그리고 *The Death of the Messiah and the Birth of the New Covenant: A (Not So) New Model of the Atonement* (Eugene, OR: Cascade, 2014), 6장과 7장 그리고 참고문헌을 보라.

26   다른 여러 저서 중에 David Horrell, Cherryl Hunt, and Christopher Southgate, eds., *Greening Paul: Reading the Apostle in a Time of Ecological Crisis* (Waco, TX: Baylor University Press, 2010); Presian Smyers Burroughs, *Liberation in the Midst of Futility and Deconstruction: Romans 8 and the Christian Vocation of Nourishing Life* (Th.D. diss., Duke Divinity School, 2014)를 보라.

주제들"을 다루거나 혹은 책임 있는 그리스도인의 청지기관을 실천하려는 노력에 불과한 것이 아니다. 오히려 이러한 시도는 "바울이 때로는 명시적으로, 또 때로는 암묵적으로 증언하는 하나님의 선교가 무엇이며, 그 선교에 우리가 어떻게 부름을 받았는가?"라는 근본적인 질문을 던지고 숙고하는 수단이 된다.

이와 동시에 바울은 우리가 사회 정의(혹은 피스메이킹 혹은 생태학적 관심사)를 복음으로부터 분리시키는 것을 허락하거나 또는 후자를 (기껏해야) 전자의 부속물로 만드는 것을 결코 허용하지 않을 것이다. 조지 헌싱어가 칼 바르트의 그리스도 중심적 구원론에 대해 말한 것을 만약 "사회 정의"(혹은 그와 유사한 명칭으로)라고 불리는 그 무언가에 대한 메시지로 변환한다면, 사도 바울의 경우에 훨씬 더 적절할 것이다.

> 우리 안에서(혹은 우리 가운데서) 실제적인 것이 될 필요가 있는 것이 일부 독립적인 물건 혹은 선물(예. 고결한 성품, 사회 정의, 영원한 행복)로 여겨지는 한, 구원 그 자체는 그분과 동일시되기보다는 "그분과는 다른 그 무언가로, 즉 그분에 의해 중재된 어떤 일반적인 선물"로 외면화된다. 따라서 "마지막 순간에 우리는 그가 마치 하나의 수단이나 도구 혹은 통로에 불과한 것인 양 그를 무시한다"(IV/1, 116).[27]

바르트와 마찬가지로 바울에게도 그리스도의 선물은 구원 그 자체이며, 그 구원이 포괄하는 모든 것은 결코 그분으로부터 분리될 수

---

27 George Hunsinger, *How to Read Karl Barth: The Shape of His Theology* (New York: Oxford University Press, 1991), 144.

없다.

바울 연구 및 선교적 해석학에 있어 이러한 새로운 발전은 새 신자를 확보한다는 의미의 복음 전도나 믿음의 나눔에 종지부를 찍는 것을 의미하는 것인가? 바울이 확실하게 말하듯이 "메 게노이토"(*mē genoito*, 결코 그럴 수 없느니라)다. 오히려 이러한 발전이 의미하는 바는 우리가 복음 전도를 과거보다 훨씬 더 전인적으로 이해하고, 바울과 선교 간의 일반적인 연계도 훨씬 더 폭넓고 창의적으로 이해해야 한다는 것이다. 사실 이것은 복음(유앙겔리온[*euangelion*], "복음 전도"라는 단어의 어근)의 의미를 보다 더 폭넓으면서도 성서적으로 이해하는 것을 의미한다. 바울이 우리에게 말하듯이, 만약 좋은 소식(복음)이 언젠가 온 창조 세계를 해방시키면서 그 절정에 이르게 된다면(롬 8:18-25), "비록 하나님의 궁극적인 설계를 어쩔 수 없이 부분적이며 변덕스럽고 혼란스러운 상황 가운데 기대할 수밖에 없지만, 현재의 정의와 긍휼과 평화의 행위들은 타당한 것"이라는 N. T. 라이트의 말은 적절하다.[28] 이것은 소위 내가 말하는 기대적 참여(anticipatory participation)이며, 원심적·구심적 의미를 모두 담고 있다.

바울을 선교적으로 읽는다는 것은 하나님의 선교에 참여하고 이를 옹호하며 해석하는 자로서 바울을 읽는 것이다. 하나님의 선교는 이스라엘의 이야기와 성서에서 처음으로 계시되었으며 이제는 그리스도의 현실과 이야기 안에서 이루어진 성취를 통해 온전히 드러났다. 이 독법은 그의 서신을 그 하나님의 선교에 대한 증언으로, 거기에 참

---

28   N. T. Wright, *What Saint Paul Really Said: Was Paul of Tarsus the Real Founder of Christianity?* (Grand Rapids: Eerdmans, 1997), 164.

여하라는, 즉 하나님의 생명 자체에 참여하라는 초대로 읽는 것이다. 교회가 바울을 이와 같이 보다 더 의도적으로, 그리고 보다 더 일관되게 읽기 시작한다면, 무슨 일이 일어날지를 상상하는 것만으로도 흥분을 감출 수 없을 것이라고 나는 믿는다.[29]

결론

1장의 논지와 이 책의 주된 주장은 아주 간단하게 요약하자면 다음과 같다. 바울은 하나님의 구원이 자기 자신의(그리고 그의 친한 동료들의) 복음 사역을 통해서뿐만 아니라, 여러 가정 교회에 속한 그의 회심자들의 참여를 통해 전 세계에 전파되기를 기대했다. **그들은 단순히 바울의 사역을 위해 기도하고 지지하는 후원자의 역할뿐만 아니라 선포와 실천과 박해(즉 고난)를 통해 복음의 확장에 참여함으로써 복음을 본질적으로 구현하도록 부르심을 받았다.** 단 한 마디로 말하자면 **증언**을 통해서다. 즉 말과 행동으로, 그리고 종종 신실한 증인이 되고자 할 때 감수할 수밖에 없었던 것들을 통해 증언하는 것이었다.

---

29 이에 대한 첫 시도로는 Eddie Gibbs, *The Rebirth of the Church: Applying Paul's Vision for Ministry in Our Post-Christian World* (Grand Rapids: Baker Academic, 2013)를 꼽을 수 있다. N. T. Wright 등 다른 학자들의 목소리를 반영하면서 Gibbs는 바울의 기독교 세계 이전과 우리의 기독교 세계 이후의 정황 사이에는 의미 있는 유사점이 있다고 제안한다. 특히 Gibbs가 바울 교회들의 도시적 정황, 공동체의 중요성, 지속적인 목회와 변화 및 그 교회들 안에서 그리고 교회들 간의 네트워크, 이러한 특성들이 제시하는 서구의 개인주의와 사적주의에 대한 도전 등을 강조한다는 점은 매우 유익하다. 그러나 비록 Gibbs가 선교를 참여적인 의미로 이야기하지만, 그는 원심적인 활동보다는 구심적인 활동에 더 역점을 두며, 교회의 선교(혹은 적어도 교회의 일차적인 선교 활동 혹은 "사역"—이 책의 부제에 사용된 단어)에 대한 그의 이해는 이 책에서 제안하는 것보다 더 협소하다.

삶으로 담아내는 복음

하지만 일차적으로 이 책의 목표는 역사적 논증이 아니다. 만약 이것이 이 책의 가장 주된 목표였다면 이 책의 형태는 상당히 달라졌을 것이다. 오히려 나의 목표는 신학적이면서도 실로 선교적이다. 본장의 논지와 이 책이 보여주고자 하는 바는, 바울 서신을 기독교 정경으로 읽는 우리들은 고난 가운데서도 말과 행동으로 복음을 삶으로 담아내어 복음의 확장에 동참할 필요가 있다는 것이다.

다시 말하면 참여가, 이미 많은 바울 연구자가 지적했듯이, 구원, 윤리, 종말론에 있어서뿐만 아니라 선교에 있어서도 필수적이라는 것이다. 사실 바울의 신학과 영성의 이러한 여러 측면을 분리한다는 것은 사도 바울을 그릇되게 해석하는 정말 어처구니없는 오류를 범하는 것이다. 왜냐하면 이 모든 것은 그에게 있어서 정말 불가분의 관계이며 서로 치밀하게 얽혀 있기 때문이다. 그리스도 안에 있다는 것은 선교에 참여한다는 것이다. 복음에 참여한다는 것은 복음의 확장에 참여한다는 것을 의미한다.

자신의 교회들이 복음을 구현할 것을 기대함에 있어 바울은 그들에게 자기 자신이 실천했던 것과 전혀 다른 무언가를 해줄 것을 요구하지 않았다. 그리스도가 바울 "속에"(in) 계시되었던 것처럼(갈 1:16[30]), 그리스도는 바울을 통해서도(through) 계시되었다. 바울은 자신의 사도적 정체성을 사실상 그리스도의 삶의 내러티브에 상응하는 것으로 보고, 이로써 그 내러티브를 다시 제시하는 것으로—특히 빌립보서 2:6-11과 같은 본문에서 강조하는 내러티브로—이해했다. 이것

---

[30]   NRSV는 "나에게"로 번역하지만, 그리스어 *en emoi*는 아마도 "내 속에"로 번역하는 것이 더 나아 보인다.

이야말로 자신의 사역에 대한 그의 가장 오래된 성찰(살전 2장) 및 다른 본문(예. 고전 9장)이 밝히 보여주듯이, 그리스도 이야기 자체에 대한 가장 근본적이며 의미 있는 이야기일 뿐만 아니라, 자기 존재에 대한 지배적인 내러티브라는 점에서 바울의 마스터 스토리였다고 할 수 있다.[31]

또한 이 마스터 스토리는 개인적으로나 공동체적으로 모든 신자에게 그리스도 안에 거하는 삶에 대한 지배적인 내러티브이며, 이는 더불어 사는 그들의 내적인 삶과 이 세상에서의 외적이며 공적인 삶에 모두 적용된다(예. 빌 1:27-2:16). 사실은 그들의 더불어 사는 삶이 이 세상에서의 그들의 삶이다. 그들의 "교제"가 그들의 증언이다. 예수를 주로 칭송하며 그 예배 행위와 그에 대한 충성심과 조화를 이루며 사는 그들의 실천이 그들의 공적 증언이며 그들의 *koinōnia*(교제)를 형성한다. 구심적인 활동은 자연스럽게 원심적인 행동으로도 나타난다.

사실 우리가 *koinōnia*라는 단어를 올바로 이해한다면 우리는 이 단어를 단순히 우호적인 사회적 교류 내지는 공통의 이익이란 의미보다는 구체적인 실천으로 나타나는 훨씬 더 참여에 가까운 의미로 이해하게 될 것이다. 이 코이노니아가 빌립보에서처럼 순조롭게 잘 진행될 때 바울은 상당히 흡족해했을 것이다. 그러나 고린도에서 다양한 형태로 나타났던 것처럼 이것이 잘 되지 않을 때에는 바울도 상당히 괴로워했다. 내부 상황을 십자가와 성령의 사역에 맞추어 수정한다는 것은 동시에 이 세상에 대해, 그리고 이 세상 안에서 이루어지는 공동체의

---

31 바울의 마스터 스토리로서의 빌 2:6-11에 대해서는 나의 *Cruciformity: Paul's Narrative Spirituality of the Cross* (Grand Rapids: Eerdmans, 2001), 23, 88-94, 164-74, 366-67, 383-85, 400-401, *et passim*을 보라.

삶으로 담아내는 복음

집단적 증언을 새롭게 수정하는 것을 의미한다.

우리는 앞으로 이어지는 장들에서 바울 공동체 안에서 나타나는 이러한 참여적 증언을 다양한 측면에서 살펴보고자 한다. 또한 우리는 이 작업을 여전히 "그렇다면 이것은 우리에게 어떤 의미인가?"(so what?)라는 질문을 던지면서 진행할 것이다.

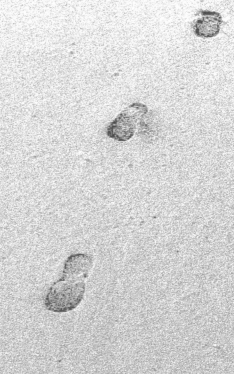

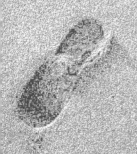

3장

믿음, 사랑, 소망의 복음 구현하기

데살로니가전서

기독교에서 믿음, 소망, 사랑보다 더 근본적인 것은 없다. 본장은 바울이 데살로니가에 있는 신자들에게 쓴 첫 번째 편지에 나타나는 이 세 가지 덕목(약간 다른 순서로)의 역할을 탐구한다. 우리는 본장에서 믿음, 사랑, 소망이 이 초기 그리스도인들의 공적인 삶과 증언의 본질적인 요소였다고 주장한다. 또한 본장에서는 하나님의 선교에 있어, 그리고 또한 바울의 선교 및 과거와 현재의 교회의 선교(사명)에 있어 믿음, 사랑, 소망이 차지하는 큰 비중에 관해 바울이 말하고자 한 바를 숙고하고자 한다.

세 가지 선교적 덕목

기독교 전승은 믿음, 소망, 사랑을 세 가지 신학적 덕목이라고 일컫는다. 이 덕목들은 세 가지 신학적 은혜 혹은 표지로 불리기도 한다(즉 정체성을 나타내는 표지). 이 세 가지 신학적 표지는 바울이 데살로니가 교인들에게 보낸 첫 번째 편지에서 함께 등장하는데, 아마도 이 편지가 남아 있는 기독교 저술 중에 가장 오래된 문헌일 것이다.[1] 다시 말하면

---

[1] 데살로니가전서는 아마도 50년이나 51년에 기록되었을 것으로 보인다. 일부 학자는 갈라디아서가 데살로니가전서보다 먼저 기록되었다고 주장한다. 설사 그들이 옳다 하더라도 이 삼중 덕목은 여전히 아직까지 남아 있는 가장 오래된 기독교 문헌에 등장하는 것이다. 왜냐하면 이 덕목들은 갈 5:5-6에도—비록 덜 명료하지만—등장하기 때문이다. "우리가 성령으로 믿음을 따라 의의 소망을 기다리노니, 그리스도 예수 안에서는 할례나 무할례나 효력

이 덕목들은 기독교 신앙이 시작된 이래 지금까지 세 쌍(triad)으로 함께 공존한다. 사실 이 바울의 삼중 덕목은 데살로니가전서에서 두 차례 등장하는데, 서신 서두와 말미에 각각 한 번씩 나타난다.[2]

> [2]우리가 너희 모두로 말미암아 항상 하나님께 감사하며 기도할 때에 너희를 기억함은, [3]너희의 **믿음**의 역사와 **사랑**의 수고와 우리 주 예수 그리스도에 대한 **소망**의 인내를 우리 하나님 아버지 앞에서 끊임없이 기억함이니(1:2-3).

> [8]우리는 낮에 속하였으니 정신을 차리고 **믿음**과 **사랑**의 호심경을 붙이고 구원의 **소망**의 투구를 쓰자(5:8).

이 두 본문에서 우리가 즉시 눈여겨보아야 할 것이 세 가지 있다. 첫째, 두 본문에서 모두 이 삼중 덕목의 순서는 우리가 흔히 듣던 순서와 다르다. 즉 믿음, 사랑, 소망은 우리에게 잘 알려진 고린도전서 13장(13절)의 순서인 믿음, 소망, 사랑이 아니다. 데살로니가전서에서는 소망이 가장 나중에 나오면서 이 서신에서 가장 크게 강조되고 있다.[3] 둘째, 이 덕목들은 단순히 내면적인 태도라기보다는 실천을 수반하는 태도다. 이 덕목들은 역사하며, 수고하고, 인내하며(1:2-3), 일종

이 없으되 사랑으로써 역사하는 믿음뿐이니라."

2 본장에서 책 이름을 명시하지 않는 성경 구절(예. 살전 5:1 혹은 롬 5:1이라고 밝히기보다는 그냥 5:1)은 모두 데살로니가전서에 속한 본문을 가리킨다.

3 데살로니가전서에 관한 논의는 Michael J. Gorman, *Apostle of the Crucified Lord: A Theological Introduction to Paul and His Letters* (Grand Rapids: Eerdmans, 2004), 146-66을 보라.

의 영적·묵시적 전투에 필요한 요소다(5:8). 셋째, 이 편지의 서두에 등장하는 이 본문(1:2-3)은 **서술적인**(descriptive) 반면, 편지 말미에 나오는 구절은 권면으로서(5:8; "~하자") **규범적**(prescriptive)이다. 종합하자면, 이 삼중 덕목을 언급한 세 가지 방식은 믿음, 사랑, 소망이 그리스도 안에 있는 삶에 있어 얼마나 필수적인지를 잘 보여준다. 이 덕목들은 그때나 지금이나 그리스도인의 정체성과 실천에 있어 핵심적이다.[4]

데살로니가전서의 문맥에서 그리스도인의 정체성의 표지인 이 삼중 덕목은 이 편지의 핵심 주제인 거룩함(성화)과 연관이 있다.[5] 이 주제는 이 편지의 전반부 말미와 편지 말미에 있는 두 본문에서 잘 요약된다.

너희 마음을 굳건하게 하시고 우리 주 예수께서 그의 모든 성도와 함께 강림하실 때에 하나님 우리 아버지 앞에서 거룩함에 흠이 없게 하시기를 원하노라(살전 3:13).

평강의 하나님이 친히 너희를 온전히 거룩하게 하시고, 또 너희의 온 영과 혼과 몸이 우리 주 예수 그리스도께서 강림하실 때에 흠 없게 보전되

---

4   Andy Johnson은 살전 1:2-3에서 처음으로 언급된 믿음, 사랑, 소망이란 삼중 덕목에 관해 다음과 같이 지적한다. "비록 이 삼중 덕목이 실제적으로 이 편지의 나머지 부분에 구조적인 역할을 한다고 주장하는 것은 다소 과한 주장일 수 있지만, 이것이 독자들에게 '이 편지가 앞으로 보여줄 흥미로운 내용에 대한 예고편'을 제공해주는 것은 분명하다"(*1-2 Thessalonians*, Two Horizons New Testament Commentary [Grand Rapids: Eerdmans, forthcoming]).

5   이 두 단어는 그리스어의 *hag*- 어군을 번역한 것으로서, 하나는 구 영어(holiness, holy 등), 다른 하나는 라틴어(sanctification, sanctify, saint 등)로부터 파생되었다. 영어에서 "성화"(sanctification)는 일반적으로 과정을 나타내는 반면, "거룩함"(holiness)은 그 과정의 결과를 나타낸다.

기를 원하노라(살전 5:23).

그렇다면 거룩함이란 무엇인가? 우리가 곧 상세하게 다루겠지만, 거룩함은 혹자가 생각하듯이 세상으로부터의 격리가 아니다. 오히려 거룩함은 어떤 의미에서 하나님 안에 참여하는 것이며, 이는 완전히 새롭고 색다른 방식으로 이 세상에 참여하는 것을 의미한다. 따라서 믿음, 사랑, 소망은 그리스도인이 이 세상에 참여하는 독특한 모습과 관련이 있다. 이것은 단순히 구심적인 활동이 아니라 원심적인 활동을 가리킨다. 다시 말하면 이 덕목들은 증언, 곧 선교와 관련이 있다. 따라서 이 덕목들은 **선교적** 표지 혹은 **선교적** 덕목이라고 부르는 것이 합당하다.

더 나아가 데살로니가전서 전체의 관점에서, 그리고 특히 바울 서신 전체라는 더 큰 맥락에서 보면, 이 선교적 덕목들은 복음 자체의 여러 측면—믿음, 사랑, 소망의 메시지—에 해당한다. 또한 이 복음은 바울의 경험과 신학에서 믿음(그리스어로 피스티스[*pistis*], 신실함), 사랑, 소망의 하나님으로 나타나는 바로 그분의 성품과 목적에 그 뿌리를 둔다.[6] 사실 바울에게 있어 하나님은 선교적 하나님이시다. 그분은 인류에게 이 신실함과 사랑과 소망을 부여하심으로써 인류가 하나님의 생명과 성품에 참여할 수 있도록 하는 목적을 가지고 계신다. 그렇다면

—
6 사랑 외에 이 덕목들을 하나님과 연관 짓는 것은 얼핏 보면 반직관적으로 보인다. 곧 살펴보겠지만, 그리스어 명사 *pistis*("믿음", "신실함") 및 관련 단어들을 영어로 번역하는 것은, 그것이 하나님을 가리키든지 혹은 인간을 가리키든지 간에, 여러 측면에서 상당히 도전적이다. 현재로서는 문맥에 따라 *pistis* 어군이 적어도 믿음뿐 아니라 신실함을 나타낼 수 있다는 점을 명심해야 한다. 한편 *elpis*(소망)라는 단어는, 우리가 곧 살펴보겠지만, 하나님과 관련하여 사용될 때에는 주로 미래지향적이며 다른 이들에게 소망을 불어넣어주는 것을 의미한다.

바울에게 있어 이러한 선교적 덕목들은 심오한 차원에서 진정 신학적
덕목들이다.

　　본장에서 우리는 복음 안에, 그리고 믿음, 사랑, 소망의 하나님 안
에 근거를 둔 바울의 선교적 삼중 덕목을 집중적으로 탐구할 것이다.
우리는 선교적 하나님의 신실함, 사랑, 소망이 메시아이자 주님이신
예수의 죽음과 부활 및 재림에서 나타나는 것을 보게 될 것이다. 이 덕
목들은 복음 안에서 선포되며, 성령을 통해 복음을 받아들인 이들에게
전달된다. 그 결과로 나타나는 것이 바로 선교적 하나님의 선교적 덕
목들이 나타나는 삶을 사는 이들이 모이는 공동체다. 다시 말하면 기
독교의 정체성은 본질적으로 선교적이다. 왜냐하면 그리스도인의 존
재는 하나님의 선교적 성품에 참여하는 것이기 때문이다. 그리스도와
성령 안에서 신실하게, 사랑으로, 그리고 종말론적으로 행하시는 하나
님은 신실함과 사랑과 소망의 사람들을 만들어낸다.[7]

　　우리는 데살로니가전서에 나타나 있는 데살로니가의 특정한 상
황을 먼저 살펴보는 것으로 우리의 탐구를 시작하고자 한다. 이미 지
적한 바와 같이 우리가 이 탐구를 진행하는 과정에서 항상 염두에 두
어야 할 것은 바로 이 편지가 남아 있는 기독교 문헌 중에 가장 오래된
것일 가능성 높다는 사실이다. 즉 우리가 이 탐구를 통해 발견하게 될
것은 고대적으로나 현대적으로 굉장히 기본적인 것이다.

7　데살로니가전서를 선교 해석학적 관점에서 접근한 주석에 관해서는 곧 출간될 Andy
　　Johnson의 Two Horizons New Testament Commentary 시리즈의 데살로니가전후서 주석
　　을 보라.

데살로니가에 전해진 복음과 신자들의 공적 증언[8]

그리스 북부에 위치한 로마 속주 마케도니아의 수도인 데살로니가는 자연적인 항구 도시—에그나티아 가도에서 유일한—로서 상당한 면적과 경제적·정치적 중요성을 자랑했다. 비록 빌립보처럼 로마 식민지가 아닌 자유 도시이긴 했지만, 데살로니가는 황제와 제국에 헌신적인 황제숭배의 중심지였다. 또한 이 도시에는 수없이 다양한 신들의 신전이 대거 들어서 있었다. 아울러 화창한 날에는 사람들이 항만 위로 하늘높이 치솟은, 신들의 거주지인 올림포스 산을 볼 수 있었고 지금도 볼 수 있다. 바울이 데살로니가 사람들에게 돌아설 것을 촉구한 우상들을 연상시킬 만한 것은 전역에 널려 있었다.

사도행전 17장에 따르면, 바울과 실라(실루아노)와 디모데는 일명 바울의 제2차 선교여행이라고 불리는 기간에 데살로니가 교회를 세웠다. 이 방문은 빌립보에서 채찍질과 투옥을 비롯해 매우 힘든 경험을 한 이후(행 16:11-40; 살전 2:2)에 이루어졌다. 사도행전의 간략한 기록은 여러 면에서 매우 흥미롭다. 사도행전은 바울이 데살로니가에 있는 회당에서 설교했지만, 그의 설교를 듣고 회심한 자들은 거의 대부분 비유대인이었다고 기록한다. "그중의 어떤 사람, 곧 경건한 헬라인(하나님을 경외하는 자들?)의 큰 무리와 적지 않은 귀부인"(17:4). 고난을 받고 죽은 자 가운데서 다시 살아난 유대인 메시아인 예수에

---

8 이 단락은 내 책 *Apostle of the Crucified Lord*, 146-66의 데살로니가전서에 관한 장에서 가져온 것이다. 다른 유용한 개관을 보려면 Todd D. Still, "Paul's Thessalonian Mission," *Southwestern Journal of Theology* 42 (1999): 4-16과 사도행전에 강조점을 둔 C. Kavin Rowe, *World Upside Down: Reading Acts in the Graeco-Roman Age* (New York: Oxford University Press, 2009), 24-27; 91-137을 보라.

삶으로 담아내는 복음

관한 바울의 설교는 "천하를 어지럽게 하던 이 사람들이 여기도 이르매…이 사람들이 다 가이사의 명을 거역하여 말하되, 다른 임금 곧 예수라 하는 이가 있다 하더이다"로 해석되었다(행 17:6b-7).[9] 그의 설교는 먼저 동료 유대인들에 의해 촉발된 군중의 난동(먼저 광장/장터[agora]에서 시작된)을 불러일으켰으며, 나중에는 일부 신자들에 대한 공식적인 사법 절차로 이어졌다(행 17:6-7). 사도행전에 따르면, 이 유대인 사도와 그의 유대인 메시아의 복음은 분명 종교·경제·정치적 현상 유지(status quo)에 대한 공격으로 인식되었다. 또한 이러한 인식은 중요한 의미에서 올바른 것이었다. 바울의 짧은 방문 기간 동안 혹자는 십자가에 못 박힌 메시아와 통치하시는 주님(삶의 모든 면에 도전을 주는 주권을 지닌 주님)을 올바르게 연결시켰던 것이다.

데살로니가전서는 이 내러티브에 담긴 여러 요소를 반영한다. 바울과 그의 동료들은 저항을 받았음에도 불구하고(2:2; 3:4), 확신과 능력으로 말씀을 전했다. 아마도 이 말은 그들의 말씀 선포에 일종의 기적적인 표적들이 수반되었음을 의미할 것이다(1:5). 데살로니가 교인 가운데 대다수는 우상숭배로부터 돌아선 비유대인들이었으며(1:9), 박해에도 불구하고 복음을 기쁘게 받아들였던 자들이다(1:6; 2:14). 이러한 박해는 데살로니가 신자들이 일상적인 종교 활동을 중단함으로써 촉발되었을 것이 거의 분명하다. 그들은 도시의 매우 다양한 제의에 참여하는 것을 그만두었으며, 더 이상 자신들이 속한 상업 조합의 종교 행사에 참여하지 않았다. 사실 이러한 상업 조합은 사교 클럽

---

9   8번 각주에서 밝혔듯이 Kavin Rowe는 사도행전에 관한 자신의 최근 저서의 제목을 *World Upside Down*으로 정하면서 이 구절이 사도행전의 주제 본문이라고 밝혔다.

의 기능도 가지고 있었으며, 각 클럽은 각기 수호신을 가지고 있었다. 또한 그들은 카이사르를 "주"라고 부르거나 공식 행사에서 그를 칭송하는 것을 거부했다. 더 나아가 이 초기 그리스도인들은 그리스도 안에서 얻은 새로운 삶으로 인해 다른 "일상적인" 문화 행사에 참석하지도 않았다. N. T. 라이트는 이와 관련하여 다음과 같이 쓴다.

> 그리스도인들이 사람들에게 인기가 없었던 이유 중의 하나는(타키투스는 그들이 "인류에 대한 증오심"[odium humani generis]을 지니고 있는 듯 보였다고 기록한다) 그들이 때로는 무미건조한 삶에 다채로움과 재미를 더해주기도 하고 때로는 위험스럽기도 하고 곤욕스럽게 만들기도 하지만, 너무나도 당연하게 받아들이던 수많은 것과 자신들을 격리시켰기 때문이라고 할 수 있다. 그리스도인들의 이러한 처신은 어려움을 자초할 수밖에 없었다.…사회적인 명예를 중히여기며 여러 방면에서 그리스도인의 가치와 전혀 다른 가치를 가지고 사는 사회에서 그리스도인으로 산다는 것은 온갖 분야에서 정말 헤쳐나가기 어려운 일이었을 것이다. 바울은 이 모든 것을 알고 있었을 테지만, 오늘날까지도 그리스도인들이 헷갈려 하는 이 타협과 후퇴 사이에 놓인 좁은 길을 걷고자 했다.[10]

따라서 이러한 정치적·사회적 이유로 인해(궁극적으로 이 둘은 모두 "종교적인" 이유였다) 데살로니가 교인들은 비록 동료 이교도들에게는 짜증스러운 대상이었지만, 그리스 지역을 비롯해 그 지경 너머에 있던

---

10 N. T. Wright, *Paul and the Faithfulness of God,* vol. 4 of Christian Origins and the Question of God (Minneapolis: Fortress, 2013), 379.

신자들에게는 믿음과 사랑과 소망이라는 감동적인 모본을 보여주었다.

> [2]우리가 너희 모두로 말미암아 항상 하나님께 감사하며 기도할 때에 너희를 기억함은, [3]너희의 믿음의 역사와 사랑의 수고와 우리 주 예수 그리스도에 대한 소망의 인내를 우리 하나님 아버지 앞에서 끊임없이 기억함이니, [4]하나님의 사랑하심을 받은 형제들아, 너희를 택하심을 아노라. [5]이는 우리 복음이 너희에게 말로만 이른 것이 아니라, 또한 능력과 성령과 큰 확신으로 된 것임이라. 우리가 너희 가운데서 너희를 위하여 어떤 사람이 된 것은 너희가 아는 바와 같으니라. [6]또 너희는 많은 환난 가운데서 성령의 기쁨으로 말씀을 받아 우리와 주를 본받은 자가 되었으니, [7]그러므로 너희가 마게도냐와 아가야에 있는 모든 믿는 자의 본이 되었느니라. [8]주의 말씀이 너희에게로부터 마게도냐와 아가야에만 들릴 뿐 아니라 하나님을 향하는 너희 믿음의 소문이 각처에 퍼졌으므로 우리는 아무 말도 할 것이 없노라. [9]그들이 우리에 대하여 스스로 말하기를 우리가 어떻게 너희 가운데에 들어갔는지와 너희가 어떻게 우상을 버리고 하나님께로 돌아와서 살아 계시고 참되신 하나님을 섬기는지와 [10]또 죽은 자들 가운데서 다시 살리신 그의 아들이 하늘로부터 강림하실 것을 너희가 어떻게 기다리는지를 말하니, 이는 장래의 노하심에서 우리를 건지시는 예수시니라(살전 1:2-10).

사실 적어도 이 바울의 삼중 덕목의 일부—데살로니가 교인들의 믿음 또는 신실함—는 불신자들의 짜증을 일으키는 근원이었다. 그들이 데살로니가의 수많은 신으로부터 유일신이신 이스라엘의 하나님께로 돌아서게 된 것은 다른 그리스도인 공동체들로부터는 좋은 평판을 얻었지만, 믿지 않는 불신자들의 눈에는 심각한 문제로 비쳐졌다.

복음의 메시지

바울과 그의 동료들이 데살로니가에 전했던 복음의 메시지의 성격에 관해 우리가 말할 수 있는 것은 무엇인가? 우리는 바울이 자신의 메시지를 데살로니가 교회의 특정한 상황에 맞추어 어느 정도 수정했다 할지라도, 그의 복음은 근본적으로 그가 다른 지역에서 선포한 것과 그리 다르지 않았다고 보아야 할 것이다.[11] 우리가 바울 서신에서 발견하는 다양한 복음에 대한 요약은[12] 바울이 데살로니가 교인들에게 신실하면서도(즉 그의 약속에 신실하신) 놀라우리만큼(즉 묵시적 혹은 계시적) 사랑이 풍성하신 참된 한 분 하나님의 구원하시는 행동에 관해 이야기했을 것임을 증언한다. 이 하나님의 행동은 이스라엘의 메시아이자 만유의 주이시며 최후의 구원 및 심판/진노를 위한 하나님의 대리자로서 다시 오실 예수의 초림과 십자가에 죽으심과 부활과 동시에 나타났다. 바울은 그들에게, 이 소식을 하나님의 능력 있는 구원의 말씀으로 받는 이들은 모두 유대인과 이방인, 남자와 여자, 노예와 자유인으로 구성된 새로운 공동체에 들어왔다는 표지로서 세례를 받아야 한다고 말했을 것이다. 이 공동체는 바로 이 메시아 주 예수 "안에서" 한 하나

---

11 바울은 이 편지에서 "복음"이라는 단어를 여섯 번 사용한다(1:5; 2:2, 4, 8, 9; 3:22). 다른 편지에서처럼, "복음"은 독립적으로 사용될 수도 있고, "하나님의 복음" 또는 "그리스도의 복음"으로 불리기도 한다.

12 예. 롬 1:3-4, 16-17; 3:21-31; 5:1-11; 고전 1:18-25; 12:3; 15:3-7; 갈 2:15-21; 3:26-28; 4:4-6; 빌 2:6-11.

님의 사랑을 받는 자녀인 형제와 자매로 구성된 한 가족으로서 존재한다. 이로써 그들은 또한 하나님이 약속하신 성령을 받은 자들이 되는 것이다.

더 나아가 바울은 이 주님과 그의 가족 안으로 들어간다는 것은 한 하나님과 한 주(황제를 포함하여 각양각종의 신 혹은 주로 간주되는 만유 위에 계신)에 대한 새롭고 배타적인 충성을 의미한다고 천명했을 것이다. 사실 믿음은 "믿는 충성"(believing allegiance)으로 이해해야 한다.[13] 또한 이 표현은 성령으로 인해 능력을 힘입은 새로운 삶의 시작을 의미하기도 한다. 이러한 삶은 신실함과 사랑에 관한 우리 주 예수의 가르침과 모범을 본받는 삶으로 나타난다.[14] 그리고 마지막으로 바울은 자신의 삶을 통해 복음을 구현할 뿐 아니라, 그 복음 구현의 삶이 (구두로) 자신의 말씀 선포의 초점이 되는 것이 아니라 그 말씀 선포를 (삶으로) 증언하려고 노력했을 것이다.[15]

데살로니가전서를 살펴보면 우리는 다른 자료들을 통해 재구성한 바울의 복음 메시지의 개요가 그가 데살로니가 교인들에게 선포했

---

13 N. T. Wright는 이 용어를 지속적으로 사용해오고 있다(예. *Justification: God's Plan and Paul's Vision* [Donwers Grove, IL.: InterVarsity, 2009], 181). 신실한 충성이라는 용어는 그의 저서 *Paul and the Faithfulness of God*에 만연해 있다. Wright는 바울의 개념이 하나님에 대한 사랑을 야웨에 대한 충성심으로 보는 구약성서의 비전에 근거한다고 주장한다. "믿는 충성"(Believing allegiance)이란 표현은 Andy Johnson의 *1-2 Thessalonians* (forthcoming)에서도 사용된다. 참조. 나의 *Cruciformity: Paul's Narrative Spirituality of the Cross* (Grand Rapids: Eerdmans, 2001), 95-154; 롬 1:5; 16:26의 "믿음의 순종."

14 내가 예수의 가르침과 모본을 언급하는 이유는, 비록 바울이 예수의 죽음에 주로 초점을 맞추기는 하여도, 그가 예수의 생애 및 가르침과 그의 죽음 사이에 존재하는 본질적인 연속성을 선포했다고 믿게 되었기 때문이다.

15 사도적 온전함(apostolic integrity)이라는 주제는 복음에 대한 다양한 요약에 명시적으로 나타나 있지는 않지만, 바울 서신에서 정기적으로 나타난다. 예를 들어 고전 9장과 고린도후서의 거의 모든 곳, 특히 1-7장과 10-13장을 참조하라.

을 법한 내용과 상당히 많이 일치한다는 다수의 힌트를 발견한다. 뿐만 아니라 사도행전 17:1-8에 서술된 데살로니가에서의 바울에 대한 간략한 내러티브는 우리가 이 서신에서 발견한 힌트와 대체적으로 일치한다.

데살로니가전서 1:1-8에서 바울은 데살로니가 교인에게 한 형제자매로서 한 가족으로 사는 그들의 삶이 아버지이신 하나님과 메시아(그리스도)이시며 주이신 예수, 그리고 성령과 더불어 맺은 관계임을 상기시킨다. 이러한 삶은 바울과 그의 동료들이 선포했을 뿐만 아니라 삶으로 구현했던 복음의 변화시키는 능력이 가져다준 결과다. 이것은 처음부터 데살로니가에서 믿음(신실함), 사랑, 소망뿐 아니라 성령의 감화로 인한 기쁨—더 구체적으로는 박해 가운데 나타나는 기쁨(1:6)—으로 특징지어진 삶이다.[16] 한 가지 주목할 점은 바울이 데살로니가 교인들의 박해를, 비록 자발적인 모방은 아니더라도(1:6-7; 2:13-16; 3:3-4), 그리스도(그리고 바울과 그의 동료)를 닮아가는 것으로 묘사한다는 것이다. 그러나 자발적인 것이 있었다면 그것은 바로 박해에 대한 그들의 반응이었는데, 그것이 바로 그리스도를 닮은 그들의 신실함이었다(3:6-10).

바울에게 있어 이 모든 것은 데살로니가 교인들의 회심이라는 현실에 그 근거를 둔 것인데, 그는 1:9-10에서 이에 대한 설명을 간략하게 제공한다. 그들이 우상으로부터 돌아선 것은 사실 그들의 교회

---

16 비록 대다수 역본이 1:8에서 "믿음"으로 번역하지만, CEB는 "신실함"으로 번역한다. "하나님을 향한 너희의 신실함에 대한 소문이 각처에 퍼졌으므로 우리는 더 이상 그것을 언급할 필요도 없다."

가 (거의 대부분) 이방인들로 구성되어 있었음을 암시한다.[17] 그들이 우상숭배로부터 돌아선 것은 살아 계시고 참되신 한 분 하나님을 섬기고 그의 아들 예수를 기다리기 위함이었다. 이러한 돌아섬 혹은 회심은 단순히 마음의 변화나 혹은 새로운 종교심을 갖는 것이 아니라 그 이상이었다. 이는 또한 "눈으로 볼 수 있는 가시적인 행동"을 수반하는 것이었다.[18] 사실 우리가 이미 지적했듯이 이것은 예전부터 해오던 공식 행사에 불참하는 것을 의미했고, 이는 비판과 박해를 불러올 수밖에 없었다.

황제나 로마 여신에게 제사를 더 이상 드리지 않는 것은 제국에 대한 그들의(데살로니가 신자들의) 불충을 나타내는 것이었다. 도시의 신들을 기리는 다양한 축제에 참여하는 것을 거부함으로써 그 도시에 진노가 임하게 하는 것은 자신들의 도시에 대한 불충을 드러내는 것이었다. 자신들이 속한 에클레시아[ekklēsia]의 수호신/여신을 섬기는 것을 거부한 수공업자는 경제적 어려움을 감수해야 했다. 뿐만 아니라 만약 대가족의 가장이 에클레시아의 일원이 아니었다면, 그 가정의 수호신을 섬기는 것을 거부하는 것은 그 가정에 커다란 긴장을 불러일으켰을 것이다.[19]

---

17 이 공동체가 우상숭배로부터 돌아섰다는 보편화된 진술은 마치 행 17:4이 암시하듯이 소수의 유대인 그룹을 배제하지는 않는다.

18 Andy Johnson, "The Sanctification of the Imagination," in *Holiness and Ecclesiology in the New Testament*, ed. Kent E. Brower and Anday Johnson (Grand Rapids: Eerdamans, 2007), 275-92 (여기서는 279).

19 Johnson, "The Sanctification of the Imagination," 279-80. 박해/저항의 여러 원인에 관한 상세한 논의에 관해서는 Todd D. Still, *Conflict at Thessalonica: A Pauline Church and Its Neighbours*, Journal for the Study of the New Testament: Supplement Series 183 (Sheffield: Sheffield University Press, 1999), 208-67을 참조하라. Still은 데살로니가 신자들이 사회적으로는 배타적이며 공격적으로 비쳐졌으며, 가족, 종교, 정부에 대해서는 전복적인 태도

데살로니가전서 1:9-10에서 우리는 바울의 복음에 담긴 기본 신학과 기독론 또한 엿볼 수 있다. 그는 살아 계시며 생명을 주시는 하나님, 예수를 죽은 자들 가운데서 다시 일으키시고 예배와 섬김을 받으시기에 합당하신 이스라엘의 한 분 하나님을 선포한다.[20] 이 하나님은 만인을 심판하시기에 합당하신 재판장이며, 그분이 장차 내리실 진노는 확실하다. 그의 "아들"이신 예수는 유대인 메시아다. 바울은 데살로니가 교인들에게 적어도 예수의 메시아 되심의 세 가지 측면, 즉 그의 죽음과 부활과 장차 임할 재림(오심/임재, 파루시아)을 이야기했다. 아울러 예수는 메시아로서 또한 구세주, 특히 하나님의 장차 임할 진노로부터 구원할—그를 믿는 자들을 위한—구세주이시다.

따라서 섬김과 기다림은 우상숭배에서 떠난 이후 그리스도와 하나님 안에 사는 데살로니가 교인들의 새로운 삶을 잘 묘사해준다 (1:1). 섬김은 신실함과 관련이 있고, 기다림은 소망과 관련이 있다.

선교적 교회: 공적 영역에서 나타나는 신실함으로서의 믿음

그렇다면 바울의 메시지는, 비록 그가 데살로니가 교인들이 복음을 받

—

를 취하는 것으로 비쳐졌다고 주장한다. 또한 그는 이러한 갈등이 데살로니가 교인들의 믿음, 사랑, 소망을 강화하는 데에도 도움을 주었다고 주장한다(268-86). 바울이 안도의 한숨을 내쉬면서 우리에게 말해주듯이 이것은 궁극적으로 사실로 보인다(3:1-13). 그러나 나는 믿음(신실함), 사랑, 소망에 대한 열정적 실천이 이러한 갈등의 **결과**라기보다는 **원인**이라고 주장한다. 물론 데살로니가 교인들을 적대시하던 이들이 이러한 열정적 실천을 동일하게 평가해주지는 않았겠지만 말이다.

20   유대교 신학과 바울신학에서의 "살아 계신 하나님"에 관해서는 Mark J. Goodwin, *Paul: Apostle of the Living God* (Harrisburg, PA: Trinity, 2001)을 보라.

아들이는 데 있어 지적인 부분과 감정적인 부분을 모두 기대하고 증언했지만, 오직 지적 동의(믿음)나 심지어는 마음속 깊은 곳에서 우러나오는 확신(신뢰)로서의 믿음에만 국한된 것이 아니다.[21] 그럼에도 바울의 메시지는 무엇보다 참되신 한 분 하나님에 대한 섬김, 곧 이 하나님 앞에서 신실하게 사는 것으로 표현되는 믿음에 관한 것이며, **이러한 신실한 삶은 단순히 "집에서"나 혹은 "교회에서"뿐 아니라 공적인 영역에서 행하여져야 했던 것이다.** 이와 마찬가지로 주의 재림을 기다리는 것에 관한 바울의 메시지도 단순히 수동적인 형태의 기다림이 아니라 능동적 소망에 관한 것이었다. 확실히 이것은 현재의 특정한 삶을 가능케 하는 미래의 확실성에 관한 것이며, 이러한 삶은 데살로니가 교인들의 이전의 삶의 방식과 대조를 이루며 회심하지 않은 그들의 가족과 친구, 그리고 동료들의 삶과도 대조되는 것이다(4:5, 13을 보라).

데살로니가 교인들은 바울의 복음이 한 분 하나님과 그의 아들 예수에 대해 배타적인 충성을 요구한다는 그의 목소리를 크고 분명하게 들었을 것이며, 그러한 배타적인 믿음/신실함은 심각한―예수의 고난을 본받거나 심지어는 그 고난에 참여하는―결과를 초래할 수 있었다. 물론 우리는 이것을 확신할 수는 없지만―어쩌면 바울은 그들의 고난을 그저 사후(事後)의 관점에서 해석하고 있을 수도 있다―다음의 본문에서 "우리"는 데살로니가 교인들을 포함하고 있는 것으로 보인다.

---

21 이 편지에서 바울은 믿음의 내용에 대해 구체적으로 이야기하고(4:14; "우리가 예수께서 죽으셨다가 다시 살아나심을 믿을진대[pisteuomen hoti]"), 다른 곳에서는 그것을 전제하거나 암시하지만, 이것이 이 편지에서 사용하는 pist- 어군의 주된 용례는 아니다. Gordon Zerbe는 "데살로니가전서에서 피스티스(pistis)의 인지적·신념적 측면은…(카이사르에 대한) 서로 상충되는 충성심이 요구되는 정황에서 독자들의 변치 않는 충성심을 촉구하기 위한 것이지, 교리적 규범을 세우려는 것이 아니다"라고 주장한다(Gordon Mark Zerbe, *Citizenship: Paul on Peace and Politics* [Winnipeg, MB: CMU Press, 2012], 42).

²우리 형제 곧 그리스도의 복음을 전하는 하나님의 일꾼인 디모데를 보내노니, 이는 너희를 굳건하게 하고 너희 믿음에 대하여 위로함으로 ³아무도 이 여러 환난 중에 흔들리지 않게 하려 함이라. 우리가 이것을 위하여 세움 받은 줄을 너희가 친히 알리라. ⁴우리가 너희와 함께 있을 때에 장차 [우리가] 받을 환난을 너희에게 미리 말하였는데, 과연 그렇게 된 것을 너희가 아느니라(살전 3:2-4).

바울이 자신과 데살로니가 신자들이 겪은 고난을 해석하지 않고, 또 그것도 구체적으로 참 하나님, 곧 참 주님에 대한 자신과 그들의 그리스도에 대한 헌신(충성)의 결과로 해석하지 않고 그 고난을 미리 예측하고 또 경험했다고 상상하기는 어렵다. 예수의 이야기는 부분적으로 박해의 이야기이며, 복음은 그 이야기의 그 부분을 회피할 수 없다. 따라서 바울이 예수의 죽음 이야기를 이야기했을 때 그는 그 원인들—그리고 예수와 연관된 이들에게 미칠 결과들—을 반드시 전달했을 것으로 보인다.

아무래도 데살로니가 신자들은 복음을 **믿었을** 뿐 아니라 그 복음을 **구현**하고 **공유**했을 것이다. 그들은 자신들만의 폐쇄적인 공동체에서뿐만 아니라 그들의 친구, 친척, 지인 등—어쩌면 자신들의 주인들과 후원자들도 포함하여(신자 대부분이 엘리트 그룹에 속하지 않았다고 가정할 때)—그들이 속한 세계에서도 그렇게 했다. 어쩌면 그들의 증언은 특정한 제의적 행사에 참여하지 않겠다는 단순한 결단으로 시작되었겠지만, 박해가 일어나기 위해서는, 그것이 구체적으로 어떤 형태로든지 간에, 그러한 반응을 촉발시킬 만한 행동이 반드시 있었어야만 했다. 그리고 초기적이고 지속적인 저항에 대응하는 차원에서 일종의 설

명(변증)도 있었을 것이다.[22]

바울이 데살로니가 교인들이 실패할 것을 두려워했다는 사실은 어떤 반응(비난? 의구심? 압박? 괴롭힘? 체포?)에 이어, 또 다른 행동이 이어지는 어떤 지속적인 행동의 역동성(증언하기)을 암시한다. 이번에도 (그리고 "이번"은 지속적인 역동성에 의해 수차례 반복되었을 수 있다) 데살로니가 교인들의 행동이 하나님에 대한 신실함으로 혹은 박해 세력과의 타협으로 나타날 수 있었다. 그러나 데살로니가 신자들은 여러 장소에서 그들의 믿음, 사랑, 소망에 대해 공적으로 증언했을—그들이 행한 것과 행하지 않은 것을 통해, 그리고 그들이 행한 것과 행하지 않은 것을 어떻게 해석하느냐에 따라—개연성이 매우 높다. 어쩌면 그들은 자신들의 믿음과 사람과 소망을 행동으로 나타나는 것을 와서 보라고—심지어 자신들의 구두 증언과 초대가 대부분의 경우 묵살당했을지라도—다른 이들을 자기 공동체 모임에 초대했을 것이다.[23]

첫 방문에서부터 시작된 이 공동체에 대한 바울의 깊은 애정은 서신 전반에 걸쳐 널리 퍼져 있다(그는 거의 여섯 절마다 독자들을 "형제

---

22 데살로니가 교인들이 "복음을 선포하였다"는 것인지, 아니면 "단순히 복음을 삶으로 살았고", 이로써 박해 가운데서도 신실하게 살아가는 패턴을 보여주었다는 것인지에 대한 지속적인 논쟁을 다루면서 Andy Johnson은 지혜롭게 다음과 같이 말한다. "(복음을 구현하고 선포하는 것)은 모두 필요하며, 여기에 나오는 언어의 가장 자연스러운 독법은 청중들이 이 둘 모두를 행했음을 나타낸다.…복음을 입으로 이야기하는 것은 다른 형태를 취할 수 있다. 예를 들면 그들 가정의 불신자들 또는 다른 지역에서 온 가족들을 방문하는 자들과 자신들의 공적인 행동이 변한 이유를 논의하거나, 또는 예언자적으로 다른 사람들과의 일상적인 대화에서 그들 문화의 우상숭배를 문제시하는 것을 꼽을 수 있다. 어떤 경우이든지 간에 이것은 (바울에 의하면) 그들이 복음을 이야기했을 때 하나님의 능력이 그들의 말을 통해 역사하는 것이다"(*1-2 Thessalonians*, forthcoming).

23 나는 일부 학자들과 같이 데살로니가 교인들이 "지옥의 고통을 전하는" 설교자들처럼 그들의 가족과 친구들에게 우상숭배와 부도덕에 대한 묵시론적 심판의 메시지만을 전했다고 보지 않는다. 바울의 복음의 이러한 측면은 의심의 여지없이 그들의 사고와 말의 일부였으나, 바울이 외치는 신실함과 사랑과 소망의 덕과 실천을 뛰어넘지는 못하였을 것이다.

[와 자매]"로 부른다). 그와 그의 팀은 교회에 폐를 끼치지 않으려고 "밤낮으로" 일했다(2:9). 그들은 순수한 동기를 가지고 어머니와 아버지처럼 데살로니가 교인들을 이타적으로 섬겼다고 바울은 주장한다(2:1-12). 베뢰아, 그리고 나중에 아테네로 떠나면서 바울은 자신의 "자랑의 면류관"을 다시 방문하기를 간절히 원했지만 사탄에게 막혔다(2:17-20). 그러는 동안에 데살로니가에서는 박해가 지속되었고 상황은 더욱 악화되었다(3:3). 4:13-18은 몇몇 신자가 순교 당했을 가능성을 시사한다.[24] 따라서 바울은 데살로니가 신자들의 상태를 점검하기 위해 아테네에서 디모데를 그곳으로 보냈다. 박해가 그들에게 너무 가혹했을까? 그들은 새 주님에 대해 신실함을 지키지 못했을까? 그들은 자신들의 새 형제들과 자매들을 더 이상 사랑하지 않게 되었을까? 아니면 자신들을 박해하는 자들에게 보복했을까? 그들은 소망을 모두 잃어버렸을까?

디모데가 가서 확인한 것은 좋은 소식이었다. 신자들은 확고한 믿음과 사랑으로 박해를 견뎌내고 있었고, 그들의 이러한 모습은 고난을 받고 있던 바울에게도 큰 격려가 되었다(3:6-10). 비록 2장의 어조는 어쩌면 자신들이 어려움을 겪고 있을 때 자신들을 버렸다는 이유로

---

24   이것은 오늘날 소수의 학자가 견지하는 견해다. 그러나 (1) 강렬하고 지속적인 박해, (2) 바울이 표명한 극심한 우려, (3) 교회가 세워진지 **수개월 안에(더 확실하게는 1년 어간에)** 죽은 자들(복수)에 대한 데살로니가 교인들의 염려 등의 증거 자료를 감안한다면 나는 이 견해가 가장 타당하다고 생각한다. 순교에 대한 **명시적** 증거가 없는 것도 사실이지만, 정치적 반란, 황제 경멸, 인간 증오, 사회적 관계 단절, 순교에 대한 상세한 증거도 없는 것이 사실이며, 정치적 전복, 황제에 대한 업신여김, 인간에 대한 증오, 사회적 관계 단절, "무신론"(신들을 믿지 않는 것) 등 데살로니가 교인들의 혐의에 대한 **명시적** 증거도 없다. 그럼에도 이 중 하나 이상의 혐의가 박해를 설명하는 데 정기적으로(그리고 어쩌면 올바르게) 대두된다. Todd Still(*Conflict at Thessalonica*, 215-17)은 실제적으로 순교하는 경우는 매우 드물었다고 조심스럽게 제안한다.

일부 교인이 사도 바울에 대해 상당히 비판적으로 변했음을 암시하지만, 데살로니가 교인들은 그들의 영적 아버지를 사랑하고 그리워했다(3:6). 이제 바울은 그들의 믿음을 더욱더 강화하기 위해 그들을 직접 대면하기를 원했다(3:10). 그러나 그때까지 바울이 할 수 있는 것은 오직 그들을 위해 기도하는 것(3:10-13)과 자신의 방문을 대신하는 편지를 보내는 것 단 두 가지뿐이었다. 고린도에서 얼마간 머물러 있는 동안(행 18:1) 바울은 아마도 거기서 데살로니가전서를 썼을 것이며, 그때가 아마도 50년 혹은 51년경으로 추정된다.[25] 이 편지를 쓴 목적은 사실 바울 자신의 기도가 응답이 되길 바랐던 것이다. 즉 그는 데살로니가 교인들을 확신과 교훈으로 강화하는 목적, 더 구체적으로 말하면 그들이 믿음(신실함), 사랑, 소망의 삶을 재확인하고 굳건하게 서게 하려는 목적을 가지고 있었다.[26]

즉 **바울은 선교적 공동체에게 선교적 권면의 말씀을 쓰고 있는 것이다.**[27] 어떤 학자가 1:6-10을 읽으면서 상상했던 것처럼, 데살로니가 교인들이 가가호호 방문하며 복음을 "증언"하는, 일부 사람들이 흔히 "전도"(evangelism)라고 부르는 일에 가담했을 것이라는 견해를 받아들이지 않고서도 우리는 이 사실을 확언할 수 있다. 내가 방금 간략

---

25 일부 학자들은 데살로니가전서를 나중에 데살로니가를 방문한 이후에(행 20:1-2은 바울이 마게도냐에 얼마간 머문 것으로 기록한다) 기록한 것으로 보며 데살로니가전서 후대 저작설을 주장하지만, 이것은 소수의 견해일 뿐이다.

26 이에 관해서는 차후에 더 자세히 다룰 것이다.

27 따라서 나는 이 편지에 어느 정도 과시적인 요소가 분명 들어 있긴 하지만, 대체적으로 의도적인 수사학 또는 권고(parenesis)라기보다는 전형적인 과시적 수사학이라는 Witherington(*1 and 2 Thessalonians: A Socio-Rhetorical Commentary* [Grand Rapids: Eerdmans, 2006], 21-29)과 다른 학자들의 견해에 동의할 수 없다. 이 편지는 데살로니가 교인들이 "계속 믿음을 지킬" 것을 독려하고, 아직 더 성숙할 필요가 있는 그들의 공동의 삶과 증언의 영역까지도 보살피는 기능을 수행한다.

하게 제시한 시나리오는 단지 역사적으로뿐만 아니라 이 편지의 관점에서도 잘 설명이 된다. 만약 바울이 그들의 공적 증언—그런 의미에서 그들의 신실함—에 관해 염려하지 않았다면 무엇 때문에 그가 그들에 대해 걱정했겠는가? 바울이 교회들에 대해 불안해했다는 점(참조. 고후 11:28)은 그들이 곤경에 처하게 되는 방식이나 곤경에 처할 **수밖에** 없는 방식으로 살고 있었다는 것을 전제한다. 이 편지 전반부에 나타난 바울의 주된 염려가 종종 데살로니가 교인들의 인내와 관련이 있다고 해석되곤 하지만, 그것은 오로지 그들의 인내의 문제가 그들이 공적 장소에서 구현한 복음 증거와 관련이 있을 경우에 한해서만 그러하다. 중요한 사실은 바울이 그들의 안전보다는 그들의 신실한 증언 및 그 신실함에 대한 그들의 명성에 더 큰 관심을 보인다는 점이다 (3:1-10).**28**

　　데살로니가 교인들의 명성(그리고 그 배후에 있는 본질)은 긍정적인 모습으로 시작되었고, 마게도냐와 아가야에 있는 다른 신자들(아마도 초신자들)과 다른 지역의 신자들에게까지도 널리 알려진 것으로 보인다(1:6-10). 데살로니가 교인들의 믿음의 충성심은 박해에 의해 다소 흔들렸을 수는 있지만, 그들의 믿음의 실패를 예방하는 차원에서 디모데를 통한 대리 방문의 형태로 이루어진 바울의 개입(3:1-4)은 데살로니가 교인들이 여전히 신실함과 사랑으로 가득 차 있었기에(3:6) 불필요한 것(적어도 그러한 목적으로는)이었다. 그들의 명성(그리고 재차 강조하지만 그 배후에 있는 본질)은 전혀 손상을 입지 않았다. 그럼에도 바울은 여전히 박해의 스트레스로 인해 어려움을 겪고 있던 그들의

28　피스티스(*pistis*, 믿음, 신실함)라는 단어는 3:1-10에서 무려 다섯 차례나 등장한다.

믿음을 더욱더 강화하기 위해 개인적으로 그들을 방문하기를 원했다 (3:10).

데살로니가 교인들이 이러한 상황에 "처할 만한" 무언가를 행하지 않았다면 그들이 어떻게 이러한 상황에 처할 수 있었겠는가? 내 견해로는 그들의 "신실함과 사랑"(3:6)에 대한 소문은 복음의 요구뿐만 아니라 데살로니가 신자들을 향한 가족 구성원과 "친구" 및 다른 이들의 주요 고발 내용 중 두 가지와 잘 부합한다. 즉 이는 국가에 대한 불충(*fides*[라틴어] 혹은 *pistis*[그리스어], 곧 신실함의 결여)과 인간에 대한 증오(사랑의 결여)다. 따라서 그리스 전반에 퍼진 그들의 명성은 복음 전도 캠페인을 통해서라기보다는 그들의 신실함—물론 이에 대해 전해 들은 이들 중 일부에게 이것은 충성심이라기보다는 비이성적인 고집이나 심지어는 반역이었을 것이다—을 통해 "주의 말씀"이 전파된 결과다. 그러나 복음 전도 캠페인이나 심지어는 광범위한 "모집"이라는 형태의 보다 더 보편적인 의미의 전도 활동이 존재했는지에 대해 의구심을 품으면서도 우리는 1:6-10의 중요성을 최소화할 수 없다.[29] 데

---

29 Richard S. Ascough("Redescribing the Thessalonians' 'Mission' in Light of Graeco-Roman Associations," *New Testament Studies* 60 [2014]: 61-82)는 데살로니가 교인들이 한 그룹으로서 적극적으로 선교 활동에 관여했다는 살전 1:6-10의 일반적인 해석을 거부한다. 그는 일반 고대 단체들이 그러했듯이 데살로니가 교인들도 자신들이 섬기는 신과 그 공동체 창시자/후원자들을 선전했다고 주장한다. 살전 1:6-10의 일반적인 독법에 의구심을 제기하는 Ascough의 견해는 타당해 보인다. 그러나 바울은 자신과 자신의 팀을 선전했다는 사실을 암시조차 하지 않는다. 더 나아가 데살로니가 교인들이 자신들의 제의와 신, 그리고 창시자를 선전하는 당대의 문화적 관습을 따랐다 하더라도, 바울에게 있어 이러한 행위는 이러한 독특하신—즉 십자가에 못 박히시고 부활하신—신에 적절한 형태의 구두 증언이었을 것이다. 내 주장은 그들의 변화된 삶과 일상적인 사회적 교류를 통해 나타나는 이 공동체와 구성원들의 복음 전도 성격과(그 결과)에 초점이 맞추어져 있다. 심지어 Ascough도 데살로니가 교인들은 한 분 하나님에 대한 자신들의 새로운 헌신을 보여주기 위해 "자신들이 어떻게 이 하나님을 알게 되었으며…다른 모든 신 대신 왜 이 하나님을 선택하게 되었는지에 대한 이야기를 자신들에게, 그리고 다른 이들에게 이야기"했을 것이라고 말한다

살로니가 교회는 여전히 선교하는 교회이자 신실함, 사랑, 소망의 복음을 공적인 영역에서 구현하는 교회였다. 이것이 하나님과 그리스도 안에 있는 교회의 참된 모습이다(1:1).

신실함과 사랑과 소망(약속)의 선교적 하나님

사도 바울은 데살로니가 교인들에게 그들이 단순히 바울의 흔한 관용어인 "그리스도 안에" 혹은 "메시아 안에" 있다고 말하지 않고 바울 서신에서 유일하게 사용된 표현인 "하나님 아버지와 주 예수 그리스도 안에" 있다고 말한다(1:1). 즉 그들은 신적 생명에 참여하며 하나님 안에 산다. 이것은 "그것이 무슨 의미인가?"라는 어느 정도 당연한 질문을 제기한다. 만약 그리스도 안에 있다는 것이, 최소한 부분적으로, 그 안에서 신자들이 사는 그분에 의해 형성되거나 빚어지는 것을 의미한다면, 하나님 안에 있다는 것은 이와 유사한 것, 즉 하나님(아버지)에 의해 빚어진 삶을 암시할 것이다. 이것은 그리 놀랄 만한 일이 아니다. 왜냐하면 하나님과 같이 된다는 것은 성서적 전통에서 거룩함의 근본적인 의미이며(예. 레 11:44-45; 벧전 1:16), 이미 우리가 살펴보았듯이 이 서신의 기본 주제가 거룩함이기 때문이다.

그러나 "하나님 아버지 안에"라는 어구는 "신자들이 그분의 생명

---

(68). 이것이 복음 전도가 아닌가? 데살로니가 교인들이 뭐라고 말하든 간에, Ascough는 교인 모집보다는 "자기선전과 우월성 주장"이 그들의 "주된 목적"이었으며, 전도는 "부산물"에 불과했기에(69), 이러한 주장은 부정적인 반응을 야기했을 것(69, n. 29)이라고 주장한다. 사실 Ascough의 요점은, 그가 교회의 동기와 실천이 당대의 일반 단체의 것과 동일했을 것으로 (증거 없이) 가정한다는 것 외에는, 나의 해석을 강화한다.

에 참여한다는 그 하나님은 어떤 분이신가?"라는 질문을 제기한다. 바울 서신의 다른 본문에 나타난 일부 내용과 더불어 이 질문을 데살로니가전서와 연관 지어 간략하게 검토해보는 것은 우리에게 상당히 유익하리라 생각된다.

데살로니가전서에 나타난 하나님 아버지

우선 데살로니가전서의 하나님은 하나님, 그리고 아버지로 명명된다(1:1, 3). 아울러 이 하나님은 "살아 계시고 참되신" 하나님으로 불린다(1:9). 이것은 전혀 신이 아닌 모든 우상과 대조를 이루는 야웨 하나님을 지칭하는 보편적인 유대교 명칭이다.[30] 따라서 데살로니가 교인들이 했던 것처럼 사람들이 참되신 하나님을 "섬기려고"(1:9) 거짓 신들을 섬기는 것으로부터 돌아서는 것은 전적으로 적절한 일이다. 오직 유일하게 참되신 신적 존재로서 하나님은 홀로 헌신(섬김)과 충성(즉 이것은 믿음과 신실함을 의미함)을 받으시기에 합당하신 분이시다. 바울은 이러한 올바른 헌신(섬김)을 데살로니가 교인들의 "하나님에 대한 믿음(혹은 신실함)"이라고 말한다(1:8).

둘째, 이 하나님은 선교적 하나님이시며, 자신과 장차 올 하나님 나라와 올바른 관계를 맺도록 사람들을 적극적으로 부르시고 선택하시는 분이시다(1:4; 2:2; 4:7; 5:24). 바울은 이미 이스라엘 경전에 들어 있던 선택이라는 표준적인 용어를 이제 복음에 응답한 유대인들과 이방인들에게 새롭게 적용해 사용한다. 더 나아가 택하시는 하나님은 또한 화평케 하시며 거룩케 하시는 하나님이시다. "평강의 하나님

---

30   Goodwin, *Paul: Apostle of the Living God*을 보라.

이 친히 너희를 온전히 거룩하게 하시고, 또 너희의 온 영과 혼과 몸이 우리 주 예수 그리스도께서 강림하실 때에 흠 없게 보전되기를 원하노라. 너희를 부르시는 이는 미쁘시니 그가 또한 이루시리라"(5:23-24; 참조. 4:7). 이 책의 목적과 가장 부합하는 부분은 이 본문의 두 번째 절이다. 즉 평화와 거룩함의 하나님은 신실하신(pistos) 하나님이시다.[31]

신실함은 하나님에 대한 성서의 묘사 그 중심에 있다. 월터 브루그만(Walter Brueggemann)에 따르면, 하나님에 대한 구약성서의 모든 묘사 가운데 "이스라엘의 가장 기본적이고 가장 반복적인 관습은 결코 과대평가될 수 없는 고백적 성향을 지닌 야웨의 신뢰성과 믿음직함에 관해 이야기하는 것이다."[32] 브루그만은 "이렇게 신뢰성에 초점을 맞추는…이스라엘의 대표적인 성향"은 "야웨와 이스라엘의 상상력에 관한 이스라엘의 언어를 완전히 포화 상태에 이르게 하는 "긍휼하시고, 은혜로우시며, 인자하심과 신실하심이 풍부하시다"는 표현으로 나타난다"고 말한다.[33]

바울에 의하면 하나님의 목적은 유대인과 이방인으로 구성된 한 백성을 부르시고 그들을 처음부터 의도된 하나님의 백성답게 화평하며, 거룩하고, 신실한 공동체로 만드는 것이다. 그 목적은 결코 좌절될 수도 없고 좌절되지도 않을 것이다. 왜냐하면 하나님은 신실하시기 때문이다. 여기서 우리는 당연하지만 쉽게 간과될 수 있는 것에 주

31　바울 서신에 나타난 하나님의 신실하심에 관해 가장 총체적이며 중요한 논의는 Wright, *Paul and the Faithfulness of God*이다.

32　Walter E. Brueggemann, *Theology of the Old Testament: Testimony, Dispute, Advocacy* (Minneapolis: Fortress, 1997), 226.

33　Brueggemann, *Theology of the Old Testament*, 226.

목할 필요가 있다. 즉 바울에게 있어 자신의 백성을 부르시고 형성하시는 하나님의 사역은 이미 끝난 것이 아니라 지금도 계속된다는 것이다. 하나님의 열망은 멸망의 영역에 있는 자들을 한 사람이라도 더 구원 받는 자들의 영역으로 이동시키는 것이다.[34] 예수 안에서 하나님께 속한 이들은 하나님의 사랑과 은혜 안에 남아 있을 것이며, 장차 올 하나님의 진노로부터 구원을 얻게 될 것이다(1:10; 5:9).

셋째, 이러한 선교적이며 신실하신 하나님은 또한 사랑의 하나님이시다. 이미 데살로니가전서 1장에서 바울은 그의 청중을 "하나님의 사랑하심을 받은 형제와 자매"로 부른다(1:4). 아울러 성서적 전통에서 택정(1:4 등)은 하나님의 사랑 행위다. 브루그만이 지적하듯이 이스라엘의 존재 자체는 "하나님께 기원을 둔 사랑"에 의한 것이며, 이 사랑은 "사랑하다", "선택하다", "마음을 두다" 등 모두 야웨에게 적용되는 동사를 통해 표현되는 특징을 가지고 있다.[35] 더 나아가 바울에 의하면 이러한 선택과 사랑의 하나님은 다른 이들을 사랑할 것을 교훈하신다(4:9). 이것은 하나님의 사명에 있어 필수적이다. 이러한 사랑의 사명은—비록 이 편지에서는 단지 암묵적으로만 진술되었다 하더라도—예수의 죽음에서 가장 결정적으로 나타났다(5:9-10).[36]

---

34 이러한 하나님의 열망은 다른 이들을 구원하려는 바울의 열망 배후에 자리 잡고 있다. 우리는 롬 1:16-17; 3:21-31; 9:1-5; 10:1, 12-13, 21; 11:13-15, 32; 15:7-21; 고전 7:12-16; 9:19-23; 10:33(참조. 딤전 1:15; 2:4) 등에서 이 중 한 측면 혹은 두 측면을 발견한다.

35 Brueggemann, *Theology of the Old Testament*, 414-17(414). 이 세 동사 중에서 마지막 동사는 단 두 번만 사용된 반면(신 7:7; 10:15), "사랑하다"와 "선택하다"는 이보다 훨씬 더 자주 등장한다. 예컨대 신 4:37을 보라.

36 살전 5:9-10은 하나님의 사랑이나 그리스도의 사랑을 언급하지는 않지만, 바울이 예수의 죽음에 관해 길게 서술할 때 그의 죽음은 하나님 그리고/혹은 그리스도의 사랑과 종종 명시적으로 연관된다(예. 롬 5:8; 8:31-39; 고후 5:14; 갈 2:19-20; 참조. 엡 5:1-2, 25).

그렇다면 이제까지 살펴본 바와 같이 바울이 데살로니가전서에서 증언하는, 살아 계시고 선교의 뜻을 가지고 계시는 하나님은 다음과 같이 요약될 수 있다. 신실하신 사랑의 하나님은 한 백성을 택하여 자기와 화평케 하시고 거룩하게 하심으로써 신실함과 사랑이라는 특성을 지닌 평화롭고 거룩한 백성이 되게 하시려고 그들을 부르셨다. 이러한 선교적 하나님은 그의 아들의 죽음과 부활 안에서, 그리고 그것을 통해(1:10; 4:14; 5:10), 그리고 성령의 초기 사역과 지속적인 사역을 통해(1:5; 4:8) 이 모든 것을 행하셨다.

그렇다면 소망은 어떠한가? 만약 소망이 "하나님 안에" 있는 삶의 필수적인 요소인 이 삼중 덕목의 일부라면, 어떤 의미에서 하나님은 신실하시고 사랑이 넘치시는 분일 뿐만 아니라 소망을 주시는 분인가?

어떤 면에서보면 이 질문은 다소 특이하면서도 반직관적으로 보인다. 그러나 하나님께서 소망을 주시는 분이라는 개념은 일부 성서적 전례를 가지고 있으며, 사실은 바울 서신에서도 그 전례를 찾아 볼 수 있다. 예를 들어 디모데전서 2:3-6에서 우리는 "모든 사람이 구원을 받으며 진리를 아는 데에 이르기를 원하시며" 선교적으로 행동하심으로써 우주적 구원이 이루어지도록 하시는 분으로 묘사되는 "우리 구주 하나님"을 본다. "하나님은 한 분이시요 또 하나님과 사람 사이에 중보자도 한 분이시니, 곧 사람이신 그리스도 예수라. 그가 모든 사람을 위하여 자기를 대속물로 주셨으니, 기약이 이르러 주신 증거니라." 하나님의 열망, 이른바 하나님의 소망은 인간들에게 강요된 것이 아니라

더 나아가 롬 5:11-11에서는 진노하심으로부터의 구원(5:9)이 하나님의 사랑과 연관되어 있다.

행동과 선교를 통해 구현되는 것이다. 하나님은 장차 소망하는 미래를 바라보고 행하신다. 하나님은 미래 지향적이신 분이라고 말할 수 있다.

성서의 다른 본문을 비롯해 구체적으로 바울 서신에서 우리는 하나님이 약속을 하시고 그 약속을 지키신다는 사실을 알게 되는데, 이는 또 다른 하나님의 미래 혹은 종말 지향적인 측면을 보여준다.[37] 사실 하나님의 신실하심과 하나님의 미래 지향성, 즉 하나님의 약속은 서로 밀접한 관계에 있다. 하나님께서 과거에 신실하게 행하셨기 때문에 우리는 하나님께서 미래에 관한 약속도 신실하게 지키실 것이라고 확신할 수 있다. 우리는 이 사실을 앞에서 인용한 바울이 데살로니가 교인들에게 쓴 글에서 발견한다. "너희를 부르시는 이는 미쁘시니 그가 또한 이루시리라"(살전 5:24). 이 말씀은 신실하신 하나님에 대한 소망을 품을 수 있게 한다.

따라서 바울은 믿음, 사랑, 소망이라는 삼중 덕목 가운데 믿음과 소망 사이에 밀접한 관계가 있음을 안다.[38] 내가 다른 저술에서 제안했듯이, 소망을 묘사하는 방법 중 하나는 믿음을 미래 시제로 묘사하는 것이다.[39] 따라서 우리는 하나님의 "소망"—하나님의 열망과 약속—을

—

37 바울에게 있어 약속을 하시는 하나님과 약속을 지키시는 하나님에 대한 가장 명백한 예는 창세기에서 서술되고, 또 바울이 특히 갈 3장과 롬 4장에서 다시 서술하는 아브라함의 이야기다.

38 특히 다음에 인용할 말씀(4:18-21)을 포함하여 롬 4장에 나오는 아브라함의 예를 보라. "18아브라함이 바랄 수 없는 중에 바라고 믿었으니, 이는 "네 후손이 이같으리라" 하신 말씀대로 "많은 민족의 조상"이 되게 하려 하심이라. 19그가 백세나 되어 자기 몸이 죽은 것 같고 사라의 태가 죽은 것 같음을 알고도 믿음이 약하여지지 아니하고, 20믿음이 없어 하나님의 약속을 의심하지 않고, 믿음으로 견고하여져서 하나님께 영광을 돌리며, 21약속하신 그 것을 또한 능히 이루실 줄을 확신하였으니."

39 소망에 대한 이러한 묘사에 관해서는 나의 저서 *Reading Paul* (Eugene, OR: Cascade, 2009), 160-63을 보라. "십자가를 본받음의 미래성"에 대한 보완적 개념의 관점에서 소망을 상세하게 다룬 논의에 관해서는 나의 저서 *Cruciformity*, 304-48을 보라.

하나님의 신실하심의 미래 시제로 묘사할 수 있다. 이 유비는 신학적으로 완벽하지는 않지만 상당히 유용하다. 하나님을 소망의 하나님이라고 말하는 것(롬 15:13)은 하나님은 약속을 지키시기 때문에 우리에게 소망을 주신다고 말하는 것과 같다. 그리고 우리는 하나님이 이미 행하신 것(하나님의 신실하심)을 되돌아볼 때 하나님은 약속을 지키시는 분임을 안다. 이것이 바로 과거, 특히 환난의 때에 행하신 하나님의 구원 행위를 잊지 않고 기억하는 것에 대한 성서의 위대한 주제다.

> [21]이것을 내가 내 마음에 담아 두었더니, 그것이 오히려 나의 소망이 되었사옴은, [22]여호와의 인자와 긍휼이 무궁하시므로 우리가 진멸되지 아니함이니이다. [23]이것들이 아침마다 새로우니 주의 성실하심이 크시도소이다. [24]내 심령에 이르기를 '여호와는 나의 기업이시니, 그러므로 내가 그를 바라리라' 하도다. [25]기다리는 자들에게나 구하는 영혼들에게 여호와는 선하시도다. [26]사람이 여호와의 구원을 바라고 잠잠히 기다림이 좋도다(애 3:21-26).

> [10]내가 주의 공의를 내 심중에 숨기지 아니하고, 주의 성실과 구원을 선포하였으며, 내가 주의 인자와 진리를 많은 회중 가운데에서 감추지 아니하였나이다. [11]여호와여, 주의 긍휼을 내게서 거두지 마시고, 주의 인자와 진리로 나를 항상 보호하소서(시 40:10-11).[40]

---

40 예컨대 "그[주의] 인자하심이 영원하심이로다"라는 반복적인 어구와 더불어 시 136편을 보라.

삶으로 담아내는 복음

월터 브루그만은 "약속을 하시는 야웨에 대한 이스라엘의 증언은, 야웨를 이스라엘과 모든 민족을 위해 이 세상에서의 삶을 현재의 상황을 넘어 새로운 삶을 부여할 수 있는 가능성으로 바꾸기에 충분한 능력과 믿음을 가지고 계신 분으로 묘사한다. 야웨의 약속은 심지어 치명적인 상황 속에서도 이 세상이 행복의 길로 가는 길을 열어 둔다"는 사실을 우리에게 상기시킨다.[41]

이것은 데살로니가전서가 분명하게 밝히듯이 하나님께서 악과 불의에 대해 눈감으신다는 것을 의미하지 않는다. 장차 올 (그리고 어쩌면 이미 도래한) 하나님의 진노(1:10; 2:16; 5:9)는 실제적인 것이지만, 하나님이 선호하시거나 의도하신 바는 결코 아니다.[42] 사실 하나님의 진노의 실체는 하나님의 구원하시고 회복하시는 활동이라는 의미에서 하나님의 의의 "뒷면"(flip side)이다(롬 1:16-18을 보라). 예수의 죽음으로 표현된 하나님의 구원하시려는 열망과 행동은 부분적으로 인류를 자신의 정당한 진노로부터 지키시려는 하나님의 열망이다(살전 1:10과 5:9을 함께 연결해서 읽을 경우).

우리는 데살로니가전서에 나타난 바울의 부활신학 안에서 하나님의 신실하심과 하나님이 약속하신 미래(즉 미래적 구원) 사이에 존재하는 연관성을 발견한다. 하나님은 단순히 **살아 계신** 하나님이실 뿐 아니라, 예수를 죽은 자들 가운데서 일으키심을 통해 보여주었듯이 **생명을 주시는** 하나님이시다(1:10). 예수의 부활은 죽음에 대하여 종지

---

41 Brueggemann, *Theology of the Old Testament*, 164.

42 바울 서신에 나타난 하나님의 진노에 관하여는 롬 1:18; 2:5; 3:5; 4:15; 5:19; 9:22; 12:19; 13:4를 보라. 참조. 골 3:6; 엡 5:6. 살전 2:16과 마찬가지로 롬 1:18은 불순종하는 자들에 대한 진노의 현재적 경험을 보여준다.

부를 찍고 사람들에게 미래와 소망을 주기를 원하는 하나님의 열망과 결단을 결정적으로 보여준 사건이다. 부활은 신자들에게 장차 올 진노로부터의 구원(1:10; 5:9)과 하나님 및 그리스도와 더불어 사는 미래의 삶이라는 의미의 미래적 구원을 보장한다.

> 우리가 예수께서 죽으셨다가 다시 살아나심을 믿을진대, 이와 같이 예수 안에서 자는 자들도 하나님이 그와 함께 데리고 오시리라.…그리하여 우리가 항상 주와 함께 있으리라(4:14, 17b).

> [9]하나님이 우리를 세우심은 노하심에 이르게 하심이 아니요, 오직 우리 주 예수 그리스도로 말미암아 구원을 받게 하심이라. [10]예수께서 우리를 위하여 죽으사 우리로 하여금 깨어 있든지 자든지 자기와 함께 살게 하려 하셨느니라(5:9-10).

그렇다면 하나님은 믿음을 주시고(faith-er) 사랑하시는 분(lover)일 뿐 아니라 소망을 주시는 분(hoper)이신가?[43] 아주 그렇지는 않다. 하나님은 약속을 주시는 분이시며, 과거에 보여준 신실하심에 기반을 둔 미래의 신실하심이 신실한 자들 가운데 소망을 일으키시는 구원의 하나님이시다. 그리고 이 하나님의 활동은 그의 아들 예수, 곧 메시아의 활동에서 드러난다.

---

43 나는 이 질문의 표현 방식을 Andy Johnson에게 빚지고 있다.

메시아의 신실하심과 사랑과 소망

바울은 그의 서신 전반에 걸쳐 메시아 예수의 순종과 충성심을 강조한다. 다른 학자들과 내가 주장했듯이 바울은 칭의의 기초가 그 무엇보다 인간의 믿음 혹은 신실함에 있기보다는 피스티스 크리스투(*pistis Christou*)ㅡ"그리스도의 믿음"ㅡ라는 그리스어 구문에 의해 표현된 대로 메시아의 신실하심에 있다고 믿는다.[44] 비록 이 해석에 반론을 제기하는 일부 학자가 여전히 남아 있지만, 이 해석은 상당한 지지를 얻었고, 지금도 지속적으로 지지를 받고 있다.[45] 바울에게 있어 메시아의 신실하심은 그의 인성과 신성(후대의 신학적 범주를 사용하여)이 서로 교차하는 지점이다. 한편으로는 로마서 3장을 주해하면서 N. T. 라이트가 언급했듯이 "메시아의 신실하심은 하나님의 언약적 신실하심의 살아 있는 체현이다."[46] 다른 한편으로 우리는 그의 신실하심이 하나님과 올바른 관계를 맺어야 하는 이스라엘과 인류의 소명의 살아 있는 체현이라고도 말할 수 있다.

데살로니가전서는 바로 이 후자의 측면을 강조하고 있다. 이 편지에서 바울은 *pistis Christou*나 그 변형 어구를 사용하지는 않지만, 그럼에도 그는 그리스도의 신실하심, 특히 박해 기간 동안에 나타난 그의

---

44 *Cruciformity*, 110-21과 거기에 언급된 참고문헌, 그리고 특히 Richard B. Hays, *The Faith of Jesus Christ: The Narrative Substructure of Gal. 3:1-4:11*, 2nd ed. (Grand Rapids: Eedmans, 2002 [orig. 1983])을 보라.

45 이 견해에 가장 적극적으로 반대하는 학자 가운데 하나는 James D. G. Dunn이다. 예를 들어 그의 소논문 "ΕΚ ΠΙΣΤΕΩΣ: A Key to the Meaning of ΠΙΣΤΙΣ ΧΡΙΣΤΟΥ," in *The Word Leaps the Gap: Essays on Scripture and Theology in Honor of Richard B. Hays*, ed. J. Ross Wagner, C. Kavin Rowe, and A. Katherine Grieb (Grand Rapids: Eerdmans, 2008), 351-66을 보라.

46 Wright, *Paul and the Faithfulness of God*, 1470.

신실하심을 언급한다. 사실 주 예수는 박해 가운데서도 하나님께 대한 신실함을 보여준 대표적이고 전형적인 예이며, 바울과 동료들, 다른 교회들, 그리고 예언자들은 이러한 신실함의 추가적인 예로 꼽힌다.

> 또 너희는 많은 환난 가운데서 성령의 기쁨으로 말씀을 받아 우리와 주를 본받은 자가 되었으니(1:6).

> [14]형제들아, 너희가 그리스도 예수 안에서 유대에 있는 하나님의 교회들을 본받은 자 되었으니, 그들이 유대인들에게 고난을 받음과 같이 너희도 너희 동족에게서 동일한 고난을 받았느니라. [15]유대인은 주 예수와 선지자들을 죽이고 우리를 쫓아내고⋯(2:14-15a).

이로써 그 지역 전체에까지 반향을 일으킨(1:8) 데살로니가 교인들의 신실함(*pistis*)은 *pistis Christou*에 기초를 둔 파생적인 신실함이었다. 사실 바울이 "주의 말씀이 너희에게로부터 마게도냐와 아가야에만 들릴 뿐 아니라 하나님을 향하는 너희 믿음[즉 박해 중에도 잃어버리지 않은 하나님께 대한 너희의 신실함]의 소문이 각처에 퍼졌으므로 우리는 아무 말도 할 것이 없노라"(1:8)고 말할 때, 그는 구체적으로 그리스도의 신실하심을 염두에 두었을 수 있다.[47]

물론 바울신학에서 훨씬 덜 논쟁적인 부분은 바로 그리스도의 사랑에 관한 개념이다. 이에 대해서는 아무도 반론을 제기하지 않는다.

---

47 "주의 말씀"(혹은 "주에 관한 말씀"[*ho logos tou kyriou*])과 "너희의 믿음"(*hē pistis hymōn*) 간의 긴밀한 관계는 데살로니가 교인들에 대한 소문이 그리스도를 본받은 그들의 신실함이었음을 암시할 수 있다. 참조. "하나님께 대한 너희의 신실함에 관한 소식⋯"(CEB).

살으로 담아내는 복음

하지만 그리스도의 믿음과 마찬가지로 그리스도의 사랑에 대한 구체적인 언급은 데살로니가전서에 없다. 그럼에도 최소한 네 개의 본문은 그리스도의 사랑을 암시한다. 첫째, 그는 "장래의 노하심에서 우리를 건지시는" 분이시다(1:10). 종말론적 구원자로서 예수는 분명 그의 백성의 선을 위해 행동하시는데, 이는 확실히 "사랑의 수고"다(1:3). 그리스도는 여기서 하나님의 진노를 누그러뜨리는 수단으로 묘사되지 않고, 5:9이 분명하게 밝히듯이 하나님의 진노로부터 구원하시는 하나님의 대리인으로 묘사된다. 둘째, 바울은 "주께서 사랑이 더욱 많아 넘치게 하사"(3:12)라는 소원 기도를 드리는데, 이 문맥에서 "주"는 예수를 가리킨다(3:11). 오직 사랑하시는 주님만이 다른 이들에게 사랑을 전가할 수 있다. 셋째, 우리가 곧 살펴보겠지만, 바울이 데살로니가 교인들에 대한 자신의 사도적이며 부성적인 사랑을 묘사할 때(2:5-12), 그는 자신을 십자가상에서 보여주신 그리스도의 자기를 내어주는 사랑과 비교한다. 다시 말하지만, 그리스도의 사랑은 명시적이기보다는 암묵적으로 나타나 있다. 넷째, 그리고 어쩌면 가장 중요한 본문에서 바울은 그리스도께서 "우리를 위하여 죽으사 우리로 하여금 깨어 있든지 자든지 자기와 함께 살게 하려 하셨느니라"(5:10)고 말한다. 이것이 바로 사랑이 주는 궁극적인 선물이다.

데살로니가전서 5장에 등장하는 이 짧은 본문은 바울이 데살로니가 교인들에게 복음을 선포할 때 실제적으로 전한 메시지의 핵심을 잘 요약해준다. 앞에서 하나님의 사랑에 관한 논의에서 이미 지적했듯이 바울에게 예수의 죽음이란 하나님과 그리스도가 행하신 사랑의 행위인 것이다.[48] 이 간략한 언급에서도 이타주의가 드러난다. 예수의 죽음은 다른 이들의 유익을 위해 그들을 하나님의 진노로부터 건져내어 구원에 이르게 하고(5:9) 현재와 사후에 주 예수의 임재 가운데 거하게 하는(5:10) 생명을 주신다. 따라서 비록 데살로니가전서에 예수의 신실하심이나 사랑에 대한 구체적인 언급이 없다 하더라도, 우리는 바울이 처음 복음을 선포할 때 이러한 내용을 데살로니가 교인들에게 전달했을 것이며, 이 편지를 쓸 때에도 이 사실을 염두에 두고 있었을 것이라고 추정할 수 있다.[49]

그렇다면 소망은 어떠한가? 우리의 대답은 아버지 하나님에 대한 논의에서 이미 주어진 바 있다. 즉 예수는 미래 지향적이란 의미에서 "소망적"(hopeful)이다. 그는 장차 올 진노로부터 우리를 구원하실 분이시며(1:10. 3:13; 4:15; 참조. 5:9), 심지어 보다 더 가까운 미래에도 교회를 더 나은 시대로 이끄실 분이시다(3:11). 이 모든 경우(3:11; 5:9을 보라), 주 예수는 아버지와 함께 협력하신다. 아버지와 아들은 서로 함께 자신들이 주신 미래에 대한 약속들—그리고 그 약속들을 좋게 활용할 능력—에 근거하여 소망이 있는 백성을 창조하신다. 이것이 바로 바울이, 특히 신실하게 박해를 감내한 이들에게, 예수가 그들의 소망의 근원이자 초점이며, 그리고 이 소망이 "우리 아버지 하나님"의 임재 가운데 있다고 말할 수 있는 이유다(1:3).

---

48 예를 들어 롬 5:8; 8:31; 고후 5:14; 갈 2:19-20을 보라. 참조. 엡 5:1-2, 25.

49 내가 다른 저서에서 주장했던 것은 바울에게 있어 그리스도의 믿음과 사랑은 불가분의 관계에 있으며, 하나님을 향한 그리스도의 신실하심과 인류를 향한 사랑이 동시에 십자가상에서 가장 본질적으로 나타났다는 것이다. 예컨대 *Cruciformity*, 113-15, 162-63; *Inhabiting the Cruciform God: Kenosis, Justification, and Theosis in Paul's Narrative Soteriology* (Grand Rapids: Eerdmans, 2009), 57-62를 보라.

믿음과 사랑과 소망의 영

지금까지 우리는 데살로니가전서에 나타난 선교적 하나님을 묘사하는 데 있어 아버지와 아들에 초점을 맞추었다. 그렇다면 성령은 어떠한 가? 비록 이 편지에서 바울이 성령에 대한 그의 이해를 길게 전개하지는 않지만(예를 들면 로마서, 고린도전서, 갈라디아서 등과 대조적으로), 그래도 성령은 명시적으로나 암묵적으로 모두 등장하며, 또한 상당히 능동적이다. 따라서 우리는 성령이 신실함과 사랑과 소망을 가능케 하시는 신적 에너지를 제공해준다고 말할 수 있다.

바울은 사도들의 복음 선포와 데살로니가 교인들의 복음 수용을 모두 성령의 활동의 공으로 돌린다(1:5-6). 데살로니가 교인들이 복음을 받아들이면서 치른 대가에도 불구하고 결국 성령은 기쁨과 신실함으로 반응한 그들 배후에 계셨다. "또 너희는 많은 환난 가운데서 성령의 기쁨으로 말씀을 받아 우리와 주를 본받은 자가 되었으니"(1:6). 더 나아가 바울은 데살로니가 교인들을 "하나님의 가르치심을 받아 서로 사랑"하는 이들로 묘사하는데(4:9) 이 표현은 성령을 주신 하나님을 언급한 바로 다음에 이어서 나온다. 또한 이러한 언급은 데살로니가 교인들이 한 형제자매로서의 사랑과 세상에 대한 증언의 표현으로서 성적으로 거룩함을 나타낼 필요가 있다는 바울의 가르침과 연결된다(4:1-8). 마지막으로, 비록 바울은 성령을 소망과 직접적으로 연관 짓지는 않지만, 데살로니가 교인들에게 성령을 "소멸"(quench)하지 말라고 권면하는데, 이는 특히 공동체 안에 있는 예언자적 음성을 의미한다(5:19-22). 이러한 예언자적 음성이 수행하는 기능의 한 중요한 측면은 적어도 신자들이 보존됨으로써 그들이 재림 시에 자신들이 바라는 소망을 얻게 하려는 것이다(5:23-24). 다시 말하면 예수의 죽음과 부활 안에서 계시된 선교적 하나님의 영이 바로 하나님이 의도하신 신실함과 사랑과 소망을 데살로니가 공동체 안에 나타나게 하시고 효력을 발생하게 하신다.

이 단락을 마무리하고자 한다. 우리가 데살로니가전서에서 발견하는 하나님은 신실하시며, 사랑이 많으시고, 약속을 주시면 반드시 지키시는 하나님, 곧 아들의 사역을 통해 극적으로 계시되셨고 성령에 의해 데살로니가 교인들 가운데 역사하시는 하나님이시다. 이 하나님은 정적인 하나님이 아니시며, 구원을 베푸시기 위해 이미 행하셨고, 앞으로도 행하실 하나님이시다. "이 하나님 안에" 있다는 것은 신적 사명으로 혜택을 입는 것이며, 또한 그 사명에 참여하는 것이다. 다시 말하면 바울의 하나님께 있어 존재함과 행함은 불가분의 관계다. 이러한 존재함 혹은 정체성은 오직 신실하며, 사랑하고, 소망을 주며, 약속을 이행하는 활동 안에서만 드러난다. 바울에게 있어 이러한 진리는 예수의 죽음과 부활 안에서 가장 완전하게 표현되었으며, 하나님을 닮고, 그리스도를 닮은 신실하고, 사랑이 넘치며, 소망을 주고, 약속을 지키는 활동—즉 "메시아 안에" 있음으로써 성령의 능력에 힘입은 자들의 노력—을 하는 개인과 공동체 안에서 다시 나타난다. 이러한 선교적 개인과 그룹 안에는 바울과 데살로니가 교인들도 들어 있다.

신실함과 사랑과 소망의 사도

사도로서 바울이 그리스도 안에서 하나님의 선교(사명)에 헌신한 선교의 사람이었다는 것은 너무도 자명하다. 데살로니가전서에서도 이러한 현실은 서신 전반에 걸쳐 나타나며, 특히 첫 세 장에서, 그리고 더 구체적으로는 2:1-12에서 나타난다. 앤디 존슨(Andy Johnson)에 의하면 바울은 이 후자 단락에서 자신을 비롯한 그의 팀을 "하나님의 선교에 참여하는 모델"로 제시한다.[50]

자신을 부르시고 보내셨던 하나님처럼 바울은 신실하며, 사랑이 넘치고, 소망을 가진 사람이었으며, 그의 동료들도 마찬가지였다. 데살로니가 교인들을 향한 그의 애정과 헌신은 편지 전반에서 드러난다. 그는 수차례에 걸쳐 그들을 "형제들[과 자매들]"(adelphoi)로 부른다.[51] 또한 바울은 데살로니가 교인들을 "사랑하는 자들"로 부른다(2:8; agapētoi; NRSV "우리에게 사랑스러운 자들"). 여기서 "사랑하는 자들"이란 표현이 단지 바울이 (그의 동료들과 더불어) 데살로니가 교인들을 사랑한다는 사실만을 가리키는지는 명확하지 않다. 왜냐하면 "사랑하는 자들"은 "하나님의 사랑하심을 받은 자들"(1:4; ēgapēmenoi)에 대한 반향(echo)이기 때문이다. 사랑의 대상이 명확하지 않다는 사실은 의도적이지는 않을지라도, 상당히 중요한 의미를 담고 있을 개연성이 높다. 왜냐하면 바울의 사랑은 파생적 사랑이자 참여적 사랑으로서, 궁극적으로 하나님으로부터 오며, 십자가상에서 드러난 그리스도의 신실하심과 사랑에 의해 구체적으로 그 모습이 드러난 사랑이기 때문이다.

우리는 이 사랑을 바울과 그의 동료들이 데살로니가에서 수행한 초기 선교에 관한 그의 내러티브에서 가장 먼저 발견한다(2:1-12). 그는 최근에 빌립보에서 일어난 박해와 데살로니가에서 발생한 반대에

---

50   Johnson, *1-2 Thessalonians*(forthcoming).
51   살전 1:4; 2:1, 9, 14, 17; 3:7; 4:1, 19(2회); 5:1, 4, 12, 14, 25, 26, 27.

도 불구하고 그들에게 담대하게 복음을 선포했음을 데살로니가 교인들에게 상기시킨다(2:1-2). 이것은 무엇보다도 복음의 청지기로서 하나님께 대한 신실함을 나타내는 행동이었으며, 결코 다른 어떤 이유에 의한 것이 아니었다. "오직 하나님께 옳게 여기심을 입어 복음을 위탁받았으니, 우리가 이와 같이 말함은 사람을 기쁘게 하려 함이 아니요, 오직 우리 마음을 감찰하시는 하나님을 기쁘시게 하려 함이라"(2:4).

데살로니가 교인들에게 복음을 선포한 것은 그 동기에서뿐 아니라 구체적인 형태에 있어서도 사랑을 실천한 행동이었다. 2:5-12에서 바울은 자신의 사도적 선교를 묘사하는 데 네 가지 은유를 사용한다. 자기 자녀들을 유순하게 양육하는 유모의 모성적 이미지(2:7)와 자기 자녀들에게 도덕적 지침을 주며 격려하는 아버지의 부성적 이미지(2:11-12)는 그 의미가 너무나도 명백하다. 이 둘 사이에 들어 있는 세 번째 은유는 다른 두 이미지보다 덜 명백한데, 바울은 이러한 사도적 사명을 그리스도를 본받는, 즉 십자가를 본받는다는 용어로 표현한다(2:7-9). 그는 그와 그의 동료들이 데살로니가 교인들을 향한 깊은 사랑이 단순히 그들에게 복음만을 전하게 한 것이 아니라 자기 자신들(2:8, psychas, "영혼들", "목숨들", "존재 자체")까지도 함께 바치게 했다고 말한다. 사실 이 후자의 표현은 죽음을 통한 예수의 자기 드림을 표현한 초기 기독교의 언어에 대한 반향이다.[52] 아울러 바울과 그의 팀

---

52 살전 2:8은 "우리의 목숨까지도 너희에게 주기를"(metadounai hymin...tas heautōn psychas)이라고 표현한다. 예컨대 막 10:45(=마 20:28), "인자가 온 것은 섬김을 받으려 함이 아니라 도리어 섬기려 하고 자기 목숨을 많은 사람의 대속물로 주려 함(dounai tēn psychēn autou)이니라"; 요 10:15b "나는 양을 위하여 목숨을 버리노라"(tēn psychēn mou tithēme, 참조. 10:11, 17)에 기록된 예수의 말씀을 보라. 예수의 자기희생(psychē를 사용하여)과 제자들의 자기희생의 연관성에 관해서는 요 15:13; 요일 3:16을 보라.

은 독자들에게 재정적인 부담을 주지 않기 위해 돈을 요구하지 않았으며,[53] 오히려 밤낮으로 일하며 자비로 모든 경비를 충당했다. 초기 기독교 사도들과 교사들이 재정 후원을 받는 것을 합당하다고 여겼기 때문에(예. 고전 9:1-14; 딤전 5:17), 바울이 사도로서 마땅히 받아야 할 이러한 기본 권리를 포기한다는 것은 자신의 신분과 권리를 모두 포기하신 그리스도에게 참여하는 것, 곧 그리스도를 본받는 것을 의미했다 (빌 2:6-11; 고후 8:9). 사실 바울은 사도의 사명을 그리스도가 자신의 신분을 포기하고 자기 자신을 내어주시는 사랑을 연상시키는 언어를 통해 묘사한다.[54] 나는 다른 저서에서도 이 사실을 x-y-z 패턴이라고 부른 바 있다.[55]

> 비록 이러한 신분임에도[x], 이기적으로 행하지 않고[y]
> 오히려 자기 포기와 자기 내어주기를 함[z].

내러티브 패턴	그리스도 (빌 2:6-8)	바울과 그의 동료들 (살전 2:5-9)
비록 이러한 신분임에도[x]	그는 근본 하나님의 본체시나(2:6a)	우리는 그리스도의 사도로서 마땅히 권위를 주장할 수 있으나(2:7a)

---

53 이것이 그리스어 *en barei einai*(CEB, NAB, NET도 마찬가지로)의 의미다. NRSV는 "(돈을) 요구했을 것"으로 번역한다.

54 Gorman, *Cruciformity*, 192-95를 보라.

55 *Cruciformity*, 89-91, 164-69, *et passim*.

이기적으로 행하지 않고[y]	하나님과 동등됨을 취할 것으로 여기지 아니하시고 (2:6b)	너희도 알거니와 우리가 아무 때에도 아첨하는 말이나 탐심의 탈을 쓰지 아니한 것을 하나님이 증언하시느니라. 또한 우리는 너희에게서든지 다른 이에게서든지 사람에게서는 영광을 구하지 아니하였노라(2:5-6)
오히려 자기 포기와 자기 내어주기를 함[z]	오히려 자기를 비워 종의 형체를 가지사 사람들과 같이 되셨고, 사람의 모양으로 나타나사 자기를 낮추시고 죽기까지 복종하셨으니, 곧 십자가에 죽으심이라(2:7-8)	도리어 너희 가운데서 유순한 자가 되어 유모가 자기 자녀를 기름과 같이 하였으니, 우리가 이같이 너희를 사모하여 하나님의 복음뿐 아니라 우리의 목숨까지도 너희에게 주기를 기뻐함은, 너희가 우리의 사랑하는 자 됨이라. 형제들아, 우리의 수고와 애쓴 것을 너희가 기억하리니, 너희 아무에게도 폐를 끼치지 아니하려고 밤낮으로 일하면서 너희에게 하나님의 복음을 전하였노라(2:7b-9)

이와 비슷한 사도적 사명의 결단과 형태에 관해 서술하는 고린도 전서 9장에서 바울은 이러한 선교 사역을 구체적으로 다른 이들을 위해 스스로 종이 된 자발적 행동으로 묘사하면서 빌립보서 2장에서 스스로 종의 모습을 취하신 그리스도의 모본을 연상시키는 표현을 사용한다.

[4]우리가 먹고 마실 권리가 없겠느냐? [5]우리가 다른 사도들과 주의 형제들과 게바와 같이 믿음의 자매 된 아내를 데리고 다닐 권리가 없겠느냐?… [12]다른 이들도 너희에게 이런 권리를 가졌거든 하물며 우리일까 보냐? 그러나 우리가 이 권리를 쓰지 아니하고 범사에 참는 것은, 그리스도의 복

음에 아무 장애가 없게 하려 함이로다.…[15]그러나 내가 이것을 하나도 쓰지 아니하였고 또 이 말을 쓰는 것은 내게 이같이 하여 달라는 것이 아니라 내가 차라리 죽을지언정 누구든지 내 자랑하는 것을 헛된 데로 돌리지 못하게 하리라. [16]내가 복음을 전할지라도 자랑할 것이 없음은, 내가 부득불 할 일임이라. 만일 복음을 전하지 아니하면 내게 화가 있을 것이로다. [17]내가 내 자의로 이것을 행하면 상을 얻으려니와 내가 자의로 아니한다 할지라도 나는 사명을 받았노라. [18]그런즉 내 상이 무엇이냐? 내가 복음을 전할 때에 값없이 전하고 복음으로 말미암아 내게 있는 권리를 다 쓰지 아니하는 이것이로다. [19]내가 모든 사람에게서 자유로우나 스스로 모든 사람에게 종이 된 것은 더 많은 사람을 얻고자 함이라(고전 9:4-19).

즉 비록 바울이 재정적으로 후원을 받고 여행하는 동안 아내를 데리고 다닐 권리가 있었음에도 불구하고[x], 그는 이러한 권리들을 사용하지 않고[z], 오히려 자신의 복음 사역을 무료로(그리고 함축적인 의미로는 아내 없이) 수행함으로써 스스로 "종이 되었던" 것이다.

데살로니가전서와 고린도전서를 보면 바울이 이러한 선교적 존재를 그리스도의 사랑을 닮아가는 것뿐 아니라 그리스도의 복종, 즉 하나님을 향한 그리스도의 신실하심(특히 고전 9:17을 보라)을 닮아가는 것으로 이해한다는 것을 분명히 알 수 있다. 따라서 하나님께 대한 신실함을 나타내면서 복음의 내용과 온전히 부합하는, 타인을 위한 바울의 자기희생적 사랑은 바로 그의 사도적 정체성을 형성하는 핵심 요소다. 모성적·부성적인 측면을 비롯해 그리스도를 닮은 사랑을 구체적으로 구현하는 그의 실천이야말로 십자가상에서 자신을 내어주고 화해를 이끌어내신 그리스도의 죽음에서 현저하게 드러난 하나님의 선교적 사랑에 참여하는 그의 방식이다(롬 5:6-8; 8:31-39; 고후 5:14-21; 갈 2:19-20).

이러한 사도 바울의 내러티브는 데살로니가전서의 전반부 나머지 부분에서도 계속된다. 박해를 겪고 있는 데살로니가 교인들의 운명을 놓고 걱정하기도 하고 안심하기도 하는 바울의 가슴 찢어지는 심정을 묘사한 이야기보다(2:13-3:10) "모든 교회를 위하여 염려하는"(고후 11:28) 그의 사랑을 보다 더 생생하게 보여줄 수 있는 예를 찾기란 결코 쉽지 않다. 하나님을 향한 데살로니가 교인들의 신실함을 염려하는 바울의 애정도 그들을 향한 그의 신실함을 분명하게 보여준다. 신실함과 사랑이 하나님 아버지와 그리스도 안에서 서로 불가분의 관계이듯이, 이 둘은 바울 안에서도 서로 불가분의 관계다. 바울은 이 내러티브를 기도로 마무리하는데(3:11-13), 이 기도에서 그는 데살로니가 교인들에게 서로 사랑하고 그 사랑을 공동체 밖으로까지 확대할 것을 촉구하면서도 그들에 대한 그의 사랑을 재확인한다. "또 주께서 우리가 너희를 사랑함과 같이 너희도 피차간과 모든 사람에 대한 사랑이 더욱 많아 넘치게 하사"(살전 3:12). "하나님 안에" 그리고 "[주] 그리스도 안에" 있다는 것은 사랑 "안에" 있는 것을 의미한다.

사실 바울은 신실하고 사랑이 넘치면서도 불안해했고, 두려워하면서도 소망을 가지고 있었다. 바울이 데살로니가 교인들을 향한 염려와 디모데를 그들에게 보내기로 결심한 것을 이야기할 때에도 서로 엇갈리는 감정이 분명히 드러난다(2:17-3:10). 그의 두려움과 소망의 감정은 선교, 즉 디모데를 보내는 행위로 표출된다. 그러나 바울의 소망의 감정은 이러한 상황을 기억하고 서술하는 과정에서도 드러난다. 그는 데살로니가 교인들을 "우리의 소망"(2:19)이라고 부르며, 단순히

"너희 믿음[신실함]을 알기 위하여" 두려운 상태에서 디모데를 보내는 것이 아니라(3:5), "너희를 굳건하게 하고 너희 믿음에 대하여 위로함으로 아무도 이 여러 환난 중에 흔들리지 않게 하려는" 선교적 소망을 가지고 보낸다(3:2b-3). 바울의 이러한 두려움과 소망은 데살로니가 교인들의 신실함과 사랑(3:6-7)의 반가운 소식으로 응답된다.

　　따라서 데살로니가 교회의 위기에 대처하는 바울의 모습에서 우리는 복음의 하나님과 하나님의 복음을 반영하는 신실함과 사랑과 소망이 하나가 된 목회 행위를 발견하는데, 이는 바울이 이 하나님의 생명과 선교에 참여하고 있기 때문에 가능하다. 그렇다면 데살로니가의 에클레시아(*ekklēsia*)는 어떠한가? 과연 이 에클레시아의 구성원들도 이 하나님의 생명과 선교에 참여하는 자들인가?

신실함과 사랑과 소망의 선교적 공동체로서의 데살로니가 교인들

본장의 서두에서 이미 지적했듯이 바울은 그의 편지 첫머리에서부터 데살로니가 교인들에게 그들의 "믿음의 역사와 사랑의 수고와 우리 주 예수 그리스도에 대한 소망의 인내"(1:3)에 대해 항상 감사한다고 말한다. 이러한 삼중 덕목이 실천에 옮겨졌다는 사실은 하나님께서 데살로니가 신자들을 선택하셨으며 성령께서 그들 가운데 역사하신다는 증거다.

　　바울 서신과, 특히 데살로니가전서에 나타난 이 삼중 덕목을 면밀히 살펴보면 우리는 그것이 바울의 윤리와 교회론에서—어쩌면 우리는 이것을 그의 영성이라고 불러야 더 좋을지도 모르겠다—얼마나 핵심적인 역할을 하는지를 발견하게 된다.[56] 본장에서 지속적으로 제 안해왔듯이, 믿음, 사랑, 소망이 이렇게 큰 비중을 차지하는 이유는 이 것이 하나님의 선교적 성품과 그리스도의 선교적 내러티브, 그리고 사 도 바울의 메시지와 선교적 정체성을 반영하기 때문이다. 즉 이 세 가 지 "덕목"은 복음이 유래한 기원("하나님의 복음")과 예수 안에서 나타 난 계시 및 그 선포, 그리고 이로써 나타난 다양한 결과를 반영한다. "믿음, 사랑, 소망"이라는 "삼총사"는 단순히 임의적으로 만들어진 조 합이 아니라 하나님의 복음이 이루어낸 자연스러운 결과다.

본장을 시작하면서 이미 지적했듯이 사실 이 덕목들은 단순히 내 면적인 태도만을 나타내지 않는다. 그 덕목들은 구체적인 실천을 수반 하며, 바울의 관심은 바로 이러한 실천—"역사와…수고와…인내"—에 있다. 사실 이 세 덕목은, 다른 어떤 덕목과 마찬가지로, 일상의 삶에서 드러날 때에만 알 수 있는 것이다. 따라서 이것들은 "선교적 덕목들" 혹은 "선교적 실천들"로 부르는 것이 더 낫다. 왜 선교적인가? 우선 믿 음, 사랑, 소망은 그리스도 안에서 계시되고, 사도 바울에 의해 선포된 하나님의 선교의 결실이기 때문에 그러하다. 더 나아가 이것들이 선 교적인 덕목인 이유는 이 덕목이 복음을 구현하고, 또 이로써 그 복음 을 선포하기 위한 실천이기 때문이다. 즉 믿음, 사랑, 소망은 그 본질상 "복음 전도적"이다. 이 삼중 덕목은 특별한 존재 방식을 나타내며, 이 는 실제적인 공동체와 개인의 삶속에서 일어나는 변혁적인 메시지, 곧 복음의 육화(肉化, incarnation)를 의미한다.

따라서 복음 전도의 권면 횟수에 따라 바울이 그의 공동체들이
—

---

56   보다 더 자세한 설명은 나의 저서 *Cruciformity*를 보라.

복음 전하기를 원했는지를 판단하는 논리는 근본적으로 잘못된 것이다. 바울은 데살로니가 공동체를 포함하여 그가 세운 공동체들이 신실함과 사랑과 소망의 복음을 삶으로 담아내기를 원한다. 이것은 그들이 하나님 혹은 그리스도처럼 행동하는 것을 의미하지 않으며(이것은 어떤 이유에서든 불가능하다), 심지어는 바울과 그의 동료들처럼 행동하는 것을 의미하지도 않는다. 오히려 데살로니가 교인들은 혹자가 명명한 "동일하지 않은 반복"(non-identical repetition), 즉 하나님과 그리스도 및 사도들의 것과 유사하면서도 이를 구현하는 이들의 사회적 위치와 소명에 맞는 삶을 실천할 것을 권면 받는다.[57] 아울러 하나님과 그리스도에게 주어졌고 바울과 그의 팀에게 주어진 선교를 향한 추진력은 또한 데살로니가 교인들의 공적인 삶과 더불어 성령의 인도하심을 받는 그들의 삶 속에서 드러날 것이다.[58] 물론 이것은 데살로니가 교인들의 신실함과 사랑과 소망을 단지 다른 이들에게 미치는 그들의 삶의 영향의 관점에서만 바라보아야 한다는 것을 의미하지는 않는다. 오히려 이 삼중 실천은 그들의 상황과 실천에 따라 다른 이들에게 하나님의 복음을 증언하게 될 것이다.

이제 우리는 이 세 가지 선교적 실천이 각기 어떻게 데살로니가

---

57   동일하지 않은 반복이란 개념에 관해서는 여러 저자 가운데 Stephen E. Fowl, "Christology and Ethics in Philippians 2:5-11," in *Where Christology Began: Essays on Philippians 2*, ed. Ralph P. Martin and Brian J. Dodd (Louisville: Westminster John Knox, 1998), 140-53(특히 148); Stephen E. Fowl, *Philippians*, Two Horizons New Testament Commentary (Grand Rapids: Eerdmans, 2005), 168을 보라.

58   데살로니가 교인들이 하나님의 진노가 곧 임할 것이라는 바울의 가르침을 거의 확실하게 믿었기 때문에, 그들이 자신들의 불신자 가족들과 친구들과 동료들을 향해 반감을 가지고 있었다고 추측하는 것은 잘못이다. 사실은 정반대의 경우가 더 타당해 보인다. 왜냐하면 그들은 외부 사람들, 그리고 심지어 자신들을 박해하는 이들조차도 잘 대접할 것을 권면 받았기 때문이다(5:15).

교인들 가운데, 그리고 그들을 통해 복음을 증언하는지 혹은 증언할 수 있는지를 살펴보고자 한다.

신실함

우리가 이미 지적했듯이, 일반적으로 "믿음"(그리스어 명사는 *pistis*, 형용사는 *pistos*) 혹은 관련 동사 "믿는다"(그리스어 *pisteuō*)로 번역되는 그리스어 단어군은 단순히 "지적 동의"라는 의미의 믿음보다 훨씬 더 다양한 의미를 가지고 있다. 우리가 바울을 읽을 때에는 믿음에 대한 얄팍한 이해보다는 이에 대한 풍성한 의미를 염두에 둘 필요가 있다. 바울의 세계에서 "*pist-*" 어군은 보통 신실함을 가리키며, 다수의 학자들은, 비록 이 단어군을 영어로 특히 한 단어로 옮기는 것이 쉽지 않지만, 많은 경우 "믿는 충성심"(believing allegiance)이나 "신실한 충성심"(faithful allegiance) 혹은 "신뢰할 만한 충성심"(trusting loyalty)과 같은 표현이 그 단어가 담고 있는 핵심적 의미를 가장 근접하게 표현한다고 제안한다.[59]

고든 저비(Gordon Zerbe)는 바울이 그리스도 안에 있는 이들(종종 "신자들"로 번역되는)을 가리키는 데 사용하는 분사적 명사 피스튜온테스(*pisteuontes*)가 "확신을 가지고, 신뢰하며, 충성을 다짐하는 자들"이라는 다양한 개념을 동시에 지니고 있다고 올바르게 지적한다.[60] 그는 바울의 문맥에서 그리스어 명사 *pisteuontes*("신자들")의 의미를 한

---

59   본장 각주 13을 참조하라.

60   Zerbe, *Citizenship*, 26. 그는 이 세 가지 측면을 확신, 신뢰, 충성 등으로 요약한다. Zerbe가 이미 지적했고, 또 앞으로 칭의와 정의에 관한 장에서 살펴보겠지만, "칭의" 혹은 "의"의 뜻을 가진 명사 *dikaiosynē* 및 관련 용어에 대한 바울의 용례를 해석함에 있어서도 이와 유사한 문제가 발견된다.

단어로 적절하게 표현하기 위해서는 이 단어를 "충성된 자"(loyalists)로 번역해야 한다고 주장했다.[61] 당연히 바울은 유대인으로서 하나님과 하나님의 백성이 맺은 관계를 신뢰와 사랑의 관계뿐 아니라 신실함과 순종의 관계로 이해했을 것이 분명하다. 바울은 복음 선포를 생각할 때에는 믿음과 순종을 결코 따로 분리해서 생각할 수 없었던 것으로 보인다. 로마서의 북엔드 역할을 하는 도입 부분과 결말 부분은 이 사실을 잘 보여준다.

> 그[그리스도]로 말미암아 우리가 은혜와 사도의 직분을 받아 그의 이름을 위하여 모든 이방인 중에서 믿어 순종하게 하나니(롬 1:5).

> [25]나의 복음과 예수 그리스도를 전파함은 영세 전부터 감추어졌다가 [26]이제는 나타내신바 되었으며, 영원하신 하나님의 명을 따라 선지자들의 글로 말미암아 모든 민족이 믿어 순종하게 하시려고 알게 하신 바, 그 신비의 계시를 따라 된 것이니…(롬 16:25-26).

이와 마찬가지로 바울은 로마서 중간 부분에서도 믿음과 순종을 상호 교환적으로 사용한다. "그러나 그들이 다 복음을 순종하지 아니하였도다. 이사야가 이르되 '주여, 우리가 전한 것을 누가 믿었나이까?' 하였으니"(롬 10:16).

바울에게 있어 "믿음"과 "순종"이 서로 연결되어 있다는 사실은 이스라엘과 야웨의 관계의 경우처럼 믿음이 진정 어린 섬김(devotion)

---

61   Zerbe, *Citizenship*, 26-46.

과 구체적인 헌신(commitment)의 자세라는 것을 암시한다. 사실 바울
이 구약성서에서 말하는 하나님을 향한 사랑을 묘사할 때 그는 "믿음"
혹은 "*pist-*" 어군을 선호하는 것으로 보인다. 이 사랑은 야웨와의 깊은
사랑의 관계와 야웨를 향한 언약적 충성심(즉 충성, 순종)을 모두 포함
한다.[62] 그리고 바울에게 믿음이란 복음의 메시지에 대한 첫 반응뿐만
아니라 섬김과 헌신이라는 지속적인 자세를 나타내기 때문에, "신실
함"이라는 단어—"신뢰할 만한 신실함" 혹은 "믿는 충성심"을 의미하
는—가 "믿음"이라는 단어보다 *pistis* 및 관련 용어를 훨씬 더 잘 묘사
해준다.[63] (향후 논의에서 우리는 가끔 *pistis* 어군을 번역하지 않은 채 남겨둘
것이다.)

이 사실이 데살로니가전서의 경우에도 동일하게 적용된다는 사
실은 이 편지에 나타난 "*pist-*" 어군의 용례를 개관하면 쉽게 알 수 있
다. 첫 장에서 바울은 데살로니가 교인들의 피스티스가 발생한 박해의
상황과 다른 기독교 공동체에 나타난 모범적 성격을 특별히 부각시키
면서 그들의 피스티스에 관해 서술한다.[64]

---

62 Brueggemann, *Theology of the Old Testament*, 417-34, 특히 417-21; Gorman,
Cruciformity, 99-100을 보라. Brueggemann은 어쩌면 이러한 순종/충성이 지닌 가장 근
본적인 성격을 정의를 행하는 것이라고 올바르게 주장한다(421-25). 또한 이 책에서 칭의
와 정의에 관해 다룬 장도 참조하라.

63 나는 다른 저서에서 바울에게 나타난 피스티스(*pistis*)는 "메시아 예수의 신실하심에 근거
한 처음과 지속적으로 나타나는 십자가를 본받음"으로 묘사할 수 있다고 주장한 바 있다
(*Cruciformity*, 95).

64 Abraham J. Malherebe(*The Letters to the Thessalonians*, AB 32b [New York: Doubleday,
2000], 116-18, 124)는 피스티스(*pistis*)와 이 서신의 이 단락에서 묘사된 데살로니가 교
인들의 명성을 일차적으로 그들의 복음 전도 노력에 관한 언급으로 이해하지만, 서신 전반
부에 드러난 어조는 피스티스가 신실함을 가리키고, 명성은 그들의 인내에 대한 소문을 가
리키는 것을 암시한다(예. Witherington, *1 and 2 Thessalonians*, 72-73). 또한 Malherebe
는 데살로니가 교인들의 염려(1:6; 그리스어 *thlipsis*; NRSV "박해")를 대체적으로 그들이
받은 박해보다는 바울의 복음의 일환인 하나님의 진노의 메시지로 인해 발생한 영적 근심

삶으로 담아내는 복음

- 그들의 피스티스는 "하나님을" 믿는 것(NRSV)이 아니라 "하나님을 향한"(*pros ton theon*, 1:8) 믿음이며, 지향성과 이에 따른 충성심의 대상의 변화를 의미한다("하나님을 향한 너희의 신실함"(CEB).[65]

- 이 피스티스는 "살아 계시고 참된 하나님을 섬기고[*douleuein*; "종이 되다"[66]) 하늘로부터 강림하시는 그의 아들을 기다리기 위해 우상으로부터 하나님께로[혹은 '하나님을 향해'(*pros ton theon*)] 돌아서는 것"(1:9b-10)이다.

- 그들의 피스티스는 성령의 능력에 힘입어 성령으로 확증된 사도의 복음 선포에 대한 반응에 의한 것이다(1:5. 참조. 2:13).

- 그들의 피스티스는 즉각적인 박해에 직면하게 되었는데, 바울은 이것을 자신과 동료들을 닮아가고 주님을 닮아가는 것으로 해석한다(1:6; 참조. 2:1-2, 14-16).

- 그들의 피스티스는 구체적인 "행함/역사"(1:3)로 나타났다.

- 그들의 피스티스와 그 열매("행함/역사")는 신실하게 사는 (*pisteuontes*) 다른 공동체들에게까지 널리 알려졌고, 좋은 모본이 되었다(1:7-10).[67]

으로 해석하는 소수의 견해를 따른다. 물론 그는 차후에 발생한 박해를 인정하지만 말이다 (*Letters*, 127-29). Witherington은 이 견해를 올바르게 반박한다(*1 and 2 Thessalonians*, 72).

65 Zerbe, *Citizenship*, 42. 데살로니가 교인들은 "하나님을 향한 충성(서약)을 다짐"했다. 그는 "피스티스는 구체적으로 자신의 삶과 충성의 대상을 완전히 바꾸는 것(*epistrephein*)을 동반하는 '서약'이다"라고 덧붙인다.

66 Johnson, "The Sanctification of the Imagination," 280.

67 Andy Johnson은 전체로서, 그리고 한 몸으로서 데살로니가 교인들이 피스티스(*pistis*)에 대한 하나의 공동체적 모범이라고 올바르게 지적한다("The Sanctification of the Imagination," 279).

데살로니가전서 2장과 3장에서 우리는 데살로니가 교인들이 겪은 지속적인 박해에 대해 듣는다. 즉 이 박해는 이방인의 손에 의해 일어났고(2:14), 바울이 떠난 이후에도 계속되었으며(2:17-3:5), 우리가 이미 논의한 바와 같이 그가 대신 보낸 디모데가 기쁜 소식을 가지고 다시 돌아오기 전까지 바울에게 커다란 근심거리였다(3:6-10). 또한 우리는 바울이 데살로니가 교인들에게, 핍박은 그리스도 안에 있는 자들에게는 정상적인 것이라고 말했던 사실도 알게 된다(3:3b-4). 하지만 핍박은 신실하게 사는 자들(*pisteuontes*)의 피스티스(*pistis*)를 시험하는 위기 상황이기도 하다.

따라서 디모데의 임무와 그가 돌아와 바울에게 보고한 내용도 박해 기간 동안의 데살로니가 교인들의 피스티스에 초점이 맞추어졌다. 첫째, 그의 임무에 관한 내용이다.

> ²우리 형제 곧 그리스도의 복음을 전하는 하나님의 일꾼인 디모데를 보내노니, 이는 너희를 굳건하게 하고 너희 **믿음**에 대하여 위로함으로 ³아무도 이 여러 환난 중에 흔들리지 않게 하려 함이라.…⁵이러므로[즉 박해 때문에] 나도 참다못하여 너희 **믿음**을 알기 위하여 그를 보내었노니, 이는 혹 시험하는 자가 너희를 시험하여 우리 수고를 헛되게 할까 함이니 (3:2-3a, 5).

둘째, 그의 보고 내용이다.

> ⁶지금은 디모데가 너희에게로부터 와서 너희 **믿음**과 사랑의 기쁜 소식을 우리에게 전하고, 또 너희가 항상 우리를 잘 생각하여 우리가 너희를 간

절히 보고자 함과 같이 너희도 우리를 간절히 보고자 한다 하니, [7]이러므로 형제들아, 우리가 모든 궁핍과 환난 가운데서 너희 **믿음**으로 말미암아 너희에게 위로를 받았노라(3:6-7).

그리고 보고 이후 바울의 반응이다.

[8]그러므로 너희가 **주 안에 굳게 선즉** 우리가 이제는 살리라. [9]우리가 우리 하나님 앞에서 너희로 말미암아 모든 기쁨으로 기뻐하니, 너희를 위하여 능히 어떠한 감사로 하나님께 보답할까? [10]주야로 심히 간구함은 너희 얼굴을 보고 너희 **믿음**이 부족한 것을 보충하게 하려 함이라(3:8-10).

바울은 여기서 분명히 초기 기독교 신조에 대한 데살로니가 교인들의 지적 동의에 관심을 갖고 있는 것이 아니라 그들의 신실함, 그들의 "주 안에 굳게 섬", 그들의 피스티스라는 실재에 대한 유형적 표증으로서의 그들의 공적 증언에 관심을 보이고 있다. "이 편지에 나타난 바울의 가장 큰 관심사는 그들의[데살로니가 교인들의] 지속적인 '충성'이다."[68] 따라서 CEB는 3장 전반에 걸쳐 피스티스(*pistis*)를 "신실함"으로 번역하는 올바른 선택을 한다.[69] 데살로니가 교인들의 피스티스는 "인간의 삶의 능동적인 면과 수동적인 면, 태도적인 면과 육체적인 면, 내적인 면과 외적인 면, 개인적인 면 및 사회적인 면과 정치적인 면을 모두 아우른다."[70] 데살로니가 교회(*ekklēsia*)는 시험하는 자의 시

---

68   Zerbe, *Citizenship*, 42.

69   이상하게도 3:10은 예외다.

70   Douglas Harink, *Paul among the Postliberals: Pauline Theology beyond Christendom and*

험(3:5),**71** 즉 그리스도의 좋은 소식을 부인하라는 압력(3:2)을 견딜 수 있었을까? 부인한다는 것은 사실상 데살로니가 교인들이 처음 믿을 때에 내버렸던 우상들에게로 다시 돌아가는 것을 의미한다.

시험하는 자의 시험은 가족 구성원, 친구, 동료, 동역자와 조합 구성원, 후견인, 노예, 주인, 지역 관리 등 다양한 원천으로부터 올 수 있다. 예수에 대한 믿음을 철회하는 것과 과거의 신으로 돌아가는 것을 저항하는 것은 모두 공적 증언과 이를 입증하는 행동의 형태로 나타날 수밖에 없었다. 믿음을 철회한 자들은 예수숭배(Jesus-cult)를 버리고 자신이 버렸던 신(들)에게로 되돌아간 것을 통해 알 수 있었는데, 그러한 사실은 제사를 드리며, 의식에 참여하고, 기도를 드리며, 황제에게 충성을 맹세하는 것 등을 보면 알 수 있었다. 저항하는 자들은 예수숭배를 배척하는 것을 거부하고, 예수를 지속적으로 주로, 그리고 이스라엘의 하나님을 유일한 신이자 아버지로 부르며, 다른 제의에 참여하기를 거부하고, 이러한 지속적인 박해의 현실과 위협 속에서도 저항하는 고집스러움(즉 신실함, 피스티스)을 통해 알 수 있었다.

다시 말하면 데살로니가 교인들은 단순히 신실함으로 예수를 증언했다. 신실하신 하나님과 그의 신실하신 메시아의 복음은 사람들 마음속에 믿음을 생성하고 신실하게 사는 사람들을 만들어낸다. 이렇게 하나님의 신실하심이 신실함을 기대하고 생성해내는 순서는 이스라엘

Modernity (Grand Rapdis: Brazos, 2003), 35.

71 참조. 벧전 5:8-9. "근신하라. 깨어라. 너희 대적 마귀가 우는 사자 같이 두루 다니며 삼킬 자를 찾나니, 너희는 믿음을 굳건하게 하여 그를 대적하라. 이는 세상에 있는 너희 형제들도 동일한 고난을 당하는 줄을 앎이라."

의 경전 및 유대인들의 근본적인 세계관으로부터 파생된 패턴이다.[72]

데살로니가 교인들이 "신실하다"는 사실은 그들이 신실한 자들 (pisteuontes)로서 완전하다거나 또는 그들의 신실함(faithfulness)이 불신앙(faithlessness)으로 전락할 위험이 전혀 없다는 것을 의미하는 것은 아니다. 오히려 (구약성서에서 이스라엘이 그랬던 것처럼) 그 정반대다. 따라서 바울은 목회적인 차원에서 그들의 피스티스에 대해 두 가지 형태로 반응했다. 첫째, 앞을 내다보며 그들의 믿음을 굳세게 하고 그들의 불신앙을 막기 위해 디도데를 보냈고(3:2-3), 둘째, 뒤를 돌아보며 그들이 박해를 견디어낸 이후 그들의 피스티스에 "부족한 것을 보충"하기 위해 친히 그들을 방문하고자 했다(3:10). 이 후자의 행동, 즉 방문에 관한 묘사를 보면 이것은 일종의 트라우마 이후의 치유 과정과도 같다.[73]

이 모든 것은 데살로니가 교인들의 회심—그들의 정체성의 변화—이 본질적으로 선교적이며 위험한 것이었음을 말해준다. 왜냐하면 그들은 처음 믿을 때부터 자신들의 믿음을 "공공연하게 밝히기로" 작정했기 때문이다. 사실 피스티스는 충성과 숭배의 대상의 변화를 수반하기에 결코 공적 증언, 즉 선교적인 결단이 뒤따를 수밖에 없었고, 따라서 위험할 수밖에 없었다.

그렇다면 이것은 데살로니가의 신실한 자들(pisteuontes)이 자신들의 가족 구성원, 친구, 동료 등을 "회심시키라는" 요구를 받았거나 또

---

72 Zerbe (Citizenship, 33)은 하나님의 충성심과 인간의 충성심의 관계에 대한 요세푸스와 바울의 유사한 관점에 주목한다.

73 3:10에 사용된 그리스어 동사(katartisai: NRSV "회복시키다")는 회복 혹은 완성을 의미할 수 있다. 문맥은 부족한 것이 박해로 인한 것이며, 따라서 회복이 필요한 과정을 가리키는 것임을 암시한다.

는 그들이 그렇게 하려고 했다는 것을 의미하는가? 우리는 이 질문에 대한 답을 정확히 알 수는 없지만, 데살로니가 교인들이 가족과 친구 및 그 도시와 제국의 동료 수혜자들의 종교 의식을 포기했을 때, 그들이 새 종교에 속한 동료인 피스튜온테스(pisteuontes)와 함께 모임에 갔을 때, 또 그들의 가장 근본적인 자세와 행동이 급격하게 변했을 때, 우리는 그들이 자신들의 새로운 행동을 설명하고 변호하도록 요구받았을 것임을 거의 확실하게 추측해볼 수 있다. 불경스럽고 비애국적이며 어떤 해명으로도 설명될 수 없는 행동이라는 사람들의 인식이 박해를 불러일으켰을 것이다. "믿음"의 의미를 담고 있는 피스티스는 필연적으로 신실한 증언과 신실한 인내("소망의 인내", 1:3)를 내포할 수밖에 없다.

따라서 데살로니가전서를 문맥을 따라 신중하게 읽어보면 자신들의 새로운 제의 속에서 기쁨이 충만한 이 새내기 회심자 그룹이 이 좋은 소식을 자신들을 박해하는 자들을 비롯한 다른 이들에게 전파하지 않는 모습을 상상하기는 불가능하다.

사랑

데살로니가 공동체에 대한 가장 두드러진 묘사는 하나님께로부터 사랑하라는 가르침을 받은 자들이라는 것이다(4:9).[74] 하나님의 생명에 참여한다는 것은 하나님의 사랑으로 가르침을 받는 것을 의미한다. 따라서 우리가 이미 여러 차례 지적했듯이, 데살로니가 교인들도 사랑하

---

74 앞에서 이미 지적했듯이, "하나님으로부터 가르침을 받았다"는 표현은 성령의 사역을 암묵적으로 언급한 것으로 보인다(참조. 갈 5:22).

라는 권면을 받았다. 하나님의 사랑과 바울의 사랑을 받은 자들로서 그들은 "피차간에 대한 사랑이 더욱 많아 넘치게" 할 뿐만 아니라 "서로에 대한 사랑이 더욱 많아 넘치도록" 해야 한다(3:12). 이 편지의 전체 문맥은 이러한 사랑이 바울을 본받아 "자기를 내어주는 **실천**"(2:6-12; 3:12)으로 이어지는 것에 관한 것이며,[75] 앞에서 이미 살펴보았듯이 궁극적으로는 예수를 본받는 것임을 보여준다. 데살로니가 교인들에게 서로 사랑하라는 가르침을 주신 분이 하나님이셨기에 그들은 "더욱더 그렇게" 해야만 한다(4:10).

다른 이들을 향한 이렇게 흘러 넘치는 풍성한 사랑은 선교적 사랑이라고 불러 마땅하다. 여기서 "선교적"이란 표현은 이러한 사랑의 일차적인 목표가 다른 이의 회심에 있다는 것을 의미하지 않는다. 물론 이 사랑이 *ekklēsia* 밖에 있는 이들을 향할 경우에는 그 사랑의 일부분이 될 수 있음을 배제할 수 없지만 말이다. 그러나 데살로니가전서에 나타난 사랑의 주된 사명은 다른 이들을 사랑함으로써 하나님의 사랑(즉 하나님께로부터 받은 사랑)에 참여하는 것이다. 사랑은 바울이 고린도전서 13장과 같은 본문에서 천명했듯이 당연히 다른 이들에게 초점이 맞추어진다.[76] 이러한 사랑의 실천은 단순히 개인에 의해서만, 그리고 단순히 동료 신자를 위해서만 나타나는 것이 아니다. 앤디 존슨이 지적했듯이 "이러한 것들은 실천으로 옮겨진 행동들이다. 즉 *ekklēsia* 전체에 의하여, *ekklēsia* 안에 있는 다른 이들을 위하여 그 안에 있는 이들에 의하여, 그리고 *ekklēsia* 밖에 있는 다른 이들을 위하여

---

75 Johnson, "The Sanctification of the Imagination," 283.

76 특히 고전 13:5. 참조. 고전 8:1; 10:24; 롬 15:1-3; 갈 5:13-14; 빌 2:1-4.

그 안에 있는 개인의 행동에 의하여 나타난다."[77]

이러한 사랑이 원수를 사랑하시는 화해의 하나님의 복음(참조. 롬 5:6-8)에 근거한다는 사실은 이 편지에서 피차간뿐만 아니라 악을 행하는 자들에게조차도 선을 행하라(즉 사랑을 실천하라)는 바울의 권면에서 잘 나타난다. "삼가 누구에게든지 악으로 악을 갚지 말게 하고, 서로 대하든지 모든 사람을 대하든지 항상 선을 따르라"(5:15. 참조. 롬 12:17). 이러한 권면은 3:12에 나오는 일반적인 충고("피차간과 모든 사람에 대한 사랑이 더욱 많아 넘치게 하사")가 확대된 것이다.[78] 이러한 비보복적인 사랑의 선의 범위 안에는 데살로니가 교인들을 괴롭히고 박해하던 자들도 분명히 포함된다. 사실 이 편지의 문맥에서 보면 바울이 "모든 사람"이라는 단어를 사용했을 때, 적어도 5:15에서는 이들이 그 주요 대상이었을 가능성이 다분하다. 로마서 12:17이 암시하듯이 그리스도를 닮은 이러한 비보복성은 간접적으로 전도의 한 형태일 수밖에 없다.

따라서 악을 악으로 갚지 않고 "모든 사람에게 사랑이 더욱 많아 넘치게 하는 것"과 "모든 사람에 대하여 항상 선을 추구하는 것"은 ekklēsia와 그 안에 있는 각 개인의 공적인 삶과 증언의 필수적인 면을 차지한다. 3:12과 5:15에 등장하는 동사 "더하다", "넘치다", "구하다"(pleonasai, perisseusai, diōkete)는 다분히 사려가 깊고, 상상력이 풍부하며, 주도적인 사랑—선교적 사랑—을 암시한다. 우리가 흔히 "황금

---

77 Johnson, "The Sanctification of the Imagination," 284 n. 46.

78 일부 학자는 5:15의 "모든 사람"을 단지 혹은 주로 공동체 내의 모든 사람을 일컫는 것으로 해석하려는 경향이 있다. 그러나 이 표현은 3:12에 등장하는 것과 정확하게 동일하며, 이는 분명히 "내부 사람들"("피차간")과 "외부 사람들"("모든 사람")을 가리킨다.

삶으로 담아내는 복음

률"이라고 부르는 적극적인 명령처럼("무엇이든지 남에게 대접을 받고자 하는 대로 너희도 남을 대접하라", 마 7:12a), 이 사랑은 단순히 수동적이 거나 반사적인 사랑이 아니라, 공동체 안팎에 있는 모든 이들에게 항상 선을 행할 기회를 찾는 사랑이다. 이렇게 공동체 밖에 있는 이들에 대한 사랑은 예수의 십자가에서 나타났으며, 바울의 선교 활동을 통해 창의적으로 구현되었고, 이제는 성령의 가르침을 받는 하나님의 사랑과 일치한다. 이 사랑이 어떻게 구체적으로 나타나는지는 여기에 관여하는 공동체와 개개인, 그리고 그들이 처한 다양한 상황에 따라 달라질 것이다. 그러나 성서 전체의 가르침의 관점에서 보면 적어도 우리는 이 십자가를 본받는 선교적 사랑이 특별히 가장 취약한 자들에 대한 관용과 다양한 종류의 환대, 그리고 비보복성을 포함할 것으로 기대할 수 있다. 어쩌면 데살로니가 교인들은 이것이 바로 우리에게 나누어주었던 것을 우리가 다른 이들에게 나누어주는 것―아무런 자격이 없는 이에게 거저 넘치도록 주시는 하나님의 사랑―이라고 말했을지 모른다.

갈등의 여지가 있는 성(sexuality)의 영역에서도 바울은 데살로니가 교인들에게 거룩함 혹은 반문화적 정체성에 관한 그의 보편적 권면의 일환으로서 사랑과 증언에 대해 이야기한다(4:1-12). 편지의 본론 후반부 첫머리에 위치한 바울의 이 거룩함에 대한 충고(4:3, 7-8)에는 다음과 같은 강한 표현이 들어 있다.

> ³곧 음란[그리스어 *porneias*는 "성적 부도덕"으로 번역하는 것이 좋다]을 버리고, ⁴각각 거룩함과 존귀함으로 자기의 아내[그리스어 *skeuos*, 그릇] 대할 줄을 알고, ⁵하나님을 모르는 이방인과 같이 색욕을 따르지 말고, ⁶이

일에 분수를 넘어서 형제를 해하지 말라. 이는 우리가 너희에게 미리 말하고 증언한 것과 같이 이 모든 일에 주께서 신원하여 주심이라(4:3b-6).

비록 이 구절의 일부분의 정확한 의미가 논쟁의 대상이긴 하지만,[79] 이 구절이 말하고자 하는 전반적인 메시지는 분명하다. 아직 여전히 성화 과정에 있는 사람으로서 신실한 자들은 자신들이 우상숭배로부터 돌아선 것처럼 성적 부도덕으로부터 돌아서야 한다(1:9-10). 왜냐하면 성적 부도덕은 살아 계신 참된 한 분 하나님을 모르는 이들의 기본적 "표지" 중 하나이기 때문이다.[80] 그리스도 안에 있는 자들은 그러한 타인을 착취하는 행동을 하지 않는다. 왜냐하면 그것은 형제자매들이 서로를 대하는 방식에서 벗어난 것이기 때문이다. 그것은 결코 자기를 내어주는 사랑의 모본이 될 수 없다.

본 문맥은 성도덕에 관한 바울의 관심사를 사랑과 증언이라는 더 커다란 관심사와 연결시킨다. 구조적인 면에서는 4:9에서 바울이 새로운 단락을 시작하는 것처럼 보이지만("이제 ~에 관해서는"), 그가 가족 간의 형제 우애(*philadelphia*) 혹은 사랑(*agapē*)를 더하라고 권면하는 것으로 보아(4:9-10), 내용적인 면에서는 여전히 형제자매 간의 관계

---

79 특히 논쟁의 대상이 되는 부분은 4절의 "몸을…통제하라"는 표현에 대한 번역이다. 왜냐하면 그리스어 스큐오스(*skeuos*, "그릇")는 육체의 기관이나 또는 남성의 씨를 위한 그릇으로서 여성/아내를 가리킬 수 있기 때문이다. 따라서 이 표현은 성적 충동/성기를 스스로 제어하는 것을 가리키거나(내 견해로는 이 해석이 더 가능성이 높아 보임) 또는 결혼하는 것을 가리킬 수 있다(이 경우에는 "아내를 얻는다"는 뜻임).

80 우상숭배와 성적 부도덕이라는 이 두 가지 일반적인 죄는 제2성전기 유대 문헌에서 서로 빈번하게 연계되어 등장하는데, 대체적으로 이방인들을 묘사하는 데 사용된다. 참조. 롬 1:18-32. 또한 바울이 고린도 교인들에게 각각 성적 부도덕(*porneia*)과 우상숭배에서 떠날 것을 당부하는 고전 6:18과 10:14을 보라.

를 염두에 두고 있다. "형제 사랑[philadelphias]에 관하여는 너희에게 쓸 것이 없음은, 너희들 자신이 하나님의 가르치심을 받아 서로 사랑함이라[agapan]. 너희가 온 마게도냐 모든 형제에 대하여 과연 이것을 행하도다"(4:9-10a). 바울은 자신이 데살로니가 교인들을 위해 사랑으로 일했던 것처럼(2:5-12), 그들도 계속해서 손수 일할 책임을 저버리지 않기를 원했다(4:11-12). 몇몇 사람이 일하지 않으려고 한 것은 묵시적 소망에 대한 그들의 지나친 열정(고[故] 해롤드 캐핑의 추종자들이 재림을 기다리며 전 재산을 팔았던 것처럼) 때문이겠지만, 오늘날 대다수의 학자들은 일하지 않으려는 결정을 교회에 속한 자나 교회 밖에 있는 자의 피후견인으로서 당대 문화의 후견인-피후견인 제도(client-patron system)에 참여한 것으로 이해한다. 어떤 경우이든지 간에 일을 하지 않다는 것은 다른 이들에게 짐이 되는 것이며, 이는 공동체 안에 있는 이들을 사랑하지 못하는 것이며, "외인들"에 대한 좋지 못한 증언이 되는 것이다. 오히려 데살로니가 교인들은 모두 스스로를 책임져야 하며(재정적으로 "자급자족하는"), 이로써 "외인들을 향해서도 단정히 행하여야[그리스어 peripatētē, '걷다']" 한다(4:12).[81] 4:9-12의 표현은 모든 공적인 삶을 삼가거나 혹은 "저자세를 취해야 한다"는 충고

---

[81] 이 전체 본문에 관해서는 Malherbe, Letters, 242-60의 논의를 보라. Witherington(1 and 2 Thessalonians, 121-23)은 "조용한" 삶에 대한 권면이 고립주의를 의미하지 않지만, 분쟁의 상황에서는 저자세를 유지하는 모습이 신중한 태도일 수 있다고 지적한다. 그러나 이러한 전략은 증언된 삶을 포기하는 것을 의미하지 않는다. 오히려 Witherington은 Bruce Winter의 견해를 따르면서 바울이 원했던 것은 전반적으로 사람들을 회피하는 삶이 아니라 후견인-비후견인 제도로부터 벗어나는 것이라고 제안한다. 따라서 그들의 일(특히 그들의 수작업)을 통해, 그리고 명예와 상호 이익을 추구하는 제도에 불참함으로써 데살로니가 교인들은 후견인-피후견인 제도 안에서 문화적으로 거의 보편화된 기생하는 삶을 버리고 자신들의 믿음과 사랑의 표현으로서 다른 이들에게 선을 행하는 삶을 선택할 수 있었다(123).

로 읽어서는 안 된다. 오히려 앤디 존슨이 주장했듯이, 바울은 데살로니가 교인들이 "세상의 기준에 따라(즉 후원자 제도에 의해)" 세상을 바라보지 않도록 하려고 애썼다. 왜냐하면 그들은 "후견인 제도의 '상식적인' 생각보다는 십자가에 의해 형성된 사고방식(고전 1:18)을 삶으로 구현해야 하는 자들이기 때문이다. 이는 "공적인 삶을 사적인 영역으로 철수하는 것이 아니라 십자가를 본받아 거룩한 삶으로 재편성하는 것"을 의미한다.[82]

4:9-12의 관점에서 보면, 바울 역시 올바른 성생활을 그리스도인의 사랑 표현과 외인들에 대한 증언으로 보았다는 결론에 도달하는 데에는 문학적으로나 역사적으로 그리 대단한 상상력을 필요로 하지 않는다. 왜냐하면 그것이 바로 "사랑의 수고"(1:3), 사랑의 표현이기 때문이다. 따라서 공동체 안에서 반문화적인 성적 윤리 및 행동을 당부한 바울의 권면은 단순히 차별화를 위한 차별화가 아니라 동료 신자들과 세상을 향한 십자가를 본받는 사랑의 맥락 안에서 성(그리고 일)을 하나님 중심적으로 접근하여 긍정적인 선교적 영향력을 이끌어내려는, 하나님을 기쁘시게 하는 삶을 요구하는 것이다.

소망

특별히 데살로니가전서와 로마서에 나타난 소망에 관해 다루면서 라인하르트 펠트마이어(Reinhard Feldmeier)와 헤르만 슈피커만(Herman Spieckermann)은 "소망은 미래를 예견(anticipation)하는 것이 아니라 하나님께 참여(participation)하는 것이다"라는 매우 도발적인 주장을 펼

---

82 Johnson, *1 and 2 Thessalonians*, forthcoming.

친다.[83] 그들은 하나님을 이미 아빠(*abba*, 아버지)로 알며 영적 갈등과 고난 가운데서도 구원에 대한 확신을 가진, 그리스도 안에 있는 자들의 현재적 경험에 기초해 이러한 주장을 펼친다. 사실 그들은 자신들의 주장을 뒷받침해줄 더 강력한 증거를 다른 여러 신약성서 본문에서 발견한다.

비록 펠트마이어와 슈피커만이 소망은 "미래를 예견하는 것"이 아니라는 과도한 주장을 하긴 하지만, 약간 수정을 거친다면 그들의 주장은 타당하다. 즉 바울에게 소망이란 **단순히** 미래에 대한 예상이 아니라 미래, 특히 하나님의 종말론적인 영광의 약속에 현재적으로, 그리고 앞을 내다보며 **참여하는** 것이다(예. 롬 8:17-39; 고후 3:18; 4:17; 살전 2:12).[84] 아무튼 바울 서신과 다른 본문에서 소망(*elpis*)은 믿음(*pistis*)과 더불어(나는 *agapē*를 추가하고 싶다) "그리스도인의 존재를 형성한다"는 그들의 주장은 꽤 일리가 있다.[85] 우리가 이미 지적했듯이 바울은 1:3과 5:8에서 소망을 (*pistis*와 *agapē*와 더불어 삼중 덕목으로) 언급한다. 이것은 그리스도 안에 있는 자의 정체성을 나타내는 표지다. 그는 또한 데살로니가 교인들에게 소망이 없다는 것은 *ekklēsia*의 구성원이 아니라는 표지라고 말한다.

형제들아, 자는 자들에 관하여는 너희가 알지 못함을 우리가 원하지 아니하노니, 이는 소망 없는 다른 이와 같이 슬퍼하지 않게 하려 함이라

---

83 Reinhard Feldmeier and Hermann Spiekermann, *God of the Living: A Biblical Theology*. trans. Mark E. Biddle (Waco, TX: Baylor University Press, 2011), 12-13.

84 1장에서 다룬 기대적 참여에 관한 논의를 참조하라.

85 Feldmeier and Spiekermann, *God of the Living*, 513.

(4:13; 참조. 엡 2:12).

이 본문은 소망이 과연 선교적인지에 대한 매우 중요한 질문을 제기한다. 우리는 데살로니가전서에 나타난 소망이 단순히 어떤 태도만을 나타내는 것이 아님을 이미 살펴본 바 있다. 소망은 구체적인 행동으로 나타나는 덕목으로서 실천적인 것이다. 4:13과 그 인접 문맥에서 바울은 다음과 같이 함축적이거나 명시적인 주장을 펼친다.

- 몇몇 데살로니가 신자가 이미 죽었다(4:13).
- 몇몇 데살로니가 신자는 이 죽음과 또 다른 죽음을 애도했거나 애도하고 있다(4:14).
- *ekklēsia*로서 죽음에 대해 애도하는 것은 그 자체로 부적절한 것이 아니다.[86]
- 그러나 소망이 없는(즉 복음이 주는 소망을 공유하지 않는) *ekklēsia* 밖에 있는 자들의 특유의 애도가 있고, 복음의 소망을 가진 *ekklēsia* 안에 있는 자들에게 부합하는 유형의 애도가 있다(4:13).
- *ekklēsia* 안에 있는 자들에게 합당한 애도와 소망에는 사적인 면과 공적인 면이 모두 있다(4:18).

다시 말하자면 나는 "다른 이와 같이 슬퍼하지 않게 하려 함이

---

86 서로 "격려하라" 혹은 "위로하라"(4:18)는 권면은 애도하는 것을 자제하거나 묵살하라는 것이 아니라 잘 다루어야 한다는 것을 전제한다.

삶으로 담아내는 복음

라"라는 구문을 슬퍼하는 것을 **금한다**(prohibition)기보다는(마치 그것이 가능한 것처럼) 복음의 관점에서, 특히 복음이 가져다주는 부활의 약속의 관점에서 슬픔을 **재설정**(reconfiguration)하는 것으로 이해한다. 다시 말하자면 4:3-7의 성에 관한 충고의 경우와 비슷한 것이다. 바울은 거기서 성이나 애도를 금하는 것이 아니라 사랑(성에 대하여)과 소망(애도에 대하여)이라는 복음 실천의 관점에서 이 두 가지 행위를 재설정한다.

이 사실은 슬픔과 선교의 문제에 대해 어떤 의미를 지니는가? 성적 행위와 같이 애도 행위도 공적인 행위다. 물론 정욕처럼 애도도 태도의 문제일 수 있지만, 특히 그리스-로마 문화에서(다른 많은 문화에서와 마찬가지로) 애도는 사람들이—공적으로—무언가를 보여주는 것이다. 따라서 데살로니가에 있는 *ekklēsia*에게 있어 그들이 어떻게 슬퍼하고 어떻게 소망하는지—그들이 구체적으로 슬픔 가운데서도 어떻게 소망을 잃지 않았는지—는 가족과 친구와 동료 등 여러 사람들에게 복음을 증언하는 것과 마찬가지였다. 교회의 소망은—누군가를 회심시키려는 의도보다는 복음이 가져다주는 소망의 반문화적 특성 때문에—선교적이었고, 또한 지금도 여전히 선교적이다. 앤디 존슨이 언급했듯이 "절망감에 못 이겨 흘러나오는 슬픔이나 혹은 육체를 떠난 영혼의 환희라는 다양한 영지주의적인 사변으로 얄팍하게 위장된 슬픔—종종 '기독교' 장례식에서 찾아볼 수 있는—은 교회가 그 특별한 소망을 공적으로 드러내어 증언할 수 있게 해주는 그런 슬픔은 아니다."[87]

87　Johnson, *1 and 2 Thessalonians*, forthcoming.

보다 더 폭넓게 생각해본다면 우리는 바울에게 소망이란 위험을 감수함으로써 창의적인 실천을 유발할 수 있는 무언가를 허용하는 것으로 생각해야 한다.[88] 미래에 대한 확고한 소망을 가진 이들은 그 미래를 준비할 것이며, 그들의 일상의 삶에서 그것을 미리 내다볼 것이다(5:1-11). 소망을 가진 이들은 제국의 주 혹은 그의 친구들과 대리인들이 어려운 요구를 해오거나 위협을 가할 때에도 주 예수에게 끝까지 충성할 수 있다. 소망을 가진 이들은 "힘이 없는 이에게 주어지는 새로운 사회적 정체성"을 자신의 것으로 수용할 수 있으며, 권력 기관이나 세상 권세를 두려워하지 않는다.[89] 소망을 가진 이들은 하나님께서 재판장이심을 알기에 보복하려는 마음을 다스릴 수 있다(5:15). 사실 소망에 의해 구별된 공간인 믿음의 공동체는 또한 평화의 공동체이자 평화를 중재하는 공동체다.[90] 마지막으로, 소망을 가진 이들은 지속적으로 기뻐하며, 기도할 때마다 감사할 수 있는 특권과 가능성을 가지고 있다(5:16-18). 왜냐하면 그들의 현재의 삶과 미래의 운명이 사랑이 풍성하시며, 신실하시고, 구원을 베푸시는 하나님의 손에 달려 있기 때문이다.

---

88 이러한 맥락에서 데살로니가전서를 신정(神政, theo-political)적으로 읽는 독법에 관해서는 Nestor O. Miguez, *The Practice of Hope: Ideology and Intention in 1 Thessalonians*, trans. Aquiles Martinez, Paul in Critical Contexts (Minneapolis: Fortress, 2012)를 참조하라. 비록 나는 그의 접근법이나 또는 결론에 전적으로 동의하지는 않지만, 소망의 미덕과 반제국적인 기독교 실천 간의 구체적인 연관성에 대한 그의 통찰력은 주목할 만하다.

89 이 용어는 Miguez, *The Practice of Hope*, 41-45, 84, 115, 133, 147-48, 153, 161, 167 에서 인용한 것이다.

90 이 주제에 관해서는 *The Death of the Messiah and the Birth of the New Covenant: A (Not So) New Model of the Atonement* (Eugene, Or: Cascade, 2014)에서 내가 소망의 실천으로서 평화에 관해 다룬 장을 보라.

삶으로 담아내는 복음

결론

간략하게 요약하자면 데살로니가 교인들은 복음을 구현했으며, 지속
적으로 그러한 삶을 구현해나가고 있었다. 하나님의 신실하심과 사
랑, 그리고 만인 구원을 위해 예수 안에 체현된(embodied) 종말론적 약
속의 좋은 소식은 이제 이와 유사한 방식으로 *ekklēsia* 안에서, 그리고
"만인"을 위해 성령의 능력에 의해 구현되고 있다(embodied). 신실함
과 사랑과 소망의 공동체인 *ekklēsia*는 **공적으로** 하나님의 거룩한 백성
이 되도록 구별―성화―되었다. 그러나 *ekklēsia*는 오직 하나님의 거룩
함에 참여하고, 이로써 신실하심과 사랑과 구원이라는 하나님 자신의
생명에 참여하고, 이를 통해 인간의 신실함과 사랑과 소망을 불러일으
키는 하나님의 선교적 활동에 참여함으로써 비로소 거룩한 백성이 될
수 있다.

　　이러한 공동체적이며 개인적인 삶의 방식은 "거룩하기" 때문에,
반문화적이면서 선교적이고, 대립적이면서도 매력적이다. 네스토르
미게스(Nestor Miguez)는 이것을 "하나님 나라를 미리 바라보는 삶"이
라고 부르는데, 이는 특히 바울이 쓴 믿음, 사랑, 소망을 의미한다.[91]

> 공동체가 그 생활에서나 경계심(하나님의 통치를 선언하는 요소들)에서
> 살아 있을 때, [하나님의] 통치는 나타나기 시작한다. 자신들의 증언이 널
> 리 퍼져나가는 것을 허용하는 요소들[믿음, 사랑, 소망, 5:8]로 무장할 때,
> 이 공동체는 거짓된 평화와 안정을 약속하는 거짓 신들과 정책들, 그리

91　　Miguez, *The Practice of Hope*, 151-52.

고 주변 세계의 지배와 동기의 존재 방식들과 대립하게 된다. 그러한 대립 상황에서 교회는 그 구성원들의 삶을 위한 또 다른 정부와 또 다른 주(kyrios), 그리고 또 다른 왕국이 존재한다는 사실과, 이로써 현실에 대한 또 다른 이해가 존재한다는 사실을 천명한다. 그럴 때 이것은 하나의 대안, 즉 반패권적인(counterhegenonic) 대안이 된다.

바울은 교회가 대안이라고 말한다. 공적이며, 거룩하고, 신실함과 사랑과 소망이 넘치는 교회 말이다.

오늘날의 교회: 신실함과 사랑과 소망의 공동체

원칙적으로, 그리고 어떤 의미에서는 현실적으로, 각 교회, 각 기독교 공동체는 신실함과 사랑과 소망의 장소다. 병약한 자, 갇힌 자, 슬퍼하는 자를 위해 음식을 만드는 것과 같이 아주 평범한 일에서부터 집과 삶을 재건하는 "선교 여행"에 이르기까지 그리스도인들과 교회들은 신실함과 사랑과 소망이라는 덕목을 실천하고자 한다.

그러나 오늘날 그리스도인의 정체성과 증언을 창의적인 방식으로 생각하는 차원에서 다소 독특한 기독교 공동체, 즉 교회가 아닌 다른 신자들의 공동체를 잠시 고려해보는 것도 유익하리라 생각된다. 나는 "비전통적"이란 표현보다는 "다소 독특한"이란 표현을 사용하고 싶다. 왜냐하면, 곧 살펴보겠지만, 이 공동체도 상당히 전통적인 무언가를 갖고 있기 때문이다.

노스캐롤라이나주의 더럼에 위치한 럿바 하우스(Rutba House)는 서로 쉽게 걸어서 갈 만한 거리에 있는 집 두 채에 여러 가정―그리고 왔다가거나 왔다가 계속 머물러 사는 많은 손님―이 사는 아주 작은 기독교 공동체다.[92] 흑인들이 대부분 거주하는 이 조그마한 남부 도시이자 대학 마을에 위치한 이 공동체는 작은 침례교회와도 거의 가까이 붙어 있는데, 이 교회에는 2003년 럿바 하우스가 세워진 이래로 훨씬 더 다양한 인종이 모이고 있다. 럿바 하우스의 공동 창시자인 조너선 윌슨 하트그로브(Jonathan Wilson-Hartgrove)는 이 교회의 사역자로 활동하고 있다.

조너선과 그의 아내 레아는 럿바 하우스를 환대를 베풀기 위한 집으로 세웠는데, 그 이름은 이라크 전쟁 초기에 그리스도의 평화를 전하는 동안 그들의 기독교 중재 팀에게 환대를 베풀고 의료 지원을 해주었던 이라크의 한 마을의 이름을 딴 것이다.[93] 럿바 하우스는 "새로운 수도원주의"라고 불리는(더 나은 용어가 없기에) 운동의 일부이다. 이 운동은 "제국의 주변", 즉 경제적으로나 사회적으로 여러 면에서 뒤쳐져 있는 장소에 의도적으로 재이주한 교회와 다른 기독교 공동체로 구성된 네트워크다.[94]

새로운 수도원주의는 수많은 공동체로 이루어진 다양한 네트워크이지만, 재이주, 자원 공유, 환대, 인종 간의 화해, 의도적 제자도, 지구에 대한 청지기 의식, 중재, 묵상 등을 포함해 어떤 특수성을 가지고

---

92 http://emerging-communities.com/tag/rutba-house/와 http://jonathanwilsonhartgrove.com/bio/를 보라.

93 더 많은 기독교 중재 팀에 관해서는 본서 6장 결말 부분에 있는 논의를 참조하라.

94 예컨대 Jonathan Wilson-Hartgrove, *New Monasticism: What It Has to Say to Today's Church* (Grand Rapids: Brazos, 2008); Rutba House, ed., *School(s) for Conversion: 12 Marks of a New Monasticism* (Eugene, OR: Wipf & Stock, 2005)을 보라.

있다.[95] 내가 아는 바로는 이 공동체들이 공식적으로 자신들을 신실함과 사랑과 소망을 구현하는 십자가를 본받는 공동체로 부른 적이 없지만 그렇게 부를 만하다. "환대"는 분명 럿바 하우스에서 이루어지고 있는 삶을 가장 잘 대변해주며, 조너선이 전하는 신실함과 사랑과 소망이 넘치는 그들의 환대의 삶에 관한 이야기는 책 한 권을 다 채우고도 남을 것이다. 실제적으로 조너선이 쓴 책 중 하나의 제목이 『소망의 자각』(The Awakening of Hope)이다.[96] 데살로니가 교인들처럼 럿바 하우스는 그 명성이 널리 알려진 작은 기독교 공동체다. 또한 더불어 사는 그들의 삶 가운데 가장 괄목할 만한 부분은 예수에 대한 자신들의 열정과 정의에 대한 자신들의 열정을 분리시키는 것을 거부한다는 것이다.

바울의 어떤 특정 서신과 공동체를 선교적으로 해석하는 이 첫 번째 장에서 럿바 하우스를 언급하는 이유는 이 특정 공동체를 홍보하거나, 또는 모든 그리스도인들이 신실함과 사랑과 소망을 가지고 가난한 자들을 섬기기 위해 이주하거나 자신들의 자원을 즉시 기부해야 한다는 것을 말하기 위함이 아니다. 그러나 럿바 하우스는 하나님께서 이 세상에서 행하시는 것은 물론, 어떻게 행하시는지를 잘 보여주는 아이콘이다. 데살로니가 교인들처럼 럿바 하우스는 타-문화(alter-culture)이며, 미국 남부의 접대 문화의 지배적인 우상숭배와 이념에 대한 도전이다. 1세기 교회처럼 럿바 하우스의 구성원들은 함께 기도하

---

95 표지에 대한 완전한 목록과 논의에 관해서는 Rutba House, *School(s) for Conversion*을 보라.

96 Jonathan Wilson-Hartgrove, *The Awakening of Hope: Why We Practice a Common Faith* (Grand Rapids: Zondervan, 2012)은 하나님의 선교와 성찰과 행동 모두를 통해 "신실하게 살려는" 열망의 빛 가운데 Rutba House와 다른 곳에서의 공동체적 실천에 대한 설명을 담고 있다. 그의 다른 저서로는 *The Wisdom of Stability: Rooting Faith in a Mobile Culture* (Brewster, MA: Paraclete, 2010); *Strangers at My Door: A True Story of Finding Jesus in Unexpected Guests* (New York: Convergent/Random House, 2013)이 있다.

며(심지어 기도에 대한 수정된 전통적 수도원식 접근법을 따르면서) 예수를 주님으로, 그리고 형제자매로서 서로를 더 아는 데 초점을 둔다. 그들은 서로를 돌보면서도 무엇보다 다른 사람들을 환영하며, 자신들의 공동체와 그 너머에 있는 "모든 이들"을 보살피고자 한다. 그들은 다른 사람들과 복음뿐만 아니라 자신들의 삶 자체를 나눈다. 그들은 자신들의 이웃들과 그 너머에 있는 공동체와 평화롭게 지내고자 노력한다.

그러나 럿바 하우스 구성원들은 기독교적 증거가 본유적으로 하나의 공적 실재임을 잘 알고 있다. 따라서 그들은 자신들이 만든 문화라는 우상에 도전할 때, 그것이 문자적 성전에서든, 시청 건물 홀에서든, 혹은 때로는 여전히 인종차별과 경제적 불평등에 갇혀 있는 주 입법부 홀에서든 간에, 당국자들은 말할 것도 없고 자기 동료들로부터 질책당하고 거절당하는 위험을 기꺼이 감수한다. 또한 그들은 노숙자들을 환영하고, 과부들을 변호하고, 감옥에 갇힌 자들을 방문하는 등 이러한 행동을 할 때 동료 신자들로부터 존경을 받는다.

이러한 실천들은 과연 중재와 정의를 구현하는 것인가? 물론 그렇다. 따라서 럿바 하우스는 이 책 후반에 나오는 장 가운데 하나의 주제로 보류될 수 있었다. 하지만 럿바 하우스가 기독교 공동체를 향해 보다 더 광범위하게 말하고자 하는 것은 "또 다른 럿바 하우스를 시작하라"가 아니라, "당신이 어디에 있든지—그리고 지금까지 당신이 가기 두려워했던 곳에서라도—신실함과 사랑과 소망을 의도적으로 실천하라"는 것이다.

따라서 데살로니가전서를 성서로, 그리고 특히 *missio Dei*와 그러한 선교에 참여하라는 하나님의 소명을 증언하는 것으로 읽는 독법은 이 바울 서신을 선교적 미덕을 오늘날 실천하는 이들과 대화하는 가운데 읽음으로써 더욱 향상된다. 이러한 현대의 실천가들은 지금도 언제나 하나님의 신실하심과 사랑과 소망의 대상이 되는 북부 캐롤라이나나 또는 하나님의 세계 그 어느 곳에서 언제든지 찾아볼 수 있다.

4장

그리스도의 이야기를 구현하고 전하기

빌립보서

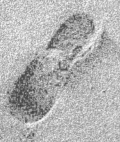

바울이 빌립보 교인들에게 보낸 편지는 가장 유명한 빌립보서 2:6-11에 나오는 그리스도 "찬가"(讚歌, hymn) 혹은 찬시(讚詩, poem)에 중점을 두고 있다. 본장에서 우리는 이것을 바울의 마스터 스토리라고 부르며 이 본문의 선교적 의미를 탐구하고자 한다. 이 이야기는—그리 놀랍지 않게도—믿음, 소망, 소망의 이야기이며, 하나님의 종 예수의 사명에 참여하는 이야기다. 그러나 이 이야기는 또한 그 이야기에 참여하고 말과 행동으로 종과 주이신 예수를 선포하는 특권과 도전을 증언하는 편지에 보존된 이야기이기도 하다(심지어 그러한 활동이 반대와 고난을 낳는다 하더라도 말이다). 우리는 다소 유사한 데살로니가 교인들의 상황을 이미 어느 정도 상세하게 살펴보았으므로, 본장에서는 빌립보 교회 교인들에 관한 논의는 간략하게 서술하고, 본문이 주는 도전을 비롯해 핍박받는 전 세계 교회에 대한 일부 고찰과 함께 현대 기독교 공동체에게 주는 약속에 관해 보다 더 깊은 주의를 기울이고자 한다.

마스터 스토리와 선교

비록 속주의 수도인 데살로니가보다는 작지만, 빌립보 역시 마케도니아 속주에 속한 도시였다. 그리고 빌립보의 신앙 공동체도 데살로니가 교회처럼 반대에 직면하며 시작된 것으로 보이며, 이러한 반대는 시간이 지나면서도 사그라지지 않았다. 바울은 데살로니가서와 마찬가지로 부분적으로는 이러한 박해의 문제 때문에 이 서신을 쓰긴 했지만, 이번에는 감옥에서 이 편지를 써야만 했다.[1]

빌립보서는 짧지만 매우 강력한 편지다. 편지에 반영된 교회의 어려운 상황에도 불구하고, 학자들은 이 서신을, 비록 가족 편지로 분류되는 것이 더 나을 수도 있지만, 종종 우정의 편지라고 부른다.[2] 대중적 해석자들은 타당한 이유로 이 바울 서신을 종종 기쁨의 편지라고 부른다.[3] 일부 학자들은 이와는 대조적으로 이 서신의 지배적인 주제가 고난이라고 주장하여왔다.[4] 비록 이러한 종류의 수사학적·주제적 특징짓기가 전적으로 부정확한 것은 아니지만, 부적절한 것도 사실이다. 빌립보서는 무엇보다도 편지의 한 부분인 그 유명한 2:6-11에 대한 확대 주석(extended commentary)이다.[5]

---

[1] 당시 상황에 대한 세부 내용에 관해서는 예컨대 나의 책 *My Apostle of the Crucified Lord: A Theological Introduction to Paul and His Letters* (Grand Rapids: Eerdmans, 2004), 412-18을 보라. 바울이 이 공동체를 세울 때 직면했던 관리들과의 갈등과 그가 겪었던 고난에 관해서는 행 16:16-39; 살전 2:1-2; 빌 1:29-30을 보라. 빌립보 교인들의 고난에 관해서는 빌 1:28-30; 고후 8:2을 보라. 편지를 쓸 당시의 바울의 투옥에 관해서는 빌 1장을 보라. 바울의 투옥 장소와 시기에 대해서는 논쟁이 있다. 그는 로마, 에베소, 가이사랴, 혹은 다른 곳에 투옥되어 있었을 것이며, 이 편지는 기원후 50년 초반에서 60년 초반 사이에 기록되었을 것이다.

[2] 이 서신을 우정의 편지로 생각하는 학자로는 Gordon D. Fee, *Paul's Letter to the Philippians*, NICNT (Grand Rapids: Eerdmans, 1995), 2-7; Stephen E. Fowl, *Philippians*, Two Horizons New Testament Commentary (Grand Rapids: Eerdmans, 2005), 8-9 등 다수의 학자들이 있다. 그러나 Ben Witherington III, *Paul's Letter to the Philippians: A Socio-Rhetorical Commentary* (Grand Rapids: Eerdmans, 2011), 14, 17-21은 이 서신이 가족 편지임을 주장한다.

[3] 기쁨에 관해서는 빌 1:4, 18, 25; 2:2, 17-18, 28-29; 3:1; 4:1, 4, 10을 보라.

[4] 그러한 해석자들에 대한 간략한 논의 및 이 편지와 빌립보에서 겪은 고난에 대한 상세한 논의는 Peter Oakes, *Philippians: From People to Letter*, SNTS Monograph Series 110 (Cambridge: Cambridge University Press, 2001), 77-102를 보라. 고난은 명백하게 빌립보서에 있는 중요한 관심사이지만, 이는 본장에서 논의될 십자가를 본받는 증언이라는 더 큰 주제와 더불어 이해되어야 한다.

[5] 특히 편지 전반에 걸쳐 나타난 2:6-11의 언어적·주제적 반향에 대한 도표가 담긴 나

삶으로 담아내는 복음

[6]그는 근본 하나님의 본체시나[그리고/또는 본체시기 "때문에".][6] 하나님과 동등됨을 취할 것으로 여기지 아니하시고, [7]오히려 자기를 비워 종의 형체를 가지사 사람들과 같이 되셨고, [8]사람의 모양으로 나타나사 자기를 낮추시고 죽기까지 복종하셨으니, 곧 십자가에 죽으심이라. [9]이러므로 하나님이 그를 지극히 높여 모든 이름 위에 뛰어난 이름을 주사, [10]하늘에 있는 자들과 땅에 있는 자들과 땅 아래에 있는 자들로 모든 무릎을 예수의 이름에 꿇게 하시고, [11]모든 입으로 예수 그리스도를 주라 시인하여 하나님 아버지께 영광을 돌리게 하셨느니라.

이 본문은 이 편지의 "신학적·기독론적 중심부"[7] 또는 "뛰는 심장"[8]이다.[9] 종종 초기 기독교 찬가 혹은 시로 알려진 이 짧은 본문은

의 *Apostle of the Crucified Lord: A Theological Introduction to Paul and His Letters* (Grand Rapids: Eerdmans, 2004), 419-23을 보라. 또한 Dean Flemming, *Philippians: A Commentary in the Wesleyan Tradition*, New Beacon Bible Commentary (Kansas City, MO: Beacon Hill, 2009), 34-37을 보라. J. Ross Wagner는 이 구절을 2:12과 연결시키며 편지 전반에 걸쳐 이 연관성을 추적한다("Working out Salvation: Holiness and Community in Philippians," in *Holiness and Ecclesiology in the New Testament*, ed. Kent E. Brower and Andy Johnson [Grand Rapids: Eerdmans, 2007], 257-74).

6 6절 번역에 관한 문제 대해서는—"비록" 그리고/또는 "왜냐하면"—나의 *Inhabiting the Cruciform God: Kenosis, Justification, and Theosis in Paul's Narrative Soteriology* (Grand Rapids: Eerdmans, 2009), 9-39를 보라. 거기서 나는 두 번역을 모두 지지한다. "비록 그가 하나님의 형체이었으나"(이것은 그리스도께서 "일반적인" 신들과 다르게 행동하셨다는 것이다)와 "그가 하나님의 형체이었기 때문에(이 말은 그것이 진정한 신성을 나타내기 때문에 그리스도께서 그렇게 행하셨다는 것이다).

7 Markus Bockmuehl, *The Epistle to the Philippians*, Black's New Testament Commentary (Peabody, MA: Hendrickson, 1998), 148; 또한 Flemming, *Philippians*, 36; Gorman, *Apostle of the Crucified Lord*, 419-22; and Gorman, *Cruciformity: Paul's Narrative Spirituality of the Cross* (Grand Rapids: Eerdmans, 2001), 39, 88, 253.

8 Ralph P. Martin and Gerald F. Hawthorne, *Philippians*, Word Biblical Commentary 43 rev. ed. (Nashville: Thomas Nelson, 2004), lxxii.

9 Bockmuehl은 "2:6-11의 기독론적 주장은 이 편지에 나타난 다양한 교훈에 대한 영적인 초점과 확신과 동기를 제공한다"고 말하며(*Philippians*, 55) 이것은 이 편지의 "다른 모든

그 해석을 놓고 신약의 그 어떤 본문보다 훨씬 더 많은 잉크를 쏟아왔고 또 활자화되었다. 그리고 또한 그럴 만하다. 왜냐하면 이 본문은 단순히 어떤 편지의 중심부 그 이상이기 때문이다. 어쩌면 이 본문은 기독론의 기원이며, 적어도 내 견해로는 바울의 "마스터 스토리"라고 할 수 있다.[10]

이 본문이 수 세기 동안, 그리고 최근 수년 동안 많은 주목을 받았다는 것을 감안하면, 이 본문에 관해 이미 다루어지지 않은 것이 없을 정도로 새로운 것을 상상한다는 것은 거의 불가능한 것처럼 보인다.[11] 그러나 아직 할 말이 여전히 남아 있다. 빌립보서 2:6-11은 언제나 새로운 각도에서 접근할 수 있으며, 나는 이 본문은 바울의 일반적인 본문보다 본질적으로 다의적—다양한 뉘앙스로 가득 찬—이라고 생각한다.

본장에서 우리는 바울의 마스터 스토리인 이 내러티브 시를 교회의 삶과 메시지에 주는 여러 함의를 찾으면서 탐구할 것이다. 특별히

부분의 주장을 보증해준다"고 덧붙인다.(41). 또한 Fowl은 2:5-11 전후의 모든 것이 "이 구절과 일관성을 나타낸"고 덧붙인다(*Philippians*, 88).

10   이 본문에 나타난 기독론의 기원에 관해서는 Ralph P. Martin and Brian J. Dodd, eds., *Where Christology Began: Essays on Philippians 2* (Louisville: Westminster John Knox, 1998)를 보라. 바울의 주된 이야기로서의 이 본문에 관해서는 나의 *Cruciformity*, 88-92, 164-72, 278-80, 316-19, 357-58, 다른 여러 곳을 보라. 또한 Thomas Stegman, "'Run That You May Obtain the Prize' (1 Cor. 9:24): St. Paul and the Spiritual Exercises," *Studies in the Spirituality of the Jesuits* 44 (2012): 16-19를 보라.

11   사실 내가 나중에 *Inhabiting the Cruciform God*의 첫 번째 장이 된 빌 2:6-11에 대한 소논문을 썼을 때("'Although/Because He was in the Form of God': The Theological Significance of Paul's Master Story [Philippians 2:6-11]," *Journal of Theological Interpretation* 1 [2007]: 147-69), 나는 나 자신이 모든 것을 마쳤다고 생각했다. 그러나 나는 풍성한 의미를 담고 있는 이 본문에 대하여 할 말이 아직 남아 있으며, 또한 언제나 앞으로도 그럴 것이라고 믿고 있다. 나는 지금으로부터 30년 전에 이 본문에 대한 나의 첫 번째 에세이를 신학교 1학년에 재학할 때 고(故) Bruce Metzger의 신약의 기독론 수업 시간에 썼다. 그 페이퍼는 필자의 박사 논문의 기초가 되었으며, 이는 또한 나중에 필자의 바울에 대한 지속적인 저작의 기초가 되었다.

우리는 이 편지의 맥락에서(그리고 현대 교회를 위한 모델로서) 빌립보서 2:6-11이 주는 변증적·선교적 영향력을 살펴볼 것이다. 우리는 바울의 마스터 스토리가 그리스도에 관한 내러티브일 뿐 아니라 교회에 관한 내러티브라는 사실도 보게 될 것이다. 이 스토리는 바울이 빌립보에 있는 *ekklēsia*(교회)가 반대에도 불구하고 (계속해서) 끌어안고 (계속해서) 선포하며 (계속해서) 구현해나가기를 원하는 복음을 요약한다.

다시 말하면 **빌립보서 2:6-11은 선교적 백성을 위한 선교적 기독론이다.** 교회는 이 기독론에 참여함으로써 복음을 구현해야 할 책임이 있다. 빌립보서 2:6-11이 증언하는 실재에 참여하는 이들은 바울이 선포했듯이 복음을 (말과 행동으로) 전하고 그 기본적 주장들을 옹호할 것이다. 바울은 십자가에 못 박히신 예수가 카이사르와는 달리 자기 자신을 내어주시며 생명을 주신 하나님의 아들이자 주권을 지니신 주로서 성서를 성취하셨다고 선포했다. 이러한 주장들은 하나님께서 모든 피조물에 의해 곧 주님으로 인정받으실 예수를 높이심으로써 확증되었다. 따라서 이 이야기에 참여한다는 것은 단지 메시아의 낮아지심과 높아지심에 참여하는 것뿐만 아니라 하나님의 선교(*misso Dei*)에 참여하는 것을 의미한다. 이제 곧 우리가 보게 되겠지만, 바울의 이러한 말은 현대 교회의 선교적 삶과 그 메시지의 일관된 형태와 내용에 관해서 현대 교회에 다양한 방식으로 어필한다.[12]

우리는 여기서 바울과 그가 편지를 쓰고 있는 빌립보 교회의 상황에 관해 개관하는 것으로 시작하고자 한다.

---

12   본장과 상당히 조화를 잘 이루는 빌립보서의 독법에 관대해서는 특히 Dean Flemming, "Exploring a Missional Reading of Scripture: Philippians as a Case Study," *Evangelical Quarterly* 83 (2011): 3-18을 보라.

바울과 빌립보 교인들: 복음의 파트너

바울은 이 편지, 즉 고난 받으셨으나 이제 승귀하신 메시아와 주님의 이야기에 관한 이 주석을 자기 자신도 고난 받으며 사슬에 묶인 가운데 쓰고 있다. 나아가 그는 (1) 복음을 위해 거의 확실하게 비신자들의 손에 의해 고난을 받고, (2) 공동체 안에 있는 이방인들을 "유대인화" 시키기를(빌 3장이 암시하듯이) 원하는(혹은, 만약 그들이 아직 등장하지 않았다면, 그러기를 바랐을 수 있는) "교사들"(갈라디아의 경우와 비슷한)을 다루며, 그리고 동시에 (3) 적어도 어느 정도 내적으로 분열을 경험하고 있는(4:2-3) 공동체에 이 편지를 쓰고 있는 것이다.

빌립보 교인들은 바울처럼 "복음을 위하여"(1:29-30) 고난을 받고 있었으며, 로마인들에 의해 십자가에 못 박히셨던(빌 2:8) 그들의 주님과 어느 정도 유사한 방식으로 그러한 고난을 받고 있었다. 빌립보는 **그야말로** 로마 식민지였으며, "황제숭배에 대한 특별한 애착"이 있었다.[13] 따라서 딘 플레밍(Dean Flemming)이 제안했듯이, 이러한 박해가 일어난 가장 큰 이유는 빌립보 교인들이 로마 식민도시에 살고 있지만 그들이 그들의 주(lord)—황제—에 대해 더 이상 경의를 표하지 않음으로써 로마 식민도시에 대한 위협으로 보여졌다는 것이다.[14] 이러한 면에서 빌립보 신자들은 적어도 데살로니가 교인들과 무척 닮았다. (케빈 로우가 자신의 저서 *World Upside Down*에서 세밀하게 보여주었듯

---

13 Bockmuehl, *Philippians*, 6. Witherington(*Paul's Letter*, 5-6)은 황제숭배가 도시를 지배했다고 주장하는 과도한 해석에 대해 올바르게 주의를 요한다.

14 Flemming, *Philippians*, 28. 또한 Bockmuehl, *Philippians*, 19, 100-101을 보라.

이,[15] 바울 자신도—행 16:20-24에 따르면—빌립보에서[그리고 다른 지역에서도] 이와 유사한 반(反)로마적 위협으로 여겨졌다.) 이 신자들은 "자신들의 이웃들로부터 괴롭힘을 당했으며 다양한 형태의 경제적 어려움을 경험했을 것이다."[16]

우리는 기독교 상인들이 자신들의 고객을 잃었을 것을 상상할 수 있다. 이교도 주인들은 기독교 노예들을 처벌했을 것이다. 후견인들(patrons)은 기독교 피후견인들(clients)에게 주던 금전적 후원을 거두어들였을 것이다. 시 당국자들은 신자들을 법정으로 끌고 갔을 것이다. 요약하자면 빌립보에 있는 그리스도인들은 그리스도에 대한 충성을 맹세한 이들에게 뒤따랐던 일종의 배척, 차별, 심지어 폭력을 경험했을 것이다.[17]

따라서 빌립보 교인들은 바울이 복음을 위해 겪어야 했던 고난과 유사한 경험을 공유한다.

[29]그리스도를 위하여 너희에게 은혜를 주신 것은, 다만 그를 믿을 뿐 아니라 또한 그를 위하여 고난도 받게 하려 하심이라. [30]너희에게도 그와 같은 싸움이 있으니, 너희가 내 안에서 본 바요 이제도 내 안에서 듣는 바니라 (빌 1:29-30).

---

15   C. Kavin Rowe, *World Upside Down: Reading Acts in the Graeco-Roman Age* (New York: Oxford University Press, 2009). 우리가 3장에서 살펴보았듯이 "다른 곳"은 데살로니가를 포함한다.

16   Oakes, *Philippians*, 89-99에 기반을 둔 Flemming, *Philippians*, 28. Oakes를 따르는 Fowl, *Philippians*, 64-65도 이에 동의한다.

17   Flemming, *Philippians*, 28.

이것은 바울이 말했던 것과 같이 그들이 복음에 있어 그의 동역자였으며(koinōnia, 1:5; synkoinōnous, 1:7), 단지 그의 사역의 금전적 후원이나 그의 투옥 기간 동안 감정적인 후원과 구체적인 후원뿐만 아니라 실제적으로 "복음을 변명함과 확정함"에 있어서도 그러했다는 것이다(1:7).[18]

³내가 너희를 생각할 때마다 나의 하나님께 감사하며 ⁴간구할 때마다 너희 무리를 위하여 기쁨으로 항상 간구함은, ⁵너희가 첫날부터 이제까지 복음을 위한 일에 참여하고[koinōnia] 있기 때문이라. ⁶너희 안에서 착한 일을 시작하신 이가 그리스도 예수의 날까지 이루실 줄을 우리는 확신하노라. ⁷내가 너희 무리를 위하여 이와 같이 생각하는 것이 마땅하니, 이는 너희가 내 마음에 있음이며 나의 매임과 복음을 변명함[apologia; 참조. 1:16[19]]과 확정함[bebaiōsei]에 너희가 다 나와 함께 은혜에 참여한[synkoinōnous] 자가 됨이라. ⁸내가 예수 그리스도의 심장으로 너희 무리를 얼마나 사모하는지 하나님이 내 증인이시니라(빌 1:3-8).

그들—모든 빌립보 신자들(1:7)—은 복음에 대한 살아 있는 증인이며 변증(apologia)이다. 마커스 보크뮐(Markus Bockmuehl)이 지적했듯이 빌립보 교인들은 "복음의 진리와 신뢰성을 공적으로 옹호하고

---

18 Bockmuehl, *Philippians*, 60, 64; Fowl, *Philippians*, 23-25, 30-31; Flemming, *Philippians*, 55-56. 이것은 복음에 동참하는 빌립보 교인들의 협력의 또 다른 여러 측면을 제거하거나 최소화하지 않는다. 여기에는 말로 복음을 증언하는 것 외에도 금전적으로나 개인적으로(예컨대 에바브로디도[2:25-30]), 바울을 위한 중보기도로, 복음에 합당한 삶으로, 고난에 동참함으로 바울을 실제로 돕는 것이 포함된다(Flemming, "Exploring a Missional Reading," 10).

19 "내가[바울] 복음을 변증[apologia]하기 위하여 [감옥에] 갇힌 줄 알고."

확증하는" 바울과 그 팀의 동역자들이다.[20] 바울에게뿐만 아니라 빌립보 교인들에게도 복음의 은혜는 구원과 고난, 기쁨과 도전을 모두 가져다주지만, 또한 믿음(*pistis*)도 함께 요구한다. 이는 우리가 앞장에서 이미 살펴보았듯이 믿음과 신실함을 모두 의미한다.[21] 이러한 도전/고난과 신뢰/신실함 사이를 왔다 갔다 하는 역동성 안에 빌립보 교인들의 공적인 선교적·변증적 정체성이 놓여 있다.

바울은 그의 고난이 복음의 진보를 가로막지 않을 것—사실은 오히려 복음을 진전시키는 데 도움을 줄 것임(1:12)—을 확신했다. 그는 또한 빌립보 교인들도 자신들의 상황에 대해 이러한 확신을 갖기를 원했던 것으로 보인다. 그는 빌립보 교인들에게 "형제[자매] 중 다수가 나의 매임으로 말미암아 주 안에서 신뢰함으로 겁 없이 하나님의 말씀을 더욱 담대히 전하게 되었[다]"고 알려준다(1:14). 이 문장은 적어도 세 가지 측면에서 매우 의미심장하다. 첫째, 이 문장은 일상적이고 보편적인 신자들이 "말씀을 전[했고]"—가족과 친지, 그리고 동료들에게 복음을 공유함—바울의 투옥에도 불구하고 그들 대부분이 더 큰 열정을 가지고 계속해서 그렇게 하고 있었음을 보여준다.[22] 둘째, 그렇다면

---

20 Bockmuehl, *Philippians*, 64.

21 이와 비슷한 견해로는 Fowl, *Philippians*, 30; John Reumann, *Philippians*, AB 33b (New Haven: Yale University Press, 2008), 291을 보라.

22 "말씀을 전하는 것(때때로 '선포하는 것'과 '가르치는 것')"은 바울 서신에서보다 사도행전에서 더 자주 등장하는 표현이다(행 4:29, 31; 8:4; 11:19; 13:5, 14:25; 15:35; 16:32; 17:13; 18:5, 11). 사도행전에서 이것은 종종 사도들의 활동을 가리키지만, 그들에게만 국한된 것은 아니다(8:4; 11:19를 보라. 이 구절들은 핍박에 의해 흩어진 자들의 활동을 가리킨다). 빌 1:14에서 바울은 자신의 보편적 용어를 그리스도 안에 있는 모든 자들인 "형제들[과 자매들, *adelphoi*)"에게 사용한다. 따라서 대다수의 주석가들이 인정하듯이(예. Reumann, *Philippians*, 173; Flemming, *Philippians*, 66-67; Bockmuehl, *Philippians*, 76), 1:14에서 그가 언급하는 대상을 동료 사도들 또는 바울의 선교 동역자들로 국한시킬 이유가 없다(여기서 그리고 다른 곳에서 형제들 앞에 있는 정관사의 존재가 공식적인 선교

이것이 가져다주는 확실한 함의는 바울의 관점에서 볼 때 복음 전도는 단지 사도들만의 것이 아니라는 것이다. "말씀을 전하는 것"—그리스도의 증인이 되는 것, 그의 이야기를 전하는 것—은 모든 그리스도인과 모든 기독교 공동체의 일상적인 활동이다. 바울은 이 말씀을 빌립보서 2:16에서 "생명의 말씀" 혹은 생명을 주는 말씀이라고 부른다. 셋째, 자신들의 사도가 핍박당함에도 불구하고 여전히 신실함과 열정을 유지하는 다른 신자들의 모본은 빌립보 교인들도 자신들이 처해 있는 어려운 상황 속에서 여전히 신실함과 열정을 갖도록 격려하는 의미를 지닌다.[23]

사실 바울은 빌립보 교인들의 고난이 은혜, 곧 하나님의 선물이라고 말한다. "[하나님이] 그리스도를 위하여 너희에게 은혜를 주신 것[echaristhē,]은 다만 그를 믿을 뿐 아니라 또한 그를 위하여 고난도 받게 하려 하심이라"(1:29). 따라서 바울은 다음과 같이 경고한다.

[27]오직 너희는 그리스도의 복음에 합당하게 생활하라[politeuesthe, 또는

사 직분을 가리키는 것이라고 주장하는 John P. Dickson, *Mission Commitment in Ancient Judaism and in the Pauline Communities*, WUNT 2/159 [Tübingen: Mohr Siebeck, 2003], 144-50과는 대조적으로). 진실로 그것은 바울이 투옥된 장소 근처에 살았던 모든 사람(로마, 에베소, 가이사랴, 혹은 어디든지; Reumann, *Philippians*, 197) 혹은 바울의 투옥에 대해 알고 있던 모든 자를 가리키면서 암묵적으로 제한적일 수 있다. 1:14의 수식어인 "다수"는 순회 복음전도자들의 소수 그룹이라기보다는 (상대적으로) 큰 무리의 신자들 가운데 일부의 소극적인 모습을 암시한다. 4:21-22의 "나와 함께 있는 형제들(NRSV '친구들')"과 "모든 성도들"은 바울과 연대관계에 있는 공식 선교사 그룹과 보다 더 폭넓은 의미의 신자들을 구별하지 않지만(Dickson, *Mission Commitment*, 148-49), 바울이 투옥되어 있을 때 그와 함께 하거나 근처에 있는 신자들(예. 대필자를 비롯해 방문객들)과 바울이 투옥되어 있는 지역에 있는 이들을 구별한다.

23 Bockmuehl이 지적하듯이 "죄수를 공공연히 지지한다는 것은 사회적으로 위험 부담이 크고 대가를 치르게 마련이다"(*Philippians*, 76).

삶으로 담아내는 복음

하나님의 식민지로서 너희의 시민권을 행사하라]. 이는 내가 너희에게 가 보나 떠나 있으나 너희가 한마음으로 서서, 한 뜻으로 복음의 신앙을 위 하여 협력하는 것과 [28]무슨 일에든지 대적하는 자들 때문에 두려워하지 아니하는 이 일을 듣고자 함이라(빌 1:27-28a).[24]

이 짧은 본문은 바울이 빌립보에 있는 신자 공동체를 향해 갖고 있는 몇 가지 소망을 드러낸다.

- 그들의 삶이 모두 복음에 합당하기를 원한다.
- 그들이 복음을 선포함에 있어 굳건히 서고 하나가 되기를 원한다.
- 그들이 반대의 위협으로 인해 겁먹지 않기를 원한다.

다시 말하면 바울은 그들이 계속해서 그들의 삶과 입술로 복음을 선포하고, 박해에도 불구하고 계속해서 그리스도의 이야기를 구현하 고 전하기를 원한다. "만약 그런 것이 있었다면, 이것은 '강령'(mission statement)과도 같다."[25]

빌립보 교인들이 압력에 못 이겨 포기하고 바울의 기대를 충족시 키지 **못하고**, 복음의 믿음을 위해 분투하지 **못하고**, 복음에 합당하게 살 지 **못하게** 되는 것을 바울이 우려했다는 암시가 편지 초반부에 많이 나 타나 있다.[26] 또한 그는 그들의 상황이 자신의 상황만큼이나 심각하지

---

24   이 구절의 번역에 대한 아래의 논의를 보라.

25   Flemming, "Exploring a Missional Reading," 12.

26   James P. Ware, *Paul and the Mission of the Church: Philippians in Ancient Jewish Context* (Grand Rapids: Baker Academic, 2011), 222-23. 그는 이것이 바울이 다른 편지에서는 아

않다 하더라도 그들이 그의 태도를 본받아야 한다는 사실도 암시한다.

나의 간절한 기대와 소망을 따라 아무 일에든지 부끄러워하지 아니하고, 지금도 전과 같이 온전히 담대하여 살든지 죽든지 내 몸에서 그리스도가 존귀하게 되게 하려 하나니(빌 1:20).

바울이 여기서 그리고 빌립보서 1장 다른 곳에서 복음을 위한 신실한 증인이 되기 위해 고난을 받는 것을 말하는 데 사용한 용어는 예수 자신이 복음을 위해 고난받는 것에 관하여 말씀하신 것을 보고할 때 마가복음(과 병행본문들)이 사용한 용어와 상당히 유사하다. 예를 들어 우리는 마가복음 8장과 빌립보서 1장에서 다음과 같은 내용이 언급되는 것을 목격한다.

- 드러냄과 담대함(막 8:32과 빌 1:20에서 모두 *parrēsia*가 사용됨; 참조. 빌 1:14).
- 고난(막 8:31과 빌 1:17, 29, 그리고 3:10에서 모두 *paschein* 및 어원이 같은 단어들이 사용됨).
- 부끄러워하지 않음(*epaischynomai*, 막 8:38; *aischynomai*, 빌 1:20).
- (생명, 구원)을 얻음(*kerdainō*, 막 8:36; 빌 3:8; *kerdos*, 빌 1:21; 3:7).

———

니지만 이 편지에서 회중에 의한 능동적인 선교 활동을 강조한 이유라고 생각한다. 이것이 데살로니가 교회의 상황(회심한 자들의 인내와 신실함에 대한 바울의 염려)과 빌립보 교회의 상황이 비슷한 또 다른 측면이다.

삶으로 담아내는 복음

더 나아가 이것들은 모두 다음과 관련이 있다.

- 복음(*euangelion*, 막 8:35; 빌 1:5, 7, 12, 16, 27).
- 인자/그리스도의 날의 도래(막 8:38; 빌 1:6, 10; 참조. 2:16).[27]

이러한 유사한 용어 사용은 여기서 모두 다룰 수 없는 이 여러 텍스트의 상호관계(공통된 영향 혹은 자료, 또는 상호 의존)에 대한 흥미로운 질문들을 제기한다. 그러나 여기서 바울이 소위 예수 전승에서 보편적으로 나타나는 표현을 사용하고 있다는 점은 분명해 보인다. 과연 바울은 그들이 예수 자신의 가르침에 관하여 이미 들었다는 것을 알고—그리고 어쩌면 이것은 그가 이 교회를 세울 때 자신이 그들에게 가르쳤던 것의 일부였을 수도 있는—그것을 그들에게 상기시키고 있는 것인가?

이 질문에 대한 답이 긍정적일 개연성은 매우 높으며, 이 질문이 담고 있는 여러 가지 함의는 상당히 중요하다. 무엇보다 우선 예수의 가르침과 제자도를 따르는 것은 소위 "선교사들"에게만 국한되는 것이 아니라 모든 신자에게 요구되는 것이다. 더 나아가 만약 빌립보 교인들이 예수를 따르는 것에는 복음을 담대히 전하면서 고난도 함께 받을 가능성이 **모든** 제자에게 열려 있다는 것이 포함되어 있다고 배웠다면, 바울이 제자도의 대가를 그들에게 상기시킨 것은 바로 그것을 상기시키는 것 그 이상도 그 이하도 아니다. 즉 이는 신실한 증인으로 소

---

27 추가적인 논의는 나의 *The Death of the Messiah and the Birth of the New Covenant: A (Not So) New Model of the Atonement* (Eugene, OR: Cascade, 2014), 4장(77-105)을 보라.

명을 받은 것, 수치와 고난을 받아들여야 할 필요가 있다는 것, 그리고 신실함을 유지하는 것과 그렇지 못한 것에 대한 결과를 상기시킨다. 바울은 삶과 말로 신실한 공적 증인이 되는 것이 예수를 따르는 모든 이들을 위한 규범이라는 예수의 가르침에 동의한다. 이것은 오직 "선교사들"에게만 국한된 것이 아니다.[28]

어쩌면 바울은 빌립보 교인들이 카이사르가 아닌 예수가 주님이심을 고백하는 것을 그만두고 로마에 대한 충성과 로마의 가치와 이념—로마의 "복음" 곧 로마의 마스터 내러티브—을 수용하는 공적인 행동으로 되돌아갈 것을 염려했을 것이다.[29] 이러한 이유로 그는 그들의 신실함과 연합과 복음을 구현하는 삶과 복음 전하기를 장려하기 위해 **자신의** 마스터 스토리로 넘어간다(물론 이것은 그의 스토리가 아니라 하나님의 스토리이지만 말이다).

바울의 복음/마스터 스토리: 개관

존 류만(John Reumann)은 자신의 빌립보서 주석에서 2:6-11은 사

28 　신약성서에 나타난 바울 전승 가운데 이것에 대한 가장 명확한 요약은 아마도 딤후 3:12일 것이다. "무릇 그리스도 예수 안에서 경건하게 살고자 하는 자는 박해를 받으리라."

29 　로마가 일종의 복음, 곧 황제(들)와 제국에 관한 이야기에 내재된 이념을 갖고 있었으며 심지어 "좋은 소식"이라는 표현마저 사용했다는 사실은 이미 널리 알려져 있다. 한 유명한 예로는 구원자이자 평화를 가져다주는 자인 아우구스투스의 탄생의 좋은 소식(*euangelia*)을 경축하는 기원전 9년 프리에네와 다른 곳에서 발견된 달력 비문을 꼽을 수 있다. N. T. Wright는 그 자체로 "절정"—아우구스투스와 그의 황금시대(298-311)—을 가지고 있었던 로마의 *Heilsgeschichte*, 또는 구원사에 대해 언급한다(*Paul and the Faithfulness of God*, vol. 4 of Christian Origins and the Question of God [Minneapolis: Fortress, 2013], xv).

실 빌립보 교인들이 선포했던 복음, 곧 그들이 고난을 당하고 자신들의 삶을 바쳐 가치 있게 살도록 한 복음이라고 주장한다. 그는 "바울은 6-11절에서 빌립보 교인들이 자신들이 살고 있는 그리스-로마 세계에서 그리스도와 하나님에 대한 선교적 선포를 위해 사용했던 찬사[어떤 인물이나 어떤 것을 찬양하는 연설]를 사용한다"고 말한다.[30] 그의 이러한 제안은 2:6-11이 이 편지나 혹은 이 공동체에만 한정된 것이 아니라 **바울의** 마스터 스토리를 담고 있다는 나의 견해와는 다르지만, 류만과 나는 이것이 일부 내적 분열과 상당한 외적 반대에도 불구하고 바울이 빌립보 교회가 끌어안고, 선포하고, 구현해내기를 원하는 내러티브라는 데 동의한다. 따라서 이 내용이 이 편지에 들어 있다는 사실은 두 가지 의미에서 이 본문의 선교적 특성을 드러낸다.

첫째, 빌립보서 2:6-11은 *misso Dei*라는 이야기, 곧 인류와 전 우주를 향한 하나님의 활동에 관한 이야기를 전해준다. 우리가 이미 지적했듯이 2:16에서 바울은 이것을 구원을 가져다주고 이로써 참된 생명을 가져다주는 "생명의 말씀"이라고 부르며, 로마서(롬 1:16)에서는 이것을 "구원을 주시는 하나님의 능력"이라고 부른다. 보다 더 구체적으로 이러한 신적 선교는 당연히 그리스도의 선교(사명)를 통해 이루어진다. 리처드 보컴(Richard Bauckham)은 빌립보서 2:6-11이 초기 기독교가 그리스도를 선교적 야웨(YHWH)의 종으로 이해하며 이

---

30 Reumann, *Philippians*, 333. Reumann은 이것이 "로마 문화 속에서 살고 있던 사람들이 복음을 전파하기 위해 바울에게 배운 것을 나름대로 재활용해 사용한 선교 도구였다"고 생각한다(1:5, 12, 27). (그리스도와 하나님에 대한) "찬양시"의 형태에 관해서는 364-77을 보라. Reumann의 주된 요점은 본문이 로마의 신학과 이념을 반향하기도 하고 전복시키는 데 있어 의도적으로 매우 로마적이라는 것이다. Reumann은 바울이 빌립보 교인들의 선교적 찬양시를 가지고 그것을 그들의 내적인 삶과 공적 증거에 적용했다고 생각한다(365).

사야 40-55장, 특히 이사야 53장(사 52:13-53:12)을 재해석한 것이라고 설득력 있게 주장했다.[31] 또한 그레고리 블룸퀴스트(Gregory Bloomquist)도 이 텍스트는 비하와 승귀의 기독론 그 자체에 관한 것이 아니라 "종의 사명(선교)의 관점에서 본, 하나님의 종이 당하는 고난에 관한 묘사"라고 주장했다.[32] 그리고 제임스 웨어(James Ware) 역시 이사야의 종의 노래(사 42:1-4; 49:1-6; 50:4-9; 52:1-53:12)가 열방을 향한 종말론적 증언에 관한 제2성전기 유대교적 사고를 형성했으며, 이러한 종-사명(선교)이 바울 자신의 선교신학, 특히 빌립보서에 나타난 선교신학을 형성했음을 입증했다.[33]

둘째, 빌립보서 2:6-11은 청자들에게 한때 믿었고, 또 다른 이들에게 전하고 다른 이들을 위해 살았던 이야기를 소개하거나 상기시킨다. 이것은 선포되어야 하고 실행되어야 하는, 아니 어쩌면 말로만이 아니라 행동으로 선포되어야 하는 내러티브다. 바울과 빌립보 교인들은 주 그리스도의 종의 사명(선교)에 동참한다. 블룸퀴스트는 이 사실을 다음과 같이 표현한다. "바울은 예수의 경험을 이사야의 고난받는

---

31 Richard Bauckham, *Jesus and the God of Israel: God Crucified and Other Studies on the New Testament's Christology of Divine Identity* (Grand Rapids: Eerdmans, 2009, 『예수와 이스라엘의 하나님』[새물결플러스 역간]), esp. 197-210; Wright, *Paul and the Faithfulness of God*, 683. 또한 Ware, *Paul and the Mission*, 224-33. 참조. Bockmuehl, *Philippians*, 135-36; Fowl, *Philippians*, 117. 나는 앞에서 언급한 빌립보서에 대한 나의 첫 번째 페이퍼에서 이와 동일한 주장을 펼쳤다. 나의 *Cruciformity*, 90, 316-19; *My Apostle of the Crucified Lord*, 422-23, 434-38도 보라.

32 L. Gregory Bloomquist, *The Function of Suffering in Philippians*, Journal for the Study of the New Testament: Supplement Series 78 (Sheffield: JSOT, 1993), 167(강조는 덧붙여진 것임). Bloomquist는 이러한 통찰력 있는 언급에 앞서 이 본문의 맥락과 기능은 "2:6-11이 기독론, 곧 주님의 비하와 죽음 이후의 승귀에 대한 고찰에 관한 것이 아니라는 사실"을 보여준다는 다소 너무 나간 주장을 편다. 이것은 그릇된 이분법이다. 이 본문은 기독론적이면서 동시에 선교적이다.

33 Ware, *Paul and the Mission*, 93-155.

종의 관점에서 묘사할 뿐만 아니라 자기 자신과 동역자들과 빌립보 교인들의 경험을 바로 그 동일한 인물의 관점에서 묘사한다."[34] 보다 더 구체적으로 제임스 웨어는 바울(그리고 보다 더 일반적으로 초기 그리스도인들)에게 있어 예수의 죽음과 특히 주님으로서의 종의 승귀는 종말의 시대의 도래를 의미했으며, 이는 또한 이방인들이 야웨께 회심하고 돌아오는 것을 의미했다고 설득력 있게 주장한다. 따라서 교회—모든 신자를 의미함—는 예수의 주권이 마침내 우주적으로 선포되는 것을 기대하면서 현세에 모든 사람이 예수의 주되심에 순복하는 것을 선포한다.[35]

다시 말하면 빌립보서 2:6-11은 선교적 백성을 위한 선교적 기독론이다.

우리는 아래에서 일부 세밀한 석의적 논평과 함께 이 주장으로 되돌아올 것인데, 나는 이를 통해 우리 본문의 이러한 묘사에 담긴 진리를 드러내리라고 기대한다. 그러나 우선 우리는 한 걸음 물러나 시적으로 다채로운 이 본문에 담겨 있는 몇몇 기본적이지만 본질적인 측면을 고려해볼 필요가 있다. 우리는 2:6-11에 대한 해석적 번역을 시도하고, 이 본문의 일부 핵심 요소를 드러내는 도입 문장(앞부분과 연결하는 2:5)을 살펴보는 것으로 시작하고자 한다.

빌립보서 2:5-11에 대한 번역
나는 바울의 마스터 스토리와 이에 관한 간략한 서언에 대한 번역을

---

34 Bloomquist, *Function of Suffering*, 167.

35 Ware, *Paul and the Mission*, 224-35.

다음과 같이 제시한다.

⁵너희 공동체 안에 이러한 사고방식—이렇게 생각하고, 행동하고, 느끼는 방식³⁶—을 길러라. 사실은 이것이 그리스도 예수 안에 있는 공동체다.

⁶그는 **비록** 하나님의 형체이시지만,
그리고 또한 하나님의 형체를 지니셨기 **때문에**,

이러한 하나님과의 동등됨을 자신의 유익을 위해 취할 수 있는 그 어떤 것으로 여기지 않으셨고,

⁷오히려 종의 형태를 취함으로써,
자기 자신을 비우셨으며,
즉 인간의 형상으로 태어나셨다.

그리고 그는 인간의 형태로 나타나셨고,
⁸죽기까지 순종하심으로써
자기 자신을 낮추셨으며—
심지어 로마 제국의 십자가상에서 죽으셨다.

⁹그러므로 하나님께서 그를 지극히 높이셨고
모든 이름 위에 뛰어난 이름을 그에게 주셨으며

—

36   Fowl, *Philippians*, 88-90을 보라. 참조. 28-29.

¹⁰하늘에 있는 것이나

땅에 있는 것이나

땅 아래 있는 것이나

예수의 이름/언급 앞에

모든 무릎이 꿇게 하시고, 과연 그렇다

그리고 모든 혀가

"유대인의 메시아 예수는 우주의 주님이시며 하나님의 이름을 지니신 분
이시다"라고 환호하며

아버지 하나님께 영광을 돌리게 하셨다.³⁷

몇몇 석의적 주석³⁸

1. 서언

이 이야기는 그리스도의 이야기를 이 공동체의 이야기와 연결하
는 행(2:5)을 통해 소개되는데, 번역자들은 이 문장을 놓고 매우 오랫
동안 논쟁을 벌여왔다. 기본적으로 제시되는 두 가지 옵션은 다음과
같다. (1) "그리스도 안에 있던" 혹은 "그리스도가 가지고 있던" "마음

---

37 이와 유사한 9-11절의 교차대구적인 배치는 2009년 11월 23일에 뉴올리언스에서 열렸
던 세계성서학회에서 Erik Waaler가 발표한 "Israel's Scripture in Phil. 2:5-11"이라는 페이
퍼에 잘 나타나 있다.

38 이 요점들을 보다 더 상세하게 발전시킨 내용은 나의 *Inhabiting the Cruciform God*;
in Cruciformity의 1장에 실린 "'Although/Because he was in the Form of God': The
Theological Significance of Paul's Master Story (Phil. 2:6-11)," 88-92, 164-69, *et
passim*; *Apostle of the Crucified Lord* (412-53)에 실린 빌립보서 관련 장에서 볼 수 있다.
전반적으로 이와 매우 유사한 해석에 관해서는 Wright, *Paul and the Faithfulness of God*,
680-89를 보라.

을 가지라"(예. NRSV, CEB, NET, NIV). (2) "그리스도 안에서 너희의 것이 된 마음을 가지라"(예. NAB, RSV). 하지만 나는 올바른 번역은 그리스어 *ho kai*―"또한"(which also) 혹은 "진실로"(which indeed)―가 두 병행 전치사구(*en hymin*[너희 안에]과 *en Christo Iēsou*[그리스도 예수 안에])와 연결되는 것으로 보아야 한다고 수차례 주장한 바 있다.

> "너희 공동체 안에(*en hymin*)
> 이러한 사고방식을 길러라.
> 사실은(*ho kai*) 이것이
> 그리스도 예수 안에 있는 공동체(*en Christo Iēsou*)이며
> 그는…"

(나는 여전히 실제 성서 역본이 이 번역을 채택할 것을 소망한다.)**39**

2. 배경

지금까지 본 텍스트에 대한 "배경"은 수없이 많이 제안되었다. 나는 적어도 세 개의 또 다른 중요한 내러티브에 대한 암시가 이 텍스트 안에 들어 있다고 본다. 즉 이것은 아담과 고난받는 종과 로마 황제에 대한 암시다. 이 텍스트는 그리스도를 새 아담(또는 어쩌면 아담의 원형), 하나님의 고난받는 종, 우주의 참 주님 등으로 묘사한다. 우주의 참 주님은 황제에 관한 주장, 그리고 황제의 거짓 주장과 대조를 이룬다.

---

39 추가적인 논의는 특히 *Cruciformity*, 39-44를 보라.

3. 출발점

이미 지적했듯이[40] 나는 또한 도입 분사(hyparchōn, "되다"[being])
는 양보("비록 ~하지만")와 원인("~때문에") 모두를 나타내는 것으로 이
해되어야 한다고 주장했다. "비록 ~이지만" 혹은 "비록 그가 ~이었어
도"로 번역할 수 있는 전자의 경우는 우리가 본 텍스트의 **표면적** 구조
라고 부를 수 있는 것인데 비해, "~가 되었기 때문에" 혹은 "그가 ~였
기 때문에"로 번역할 수 있는 후자의 경우는 이 텍스트의 **심층** 구조인
셈이다. 이 둘은 모두 중요하다.

4. 구조

많은 이들이 이미 인식한 바와 같이, 이 이야기는 두 개의 주요한
부분인 6-8절과 9-11절로 나뉘며, 먼저 그리스도가 스스로 선택하
신 자기 비하를 이야기하고, 이어서 하나님이 그를 높이신 것을 이야
기한다. 이 두 부분은 2:9의 "그러므로"에 의해 서로 연결된다. 더 나
아가 2:6-8의 구조는, 우리가 앞장에서 이미 제안했듯이,[41] "비록/~때
문에"[x], "~하지 않는다"[y], "그러나"[z]의 구조로 되어 있는데, 여기
서 [x]는 지위, [y]는 이기적 착취(부정됨), [z]는 (긍정적으로) 이타심과
순종을 의미하는 자기 포기와 자기 내어줌을 각각 표현한다. 이러한
연결고리 안에서 [z]는 다시 두 부분으로 나뉘어 그리스도의 성육신과
십자가의 죽으심을 가리킨다. 이 전체 순서는 케노시스 혹은 자기 비
움이며, 단계적으로 아래를 지향한다. 그것은 비로마적인 수치의 이력

---

40   위의 각주 220을 보라.
41   앞장에서 우리는 오직 겉으로 드러난 구조(이 본문의 시작인 "비록…")만을 살펴보았다.

서(c.v.)이며, 우리는 이것을 *cursus pudorum*, 곧 수치의 과정이라고 말할 수 있을 것이다.[42] 이 내용은 다음과 같이 나타낼 수 있다.

[x] 비록 하나님의 형체를 지녔지만(또는 지녔기 때문에)

[y] 그는 하나님과 동등됨을
자신의 유익을 위해 취할 것으로 여기지 않으시고

[z_1] 오히려 자기 자신을 비우시고
종의 형체를 취함으로써
사람들의 형상으로 태어나셨다.

그리고 그는 사람의 형체로 나타나셨고

[z_2] 자기를 낮추시고 죽기까지 순종하셨으며,
심지어 로마 제국의 십자가상에서 죽기까지 하셨다.

5. 기독론

이 텍스트는 그리스도와 하나님의 선재적 동등하심을 인정하면서 시작한다. 그리고 이어서 이 본문은 명시적으로 스스로 선택하신 그리스도의 성육신과 십자가의 죽으심을 역설적으로 그의 신실하

---

42 Joseph H. Hellerman, *Reconstructing Honor in Roman Philippi: Carmen Christi as Cursus Pudorum*, SNTS Monograph Series 132 (Cambridge: Cambridge University Press, 2005)을 보라.

신 순종(즉 아버지 하나님께 대한 순종, 8절)으로 묘사하고, 2:1-4의 인접 문맥에서는[43] 암묵적으로 하나님의 성품 및 피조물을 향한 하나님의 뜻을 계시하는 그의 자기 내어주심과 다른 이들을 위한 자기희생적 사랑으로 묘사한다. 이것이 바로 왜 우리가 이 본문의 기독론을 **선교적 기독론**으로 불러야 하는지를 밝혀준다. 주님으로서 높임을 받으시고 하나님의 이름(*kyrios*, 혹은 어쩌면 암묵적으로 야웨[YHWH])을 부여받으신 그리스도를 하나님이 신원하신 것은 피조물이 그의 합당한 주권을 인정함으로써 아버지 하나님의 영광을 크게 증폭시킨다. 예수는 하나님의 이름(정체성)을 공유하며, 이로써 신적 경배에 참여한다(사 45:23을 보라).

6. 예배

하나님이 의도하신 그리스도의 주되심의 결과는 모든 피조물이 그의 주되심을 칭송하는 것이다. 이러한 우주적 칭송이 현재적인지 미래적인지에 관한 질문은 사실 그릇된 이분법에 속한 것이다. 비록 전 우주주적인 칭송은 당연히 미래적이겠지만, 그것은 교회의 현재적 칭송에 의해 소급된다. 이러한 칭송은 복음이 전 세계로 진전될 때, 지도자들을 체포하고 일부 신실한 신자들을 박해함으로써 이를 저지하려 할지라도, 더욱더 확대될 뿐 아니라 더욱더 보편적인 현상이 된다. 그리

---

43 바울은 이 시/마스터 스토리를 빌립보 교인들을 위한 적용으로 도입하면서 우리가 이 시를 사랑과 겸손과 타인에 대한 배려의 이야기로 해석하도록 이끈다. "[1]그러므로 그리스도 안에 무슨 권면이나 사랑의 무슨 위로나 성령의 무슨 교제나 긍휼이나 자비가 있거든, [2]마음을 같이하여 같은 사랑을 가지고 뜻을 합하며 한마음을 품어, [3]아무 일에든지 다툼이나 허영으로 하지 말고, 오직 겸손한 마음으로 각각 자기보다 남을 낫게 여기고, [4]각각 자기 일을 돌볼뿐더러 또한 각각 다른 사람들의 일을 돌보아 나의 기쁨을 충만하게 하라."

스도는 이 대안적 세계-제국을 하나님의 종으로서 다스리시는 대안적 주님이시다.

인접 문맥과 빌립보 공동체 안에서 이 본문의 기능

2:6-11은 2:5에 의해 2:1-4과 연결되고 2:1-4은 2:1의 "그러므로"(oun)에 의해 1:27-30과 연결된다는 사실을 인식하는 것이 매우 중요하다. 이 편지의 내러티브 순서는 선교→공동체 삶→기독론이지만, 본문의 신학적 논리는 기독론→공동체 삶→선교로서 역순이다. 이렇게 해서 빌립보서 2:6-11은 재차 말하지만 선교적 백성을 위한 선교적 기독론이다. 바울의 마스터 스토리는 바울이 빌립보 교회에 편지를 쓸 때 이 편지 제1장에 나타난 그의 선교적·변증적 관심사와 불가분하게 연결되어 있다. 이 시적 텍스트―바울의 편지의 한 부분으로 읽거나 혹은 예배 시에 낭송되거나 심지어 찬송으로 부르든지 간에―는 적어도 믿음, 사랑, 소망에 상응하는 세 가지 선교적이며 신앙 형성적인 기능을 수행한다. 이것은 우리가 데살로니가전서를 상고할 때 살펴보았던 바로 그 삼중 덕목과도 같다.

첫째는 믿음 혹은 피스티스(pistis)다. 2:6-11에 나오는 이 텍스트는 빌립보 교인들에게 복음의 내용을 제시한다. 이것은 바울과 빌립보 교인들, 그리고 (내가 주장하는 대로) 다른 모든 바울의 회중이 믿고 있는 것이다.[44] 만약 회심이 "해석과 행동이라는 새로운 공동체에서 한

---

44   물론 바울 서신에는 복음에 대한 다른 요약이 담겨 있는데(예. 고전 15:3ff.), 나는 이 요약들은 이것을 보완해준다고 생각한다. 만약 Reumann이 옳다면 빌 2:6-11은 그들이 바울의 복음을 로마의 특정한 선교적 정황에 맞게 개작한 것이다. 그러나 나는 2:6-11의 구조와 내용은 철저하게 바울의 편지에 녹아들어 있기 때문에(내가 여러 곳에서 이미 주장했듯이) 이 본문은 분명히 바울 자신의 마스터 스토리일 가능성이 매우 높다.

사람의 삶을 재형성하고자 하는 노력의 차원에서 새로운…마스터 스토리를 의식적으로 채택하는 것이라면"[45] 이것은 로마 식민도시인 빌립보에서 제시되는 다른 마스터 스토리들 가운데 하나 혹은 그 이상을 뒤로 한 채 빌립보 교인들이 채택했던 마스터 스토리다. 그들은 바로 이 메시지를 위해 고난을 받고, 그들이 이 텍스트의 그리스도에게서 발견하는 것과 동일한 종류의 **피스티스**(혹은 신실한 순종)를 가지고 고난을 받는다.[46] 이 텍스트는 빌립보 교인들이 무엇을 위해 증인의 삶을 사는지를 알게 할 뿐만 아니라, 그들이 신실한 증인이 되고, 심지어 순교에까지 이르도록 준비시킨다. 이 본문은 "1:12-2:18의 강력한 권면의 맥락에서 그리스도의 복음의 확장을 위해 용기를 가지고 바울과 동역할 것을 권면하는 기능을 수행한다."[47]

둘째, 이 이야기는 사랑의 본질을 드러낸다. 비록 "사랑"이라는 말이 이 이야기에서 명시적으로 나타나 있지는 않지만, 2:1-4의 전후 문맥은 사랑이란 단어(2:2; *agapē*)뿐 아니라 다른 곳에서 바울이 특히

---

45 James S. Folwer, *Stages of Faith: The Psychology of Human Development and the Quest for Meaning* (San Francisco: HarperSanFrancisco, 1982), 282. 나는 Folwer의 본래 표현인 "새로운 마스터 스토리 채택"을 수정했다.

46 우리는 그리스도의 순종을 "그리스도에 대한 믿음"(NRSV)보다 "그리스도의 믿음"으로 옮기는 것이 더 나은 3:9(*pistis Christou*)의 그리스도의 믿음/신실하심을 그리스도의 순종과 동일시해야 한다. 만약 이 번역이 받아들여지면 그리스도의 믿음(신실하심)은 주로 로마서에서도 그의 죽음을 가리키는 그의 순종과 동일시된다(롬 3:22, 26[믿음]=롬 5:19[순종]). 우리가 앞장에서도 지적했듯이 이러한 연관성은 바울이 자신의 복음 전파의 목표를 "믿음의 순종"(롬 1:5; 16:26) 또는 신실한 순종/순종의 믿음으로 묘사한 것을 잘 설명해 준다.

47 Ware, *Paul and the Mission*, 232. 빌 1-2장에 대한 Ware의 해석과 전반적으로 비슷한 입장을 보려면 Mark J. Keown, *Congregational Evangelism in Philippians: The Centrality of an Appeal for Gospel Proclamation to the Fabric of Philippians* (Milton Keynes, UK: Paternoster, 2008; Eugene, OR: Cascade, 2009)를 보라. Kewon은 "진취적인 교회론적 복음 선교"는 "빌립보서의 기본 구조에 있어 필수적"이라고 주장한다.

자기 자신의 이익을 구하지 말 것을 권면할 때 사용했던 사랑에 관한 묘사를 반향하는 다른 단어와 어구(2:3-4)를 사용한다.[48]

> [3]아무 일에든지 다툼이나 허영으로 하지 말고, 오직 겸손한 마음으로 각
> 각 자기보다 남을 낫게 여기고, [4]각각 자기 일(*ta heautōn*)을 돌볼뿐더러
> 또한 각각 다른 사람들의 일(*ta heterōn*)을 돌보아 나의 기쁨을 충만하게
> 하라(빌 2:3-4).

> [사랑은] 자기의 유익(*ta heautēs*)을 구하지 아니하며(고전 13:5[사역];
> "자신의 방식을 주장하며"[NRSV]).

> 누구든지 자기의 유익을 구하지 말고 남의 유익(*ta heautou*)을 구하라(고
> 전 10:24).

> 나와 같이 모든 일에 모든 사람을 기쁘게 하여 자신의 유익(*to emautou
> symphoron*)을 구하지 아니하고 많은 사람의 유익을 구하여 그들로 구원
> 을 받게 하라(고전 10:33).

아가페(*agapē*)를 통해 하나가 되는 공동체의 내적인 삶은 성령
의 능력을 받아, 그리스도의 모습을 닮은, 마스터 스토리의 살아 있
는 석의(living exegesis)여야 한다. 2:6-8과 2:1-4 사이의 구문론적이

---

48 또한 1:8에 있는 "그리스도 예수의 긍휼"에 대한 언급도 참조하라(Bockmuehl, *Philippians*,
65: "다정한 사랑.")

며 의미론적인 상응은 괄목할 만하다.[49] 하지만 심지어 공동체 안에서 하나가 될 것에 대한 권면조차도 단지 내적 조화를 위한 것만은 아니다. 이러한 권면은 공동체가 복음에 대한 공적 증거를 "한 성령 안에서"(1:27 사역) 수행할 수 있게 보장해주는 역할을 한다.[50] 타인의 복지를 위해 그리스도를 닮으라는 바울의 권면은 이것이 신자 공동체의 내적 조화(빌 2:1-4; 고전 13:5)에 관한 것이든, 또는 다른 이들을 위한 신자들의 외적 증거(고전 10:24-33)에 관한 것이든 간에 동일한 절박감과 동일한 표현으로 전달된다.[51] 스티브 파울(Steve Fowl)은 서구세계의 개인주의에 대해 다음과 같이 성찰한다.

> 만약 우리가 개인주의에 대한 우리의 집착에서 벗어나서 바울과 빌립보 교인들이 우리에게 촉구하는 일종의 공동의 삶을 사는 것을 시작해야 한다면, 우리는 하나님의 구원 경륜이라는 운동에 몰입하고자 하는 마음가짐을 그들과 공유해야만 한다.…우리 자신의 삶이 그러한 거대한 구속 드라마로 통합되는 것을 우리 스스로가 보지 않는 한, 그리고 그렇게 되는 것을 보기 전까지는 결코 바울이 빌립보 교인들에게 권면하는 일종의 공

---

49   Gorman, *Cruciformity*, 254-58.

50   의아하게도 다른 대다수의 역본처럼 NRSV도 2:1과의 연관성을 간과하면서 "한 영"이라고 번역한다. (그러나 NIV의 "한 성령 안에서"를 보라).

51   사실 고전 10:24, 33은 고전 8:1-11의 문맥에서 공동체 안에서 다른 사람을 대하는 것(참조. 고전 8:1-13)과 불신자들을 대하는 것(고전 10:27-31)에 모두 적용된다. 이것은 특히 유대인들과 헬라인들과 교회가 각기 서로 다르면서도 같은 종류의 사랑으로 대할 정도로 연합된 서로 다른 세 "실체"로 구별되는 고전 10:32-33에서 분명하게 드러난다. "유대인에게나 헬라인에게나 하나님의 교회에나 거치는 자가 되지 말고, 나와 같이 모든 일에 모든 사람을 기쁘게 하여 자신의 유익을 구하지 아니하고 많은 사람의 유익을 구하여 그들로 구원을 받게 하라."

동체적인 교회의 삶의 필요성을 발견하지 못할 것이다.[52]

　　따라서 공동체의 내적 삶과 외적 삶 사이에는 그 어떠한 이분법
도 존재할 수 없다. 공동체의 삶은 언제나 "그리스도 안에"(2:5) 있으
며, (바울이 소망하듯이) 연합과 사랑으로 특징지어진다. 바로 이러한 동
일한 삶-이야기가 공적 영역에서 구현되는 것이다(참조. 1:27).[53] 복음
에 **합당하게** 사는 것(빌 1:27)은 단순히 이 세상에서 복음, 곧 자기 자
신을 내어주는 사랑의 이야기를 **삶으로 담아내는 것**이다. 마커스 보크
뮐은 다른 많은 해석자들과 같이 1:27에 등장하는 동사 *politeuesthai*
에 담긴 정치적·공적 함의(NRSV가 "너희 삶을 살아라"로 다소 약하게 번
역함에도 불구하고)를 포착할 필요가 있음을 우리에게 상기시킨다. 유
대교 문헌에서 이 단어는 "스스로 선택할 수 있는 대안적 삶의 방식과
구분되는, 신중하고, 공적으로 가시적이며, (적어도 넓은 의미에서) **정치
적으로 적절한** 행동으로 여겨지는…유대교적 삶의 방식을 채택한다"
는 의미에서만 "걷다/행하다"(walk) 또는 "살다"(live)를 의미한다.[54]

　　이러한 ("기독교적") 삶의 방식은, 교회 안에서든지 공적 영역에
서든지 간에, 종으로서 사랑을 베푸는 삶의 방식이다. 이러한 활동이
외부인들에 의해 어떻게 이해되거나 오해되든지 말이다. 따라서 파울
(Fowl)은 빌립보서 1:27의 도입부를 "너희 공동의 삶을 그리스도의 복

52　Fowl, *Philippians*, 88.

53　Reumann(*Philippians*, 284)은 1:27-30이 "빌립보 신자들로 하여금 *politeia*(공적 공간)에
　　서, 그리고 상호 관계(*ekklēsia*) 속에서 '그리스도 안에' 있다는 것이 무엇을 의미하는지를
　　표현할 것을 촉구한다"고 올바르게 지적한다.

54　Bockmuehl, *Philippians*, 97.

음에 합당한 방식으로 정비하라"라고 올바르게 번역한다.[55] 요점에 더 가까운 번역은 어쩌면 "로마 식민도시의 공적 영역에서 하나님의 식민으로서 그리스도의 복음에 합당한 방식으로 너희 공동의 삶을 살아라"일 것이다(사역).[56] 정말로 이것은 "하나님의 정치"다. 물론 이 말은 교회가 2:6-11에 나오는 그리스도 이야기를 공적 영역에서 말과 행동을 통해 신실하게 행하도록 부름을 받았음을 의미한다.[57]

데살로니가 교인들의 경우에서도 그랬던 것처럼 빌립보 교인들을 곤경에 처하게 만든 것은 바로 그들이 그리스도의 이야기를 선포하고 구현했기 때문이었다. 이제 그들은 생명의 말씀을 전하며 이를 굳건히 붙잡고 자신들의 공동체적 구원[58]을 계속해서 실현하거나 구현해 나가야만 한다(추가적 논의는 아래를 보라). 이것은 물론 그리스도를 닮

—

55 Fowl, *Philippians*, 59.

56 참조. Bockmuehl(*Philippians*, 96). "그리스도의 복음에 합당한 시민으로 살아라." Ross Wagner("Working out Salvation," 258)도 이와 비슷하게 "공적·공동체적인 삶"을 강조한다.

57 또한 Bockmuehl, *Philippians*, 98도 그렇다. 특히 Fowl의 주석과 그의 *The Story of Christ in the Ethics of Paul*, Journal for the Study of the New Testament: Supplement Series 36 (Sheffield: Sheffield Academic Press, 1990), 77-101도 보라. Ware(*Paul and the Mission*, 216)는 1:27을 주석하면서 바울 서신의 "그리스도의 복음"이란 어구는 교리 교육보다는 언제나 "선교하는 복음 선포"를 가리킨다고 주장한다(롬 15:19; 고전 9:12; 고후 2:12; 9:13; 10:14; 갈 1:7; 살전 3:2을 가리키는 216쪽의 각주 51). 그는 "이 편지를 시작하는 명령법[1:27]은 그렇기 때문에 **외부인들을 그리스도의 메시지로 끌어들이는 수단으로서** 빌립보 공동체의 삶과 행동이 지닌 선교적 목적에 대한 바울의 관심을 강조한다"고 결론 내린다(26, 강조는 덧붙여진 것임). 나는 Ware가 그리스도 이야기에 신실하게 반응하는 것(다른 사람들의 회심)의 결과와 그 목적을 서로 혼동한다고 생각하지만, 이것은 너무 작은 것에 대해 흠을 잡는 것일 수 있다.

58 2:12-16의 명령법과 대명사는 모두 복수다. Ware(*Paul and the Mission*, 241)는 2:12-18이 "복음전파를 위한 고난에 대한 권면"(참조. 247 *et passim*)이라며 지나친 주장을 펼친다. 고난은 언제나 바울에게 있어 신실함의 결과이지, 그 목적 자체가 아니며, 신실함은 단순한 전도 활동보다 더 큰 의미를 갖고 있다. Brian K. Peterson("Being the Church in Philippi," *Horizons in Biblical Theology* 30 [2008]: 163-78)도 Ware가 복음 선포로서의 신실함을 지나치게 강조한다고 올바르게 비판하지만(169), 그는 소논문 전반에 걸쳐 복음 선포가 신실한 복음의 구현의 일환임을 거부하며 지나친 주장을 펼친다.

은 신실한 행위이지만, 이는 또한 근본적으로 사랑의 행위다. 사실 바울은 여기서 그리스도의 성육신과 죽음을 사랑의 행위라고 명시적으로 부르듯이 이것을 명시적으로 언급하지 않는다. 그러나 본 문맥은 그리스도의 이야기와 공동체의 이야기를 모두 사랑의 관점에서 해석할 것을 요구한다. 복음에 합당한 삶은 공동체 안에서뿐만 아니라 공적 영역에서도 십자가를 본받는 사랑의 삶이다. 사랑이 그리스도로 하여금 인간이 되고 또 로마인들의 손에 죽기까지 신실하게 순종하도록 만들었듯이, 그리스도 안에 있는 공동체 역시 말과 행동으로 복음을 신실하게 전하게 될 것이다. 왜냐하면 사랑이 그들을 그렇게 하도록 만들기 때문이다. 바울이 빌립보 교인들을 사랑했고, 또 지금도 사랑하고 있듯이(1장), 빌립보 교인들도 세상을 향해 복음을 전할 만큼 세상을 충분히 사랑한다면 그들도 복음에 합당한 삶을 살 수 있다. 요한복음 3:16-"하나님이 세상을 이처럼 사랑하사"-이 이 세상을 향한 교회의 사랑에 대한 선교적 함의를 내포하고 있듯이, "그리스도께서 자신을 비워 사랑으로 자신을 낮추셨다는 것" 역시 교회가 성육신적으로, 그리고 십자가를 본받는 방식으로 이 세상을 사랑해야 한다는 선교적 함의를 담고 있다. 그리스도 이야기를 어떤 방식으로든 나를 위한, 혹은 우리를 위한 구원으로 한정짓는 것은 이 시의 전반부를 이 시 자체와 편지 전체의 선교적 맥락에서 떼어내는 것이다.

셋째이면서 마지막으로, 이 마스터 스토리는 우리에게 소망을 가져다주는데, 적어도 두 가지 방식으로 그렇게 한다. 한편으로 이 이야기는 빌립보 신자들에게 예수의 주되심에 대한 그들의 메시지가 실제로 진실이며, 멈출 수 없는 것임을 재확인시켜줄 것이다. 사실 그의 주되심은 언젠가는 각처에서, 그리고 모든 피조물에 의해 인정될 것이다

(2:10-11). 현재의 반대가 어떻든지 간에 "진리는 반드시 드러날 것이다." 더 나아가 이 이야기는 하나님께서 로마당국자들의 손에 의해 고난을 받으신 그들의 순종과 사랑의 주님을 신원하셨던 것처럼, 이 이야기를 듣고 믿는 자들이 로마의 적개심 속에서도 신실함과 사랑을 나타낼 때 그들 또한 신원하실 것임을 재확인해준다. 바울은 편지 말미에서 이러한 신원을 명시적으로 언급한다(3:20-21). 신실함과 사랑은 이것들을 지탱할 소망을 필요로 하며, 빌립보서 2:6-11에 등장하는 그리스도의 이야기는 그러한 소망을 우리에게 제공해준다.

복음을 전파하는 공동체?

나는 지금까지 줄곧 바울의 마스터 스토리가 *missio Dei*, 곧 하나님의 선교를 표현할 뿐만 아니라 빌립보 교인들로 하여금 그 이야기를 신실함과 사랑으로 끝까지 증언하고, 또 이로써 그 *missio Dei*에 참여하고 이를 확장하도록 장려한다고 주장해왔다. 그러나 물론 빌립보 교인들이 이 마스터 스토리를 가지고 무엇을 해야 하는지에 관해서는 수많은 논쟁이 있어왔다. 과연 바울은 2:16에서 동사 에페코(*epechō*)를 어떤 의미로 사용했을까? "생명의 말씀을 ~하고 있다"라는 구절에서 나는 이 동사가 "붙들다"(즉 지속적으로 믿는다)[59]인지 혹은 "열변하다"(즉

---

59 예. Bockmuehl, *Philippians*, 158-59. 그는 복음 전도 활동을 나타내는 데 이 동사가 사용된 용례를 초기 기독교 내에서 발견하지 못한다. 또한 NRSV, ESV, RSV "붙들다"; NAB, CEB, NET "말하다"; NIV, NLT "굳게 잡다."

선포한다)[60]인지에 관한 논쟁은 언어학적으로는 적절할지 몰라도, 신학적으로나 실천적으로는 그릇된 이분법에 속한다고 말하고 싶다. 우리는 먼저 무언가에 대해 열변하지 않는 이상(이것이 *epechontes*의 구체적인 의미인지의 여부와는 상관없이) 우리는 그것을 붙들 필요가 없다(대다수의 학자들이 선호하는 *epechontes*의 번역). 이것은 오직 공적 증거(심지어 사적인 영역이라 하더라도, 신앙 공동체의 외부라는 의미에서 공적)에 대한 반발과 이에 저항하려는 유혹에서만 2:16의 바울의 권면을 바울이 빌립보서 1장에서 언급한 사건에 비추어 올바르게 이해할 수 있다.

하지만 2:16의 권면은 여전히 주목을 받기에 충분하다. 제임스 웨어는 특히 그의 저서 『바울과 교회의 사명』(*Paul and the Mission of the Church*)을 통해 학계에서 "열변하다"라는 번역을 옹호하는 데 가장 큰 목소리를 내고 있다. 브라이언 피터슨(Brian Peterson)은 웨어를 비롯해 이 견해를 옹호하는 이들에 반대하면서 바울은 빌립보 교인들에게(혹은 다른 회중에게) 복음을 다른 이들에게 적극적으로 전할 것을 권장하지 않았다고 주장했다.[61] 피터슨에 의하면 바울은 그들이 그들의 공동의 삶 속에서 마스터 스토리를 구현하고, 외인들에게 선을 행하며 "제국에 맞서 하나님의 새로운 피조물로서 그리스도 안에서의 그들의 정체성", 곧 교회의 "소명과 그 사명"이 되는 그들의 삶을 살아내면서 단순히 예수와 같이 되기를 원했다.[62] 피터슨은 "복음전도"(evangelism)가 교회의

---

60 Ware(*Paul and the Mission*, 269, 256-70을 요약하면서)는 "열변하다"가 2:16의 *epechō*에 대한 "유일하게 가능한 의미"라고 주장한다. 나도 이에 동의하는 편이지만, 내가 여기서 말하려는 요점은 Ware의 주장의 타당성에 달려 있지 않다. GNT는 "그것을 제공하다"로 옮기지만, CEV는 "견고히 잡다"로 바꾸었고, GNT의 번역을 각주에 달고 있다.

61 Peterson, "Being the Church," 163-78.

62 Peterson, "Being the Church," 163.

수적 성장을 위해 집집마다 전도지를 전달하는 것을 의미한다고 전제
한다.[63] 만약 그것이 복음전도라면 나는 바울이 그의 회중에게 그것을
장려하지 않았을 것이라는 데 동의한다. (만약 다른 이유가 없었다면, 파피
루스와 필사 비용이 빌립보 교인들의 부족한 예산을 훨씬 초과했을 것이다!)

나는 피터슨이 긍정하는 것은 옳고, 그가 부인하는 것은 잘못되
었다고 생각한다. 바울이 수적 성장, 특히 가가호호 복음전도와 같은
것보다는 십자가를 본받는 신실한 공동체적 삶에 깊은 관심을 두고 있
다는 그의 주장은 타당하다. 그러나 구두 증언과 교회의 확장은 그의
교회를 향한 바울의 목적의 일환이 아니라는 그의 주장은 잘못되었다.

첫째, 피터슨 자신이 지적하듯이 바울은 교회가 대안적 지배권을
지닌 대안적 제국으로서 로마 제국 전역으로 퍼져나가길 원했다.[64] 둘
째, 바울 지역의 특정 교회들(특히 골로새, 라오디게아, 히에라폴리스 등을
포함하여, 어쩌면 고린도와 겐그레아까지도)이 자신들의 복음전도 사역에
다른 교회들을 동참시켰고, 또 서로 협력했다는 증거가 있다.[65] 마지막
으로(그러나 가장 중요한), 바울의 초기 공동체들이 일종의 거룩한 작은
모임으로서 공동체적으로 십자가를 본받는 삶을 실천하면서 단순히
그들의 이웃들에게 선을 행하고 예수를 주님으로 경배하기 위해서만

---

63 가장 최근의 "복음주의 번역위원회"의 전제에 반하는, 바울의 수적 증가에 대한 집착에 반
하는 Peterson의 주장에 관해서는 "Being the Church," 165, 170을 보라.

64 Peterson, "Being the Church," 173-78.

65 골로새 교인들에게 라오디게아와 히에라폴리스에 있는 교회들을 언급하는 골 4:7-18과
겐그레아의 뵈뵈와 고린도와 연관이 있는 브리스가(브리스길라)와 아굴라(행 18:2; 고전
16:19)를 함께 언급하는 롬 16:1-3을 보라. 비록 바울이 골로새 교회를 세우지는 않았고
(에바브라가 설립했다고 말하는 골 1:7), 또 라오디게아와 히에라폴리스에 있는 교회를 세
우지 않았다 하더라도, 골로새서는 이 교회들이 바울과 그의 동료들(또는 나중에는 "제자
들") 때문에 서로 연결되어 있었음을 보여준다.

모였다고 상상하는 것은 반직관적일 뿐 아니라 가히 믿기 어려운 일이다(심지어 공개적인 거룩한 모임에서 친구들에게 이 두 가지 행동 중 하나라도 설명해주거나 그들을 그 모임에 참여하도록 초청하지 않았을 리는 더더욱 만무하다). 만약 이러한 침묵이 바울 공동체들(구체적으로 빌립보에서)의 규범이었다면, 왜 그들은 복음을 위해 그들 공동체의 설립자와 공동체의 주님과 더불어 고난을 받았겠는가?

이러한 고난은 구두 증언—회심의 목적일 수도 있고 아닐 수도 있지만, 아마도 그런 목적으로—이 오직 바울 공동체들에 속한 이들의 삶에 있어 필수적이며 일상적인 경우에만 제대로 설명될 수 있다. 따라서 "붙잡다"는 부분적으로 "열변하다", 즉 겁내지 않고 **계속해서** 말하는 것이다. 사실 열변하는 것은 붙잡는 것에 대한 공적인 증거다(재차 말하지만, 여기서 "공적"이란 말은 "신앙 공동체의 밖"으로 정의된다). 만약 "붙잡다"가 단지 "내적 확신을 견지하다" 혹은 "너희의 믿음을 다른 동료 신자들과 비밀리에 공유하다"라는 뜻이라면, 바울이 교회에게 고난은 은혜라고 말할 필요도 없었으며, 고난에 이은 종의 승귀에 대한 기독론적 내러티브 또한 그들의 내러티브라는 사실을 재확인시킬 필요도 없었을 것이다.

존 하워드 요더(John Howard Yoder)가 종종 말하고 브라이언 피터슨이 암시하듯이 교회의 가장 우선되는 임무는 다름아닌 교회가 되는 것이다. 그런 의미에서 바울은 "빌립보 교인들에게 선교에 참여할 것을 권면할 필요가 없었다." 왜냐하면 "그들 자신이 바로잡으시는 하나님의 능력을 선포하는 이들이기" 때문이라는 로스 와그너

삶으로 담아내는 복음

(Ross Wagner)의 말은 전적으로 타당하다.[66] 그러나 그러한 종류의 "존재"(being)는 적어도 다음과 같은 세 가지 이유에서 구두 증언이나 혹은 복음전도와 불가분의 관계에 있다. (심지어 이것이 "소극적인"[soft] 복음전도, 곧 적극적이기보다는 문의에 반응하는 것이라 하더라도 말이다.)

1. 인간의 존재는 본유적으로 관계적이며, 따라서 소통을 필요로 한다.
2. 행동에 대한 반대는 그 행동에 대한 해석을 요하고, 일반적으로 (성공적이든 아니든 간에) 이런 행동에 대한 비판을 받는 편의 변호를 요한다.[67]
3. 예수의 마스터 스토리는 단순히 자신을 내어주도록 영감을 불어넣어주는 자기희생적인 예언자에 관한 것이 아니라, 신성과 주되심에 대한 다른 모든 주장이 거짓된 것임을 드러내는 신성과 주되심에 관한 주장이다.[68] 다시 말하면 빌립보 교인들의 이야기는 본질적으로 논쟁적이며, 일종의 자애적인 전복이나 묵시, 심지어는 "파괴적"(sabotage)일 수도 있다. C. S. 루이스는 이에 관해 다음과 같이 말한다.

내가 처음으로 신약성서를 진지하게 읽었을 때 나를 크게 놀라게 했던 것 중의 하나는 신약성서가 우주의 "어두운 세력"(Dark Power)—죽음과 질병과 죄의 배후에 있는 세력(Power)를 행사하는 강하고 악한 영—에 관

---

66 Wagner, "Working out Salvation," 271-72; 또한 Flemming, Philippians, 43.
67 또한 앞장에서 다룬 데살로니가의 상황에 대한 논의도 참조하라.
68 나는 이 점의 정확한 표현에 대해 Andy Johnson에 빚지고 있다.

해 무척이나 많이 이야기한다는 것이었다. 가장 큰 차이점은 기독교가 이 어두운 세력이 하나님에 의해 창조되었고, 처음에는 선하게 창조되었음에도 나중에는 잘못된 길로 나아갔다고 생각한다는 것이다. 기독교는 이 우주가 전쟁 중에 있다는 이원론의 주장에 동의한다. 그러나 기독교는 이 전쟁이 독립된 세력 간의 전쟁이라고 생각하지 않는다. 기독교는 이것이 내전이자 반역이며, 또한 우리는 반란군에 의해 점령당한 우주의 한 모퉁이에서 살고 있다고 생각한다. 적군이 점령한 지역이 바로 현재 이 세상의 모습이다. 기독교는 합법적인 왕이 어떻게 이 지역에 (이를테면 변장한 채) 상륙했는지에 관한 이야기로서, 우리 모두가 이 거대한 작전에 참여할 것을 촉구한다.[69]

하나님의 이러한 인류 역사에의 "개입"은 오직 그 전복적인 활동이 마스터 스토리에 서술된 그 주님의 사랑하는 종의 형태와 일치할 때에만 자애로운 파괴행위(sabotage)가 된다. (물론 전복당하는 이들은 일반적으로 은혜 없이는 이것을 자애로운 파괴행위로 인식하지 못할 것이다.) 이와 동시에 그 종의 활동은 이렇게 십자가에 달리신 예수가 실제로 하나님의 정체성과 사명을 계시하시고, 또 이 세상의 주님이심을 드러내는 것과 연결될 때에만 궁극적으로 신학적·실천적 의미를 갖고, 또 박해로부터 살아남게 한다. 그리고 N. T. 라이트가 자주 사용하는 표현을 인용하자면 "만약 예수가 주님이시라면 카이사르는 (주님이) 아니다." 또한 예수가 주님이시라면 제우스도, 아폴로도, 세라피스도, 또 다른 어떤 사이비-신도 주님이 아니다. 어느 시점에서, 그리고 많은 경

---

69   C. S. Lewis, *Mere Christianity*, 2장 끝부분.

우, 빌립보 신자들은 어떤 방식, 모양, 혹은 형태로든 이러한 주장을 다른 이들에게 했을 것임에 틀림없다. 다시 말하면 "어느 때든지 복음을 선포하라. 필요하면 말을 사용하라"는 아시시의 프란체스코의 (것으로 알려진) 금언은 복음을 삶으로 구현하라는 바울의 메시지와 그리 잘 어울리지 않는다. 증인이 된다는 것은 해석을 요한다.[70]

"연약한 할머니와 함께 길을 건너는 것"은 그리스도인에게 적절한 행동일 수 있지만, 이로 인해 박해를 받지는 않는다. 이러한 박해는 오직 우리가 이런 행동을 참된 능력의 표현으로 설명할 때, 또는 황제나 제국 또는 다른 문화적 신들에게 경의를 표하는 행사—청소년 축구나 프로 미식축구 또는 독립기념일 퍼레이드와 같은—에 불참할 때에만 발생한다. 이것은 우리가 연약한 할머니와 함께 길을 건널 때에나 혹은 기꺼이 인류의 종이 되기로 작정하시고 이와 동일한 일을 하신 그분을 주님으로 경배할 때에나 모두 마찬가지다.

함께하는 삶: 빌립보서 2:6-11을 오늘날 선교적으로 읽기

앞 단원의 마지막 문장은 역사적인 분석이라기보다는 해석학적인 적용처럼 들릴 수 있다. 그러나 이는 오늘날 우리가 빌립보서 2:6-11을 읽는 우리 자신들의 정황을 보다 더 직접적으로, 신학적으로, 그리고 선교적으로 성찰하도록 이끈다. 그렇다면 이제 우리는 우리의 연구가

---

[70] 프란체스코가 이것 또는 이와 유사한 무언가를 말했을 가능성은 매우 희박하다. 더욱이 그는 실천가인 만큼 설교자였다.

가져다주는 "함의"에 관한 해석학적 질문으로 넘어가고자 한다. 그리스도에 대한 찬미 시와 그 시가 등장하는 이 편지를 선교적으로 읽는다는 것은 무엇을 의미할까?

선교를 위한 준비로서의 교제와 예배

나는 바울에게 있어 빌립보서 2:6-11은 빌립보 교회가 예배를 위해 모였을 때 신조나 시 혹은 찬송 등 어떤 형태로든 낭송된 그 교회의 마스터 스토리였다고 제안한 바 있다. 이 본문의 전후 문맥은 이 이야기가 성령 안에서 이루어지는 코이노니아(*koinōnia*)로서의 교회의 함께하는 삶(2:1-4)과 이 세상을 향한 교회의 선교(2:12-16)—곧 동시적인 구현과 해석이라는 해석학적 연설을 동반하는 행동적 선교—와 불가피하게 연결되어 있음을 암시한다.

따라서 메시아이신 예수의 이야기를 예전(禮典)적으로 낭송한다는 것은 성령의 능력을 통해 그의 형상으로 우리를 지으시고(form) 개혁하시기(re-form) 위해 우리 가운데 거하셔서 우리 개인과 공동체의 내러티브가 그의 형상을 보다 더 신실하게 닮을 수 있게 하시는 그분의 내러티브적 모양을 기억하는 것이다. 이는 아버지 하나님께 모든 영광을 돌린다. 따라서 아버지, 아들, 성령이신 이 하나님을 예배하는 것은 신실한 삶을 위한—구심적(centripetal) 및 원심적(centrifugal) 활동을 위한—영적 훈련을 행하는 것이다.

그러한 예배의 일환—이 이야기의 정점—이 바로 "예수는 주님이시다"라는 고백이다. 아버지 하나님의 영광을 위해, 성령의 교제하심 가운데 예수를 주로 고백하는 것은 같은 마음을 품은 이들의 공동체라는 안전지대 안에서는 상대적으로 그리 어렵지 않다. 그러나 그리스도인들의 모임이 이러한 고백을 매주 혹은 매일 하기도 하고, 이러한 고백을 더 큰 이야기와 연결시킬 때에는 그 이야기를 자신들의 영역 밖에서도 신실하게 살아내고 선포할 수 있는 능력을 힘입게 된다.

여기서 우리는 덕목에 관한 아리스토텔레스와 토마스의 통찰력을 고려해볼 만하다. 우리는 우리가 실천하는 것이 된다. 우리의 예전적 습관은 이 이야기를 신실하게 삶으로 구현하고 전하는 것을—그리고 심지어 시간이 흐르면 자연스럽게—가능케 하기도 하고 그렇지 않을 수도 있다. "구도자들"의 민감함을 고려해 이 이야기를 전하는 것을 생략하는 교회들은 결국 자신들에게나 구도자들에게 기독교적이라고 할 수 있는 것을 전할 것이 전혀 없다. 그러나 모든 사람과 모든 공동체가 마스터 스토리를 필요로 하기 때문에, 또 다른 새로운 이야기가 그 공백을 채울 것이며, 또 다른 새로운 마스터 스토리가 이 세상에 존재하는 새로운 (그리고 분명히 이질적인) 방식을 수반할 것이다. 이러한 "신조적 건망증"의 최종적 결과는 교회가 예수의 이야기를 신실하게 구현하는 삶을 살거나 필요하다면 목숨을 내놓을 만한 것이 전혀 없다는 것이다(첨언하건데, "예전적 건망증"을 앓는 이들에게도 이와 동일한 결과가 나타날 개연성이 높다. 물론 이러한 사실은 우리가 빌립보서보다는 고린도전서[고전 11:17-34]를 통해 알게 되겠지만 말이다). 교회는 그들의 자녀들이 일부 고귀한 목적을 위해, 거의 확실하게 인종적이거나 민족적인 목적을 위해 살고 죽기를(심지어는 목숨을 빼앗기를) 요구할 것이다. 이로써 교회는 신앙고백에 대한 두려움이라는 거대한 대가를 치르면서 완전히 원점으로 돌아올 것이다. 예수가 우주적 주님, 곧 고난받는 종으로서 다스리시는 주님이심을 선포하는 이야기와 신앙고백을 등한시함으로써 교회는 우주적 주님을 어떤 한 부족의 신으로 대체하고, 고난받는 종을 정복하는 왕으로 대체할 것이다. 안타깝게도 이러한 선택은 교회사 전반에 걸쳐, **특히 교회의 원심적 활동에서**, 너무나도 빈번하게 교회의 패턴으로 나타났다.

나는 이러한 이질적인 마스터 스토리의 "개입"과 이러한 사이비 복음에 대한 교회의 지속적인 "재회심"(re-conversion)이, 적어도 오늘날 미국의 경우에는, 교회의 가장 심각하고 지속적인 죄라고 주장한다.[71] 미국이 이 세상의 빛이며 인간의 자유의 소망이라는 민주당과 공화당 대통령 후보의 주장으로부터 군사적 담화를 지배하는 "사명" 용어와, "구속적 폭력"이라는 담화와, 민족주의적 명절과 헌신을 교회의 예전적 행사로 끌어들이는 것에 이르기까지 교회는 이 세상에서 이질적인 주님과 이질적인 사명(선교)을 따르도록 지속적인 공세를 받고 있다.

그러나 교회의 참된 마스터 스토리를 전하고 또 전함으로써 교회는 이제 이 낯설고 로마의 것과 같은 마스터 스토리를 던져버릴 수 있는 힘을 얻고, 자신을 비우고, 자신을 내어주는 예수의 종 되심에 참여하면서 참된 이야기를 선교적으로, 그리고 신실하게 살도록 준비되어 간다. 이것은 교회가 그 마스터 스토리에 주의를 기울이고 그 스토리에 신실하게 대응할 때 교회의 참여적 봉사가, (일부) 빌립보 교인들의 경험처럼, 고난과 (잠재적) 죽음까지 초래한다는 것을 알게 될 때에도 마찬가지다.[72]

---

71 유럽과 아프리카의 교회에 대한 나의 (제한된) 경험에서 볼 때 이 문제가 미국에만 국한된 것은 아니다.

72 비록 불가능한 것은 아니지만, 나는 빌립보 교인들 가운데 실제로 죽임을 당했을 가능성을 암시하는 것은 아니다. 성서의 또 다른 책을 이와 유사한 방식으로 해석하는 저서로는 나의 *Reading Revelation Responsibly: Uncivil Worship and Witness; Following the Lamb into the*

나는 또한 본장에서 빌립보서에 나타난 교회의 선교는 말과 행동으로 이루어진다고 주장했다. 이제 우리는 이것을 우리 자신의 상황에 보다 더 구체적으로 적용할 수 있다. 나는 이제 간략하게나마 위대한 계명, 위대한 명령, 위대한 도전, 위대한 결과에 관해 고찰해보기를 원한다(독자들은 내가 의도한 두운[頭韻, alliteration]을 용서해주기 바란다).

위대한 계명

앞에서 이미 언급했듯이 신실한 공동체의 내러티브는 구체적으로 예수의 성육신과 죽음에서 나타난 자기희생 및 타인 중심의 아가페(*agapē*), 곧 **사랑**이란 단어로 요약될 수 있다. 빌립보서를 보면 바울이 특별히 이러한 종류의 사랑이 상호 내부 교제(구심적)의 관계와 활동의 특징으로 나타나기를 원했다는 것이 분명하게 드러난다. 그러나 우리가 만약 바울이 이러한 사랑을 신자들에게만 한정지었다고 결론 내린다면, 내가 이미 논증했듯이, 우리는 잘못 판단하는 것이다. 나는 이 점을 재차 반복하고 구체적으로 설명할 필요가 있다고 생각한다.

우선 사도 바울은 자신의 서신 여러 곳에서 그의 공동체들이 외부인들에게 선을 행할 것, 즉 사랑할 것을 권면한다(예. 롬 12:17; 갈 6:10; 살전 5:15의 "모두"; 롬 12:14의 박해자들; 참조. 고전 4:12). 또한 더 중요한 점은 그리스도 안에 있는 개인이나 공동체는 언제나 그리스도 안에 있다는 것이다. 그 삶은 매일 매순간 복음의 내러티브에 의해 형성된다. 이러한 삶은 단지 일부 온전함의 원칙뿐 아니라 복음 자체의 본질을 필요로 한다. 예수의 성육신과 죽음은, 바울 서신의 다른 본문

―

New Creation (Eugene, OR: Cascade, 2011)을 보라.

에서 보다 더 명시적으로 나타나 있듯이(예. 롬 5:6-8; 고후 5:12-21), "외부인들", 곧 하나님께 적대적이며 그분과의 화해를 필요로 하는 이들을 향한 사랑의 행위로 행해졌다. 교회의 사명은, 요한의 용어를 빌리자면, "이 세상"을 사랑하는 것이다. 빌립보에서도 그랬던 것처럼, 심지어 그 세상이 우리에게 적대적일 때에도 말이다. 예수를 본받으려는 정신을 가지고 성령의 능력을 힘입은 교회는 이 세상의 구원을 위해 세상을 성육신적으로, 그리고 십자가를 본받는 새로운 방식으로 사랑할 수 있도록 지속적으로 노력해야 한다. 선교적 교회가 되는 데에는 엄청난 상상력이 요구된다.

예를 들어 영국의 데이비드 퍼브스(David Purves)는 최근에 본장을 근간으로 한 다른 더 방대한 저서(『십자가의 모양을 하신 하나님 안에 거하기』)에서 제시한 빌립보서 2:6-11에 대한 해석을 수용하고, 이를 교회의 노숙자 사역에 건설적이며 창의적으로 적용했다.[73] 그는 빌립보서 2장과 참여, 그리고 사역에 관한 자신의 주장을 다음과 같이 요약한다.

노숙자를 위한 기독교 사역은 종종 독립적인 자원단체들에 의해 이루어지는 사회 활동으로서의 사역과 회중의 삶으로 이분화 되는 것이 특징이다. 이것은 어쩌면 사회학적 영향의 결과이기도 하지만, 영성을 개인화하는 주류 교회에 윤리적으로 부족한 형벌적 대속의 대중적 버전이 성행하는 것과도 얽혀 있다. 우리는 이러한 가르침의 윤리적 측면을 강화하는

---

73   David R. Purves, "Relating Kenosis to Soteriology: Implications for Christian Ministry amongst Homeless People," *Horizons in Biblical Theology* 35 (2013): 70-90.

236

삶으로삶으로 담아내는 복음

것과 더불어 기독교의 자기이해에 도전하는 대안적인 신학적 도구들을 제공하는 것도 중요하다고 주장한다. 케노시스[그리스도의 자기 비우심]는 바로 그러한 도구다. 성서적·신학적 접근법에 관한 간략한 역사적 개관에서 우리는 신적 속성들을 "비우는" 장소(locus)에 관한 철학적인 기독론 논쟁에 집중하기보다는 케노시스를 윤리적인 내러티브로 이해하는 것이 케노시스 이해의 핵심이라고 제안한다. 이로써 우리가 구원에 있어 반드시 필요하다고 여기는 윤리적 자기 비움의 측면이 검토되는데, 이는 우리가 참여 지향적인 학자들이 주장하는 바울의 "칭의" 개념에 대한 최근 성서학계의 영향을 받는 영역이기도 하다.…"이기심을 비우는 것"으로서 공동 부활(co-resurrection)로 이끄는 케노시스는 테오시스라는 본질적이며 지속적인 구원론적 과정의 일환이다. 케노시스를 이렇게 구원론과 연관시키는 것은 교회의 노숙자 사역에 여러 가지 함의를 제공해준다. 우리는 또한 최근의 사회복지 관련연구를 고려하면 공동체 지향적이며, 관계적이고, 자기희생적이며 포용적인 사역을 제공해야 할 책임이 교회에 있다는 사실을 깨닫게 된다.[74]

위대한 명령[75]

앞서 나는 빌립보 신자들이, 비록 "소극적" 복음전도로 간주된다 할지라도, 어떤 형태로든 복음 선포에 반드시 관여했을 것이라고 주장했다. 인간 증오 그리고/또는 신들과 제국에 대한 결례로 비춰질 수 있는 그들의 사회 행사 불참은 말할 것도 없고, 그들의 십자가를 본받는 이

---

74 이 인용문은 저자 자신의 초록에서 가져온 것이다(70).
75 물론 나는 열방 가운데 새 제자를 삼으라는 예수의 명령(마 28:18-20)을 요약하는 보편적인 표현을 차용하고 있다.

웃 사랑은 신자들의 관점에서 어떤 설명이 필요했을 것이며, 또 아니면 불쾌감을 느낀 측에서 어떤 설명을 요구했을 것이다.

교회의 "외부인에 대한 사랑은 보다 더 궁극적인 어떤 목적(곧 '더 많은 회심자')에 도달하기 위한 교회의 선교 전략이 아니다"[76]라는 브라이언 피터슨의 말은 타당하다. 그러나 "그러한 사랑은 분명히 교회의 사명"[77]이라는 그의 주장은 빌립보 교회―그리고 오늘날도 이와 동일한 방식으로[78]―가 "로마의 문화와 영향의 확대로서 지구 전반에 걸친 로마의 지배"[79]에 대한 대안이라는 자신의 탁월한 주장을 충분히 고려하지 못했다.[80] 이것이 카이사르의 검을 그리스도의 십자가로 대체하는 것을 의미한다면 우리는 당연히 "이 세상을 기독교화하는 소망을 포기해야만" 한다.[81] 그러나 **좋지 못한** 복음전도에 대한 올바른 답은 복음전도를 **안** 하는 것―이야기를 전하는 것을 중단하는 것―이 아니라 오히려 **참된 이야기를 진정으로 전하는 것**이다.

예수의 마스터 스토리를 전하는 교회는 십자가를 본받는 사랑의 삶을 구현하는 것과 예수를 주님으로 선포하는 것 가운데 하나를 택일할 수 없다. 교회의 십자가를 본받는 삶은 바로 그 선포에 근거를 두고 있으며, 그 선포는 바로 그 십자가를 본받는 삶으로 표현된다. 교회는 두 개의 이야기―하나는 사랑에 관한 이야기, 다른 하나는 주 예수에 관한 이야기―를 구현하거나 전하지 않고, 구분이 없는 한 이야기를

---

76   Peterson, "Being the Church," 170-71.

77   Peterson, "Being the Church," 171.

78   Peterson, "Being the Church," 176.

79   Peterson, "Being the Church," 173.

80   Peterson, "Being the Church," 173-78.

81   Peterson, "Being the Church," 177.

구현하고 전한다. 이와 동시에 교회는 성육신과 죽음으로 자신을 내어 주셨지만 이제는 정복한 주로서 경배를 요구하며 인류 "위에 군림하는" 정복한 주로서 능력으로 통치하시는 사랑의 예수에 관한 균열된 이야기(fractured story)를 전하지 않는다. 그의 통치는 십자가를 본받는 사랑의 통치이며, 교회는 온 세계가 바로 그 사랑의 다스림으로 들어갈 것을 촉구한다.

따라서 교회는 예수의 우주적 주되심이 모든 이들이 알고, 모든 이들이 참여해야 하는 실재임을 믿는다. 이는 다음 두 가지 이유에서다. 첫째, 인간은 한 분 하나님을 경배하기 위해 창조되었으며, 이 한 분 하나님은 예수를 주로 높이셨고, 이로써 우리가 그의 주되심을 인정하는 것은 우리를 헌신과 사랑을 드리도록 창조하신 하나님께 영광을 돌리는 것이다. 둘째, 인간은 하나님의 형상을 따라 살도록 창조되었으며, 두 번째 아담이자 자신을 내어주신 고난받는 하나님의 종인 예수 그리스도는 그것이 무엇을 의미하는지를 우리에게 구체적으로 보여주신다. 인간은 바울이 로마서의 초반부에서 분명하게 밝혔고, 또 빌립보서에서 "어그러지고 거스르는 세대"(빌 2:15)라는 말로 요약하는 것과 같이, 하나님의 계획이 의도한 이 두 측면에 모두 미달했다. 예수의 주되심의 우주적 선포를 기대하면서 우리는 다른 이들이 이제 인간으로서 하나님의 영광을 위해, 그리고 자신의 성취를 위해—그들의 구원, 그들의 삶—예수의 주되심을 인정하며 살아가도록 초청한다. 그렇게 함으로써 우리는 이스라엘에게 주어진 하나님의 사명(선교)을 구현하며(사 42:6; 46:9; 참조. 단 12:3) 그의 제자들에게 주어진 예수의 사명(선교)을 구현한다(마 5:14-16). 이것은 곧 이 세상의 빛이 **되어** 이 세상에 빛을 **가져다주는** 것이다. 바울은 빌립보 교인들이나 우리에게도 이와 동일한 것을 기대한다(빌 2:15).[82] 이 말은 우리가 단순히 예수가 주님이심을 **믿을** 뿐 아니라 그의 주되심을 **구현하고,** 다른 이들도 그렇게 하도록 초청하는 데 부르심을 받았다는 것이다.

우리는 이 이야기의 반문화적인 종교적·정치적 주장에 초점을 맞추지 않고 예수가 "주님"이시라는 "좋은 소식"에 관해 말할 수 없다. 재차 강조하지만, "만약 예수가 주님이시라면 카이사르는 (주님이) 아니다." 교회는 매 시대마다 세속적 권력 및 제국과 하나가 되려고 하고, 또 대개 그 권력을 신성하다고 여기도록 유혹을 받는다. 그러한 일이 벌어지면 교회의 사명은, 심지어 교회의 복음전도까지도, 너무나 왜곡되어 더 이상 그 마스터 스토리의 신실한 "주석"(commentary)이 되지 못한다. 사실 우리는 이것이 더 이상 복음을 선포하는 것이 아니며, 전혀 복음이 아닌 사이비복음을 전하는 것이라고 말할 수 있고, 또 그렇게 말해야만 한다. 그리스도의 이야기에서 계시된 반직관적이며, 반제국적이고, 자기를 비우신 하나님은 그 유혹적인 사이비 마스터 스토리를 해체시킨다. 하지만 이 사이비 마스터 스토리는 목숨이 아홉 개인 고양이처럼(아니 어쩌면 아홉 곱하기 90번) 매번 새로운 문화와 새로운 세대에서 새로운 모습으로 재출현하는 것 같다. 오직 깨어 근신하는 것만이―그리고 기도와 금식―이 악마를 지속적으로 쫓아낼 수 있다.

위대한 도전

빌립보서 2장의 렌즈를 통해 해석된 위대한 계명과 위대한 명령은 우

---

82 참조. 행 13:47.

리를 우리의 현재 상황을 위한 기독교 선교의 세 번째 측면으로 인도한다. 이것이 바로 일부 학자들이 "교회의 세 번째 사명"이라고 불렀던 창조세계 돌보기다.[83] 나는 이것을 위대한 도전이라고 부르는 것을 선호한다.

예수의 주되심에 우주적 측면이 있다는 것은 이 본문에서 분명하게 드러난다(2:10-11). 따라서 이 본문에 근거한 선교적 교회는 인류가 보다 더 거대한 우주와 연결되어 있다는 실재를 간과할 수 없다. 예수의 주되심에 대한 우주적 표현은 과연 어떤 의미에서 선교적 삶을 구현하는 교회를 통해 표현되거나 확대될 수 있을까?

나는 두 가지 방식이 있다고 제안하고 싶다. 무엇보다 우선 이스라엘의 성서는 인간의 죄와 인간의 구원이 우주와 서로 연결되어 있다는 것을 매우 명백하게 밝히고 있으며, 바울도 이에 관해 잘 알고 있었다(예. 창 3:17-19; 호 4:1-3. 참조. 롬 8:18-25; 골 1:15-20).[84] 복음주의적 환경 네트워크(Evangelical Environmental Network)가 빌립보서 2:4-8을 생태계에 대한 책임의 증거 본문 중 하나로 인용하는 것을 처음 목격했을 때 나는 발끈했다. 하지만 이 단체는 "'환경 문제'와 기독교

---

83   예컨대 Norman C. Habel, "The Third Mission of the Church: Good News for the Earth," *Trinity Occasional Papers* 16 (1998): 31-43.

84   이 본문들 가운데 아마도 가장 덜 알려진 호 4:1-3은 다음과 같다. "이스라엘 자손들아, 여호와의 말씀을 들으라. 여호와께서 이 땅 주민과 논쟁하시나니, 이 땅에는 진실도 없고, 인애도 없고, 하나님을 아는 지식도 없고, 오직 저주와 속임과 살인과 도둑질과 간음뿐이요, 포악하여 피가 피를 뒤이음이라. 그러므로 이 땅이 슬퍼하며, 거기 사는 자와 들짐승과 공중에 나는 새가 다 쇠잔할 것이요, 바다의 고기도 없어지리라. 그러나 어떤 사람이든지 다 투지도 말며, 책망하지도 말라. 네 백성들이 제사장과 다투는 자처럼 되었음이니라." 또한 Laurie J. Braaten, "All Creation Groans: Romans 8:22 in Light of the Biblical Sources," *Horizons in Biblical Theology* 28 (2006): 131-59를 보라.

의 사랑 및 정의의 관계"에 관한 표제 밑에 이 본문을 제시했다.[85] 교회의 사명이 타인을 사랑하는 것인 만큼 우리는 지상의 자원을 사용하는 것이 어떻게 타인을 위한 정의 혹은 불의에 기여하는지를 보다 더 온전히 살필 필요가 있을 것이다. 그리고 그렇게 함에 있어 교회는 말과 행동을 통한 증언을 예수를 따르는 것과 연결시키는 것을 두려워하지 말아야 한다.

둘째, 만약 인간이 그리스도 안에서 아담이 하나님의 형상으로서 하나님의 의도대로 지음 받도록 부르심을 받고 그러한 능력을 힘입었다면, 이제 우리는 아담의 과제, 곧 하나님의 종-주인으로서, 하나님의 청지기로서(창 2:15은 창 1:27-28에 대한 주석의 역할을 함) 하나님의 동산을 돌보는 일을 물려받은 자들이다. 교회의 사명은, 장차 다가올 새 창조의 맛보기로서, 이제 창조세계를 돌보는 것이며, 이것은 정치적으로 좌파에 속한 이들을 위한 교회의 선택적 사명의 일환으로서가 아닌, 그저 교회로서의 교회를 위한 사명인 것이다. 이 방식을 따르지 않는다면 교회는 공적 영역에서 복음에 합당한 삶을 살아갈 수 없을 것이다.[86]

---

85   나는 이것을 2009년에 그들의 웹사이트에서 보았다(www.creationacare.org). 이것은 그 이후로 삭제되었지만, 그렇다고 해서 이러한 연결을 거부하는 것을 의미하는 것은 아니다.

86   바울과 "교회의 세 번째 사명"에 관해 더 읽기를 원하면 입문자들을 위한 David Horrell, "A New Perspective on Paul? Rereading Paul in an Age of Ecological Crisis," *Journal for the Study of the New Testament* 33 (2010): 3-30; David Horrell, Cherryl Hunt, and Christopher Southgate, eds., *Greening Paul: Reading the Apostle in a Time of Ecological Crisis* (Waco, TX: Baylor University Press, 2010); Presian Smyers Burroughs, *Liberation in the Midst of Futility and Destruction: Romans 8 and the Christian Vocation of Nourishing Life* (Th.D. diss., Duke Divinity School, 2014)을 보라.

위대한 결과: 섬기는 교회와 오늘날의 고난받는 교회

우리가 앞장 말미에서 논의한 바와 같이, 모든 기독교 공동체가 믿음, 사랑, 소망의 장소이듯이 모든 기독교 공동체는 정의상 섬김의 장소다. 인접 문맥(2:1-4)의 관점에서 보면 빌립보서 2:6-11에 등장하는 바울의 시는 빌립보 교인들이 직면했던 외부의 압력과 내적 갈등으로 인해 성령 안에서 이루어지는 섬김이라는 내적 측면에 주안점을 두고 있는 듯 보인다. 하지만 몇 줄 앞이나 시 직후를 보면 우리는 이 섬김이 보다 광범위한 도시(polis)를 향해 신앙 공동체 밖으로 확대되었음을 분명하게 확인할 수 있다. 물론 그들은 이것을 섬김으로 인식하기보다는 인류에 대한 반역이자 경멸로 느꼈을 것이다.

빌립보 교인들에게 보낸 이 편지는 2:6-11에 대한 긴 묵상일 수 있지만, 빌립보서 2:6-11 자체는 어쩌면 마가복음 10:45—"인자의 온 것은 섬김을 받으려 함이 아니라 도리어 섬기려 하고 자기 목숨을 많은 사람의 대속물로 주려 함이니라"—에 기록된 예수의 말씀을 확대한 것이거나 "내가 주와 또는 선생이 되어 너희 발을 씻었으니 너희도 서로 발을 씻어 주는 것이 옳으니라"(요 13:14)는 말씀으로 끝나는 요한복음 13장의 세족 내러티브의 요약으로 이해하는 것이 가장 좋다. 또한 요한복음 13장의 초점은 일차적으로 제자 공동체에 있지만, 그리스도 안에서 자신을 내어주는 하나님의 사랑은 분명히 온 세상을 위한 것이며(예. 요 3:16), 심지어 그 세상이 제자들과 그들의 주님을 미워할 때에도 그러하다(예. 요 15:18-23).

지역 교회들이 지금까지 섬김의 공동체를 실천해온 방식을 문서화한다면 아마도 그 어느 책도 그 내용을 다 담아내지 못할 것이다. 모든 기독교 공동체는 자신들이 속해 있는 상황에서 복음을 삶으로 살아내기 위해 구체적이면서도 상황에 맞게, 상상력을 동원해 섬김을 실천해나가야 할 것이다.[87] 그러나 우리의 어떤 특별한 주의를 필요로 하는 것은 바로 고난받는 교회다. 전 세계에는 아직도 대다수 북미 그리스도인들에게는 거의 또는 전혀 알려지지 않은, 박해받는 수많은 그리스도인들이 있음을 기억할 필요가 있다.

딘 플레밍(Dean Flemming)은 "우주적 지배가 아니라 자기 자신을 비우는 사랑을 통해 통치하시는 십자가에 달리신 구세주의 이야기가 이 세상을 향한 로마의 비전 전체와 격돌한다. 카이사르의 식민지에서 예수의 이야기를 삶으로 산다는 것은 매우 위험한 일이다"라고 말한다.[88] 이 사실은 그로 하여금 "지역적 관점과 세계적 관점에서" 빌립보서의 텍스트를 경청하고 성찰하도록 이끈다.[89] 빌립보서는 하나님의 *missio*에 나타난 교회의 역할을 극도로 상황화한 해석이며, 타-문화적 존재("대조적 공동체"로서)라는 실재들과 그 존재가 가져다주는 결과들은 오늘날 장소에 따라 상당히 다르게 나타날 것이다. 중동과 아프리카, 그리고 아시아 지역에서 고난과 박해를 받고 있는 교회들은 (전반적으로) 박해를 모르는 서구/북반부 교회들에게 신실함과 진실성(integrity)에 관해, 그리고 고난 중에서도 기쁨을 누리는 것에 관해―빌립보 교회처럼―많은 것을 가르쳐준다.

---

87 이러한 창조적 문맥의 예를 서술하는 여러 책 가운데 나는 다음 두 가지를 꼽을 수 있겠다. Lois Y. Barrett et al., eds., *Treasure in Clay Jars: Patterns in Missional Faithfulness* (Grand Rapids: Eerdmans, 2004); Ronald J. Sider, Philip N. Olson, and Heidi Rolland Unruh, *Churches That Make a Difference: Reaching Your Community with Good News and Good Works* (Grand Rapids: Baker, 2002).

88 Flemming, "Exploring a Missional Reading," 14

89 Flemming, "Exploring a Missional Reading," 16-17.

따라서 핍박을 모르는 교회는 전 세계의 핍박받는 교회를 연구하고 그들로부터 배우며, 날마다 자신들의 믿음과 신실함이 위협을 받는 동료 그리스도인들을 위해, 그리고 그들과 함께 기도할 필요가 있다. 이것은 교회의 영적 연합에 기여할 것이며, 각자 처해 있는 상황에서 모든 교회가 정직성과 용기를 잃지 않게 하는 데에도 기여할 것이다. 그러므로 핍박을 모르는 교회는 또한 스스로 자신들을 돌아보는 자아성찰의 기회로 삼아야 한다. 어느 누구도 고난 받고 핍박받는 것을 원치 않는다. 그러나 당연히 편안한 교회에, 곤란하지만 그렇다고 던지지 않을 수 없는 질문(elephant-in-the-room question)은 바로 "**어째서 당신은 그렇게 편안하십니까?**"다. 기독교 신앙이 너무나 단조로워서 이를 심각하게 받아들이거나 심각하게 반대할 가치도 없게 만들도록 당신은 그동안 무엇을 했습니까?(아니, **우리는** 무엇을 했습니까?)[90]

빌립보서를 비롯해 거의 다른 모든 신약의 책들은 고난이 교회의 섬기는 종-주님의 운명인 것처럼, 신실한 섬김의 교회도 고난을 받게 될 것임을 매우 분명히 밝힌다. 바울이 빌립보 교인들과 모든 그리스도인에게 말하는 고난은, 우리가 이미 살펴보았듯이(특히 빌 1:29), 바울과 하나님의 고난받는 종인 예수 자신의 고난에 기꺼이 동참하는 것이다. 바울은 예수가 하나님의 평화를 가져왔으며 그를 따르는 자들을 화평케 하는 자들로(예. 마 5:9) 부르셨다는 사실을 확실히 믿었다. 하지만 바울은 또한 예수가 쉽게 분열을 가져다줄 것도 경험적으로 잘

---

90 복음전도와 교회의 덕목과 실천, 그리고 순교 간의 관계에 대해서는 William T. Cavanaugh, *Torture and Eucharist: Theology, Politics, and the Body of Christ* (Malden, MA: Blackwell, 1998); Bryan P. Stone, *Evangelism after Christendom: The Theology and Practice of Christian Witness* (Grand Rapids: Brazos, 2006), 277-312를 보라.

알고 있었다(예수 자신이 말씀하셨듯이[마 10:34-36; 눅 12:51-53]). 누가복음에 따르면 바울과 그의 동료들은 "예수라는 이름을 가진 다른 왕이 있다고 말하면서 황제의 칙령에 반하는 행동"을 함으로써 "세상을 어지럽게 하였다"(행 17:6-7). 마태복음의 팔복 중 화평케 하는 자에게 복이 있다는 내용은 박해를 약속하는 다른 두 복에 앞서 나온다(마 5:10-12). 어쩌면 예수는 "문제를 일으키는 자들은 복이 있나니"라고 말씀하셨어야 했는지도 모른다.

교회는 예수의 섬김에 동참함으로써 정치적·사회적·경제적·지적·윤리적·종교적 현상(現狀, status quo)에 도전할 때에만 고난을 받는다. 교회가 현상일 때 교회는 그 어떤 위협도 가하지 않으며 그 어떤 반대에도 부딪히지 않는다. 그것은 어떠한 위협도 주지 않으며 아무 저항도 받지 않는다. 교회가 사회와 대립하고 대안적 제국의 대안적 도시가 될 때 비로소 교회는 고난을 받게 된다. 교회는 문제를 찾아나설 필요가 없다. 문제는 반드시 찾아올 것이기 때문이다. 문제나 "박해"는 가족이나 친구 혹은 동료에 의한, 상대적으로 약한 사회적 괴롭힘에서부터 군중 또는 국가의 후원하에 이루어지는 살인 음모까지 다양한 형태로 나타날 수 있다.

내가 이 책을 쓰고 있을 당시 여행 가이드이기도 했던 미국 선교사 케네스 배가 북한에서 체포되어 "반국가적 행위"로 기소되었고 중노동 15년을 선고받았다. 이것은 마치 사도행전이나 빌립보서를 쓰게 만든 투옥 상황과도 비슷해 보인다. 얼마 후 북한에서는 홍콩에 기반을 둔 호주 선교사 하나가 종교문서를 배포했다는 이유로 구금되었다. 존 쇼트(John Short)는 그 당시 75세였다. 며칠 후엔 트리폴리(리비아)에 있는 몇몇 그리스도인들이 납치되고 처형당했다. 이는 단지 전 세계에서 일어나고 있는 수많은 박해 현황 중 극히 일부(특히 톱기사를 장식하는 종류)에 해당한다.[91] 이러한 "골칫거리"가 오직 해외 국가들의 정치적·문화적 현실에 민감하지 못한 보수적인 복음주의 선교사들에 의해서만 일어나는 것처럼 보이거나 그렇게 전제되지 않기 위해 우리는 고 마틴 루터 킹 주니어 박사와 심지어 전 캔터베리 대주교였던 로완 윌리엄스와 같은 그리스도인들도 자신이 속한 국가에서 공식석상에서 자신들의 기독교 신앙을 드러냄으로써 투옥되었다는 사실을 기억할 필요가 있다.[92]

내가 말하고자 하는 요점은 이와 같은 특정 인물이나 혹은 (일부 경우처럼) 그들이 대표하는 교회나 선교 단체의 행동을 지지하려는 것이 아니다. 나는 그중 오직 한 사람만 개인적으로 알고 있다. 내 요점은 기독교의 이름으로 행동하는 사람들이나 또는 그리스도인이라면 누구나 그들이 섬기는 주님과 그의 복음을 언제나 신실하게 대변해왔다고 말하려는 것도 아니다. 물론 그들은 그렇게 하지 못했다. 하지만 식민주의와 문화적 억압 등과 같이 과거나 현재의 일에 대한 정당한 우려를 무시하지 않는 가운데 우리는 전 세계에 흩어져 있는 수많은 일반 그리스도인들과 그 지도자들이 직면하고 있는 현실을 인식할 필요가 있다. 그들의 인권은 자주 침해를 당하고 있으며, 그러한 불의를 멈추는 운동은 극히 정당한 것이다. 그러나 신학적인 관점에서 보다 더 중

---

91   상을 수상한 기자들이 전 세계의 상황에 대해 묘사하고 분석한 최근 자료를 보려면 Rupert Shortt, *Christianophobia: A Faith Under Attack* (Grand Rapids: Eerdmans, 2012); John L. Allen Jr., *The Global War on Christians: Dispatches from the Front Lines of Anti-Christian Persecution* (New York: Image/Random House, 2013)을 보라.

92   2002년에 캔터베리 대주교가 되기 오래 전인 1984년에 Rowan Williams는 핵무기에 반대하는 저항의 일환으로 시편을 읽고 있을 때 영국 서포크에 있는 공군기지에서 체포되었다.

요한 것은 박해받는 교회가 우리 모두에게 제자도가 가져다주는 대가와 복음의 정치적 특성, 그리고 우리의 정황에서 신실한 제자도가 과연 무엇인지를 분별해야 할 필요성을 상기시켜준다는 것이다. 우리의 목표는 현상(status quo)에 도전하는 것이 아니라 신실한 교회, 곧 이 세상의 권세를 따르기보다는 그리스도 안에서 하나님을 섬기는 교회가 되는 것이다. 이러한 삶은, 심지어 섬김의 공동체를 지향하면서도, 언제나 현상에 도전하며, 때로는 위협을 가하기도 한다. 이것이 신실한 그리스도인의 존재의 정치적 역설이다.

말과 행동과 진실성: 복음을 위한 변증(apologia)으로서의 교회

마지막으로, 간략하게 언급되긴 했지만 대체적으로 배후에만 머물러 있었던 빌립보서의 한 단어에 관해 간략하게 생각해보고자 한다. 이 단어는 NRSV가 "변명/변증"(defense)으로 번역한 아폴로기아(apologia)다. "내가 너희 무리를 위하여 이와 같이 생각하는 것이 마땅하니, 이는 너희가 내 마음에 있음이며, 나의 매임과 복음을 변명함과 확정함에 너희가 다 나와 함께 은혜에 참여한 자가 됨이라"(1:7). 보다 구체적으로 우리는 빌립보서 2:6-11로 형성된 교회의 변증적 성격을 보게 된다. 내가 말하고자 하는 바는 그 마스터 스토리를 구현하는 교회는 바울과 빌립보 교인들이 잘 알고 있었듯이 정말로 고난, 심지어는 목숨까지도 내놓을 각오도 갖고 있지만, 바로 그 고난과 죽음 앞에서도 그 주님을 신실하게 증언하는 교회라는 것이다. 이것은 결코 헛되이 **고난받는** 것이 아니며(예를 들어, 불의한 일이나 환경 파괴에 관심을 보이지 못하거나 또는 기독교 신앙의 이름으로 사람들을 학대하거나), 또한 헛되이 **고난을 피하는** 것도 아니다(예를 들어, 심지어 "하나님"과 "주 예수"를 이야기하면서도 기능 면에서는 대안적 주를 인정하는 시민 종교를 실천하는 것).

교회는 오히려 성령의 능력을 통해, 그리고 교회의 이야기를 통해 더욱더 교회가 되려고 노력할 것이며, 이로써 교회의 삶과 모든 그리스도인들의 삶은 하나님이 인간에게 의도하셨던 모습의 합리적인 "복사본"(facsimile)이 될 것이다. 교회는 이러한 방식으로 하나님의 사명(선교)을 구현함과 동시에 또 그 사명을 서술해나가는 이야기의 신뢰할 만한 주석—그리고 이로써 이에 대한 변증(apologia)—을 써나갈 것이다. 교회는 오로지 이 방식으로만 "복음의 믿음을 위해 한마음으로 협력"할 수 있을 것이다(1:27). 또한 교회의 존재는, 빌립보서 1:7이 말하듯이, 복음의 "확증"이 될 것이며, 그리스도인들이 노래하는 것은 하나님과 인류 그리고 우주에서의 인간의 위치에 관한 참된 이야기임을 말해준다.

결론

빌립보서 2:6-11은 놀랍게도 근본적으로 선교적인 텍스트다. 여기서 선교적이라 함은, 바울의 마스터 스토리인 이 시가, 반대에도 불구하고, 바울이 빌립보 교인들이 선포하고 삶으로 구현하고, 이로써 전하고 변증하기를 원했던 복음을 요약해준다는 것을 의미한다. 그들과 우리가 선포하고 실천하도록 부르심을 받은 것은 자신을 내어주고 생명을 주신 하나님의 아들이자 주권을 지닌 주님이신, 십자가에 달리신 예수에 관한 바울의 내러티브다.

빌립보서 2:6-11이 고통스러운 상황(투옥과 박해)에서, 그리고 그러한 상황을 위해 기록되었지만, 또한 기쁨으로 가득 찬 편지의 일부분을 차지하는 한 편의 시(일종의 시편과 같은)라는 점은 왜 N. T. 라이트의 시편(그리고 구체적으로 시편에 나타난 시간 모티프)에 관한 묵상이 빌립보서에 대한 지금까지의 우리의 논의에 이토록 심오한 울림을 줄 수 있는지를 잘 설명해준다.

> 그렇다면 우리는 우리의 생각과 마음의 팔을 뻗어, 하나님의 시간과 우리 자신의 시간의 과거, 현재, 미래의 교차점에서 그리스도의 모양과 십자가의 모양을 한 우리 자신을 발견하도록 부르심을 받았다. 이곳은 극심한 고통과 엄청난 기쁨의 장소이며, 어쩌면 오직 음악과 시만이 표현하고 구현할 수 있는 그런 장소다. 시편은 우리로 하여금 시간의 중첩과 역설에 관해 현명하게 생각하도록 유도할 뿐만 아니라 그 안에 살면서 환란의 날에 손을 내밀어 우리가 살아내고 있는 이야기를 우리 자신에게—우리 자신뿐 아니라 시편이 "너"라고 부르는 그 신비스러운 이에게도—상기시켜주는 선물이다. 과거, 현재, 미래는 모두 그분께 속해 있다. 우리는 그분의 것임과 동시에 우리의 것인 이 이야기 속에서 기쁘게 그리고 고통스럽게 살도록 부르심을 받았다. 우리의 시간은 그분의 손에 들려 있다.[93]

우리가 그 이야기 속에서 살 때 우리는 우리의 시간을 하나님의 손에 맡기며 선교적인 백성이 된다. 복음을 구현한다는 것은 그리스도

---

93   N. T. Wright, *The Case for the Psalms: Why They Are Essential* (New York: Harper Collins, 2013), 75.

의 이야기가 우리의 이야기가 되고, 우리의 시간—그리고 우리의 에너지와 다른 자원도—이 그 복음을 위한 그의 시간이 되는 것을 허락하는 것이다. 그렇게 함으로써 우리는 일상적으로 우리가 감수하지 않는 위험을 감수하게 된다(바울은 이것을 복음에 합당하게 사는 것이라고 부른다). 왜 그럴까? 우리는 바울에게 마지막 발언을 하도록 양보할 것이다. 첫째는 목적, 곧 사명에 관한 것이다.

> 나의 간절한 기대와 소망을 따라 아무 일에든지 부끄러워하지 아니하고, 지금도 전과 같이 온전히 담대하여, 살든지 죽든지 내 몸에서 그리스도가 존귀하게 되게 하려 하나니(빌 1:20).

두 번째는 십자가에 달리시고 부활하신 주님의 이야기를 전하고 삶으로 구현하는 선교적 백성을 위한 기쁨과 신뢰에 관한 것이다.

> [4]주 안에서 항상 기뻐하라. 내가 다시 말하노니 기뻐하라. [5]너희 관용을 모든 사람에게 알게 하라 주께서 가까우시니라. [6]아무 것도 염려하지 말고 다만 모든 일에 기도와 간구로, 너희 구할 것을 감사함으로 하나님께 아뢰라. [7]그리하면 모든 지각에 뛰어난 하나님의 평강이 그리스도 예수 안에서 너희 마음과 생각을 지키시리라.…[9]너희는 내게 배우고 받고 듣고 본 바를 행하라. 그리하면 평강의 하나님이 너희와 함께 계시리라(빌 4:4-7, 9).

평화의 하나님과 하나님의 평화가 바울 및 성령과 하나님의 선교(*missio Dei*)에 동역하는 이들, 곧 선교적이며 십자가를 본받는 하나님의 백성을 지키신다.

　이러한 바울의 말과 함께 우리는 자연스럽게 이어지는 두 장의
주제인 바울과 평화로 넘어갈 것이다.

5장

평화의 복음 구현하기(I)

개요

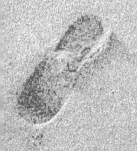

일부 그리스도인은 바울이 빌립보 교회에 보낸 편지의 끝자락에 나오고 본서 앞장 결론 부분에 인용된 평화에 관한 표현, 곧 "하나님의 평화"와 "평화의 하나님"(빌 4:7, 9; 개역개정은 "평강"으로 옮김—역자 주)을 꽤 좋아한다. 이 본문 및 이와 유사한 본문은 다음과 같은 질문을 제기한다. 기독교 복음이 평화 혹은 화해(peacemaking)와 도대체 무슨 상관이 있는가? 일부 그리스도인에 따르면 이에 대한 대답은 주로, 아니 어쩌면 유일하게 1950년대에 베스트셀러였던 빌리 그레이엄의 『하나님과의 평화: 행복의 비밀』(*Peace with God: The Secret of Happiness*)이라는 책 제목에 담겨 있다고 할 수 있다.[1] 이들에게 복음이 가져다주는 평화는 "수직적" 평화다. 즉 이 평화는 "수평적인" 인간관계에 주는 함의는 거의 없는 하나님과의 화해(reconciliation)를 의미한다. 이 평화는 개인적이고 사적인 영역에 속하며, 공적인 문제가 아니다. 이 평화는 한정적이며 복음 전도—타인에게 개인적인 평화를 가져다줌으로써 그들도 하나님과의 평화를 누리게 되는 것—를 위한 구심적 평화(화해를 필요로 하는 평화)다.

물론 하나님과의 평화라는 개념은 매우 바울적이다(예. 롬 5:1).

---

1   Billy Graham, *Peace with God: The Secret of Happiness* (Garden City, NY: Doubleday, 1953). 나는 이 책이나 이 책의 저자를 비난할 의도가 전혀 없고, 단지 이 책의 제목이 기독교 복음에 담긴 평화의 의미를 부적절하게 요약해준다는 것을 제안할 뿐이다. 흥미롭게도, 비록 이 책의 초점이 "진정한 개인적 평화"(1984년 수정판 서문[Nashville: Thomas Nelson], x)에 맞추어져 있지만, 적어도 1984년 수정판에는 "내가 내 아우를 지키는 자이니까?"라고 불리는 장이 추가되었다. 거기서 그는 간략하게 노동관계, 인종관계, 인간의 고난과 같은 문제에 죄와 공포와 미움에 대한 기독교의 "해독제"를 적용한다.

메노나이트 신약학자인 윌러드 스와틀리(Willard Swartley)는 사실 "신약의 그 어떤 저자보다도 바울은 평화, 화해, 평화구축(peace-building)을 그의 신학적 성찰과 도덕적 권면의 중심으로 삼고 있다"고 주장한다.[2] 스와틀리의 주장이 맞다면 바울이 선포하고 구현했던 평화는 개인적인 평안함이나 행복을 추구하는 것에 국한된 편협한 평화가 아니었다. 오히려 바울에게 있어 평화—샬롬—란, 우리가 본장에서 살펴보겠지만, 하나님이 성서에서 약속하셨고, 메시아 예수 안에서 계시되었으며, 지속적으로 역사하시는 성령의 능력으로 인간을 위해 실현된 삶의 온전함이다. 샬롬은 치유와 온전함을 의미하며, 하나님과의 평화 및 타인과의 평화, 그리고 심지어 나머지 창조질서와의 평화까지도 포함한다.

그렇다면 바울에게 있어 교회는 평화와 화해의 공동체이며, 그 이유는 교회가 "평화의 복음"(엡 6:15)에 의해 탄생했기 때문이다. 다시 말하면 교회는 그리스도 안에서 하나님의 화평케 하시는 좋은 소식에 대한 살아 있는 체현(living embodiment)이며, 또 그렇게 되어야 한다. 바울에게 있어 평화란 그의 신학과 영성의 근본적인 요소이며, 보다 더 구체적으로는 삼위일체 하나님의 생명에 선교적으로 참여하는 그의 신학과 영성의 근간이기도 하다.

본장에서 우리는 바울 서신에 나타난 평화로 넘어가기 이전에 성서신학에서 이해하는 샬롬의 의미를 간략하게 살펴보고자 한다.[3] 우리

2   Willard M. Swartley, *Covenant of Peace: The Missing Peace in New Testament Theology and Ethics* (Grand Rapids: Eerdmans, 2006), 190.

3   앞으로 7장에서 살펴보겠지만, 하나님의 평화 또는 샬롬은 신적 특성으로나 교회의 실천으로서 하나님의 의와 밀접히 연관되어 있다.

는 로마서를 간략하게 다루기 이전에 그의 서신 전체를 먼저 살펴볼 것이다. 그리고 다음 장에서는 에베소서에 나타난 평화에 관해 탐구하고, 현대 그리스도인들이 추진하는 화해의 몇몇 예를 살펴보고자 한다. 하지만 이 모든 것을 다루기 이전에 우리는 일반적으로 신약 연구에서, 그리고 구체적으로 바울 연구에서 평화란 주제가 전반적으로 소홀히 여겨지고 있는 문제를 간략하게나마 지적하고자 한다.

실종된 평화(peace) 혹은 조각(piece)

만약 일반 그리스도인들과 교회들이 바울 서신에, 그리고 좀 더 보편적으로 신약에 나타난 평화에 대해 편협한 이해를 갖고 있다면 아마도 그것은 그들의 잘못이 아닐 수 있다. 많은 성서학자들과 신학자들이 사도 바울이 하나님의 평화와 평화의 하나님을 바로 연이어서 말한 (빌 4:7, 9) 서신들을 포함하여 신약에 나타난 평화와 화해에 관해 거의 관심을 보이지 않았기 때문이다.[4] 신약 연구에서 이러한 틈새를 발견한 윌러드 스와틀리는 이를 수정하는 차원에서 2006년에 그의 중요한 책인 『평화의 언약: 신약신학과 윤리학에 나타난 실종된 평화』 (*Covenant of Peace: The Missing Peace in New Testament Theology and Ethics*) 를 출간했다.[5] 이 책은 신약학(특히 대표적이고 영향력 있는 신약신학 및

---

4   이러한 무관심에 대해서는 Swartley, *Covenant of Peace*, 431-71과 (훨씬 더 간략하게) Pieter G. R. de Villiers, "Peace in the Pauline Letters: A Perspective on Biblical Spirituality," *Neotestamentica* 43 (2009): 1-26, 특히 6에 기록된 내용을 보라. Swartley가 보여주듯이 이러한 무관심에 대한 일부 주목할 만한 예외도 있다.

5   보다 더 상세한 서지정보에 대해서는 위의 각주를 보라.

윤리학 연구서) 전반에서 나타나는 평화의 부재를 지적하고, 예수를 비롯한 다양한 신약의 글에서 발견되는 이 주제를 탐구한 후, 현대 기독교의 존재를 위한 신약에 나타난 화해의 중요성을 고찰한다. 이 책은 아마도 신약에 나타난 평화와 화해를 포괄적으로 다룬, 단일 저자가 쓴 유일한 책일 것이다.[6]

그렇다고 해서 신약학자 가운데 **아무도** 예수와 바울과 신약의 저술에 나타난 평화 및 그 윤리 관련 주제(원수사랑, 비폭력 등)에 관심을 보이지 않았다는 것은 아니다. 사실 이미 학자들과 신학자들 사이에서는 예수와 바울, 그리고 어쩌면 신약의 다른 핵심 저자들 역시 그 유명한 로마의 평화(*Pax Romana*)의 상황에서 자신들의 메시지를 전하

---

6   이러한 상황을 바로 잡으려는 초기의 시도에 관해서는 John Howard Yoder, *The Politics of Jesus: Behold the Man! Our Victorious Lamb*, 2nd ed. (Grand Rapids: Eerdmans, 1994 [orig. 1972]); John Howard Yoder, *He Came Preaching Peace* (Eugene, OR: Wipf & Stock, 1998 [orig. Herald Press, 1985]); Klaus Wengst, *Pax Romana and the Peace of Jesus Christ*, trans. John Bowden (Philadelphia: Fortress, 1987); Michael Desjardins, *Peace, Violence and the New Testament* (Sheffield: Sheffield Academic Press, 1991)를 보라. Swartley의 저서가 출간된 후 Ched Myers(학자이기보다는 실천가인 그는 성서학에 관해 광범위하게 출간했다)와 그의 동료인 Elaine Enns(역시 실천가)는 *Ambassadors of Reconciliation*, vol. 1: New Testament Reflections on Restorative Justice and Peacemaking (Maryknoll, NY: Orbis, 2009); *Ambassadors of Reconciliation*, vol. 2: Diverse Christian Practices of Restorative Justice and Peacemaking (Maryknoll, NY: Orbis, 2009) 등 두 권의 책을 썼다. (나는 이 두 책에 관해 알려준 Sylvia Keesmaat에게 감사한다). 다수의 성서학자들이 쓴 신구약의 평화에 대한 논문집인 Laura L. Brenneman and Brad D. Schantz, eds., *Struggles for Shalom: Peace and Violence Across the Testaments* (Eugene, OR: Pickwick, 2014)도 참조하라. 이 논문집에 실린 Swartley의 소논문("Peace and Violence in the New Testament: Definition and Methodology," 141-54)은 연구를 위한 참고도서, 연구방법론, 정의 등 유용한 정보를 담고 있다. 이 장을 집필하는 데 있어서 나는 이 학자들을 비롯해 다른 학자들과는 독립적으로 나의 분석과 주장을 발전시켰으며, 그 이후에 이 연구들의 도움을 받았다. 그리고 우리는 놀랍게도 서로 비슷한 결론에 도달했다. 또한 나의 소논문 "The Lord of Peace: Christ Our Peace in Pauline Theology," *Journal for the Study of Paul and His Letters* 3 (2013): 219-53도 참조하라. 나는 이 내용을 나의 저서 *The Death of the Messiah and the Birth of the New Covenant: A (Not So) New Model of the Atonement* (Eugene, OR: Cascade, 2014) 6장에서 누가의 신학을 포함시키면서 확대했다.

고 삶으로 살았으며, 또 실은 "평화"에 관한 로마의 이념과 실천에 대해 설득력 있는 대안을 제시했다는 인식이 늘어나고 있다.[7] 그럼에도 스와틀리의 주안점은 여전히 유효하다. 즉 평화와 화해가 신약에서 심각할 정도로 과소평가되고 있는 중요한 주제라는 것이다. 내가 보기에 이러한 현상이 기독교의 삶과 사명(선교)에 가져다준 결과는 사실 엄청나다.

우리는 본장 전반에 걸쳐 스와틀리의 책을 언급할 것이다. 그러나 지금은 그의 인도를 따라 신약(바울을 포함하여)에 나타난 평화에 관한 연구의 배경, 곧 구약의 예언서 및 다른 성서에 나타나 있는 샬롬의 비전을 먼저 다루고자 한다.

샬롬

이스라엘의 성서이자 기독교의 구약에 나타난 샬롬을 심도 있게 고찰하는 것은 본장의 범위를 넘어서는 것이다. 아이러니하게도 기독교 학자들과 기독교 평신도들은 모두 한결같이 신약의 평화보다 구약의 평화에 더 많은 관심을 기울여왔다고 할 수 있다. 신약을 에스겔이 약속한 "평화의 언약"(겔 34:25; 37:26)의 성취로 보아야 한다고 주장하는 스와틀리의 말이 옳다면—그리고 나는 그가 옳다고 생각한다—이러한 아이러니는 더더욱 통렬하다.[8]

최근 들어 성서에 나타난 샬롬/*eirēnē*/평화에 관한 중요한 저작

---

7 Swartley는 이것을(예. *Covenant of Peace*, 5 n. 8) 인정하며, 신약에 나타난 평화에 주의를 기울인 학자들의 연구를 긍정적으로 언급한다.

8 Swartley, *Covenant of Peace*, xiii. 보다 더 일반적으로 우리는 신약 저자들이 예수의 생애와 죽음과 부활에서, 그리고 후대의 그의 제자들의 공동체 안에서 나타난 하나님의 종말론적 샬롬의 도래에 대해 이야기한다고 말할 수 있다.

들이 늘고 있다.[9] 성서 자체는 이 단어에 대한 체계적인 정의를 제시하지 않으며, 특히 이스라엘의 성서에 나타나 있는 이 단어의 의미는 다분히 문맥에 따라 좌우된다.[10] 본서의 목적상 우리는 샬롬—이 단어는 성서(구약)에 238회 등장함[11]—을 일반적으로 정의하고자 한다.[12] 첫째, 샬롬은 부정적으로 혼돈, 갈등, 억압, 깨어진 관계 등의 해소와 중단—따라서 부재—을 의미한다. 둘째, 샬롬은 긍정적으로 온전함, 화해, 선함, 정의, 피조물의 번성 등의 현존과 정착—"영육적인 강건함"[13]—을 의미한다.

따라서 샬롬은 확실히 무거운 신학적 용어(그리고 실재)이며, 다른 용어들(그리고 실재들)을 그 분야로 이끄는 일종의 의미론적 "자석"과도 같다.[14] 스와틀리는 기독교 구약성서에 나타난 샬롬은 의미론적·신

---

9 예컨대 Perry B. Yoder, *Shalom: The Bible's Word for Salvation, Justice, and Peace* (Nappanee, IN: Evangel, 1987); Ulrich Mauser, *The Gospel of Peace: A Scriptural Message for Today's World*, Studies in Peace and Scripture 1 (Louisville: Westminster John Knox, 1992); Shemaryahu Talmon, "The Signification of שלום and Its Semantic Field in the Hebrew Bible," in *The Quest for Context and Meaning: Studies in Biblical Intertextuality in Honor of James A.Sanders*, ed. Craig A. Evans and Shemaryahu Talmon (Leiden: Brill, 1997), 75-115; Swartley, *Covenant of Peace*; Willard M. Swartley, "Peace in the NT," in *The New Interpreter's Dictionary of the Bible* 4:422-23 (Nashville: Abingdon, 2009); Daniel L. Smith-Christopher, "Peace in the OT," in *The New Interpreter's Dictionary of the Bible* 4:423-25 (Nashville: Abingdon, 2009); Brenneman and Schantz, *Struggles for Shalom*을 보라.

10 Talmon, "Signification," 75-78의 경고의 말을 보라. 비록 그가 "공관적 또는 전체적 접근법"(78)을 추구할지라도 말이다.

11 Talmon, "Signification," 80.

12 Pieter de Villiers가 올바르게 강조하듯이 샬롬/평화는 그저 한 단어 이상의 의미를 갖고 있으며, 평화는 성서에서 다양한 단어와 이미지를 통해 표현된다("Peace in the Pauline Letters," 5-6). 그럼에도 불구하고 우리가 여기서 다룰 수 있는 수준에 맞추기 위해 본장과 다음 장에서 샬롬과 에이레네(*eirēnē*)에는 히브리어와 그리스어 핵심 용어에 주로 초점을 맞출 것이다.

13 Talmon, "Signification," 81.

14 Talmon("Signification," 81)은 우리에게 샬롬이라는 단어가 지니고 있는 풍성한 의미는

학적으로 의와 정의, 구원, 종말론, 하나님 나라, 언약, 은혜와 관련이 있다고 주장한다. 신약에 나타난 평화(*eirēnē*)는 하나님과 이웃과 원수를 사랑하는 것(보복하지 않는 것을 포함하여), 믿음, 소망, 사랑, 그리고 한 몸을 이룬 공동체 안에서의 조화, 축복과 온전함, 화해와 새 언약, 구원과 은혜, 그리고 하나님 나라와 의와 정의와 칭의 등 거의 모든 것과 연관이 있다.[15] 그런데 성서 전반에 걸쳐 평화는 그 무엇보다도 인간의 반응과 참여를 촉구하는 하나님의 선물이다.

그럼에도 신구약에서 모두 현존하는 평화는 언제나 구체적인 현실이며, 또 말하자면 실제적이며 특정한 문제에 대한 해결책이다.[16] 문맥에 따라 평화는 (1) 개인적인 안녕과 평온함, 번영, 그리고/또는 위험으로부터의 자유, (2) 대인간의 조화, 사회적 복지 및 번영, (3) 전쟁을 포함하여 그룹 간의 부조화 또는 적대감의 해소 등을 포함한다.[17] 그렇다면 일반적으로 "안녕"(온전함과 건강을 포함하여)과 "우정/선의"와 같은 용어는 샬롬의 의미를 잘 표현해준다.[18] 이것은 인간과 하나님 간의 갈등이든, 인간과 인간 간의 갈등이든, 혹은 한 개인 내의 갈등이든 간에, 갈등과 정면으로 대치된다. 평화의 부재―인간이 처해 있는 "본래의" 곤경―로부터 평화의 현존으로의 전환은 변화를 요구하며,

---

"평화" 또는 에이레네(*eirēnē*)와 같은 단어로는 제대로 잘 전달될 수 없음을 상기시켜준다.

15 Swartley, *Covenant of Peace*, 30, 41을 보라. 여기서 그는 이러한 어의학적 관계를 예시하는 유용한 도식을 제공한다.

16 Talmon, "Signification,"; William Klassen, "Pursue Peace: A Concrete Ethical Mandate (Romans 12:18-21)," in *Ja und Nein: Christliche Theologie im Angesicht Israels*, FS Wolfgang Schrage, ed. Klaus Wengst and Gerhard Saß (Neukirchen-Vluyn: Neukirchener, 1998), 195-207을 보라.

17 Talmon, "Signification," 82-89.

18 Talmon, "Signification," 89-91.

때로는 혼돈, 갈등, 억압, 깨어진 관계를 유발하는 이 세상의, 혹은 영적 권세들의 패배도 여기에 포함된다.

우리는 지속적이고 영원한 평화라는 의미에서 바라보는 샬롬에 대한 이스라엘의 소망을 다양한 본문, 특히 예언서에서 발견한다. 인용될 만한 여러 본문 중에서 이사야 2장의 도입부는 주목할 만하며, 수 세기 동안 많은 이들의 상상력을 자극했다.

> [1]아모스의 아들 이사야가 받은 바 유다와 예루살렘에 관한 말씀이라. [2]말일에 여호와의 전의 산이 모든 산꼭대기에 굳게 설 것이요 모든 작은 산 위에 뛰어나리니, 만방이 그리로 모여들 것이라. [3]많은 백성이 가며 이르기를, "오라! 우리가 여호와의 산에 오르며, 야곱의 하나님의 전에 이르자. 그가 그의 길을 우리에게 가르치실 것이라. 우리가 그 길로 행하리라" 하리니, 이는 율법이 시온에서부터 나올 것이요 여호와의 말씀이 예루살렘에서부터 나올 것임이니라. [4]그가 열방 사이에 판단하시며 많은 백성을 판결하시리니, 무리가 그들의 칼을 쳐서 보습을 만들고 그들의 창을 쳐서 낫을 만들 것이며, 이 나라와 저 나라가 다시는 칼을 들고 서로 치지 아니하며 다시는 전쟁을 연습하지 아니하리라(사 2:1-4).

여기서 이사야는 장차 올 날에 관한 음성/비전을 이야기하는데, 거기서 예루살렘("시온")은 이스라엘 백성뿐 아니라 "많은 민족"이 하나님께 가르침을 받고, 또 모두가 하나님의 정의와 평화가 이루어지는 곳에서 함께 살게 될 것이다. 정의와 평화가 이루어지는 것에 대한 시편 저자의 비전(시 85:10)은 반드시 성취될 것이다. 우리는 이사야서 후반부에서 다음과 같은 말씀을 듣게 된다.

삶으로 담아내는 복음

¹⁷내가…**화평**을 세워 관원으로 삼으며 **공의**[또는 **정의**]를 세워 감독으로 삼으리니, ¹⁸**다시는 강포한 일이 네 땅에 들리지 않을 것이요** 황폐와 파멸이 네 국경 안에 다시 없을 것이며 네가 네 성벽을 구원이라, 네 성문을 찬송이라 부를 것이라(사 60:17b-18).

풍성한 심상이 들어 있는 이 아름다운 본문에서 우리는 샬롬이 관계적이자 언약적이며, 인간이 다른 인간과, 하나님과, 그리고 온 피조물과 올바른 관계를 맺고 있는 상황을 나타낸다는 사실을 발견한다.¹⁹ 바로 이 때가 현재에 단지 부분적으로, 그리고 예기적으로 그 샬롬을 경험하고, 그 샬롬을 온전하게 누리게 될 종말론적 소망을 갖고 고대할 때다.

이와 동시에 마태복음에서 요한계시록에 이르기까지 신약신학의 두드러지는 특징은 평화라는 종말론적 실재가 하나님의 아들과 성령을 중심으로 현실이 되었다는 것이다. 하지만 이것은 신약에 나타난 평화가 획일적이라는 것을 의미하지 않는다. 스와틀리는 신약에 나타난 평화가 모두 그리스도 중심적이며, 다음 여섯 가지를 가리킨다고 말한다.

• 인간과 하나님 사이의 화해
• 인간과 인간 사이의 화해

---

19 Talmon, "Signification," 102, 107-15는 미래의 평화의 시대에 대한 (히브리) 성서의 비전이 "점차적으로 커지는 세 개의 동심원, 곧 (1) 평화로운 이스라엘, (2) 평화로운 세계, (3) 우주적 평화"(107)로 이루어져 있다고 말한다. 흥미롭게도 이러한 비전을 구현하는 이 본문들은 일반적으로 샬롬이라는 단어를 포함하지 않는데(114), Talmon은 이 샬롬이 특정한 역사적 실체들과 연결되어 있다고 본다.

- 팍스 로마나에 대한 새로운 피조물이자 대안적 공동체
- 사회정치적 실재
- 현재와 미래의 우주적 조화
- 역경 중의 내적 평온함[20]

그러나 이러한 다양성 안에도 공통점이 있다. 즉 하나님이 약속하신 샬롬이 도래했다는 확신이다. 스티븐 파울과 다른 학자들이 이미 지적했듯이 기독교의 출현 이후 수 세기 동안 다양한 신학자들은 이미 교회가 이사야 2장의 성취임을 지적했다.[21] 여기에는 진실함, 신실함, 정의, 그리고 그리스도 안에서 인류에게 도래한 하나님의 평화를 실천하거나, 적어도 실천하려고 노력하는 공동체들이 있었다.

비록 바울이 이사야 2장을 구체적으로 인용하지는 않지만, 평화의 공동체로서의 교회에 대한 그의 비전은 이를 구체적으로 설명한 후대의 기독교 저술가들의 글과 잘 조화를 이룬다. 따라서 이제 우리는 하나님의 종말론적 평화의 도래가 그의 저술에서 어떻게 구체적으로 나타나는지를 살펴보기 위해 바울 서신으로 넘어가고자 한다.

바울 서신에 나타난 평화: 간략한 개관

만약 구약의 저자들, 특히 예언자들이 평화에 대한 왕성한 이해에 사

---

20   Swartley, "Peace and Violence."

21   예컨대 Stephen Fowl, *God's Beautiful City: Chrstian Mission after Christendom*, The Ekklesia Project Pamphlet 4 (Eugene, OR: Wpif & Stock, 2011), 10-15를 보라.

삶으로 담아내는 복음

로잡혀 있었다면, 그럼 바울은 어땠을까?[22] 더 나아가 비록 예수가 "평화"란 단어를 자주 사용하지는 않았지만 적어도 그의 유명한 말씀 중 하나는 이에 관해 언급한다. "화평케 하는 자는 복이 있나니"(마 5:9).[23] 한편, 바울과 평화는 로마서 5:1의 "하나님과의 평화"를 제외하고는 아주 자연스런 짝은 아니다.

그러나 아이러니하게도 그리스도인들은 바울의 글에 등장하는 화평케 하시는 예수에 관해 자주 노래한다.

> 면류관 가지고 주 앞에 드리세
> 온 세상 전쟁 그치고 참 평화 오겠네
> 주 보좌 앞에서 온 백성 엎드려
> 그 한량없는 영광을 늘 찬송하겠네.[24]

비록 요한계시록(예. 계 19:2)이 이 찬송의 가장 주된 영감이었겠지만, "평화의 주"란 어구는 바울의 것이다(원작 가사의 첫 번째 행은 "Crown him the Lord of peace"다—역자 주). 사실 이 어구는 성서 전체에서 오직 단 한 번 데살로니가후서 3:16에서 나온다. 이 찬송 작사자는 석의적으로 거의 확실할 정도로 옳다. 즉 "평화의 주"는 아버지 하나님이 아니라 예수를 가리킨다. 그러나 우리는 바울신학 연구를 통해서

---

22   우리는 정의를 다루는 장에서 이와 동일한 종류의 질문을 던질 것이다.

23   실제로 "평화" 어군은 사복음서에서 28회 나타나며, 이 중 거의 절반은 누가복음(13회)에 나오며 그다음으로는 요한복음과 마태복음(각각 6회), 그리고 마가복음(3회) 순으로 나타난다.

24   이 찬송은 성공회에서 가톨릭으로 개종한 Matthew Bridges에 의해 1852년에 출판되었다.

도 바울 서신의 근본적인 기독론적 주장이 예수는 평화의 주라는 사실을 쉽게 깨닫지 못한다. 우리가 예상하듯이 이것은 제세례파 학자들을 제외하고는 바울 연구에서 다루는 두드러진 주제가 아니다.

따라서 바울이 평화에 대해 무관심했다고 가정하는 것은 심각한 잘못이다. 평화 어군(*eirēnē* 및 관련 단어들)은 바울 서신에서 47회 등장하는데, 그중 29회는 저작권 논쟁이 없는 서신에서 나온다. 열세 편의 서신 가운데 로마서(11회)와 에베소서(8회)에서 가장 많이 언급되며, 따라서 이미 밝혔듯이 이 주제는 본장과 다음 장에서 심도 있게 다루어질 것이다.[25] 우리는 또한 바울 서신에 나타나 있는 평화에 대한 우리의 비전을 "평화" 어군 너머로 확대하여 바울 서신에서 13회 등장하며 "평화" 어군과 상당히(그리고 예상한 바대로) 중첩되는 "화해"(*katallagē*) 어군까지도 포함시킬 필요가 있다. 이 "평화" 어군은 로마서(롬 5:10-11의 3회를 포함하여 모두 4회 등장)와 에베소서(2:16에서 한 번 등장), 그리고 에베소서의 "사촌" 격인 골로새서(1:20, 22에서 두 번 등장)에서 나온다. 그러나 이 어군이 가장 많이 등장하는 서신은 고린도후서인데(5회, 모두 고후 5:18-20에서), 우리는 이 부분을 간략하지만 신중하게 다룰 것이다.[26]

이러한 통계 자료는 중요하지만, 그 자체만으로는 충분하지 않다. 사실 스와틀리가 올바르게 강조한 것처럼,

---

25   정경의 순서를 따르자면 빈도의 순서는 다음과 같다: 로마서(11), 고린도전서(4), 고린도후서(3), 갈라디아서(3), 에베소서(8), 빌립보서(3), 골로새서(3), 데살로니가전서(4), 데살로니가후서(3), 디모데전서(2), 디모데후서(2), 디도서(1), 빌레몬서(1).

26   롬 5장, 골 1장, 고후 5장에 집중적으로 사용된 "화해" 어군은 주목할 만하다.

화평케 하는 것에 대한 바울의 강조점은 단어의 수에만 기반을 둔 것이 아니다. 도리어 인간과 하나님, 그리고 이전에 소외된 인간들 사이를 화평케 한다는 개념은 바울의 교리적, 그리고 윤리적 사고의 중심에 너무나 핵심적이어서 화평케 함 그리고/혹은 화해를 그 중심에 두지 않고서는 바울의 사고의 신실한 구성을 발전시키기란 불가능하다.[27]

그럼에도 우리의 논의를 시작하기 위해 평화를 말하는 바울의 용례에 관한 몇 가지 관찰은 유익할 것이다. 우리는 바울에서 신적 선물 혹은 은혜, 그리고 교회의 사역 혹은 실천으로서 평화를 살펴볼 것이다.

평화의 하나님과 하나님의 평화: 신적 선물로서의 평화

우선 "평화"는 언제나 "은혜"와 쌍을 이루며, 바울 서신의 시작을 알리는 인사말에 일관되게 나타난다.[28] 이 쌍은 바울의 열세 편지에 모두 등장한다. 그중 열한 번은 단순히 은혜와 평화를 기원하지만,[29] 두 번은 은혜와 평화 사이에 "긍휼"을 포함시킨다(딤전 1:2; 딤후 1:2). 또한 가지 더 주목할 만한 사항은 거의 모든 경우에 이 인사말은 이 평화(은혜와 긍휼 뿐 아니라)의 근원이 하나님과 그리스도라고 분명하게 밝

---

27   Swartley, *Covenant of Peace*, 190. Ralph P. Martin(Reconciliation: A Study of Paul's Theology [Atlanta: John Knox, 1981])은 화해가 바울 신학의 핵심이라고 제안한다. 또한 예컨대 Stanley E. Porter, "Reconciliation as the Heart of Paul's Missionary Theology," in *Paul as Missionary: Identity, Activity, Theology, and Practice*, ed. Trevor J. Burke and Brian S. Rosner, Library of New Testament Studies 420 (London: T. & T. Clark, 2011), 169-79를 보라.

28   이것은 일부 비(非)바울 서신에서도 발견된다. 벧전 1:2; 벧후 1:2(둘 모두 "은혜"와 "평강"); 요이 1:3 ("은혜, 긍휼, 평강"); 유 1:2 ("긍휼, 평강, 사랑"); 계 1:4("은혜…그리고 평강").

29   롬 1:7; 고전 1:3; 고후 1:2; 갈 1:3; 엡 1:2; 빌 1:2; 골 1:2; 살전 1:1; 살후 1:2; 딛 1:4; 몬. 1:3.

힌다는 것이다.[30] 즉 이 인사말은 단순히 형식에 불과한 것이 아니라는 것이다. 여기서 "평화"는 "안녕하세요?"라는 의미의 "샬롬"에 상응하는 표현이 아니다. 오히려 이 인사말에는 신학적으로 깊은 의미가 들어 있다. 이 인사말은 평화를 선물로, 그리고 하나님과 그리스도를 그 선물을 주시는 분으로 밝히는 기도다. 또한 평화의 근원은 둘이 아니라 하나다. 평화의 유일한 제공자는 하나님/그리스도, 아니 어쩌면 그리스도 안에 계신 하나님, 또는 메시아이자 주님이신 예수 안에 계시고 그를 통해 역사하시는 하나님이시다.[31]

바울은 그의 편지의 수신자들에게 평화의 메시지를 전하면서 일종의 신학적 주장을 하고 있는 것이다. 첫째, 그는 그리스도 안에서 계시된 하나님은 이스라엘의 성서에서 화평케 하시고 평화를 주시는 하나님으로 알려진 바로 그 하나님이라고 말한다. 이 하나님은 다른 하나님이 아니다.[32] 사실 하나님은 평화로 특징지어진다. "평화의 하나

---

30 유일한 예외는 골로새서와 데살로니가전서이며, 여기서 수신자들의 신학적 위치—"그리스도 안에"(골로새서) 또는 "하나님 아버지와 주 예수"(데살로니가전서) 안에 거하는 것이 은혜-평강 어구 바로 앞에 나온다. "골로새에 있는 성도들, 곧 그리스도 안에서 신실한 형제들에게 편지하노니, 우리 아버지 하나님으로부터 은혜와 평강이 너희에게 있을지어다"; "하나님 아버지와 주 예수 그리스도 안에 있는 데살로니가인의 교회에 편지하노니, 은혜와 평강이 너희에게 있을지어다." 골로새서에서는 그리스도를 그리고 데살로니가전서에서는 하나님이나 그리스도를 언급할 필요가 없다. 왜냐하면 신학적 위치의 대상이 이 평화의 원천이기 때문이다.

31 사실 문법상으로는 "~로부터"(그리스어의 아포[apo])가 각 절에서 단 한 번씩만 등장하듯이 이 말은 이러한 실재를 나타낸다. "하나님으로부터 그리고 그리스도로부터"가 아니라 "하나님과 그리스도로부터"다.

32 비록 "평화의 하나님"이란 표현이 구약에서는 등장하지 않지만, 하나님은 삿 6:24("기드온이 여호와를 위하여 거기서 제단을 쌓고 그것을 여호와 샬롬이라 하였더라")에서 "평강"으로 불리신다. 하나님은 평화를 주는 분으로(레 26:6; 민 6:26; 대하 14:6; 시 4:8; 29:11; 147:14), 화친하는 자로(사 27:5), 이스라엘과 그 원수들 사이에서도 화목케 하시는 자로(잠 16:7), 평화를 말하는 자로(시 85:8), 평화의 언약을 세우시는 자로(사 54:10; 겔 34:25; 37:26), 백성들을 평화로 이끄실 자로(사 55:12), 치유의 의미에서 평화를 수립할 자로(사 57:19), 평화를 보내실 자로(사 66:12) 묘사된다. 더욱이 이 땅에서 하나님의 왕

님"이라는 표현이 말해주듯이 평화는 그의 본유적인 성품이다. 하나님의 성품을 묘사하는 이 어구는 바울 서신에서 네 번 등장하고(롬 15:33; 16:20; 빌 4:9; 살전 5:23), "사랑과 평화의 하나님"이라는 어구는 단 한 번 등장한다(고후 13:11).[33] 이 어구들은 바울 서신 말미의 마지막 축도 혹은 약속 단락에 위치하는데, 그럼으로써 평화를 기원하는 서신의 두 번째 북엔드 역할을 한다.[34] 편지를 시작하고 끝맺는 간략한 신학적 주장과 축도는 편지를 읽는 독자와 청자에게 그리스도 안에 있는 자들의 경배를 받으시는 하나님은 그 무엇보다도 은혜와 평화의 하나님이심을 예전적으로 상기시킨다.[35]

둘째, 바울은 성서에 약속된 평화가 이제 새로운 방식으로 표현되고 성취되었다고 말한다. 사실상 평화의 약속은 이제 종말론적 선물로서 유대인들의 메시아이자 우주의 주이신 예수 안에서 역사하시는 하나님의 사역 안에서, 그리고 그 사역을 통해 실현되었다. 바울은 로마서에서 평화의 선물은 하나님의 정의/의, 곧 하나님의 의롭게 하시는 사역의 결과라고 단언한다.

적 대표, 또는 적어도 이상적인 인물은 평강의 왕이며(사 9:6-7; 참조. 슥 9:10), 하나님의 사자는 평화를 선포할 것이다(사 52:7). 때때로 평화는 의의 결과로 보이기도 하고(예. 사 32:17; 참조. 롬 5:1-2), 평화의 부재는 불의의 표시 또는 양상이다(예. 사 57:21; 59:8; 렘 6:14; 8:11). "평화의 하나님"이란 표현은 *Testament of Daniel* 5:2에 등장한다.

33   이와 더불어 바울은 "하나님은 무질서의 하나님이 아니시요, 오직 화평의 하나님이시니라"(고전 14:33)고 말한다.

34   "평화의 하나님"에 관해서는 Swartley, *Covenent of Peace*, 208-11; Mauser, *Gospel of Peace*; Willam Klassen, "The God of Peace: New Testament Perspectives on God," in *Towards a Theology of Peace: A Symposium,* ed. Stephen Tunnicliffe (London: European Nuclear Disarmament, 1989), 121-30을 보라.

35   de Villiers, "Peace in the Pauline Letters," 7-8.

¹그러므로 우리가 믿음으로 **의롭다 하심을 받았으니**, 우리 주 예수 그리스도로 말미암아 **하나님과 화평을 [누리며]** ²또한 그로 말미암아 우리가 믿음으로 서 있는 이 은혜에 들어감을 얻었으며…(롬 5:1-2a).

바울이 여기서 평화가 하나님의 구원하시는 의로부터 흘러나올 것을 약속한 이사야서를 염두에 두고 있다는 견해는 상당히 설득력이 있어 보인다.

¹⁶그때에 **정의가** 광야에 거하며 **공의가** 아름다운 밭에 거하리니, ¹⁷**공의의 열매는 화평이요** 공의의 결과는 **영원한 평안과 안전이라**. ¹⁸내 백성이 **화평한** 집과 **안전한** 거처와 **조용히 쉬는** 곳에 있으려니와(사 32:16-18).

우리가 정의를 다루는 장에서 다시 살펴보겠지만, 바울은 우리가 앞에서 지적한 대로 의/정의와 평화가 서로 입맞춤할 것이라는 시편 저자의 소망에 대한 성취를 거의 확실하게 그리스도 안에서 보았다.

하나님의 나라는 먹는 것과 마시는 것이 아니요, 오직 성령 안에 있는 **의**[또는 "정의", *dikaiosynē*]**와 평강과 희락이라**(롬 14:17).**³⁶**

---

36 불행하게도 Mauser는 바울이 생각하는 평화를 "구체적이고 개인적인 문제 및 필요와 연관성을 잃어버린 것"으로, 그리고 "성령과 육의 내적 갈등에 의해 결정되는 것"으로서 "하나님의 평화[예수가 구현하신 구체적인 방식으로)가 여전히 미래에 드러나도록 뒤처져 있고" "평화에 대한 바울의 경고는…복음서에 비해 얄팍하고 추상적인 것"으로 잘못 특징짓는다(*The Gospel of Peace*, 130). 그의 특정 본문에 대한 논의는 이러한 해석을 지지하지 않는다.

물론 바울에게 성령 안에서의 삶이란 그리스도 안에서의 삶이며
(예. 롬 8:1-17), 또한 하나님 안에서의 삶이다(살전 1:1). 따라서 바울
(혹은 그의 제자)이 하나님을 "평화의 하나님"으로 묘사하는 표현을 반
향하고, 주 예수를 "평화의 주"(살후 3:16)로 부른 것은 그리 놀랄 만한
일이 아니다.[37] 이와 마찬가지로 "하나님의 평화"라는 표현은 골로새
서 3:15에서 "그리스도의 평화"로 바뀐다.

바울에게 있어 이 평화와 화해의 선물은 구원과 같은 다른 무언
가에 추가되는 것이 아니다. 그 자체가 구원이며 하나님의 선교, 곧
*missio Dei*다. 또한 이 선물에는 하나님과 사람을 화해시키고, 사람들
을 서로 화해시키는 서로 분리될 수 없는 두 측면이 있는데, 우리는 바
울이 평화를 논할 때마다, 특히 로마서 2장과 고린도후서, 그리고 에
베소서에서 강조될 때 이 두 측면을 보게 된다.

우리는 여기서 이 본문에 강력하게 나타나 있는 평화의 "수직
적"(하나님-인간) 측면을 본다.

곧 **하나님께서 그리스도 안에 계시사 세상을 자기와 화목하게 하시며** 그
들의 죄를 그들에게 돌리지 아니하시고(고후 5:19).

---

37 "주"라는 단어는 데살로니가후서에서 21회 등장하는데, 빈번하게(열두 번) 명시적으로 예
수와 동일시되며, 또 때로는 예수와 암묵적으로 동일시된다. 비록 살후 3:1-5에서 사용된
"주"라는 단어는 다소 모호하지만, 평화를 기원하는 인사말 바로 앞 구절(살후 3:6-15. 6,
12절을 보라)과 평화를 기원하는 인사말 다음에 이어지는 마지막 축도(3:18)에서 주는 세
번 등장하는데, 언제나 "주 예수 그리스도" 또는 "우리 주 예수 그리스도"로 나온다. 따라
서 살후 3:16의 보다 더 폭넓은 문맥과 바로 앞뒤 문맥은 "평강의 주"가 평화와 연계되어
있는 하나님 아버지를 배제시키지 않으면서도 구체적으로 예수를 가리킬 개연성이 높음을
보여준다.

이 문장은 바울이 자신과 고린도 교인들 사이뿐만 아니라 고린도 회중 간의 화해를 이끌어내기 위해 쓴 편지의 문맥에서 등장한다. 편지 전체는 바울의 마음속에 있는 화해의 수직적 측면과 수평적 측면 간의 불가분성에 대한 탁월한 예를 보여준다. 이러한 신학적 연결은 고린도후서에만 국한되지 않는다. 이것은 불화하는 로마 교회의 회중에게 주는 권면에서도 명료하게 요약되어 있다.

그리스도께서 우리를 받아 하나님께 영광을 돌리심과 같이 **너희도 서로 받으라**(롬 15:7).[38]

에베소 교인들에게 보낸 편지도 우리가 우리의 허물과 죄로 죽었을 때 우리를 구원하시는 하나님의 은혜를 찬양하지만(엡 2:1-10), 이러한 긍휼이 유대인들뿐만 아니라 이방인들에게도 미치기 때문에(엡 2:11-13; 참조. 롬 3:27-31), 하나님과 사람들 사이의 수직적 화해는 반드시 사람들 간의 수평적 화해를 의미한다.

[14]그[그리스도]는 우리의 **화평**이신지라. 둘[유대인과 이방인]로 하나를 만드사 원수 된 것 곧 **중간에 막힌 담을 자기 육체로 허시고**, [15]법조문으로 된 계명의 율법을 폐하셨으니, 이는 이 둘로 자기 안에서 한 새 사람을 지어 **화평하게 하시고**, [16]또 십자가로 **이 둘을 한 몸으로 하나님과 화목하게 하려 하심이라**. 원수 된 것을 십자가로 소멸하시고(엡 2:14-16).

—

38 바울이 로마서, 특히 14-15장에서 말하는 공동체들의 인종적 구성과 사회적 위치에 대해 상당한 학계의 이견이 존재하지만, 그들 사이에 여러 주장이 존재한다는 사실은 이미 널리 알려져 있다.

골로새서에 의하면 심지어 하나님과 인간, 그리고 인간들 사이에 이루어지는 화해에 대한 이러한 포괄적인 이해까지도 보다 더 광범위하고 우주적인 맥락 안에서 설정된다.

> [19]아버지께서는 모든 충만으로 예수 안에 거하게 하시고 [20]**그의 십자가의 피로 화평을 이루사, 만물** 곧 땅에 있는 것들이나 하늘에 있는 것들이 그로 말미암아 **자기와 화목하게** 되기를 기뻐하심이라. [21]전에 악한 행실로 멀리 떠나 마음으로 원수가 되었던 너희를 [22]이제는 **그의 육체의 죽음으로 말미암아 화목하게 하사** 너희를 거룩하고 흠 없고 책망할 것이 없는 자로 그 앞에 세우고자 하셨으니(골 1:19-22).

로마서 8:18-39도 이와 비슷한 어조로 되어 있다. 여기서 우리는 하나님의 새 창조 및 고난과 악에 대한 사랑스런 승리의 이미지를 보게 되는데, 이는 윌러드 스와틀리로 하여금 "하나님의 백성을 위한 이보다 더 큰 샬롬의 비전이 하나님의 창조세계 가운데 어디에 또 있겠습니까?"라고 올바른 질문을 던지게 한다.[39] 또한 고든 저비(Gordon Zerbe)도 바울이 평화에 관해 말하는 모든 것(개인적·공동체적·선교적 평화)은 우주적 회복과 평화에 대한 그의 핵심적 비전, 곧 "이 세대의 적대적이며 파괴적인 권세들에 대한 하나님의 최종적 승리"에 그 뿌리를 두고 있다고 주장한다.[40] 다시 말하면 샬롬에 대한 구약의 전체적

---

39   Swartley, *Covenant of Peace*, 217.

40   Gordon Mark Zerbe, *Citizenship: Paul on Peace and Politics* (Winnipeg, MB: CMU Press, 2012), 145. 또한 N. T. Wright, *Paul and the Faithfulness of God*, vol. 4 of Christian Origins and the Question of God (Minneapolis: Fortress, 2013), 1491도 보라. 그는 "인간의 갱생은 온 피조세계의 갱생을 위한 서곡이자 수단이다. 따라서 복음전도자로서, 그리고 가르치

인 비전이 수직적·수평적·우주적 등 세 측면을 갖고 있는 바울의 평화에 대한 비전을 형성한다는 것이다.[41]

우리는 이러한 하나님의 화해 프로젝트가 어떤 모호한 형태의 화해가 아니라 대대적으로 하나님 중심적이며 그리스도 중심적이라는 것—하나님이 그리스도 안에서, 그리스도를 통해, 그리고 인간도(심지어 우주도) 그리스도 안에서, 그리스도를 통해—을 강조할 필요가 있다. 더 나아가 하나님의 화해 사역은, 로마서 16:20이 분명하게 밝히듯이, 불가피하게 악을 심판하고 악을 제거하는 것을 수반하게 된다. "평강의 하나님께서 속히 사탄을 너희 발아래에서 상하게 하시리라"[42]

셋째, 그럼에도 이 종말론적 평화는 지속적으로 주어지는 선물이거나, 이 평화의 하나님은 그의 백성에게 지속적으로 자신의 평화를 주시는 분이시다. 이 평화는 바울 서신을 받는 수신자들에게 지속적으로 필요한 선물이며, 그의 편지를 계속해서 성서로 읽는 모든 이들에게도 필요한 선물이다.

하나님의 평화적인 성품과 하나님의 평화의 선물이라는 이중적 실재는 때때로 편지 서두에서뿐만 아니라 편지 말미에서도 간단명료하게 표현된다. 예를 들어 우리는 이것을 빌립보서 마지막 장에서 약속의 형태로 발견한다.

는 목회자로서 바울의 사역은 교회의 연합과 거룩함을 위한 것이었다.…그러나 교회의 연합과 거룩함은 그 자체로 보다 더 큰 이 목표를 위한 것이었다"라고 말한다.

41 Similarly, Talmon, "Signification," 107.

42 Swartley, *Covenant of Peace*, 210-11을 보라. 바울의 신학에서 "축복하시며 악으로부터 구하시는 또는 악을 멸하시는 '평화의 하나님'은 일관성을 나타낸다."

[7]그리하면 모든 지각에 뛰어난 **하나님의 평강**이 그리스도 예수 안에서 너희 마음과 생각을 지키시리라.…[9]너희는 내게 배우고 받고 듣고 본 바를 행하라. 그리하면 **평강의 하나님**이 너희와 함께 계시리라(빌 4:7, 9).

또한 데살로니가후서에서는 이것이 약속으로뿐 아니라 축도 혹은 기도의 형태로도 나타난다.

평강의 주께서 친히 때마다 일마다 **너희에게 평강을 주시고**, 주께서 너희 모든 사람과 함께 하시기를 원하노라(살후 3:16).

이 두 본문은 이러한 이중적 실재가 그리스도 안에 있는 이들에게 주어지는 내적 평화와 평온함의 증거이기 때문에 중요하다. 이것은 모든 신자를 위한 귀한 선물이며, 시편에서 발견되는 평화의 약속에 그 뿌리를 두고 있다. 그러나 해석사적 관점에서 보면 하나님의 평화는 특히 대중적인 차원에서 종종 명시적이든 암묵적이든 이러한 내적 평온함이라는 의미에 국한된다. 바울은 내적 평화가 하나님의 평화의 필수적이며 실제적인 측면이라고 말하지만, 그것이 평화의 의미를 전부 대변하거나, 심지어 가장 핵심적인 의미는 아닌 것이다.[43]

데살로니가후서의 이 본문은 또 다른 이유에서 매우 흥미롭다. (앞에서 지적했듯이) 이는 본문의 "주"가 데살로니가후서 끝부분의 맥락에서는 거의 확실하게 예수를 가리키기 때문이다. 또한 평화는 데살

---

43   심지어 "그리스도의 평강이 너희 마음을 주장하게 하라"(골 3:15)와 같은 본문조차도 문맥상 사랑과 용서의 공동체적 실천을 포함한다(골 3:12-14).

로니가후서의 가장 중요한 주제이기도 하다.[44] 바울이 데살로니가후서
를 썼든지 안 썼든지 간에[45] 예수를 화평케 하는 자로 지칭한 것은 바
울 혹은 바울 전승이 예수를 그의 화평케 하는 성품 및 역할과 관련하
여 하나님 아버지와 연관시켰음을 암시한다.

평화를 위한 축도 역시 다른 두 바울 서신 말미에 나타난다.

무릇 이 규례를 행하는 자에게와 하나님의 이스라엘에게 **평강**과 긍휼이
있을지어다(갈 6:16).

아버지 하나님과 주 예수 그리스도께로부터 **평안**과 믿음을 겸한 사랑이
형제들에게 있을지어다(엡 6:23).

항상 편지 말미에 등장하는 바울의 "평화의 하나님"이라는 어구
에 대한 다른 세 용례를 더한다면(빌 4:9 외에), 우리는 바울이 그의 편
지를 평화라는 말로 시작하고 끝맺는다는 것을 보게 된다. 또한 그의
끝맺는 말은 축도 혹은 약속의 형태를 취하거나, 또는 이 두 형태를 모
두 취한다.

---

44 "편지의 주된 단원들은…사실 평화에 관심을 보이며…종말론적·교회론적·사회적 측면에
서 본 평화가 이 편지의 신학적 목표다"(Jouette M. Bassler, "Peace in All Ways: Theology
in the Thessalonian Letters. A Response to R. Jewett, E. Krentz, and E. Richard," in *Pauline
Theology, Vol. 1, Thessalonians, Philippians, Galatians, Philemon*, ed. Jouette Bassler
[Minneapolis: Fortress, 1991], 71-85 [여기서는 75]).

45 데살로니가후서에 대한 바울의 저작권을 선호하는 최근 논의에 관해서는 Paul Foster,
"Who Wrote 2 Thessalonians? A Fresh Look at an Old Problem," *Journal for the Study of
the New Testament* 35 (2012): 150-75를 보라.

삶으로 담아내는 복음

평강의 하나님께서 너희 모든 사람과 함께 계실지어다. 아멘.…**평강의 하나님**께서 속히 사탄을 너희 발아래에서 상하게 하시리라. 우리 주 예수의 은혜가 너희에게 있을지어다(롬 15:33; 16:20).

평강의 하나님이 친히 너희를 온전히 거룩하게 하시고, 또 너희의 온 영과 혼과 몸이 우리 주 예수 그리스도께서 강림하실 때에 흠 없게 보전되기를 원하노라(살전 5:23).

다시 말하면 바울은 문자적으로 그의 공동체들이 교회와 일상의 삶에서 그들의 공동의 삶속에 주어지는 하나님의 샬롬을 알 수 있도록 그들을 위해 문자적으로 평화를 기원하고, 바라고, 기도하면서 자신의 편지를 마무리한다는 것이다.[46] 그는 그들이 메시아 예수를 통해, 그리고 성령 안에서 하나님의 평화를 경험하기를 진심으로 기원하고 그의 부재 시 그를 대신할 그의 "성명서"(communiqué)로 시작하고 끝맺는다.

넷째, 그렇다면 하나님의 평화와 평화의 하나님을 고려함에 있어 우리는 불가피하게도 각각의 삼위일체적 특성을 언급하지 않을 수 없다. 로마서 5장(1-11절)은 반역한 인류와의 신적 화해가 아버지 하나님과, 자신의 죽음이 하나님의 화해의 수단이 되신 그리스도, 그리고 화해시키시는 하나님의 사랑을 하나의 경험적 실재가 되도록 하시는 성령을 모두 수반한다는 것을 분명히 한다(롬 5:5). 사실 이러한 화해의 삼위일체적 행위는 결국 바로 이와 같은 사랑의 행위다.[47] 에베소서

---

46 "초기 기독교의 예배 모임은 (바울의 편지에서) 하나님의 평화로운 임재의 관점에서 묘사된다"(de Villiers, "Peace in the Pauline Letters," 8).

47 신적 평화에 있어 성령의 역할은 롬 8:6; 14:17; 15:13에서도 강조된다.

는 로마서 5장을 염두에 두고 기독론에 초점을 맞추면서 "그(예수)는 우리의 화평이신지라"(엡 2:14)라고 올바르게 말한다. 그러나 이 동일한 편지는 또한 아버지와 아들이 모두 평화의 원천이며(엡 1:2; 6:23), 성령이 공동체 안에서 역사하는 평화의 실천적 동인(agent)임을 시인한다(엡 4:3).[48]

마지막으로, 우리는 하나님의 화해 프로젝트의 변혁적 특성을 강조하지 않을 수 없다. 그리스도로부터 분리된 인간의 상태에 대한 바울의 평가에서 한 가지 간과된 측면이 있다면 그것은 바로 폭력의 일상성(normalcy)과 평화의 부재다. 성서를 인용하면서 바울은 인간들을 강하게 고발하는 로마서 3장에서 이 점을 강하게 부각시킨다.

> [9]유대인이나 헬라인이나 다 죄 아래에 있다고 우리가 이미 선언하였느니라. [10]기록된 바 "의인은 없나니 하나도 없으며, [11]깨닫는 자도 없고, 하나님을 찾는 자도 없고, [12]다 치우쳐 함께 무익하게 되고, 선을 행하는 자는 없나니 하나도 없도다." [13]"그들의 목구멍은 열린 무덤이요, 그 혀로는 속임을 일삼으며," "그 입술에는 독사의 독이 있고," [14]"그 입에는 저주와 악독이 가득하고, [15]그 발은 피 흘리는 데 빠른지라. [16]파멸과 고생이 그 길에 있어 [17]평강의 길을 알지 못하였고," [18]"그들의 눈앞에 하나님을 두려워함이 없느니라" 함과 같으니라(롬 3:9b-18).

바울은 폭력적인 말과 행동은, 17절과 이사야 59:8("그들은 평강의 길을 알지 못하며")에 요약된 대로, 길 잃은 인류가 취하는 방식이라

고 말한다.[49]

그러므로 하나님께서 그리스도 안에서 행하셨고, 또 행하고 계시는 것은 근본적인 화해(pacification), 곧 근본적인 변혁의 행위다. 하나님은 원수를 친구로 만드셨다(롬 5:1-11, 특히 10절, "곧 우리가 원수 되었을 때에 그의 아들의 죽으심으로 말미암아 하나님과 화목하게 되었은즉").[50] 화해는 단순히 용서의 선언이 아니라, 회심의 사건이자 새 창조의 행위다. 바울은 증오와 폭력으로부터 회심한 자신의 경험을 통해 이 사실에 대해 잘 알고 있었다(그는 열심을 다해 교회를 무너뜨리기를 원했다).[51] 그는 또한 이 사실을 고린도후서에서 명확히 밝힌다. "그런즉 누구든지 그리스도 안에 있으면 새로운 피조물이라. 이전 것은 지나갔으니 보라! 새 것이 되었도다. 모든 것이 하나님께로서 났으며 그가 그리스도로 말미암아 우리를 자기와 화목하게 하시고"(고후 5:17-18a). 그들이 그분 **안에** 있고, 그로 옷 입고, 그로 인해 새롭게 지어지기 때문

---

49 이사야서와 더불어 성서의 이러한 일련의 본문은 다양한 시편과 지혜 본문에 대한 인용 또는 암시를 포함한다. 우리는 정의에 관해 다룰 장에서 이 본문들을 검토할 것이다.

50 롬 5:1-11과 고후 5:14-21에서 모두 칭의/의의 언어와 화해/평화의 언어가 등장하며, 전자는 로마서에서, 후자는 고린도후서에서 더 자주 등장한다는 사실을 주목해야 한다. 나는 칭의와 화해가 동일한 실재를 가리키는 두 가지 방식이라고 주장한다. 또한 James D. G. Dunn, *The Theology of Paul the Apostle* (Grand Rapids: Eerdmans, 1998), 386-89; Michael J. Gorman, *Apostle of the Crucified Lord: A Theological Introduction to Paul and His Letters* (Grand Rapids: Eerdmans, 2004), 364-66; Michael J. Gorman, *Inhabiting the Cruciform God: Kenosis, Justification, and Theosis in Paul's Narrative Soteriology* (Grand Rapids: Eerdmans, 2009), 52-57; de Villiers, "Peace in the Pauline Letters," 11-14를 보라.

51 행 7:58-8:1; 9:1-2; 22:3-5; 26:9-12; 갈 1:13-14; 고전 15:9; 딤전 1:13. Gorman, *Inhabiting the Cruciform God*, 129-60을 보라. 몇몇 학자들은 바울 자신이 그의 언어 사용과 언어 통제 등에 있어 상당히 과격했다고 제안한 바 있다. 이러한 관점에 대한 나의 반응에 대해서는 *Inhabiting the Cruciform God* (129-60)을 보라. 또한 신학적으로 다소 미묘한 관점의 차이와 더불어 보다 더 철저한 분석을 보려면 Zerbe, *Citizenship*, 169-80을 보라. 또한 Jeremy Gabrielson, *Paul's Non-Violent Gospel: The Theological Politics of Peace in Paul's Life and Letters* (Eugene, OR: Pickwick, 2013), 특히 91-101을 보라.

에, 그리스도를 통해 하나님과 화해한 이들은 이제 하나님의 의/정의로 변화되어 가고 있는 것이다(고후 5:21). 즉 그들은 하나님의 화해시키시는 사랑으로부터 **유익을 얻을** 뿐 아니라 이에 **참여**하고 있는 것이다. 그들은 평화를 실천하는 평화의 사람이 되어가고 있다(또한 그들은 그 평화를 다른 이들, 곧 온 세상에 전하는 사람들이다).

> [18]모든 것이 하나님께로서 났으며, 그가 그리스도로 말미암아 우리를 자기와 화목하게 하시고, 또 우리에게 화목하게 하는 직분을 주셨으니, [19]곧 하나님께서 그리스도 안에 계시사 세상을 자기와 화목하게 하시며, 그들의 죄를 그들에게 돌리지 아니하시고, 화목하게 하는 말씀을 우리에게 부탁하셨느니라. [20]그러므로 우리가 그리스도를 대신하여 사신이 되어 하나님이 우리를 통하여 너희를 권면하시는 것 같이 그리스도를 대신하여 간청하노니, 너희는 하나님과 화목하라. [21]하나님이 죄를 알지도 못하신 이를 우리를 대신하여 죄로 삼으신 것은 우리로 하여금 그 안에서 하나님의 의가 되게 하려 하심이라(고후 5:18-21).[52]

평화에 기여하는 것을 추구하기: 교회의 실천으로서의 평화

그렇다면 평화에 관한 바울의 용어는 하나님의 성품과 관대하심에 국

---

52 이 본문과 고린도후서 전반에 걸쳐 바울이 사용하는 1인칭 복수(우리가/우리를)의 암묵적 지시대상에 대한 학계의 논쟁이 있다. 이것을 몇몇 경우에는 바울과 그의 동료들에게 국한시킬 필요가 있어 보이지만, 하나님의 화해와 변화의 범위가 단지 사도들에게만이 아니라 모든 교회와 온 세상에 적용되기 때문에, 화해는 어떤 형태로든 온 교회의 사역이라고 결론짓는 것이 가장 타당해 보인다. 하나님의 화해의 수혜자들도 그 화해의 대리인들이다. 또한 Morna D. Hooker, "On Becoming the Righteousness of God: Another Look at 2 Cor. 5:21," *Novum Testamentum* 50 (2008): 358-75, 특히 365, 373을 보라.

삶으로 담아내는 복음

한되지 않는다. 하나님의 평화는 화평케 할 도덕적·선교적 의무를 수반한다. 바울은 분명히 이것을 시편에서 배웠다. "선을 행하며 화평을 찾아 따를지어다"(시 34:14; LXX 33:15, *zētēson eirēnēn kai diōxon autēn*). 바울은 또한 이것을 로마서 14:19에서 분명히 암시한다(*ara oun ta tēs eirēnēs diōkōmen*; "우리가 화평의 일과 서로 덕을 세우는 일을 힘쓰나니"). 만약 하나님의 화해시키시는 사랑으로 형성된 교회(롬 5:1-11)가 매일의 삶에서(그 "영성"으로) 복음을 구현한다면 그 교회는 또한 사랑을 실천할 것이고, 또 이로써 화해를 실천할 것이다.[53] 이것은 성령에 의해 그리스도 안에서 화평케 하시는 하나님의 삶에 참여하는, 본질적이며 불가피한 측면이지만, 인간에게 아주 자연스러운 것은 아니다. 이것은 갈등과 폭력의 "일상성"(normalcy)으로부터의 회심과 평화의 부재를 요구한다.[54]

    N. T. 라이트는 많은 해석자들 중 가장 최근에 바울의 구원론의 중심에 화해가 있다고 주장하는 학자다. 그러나 라이트는 이제 우리가 이 화해의 신학이 바울의 교회론, 곧 교회에 대한 그의 비전의 중심에 있다는 것도 확실히 보기를 원한다.

    나는 바울의 실천적인 목표가 특정한 종류의 공동체를 창조하고 유지하는 것이었고, 그것을 창조하고 유지하기 위한 수단이 화해라는 핵심적인 개념이었으며, 그가 성령이 내주하시는 메시아-백성으로 여겼던 이 공동체들이 적어도 그의 사고 속에서, 그리고 어쩌면 역사적 진실 속에서도

---

53   또한 Swartely, *Covenant of Peace*, 211-21; Klassen, "Pursue Peace"를 보라.
54   영성에 관한 최근 연구는 변화의 중심성에 초점을 맞춘다. 바울 서신에 나타난 평화의 영성과 이러한 강조점의 연관성에 대해서는 de Villiers, "Peace in the Pauline Letters"를 보라.

새로운 종류의 철학과 종교와 정치, 그리고 이것들의 새로운 종류의 결합…곧 새로운 종류의 유대인다움, 새 언약 공동체, 새로운 종류의 기도에 뿌리를 둔 새로운 종류의 현실을 만들었다고 주장하고 싶다.[55]

이 모든 것이 바울에게, 그리고 우리에게 실천적으로 의미하는 바는 무엇일까?

구심적인 평화의 공동체, "중단된 폭력의 영역"

우선 바울은 교회 자체를 그 내적인 삶—구심적인 활동—에 평화가 있는 공동체로 이해한다. 교회는 폭력적인 로마 제국 안에서 "폭력이 중단된 영역"이다.[56] 아이러니하게도 로마는—그 황제들, 시민들, 시인들, 선전원들을 통해—자신이 전 세계 평화의 근원으로, 심지어는 종말론적 시대 혹은 황금시대를 도래케 하는 존재임을 선포했다.[57] 팍스 로마나의 많은 상징과 선전 도구 중에 우리는 기원전 9년에 로마에 세워진 유명한 "아라 파키스 (아우구스타이)"(Ara Pacis [Augustae]), 곧 "(아우구스투스의) 평화의 제단"을 지목할 수 있다. N. T. 라이트는 이를 다음과 같이 묘사한다.

오늘날까지도 사면에 새겨진 부조들이 있는 이 거대한 제단은 로마가 엄

---

55 Wright, *Paul and the Faithfulness of God,* 1476.

56 Wengst, *Pax Romana,* 88.

57 예컨대 Mark Reaoner, *Roman Imperial Texts: A Sourcebook* (Minneapolis: Fortress, 2013)
    에 있는 텍스트들을 보라. 이러한 분위기는 문학적 텍스트에만 국한된 것이 아니라 비문과
    동전에서도 나타나 있다.

282   삶으로 담아내는 복음

숙하고 경건하며 평화롭고 번영하는 사회였다는 강한 인상을 심어주는데, 거기서 평화의 문자적인 열매는 풍요의 뿔을 통해 표현되고, 베르길리우스의 「농경시」(Georgics)에서처럼 평화롭게 추수하고 가축을 기르며 태평성대를 누리는 전원생활을 연상시킨다. 하지만 평화에 대한 이러한 예찬이 그 일부분을 차지하는 이보다 더 거대한 계획은 평화를 가져다준 군사적 승리에 대한 노골적인 예찬임은 너무나도 분명하다. 여신 로마는 무기 더미 위에 의기양양하게 앉아 있다. 지금 로마가 평화를 누릴 수 있는 이유는 온 세계가 로마를 두려워하며 살고 있기 때문이다. 실제로 "평화와 안전"은 통상적으로 서로 결합되어 있다. 즉 군사적인 힘은 제국의 안정을 보장한다. 그러나 이러한 생각들은, 비록 현존해 있고 중요하지만, 이 제단이 주는 전반적인 인상과는 상당한 거리가 있어 보인다. 왜냐하면 이 제단은 (이례적으로) 여자들과 아이들이 희생제사 행렬에 참여한 가족 구성원의 일부로 묘사됨과 동시에, 경건한 격식과 가족적인 친밀함과 평화롭게 공존하는 것을 보여주기 때문이다.[58]

그렇다면 팍스 로마나는 위협과 지배에 의한 번영과 평화와 안전을 의미했다. 왜냐하면 로마인들은 이것이 로마가 세계를—정치적으로, 군사적으로, 경제적으로—다스린다는 신들의 뜻이며, 오직 신이 허락한 권세로서 로마가 어떤 수단을 동원해서라도 이 평화와 안전을 얻을 수 있다고 믿었다. 로마의 평화는 로마 신들의 평화(pax deorum)였다. 진정 로마는 평화(Pax)를 신(Deity)으로 만들었다(Iustitia, 정의와

---

58   Wright, *Paul and the Faithfulness of God*, 296.

Fides, 믿음이 그랬듯이).[59] 로마가 지배를 통한 평화라는 신적 사명을 가졌다고 믿었을 수는 있지만, 우리가 방금 살펴보았듯이 바울은 원수 사랑을 통해 화해와 인류의 번영을 이루시는 이스라엘의 하나님의 평화를 알고 있었고, 또 이를 선포했다.

가능한 한 바울이 말하고자 한 바를 단도직입적으로 말해보자. 갈라디아서 2:15-21을 의역하면 다음과 같다.

> 만약 폭력과 전쟁이 평화로 가는 길이라면, 로마는 옳았고, 그리스도는 헛되이 죽으셨다.[60]

그러나 그리스도는 헛되이 죽지 않으셨다. 하나님은 오히려 그리스도 안에서 이 세상에 하나님의 평화를 가져오고 계셨다. 예수는 평화의 왕이신 메시아다.

현존하는 그의 가장 오래된 편지에서 바울은 데살로니가 교인들에게 이 하나님의 평화를 그들의 공동체 안에서 구현할 것을 권면한다. 한편으로 이것은 악을 악으로 갚는 것을 거부하는 것이며, 다른 한편으로는 타인의 안녕을 먼저 구하는 것을 의미한다.

> [13]...가장 귀히 여기며 너희끼리 **화목**하라. [14]또 형제들아, 너희를 권면하노니 게으른 자들을 권계하며, 마음이 약한 자들을 격려하고, 힘이 없는 자들을 붙들어 주며, 모든 사람에게 오래 참으라. [15]삼가 누가 **누구에게든**

---

59 이에 관한 탁월한 개관은 Wright, *Paul and the Faithfulness of God*, 5장 (279-347)을 보라.
60 이 문장은 갈 2:21을 암시한다. "내가 하나님의 은혜를 폐하지 아니하노니 만일 의롭게 되는 것이 율법으로 말미암으면 그리스도께서 헛되이 죽으셨느니라."

지 악으로 악을 갚지 말게 하고, 서로 대하든지 모든 사람을 대하든지 항상 선을 따르라(살전 5:13b-15).

이 권면에 담겨 있는 함의는 직전 본문에서 언급된 평화의 **부재**에 대한 언급에 주목함으로써 깊이 이해될 수 있다.

[2]주의 날이 밤에 도둑 같이 이를 줄을 너희 자신이 자세히 알기 때문이라. [3]그들이 "평안하다, 안전하다" 할 그때에 임신한 여자에게 해산의 고통이 이름과 같이, 멸망이 갑자기 그들에게 이르리니 결코 피하지 못하리라. [4]형제들아, 너희는 어둠에 있지 아니하매 그날이 도둑 같이 너희에게 임하지 못하리니, [5]너희는 다 빛의 아들이요 낮의 아들이라. 우리가 밤이나 어둠에 속하지 아니하나니(살전 5:2-5).

이 본문에서 바울이 로마가 "평화와 안전"(*pax et securitas*)을 제공한다는 주장을 암시하고 있다는 것은 이미 널리 인정되고 있는데, 바울은 이 주장을 헛된 주장이라고 본다.[61] 평화와 안전을 제공해주는 것은 로마 제국이 아니라 이사야 32:18에 기록된 약속을 성취하시는 하나님이시다. "내 백성이 화평한 집과 안전한 거처와 조용히 쉬는 곳에 있으려니와." 구체적으로 평화의 공간은 묵시론적인 관점에서 그리스도 안에서 형성된 공동체이며, 그곳에서 빛의 자녀들은 그들의 믿음, 소망, 사랑이라는 공동의 삶의 근본적인 일환으로서(살전 5:8) 평화를

---

61   예컨대 Jeffrey A. D. Weima, "'Peace and security'(1 Thess. 5.3): Prophetic Warning or Political Propaganda?" *New Testament Studies* 58 (2012): 331-59를 보라.

실천한다. 갈라디아서에서 바울은 이렇게 신적으로 주어진 평화는 사랑, 인내, 희락 등과 결코 분리될 수 없는 성령의 열매라고 말한다(갈 5:22-23).[62] 심지어 데살로니가전서에서도 사랑, 희락, 평화의 실천은 공동체 안에서 이루어지는 성령의 사역과 암묵적으로 동일시된다(참조. 살전 5:19).[63] 즉 평화의 하나님(살전 5:23a)이 그들의 철저한 성화의 일환으로서 평화를 사랑하는 사람들을 창조하시는 분인 것이다(살전 5:23b).

데살로니가전서 역시 공동체의 평화로운 성격과 화해의 사명이 묵시론적 혹은 종말론적 공동체—장차 도래할 하나님의 통치에 이미 참여함으로써 이를 고대하는 공동체—에 기인한다는 사실을 분명히 한다. 본서 앞장들에서 우리는 이러한 묵시론적 존재를 "기대적 참여"로 언급한 바 있다. 약속된 평화의 메시아 시대에 대한 맛보기는 미래의 구원의 "첫 보증"(고후 1:22; 엡 1:14)이자 평화의 왕이신 메시아 예수 안에 사는 이들 안에서, 그리고 그들을 통해 나타나는 성령의 사역에 의해 가능하다. 따라서 이 평화는

서로 인사를 나누거나 내적 평화를 경험하거나 혹은 평화를 사랑하는 삶

---

62 또한 사랑과 감사와 함께 평화가 두드러지게 나타나는 골 3:12-17도 보라. 이 모든 것은 긍휼, 자비, 겸손, 온유, 오래 참음, 용서와 관련이 있어 보인다.

63 살전 5:11-12에서 공동체의 삶에 관한 권면에는 성령에 대한 명시적인 언급이 단 한 번("성령을 소멸치 말라", 5:19) 나타나는데, 이것이 가장 직접적으로 교회 모임에서 예언의 말씀을 허용하고 구별하는 것을 가리킨다(5:20-22). 그럼에도 불구하고, 바울의 다른 편지로도 알 수 있는 성령의 활동에 대한 바울의 이해를 감안하면 우리는 데살로니가전서의 이 단락에서 권장하는 모든 실천과 태도가 성령이 공동체 안에서 역사하실 수 있는 방식임을 알 수 있다(예컨대 살전 1:6의 성령과 기쁨의 연관성["또 너희는 많은 환난 가운데서 성령의 기쁨으로 말씀을 받아 우리와 주를 본받은 자가 되었으니"]은 갈 5:22의 동일한 연관성을 암시하며 살전 5:16-19에서의 성령과 기쁨 간의 연관성을 암시한다).

의 방식을 나타내는 것과 같이 부수적이거나 개인적인 측면에 관한 것만이 아니다. **이것은 하나님의 새로운 공동체와 창조로 특징지어지는 변함없고 지속적인 새로운 존재이며 삶의 방식이다.** 평화롭고 평화를 사랑하는 인간으로 변화되는 것은 우주적 성격을 띠고 있으며, 새로운 사고방식과 새로운 삶의 방식을 암시한다.[64]

화평케 하는 것을 공동체 안에 있는 모든 사람의 책임으로, 그리고 성령의 사역으로 강조하는 또 다른 권면은 복음에 대한 자신들의 믿음을 문화적으로 서로 다르게 표현(음식에 대한 문제)하는 이들 간에 의견이 충돌하는 정황을 다루는 로마서에서도 발견된다.

[17]하나님의 나라는 먹는 것과 마시는 것이 아니요, 오직 성령 안에 있는 의와 **평강**과 희락이라. [18]이로써 그리스도를 섬기는 자는 하나님을 기쁘시게 하며 사람에게도 칭찬을 받느니라. [19]**그러므로 우리가 화평의 일과 서로 덕을 세우는 일을 힘쓰나니**(롬 14:17-19).

데살로니가전서에서와 마찬가지로 여기 로마서에서도 능동적인 행동, 곧 공동체를 세우는 데 초점을 맞춘 화해가 바로 바울이 실천적으로 말하는 사랑을 의미한다(참조. 고전 8:1, "사랑은 덕을 세우나니"). 바울은 이러한 공동체적 책임을 아주 중요하게 생각한 나머지 타인을 향한 평화를 실천하는 것과 하나님이 약속하신 평화를 경험하는 것을 서로 불가분의 관계로 본다. 우리는 이 사실을 고린도후서의 결론에서

---

64   De Villiers, "Peace in the Pauline Letters," 15-16(강조는 덧붙여진 것임).

찾아볼 수 있다.

마지막으로 말하노니 형제들아, 기뻐하라. 온전하게 되며, 위로를 받으며, 마음을 같이하며, **평안할지어다**. 또 **사랑과 평강의 하나님이 너희와 함께 계시리라**(고후 13:11).[65]

스와틀리가 주장하듯이,[66] 몇몇 경우 바울이 평화를 그의 주된 덕목인 사랑에 종속시키는 것도 사실이지만, 이보다 더 중요한 것은 사랑과 화해라는 두 실천 간의 "공생"(symbiosis) 혹은 밀접한 관계다.[67]

또한 바울의 신학에서 서로 밀접하게 연결되어 있는 것이 바로 평화와 정의의 실천인데, 이는 특히 이방인들과 유대인들, 그리고 가진 자와 가지지 못한 자 사이에서 더더욱 두드러지게 나타난다. 이 두 가지 관심사는, 우리가 앞장에서 이미 살펴보았듯이, 가난한 자들, 특히 예루살렘의 가난한 자들을 위한 헌금에 대한 바울의 지속적인 관심으로 모아진다(롬 15:22-32; 고전 16:1-4; 고후 8-9장). 만약 하나님이 그리스도 안에서 이 세상에 샬롬을 가져다주었다면, 이러한 샬롬의 구

65　이러한 연결은 마태복음에서 주기도문과 이에 대한 간략한 해석으로 요약된 예수의 가르침을 연상시킨다. "우리가 우리에게 죄 지은 자를 사하여 준 것 같이 우리 죄를 사하여 주시옵고…너희가 사람의 잘못을 용서하면 너희 하늘 아버지께서도 너희 잘못을 용서하시려니와 너희가 사람의 잘못을 용서하지 아니하면 너희 아버지께서도 너희 잘못을 용서하지 아니하시리라"(마 6:12, 14-15). Swartley의 설명처럼 고후 13:11에서 우리는 "하나님의 능력 주심과 인간의 책임 간의 시너지 관계"를 본다(*Covenant of Peace*, 211). 그는 이와 유사한 시너지 작용이 고전 14:33에도 암시되어 있다고 지적한다.

66　Swartley, *Covenant of Peace*, 212.

67　딤후 2:22-24도 보라. "또한 너는 청년의 정욕을 피하고, 주를 깨끗한 마음으로 부르는 자들과 함께 의와 믿음과 사랑과 화평을 따르라. 어리석고 무식한 변론을 버리라. 이에서 다툼이 나는 줄 앎이라. 주의 종은 마땅히 다투지 아니하고, 모든 사람에 대하여 온유하며, 가르치기를 잘하며, 참으며."

체적인 열매 중 하나는 궁핍한 자들에게 필요한 물건을 나누어주어 그리스도 안에서 하나가 된 자들이 어떤 의미에서든 "평등"(바울의 표현은 고후 8:13-14의 *isōtēs*; NRSV "공정한 균형")을 경험하도록 하는 것이다.

원심적 평화의 공동체: 평화 추구 및 보복 거절

두 번째, 그러나 교회의 평화는 단지 내부 사람들과 그리스도의 몸 안에서 이루어지는 삶만을 위함이 아니다. 교회의 내적인 삶은 세상으로 뻗어나간다. 바울은 이미 이러한 교회의 평화에 대한 원심적 측면을 그의 초기 저술에서 이미 분명하게 밝혔다. 그는 데살로니가 신자들에게 "악을 악으로 갚지 말고" "피차 그리고 모든 사람에게 선을 행함"으로써 화해를 실천할 것을 권면한다(살전 5:13b). 또한 이는 3:12의 기도를 재차 강조한 것이기도 하다. "또 주께서 우리가 너희를 사랑함과 같이, 너희도 피차간과 모든 사람에 대한 사랑이 더욱 많아 넘치게 하사." 이 세상에서 실천해야 할 화해에 대한 이러한 권면은 편지 말미의 최종 권면 목록에서 등장하지만, 불행하게도 그중 그 어떤 것도 길게 전개되지 않는다.

　이와 비교될 만한 권면이 로마서의 이와 유사한 본문에서 나타난다. 로마에 있는 신자들에게 낯선 자들에 대한 호의뿐 아니라 서로에 대한 사랑과 존경, 그리고 서로를 위해 돌볼 것을 권면한 후(롬 12:9-13), 바울은 간략하게나마 외부 사람들, 특히 박해자들에게 관심을 돌린다. "너희를 박해하는 자를 축복하라. 축복하고 저주하지 말라"(롬 12:4). 다시 한번 내부 문제로 되돌아와 공감과 조화와 겸손을 권면한 후(롬 12:15-16), 바울은 재차 (적어도 일차적으로) 외부 사람들에게 관심을 돌린다.

> **아무에게도 악을 악으로 갚지 말고, 모든 사람 앞에서 선한 일을 도모하
> 라.** ¹⁸할 수 있거든 너희로서는 모든 사람과 더불어 **화목하라**[그리스어
> *eirēneuontes*]. ¹⁹내 사랑하는 자들아, 너희가 **친히 원수를 갚지 말고,** 하나
> 님의 진노하심에 맡기라. 기록되었으되 "원수 갚는 것이 내게 있으니 내
> 가 갚으리라고 주께서 말씀하시니라. ²⁰**네 원수가 주리거든 먹이고 목마
> 르거든 마시게 하라.** 그리함으로 네가 숯불을 그 머리에 쌓아 놓으리라."
> ²¹**악에게 지지 말고 선으로 악을 이기라**(롬 12:17-21).

로마서 12장의 데살로니가전서에 대한 반향은 외부 사람들("모
든 사람")에 관한 바울의 사고와 언어의 패턴을 보여준다. 이 패턴은 한
편으로는 악—저주, 보복, 그리고 이와 유사한 것들—을 금지하고, 다
른 한편으로는 선을 실천하는 것—축복, 음식 제공 등등—을 적극적으
로 권면한다.

따라서 우리는 외부 사람들을 향한 화해가 신자들을 향한 외부
사람들의 빈번한 적대적 행동 때문에 바울에게 특별한 관심의 대상
이 된다고 결론내릴 수 있다.⁶⁸ 다시 말하면 평화를 실천하는 것은 가
장 어려운 환경 속에서 복음을 증언하는 일종의 변증과도 같다. 이것
은 원수를 사랑하라는 예수와 바울의 명령에 대한 적극적인 표현이
다.⁶⁹ 공동체와 개인이 원수와 화해할 것을 가르치고 실천하신 메시아

---

68 또한 신자들이 외부 사람들의 적개심을 느끼는 경우와 비슷하거나 이보다 더욱 심각한 경
우에 주어진 명령인 히 12:14도 보라.

69 롬 12장과 사랑에 관해서는 Zerbe, *Citizenship*, 148-50을 보라.

를 신실하게 증언할 때 그들은 복음에 대한 살아 있는 주석(exegesis)이 된다.[70] 외부 사람들과의 이러한 평화적인 관계는 당연히 폭력의 거부를 포함한다. 리처드 헤이스(Richard Hays)가 말했듯이 "바울 서신 안에서는 그리스도인의 폭력 사용을 지지하는 내용을 단 한 음절도 찾아볼 수 없다."[71] 비폭력에 대한 이러한 집념은 하나님의 원수들을 위한 그리스도의 죽음이야말로 화해시키시고 의롭게 하시는 하나님의 사랑의 계시(롬 5:1-11; 엡 2-3장)라고 보는 바울 복음의 핵심에 그 뿌리를 두고 있다. 따라서 존 하워드 요더는 칭의가 "나와 내 원수가 그 어떤 공로나 힘을 통하지 않고, 내 손으로 직접 그의 생명을 취하지 않고서도 새로운 인류 안에서 서로가 하나가 되었다는 좋은 소식"이라고 올바르게 지적한다.[72]

그러나 또한 바울은 화해를 보복보다는 자선이라는 반응의 형태로 보고 일종의 변증(apologia)으로 보는 것을 원치 않은 것으로 보인다. 이와는 정반대로 바울은 그의 공동체들이 화해를 최우선순위에 두는 삶의 방식으로 실천하기를 원한다. 고든 저비는 바울의 "비보복 및

---

70   바울 서신에 나타난 원수 사랑에 관해서는 Swartley, *Covenant of Peace,* 213-15; Gordon Zerbe, "Paul's Ethic of Nonretaliation and Peace," in *The Love of Enemy and Nonretaliation in the New Testament,* ed. Willard M. Swartley (Louisville: Westminster John Knox, 1992), 177-222, now reprinted in his *Citizenship,* 141-68을 보라. Zerbe는 내가 악에 대한 금지와 선을 행하는 것에 대한 긍정적 권면이라고 부른 것을 각각 원수들에 대한 "수동적" 반응과 "능동적" 반응이라고 부른다. Zerbe(*Citizenship,* 143-44)는 악을 악으로 갚지 않기, 스스로 원수 갚지 않기, 저주하지 않기, 관대하기/오래 참기, 인내하기, 소송하지 않기, 악을 도모하지 않기 등을 수동적인 반응으로, 선한 행실, 축복, 우호, 화평, 은혜와 사랑 베풀기 등을 능동적인 반응으로 열거한다.

71   Richard B. Hays, *The Moral Vision of the New Testament: Community, Cross, New Creation; A Contemporary Introduction to New Testament Ethics* (San Francisco: HarperCollins, 1996), 331. 또한 나의 *Inhabiting the Cruciform God,* 129-60도 보라.

72   Yoder, *Politics of Jesus,* 224.

평화의 윤리"가 이 주제에 대한 일반적 권면(예. 롬 12:9-21), 바울의
고난 목록(예. 고전 4:12-13a), 미덕과 악덕 목록(예. 갈 5:16-24), 구체
적 상황에 대한 언급(고전 6:1-8), 그리고 그의 사랑의 시(고전 13장)에
서 나타난다는 사실을 보여주었다.[73] 이러한 평화의 언어가 만연해 있
다는 사실은 바울의 윤리가 근본적으로 단순히 반작용적(reactive)이었
다기보다는 주도적인(proactive) 태도를 견지했음을 암시한다.

교회 안에서 조화를 이루고 약한 자를 돌보는 것에 대한 실제적
인 관심은 공동체 밖에서도 동일하게 이루어질 수 있으며, 또 그래야
만 한다. "모든 사람과 더불어 화목하라"는 권면이 괴롭힘과 다른 형
태의 박해의 정황에 그 기원을 둘 수도 있지만, 바울이 불신자들을 모
두 박해자라고 생각했다고 가정하지 않는 한, 우리는 이 권면의 보편
성을 언제 어디서나 그리스도를 본받는, 또는 십자가를 본받는 샬롬을
실천하고자 하는 노력으로 해석해야 할 것이다.[74]

사실 이것이 바로 바울이 고린도후서 5:20에서 그와 그의 동역
자들이 "그리스도의 대사"로서 수행하고 있다고 주장하는 사역이다
(바울이 교회 구성원들에게 "하나님과 더불어 화목하라"고 쓰고 있기 때문에,
심지어 여기서도 교회와 이 세상의 경계가 불분명하지만 말이다). 바울은 고
린도후서 거의 전반(특히 1-7장)에 걸쳐 화해의 사역을 펼치고 있고,
그는 또한 반복적으로 사도로서의 존재를 본유적으로 그리스도를 닮
는 존재, 곧 십자가를 본받는 존재로 묘사한다. 하지만 고린도 교인들
에게 앞서 보낸 편지에서(고전 4:16; 11:1) 바울은 자신이 그리스도를

---

73   Zerbe, *Citizenship*, 141-43.

74   또한 외부 사람들과의 관계를 포함하여 불신자와 신자의 결혼으로 나타나는 일반적인 평
        화로의 신적 소명에 관한 바울의 가르침(고전 7:15)도 참조하라.

본받은 것 같이 그들도 그렇게 하라고 권면했기 때문에, 여기서 화해가 **오로지** 사도적 활동이라고 결론짓는 것은 부적절하다. 사실 고린도전서 서두에서 바울은 고린도 교인들에게 공동체 내에서 화해를 실천할 것을 구체적으로 권면한다(1:23-2:11). 비록 그가 그 본문에서 "화해"라는 단어를 사용하지는 않지만, 그는 고린도 교인들에게 자신이 그 공동체의 한 구성원을 용서한 것처럼 자신을 본받아(2:7, 10) 궁극적으로 하나님의 화해 행위를 본받을 것을 촉구한다. 왜냐하면 하나님은 세상의 죄를 그들에게 돌리지 않으셨기 때문이다(고후 5:19). 바울에게 있어 용서는, 그것이 하나님에 의한 것이든 사람에 의한 것이든, 분명히 화해의 핵심 요소다. 또한 고린도후서 5:19("세상을 자기와 화목케 함")에서 "세상"이라는 단어가 언급된 것은 요한복음 3:16-18("하나님이 세상을 이처럼 사랑하사…")을 연상시킬 뿐 아니라, 하나님의 화해를 본받는다면—혹은 참여한다면—바울이 말하는 용서와 화해는 단지 내부 사람들에게만 국한될 수 없다는 위의 주장을 강화한다.

다시 말하면 (1) 화해의 사역은 궁극적으로 모든 신자들과 그리스도 안에 있는 모든 공동체를 위한 것이며, (2) 하나님으로부터 파생된 이 사역의 초점은 온 세상—교회 안에서든 아니든 한 번에 하나의 갈등—이다. 이것을 보다 광범위하게 신적 화해라는 바울의 신학에 기초를 둔다면 우리는 다음과 같이 말할 수 있을 것이다. 하나님이 화해를 실천하시기 위해 그리스도 안에 계셨던 것처럼, 이제 그리스도 안에 있는 모든 이들은 화해라는 그리스도 중심의 신적 사명에 참여한다. 확실히 "우리"—모든 신자들—는 하나님이 그리스도 안에 계셨던 것과 동일한 방식으로 그리스도 안에 있지 않다. 하지만 우리와 그리스도 안에 계신 하나님을 암묵적으로 연결하는, 바울의 이 두 장소적 언어는 결코 단순히 어떤 우연의 일치로 치부되어서는 안 된다. 더 나아가 고린도후서 내내 바울로 하여금 자신의 사역을 강조하도록 충동질한 수사적·관계적 상황이 무엇이든지 간에, 우리는 바울 자신의 신학적 논리(theo-logic)의 궤도를 따를지 않을 수 없다. 어느 정도 중요한 의미에서 그리스도 안에 있는 자는 모두 그리스도의 대사이며, 그리스도 안에서 주어진 화해의 사역을 선포하고 지속시키는 하나님의 수단이다.[75] **내적으로나 외적으로 평화를 실천하지 않는 교회는 결코 하나님이 그리스도 안에서, 그리고 그리스도의 몸인 교회를 통해 이 세상을 화목하게 하셨고, 또 그렇게 하시는 것을 타인에게 전하는 신뢰할 만한 증인이 되지 못할 것이다.**

따라서 비록 바울이 평화가 구체적으로 외부 사람들에 대해 무엇을 의미하는지를 상세하게 설명하지 않더라도, 그러한 권면이 나타나는 문맥은 "이 세상에서" 이루어나가는 평화의 실천, 곧 화해의 사역이 바울에게 무슨 의미였는지에 관해 몇 가지 일반적인 결론을 이끌어 낸다.

1. 화해는 이 세상에서나 교회 안에서 동일한 덕을 실천하는 것을 의미한다. "교회다운" 활동과 "세상적인" 활동이라는 윤리적 이원론은 존재할 수 없다. 구심적 활동과 원심적 활동은 서로 일치한다.

---

75 정의에 관해 다룰 장에서 논의하겠지만, 바울은 하나님의 정의를 구현하는 것(고후 5:21)을 사도들에게만 국한시키지 않으며, 그가 그의 편지 곳곳에서 모든 신자들에게 화평과 화해를 실천할 것을 권면하고 있기 때문에, 심지어 사도들(과 다른 사람들)이 그 교회의 사명에 있어 특별한 역할을 수행한다 하더라도 화해를 이루는 사역은 교회 전체의 사역이다.

2. 화해는 악에 대한 보복을 포기하는 것을 의미하며, 이는 심지어 현대 신자들이 자신들의 신실함 때문에 경험하는 심각한 악(박해)이 과거에 예언자, 예수, 바울, 데살로니가 교인들(살전 1:6-7; 2:14-16; 3:1-10을 보라) 등이 경험한 것과 유사한 것일지라도 마찬가지다.

3. 화해는 공동의 선을 추구하는 것이며, 이는 특히 약한 자들의 필요를 충족시키고, 용서를 도모하며, 조화로운 삶을 추구하고, 공동의 선을 도모하는 데 각자의 책임을 다하도록 모든 이들을 장려하는 것을 의미한다.

4. 오늘날의 화해는 과거에 그리스도 안에서 이 세상을 화해시키신 하나님의 사랑과 로마서 8장이나 골로새서 1장과 같은 본문에 약속된 이 세상을 구속하시는 하나님의 미래의 구원에 근거한다. 따라서 이 화해는 십자가와 파루시아라는 바울의 두 신학적 강조점을 반영하고 통합시킨다. 이 화해는 진정으로 기독론에 근거하며 묵시론을 지향하는 실천으로서, 샬롬이라는 더 거대한 성경적 비전이 그렇듯이 인간과 나머지 창조 질서를 모두 포함한다.[76]

우리는 지금까지 바울 서신에서 발견되는 평화에 대한 구체적인 기독론적 이해를 강조했지만, 스와틀리, 클라젠(Klassen) 등 다른 학자들이 올바르게 강조하고, 또 우리가 이미 논의했던 것처럼 바울의 평

---

76 피조세계와 평화, 그리고 묵시론적 소망 간의 이러한 연관성을 밝혀내는 현대의 창조신학에 관해서는 Jonathan R. Wilson, *God's Good World: Reclaiming the Doctrine of Creation* (Grand Rapids: Baker Academic, 2013), 특히 120-26을 보라.

화에 대한 집념의 기원이 이스라엘의 성서와 유대교 윤리에 그 뿌리를
두고 있음을 기억해야 한다.

요약: 바울과 평화에 대한 개관

우리는 지금까지 본장에서 살펴본 바울과 평화에 관한 우리의 논증을
남아프리카 공화국의 피에터 드 빌리어스(Pieter de Villiers)의 말을 빌
려 요약할 수 있겠다.

> 이 화해[롬 5:1-11에서 묘사된]에서 구원은 하나님과의 적대적 관계를
> 제거하고 그리스도 안에서 새로운 상태를 가져다주는 그리스도의 죽음과
> 부활을 통해 성립되었다(롬 5:11).…바울에게 있어 인간의 상태는 인간
> 이 하나님의 평화적인 형상을 반영할 수 있도록 평화적인 하나님에 의한
> 근본적인 변화를 필요로 한다. 바울 공동체들의 믿음은 바로 이러한 조건
> 으로 규정된다. 따라서 평화는 단순히 하나의 선택이 아니다. 믿음은 의미
> 있는 삶의 방식을 위한 선결 조건으로서의 평화를 의미한다. 바울에 의하
> 면 하나님의 만지심은 인류가 평화로운 사람으로 변화되고 평화를 위해
> 일하도록 변화되는 결과를 낳는다.[77]

이제 우리는 다음 장에서 다루게 될 에베소서로 넘어가기 전에
한 특정 편지(로마서)에 담겨 있는 바울의 평화 신학 및 어휘를 간략하
게 살펴보고자 한다.[78] 다른 모든 바울 서신과 같이 로마서와 에베소서

---

[77]   De Villiers, "Peace in the Pauline Letters," 13, 15.

[78]   물론 나는 에베소서 저작권 논쟁에 대해 잘 알고 있다. 우리는 다음 장에서 이 문제를 다룰
것이다.

는 모두 평화를 바라는 기도를 담고 있는 인사말로 시작한다(롬 1:7; 엡 1:2). 위에서 이미 지적했듯이 이것은 모든 바울 서신에 나오는 단순한 형식에 불과한 것이 아니라, 특별히 로마서와 에베소서에서 핵심 주제로 등장한다. "평화" 어군은 로마서에서 11회, 에베소서에서 7회 등장하며, 관련 용어들은 각 서신의 논증에서 상당히 중요한 위치를 차지한다. 두 편지는 모두 하나님께서 그리스도 안에서 인류와 **더불어**, 그리고 인류 **안에서** 화평케 하신 것뿐 아니라—앞에서 논의한 소위 평화의 수직적 측면과 수평적 측면—하나님의 평화 계획의 우주적 측면과 거기에 대한 우리의 기대적(anticipatory) 참여에도 초점을 맞춘다.

로마서에 나타난 평화

바울 서신에 나타난 평화를 논할 때 왜 그 초점은 로마서에 맞추어져야 할까? 가장 명백한 답변은 바울 서신 가운데 로마서가 가장 종합적이고 체계적이며 영향력 있는 서신이기 때문일 것이다. 로마서는 그의 복음에 대한 가장 온전한 해설을 담고 있다. 만약 평화가 로마서의 중요한 측면이라면, 그 사실 자체는 우리가 이 서신을 이해하고 전용(轉用, appropriation)하는 데 있어 모두 중요하다.[79]

바울이 쓴 로마서의 논증은 종종 내러티브의 흐름의 관점에서 추적되어왔다. 즉 (1) 인간의 상태에서, (2) 하나님의 해결책과 인간의

---

79 이 짧은 단락은 로마서가 실제 편지임을 부인하거나 또는 평화가 이 편지의 **유일한** 주제임을 암시하는 것으로 오해되어서는 안 된다. 우리는 본서 8장에서 이와 관련은 있지만, 다른 주제를 다룰 것이다.

반응으로, (3) 믿는 자들에 미치는 결과로, (4) 이스라엘이 처한 곤경과 운명으로, (5) 이방인과 유대인 신자들로 구성된 공동체의 삶으로 이어지는 것이다. 이 내러티브는 인사말을 포함하는 도입부와 결말부 사이에 들어 있다. 이러한 앞뒤 부분 안에 들어 있는 이 내러티브의 논증은 다음과 같은 표로 나타낼 수 있다.

로마서에 대한 내러티브 논증

섹션	본문
서두	1:1-17
(1) 인간의 상태	1:18-3:20
(2) 하나님의 해결책과 인간의 반응	3:21-5:11[80]
(3) 믿는 자들에 미치는 결과들	5:12-8:39
(4) 이스라엘이 처한 곤경과 운명	9:1-11:32
(5) 이방인과 유대인 신자들로 구성된 공동체 안에서의 삶	12;1-15:13
결어	15:14-16:27

하지만 로마서 해석자들 가운데 오직 소수만이 이 내러티브에 나타난 평화의 두드러진 역할에 주목했다. 클라우스 하아커(Klaus

---

[80] 롬 5:1-11은 종종 4:25에서 끝난 내용과 5:12에서 시작하여 8:39까지 지속되는 내용을 "가교"하는 본문으로 불린다. 나는 여기서 이 본문을 앞 단락과 함께 배치했다. 왜냐하면 이 본문은 평화와 화해의 주제를 담고 있는 3:21-4:25의 내용을 요약해주기 때문이다.

삶으로 담아내는 복음

Haacker)는 이 편지를 "평화 각서" 또는 "Friedensmemorandum"으로 보면서 그 중요성에 주목했다.[81] 그는 또한 이 편지를 "이 땅에서의 하나님과의 평화 선포"라고도 부른다.[82] 사실 평화는 인간의 요구에서 기독교 공동체 안에서의 삶으로 이어지는 복음 이야기에 대한 바울의 서술(앞뒤 부분에 평화를 바라는 기도가 담긴)에서 매우 중요한 역할을 수행한다. 로마서에서 이 부분이 강조된 것은 어쩌면 이 편지가 아우구스투스 이래로 팍스 로마나라는 평화의 설계자로 여겨져온 황제들의 본고장인 제국의 수도로 보내어졌기 때문일 수도 있다.[83] 앞에서 이미 언급했듯이 로마는 또한 평화의 제단으로 알려진 그 유명한 아라 파키스의 본고장이었다(그리고 본고장이다).

우리는 평화(화해를 포함해)에 관한 어휘와 그 반어가 등장하는 구절들에 주목하면서 이 주제가 로마서에서 일반적으로 어떻게 전개되는지를 살펴볼 수 있다.

서두

로마에서 하나님의 사랑하심을 받고 성도로 부르심을 받은 모든 자에게 하나님 우리 아버지와 주 예수 그리스도로부터 은혜와 **평강**이 있기를 원하노라(1:7).

---

81 Klaus Haacker, "Der Römerbrief als Friedensmemorandum," *New Testament Studies* 36 (1990): 25-41. 또한 Klaus Haacker, *The Theology of Paul's Letter to the Romans* (Cambridge: Cambridge University Press, 2003), 45-53, 116-24도 보라.

82 Haacker, *Theology*, 45.

83 예컨대 본장의 앞의 여러 각주에 언급된 자료뿐 아니라 Haacker, *Theology*, 45-53, 116-24도 보라.

(1) 인간의 상태

곧 모든 불의, 추악, 탐욕, **악의**가 가득한 자요, 시기, **살인, 분쟁**, 사기, 악독이 가득한 자요, 수군수군하는 자요, **비방하는 자요, 하나님께서 미워하시는 자요, 능욕하는 자요**, 교만한 자요, 자랑하는 자요, 악을 도모하는 자요, 부모를 거역하는 자요, 우매한 자요, 배약하는 자요, **무정한 자요, 무자비한 자라**(롬 1:29-31).

하나님께서 각 사람에게 그 행한 대로 보응하시되, 참고 선을 행하여 영광과 존귀와 썩지 아니함을 구하는 자에게는 영생으로 하시고, 오직 당을 지어 진리를 따르지 아니하고 불의를 따르는 자에게는 진노와 분노로 하시리라. 악을 행하는 각 사람의 영에는 환난과 곤고가 있으리니, 먼저는 유대인에게요 그리고 헬라인에게며, 선을 행하는 각 사람에게는 영광과 존귀와 **평강**이 있으리니, 먼저는 유대인에게요 그리고 헬라인에게라 (2:6-10).

"그 발은 피 흘리는 데 빠른지라. 파멸과 고생이 그 길에 있어 **평강**의 길을 알지 못하였고", "그들의 눈앞에 하나님을 두려워함이 없느니라" 함과 같으니라(3:15-18).

(2) 하나님의 해결책과 인간의 반응

그러므로 우리가 믿음으로 의롭다 하심을 받았으니, 우리 주 예수 그리스도로 말미암아 하나님과 **화평**을 누리자. 또는 믿음으로 서 있는 이 은혜에 들어감을 우리로 얻게 하신 우리 주 예수 그리스도로 말미암아 하나님으로 더불어 화평을 누리며, 또한 그로 말미암아 우리가 믿음으로 서 있는 이 은혜에 들어감을 얻었으며 하나님의 영광을 바라고 즐거워하느니라(롬 5:1-2).

곧 우리가 원수 되었을 때에 그의 아들의 죽으심으로 말미암아 하나님과 **화목**하게 되었은즉, 화목하게 된 자로서는 더욱 그의 살아나심으로 말미암아 구원을 받을 것이니라. 그뿐 아니라 이제 우리로 **화목**하게 하신 우리 주 예수 그리스도로 말미암아 하나님 안에서 또한 즐거워하느니라(5:10-11).

(3) 믿는 자들에게 미치는 결과들

육신의 생각은 사망이요, 영의 생각은 생명과 **평안**이니라(8:6).

(4) 이스라엘이 처한 곤경과 운명

그들을 버리는 것이 세상의 **화목**이 되거든, 그 받아들이는 것이 죽은 자 가운데서 살아나는 것이 아니면 무엇이리요!(11:15)

(5) 이방인과 유대인 신자들의 공동체 안에서 사는 삶

할 수 있거든 너희로서는 모든 사람과 더불어 **화목**하라(12:18).

하나님의 나라는 먹는 것과 마시는 것이 아니요, 오직 성령 안에 있는 의와 **평강**과 희락이라.…그러므로 우리가 **화평**의 일과 서로 덕을 세우는 일을 힘쓰나니(14:17, 19).

결어

소망의 하나님이 모든 기쁨과 **평강**을 믿음 안에서 너희에게 충만하게 하사, 성령의 능력으로 소망이 넘치게 하시기를 원하노라(15:13).

평강의 하나님께서 너희 모든 사람과 함께 계실지어다. 아멘(15:33).

평강의 하나님께서 속히 사탄을 너희 발아래에서 상하게 하시리라. 우리 주 예수의 은혜가 너희에게 있을지어다(16:20).

따라서 이제 우리는 서두부터 결어까지 평화와 화해가 편지 전체의 본질적인 요소임을 드러내는 위의 표를 다음과 같이 재구성할 수 있다.

로마서의 내러티브 논증 안에서 평화의 위치

섹션의 주제	본문	주요 관심사	주요 본문
서두	1:1–17	하나님과 그리스도로부터 너희에게 평강이 있을지어다.	1:7
(1) 인간의 상태	1:18–3:20	(1) 평화는 하나님의 의도이지, 인간의 현실이 아니다	1:29–31; 2:6–10; 3:15–18

(2) 하나님의 해결책과 인간의 반응	3:21-5:11	(2) 하나님과의 평화와 화해는 그리스도를 통해 오며 믿음으로 얻어진다.	5:1-2, 10-11
(3) 믿음을 가진 자들에게 미치는 결과	5:12-8:39	(3) 성령 안에서의 삶은 하나님의 평화로 특징지어지는 삶이다.	8:6
(4) 이스라엘이 처한 곤경과 운명	9:1-11:32	(4) 하나님의 뜻의 비밀은 모든 사람과의 화해를 포함한다.	11:15
(5) 이방인과 유대인 신자들의 공동체 안에서의 삶	12:1-5:13	(5) 하나님 나라는 모든 사람과 평화롭게 사는 것을 의미한다. 이방인들과 유대인들 사이에, 그리고 교회와 외부 사람들 사이에 반드시 평화가 있어야 한다.	12:18-14:17, 19
결어	15:14 -16:27	평화의 하나님은 지금과 나중에도 평화로 축복하신다.	15:13, 33; 16:20

이 표와 이 표에 들어 있는 구절들은 로마서에서 바울이 말하는 평화와 화해의 의미를 모두 아우르지는 않는다. 이것은 단지 이 주제를 강조하고 요약할 뿐이다. 훨씬 더 많은 것들에 관해 이야기할 수 있고, 또 이야기해야만 한다. 이어지는 논의는 지금까지 요약된 형태로 제시된 것을 보다 더 상세히 설명할 것이며, 앞서 로마서에서 두드러지게 나타났던 바울의 평화에 관한 일반적인 논의에서 지적했던 내용을 상기시킬 것이다. 이는 또한 다른 관점에서 로마서를 보다 깊이 다루게 될 8장을 예고한다.

서두(1:1-17)

언제나 그렇듯이, 바울은 자신의 편지를 하나님과 그리스도로부터 오는 은혜와 평강의 인사말로 시작한다(1:7). 하지만 그는 하나님의 메시아, 곧 하나님의 아들의 복음과 이방인들 혹은 열방에 대한 자신의 사도적 사역을 요약하면서 자신을 소개한 이후에야 그렇게 한다(1:1-6). 바울의 신정적(theopolitical) 언어는, 의도적이든지 아니든, 로마의 "복음"과 팍스 로마나에 도전했다는 결론을 피하기 어렵게 만든다. 이어서 바울은 독자들과 청자들이 이 세상—로마와 소위 로마의 화평케 하는 신의 아들(황제)을 포함하여—이 결코 줄 수 없고, 또 주지 않는 참된 평화, 곧 참으로 좋은 소식을 다시 기억하게 될 것이라고 말한다. 그러나 하나님은 그리스도 안에서 그것을 제공해주신다.

(1) 인간의 상태(1:18-3:20)

그러나 로마서의 첫 번째 부분에서 바울은 먼저 인간의 절망적인 상황을 아세베이아(*asebeia*)와 아디키아(*adikia*), 곧 불경건함과 불의함으로 묘사한다(1:18). 갈등은 인간과 하나님 사이에, 그리고 인류 내에 널리 퍼져 있던 풍조였다(1:18-32). 하나님은 종말론적인 "영광과 존귀와 평강"(2:10)으로 이끌게 될 삶을 위해 인간을 창조하셨지만, 인간은 하나님과 그분이 원하시는 삶에 등을 돌렸다. 하나님을 버리고 우상으로 하나님을 대체한 인간은 창조에 의해 그들의 것이었던 하나님의 영광에 이르지 못했고(3:23), 선을 행하는 것과 평화를 실천하는 것을 입과 손으로 저지르는 폭력으로 바꾸었다(3:10-18). 우리가 본장에서 이미 살펴보았듯이 바울은 이러한 폭력적인 말과 행동의 성격과 범위를 성서의 말씀으로 요약하는데, 다음과 같은 강력한 고발에서 절정을 이룬다.

¹⁵그 발은 **피 흘리는 데 빠른지라.** ¹⁶파멸과 고생이 그 길에 있어 ¹⁷**평강의 길을 알지 못하였고,** ¹⁸그들의 눈앞에 하나님을 두려워함이 없느니라 함과 같으니라(3:15-18).

그들은 평화의 길을 알지 못했다. 왜냐하면 그들은 하나님을 두려워하지 않기 때문이다. 이러한 지적은 그리스도 안에 있는 새로운 관점에서 인간의 상태를 바라보는 바울의 관점을 매우 예리하게 정리해준다.

(2) 하나님의 해결과 인간의 반응(3:21-5:11)

로마서의 두 번째 부분에서 바울은 그리스도의 죽음을 반역적이고, 심지어 전투적인 인간들을 자신과의 올바른 관계, 곧 새로운 삶으로 회복시키는 하나님의 극적이면서도 신실하시고 사랑을 베푸시는 수단으로 묘사한다(3:21-26). 이러한 신적 행동은 칭의와 부활과 화해의 언어로 묘사된다. 여기서 가장 중요한 것은 화해의 언어다(5:1-11).⁸⁴

고대에는 오늘날처럼 화해가 혼인, 시민으로서의 삶, 국제 영역(예. 전쟁) 등에서 적의가 중단되는 것을 가리켰다. 로마서의 지배적인 어조는 정치적—적의의 종식—으로 보인다.⁸⁵ 그리스도의 죽음 안에서 행해진 하나님의 행동은 제3자의 중재로 이루어진 일상적인 갈등을 해결한 것이 아니라 스스로 하나님의 원수가 된 자들—모든 인간

---

84   내가 다른 곳에서 주장했고, 또 바로 앞 각주에서 지적했듯이 롬 5:1과 5:9-11의 병행적 구문에 분명히 나타나 있듯이 화해는 칭의와 전혀 다른 것이 아니다.

85   또한 예컨대 Robert Jewett, *Romans,* Hermeneia (Minneapolis: Fortress, 2007), 365-68을 보라.

들—의 유익을 위해 슬픔을 당한 쪽인 하나님이 제시한 놀랍고도 사랑스러운 계획이다. 이것은 하나님의 원수 사랑이며 그 결과는 하나님과의 평화다(5:1).[86] 그리스도 안에 계신 하나님은 화해자이시며 중재자이시다. 메시아의 죽음은 반역적인 인류—말하자면 영적 반역자들—를 다루시는 하나님의 방식을 보여준다. 그것은 원수를 향한 하나님의 사랑과 그들에 대한 하나님의 비폭력적 화해를 나타내는 결정적인 표시다.[87] 그것은 "적의를 끝내는 평화"다.[88]

그러나 로마서 5장에서 결여되어 있는 것은 명시적으로 원수를 사랑하거나 화해를 실천하는 방식으로 십자가를 본받는 삶을 살 것을 촉구하는 내용이다. 하지만 이러한 침묵은 어떤 확신보다는 문맥에 따른 것이다. 로마서의 이 지점에서 바울은 메시아의 죽음과 부활을 통해 죄의 노예가 된 인간을 구원하셔야 하는 하나님의 필요성과 현실을 보여주는 데 집중한다. 로마서 5:1-11은 이러한 현실의 존재론적 의미에 관한 사도 바울의 논의와 연결해주는 일종의 가교 본문 역할을 한다. 사실 바울은 나중에 원수들을 향한 하나님 및 그리스도의 사랑과 그리스도 안에 있는 자들의 실천 사이의 유사점을 제시한다. 그

86　롬 5:1의 일부(사실은 가장 좋은 사본 중 일부) 사본은 "우리는 하나님과 더불어 화평을 누린다"가 아니라 "우리는 하나님과 더불어 화평을 누리자"라는 독법을 따른다. 만약 이 독법이 맞다면, 이것은 로마에 있는 교회(들) 안에서 조화가 이루어지지 못하고, 하나님과의 "수직적인" 평화가 온전히 실현되기 위해 "수평적인" 평화가 실천될 필요성이 있음을 가리킬 개연성이 높다(Jewett, *Romans*, 348). 비록 이러한 정서가 신학적으로 옳고, 바울도 이를 인정한다 할지라도, 바울은 이 편지의 보다 더 넓은 문맥과 논증 안에서 그렇게 하는 것이지(Jewett가 *Romans*, 349에서 밝히듯이), 여기서 그렇게 하는 것은 아니다. 여기서 바울이 말하고자 하는 바는 직설법적인 상황, 곧 좋은 소식을 믿어 의롭다 함을 받은 된 자들에게 주어지는 하나님과의 평화다.

87　추가적으로 나의 *Inhabiting the Cruciform God*, 129-60도 보라.

88　Haacker, *Theology*, 45.

러나 여기서도 그쪽 방향에 대한 암시가 들어 있다. 바울은 "하나님의 사랑이 우리 마음에 부은 바 됨이니"(5절)라고 말한다. 다시 말하면 하나님의 성령을 받은 자들은 또한 하나님의 역동적인 사랑을 받았으며, 하나님이 그리스도 안에서 그들을 사랑하셨듯이, 그들은 암묵적으로 다른 이들을—심지어 원수까지도—사랑하게 될 것이다.

(3) 믿음을 가진 자들에게 미치는 결과(롬 5:12-8:39)

로마서의 세 번째 부분은 다양한 방식으로 그리스도 밖의 삶과 그리스도 안의 삶을 서로 대조한다.[89] 이러한 변화를 묘사하는 가운데 가장 두드러지게 드러나는 주제는 바로 사망과 이와 대조를 이루는 삶의 다양한 양상들이다. 사망은 한 사람의 죄를 통해 들어왔고, 모든 이들이 이 "원죄"(후대에 이렇게 명명되었다)를 긍정하면서 모두에게 퍼졌으며, 사망이 "왕노릇"하는 결과를 낳았다(5:12-21; 참조. 7:5, 10, 13, 24). 역설적으로 이러한 사망의 통치는 그리스도를 믿고 그 죽음과 부활에 참여하는 모든 이들에게 생명과 화해를 허락해주시는 그리스도의 죽음과 부활을 통해 폐지되었다(6:1-14). 그 결과는 현재 누리는 삶의 새로움과 장차 누리게 될 영생이다(5:18, 21; 6:4, 13, 22-23).

만약 샬롬이 삶의 온전함과 완전함이라면 바울은 평화라는 특정 어휘를 사용하지 않고 샬롬에 관해 이야기하고 있는 것이다. 그러나 우리는 로마서 8장에서 그리스도 안에서 성령으로 생명을 선물로 주신 하나님을 찬양하는 모습을 발견한다. 여기에는 앞서 5:1-11에서

---

89   이에 관한 유용한 개관으로는 Craig S. Keener, *Romans*, New Covenant Commentary Series (Eugene, OR: Cascade, 2009), 87-88을 보라.

언급했을 뿐 아니라 그 중간 장들에서 다른 표현으로 묘사된 평화의 선물도 포함된다. "육신의 생각은 사망이요, 영의 생각은 생명과 평안이니라"(8:6). 신자들은 성령을 힘입어 하나님이 인간들에게 원하시는 것을 할 수 있으며(8:3-4), 이로써 이전에는 그들을 외면했던 영예와 영광과 평화를 얻게 된다(2:10; 8:29-30).

로마서 8장은 하나님의 종말론적 샬롬을 그리스도 안에 있는 자들과 전 창조세계의 최종적 구속과 자유와 영화로 언급한다(8:18-25).[90] 물론 인간들은 이 일을 유발시킬 수 없지만, 성령 안에서 이에 대해 증언할 수는 있다. 그러나 그들은 피조물과 더불어 이 고통 가운데 신음하며 슬퍼한다. 물론 이것은 그들이 피조물의 고통을 공감할 뿐 아니라—이 본문에 대한 해석에서 나타나는 공통된 강조점—그들이 하나님의 평화, 곧 아직 온전히 임하지는 않았더라도 이미 그리스도와 성령 안에서 도래한 샬롬을 드러내는 방식으로 행동함을 암시한다. 다시 말하면 그리스도인의 존재는 하나님의 평화로운 미래에 대한 기대적 참여로 특징지어진다는 것이다.

(4) 이스라엘이 처한 곤경과 운명(롬 9-11장)

로마서의 그다음 부분에는 "평화" 혹은 "화해"라는 단어가 단 한 번만 등장한다(11:15). 그러나 우리는 9-11장에서도 평화에 대한 바

---

[90] 롬 8장과 평화/화해에 관해서는 Wilson, *God's Good World*, 142-46을 보라. "만물의 현재 질서가 그 목적을 달성할 수 없는 형편이기 때문에, 우리는 이 세상을 우리 행동으로 바로 잡을 수 있다고 기대할 수가 없다.…그러나 또한 동시에 하나님은 예수 그리스도를 통해 죄인들을 '의롭게 하신다.' 즉 그리스도를 믿는 자들은 피조세계의 목적에 맞게 의롭다 함을 얻고, 이로써 우리의 삶이 바로 그 최종적 칭의(곧 새 창조에서 이 세상의 구속)를 증언하게 된다"(145). Wilson은 또한 이러한 새 창조에 대한 교회의 증거를 기대적 참여로 본다.

울의 관심사를 엿볼 수 있다. 예를 들어 10장에서 바울은 예수를 주로 고백하고 하나님이 그를 죽은 자 가운데서 일으키셨음을 믿는 자들은 의롭다 함을 받고 구원을 받게 될 것이라고 주장하면서 유대인과 헬라인에게 동일하게 적용되는 구원의 수단에 관해 논의한다(롬 10:9-10). 이 본문은 하나님과의 평화와 화해를 누리는 선물과 관련하여 칭의와 구원에 관해 언급하는 로마서 5:1-11에 대한 간본문적 반향(intertextual echo)을 포함한다. 더 나아가 바울은 11장에서 분명히 이방인 신자들이 민족적 유대인들—그들이 신자이건 아니건 간에—을 존중하며 함께 조화를 이루며 살기를 원하고, 심지어 하나님의 긍휼하심과 용서가 현재 믿지 않는 이스라엘에 속한 이들에게까지 확대될 것임을 약속한다. 이 모든 것은 그리스도 안에서 하나님이 주시는 평화의 선물—수직적 측면과 수평적 측면 모두—이, 비록 명시적인 단어가 사용되지 않았다 하더라도, 9-11장에서 그 중심을 차지한다는 것을 암시한다.

(5) 이방인과 유대인 신자들로 구성된 공동체 안에서의 삶(롬 12:1-15:13)[91]

로마서 5:10a("곧 우리가 원수 되었을 때에 그의 아들의 죽으심으로 말미암아 하나님과 화목하게 되었은즉")을 주석하면서 존 하워드 요더는 다음과 같이 주장한다. "그리스도인은 선택의 여지가 없다. 만약 이것이 하나님의 패턴이고, 원수를 다루시는 그분의 전략이 원수를 사랑하

---

[91] 이 단락의 일부는 Michael J. Gorman, "Paul and the Cruciform Way of God in Christ," *Journal of Moral Theology* 2 (2013): 64-83에서 가져와 요약한 것이다.

고 그들을 위해 자신을 내어주는 것이라면, 그것 또한 우리의 것이 되어야만 한다."⁹² 우리는 바울이 12-15장에서 로마 교인들에게 다양한 공동체 안에서 평화롭게 살 것과 박해자들에게까지도 보복하지 않으면서 외부 사람들과 화평할 것을 촉구할 때에도 이와 동일한 결론을 내리는 것을 확인한다.

앞에서 이미 인용한 본문 중에서 우리는 예수의 가르침에 그 뿌리를 두고 있을 뿐 아니라 자기 자신의 삶에서 실제적으로 구현하려 했던 바울의 그 유명한 말을 떠올릴 수 있다.⁹³

¹⁴**너희를 박해하는 자를 축복하라.** 축복하고 **저주하지 말라.**…¹⁷**아무에게도 악을 악으로 갚지 말고** 모든 사람 앞에서 선한 일을 도모하라. ¹⁸할 수 있거든 너희로서는 모든 사람과 더불어 **화목하라**[그리스어 *eirēneuontes*]. ¹⁹내 사랑하는 자들아, 너희가 친히 원수를 갚지 말고 하나님의 진노하심에 맡기라. 기록되었으되 "원수 갚는 것이 내게 있으니 내가 갚으리라고 주께서 말씀하시니라. ²⁰**네 원수가 주리거든 먹이고 목마르거든 마시게 하라.** 그리함으로 네가 숯불을 그 머리에 쌓아 놓으리라." ²¹**악에게 지지 말고 선으로 악을 이기라**(롬 12:14, 17-21).

이렇게 풍성한 평화로움은 로마 교회 신자들의 정체성과 이 세상

---

92   Yoder, *He Came Preaching Peace*, 21.

93   마 5:43-48; 눅 6:27-33; 고전 4:10-13을 보라. 우리는 원수/박해자를 사랑하라는 예수의 **가르침**과 또한 그의 **죽음**이 로마서에서 함께 언급되는 것을 본다. 이는 비록 롬 5장이 여기서 명시적으로 연상되지는 않지만, 이 편지의 민감한 청자 또는 독자는 5장에서 예수의 죽음을 원수들과 화해시키시는 하나님의 사역으로 반복해서 강조하는 것을 놓치지 않을 것이기 때문이다.

을 향한 그들의 사명의 기본 요소다. 그들은 심지어 원수들에게도 먹을 것과 마실 것을 주어야 했다. 왜 그랬을까? 그것은 단 한 가지 이유, 즉 그것이 바로 **그리스도 안에서 드러난 하나님의 정체성과 사명을 구성하는 핵심 요소였기 때문이다.** 바울은 원수를 사랑하는 능력은 악을 무시하는 것이 아니라 그것을 인식하고 밝히는 데 있다고 말한다. 하나님이 그리스도 안에서 인간을 죄인과 원수로 지목했던 것처럼(롬 5:6-10), 바울의 청중도 악을 "되갚거나" 또는 그것에 "지지 말고" 선을 행함으로써 그것을 정복하기 위해 그 악을 밝혀내야 한다. 이것이 바로 하나님이 메시아 안에서 행하신 것, 곧 선으로 악을 이기신 것이다.

바로 이 이유 때문에 바울은 로마의 가정 교회 안에서 별로 중요하지도 않은 문제(음식과 절기에 관한)를 놓고 서로 판단하는 것을 중단할 것을 요청할 때, 그리고 그가 "강한 자들"이라고 명명한 로마 교회 신자들에게 "약한 자들"을 돌볼 것을 이야기할 때 다시 예수의 이야기로 되돌아온다.

> [13]그런즉 우리가 다시는 서로 비판하지 말고, 도리어 부딪칠 것이나 거칠 것을 형제 앞에 두지 아니하도록 주의하라. [14]내가 주 예수 안에서 알고 확신하노니, 무엇이든지 스스로 속된 것이 없으되 다만 속되게 여기는 그 사람에게는 속되니라. [15]만일 음식으로 말미암아 네 형제가 근심하게 되면 이는 네가 사랑으로 행하지 아니함이라. 그리스도께서 대신하여 죽으신 형제를 네 음식으로 망하게 하지 말라. [16]그러므로 너희의 선한 것이 비방을 받지 않게 하라. [17]**하나님의 나라는 먹는 것과 마시는 것이 아니요, 오직 성령 안에 있는 의와 평강과 희락이라.** [18]이로써 그리스도를 섬기는 자는 하나님을 기쁘시게 하며 사람에게도 칭찬을 받느니라. [19]그러므로

우리가 화평의 일과 서로 덕을 세우는 일을 힘쓰나니(롬 14:13-19).

¹믿음이 강한 우리는 마땅히 믿음이 약한 자의 약점을 담당하고 자기를 기쁘게 하지 아니할 것이라. ²**우리 각 사람이 이웃을 기쁘게 하되 선을 이루고 덕을 세우도록 할지니라.** ³그리스도께서도 자기를 기쁘게 하지 아니하셨나니 기록된 바 "주를 비방하는 자들의 비방이 내게 미쳤나이다" 함과 같으니라. ⁴무엇이든지 전에 기록된 바는 우리의 교훈을 위하여 기록된 것이니, 우리로 하여금 인내로 또는 성경의 위로로 소망을 가지게 함이니라. ⁵**이제 인내와 위로의 하나님이 너희로 그리스도 예수를 본받아 서로 뜻이 같게 하여 주사,** ⁶한마음과 한 입으로 하나님 곧 우리 주 예수 그리스도의 아버지께 영광을 돌리게 하려 하노라. ⁷그러므로 그리스도께서 우리를 받아 하나님께 영광을 돌리심과 같이 너희도 서로 받으라(롬 15:1-7).

여기서 바울은 우리가 추구할 이상을 이상적인 소망이 아니라 죄를 사하시는 예수의 타인을 위한 십자가의 죽음의 이야기(14:15; 15:1-7)에 근거를 두면서 로마에 있는 교회(들)가 샬롬에 동참할 것을 열정적으로 촉구한다. 이것은 그 이야기가 증언하고, 패러다임을 제시하며, 바울에게 소망을 주는—조화와 샬롬이 로마에서뿐 아니라 교회와 세상 전역에 나타나기를 바라는—십자가를 본받는 삶이다. 따라서 평화를 추구하는 것은 그리스도를 닮은 사랑과 타인에 대한 관심을 표현하는 가장 구체적인 방법 중 하나다. 사실 사랑과 평화는 자신을 자신으로부터 멀리하고 타인과 공동체에 다시 초점을 맞출 것을 요구한다는 점에서 그 의미가 서로 중첩된다.

삶으로 담아내는 복음

바울의 다른 서신에서처럼 로마서에서도 **그리스도와 같이 되는 것은 하나님과 같이 되는 것이다.** 왜냐하면 하나님은 원수를 사랑하고, 적대적인 세상과 화해하며, 모두를 환영하는 일에 그리스도와 함께 계셨기 때문이다. 로마서 14장과 15장에 기록된 바울의 권면을 따른다는 것은 단지 바울의 선교에뿐 아니라 하나님의 선교에 참여하는 것이다(15:8-12).

우리는 마지막 장에서 로마서의 이 측면을 더 깊이 다루기 위해 되돌아올 것이다. 그때까지 우리는 이 하나님의 샬롬 공동체 안에서 사랑하며 살아가는 이들을 위한 바울의 기도에 주목하고자 한다. "소망의 하나님이 모든 기쁨과 평강을 믿음 안에서 너희에게 충만하게 하사, 성령의 능력으로 소망이 넘치게 하시기를 원하노라"(15:13).

결어(롬 15:14-16:27)

마지막으로, 앞서 살펴보았듯이 평화를 기원하는 축도를 드리고 나서 (15:33) 독자들에게 논쟁적인 교인(혹은 간섭자들)을 피할 것을 권면한 바울은 로마서 16:20에서 "평강의 하나님께서 속히 사탄을 너희 발아래에서 상하게 하시리라"는 약속을 한 후 마지막 축도를 드린다. "우리 주 예수의 은혜가 너희에게 있을지어다." 평화의 하나님이 사탄을 상하게 하심으로써 최종적인 평화를 가져오실 것이라는 이 종말론적 약속은 평화의 하나님과 하나님의 평화가 지금은 역사하고 있지 않다는 것을 의미하지 않는다. 사실은 그 정반대다. 하나님이 그리스도 안에서 행하신 일과 하나님이 회중 안에서, 그리고 회중을 통해 행하시는 일, 그리고 하나님이 종말론적 순간에 행하실 일은 모두 한 가지, 곧 악을 이기고 그 악을 샬롬이라는 하나님의 승리로 대체하는 것으로 집결된다.

따라서 "평화 각서"(하아커의 용어)인 로마서에서 우리는 하나님과의 평화, 교회 안에서 서로 간의 평화, 이 세상에서 평화와 화해를 이루는 존재, 그리고 최종적이고 종말론적인 평화에 관해 언급하는 바울을 발견한다.[94] 화평케 하시는 선교적인 하나님은 화평케 하는 선교적인 교회를 만드셨고, 또 계속해서 만들어나가신다.

결론

바울을 주로 다루지는 않지만, 본장의 방향과 깊이 공감하는 책에서 로스 헤이스팅스(Ross Hastings)는 하나님의 생명과 선교에 참여하는 교회의 사명은 본질적으로 샬롬을 발견하며 샬롬을 전파하는 두 가지 요소를 포함한다고 제안한다.[95] 이것이 바로 우리가 본장에서 말한 대로 평화가 하나님의 선물 혹은 은혜이며 교회의 사역 혹은 실천이다.

사도 바울은 특히 로마서에서—그러나 로마서에서뿐만 아니라—그의 청중(과거와 현재)에게 하나님이 그리스도와 성령을 선물로 주심으로써 예언자들을 통해 약속하신 샬롬의 시대를 여셨음을 상기시킨다. 교회는 바로 이 평화의 시대에 참여하는 특권과 사명을 동시에 갖고 있다. 이것은 또한 우리가 앞으로 제7장에서 보게 되듯이 정의의

---

94   참조. Haacker, *Theology*, 53.

95   Ross Hastings, *Missional God, Missional Church: Hope for Re-evangelizing the West* (Downers Grove, IL: InterVarsity, 2012). 그는 서론에 해당하는 네 개의 장에 이어 책을 2부로 나누어 네 개의 장으로 구성된 1부는 "샬롬을 발견하기"로, 또 네 개의 장으로 구성된 2부는 "샬롬을 보급하기"로 명명한다.

시대를 가리킨다. 성령의 능력으로 그리스도 안에 있는 자들은 자신들이 믿고 있는 복음을 구현한다. 그들은 공동체 안에서, 외부 사람들과 더불어, 그리고 그들이 이 세상 어느 곳에 있든지 하나님의 평화를 구현한다. 그들은 화해의 동인(agents)이 된다. 그들은 곧 평화의 복음을 구현한다.

나는 기독교가 너무 지나치게 화해에 관심을 보이는 것이 전통적인 복음전도에 부정적인 영향을 미치지 않을까 우려하는 이들을 배려하여 기독교 평화주의자와 무신론자의 관점으로 마무리하고자 한다.

신학자 스탠리 하우어워스(Stanley Hauerwas)는 『전쟁과 미국의 특이성: 폭력과 국가적 정체성에 관한 신학적 반추』(War and the American Difference: Theological Reflection on Violence and National Identity)라는 제목의 탁월한 책을 썼다.[96] 스스로 무신론자임을 시인하는 노아 벌라트스키(Noah Berlatsky)는 이 책에 대한 비평적 서평을 쓸 때 하우어워스의 지적·신학적 예리함을 칭찬하면서 다음과 같이 자신의 견해를 마무리한다.

하우어워스는 분명히 도전적인 그리스도인이다. 따라서 그의 메시지는 구체적으로 그리스도인들을 향한다. 그는 그리스도인들이 먼저 서로 죽이지 않기로 결심해야 한다고 믿는다. 그리스도인들이 먼저 십자가의 도덕성을 선택하고 전쟁의 도덕성은 거부해야 한다. 한편으로 이것은 나와 같은 무신론자들을 어느 정도 안심시킨다. 나는 신자가 아니기 때문에 나

96　Stanley Hauerwas, *War and the American Difference: Theological Reflections on Violence and National Identity* (Grand Rapids: Baker Academic, 2011).

는 살상용 폭탄에 대한 세금을 기꺼이 내면서도 내가 지금까지 그래왔듯 이 내 이웃을 미워할 수 있다. 그러나 거기에도 어느 정도 불편한 구석이 있다. 만약 궁극적으로 그리스도인들이 진지하게 하우어워스의 도전을 받아들인다면, 그들이 실제로 비폭력을 받아들이고 이 세상을 변화시키 려 한다면, 나는 그렇게 말하고 싶지는 않지만, 그것이 실제로는 하나님 의 사역일 수도 있다는 의구심을 떨쳐버리기 어려울 것이다.[97]

그리스도인들이 실제로 평화의 복음을 구현하는 삶을 산다면 어 쩌면 세상은 실제로 기독교 신앙에 주목할 것이다. 그런 의미에서 우 리는 에베소 교인들에게 보낸 편지―"평화의 복음"에 관한 또 다른 편 지(엡 6:15)―에 나타난 평화에 초점을 맞출 다음 장의 끝부분에서 선 교적 평화에 대한 몇 가지 현대적 실천을 간략하게 논할 것이다.

---

97 http://www.hoodedutilitarian.com/2012/04/bend-your-knee/, 2013년 12월 11일에 접속.

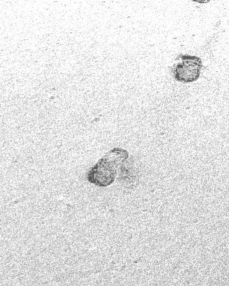

6장
평화의 복음 구현하기(II)
에베소서

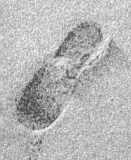

레이몬드 브라운(Raymond Brown)은 "바울의 저술 가운데 에베소서만큼 기독교적 사고와 영성에 지대한 영향을 미친 책은 오직 로마서뿐일 것이다"라고 썼다.[1] 또한 우리가 앞장에서 이미 지적했듯이, "평화"가 에베소서의 핵심 주제다. 따라서 우리는 에베소서가 평화와 화해에 대한 기독교적 이해에 로마서가 미친 영향력에 버금갈 뿐 아니라 이를 능가한다고도 말할 수 있겠다. 본장에서는 먼저 에베소서에 나타난 평화를 살펴보고, 이어서 현대 그리스도인의 삶에 나타나는 화해에 대한 일부 측면을 간략하게 다룰 것이다.

"평화"라는 명사는 에베소서에서 여덟 번 등장하며, "화해하다"라는 동사는 한 번 등장한다.[2] 이 서신은 예전적으로 평화로 둘러싸여 있고(1:2; 6:23), 이 서신의 신학적 핵심도 평화이며(2:14-17, 여기서 "평화"와 "화해"라는 단어가 다섯 차례 등장함), 교회의 내적 삶이 평화의 삶이 될 것을 촉구하고(4:3), 교회가 세상에 전해야 할 복음을 "평화의 복음"으로 특징짓는다(6:15). 따라서 에베소서의 메시지는 "평화의 복음"이라는 특징적인 어구로 요약될 수 있다.[3] 사실 이 서신의 마지막

—

1 Raymond E. Brown, *An Introduction to the New Testament*, Anchor Yale Bible Reference Library (New York: Doubleday, 1998), 620.

2 비록 "화해하다" 어군이 이 서신에서 빈번하게 나타나지는 않지만, Andrew Lincoln은 화해가 특히 "구원에 대한 독특한 논의"의 중요한 측면이라고 올바르게 지적한다(Andrew Lincoln, *Ephesians*, Word Biblical Commentary 42 [Dallas: Word, 1990], xcii).

3 에베소서와 비슷한 어조와 신학적 관심을 갖고 있는 서신은 골로새서인데, 거기서 화해는 모든 피조물에게로 확대된다. 지면관계상 우리는 본장에서 이 두 편지를 모두 상세히 다룰 수 없다. 골로새서에 대한 뛰어난 신학적 주석으로는 Andrew T. Lincoln, "The Letter to

기원이 믿음, 소망, 사랑이라는 바울의 삼중 덕목을 믿음, **평화**, 사랑으로 바꾸어놓은 듯 보이는 것은 의미심장하다.

> 아버지 하나님과 주 예수 그리스도께로부터 평안과 믿음을 겸한 사랑이 형제들에게 있을지어다(엡 6:23).[4]

우리는 이 서신에서 이 "평화의 복음"이 하나님이 그리스도의 죽음 안에서, 그리고 그의 죽음을 통해 이루신 것과 이제 하나님이 이 서신의 독자들/청자들 안에서, 그리고 그들을 통해 행하길 원하시는 것에 관한 메시지임을 보게 될 것이다. 곧 이것은 하나님과 사람 간의 화해와 인간들 간의 화해를 성취하는 것이다. 이것은 하나님이 화해의 수단을 그리스도에서 교회로 바꾸신 것을 의미하는 것이 아니라, 이제는 하나님이 그리스도의 화해의 죽음을 말과 행동으로 널리 알리시기 위해 교회를 사용하신다는 것을 의미한다. 다른 바울 서신에서와 마찬가지로 우리는 여기서도 구원의 "수직적" 측면(하나님과 사람들의 관계)과 "수평적" 측면(사람들 간의 관계)이 서로 불가분의 관계에 있음을 보

---

the Colossians: Introduction, Commentary, and Reflections," in *New Interpreter's Bible* 11, 551-669 (Nashville: Abingdon, 2000); Nijay K. Gupta, *Colossians*, Smyth & Helyws Bible Commentary (Macon, GA: Smyth & Helwys, 2013)를 보라. 또한 이 주석에 인용된 다른 주석도 보라. 피조물과 교회의 화해에 대한 예리한 신학적 논의로는 Jonathan R. Wilson, *God's Good World: Reclaiming the Doctrine of Creation* (Grand Rapids: Baker Academic, 2013), 138-42를 보라.

4   이 문맥은 평화가 의미론적으로 가장 가깝다고 할 수 있는 소망을 대체하고 있음을 보여준다. 바울은 청자/독자에게 자신의 투옥에 관해 알리고, 담대하게 복음을 전할 수 있도록 기도를 요청하고, 또 특별히 "(그들의) 마음을 위로하기" 위해 두기고를 보낸다는 것을 전하고 있다(엡 6:19-22).

삶으로 담아내는 복음

게 될 것이다.[5] 또한 우리는 이 세상에서 교회의 구심적 활동과 원심적 활동이라는 이중적 실재 역시 불가분의 관계에 있음을 보게 될 것이다. 이 두 활동 모두 *missio Dei*에 참여하는 교회의 두 측면이다. 마지막으로, 앞장에서 이미 지적했듯이 에베소서 또한 한 분 하나님의 화해 사역이 아버지와 아들과 성령 곧 삼위 하나님의 불가분적 사역임을 증언한다.

그렇다면 때로는 구원의 "드라마"라는 내러티브로 적절하게 묘사되는 에베소서도 삼위일체 하나님의 화평케 하시는 사명이라는 드라마를 서술하는 것으로 인식될 필요가 있다.[6] 아이러니하게도 이러한 하나님의 화평케 하시는 사명은 부분적으로 신적 전쟁의 언어로 표현되고, 이로써 우리의 전쟁으로 표현될 것이다.[7] 이러한 아이러니는 단순히 어떤 문학적 장치가 아니라, 우리가 곧 살펴보겠지만, *missio Dei*의 본질과 거기에 참여하는 우리의 몫에 관한 심오한 신학적 진리를 나타낸다.

---

5 또한 예컨대 Lincoln, *Ephesians*, xcii, 144-45, 160-61, 346과 449도 보라.

6 "구원의 드라마"에 관해서는 예컨대 Stephen E. Fowl, *Ephesians: A Commentary*, The New Testament Library (Louisville: Westminster John Knox, 2012), 3-4 et passim. Fowl은 이 어구(세 번의 "구속의 드라마"를 포함하여)를 약 서른 번 사용한다. 에베소서에 나타난 극적이며 참여적인 구원의 성격에 관해서는 Fowl과 더불어 Timothy G. Gombis, *The Drama of Ephesians: Participating in the Triumph of God* (Downers Grove, IL: InterVarsity, 2010)을 보라.

7 특히 Gombis, *The Drama of Ephesians*를 보라.

세 가지 예비적 이슈

이 서신의 평화에 관한 주제를 좀 더 상세히 살펴보기 이전에 우리는 에베소서와 연관된 세 가지 이슈, 곧 저작권과 수신자에 관한 문제와 주로 제기되어온 이 서신에 관한 두 가지 해석(종종 이 서신에 대한 신학적 비평으로 이어지는)을 간략하게 짚고 넘어갈 필요가 있다.

에베소서는 바울 서신 가운데 학자들이 바울의 저작권을 놓고 논쟁을 벌이는 여섯 편지 중 하나다. 오늘날 꽤 많은 학자들은 에베소서가 사도 바울이 쓴 것이 아니라 후대의 해석자 혹은 제자가 아마도 바울이 죽은 이후에 쓴 것이라고 주장한다. 심지어 더 많은 학자들은 사본의 증거에 기초하여 에베소서가 원래는 에베소에 있는 교회(들)에게 보낸 편지가 아니었다고 결론을 내린다.[8]

저작권과 수신자에 관한 문제는 사실 이 책의 목적과 거의 무관하다. 나는 이 편지의 배후에는 바울의 사고가 크게 자리 잡고 있다고 믿고 있으며, 따라서 나는 이 편지의 저자를 바울이라고 지칭할 것이다. 그럼에도 나는 사도 바울이 그 당시의 관행을 따라 대필을 하는 사람(어쩌면 두기고; 참조. 6:21-22)에게 이 편지를 작성함에 있어 어느 정도 자유재량을 주었을 것이라고 생각한다.[9] 하지만 본문에 대한 나의 해석은 이러한 입장에 크게 영향을 받지는 않는다.[10] 수신자에 대한 문

---

[8] 가장 이른 시기의 가장 좋은 사본에는 1:1에 "에베소에 있는"이라는 문구가 생략되어 있다.

[9] 이에 관한 논의는 나의 *Apostle of the Crucified Lord: A Theological Introduction to Paul and his Letter* (Granad Rapids: Eerdmans, 2004), 501-2를 보라.

[10] 이와 비슷한 입장으로는 Fowl, *Ephesians*, 16-28을 꼽을 수 있다.

살으로 담아내는 복음

제에 관해서는, 일부 학자들이 주장하듯이 만약 에베소서가 회람을 위한 편지로 쓰인 것이라면 그것은 단지 본래 의도된 청자의 범위를 더 넓혀줄 뿐이며, 이는 곧 단지 에베소에 있는 교회뿐 아니라 이보다 더 많은 교회가 바울의 이러한 평화의 복음을 들었다는 것을 의미한다.

그러나 이 두 가지 해석학적 문제는 상대적으로 그리 중요하지 않은 저작권 문제와 관련이 있다. 이 중 첫 번째 문제는 에베소서가 이방인과 유대인의 관계가 잘 조화를 이루고 있었던 시대를 반영하는지와 관련이 있는데, 만약 그렇다면 바울 시대보다 더 후대였을 개연성이 높아진다. 왜냐하면 그는 그가 편지를 보낸 공동체 안에서 일어나고 있던 이방인과 유대인 간의 갈등의 문제를 빈번하게 다루었기 때문이다. 이러한 양측 간의 조화는 실제로 후대에 존재했을 수도 있고, 존재하지 않았을 수도 있지만, 모두가 평안하다는 이 편지의 추정적 주장은 때로는 가식적으로, 또는 심지어 승리주의적으로—평화와 조화가 기정사실처럼 보이는—인식되기도 한다. 두 번째 해석 또는 비평은 에베소서가 이론적으로는 "이 세상"과 구별되고, 심지어는 이 세상과 분리되었지만(5:7을 보라), 아이러니하게도 그 시대의 정신에 물든 가부장적인 구조를 나타내고, 또 이에 동조한다는 것이다. 특히 가부장적 현상 유지와 노예제도에 대한 이 편지의 (추정적) 지지가 보여주듯이 말이다.

첫 번째 문제와 관련하여 우리는 에베소서의 메시지가 갈라디아서의 메시지와 유사하다는 점에 주목해야 한다. 갈라디아서 3:28이 "너희는 유대인이나 헬라인이나 종이나 자유인이나 남자나 여자나 다 그리스도 예수 안에서 하나이니라"라고 말하는 반면, 에베소서 2:14은 "그는 우리의 화평이신지라. 둘로 하나를 만드사 원수 된 것, 곧 중간에 막힌 담을 자기 육체로 허시고"라고 말한다. 이 두 경우에서 모두 바울은 하나님이 그리스도 안에서 하신 일과 그 안에서 새로운 백성, 곧 오직 이스라엘과의 관계에서만 가능한 백성을 창조하신 일의 결과에 관한 주장을 펼친다. 이것이 바로 복음의 "직설법"—하나님이 하신 일—이다. 직설법은 그 안에 "명령법"—이제 성취되어야 할 필요성이 있는 것—을 수반한다. 다시 말하면 하나님의 선물은 교회의 실천을 함축하고 있다.

따라서 바울은 갈라디아 교인들이 다른 이들과의 식탁 교제를 거부하거나(베드로와 다른 이들이 그릇되게 행하였듯이, 갈 2:11-21), 성령의 평화가 공동체 안에 넘쳐나도록 하기보다는 적대감과 분쟁을 일으킴으로써(갈 5:13-26) 성령의 사역을 멸하지 말 것을 경고한다. 또한 에베소서에서도 바울은 에베소 공동체가 서로를 멸하기보다는 하나님의 성령을 존중하고 기쁘시게 함으로써 서로를 세워주는 행동(예. 엡 4:29-32)을 통해 "평안의 매는 줄로 성령이 하나 되게 하신 것"(엡 4:3)을 지킬 것을 권면한다. 이 두 편지에서 모두 신적 직설법과 인간적 명령법은 이상적이거나 승리주의적인 교회의 비전보다는 오히려 지속적인 관리를 필요로 하는 평화의 장소를 창조한다. 즉 이 두 편지의 강한 직설법—"더 이상 유대인이나 헬라인이…없고"(갈라디아서)와 "두 그룹을 하나로 만들어"(에베소서)—은 하나님의 화해시키시는 사역이 이미 완성되었음을 결코 시사하지 않는다. 두 편지의 서로 매우 다른 정황에도 불구하고(갈라디아서에서만 **민족 간의** 갈등이 두드러지게 나타남), 바울은 이 두 편지에서 교회와 교회의 실천에 관해 매우 유사한 방식으로 신학적 성찰을 한다.[11]

---

11 이와 관련하여 에베소서와 다른 편지들 간의 차이점에 주목하면서 Fowl(*Ephesians*, 101)

세속적인 가부장제도와 세상으로부터의 분리를 동시에 추구한다는 비난을 받는 두 번째 문제와 관련하여 우리는 에베소서 6:10-22을 통해 에베소 교회가 전혀 온전한 공동체가 아니었으며, 사실은 이 세상의 실제적인 삶의 어려움을 극복해나가는 데 필요한 필수품으로 무장할 필요가 있는 선교적 단체임을 분명히 깨닫게 된다. 우리는 아래에서 다시 이 문제로 되돌아올 것이다. 그러나 이것이 과연 여성과 노예와 아동에 대한 교회의 저속적인 가부장적인 입장을 통해 나타난 선교인가? 다시 말하면 우리가 에베소서에서 발견하는 교회가 과연 남자와 여자, 노예와 자유 시민, 부모와 아이들을 이방인과 유대인을 하나가 되게 한 것과 동일한 방식으로 하나가 될 수 있는가? 과연 이 서신은 실제로 그리스도 안에서의 통일성과 동등성을 외친 사도의 모습을 보여주는가?

에베소서에 대한, 특히 5:22-6:9에 대한 피상적 읽기는 이 편지가 여성과 노예, 그리고 아이들에 대한 경멸을 영속화하고, 또 그들에게는 이 메시지가 결코 평화의 좋은 소식이라는 샬롬이 될 수 없다는 결론에 이르게 한다. 이에 대한 상세한 답변은 책 한 장 또는 책 한 권 전체를 차지할 수 있기에 우리는 여기서 몇 가지 요점만 다루고자 한다. 이 가운데 가장 중요한 측면은 아무래도 이 서신의 더 넓은 문맥이다.

무엇보다도 5:22-29의 직전 단락에서 이 서신이 말하는 교회에서의 삶의 성격이 현재 논란이 되고 있는 본문을 읽는 해석학적 렌즈

은 "에베소 또는 다른 곳에 있는 그리스도인들이 유대교 관습을 따르도록 압력을 받았는지의 여부와 상관없이 그들은 자신들을 이스라엘 및 이스라엘의 하나님과의 관계 속에 있는 그리스도인으로 이해해야 하는 것으로 보인다"고 현명하게 말한다.

가 될 필요가 있다.[12] 이 서신은 신자들이 참여하는 **모든** 관계에서 증거로 나타나야 할 화해와 조화와 자신을 내어주는 사랑과 용서의 실천을 규정한다. 여기에는 5장과 6장에서 묘사된 가정 안에서의 관계도 포함된다. 여기서 특별히 중요한 부분은 4:31-5:2에서 사용하는 용어인데, 이는 5:22-6:9에 들어 있으며 매우 논란의 여지가 있는 권면 중 일부를 예시한다.

> [31]너희는 모든 악독과 노함과 분냄과 떠드는 것과 비방하는 것을 모든 악의와 함께 버리고, [32]서로 친절하게 하며, 불쌍히 여기며, 서로 용서하기를 하나님이 그리스도 안에서 너희를 용서하심과 같이 하라. [5:1]너희는 모든 악독과 노함과 분냄과 떠드는 것과 비방하는 것을 모든 악의와 함께 버리고, [2]서로 친절하게 하며, 불쌍히 여기며, 서로 용서하기를 하나님이 그리스도 안에서 너희를 용서하심과 같이 하라.

이러한 일들을 행하라는 권면(과 인접문맥에 나타나 있는 다른 권면)은 교회 내에서의 관계에 있어 일반적이며 보편적인 것이기에, 5:22-6:9에서 **구체적으로 언급된 것들은 앞선 권면들과 상반되는 방식으로 해석되어서는 안 된다.** 다시 말하면 가정의 머리인 남성 그리스도인은 그의 아내와 자녀들과 노예들을 학대할 수 없고, 오히려 그들을 사랑스럽고 평화적으로 대해야 한다. 그들은 로마의 법과 관행에도 불구하고 더 이상 그의 소유물이 아니다.

12　이 편지의 이 단락은 일반적으로 고대에서 상당히 보편적인 문학적 양식이라고 할 수 있는 "가정 규례" 또는 *Haustafel*을 가리킨다.

둘째, 평화와 사랑을 실천하라는 일반적인 권면의 관점에서 이러한 특정 관계들을 해석해야 한다는 이러한 원리는 5:21-22에서 명시적으로 나타난다. 거기서 성령 충만의 표지로서 신자들 간에 서로 복종하고 희생적으로 사랑하는 행위는 남편과 아내의 관계에서도 상호 복종과 희생적 사랑으로 이어진다.[13] 이 구절들과 전후에 있는 구절들에 대한 세심한 번역은 아래의 도표를 통해 다음과 같은 연결고리들을 드러낸다.

오직 성령으로 충만함을 받으라.
• 시와 찬송과 신령한 노래들로 서로 화답하며
• 너희의 마음으로 주께 노래하며 찬송하며
• 범사에 우리 주 예수 그리스도의 이름으로 항상 아버지 하나님께 감사하며
• 그리스도를 경외함으로 피차 복종하라.
  - 아내들이여, 자기 남편에게 복종하기를 주께 하듯 하라.
  - 남편들아, 아내 사랑하기를 그리스도께서 교회를 사랑하시고, 그 교회를 위하여 자신을 주심 같이 하라[내가 방금 4:31-5:2에서 말한 것처럼]…(엡 5:18b-22, 25).

요약하자면, 이 서신의 문학적 문맥과 정경적 문맥을 따라 올바로 읽는다면 에베소서는 비록 완전히 실현되지는 않았더라도 이미 실

---

13   5:21-33에 대한 상세한 내용은 *Cruciformity: Paul's Narrative Spirituality of the Cross* (Grand Rapids: Eerdmans, 2001), 261-66을 보라.

현된 평화의 장소로서, 그리고 세속적인 "자연 환경"에서는 당연히 서로 불화할 수 있는 모든 그룹을 포괄하는 교회의 비전을 제시한다. 구체적인 문화적 존재로서 이러한 반문화적인 평화의 선물과 소명의 세부적인 사항들을 실행에 옮기는 것이 교회의 과제인 것이다.[14]

에베소서: 삼위일체 하나님의 화평케 하시는 사명과 교회의 참여

이제 우리는 에베소서에서 화평케 하시는 *missio Dei*가 어떻게 서술되고 있는지를 간략하게 살펴보고자 한다. 우리의 로마서 논의에서 제시된 두 번째 도표를 따라 여기서 우리는 에베소서의 이러한 내러티브를 다음과 같이 나타낼 수 있다.

에베소서의 내러티브 논증에 나타난 평화

섹션 주제	본문	주된 관심사	핵심 본문
서두	1:1–23	"하나님 우리 아버지와 주 예수 그리스도로부터 은혜와 평강이 너희에게 있을지어다."	1:2
주제		하나님은 때가 찰 때를 위한 계획, 곧 만물이 그리스도 안에서 통일되게 하시는 계획을 갖고 계신다.	1:10

---

14 개인적인 교류를 통해 Dean Flemming은 에베소서의 이 단락이 "사회의 기존 구조와 관계 속에서 복음을 혁신적인 방법―그리스도의 방법―으로 구현하는 하나의 좋은 예인 것 같다"고 말했다.

		그리스도 없는 인간은 허물과 죄로 죽은 것이다.	2:1-3
사망과 적의라는 인간의 상태와 생명과 평화라는 하나님의 해결책	2:1-22	하나님은 사람들을 그리스도 안에서 살리신다.	2:4-10
		그리스도로부터 분리된 인간은 나뉘어 있고, 적의의 상태에 놓여 있으며, 이방인들은 하나님의 백성과 분리되어 있다.	2:11-12
		그리스도 안의 하나님은 새로운 하나의 인류를 창조하시면서 평화를 이루신다.	2:13-22
에베소 교인들을 위한 *missio Dei*에서 바울의 역할과 기도	3:1-21	하나의 몸 안에서 이방인들을 포함하기 위한 하나님의 영원한 계획의 비밀은 그리스도 안에서 계시되었다.	3:1-13
		바울과 그의 독자들은 그리스도 안에서 하나님의 사랑과 능력을 경험하기 위해 기도가 필요하다.	3:14-21
연합과 평화의 장소로서의 교회	4:1-6:9	새 인류인 교회는 겸손, 관대함, 인내, 긍정적인 언어, 용서, 상호 복종, 위협이지 않은 행동 등을 통해 "평안의 매는 줄로 성령이 하나 되게 하신 것을 힘써 지켜야" 한다(4:3).	4:2-3, 25-32; 5:1-2, 21; 6:9
평화의 복음 선포자로서 교회와 바울	6:10-22	교회는 묵시론적인 영적 전쟁에 참여하고 있으며, 평화의 복음을 선포하기 위해서는 스스로 무장해야 한다.	6:15
		사슬에 매인 복음의 대사인 바울은 자신이 담대하게 복음을 선포하도록 기도를 요청한다.	6:19-20
결어	6:23-24	모든 이에게 사랑과 믿음과 더불어 평강이 있을지어다.	6:23
		은혜가 모두에게 있을지어다.	6:24

에베소서에 나타난 평화에 대한 이러한 개관을 염두에 두고 우리는 이제 단락 별로 그 내용을 살펴볼 것이다.

서두와 주제: 평화라는 예전적·우주적 맥락(1:1–23)

이 서신은 바울과 그 수신자를 소개한 후 하나님 아버지와 주 그리스도 예수로부터 오는 은혜와 평강을 기원하는 바울의 표준적이지만 하찮지 않은 인사말로 시작한다(1:2). 실제로 기원 혹은 축도와도 같은 이 인사는 이 편지를 적절한 맥락에 배치한다. 이 인사말은 6:23-24의 평화와 은혜의 축도와 함께 시작과 끝을 장식하는 한 쌍을 형성하며, 이 편지의 수신자들에게 이 문서의 생산과 수용이 단순히 하나의 편지나 보고서(treatise)를 주고받는 것이 아니라 예전적이며 신학적인 사건임을 상기시킨다.

이 편지의 첫 주요 부분으로 제시된 이 예전적 양식은 베라카(berakah) 혹은 축복—하나님께서 그리스도 안에서 우리를 위해 행하신 것을 찬양하는 하나의 긴 (그리스어) 문장—이다(1:3-14). "찬송하리로다! 하나님 곧 우리 주 예수 그리스도의 아버지께서 그리스도 안에서 하늘에 속한 모든 신령한 복을 우리에게 주시되"(1:3). 비록 "평화"라는 단어가 이 구절에서 명시적으로 나타나 있지 않지만, 이 본문은 입양된 자녀들의 가정을 창조하시는 하나님의 영원한 계획(1:5)과 그리스도 안에서 구속되고, 용서받고(1:6-7), 또 단순히 모든 인류뿐 아니라 온 우주까지 포괄하는 구원의 상속자로서 성령의 인치심을 받은 하나님의 백성들을 묘사한다(1:13-14).

⁹그 뜻의 비밀을 우리에게 알리신 것이요, 그의 기뻐하심을 따라 그리스도

안에서 때가 찬 경륜을 위하여 예정하신 것이니, [10]하늘에 있는 것이나 땅에 있는 것이 다 **그리스도 안에서 통일되게** 하려 하심이라(엡 1:9-10).

우리는 2장에서 복음 안에서 드러난 이 "비밀"(1:9; 참조. 이 단어가 네 번 더 등장하는 3:1-10과 6:19)이 진정 인류와 관련하여 하나님의 평화 사명으로 특징지어지고, 6장에서는 "너희 구원의 복음"(1:13; 참조. 3:6-7)이 사실은 "평화의 복음"(6:15)임을 알게 된다. 그럼에도 바울은 여기서 우주적인 관점을 염두에 두고 있다. 그리스도 안에서 "모든 것이 통일되는"(1:10; *anakephalaiōsasthai*, "개요를 되풀이하다", "다시 요약하다") 하나님의 계획은 창조와 재창조라는 메타내러티브와 더불어 창조세계의 조화를 회복하기 위해 현재 흩어져 있는 것들을 구체적으로 하나로 통일시키는 메타내러티브를 암시한다. "하나님이 그리스도를 통해, 그리고 그와의 관계 속에서 하늘과 땅에 있는 모든 것들이 올바른 기능을 갖게 하실 때."[15] 이것은 옛 비전, 곧 새 창조의 예언자적 비전과 모든 피조물들의 샬롬을 가져다주는 샬롬의 예언자적 비전을 서술하는 새로운 방식이다. 인류는 이것의 일부가 될 것이며, 영광의 상속에 참여하게 될 것이다(1:18). 따라서 여기서 간략하게 묘사되고, 또 편지의 나머지 부분에서 더 자세하게 묘사될 교회는 미래의 우주적 평화와 조화의 맛보기로서 하나님의 영원한 계획에 속한다. 교회는 그리스도의 몸, 곧 "만물 안에서 만물을 충만하게 하는 이의 충만함"이다(1:23).

15　　Fowl, *Ephesians*, 47.

인간의 죽음과 적의, 신적 생명과 평화(2:1-22)

에베소서 2장은 바울의 복음의 요약이다. 이 장은 인간의 상태를 하나님에 대하여 죽은 상태로(2:1-3), 그리고 인간들 사이의 소외와 적의의 상태로 묘사한다. 하나님은 은혜와 자비로써 죽은 자들을 생명으로 이끄셨고, 그들을 그리스도 안에 있는 "하늘의 장소"로 옮기셨다(2:6). 이는 곧 회복이라는 궁극적인 행위다. 이러한 은혜와 자비가 구체적으로 그리스도의 죽음 안에서 유대인들뿐 아니라 이방인들에게까지 미쳤기 때문에, 복음이 선포하는 구원은 이제 사람들을 하나님과 화목하게 할 뿐 아니라 서로를 화목하게 한다. 사실 이 편지에서는 수평적 측면인 후자가 수직적 측면보다 더 많은 주목을 받는다.[16]

구원 이전 상태의 이방인들의 모습은 상당히 배제된 상태를 나타내며, 이로 인한 이방인과 하나님의 백성의 관계는 일종의 적대적 관계였다. 다양한 표현들이 이러한 상황을 잘 대변해준다.

- 그때에 너희는 그리스도 밖에 있었고, 이스라엘 나라 밖의 사람이라. 약속의 언약들에 대하여는 외인이요…(12절).
- 세상에서 소망이 없고 하나님도 없는 자이더니(12절).
- 멀리 있던(13절).
- 원수 된 것 곧 중간에 막힌 담(14절).
- 두 (인류, 15절), 두 그룹(16절).
- 적대감(원수된 것, 16절).
- 멀리 있던(17절).

16　예컨대 Lincoln, *Ephesians*, xcii.

• 외인과 나그네(19절).

이러한 위기에 대한 하나님의 해결책은 그리스도이며, 보다 더 구체적으로 말하면 화평케 하는 수단인 그의 죽음이다.[17]

[14]그는 우리의 화평이신지라. 둘로 하나를 만드사 원수 된 것 곧 중간에 막힌 담을 자기 육체로 허시고, [15]법조문으로 된 계명의 율법을 폐하셨으니, 이는 이 둘로 자기 안에서 한 새 사람을 지어 화평하게 하시고, [16]또 십자가로 이 둘을 한 몸으로 하나님과 **화목하게** 하려 하심이라. 원수 된 것을 십자가로 소멸하시고, [17]또 오셔서 먼 데 있는 너희에게 **평안을 전하시고**, 가까운 데 있는 자들에게 평안을 전하셨으니, [18]이는 그로 말미암아 우리 둘이 한 성령 안에서 아버지께 나아감을 얻게 하려 하심이라(엡 2:14-18).

바울은 "우리의 평화이신" 그리스도(2:14)가 "오셔서 먼 데 있는 너희에게 평안을 전하시고, 가까운 데 있는 자들에게 평안을 전하셨다 [euēngelisato eirēnēn]"고 말한다(2:17). 바울은 이사야 52:7을 의역하

---

17 이 본문에 나타난 속죄 신학을 상세하게 다루려면 이 장이 매우 길어질 것이다. 바울은 죽음이 어떻게 일어나는지에 대한 것("그 역학관계")보다는 죽음의 결과(평화의 모든 측면)에 더 큰 관심을 가지고 있다. "[그가] 중간에 막힌 담을 허시고"(14절)와 "법조문으로 된 계명의 율법을 폐하셨으니"(15절)와 같은 속죄 신학에 가장 가깝다고 할 수 있는 어구들은 은유이며, 바울의 속죄 신학을 나타내는 진술인 양 너무 지나치고 문자적으로 해석해서는 안 된다. 물론 논쟁의 여지는 있지만, 바울은 여기서 하나님을 "신적 전사"로 묘사하는 본문이나 또는 전승을 염두에 두고 있을 가능성이 있다. 만약 그가 이것을 염두에 두었다면 하나님의 전투는 분명히 역설적이다. 왜냐하면 그리스도 안에서 하나님은 평화를 이루고 연합을 이루어내기 위해 고난을 당하는 패배(십자가)를 통해 평화로운 전쟁을 치르고, 또 이를 승리로 이끄시기 때문이다.

고 57:19의 일부를 인용하면서 이사야서의 두 본문을 활용한다.

> 좋은 소식을 전하며, 평화를 공포하며, 복된 좋은 소식을 가져오며[LXX *podes euangelizomenou akoēn eirēnēs hōs euangelizomenous agatha*], 구원을 공포하며, 시온을 향하여 이르기를 "네 하나님이 통치하신다" 하는 자의 산을 넘는 발이 어찌 그리 아름다운가(사 52:7).

> 평강이 있을지어다. 평강이 있을지어다. 내가 그를 고치리라(사 57:19).

바울은 하나님의 평화를 선포하는 인간의 행위(사 52:7)—전령관의 사역—와 실제적으로 구원하시며 화평케 하시는 행위(사 57:19)—하나님의 사역—를 모두 예수에게 부여한다.[18] 그러나 이러한 주장은 부분적으로 수정될 필요가 있다. 왜냐하면 비록 문법상 "그리스도"가 17절의 "그가 오셔서 평화를 전하시고"의 암묵적 주어이긴 하지만, 18절은 그로 인해 나타나는 구원이 삼위일체 하나님의 생명에 참여하는 것("그로 말미암아 우리 둘이 한 성령 안에서 아버지께 나아감을 얻게 하려 하심이라")임을 분명히 밝히고 있기 때문이다. 따라서 이것은 중보자이신 그리스도가 홀로 행하시는 것이 아니라 아버지와 성령과 협력하여 행하시는 것임을 암시한다.

바울이 언급한 평화의 선포는 복음서에 서술되어 있는 예수의 사역에 관한 언급이기보다는 예수의 죽음과 부활에서 드러났고, 부활 이

---

18 Lincoln, *Ephesians*, 140이 제안하듯이, 저자가 사 2:2-4과 미 4:1-4과 같은 종말론적 평화에 관한 다른 주요한 성서 본문들을 염두에 두고 있었거나, 아니면 이 본문들이 적어도 유대인 청중들의 귀에는 들렸을 수 있었을 것이다.

삶으로 담아내는 복음

후에 교회를 통한 복음 선포에 의해 전개된 하나님의 영원한 계획을 묘사하는 것이다. 재차 말하지만, 다양한 표현들은 이렇게 근본적으로 새로운 상황을 한껏 강조한다.

- 가까워졌느니라(13절).
- 둘로 하나를 만드사 원수 된 것 곧 중간에 막힌 담을 허시고(14절).
- 이 둘로 자기 안에서 한 새 사람을 지어 화평하게 하시고(15절).
- 이 둘을 한 몸으로 하나님과 화목하게 하려 하심이라. 원수 된 것을 십자가로 소멸하시고(16절).
- 이는 그[그리스도]로 말미암아 우리 둘이 한 성령 안에서 아버지께 나아감을 얻게 하려 하심이라(18절).
- 이제부터 너희는 외인도 아니요 나그네도 아니요(19절).
- 주 안에서 성전이 되어 가고 너희도 성령 안에서 하나님이 거하실 처소가 되기 위하여 그리스도 예수 안에서 함께 지어져 가느니라(21b-22절).

이러한 구체적인 표현 외에도 (위에서 열거한) 적의의 존재를 반영하는 이 본문의 다른 모든 표현은 이 하나의 화평케 하는 행동에 의해 암묵적으로 무효화된다.

에베소서 2장의 세 가지 추가적 요소는 특히 주목할 만하다. 첫째, 그리스도는 그의 죽음으로써 하나님의 백성과 이방인들, 곧 열방들을 "화해시켰다." 그는 이를―종종 로마서에서 그렇게 하듯이―그들의 피를 흘리게 함으로써가 아니라 자신의 피를 흘림으로써 그렇게 하셨다. 또한 동시에 우리를 "공중의 권세"(2:2, 인간에 대한 사탄의 영향의 영역을 가리킴)로부터 구원하심으로써 그리스도의 죽음은 "교회가 그리스도의 지배를 인정하는 정치적 공간 혹은 영역으로 세워지게 한다."[19] 따라서 하나님과 바울과 에베소 교인들, 그리고 모든 그리스도인의 사명은 사람들을 하나님을 반대하는 세력의 지배를 받는 죄와 사망 및 소외의 영역에서 메시아이시며 주님이신 예수가 통치하시는 용서와 부활의 삶과 평화의 영역으로 인도하는 것이다.

둘째, 그리스도의 죽음이라는 단일 행동은 사람들과 하나님, 그리고 사람들 사이를 서로 화해시킨다(특히 2:16-17을 보라). 이것은 우리가 앞서 살펴보았던 것처럼 화해의 두 측면(수직적 측면과 수평적 측면)의 불가분성을 강화시킨다. 다른 사람들과의 화해 없이는 하나님과의 화해도 있을 수 없다. 왜냐하면 이것이 바로 하나님께서 십자가에서 이루고자 하신 것이며, 여전히 교회를 통해 이루기를 원하시는 것이기 때문이다. "심각한 민족적·종교적 분열을 드러냈던 1세기 유대인과 이방인 사이의 갈등은 이들이 교회라는 한 몸 안에서 서로 화해함으로써 비로소 극복되었다고 볼 수 있다."[20] 따라서 오늘날에도 이 기독교 복음은 커다란 민족적·문화적·종교적 차이점을 지닌 사람들을 여전히 하나로 연합시킬 수 있다고 말할 수 있다.

그렇다면 세 번째이자 마지막으로 두 그룹을 가지고 한 인류를 만들었다는 사실은 바울이 인간이 만든 인간에 관한 **모든** 이분법적 사고(인류를 두 그룹으로 나누는 범주들)가 화평케 하시는 그리스도의 복음에 의해 전복된다고 주장했음을 암시한다.[21] 즉 비록 에베소서의 주

---

19 Fowl, *Ephesians*, 74.

20 Lincoln, *Ephesians*, xcii.

21 이것은 인간들 간의 차이점이 실제로 존재하지 않는다거나("여기서 화평케 함은 동질화되

요 강조점이 명백하게 유대인들과 이방인들을 하나로 묶는 것이었겠지만, 오직 유일한 단일 인류라는 현실은 하나님의 계획이 모든 분리된 그룹—곧 남자와 여자, 노예와 자유 시민, 부모와 자녀뿐만 아니라 1세기 이래로 나타났고, 또 앞으로도 나타날 인류의 또 다른 모든 구분—을 하나의 새로운 인류로 묶는 것을 의미한다. 물론 이것은 흑인과 백인, 후투족과 투티족 등을 모두 포함한다. 선교학자들을 비롯해 다른 신학자들은 "과거에 서로 적대적이었던 그룹들을 그리스도의 몸으로 화해시키는 것은…민족적·종족적·문화적 정체성을 변화시키긴 하지만, 그것들을 완전히 지워버리지는 않는다"[22]는 진리를 선포하기 위해 에베소서 2장으로 올바르게 눈을 돌렸다. 그러나 이것은 화해를 이룩하는 데 인간의 노력이나 대가가 따르지 않는다는 것을 의미하지 않는다. 화해는 당사자들 가운데 한 쪽 이상의 회개와 용서와 결심과 변화를 요구할 수 있다.[23]

그렇다면 바울에게 있어 십자가의 예수는 하나님의 영원하고 우주적인 비밀과 계획의 인간적 측면을 구성하는 하나님의 화해 행위를 몸소 구현하고 실천하신 것이다. 십자가는 화해라는 신적 수행 발언

는 것이 아니다"—Fowl, *Ephesians*, p 90) 또는 죄나 악에 대한 관용이 기독교의 적절한 입장이라는 것을 의미하는 것으로 받아들여져서는 안 된다. 오히려 그리스도 안에서 이 세상을 "우리"와 "너희"로 나누는 이분법적인 사고—자연스럽게 만들어진 것(남성과 여성과 같은)이나 또는 우리가 인간 공동체에 강요하는 보다 더 임의적인 것(본토인과 이주민과 같은)—는 한 인류/사람의 창조를 통해 초월된다. 이와 동시에 그리스도 안에서 그들의 허물과 죄로 죽었던 자들의 표지인 죄와 악(2:1)은—그들이 이 이분법에서 어느 쪽에 속했든지 간에—새 창조가 하나님이 모든 인류를 위해 의도하신 선한 일을 가능하게 할 것이므로 종지부를 찍게 되어 있다(2:9).

22 Fowl, *Ephesians*, 102.

23 초기 교회에서 유대인과 이방인이 서로 하나가 되는 일은 사도행전과 바울 서신이 증언하듯이 상당히 도전적인 일이었다.

(divine performative utterance)이다. 더 단순하게 말하면, 그리스도는 우리의 평화, 우리의 샬롬이다. 그는 **사람으로 오신—육신을 입으신—하나님의 평화다.**[24] 그는—즉 그분 안에서 행하시는 하나님 아버지와 이제 그의 사역을 계속 지속해나가시는 성령—사람과 하나님의 관계뿐 아니라 사람들 간의 관계를 올바르게 회복시키시는 분이시다. 그는 사람들을 사랑과 용서가 미움과 보복과 폭력(예. 전쟁)을 대체하는 그리스도의 주권의 영역으로 옮겨놓으신다. 그는 평화의 왕(사 9:6)이 주신 예언자적 약속을 성취하신다(예. 사 2:1-4).[25] 그는 새 언약, 곧 평화의 언약을 수립하셨다(겔 34:25; 37:26을 보라).

사도 바울과 하나님의 평화(3:1-21)

바울은 이 평화의 복음을 기쁘게 선포하는 자이며(3:1-13), 또한 이 편지를 읽을 수신자, 곧 "그리스도의 측량할 수 없는 풍성함"(3:8)에 참여하게 된 자들을 위해 열정적으로 기도하는 자다(3:14-21). 비록 "평화"라는 단어가 에베소서 3장에 등장하진 않지만, 바울은 첫 두 장을 반향하는 표현을 여럿 사용한다. 즉 그의 사도적 사명은 이방인들을 향한 하나님의 화해 계획(3:1, 6), 곧 이방인들을 포함시키는 "그리스도의 비밀"(3:4; 참조. 3:5, 9)을 널리 알리는 것이며, 이것이 바로 복음이라는 사실이다(3:6-7).[26]

---

24 엡 2:14-18을 번역하면서 Markus Barth는 이 세 단어 또는 어구를 "사람으로"로 옮긴다. Markus Barth, *Ephesians: Introduction, Translation, and Commentary on Chapters 1-3*, AB 34 (Garden City, NY: Doubleday, 1974), 253, 260-62. 참조. Lincoln, *Ephesians*, 140.

25 또한 Fowl, *Ephesians*, 90.

26 또한 Fowl, *Ephesians*, 109-10.

삶으로 담아내는 복음

바울이 여기서 말하고자 하는 바를 이해하기 위해서는 서로 연관된 네 가지 요소가 절대적으로 중요하다. 그중 세 가지가 모두 3:8-10에 등장한다.

[8]모든 성도 중에 지극히 작은 자보다 더 작은 나에게 이 은혜를 주신 것은 측량할 수 없는 그리스도의 풍성함을 이방인에게 전하게 하시고, [9]영원부터 만물을 창조하신 하나님 속에 감추어졌던 비밀의 경륜이 어떠한 것을 드러내게 하려 하심이라. [10]이는 이제 교회로 말미암아 하늘에 있는 통치자들과 권세들에게 하나님의 각종 지혜를 알게 하려 하심이니.

첫째, 바울은 하나님의 비밀, 곧 그(바울)의 복음이 단순히 개인에게 집중되는 것이 아니라 교회에 집중된다는 사실을 강조한다. 둘째, 바울은 하나님의 지혜—하나님의 비밀과 계획과 구원—를 통치자들과 당국자들에게 알게 하는 사명이 교회에 있다고 단언한다. 셋째, 암묵적이지만 분명하게, 교회는 오직 스스로 복음을 구현할 때, 곧 하나님의 지혜의 "풍성한 다양성"이 다양하면서도 화해를 이루어낸 새로운 인류 안에서 나타날 때에만 증인의 사명을 완수할 수 있다. 이것이 바로 많은 통치자들과 당국자들이 원치 않거나 추구하지 않는 것들이다 (다른 사람들과 원수들, 그리고 사회적·정치적·경제적 안정에 대한 위협 등과의 화해). 따라서 바울에게 있어 유대인들과 이방인들이 서로 화해를 이룬 몸(그리고 다른 "이분법적" 사고들도)인 교회는 이 세상을 위한 하나님의 구속적 계획을 증언할 뿐 아니라 적대적이며 폭력적인 이 세상을 하나로 묶으시려는 하나님의 주된 수단이기도 하다. 이것은 교회의 중대한 책임이며, 바울도 전적으로 시인하듯이 오직 교회 안에서, 그리고 교회를 통해서만 역사하시는 하나님의 능력으로 말미암아 실현될 수 있다(3:20).

3장 전반부에도 주목할 만한 네 번째 요소가 들어 있다. 마치 책꽂이의 북엔드처럼—여기서 책꽂이는 바울이 하나님의 복음 안에서의 자기 역할과 그 복음의 교회적·선교적 초점을 스스로 묘사하는 것을 가리킴—여기에는 이 복음은 고난을 받을 만한 가치가 있다(1, 13절)고 말하는 것과 비슷한 두 문장이 들어 있다. 바울의 투옥과 그가 겪은 다른 고난들은 역설적으로 현재(즉 수치이기보다 영예/자랑)와 미래(종말론적 축복)에 모두 이방인들이 누리는 영광의 근원이다. 그런 의미에서 바울은 예수 자신처럼 자신의 고난을 통해 다른 이들에게 영광을 제공함으로써 복음을 삶으로 구현한 것이다(참조. 고전 3-4장, 특히 4:8-12).[27]

그렇다면 바울에게 있어 중보기도란 그의 사명과 교회의 사명을 위한 도구인 것이다. 그는 교회가 사랑 가운데 뿌리를 내리고 하나님의 모든 충만하심으로 채워져서 굳건하게 서기를 기도한다(3:14-21). 그는 왜 이런 기도를 드리는가? 그가 이런 기도를 드리는 이유는 단지 개인들이 교회에서 이러한 힘과 하나님의 확실한 사랑으로 위로를 받게 하기 위함이 아니다. 그는 이런 기도를 통해 교회의 상상력이 더욱 풍성해지고 하나님—이 땅의 모든 가족의 참되신 아버지(3:14-15)—

27 사랑하며 십자가를 본받는 사도적 존재로서 복음을 구현하는 바울(모든 신자들에게 본이 되도록 의도된—고전 11:1)에 관해서는 나의 *Cruciformity*, 9장(178-213)을 보라. 물론 이것은 바울이나 또는 바울을 본받으려는 이들이 예수가 십자가상에서 했던 것을 다른 이들을 위해 똑같이 하는 것을 의미하지 않는다. 왜냐하면 오직 예수만이 이 세상의 죄를 위해 죽으셨기 때문이다. 그러나 비유적으로 바울과 또 다른 이들의 자신을 내어주는 사랑은 다른 이들로 하여금 그들 대신 죽으신 예수의 죽음으로 유익을 얻고 그의 죽음과 부활이 가져다주는 생명에 참여하게 한다.

이 교회 안에서, 그리고 교회를 통해 하실 수 있는 것을 보고 놀라 입이 크게 벌어지게 하기 위함이다.

> [20]우리 가운데서 역사하시는 능력대로 우리가 구하거나 생각하는 모든 것에 더 넘치도록 능히 하실 이에게 [21]교회 안에서와 그리스도 예수 안에서 영광이 대대로 영원무궁하기를 원하노라. 아멘(엡 3:20-21).

이는 교회가 보이지 않고 감추어진 한 모퉁이가 아닌 공적 공간을 차지함을 의미한다. 그리고 그 공적 공간은 또한 정치적 공간이기도 하다. 왜냐하면 교회가 말과 행동으로 선포하는 복음, 곧 연합과 화해의 복음―한 아버지 밑에서 새로운 가족이 창조되는 것―은 제국과 수많은 후대의 권세처럼 인간들을 하나로 통일시키는 위대한 통치자의 주장에 대한 도전이기 때문이다. 황제는 심지어 하나의 연합된(그리고 평화로운) 가족의 위대한 아버지로 인식되었다. 그러나 바울은 참된 가족, 곧 이 땅의 모든 가족을 위한 진정한 연합의 장소는 소위 아버지라고 불리는 황제가 아니라 하늘의 아버지를 둔 교회라고 말한다. 교회는 이러한 비전을 견지하고 매일의 삶에서 그 비전을 실현하기 위해 기도가 필요하다.

고대와 현대의 사도들에 의해 선포되고, 또 (비록 불완전하지만) 과거와 현재의 교회에 의해 평화적으로 구현된, 권세들에 대한 이러한 도전은 종종 의구심에 직면하게 될 것이며, 특히 도전하는 바로 그 권세들의 저항을 받게 될 것이다. 때로는 바울도 이미 잘 알고 있었듯이 심지어 과격한 행동과도 마주치게 될 것이다. 그러나 이 모든 것에도 불구하고 모든 인종은 한결같이 이 아버지와 그의 가족의 복음에 매혹되었으며, 지금도 이 복음이 성경적으로 신실하고, 문화적으로 적절하며, 선교적으로 풍부한 상상력을 가지고 구현될 때에는 계속하여 이 복음에 매혹될 것이다. 이 모든 것이 왜 교회가 성령 안에서 평화의 끈으로 하나가 되어야 하는지를 말해준다. 이것이 바로 에베소서의 마지막 세 장의 주제다.

연합과 평화의 장소로서의 교회(4:1-6:9)

1-3장에서 그리스도 안에서의 하나님의 구속적 평화 사명과 자기 자신의 역할을 서술한 바울은 편지 후반부에서는 교회가 그 신적 드라마 안에서 수행할 역할을 묘사한다. 그 역할은 곧 그 부르심에 합당하게 사는 것이다(4:1; 참조. 빌 1:27; 골 1:10; 살전 2:12). 그리스어 원문은 "걷다"(peripatēsai)라는 동시를 사용하는데, 다수의 역본은 NRSV처럼 "부르심에 합당한 삶을 영위하라["걷다"]"로 옮긴다. 걷는다는 것은 동떨어진 거룩한 집단으로서 존재하지 않고 이 세상에 관여한다는 것—선교(사명)—을 의미한다. 바울은 교회는 복음을 구현하는 내적·구심적 실천(4:1-6:9)과 복음을 선포하는 외적·원심적 실천(6:10-22)에 의해 유지되는 평화와 연합의 장소가 되어야 한다고 말한다. 물론 이 두 쌍의 선교적 실천은 서로 관련이 없지 않고 중첩된다.

바울은 복음과 교회의 공동의 삶이 서로 근본적으로 연결되어 있음을 보여주면서 시작한다. 교회의 공동체적인 삶은

모든 겸손과 온유로 하고 오래 참음으로 사랑 가운데서 서로 용납하고 평안의 매는 줄로 성령이 하나 되게 하신 것을 힘써 지키는 삶이다(엡 4:2-3).

기독교 공동체의 최우선 과제는 평화를 **이루는** 것이 아니라 복음 안에서 주어진 평화, 곧 한 분 하나님(아버지, 아들, 성령, 4:4-6) 안에서 한 몸을 이룬 그 평화를 **유지하는** 것이다. 교회의 "일곱 가지 하나됨"(4:4-6)은 복음 안에서 주어진 연합과 샬롬이라는 한 실재의 여러 측면이다.[28] 그렇다면 샬롬은 근본적으로 인간의 노력이 아닌 하나님의 선물로서 이루어낸 조화를 의미하지만, 이는 또한 교회의 헌신적인 돌봄과 양육을 필요로 하는 하나님의 선물이기도 하다. "힘써 지키라"(*spoudazontes*)로 번역된 동사는 "최고의 중요성과 긴급성"을 암시하며, 따라서 어떠한 노력도 아끼지 않아야 함을 나타낸다.[29] 이것은 교회가 어떠한 책임도 회피할 수 없음을 의미한다. 크리스토퍼 마샬 (Christopher Marshall)은 교회 안에서의 평화에 주안점을 두면서 다음과 같이 말한다. "우리가 평화에 매진하지 않는다면 우리는 우리가 선포하는 그 "평화의 복음"(6:15)을 부인하는 것이다. 우리가 화해를 추구하지 않는다면 우리 그리스도인의 삶은 단순히 우리의 부르심에 **합당한** 삶이 아니다."[30] 샬롬을 유지한다는 것―교회의 최우선 과제―은 교회를 창조한 것과 동일한 종류의 십자가를 본받는 사랑을 요구한다 (4:2; 참조. 4:31-5:2). 관용과 용서하는 사랑 없이는 평화에 대한 소망도 없다.[31]

---

[28] "몸이 하나요, 성령도 한 분이시니, 이와 같이 너희가 부르심의 한 소망 안에서 부르심을 받았느니라.…믿음도 하나요, 세례도 하나요."

[29] Lincoln, *Ephesians*, 237. 이 본문 전체에 관해서는 Christopher Marshall, "Making Every Effort: Peacemaking and Ecclesiology in Ephesians 4:1-6," in *Struggles for Shalom: Peace and Violence Across the Testaments,* ed. Laura L. Brenneman and Brad D. Schantz (Eugene, OR: Pickwick, 2013), 256-66.

[30] Marshall, "Making Every Effort," 261.

[31] 하지만 바울이 특히 4:17 서두에서 분명하게 밝히듯이 이것은 "값싼 평화"가 아니다. 이

죽음으로써 자기 자신을 사랑으로 바친 우리의 평화이신 그리스도는 지금도 계속해서 교회에 은사를 선물로 주신다(4:7-16). 은사의 역할은 부분적으로 교회의 삶—그리고 이로써 교회의 사역과 공적증거—이 평화와 연합의 복음을 구현하도록 교회를 평화로운 공동체로 세우는 것이다(4:12-16). 이러한 은사는, 바울이 고린도전서 12-14장에서도 말했듯이, 사랑으로 행해져야 하며, 이것이 교회의 다양한 은사의 사용 방식(modus operandi)인 것이다. 또한 교회 안에서 덕을 세우며 적절하게 진리를 말하는 행위가 불화와 부조화의 불씨가 되지 않도록 하기 위해 사랑이 방언의 사용을 올바르게 규제해야 한다(4:15).

이미 살펴보았듯이 교회는 거룩함과 조화를 유지하기 위해 적절한 교회적 실천이 필요하다. 바울은 이미 몇 가지를 언급했고(위에서 인용한 4:2-3), 4:18-32에서는 몇 가지를 더 나열할 것이다. 거기서 그는 그러한 교회적 실천이 하나님의 의를 나타내기 때문에, 사실 이것들은 근본적으로 반문화적인 실천(4:17-24)임을 지적한다. 진리를 말하는 것, 지속적인 화해, 업무상의 정직성, 궁핍한 자들에 대한 관대함, 부드럽고 자비로운 언어, 용서(4:25-32) 등 그리스도를 닮고 하나님을 닮은 사랑이 여기에 포함된다(5:1-2). 우연치 않게, 이러한 몇 가지 실천들도 구체적으로 선교, 특히 진리와 의에 필수적인 것으로 언급된다(5:8-11; 6:14). 이러한 형태의 삶이 인간의 참된 삶(4:24)인 동

것은 구체적으로 거룩함에 대한 하나님의 부르심에 근거를 둔 평화이며, 교회는 모든 세대에서 하나님이 주신 평화와 연합의 선물 및 소명과 하나님이 주신 거룩함의 선물과 소명을 서로 어떻게 균형을 맞추어야 할지를 배워야 한다. 하나님께 이것들은 동일한 것이다. 우리에게 이것들은 기껏해야 서로 중복되는 것이며, 모호함과 갈등을 야기하며, 때로는 심지어 서로 상반되기도 한다. 적어도 교회는 바울이 어떤 실천을 지지할 때에는 또한 다른 것들을 금지한다는 사실을 알아야 한다.

시에 "하나님의 생명"에 참여하는 삶(4:18)이다. 사실 교회의 사명은 바로 이러한 언어로, 곧 하나님의 생명에 참여하고, 또 다른 사람들을 거기에 참여하게 하는 대리인이 되는 것으로 묘사될 수 있다.[32] 바울은 이것을 "그리스도를 배우는 것"이라고도 부른다(4:20).

바울은 우리가 하나님/그리스도 안에서 이렇게 거룩하고, 의로우며, 성령 충만하고, 반문화적인 삶(5:3-21)을 살 것을 지속적으로 권면하지만, 우리는 또한 이 세상과 거리를 둘 것을 요구하는 것으로 이해할 수 있는 본문도 발견한다.

> [6]누구든지 헛된 말로 너희를 속이지 못하게 하라. 이로 말미암아 하나님의 진노가 불순종의 아들들에게 임하나니, [7]그러므로 그들과 함께하는 자가 되지 말라(엡 5:6-7).

외부 사람들과 전혀 관계를 맺지 않는 선교적 교회는 결코 상상하기 어렵다. 심지어 "죄인들"과 관계를 맺기를 거부하는 예수의 제자들의 무리를 상상하는 것은 더더욱 그렇다. 왜냐하면 예수가 바로 그렇게 하신 것으로 널리 알려져 있기 때문이다.

그러나 바울의 말은 전혀 다른 방식으로도 해석될 수 있다. 바울은 고린도 교인들에게 다음과 같이 썼다.

> [9]내가 너희에게 쓴 편지에 음행하는 자들을 사귀지 말라 하였거니와, [10]이

---

32 삼위일체 하나님의 생명에 참여하는 것에 대한 기독교의 전통적인 언어는 theosis 곧 신성화다. 이 주제에 관해서는 로마서를 다루는 8장을 보라.

말은 이 세상의 음행하는 자들이나 탐하는 자들이나 속여 빼앗는 자들이나 우상 숭배하는 자들을 도무지 사귀지 말라 하는 것이 아니니, 만일 그리하려면 너희가 세상 밖으로 나가야 할 것이라. ¹¹이제 내가 너희에게 쓴 것은 만일 어떤 형제라 일컫는 자가 음행하거나 탐욕을 부리거나 우상 숭배를 하거나 모욕하거나 술 취하거나 속여 빼앗거든 사귀지도 말고 그런 자와는 함께 먹지도 말라 함이라(고전 5:9-11).

부도덕하고 우상을 숭배하는 자들과 사귀지 말 것을 당부하면서 고린도 교인들에게 보낸, 지금은 남아 있지 않은 편지에서처럼, 바울은 에베소서 5장에서 비신자를 가리키기보다는 계속해서 (소위) 옛 방식으로 사는 신자들을 언급한다고 볼 수 있다.[33]

그러나 비록 이러한 해석이 잘못되었고, 바울이 외부 사람들과 사귀지 말 것을 언급한 것이라 할지라도, 이것은 여전히 세상으로부터 완전히 철수하는 것을 의미하지 않는다. 오히려 바울은 5:7에서 전적인 참여(symmetochos, 3:6에서처럼 그리스도 안에서 이방인의 참여)를 금한다. 왜냐하면 그리스도는 "우리가 참여할 수 있는 두 개의 놀라운 영역" 중 하나—즉 우리가 "행할" 수 있고, 이를 통해 인격이 형성될 수 있는 영역—를 대표하기 때문이다.[34] 교회는 반문화적 혹은 더 낮게 말

---

33 비록 5:6-7을 얼핏 살펴보면 이 독법이 전혀 타당해보이지 않을 수 있지만, 문맥은 실제로 바울이 "성도들" 사이에서 나타나는 부적절한 행동에 관해 우려하고 있음을 보여준다(5:3). 왜냐하면 이러한 행동은 그리스도와 하나님 나라에서 받게 될 유업을 위태롭게 만들기 때문이다(5:5). 다시 말하면 이러한 오래되고 이교도적인 행동이 교회 내에 지속될 수 있다는 것이다.

34 Fowl, *Ephesians*, 168 n. 6. Fowl은 이 본문을 "후퇴가 아니라 교류의 전략"이라고 올바르게 이해한다(169. n. 7). 또한 Lincoln, *Ephesians*, 326—후퇴는 도덕적인 것이지 고립주의적인 것이 아니다—을 보라.

하면 타-문화적(alter-cultural)이며, 이웃을 향해 증인의 삶을 살기 위해 교회만의 독특한 삶을 유지해야 한다.

어떤 독법을 택하더라도, 바울은 이 세상으로부터의 철수를 권하지 않는다. 오히려 바울은 주 안에 있는 자들은 이제 "빛"이므로 "빛의 자녀들처럼" 살아야 한다고 말한다(5:8).[35] 그들이 어둠 속에서 불순종하는 삶을 사는 자들 가운데서 복음의 빛을 구현하며 살 때 그들은 "열매 없는 어둠의 일들"을 밝히 "드러낼" 것이다(5:11). 이것은 자기 의로 인해 남을 지적하는 것이 아니라 선교를 위한 예비 사역으로 이해되어야 한다. 이는 요한복음에 나오는 성령(보혜사)의 사역과도 유사하다. "그가 와서 죄에 대하여, 의에 대하여, 심판에 대하여 세상을 책망하시리라. 죄에 대하여라 함은 그들이 나를 믿지 아니함이요"(요 16:8-9).[36]

바울은 비(非)참여를 조언하지만(5:11), 그것은 비(非)존재 또는 심지어 비(非)관여와 같은 것이 아니다. 사실 바울의 소망은 그의 청자/독자들이 어둠에서 빛으로 변화된 것처럼, 빛이신 그리스도가 그의 청자/독자들을 통해 다른 이들에게 빛을 비추어 모두가 영적 죽음으로부터 새로운 인류에게 주어지는 새로운 삶으로 부활하는 것이다(5:13-14). "교회에 대한 도전은 이 세상에 대하여 매력적인 대안이 되는 것이다." 이는 교회의 "도덕적 우월성"에 의한 것이라기보다는 "신자들이 자신들의 죄와 직면하고, 남에게 용서를 구하고 남을 용

---

35 "살다"보다는 "걷다/행하다"라는 "문자적인" 번역이 교회가 나아가야 할 방향, 곧 선교의 의미를 더 잘 전달해준다. NRSV("살다" 5:8b)와 다른 역본들은 이러한 선교적 의미를 놓치고 있다.

36 반문화적이며 전복적이면서도 교화적이며 선교적인 그리스도인의 존재에 관해서는 Gombis, *The Drama of Ephesians*, 특히 6장을 보라(133-54).

서하며, 그리고 화해를 이루고 화해하는 삶을 살 때", 즉 평화의 복음을 구현할 때 비로소 가능하다.[37] 따라서 이 맥락에서 마지막 권면—"그런즉 너희가 어떻게 행할지를 자세히 주의하여 지혜 없는 자 같이 하지 말고, 오직 지혜 있는 자 같이 하여 세월을 아끼라. 때가 악하니라"(5:15-16)—은 어둠의 날들 가운데서도 이 세상의 빛(참조. 마 5:14)이 되라는 교회를 향해 주시는 선교적 권면이다.

5:22-6:29에 나오는 가정 규례를 상세하게 검토한다는 것은 본 장의 범위를 넘어선다. 우리는 이미 본장 서두에서 일부 주요한 이슈를 다루었다. 우리가 탐구해온 전체 문맥을 감안하면 우리는 본문의 난해함에도 불구하고 이 본문의 의제가 일반적으로 이 편지의 전체 목적, 곧 인류의 이분법적인 사고를 말끔히 해결하는 하나님의 평화를 선포하고 증진시키는 것과 잘 조화를 이룬다고 말할 수 있다. 그리스도 안에 있는 남자들과 여자들은 그리스도처럼 서로 사랑하며 복종해야 한다(5:21-33). 그리스도 안에 있는 자녀들과 부모들은 서로를 존중해야 한다(6:1-4). 그리고 그리스도 안에 있는 노예들과 주인들은 그리스도 안에 있는 그들의 공동 주인을 인정하고, 서로를 그 틀 안에서 대해야 한다(6:5-9). 그렇다면 이 구절들은 현상 유지를 위한 합리화가 되기보다는 가부장적 통제와, 심지어 그리스도의 평화를 가지고 폭력을 조장하는 현상 유지에까지도 도전을 준다.

4:1-6:9에서 바울이 교회의 삶에 관해 길게 논의하면서 어둠과 빛을 언급했다는 사실은 그와 그의 청자/독자들이 현재 매우 위험한 묵시적 세계에서 살고 있음을 상기시킨다. 이 세상에서는 빛과 어둠의

---

37   Fowl, *Ephesians*, 171.

실체 간의 전쟁이 가정 안팎에서 모두 매우 실제적이며, 실존적으로 경험된다. 바울은 6:10-22에서 자신과 우리의 사명과 관련하여 바로 이 측면을 다룬다.

평화와의 전쟁: 복음 선포자로서의 교회와 바울(6:10-22)

에베소서의 이 단락은 그동안 다양한 각도에서 해석되어왔다. 대다수의 학자들은 교회(또는 신자들)가 6:12에서 악한 세력으로 불리는 "권세들"과 치르는 전쟁(보다 일반적으로는 "영적 전쟁"이라고 불리는)에 초점을 맞춘다. 여기서 우리는 약간 다른 접근 방법을 따라 주로 평화의 복음과 더불어 교회가 구현하는 복음 선포에 초점을 맞출 것이다. (그러나 이러한 두 접근 방법은 상호배타적이기보다는 상호보완적이다.)

　　에베소서 6:10-22에서 바울은 그리스도 안에서의 삶을 묵시론적 전쟁으로 묘사한다. 이것은 마치 교회를 위한 "경종"—혹은 심지어 군대소집장—과도 같다. 이 단락은 편지 전체에서 묘사하고 있는 이 세상에서의 삶을 구현할 것을 교회에 촉구한다.[38] 교회는(단순히 개인 신자뿐 아니라) 하나님의 힘과 능력 공급—전신 갑주—을 필요로 하는 우주적 권세들과의 전쟁을 치른다. 이와 같은 은유는 종종 해석자들이 과연 바울이 여기서 공격적 전투를 묘사하고 있는지, 아니면 수비적 전투를 묘사하고 있는지를 놓고 논쟁하도록 만들었는데, 사실 이러한 논쟁은 가장 중요한 요점을 놓친 것이라고 할 수 있다. 바울이 전투복이라는 역설적인 은유를 사용하면서 강조하고자 한 것은 바로 평화

38　Lincoln, *Ephesians*, 432-33. 우리는 살전 5:8(사 59:17 인용); 롬 6:13; 13:12-14; 고전 16:13; 고후 6:7; 10:3-5; 빌 2:25; 몬 2에서 전쟁의 이미지를 찾아볼 수 있다. 참조. 딤전 1:18; 딤후 2:3-4.

의 복음을 가지고 적대적인 세계로 나아가기 위해 교회에 요구되는 거룩한 덕목과 실천이다. 신학적으로 바울은 이것을 하나님의 성품을 취함으로써―의와 진리와 같이 하나님이 "입으시는" 것을 입음으로써―신적 전쟁에 참여하는 것으로 묘사한다.[39] 그리고 더 나아가 역설적으로 하나님의 옷을 입고 이렇게 앞으로 전진하는 것은 교회가 확고하게 설 뿐만 아니라("마귀의 간계를 능히 대적하라", 6:11; "악한 날에 능히 대적하고…서기 위함이라", 6:13; "그런즉 서서", 6:14) 그렇게 할 수 있는 힘을 얻는 것을 필요로 한다.[40]

해석자들이 모두 인정하듯이 바울은 여기서 하나님을 이러한 종류의 전쟁과 연관시키는 이사야서 본문을 인용한다.[41] 그러나 아이러니하게도 이러한 신적 전쟁은 정의와 평화를 가져다준다. 바울의 공헌은 교회가 평화의 복음을 옷 입음으로써 이러한 역설적이고, 신적인 샬롬을 가져오는 데 참여한다는 것이다. 그는 부분적으로 다음과 같이 말한다.

> [11]마귀의 간계를 능히 대적하기 위하여 **하나님의 전신 갑주**를 입으라.…
> [13]그러므로 **하나님의 전신 갑주**를 취하라. 이는 악한 날에 너희가 능히 대

---

39 "[단순히 하나님이 전신 갑주를 제공해주신다는 것보다] 더 많은 의미가 들어 있고, 하나님이 신자들에게 주신 전신 갑주는 어떤 의미에서는 하나님 자신의 것이라는 인상을 피하기 힘들다"고 말하는 Lincoln, *Ephesians*, 442도 참조하라. Gombis는 비록 교회의 삶의 화평케 하는 측면을 강조하지는 않지만, 교회를 "**신적 전사의 체현**"으로 부른다 (*The Triumph of God in Christ: Divine Warfare in the Argument of Ephesians* [Ph.D. diss., University of St. Andrews, 2005], 3; http://research_repository.st_andrews.ac.uk/bitr\-stream/10023/2321/6/TimothyGombisPhDthesis .pdf).

40 Fowl은 "걷기"(그리고 우리는 평안의 복음을 신고 걷는 것을 덧붙일 수 있겠다)와 "굳건히 서기"의 심상은 "서로 양립하지 않는다"고 말한다(*Ephesians*, 200). 교회는 "이미 진행 중인 전쟁을 위해 준비되어 있고 전투를 위해 굳건히 서도록" 부르심을 받았다(Lincoln, *Ephesians*, 433).

41 보다 상세한 논의는 여러 주석(예. Lincoln, *Ephesians*, 436-37)을 보라.

적하고 모든 일을 행한 후에 서기 위함이라. ¹⁴그런즉 서서 **진리로 너희 허리띠**를 띠고, **의의 호심경**을 붙이고, ¹⁵평안의 복음이 준비한 것으로 **신을 신고**, ¹⁶모든 것 위에 **믿음의 방패**를 가지고, 이로써 능히 악한 자의 모든 불화살을 소멸하고, ¹⁷**구원의 투구**와 **성령의 검**, 곧 하나님의 말씀을 가지라(엡 6:11, 13-17).

바울이 인용한 주요 본문은 이사야 11, 59, 52장(그리스어 성경 혹은 70인역)으로부터 가져온 것이다. 첫째, 바울은 이사야 11장에서 4-5절의 일부를 가져온다.

¹이새의 줄기에서 한 싹이 나며, 그 뿌리에서 한 가지가 나서 결실할 것이요, ²그의 위에 여호와의 영, 곧 지혜와 총명의 영이요, 모략과 재능의 영이요, 지식과 여호와를 경외하는 영이 강림하시리니, ³그가 여호와를 경외함으로 즐거움을 삼을 것이며, 그의 눈에 보이는 대로 심판하지 아니하며, 그의 귀에 들리는 대로 판단하지 아니하며, ⁴공의로 가난한 자를 심판하며, 정직으로 세상의 겸손한 자를 판단할 것이며, 그의 입의 막대기로 세상을 치며[LXX *tō logō*], 그의 입술의 기운[LXX *en pneumati*]으로 악인을 죽일 것이며, ⁵공의로 그의 허리띠를 삼으며, 성실[*alētheia*, 진리/충성]로 그의 몸의 띠를 삼으리라. ⁶그때에 이리가 어린 양과 함께 살며, 표범이 어린 염소와 함께 누우며, 송아지와 어린 사자와 살진 짐승이 함께 있어 어린 아이에게 끌리며, ⁷암소와 곰이 함께 먹으며, 그것들의 새끼가 함께 엎드리며, 사자가 소처럼 풀을 먹을 것이며, ⁸젖 먹는 아이가 독사의 구멍에서 장난하며, 젖 뗀 어린 아이가 독사의 굴에 손을 넣을 것이라. ⁹내 거룩한 산 모든 곳에서 해 됨도 없고, 상함도 없을 것이니, 이는 물이

바다를 덮음 같이 여호와를 아는 지식이 세상에 충만할 것임이니라(사 11:1-9).

이 본문은 많은 후대 독자들에게 성령의 능력을 받은 "이새의 뿌리" 혹은 장차 올 다윗 혈통의 통치자 "메시아"의 인격과 사명에 대한 묘사다(사 11:1-2). 그는 하나님이 하시는 일을 하며, 이스라엘의 왕이 해야 했던 일, 곧 정의와 평화를 실현하는 일을 행한다. 그는 야웨의 영으로 말미암아 "세상이 불가능하다고 믿고 있는 것을 행할" 수 있는 능력을 부여받는다.[42] 그가 가난한 자들을 의로 심판하고 악인들을 그 입의 기운으로 진멸할 때, 그의 의와 신실하심은 샬롬의 시대를 열 것이다. 그때에는 "이리가 어린 양과 함께 뛰노는" 때이며(사 11:6) "내 거룩한 산 모든 곳에서 해 됨도 없고 상함도 없을 것이니, 이는 물이 바다를 덮음 같이 여호와를 아는 지식이 세상에 충만할" 때다(사 11:9). 따라서 바울이 교회에게 "진리[alētheia]로 너희 허리띠를 띠고 의의 호심경을 붙이"라고 촉구할 때 그는 그가 이미 언급했던 기본적인 두 가지 덕목을 강화하는 것 이상을 요구한다(1:13; 4:15, 21, 24, 25; 5:9). 그는 또한 진리와 의로 "옷 입는 것"을 메시아적 통치의 평화와 연관시킨다.

교회는 신자들이 미래에 있을 메시아의 온전한 통치의 맛보기로서 평화라는 메시아적 시대의 덕목을 구현하는 장소다. 이는 그리스도가 우리의 **평화이시기**(현재형) 때문이다. 일반적으로 서로 원수이자

---

42   Walter Brueggemann, *Isaiah 1-39*, Westminster Bible Companion (Louisville: Westminster John Knox, 1988), 99.

삶으로 담아내는 복음

가해자이며 폭력의 희생자들로 인식되는 동물들이 서로 평화롭고 조화 속에 사는 비전은 교회의 상징(icon)이다. 교회에게 있어 예수 안에서 메시아 시대가 이미 시작되었음을 아는 것은 "취약한 자들에게 안전하고 새로운 세상"[43]을 미리 맛보는 것이며, 현재의 폭력을 거부함으로써 미래를 예고하는 것이다. 따라서 교회의 "공격적인 전쟁"은 성령[pneumatos]의 검—하나님의 말씀[rhēma]—이라는 단 하나의 유일한 무기로 치러진다. 교회는 이사야서에 등장하는 하나님의 종의 역할을 수행하는데, 이는 악한 자들을 죽임으로써가 아니라(바울에 의하면 이런 종류의 역할은 오직 하나님께만 국한됨, 롬 12:9) 열방을 향해 증언함으로써 실현된다(사 49:1-6).[44]

이제 우리는 이사야 59장으로 넘어간다. 바울은 거기서 17절을 인용한다.

공의를 갑옷으로 삼으시며, 구원을 자기의 머리에 써서 투구로 삼으시며, 보복을 속옷으로 삼으시며, 열심을 입어 겉옷으로 삼으시고(사 59:17).[45]

---

43 Brueggemann, *Isaiah 1-39*, 103.

44 "(여호와께서) 내 입을 날카로운 칼 같이 만드시고"…"내(여호와)가 또 너(여호와의 종)를 이방의 빛으로 삼아 나의 구원을 베풀어서 땅 끝까지 이르게 하리라"(사 49:2, 6). 특별히 강조되어야 할 것은 바울은 그의 청중이 악한 자들을 죽이는 데 있어 하나님을 돕는 것을 장려하지 않는다는 것이다. 바울은 또한 롬 12:19에서 성서(신 32:35)를 인용하면서 이렇게 말한다. "내 사랑하는 자들아 너희가 친히 원수를 갚지 말고 하나님의 진노하심에 맡기라. 기록되었으되 원수 갚는 것이 내게 있으니 내가 갚으리라고 주께서 말씀하시니라." 그들의 환난 날이 가까우니 그들에게 닥칠 그 일이 속히 오리로다." 오히려 로마에 있는 교회는 에베소에 있는 교회처럼 이 세상에서 평화를 실천하는 공동체이어야 한다(앞장에서 논의된 롬 12:18).

45 이와 유사한 언어가 지혜서 5:18에 나오는데, 이 구절은 이사야서에 빚졌을 개연성이 있다.

이 구절은 예언자가 백성들의 죄에 대해 애통하는 문맥에서 등장한다. 거기서 예언자는 백성들의 "발은 행악하기에 빠르고, 무죄한 피를 흘리기에 신속[한]"(59:7) 그들의 "포악한 행동"(59:6)을 나열한다. "그들은 평강의 길을 알지 못하며, 그들이 행하는 곳에는 정의가 없으며, 굽은 길을 스스로 만드나니, 무릇 이 길을 밟는 자는 평강을 알지 못하느니라"(59:8).[46] 예언자는 정의와 의의 부재는 백성들이 빛보다는 어둠 가운데 행하고 있음을 의미한다고 말한다(59:9-10). 정의가 이루어지지 않아 실망하신(59:15) 하나님은 정의와 구원이 "우리에게서 먼" 이러한 비참한 상황 속으로(59:11) 의와 구원, 보복과 맹렬함을 가지고 들어오신다(59:17). 즉 하나님은 인간이 필요로 하지만 스스로 얻을 수 없는 샬롬을 가져다주신다. 따라서 재차 강조하지만 바울이 "믿음의 방패를 가지고"(6:14) "구원의 투구[를] 가지라"(6:17)고 말할 때 그는 신자들이 인류를 어둠에서 빛으로(사 59:9-10; 참조. 엡 5:8-14), 죄에서 구원과 샬롬으로 인도하는 신적 사명에 능동적으로 참여할 것을 격려하고 있는 것이다.[47] 즉 바울이 "하나님의" 전신 갑주를 입으라고 말할 때 그는 단지 하나님이 전신 갑주의 근원이 아니라 이제는 그 갑주를 하나님의 백성과 공유하시는 최초의 전신 갑주 착용자임을 밝히고 있는 것이다.

물론 이러한 신적 구원의 사명은 인류에게 의와 구원을 가져다주신 예수에게 집중된다. 바울이 다른 서신에서도 우리 자신을 그리스도

---

46 바울은 롬 3:15-17에서 사 59:7-9을 인용한다. 그는 여기서 복음의 필요성을 나타내면서 인간의 죄인 됨을 마지막으로 묘사한다.

47 재차 말하지만, 바울은 하나님의 진노를 실행에 옮기는 데 있어 교회의 참여를 장려하지 않는다.

로 옷 입으라고 말한 것을 감안하면(롬 13:14; 갈 3:27) 바울이 하나님의 평화의 전사가 바로 그리스도이심을—혹은 그가 (하나님의 정체성 안에) 포함되는 분임을—우리가 깨닫기를 원했을 가능성이 높다.[48] 즉 그리스도의 옷으로 자신을 두른 자들은 하나님의 전신 갑주를 입고 있는 것이고, 하나님의 전신 갑주를 입고 있는 자들은 그리스도의 옷으로 자신을 두르고 있는 것이다. 바울은 이와 매우 유사한 내용을 로마서 13장에서도 언급하는데, 거기서 그는 "빛의 갑옷"을 입는 것과 그리스도로 옷 입는 것을 동일시하는 것으로 보인다(롬 13:11-14). 또한 바울은 이미 에베소서에서 독자들에게 "그 너비와 길이와 높이와 깊이가 어떠함을 깨달아 하나님의 모든 충만하신 것으로 너희에게 충만하게 하[실 것]"(3:19)과 그리스도를 배운 것에 관해 말한 바 있는데, 이는 부분적으로 "하나님을 따라 의와 진리의 거룩함으로 지으심을 받은 새 사람을 입는" 것을 의미한다(4:24).[49] 그리스도를 배운다는 것은 하나님을 닮은 모습으로 다시 옷 입는 것을 의미한다.[50]

에베소서 6장에서 바울이 사용한 전신 갑주 착용 언어에 대한 이와 같은 이해는 그가 하나님과 하나님의 성품을 그리스도의 관점에서 해석한다는 중요한 의미를 강화한다(참조. 고전 1:18-31). 이러한 해석

---

48 Peter S. Williamson, *Ephesians*, Catholic Commentary on Sacred Scripture (Grand Rapids: Baker, 2009, 194도 롬 11:26은 바울이 사 59:20에 언급된 주를 예수와 동일시했다는 자신의 해석에 근거하여 이렇게 제안한다.

49 그리스어 본문은 단순히 "하나님을 따라"(*kata theon*)라고 되어 있지, "하나님 닮음을 따라"라고 되어 있지 않다.

50 골 3:12-15도 마찬가지로 하나님의 택함을 받은 거룩한 자들이 되는 것과 그리스도를 닮아가는 자가 되는 것 간의 밀접한 상응관계를 암시한다. 골로새 교인들은 사랑과 화해의 덕목과 실천으로 "옷 입으라"는 교훈을 받는다(3:12, 14). 그리고 골로새서에서 그리스도는 하나님의 충만함이다(1:19; 2:9).

은 바울과 우리에게 하나님을 닮는다는 것이 그리스도를 닮는 것이며, 또 상호교환적임을 의미한다. 그리고 이것은 또한 하나님을 닮는다는 것이 십자가에서 자신을 내어주며 화평을 이루신 그 사랑을 본받는 것임을 의미한다. 그렇다면 십자가는 이사야 59:17과 비폭력과 십자가를 본받음으로써 무장할 것을 촉구하는 에베소서 6장의 용법에 대한 우리의 이해를 재설정한다.[51]

마지막으로 우리가 이미 지적했듯이 바울이 이사야 52장을 사용한 방식을 살펴보고자 한다.

> 좋은 소식을 전하며, 평화를 공포하며, 복된 좋은 소식을 가져오며, 구원을 공포하며, 시온을 향하여 이르기를, "네 하나님이 통치하신다" 하는 자의 산을 넘는 발이 어찌 그리 아름다운가?(사 52:7)

이 본문에서 말하는 하나님의 백성들은 구원과 회복과 귀환, 그리고 그들의 왕이신 야웨가 시온(예루살렘)으로 다시 귀환하는 것을 기다리며 바벨론 유수 중에 있었다. 중복되는 네 가지 표현을 통해 예언자는 여기서 이러한 소망이 곧 실현될 것임을 선포하는 사자를 가리켜 평화를 선포하며, 좋은 소식을 가져오며[LXX *akoēn eirēnēs hōs euangelizomenous agatha*], 구원을 공포하며, 하나님이 왕으로 오심을 선포하는 자로 묘사한다. 비록 이 본문이 앞에서 논의한 이사야서 인용 본문으로서 에베소서 6장에서 명시적으로 인용되지는 않았지만, 그

---

51 이 주장에 대한 상세한 논의는 나의 *Inhabiting the Cruciform God: Kenosis, Justification, and Theosis in Paul's Narrative Soteriology* (Grand Rapids: Eerdmans, 2009)를 보라.

핵심 단어 가운데 "발", "평화," "좋은 소식"/복음[euangeliou]은 에베소서 6:15에 나타난다. 또한 바울은 로마서 10:15에서도 복음을 전파하는 자들과 관련하여 이사야서의 이 본문을 인용한다. 따라서 바울은 여기서도 (폭넓은 의미에서) 복음전도를 염두에 두고 있을 개연성이 높다. 군사 이미지가 이사야 52:7에 결여되어 있다는 사실은 우리가 이 단원에서 강조하고자 하는 바를 분명하게 드러낸다. 즉 에베소서에 나타나 있는 전쟁 이미지는 부차적인 것으로서 바울의 주된 관심사─이 세상에서 평화의 복음을 구현하는 교회의 소명─가 아니라는 것이다.

이미 우리가 살펴보았듯이 평화가 이 편지의 핵심 주제다. 우리는 이제 그리스도를 본받은 평화의 공동체, 하나님과 화해하고 서로 화해한 사람들의 공동체가 이 세상에서 해야 할 과제가 있음을 깨닫는다. 이 과제는 오래 전에 전령관에게 주어졌던 것과 동일한 것으로서 평화의 좋은 소식─단순히 아무런 평화가 아니라 하나님의 승리의 구원의 샬롬인 하나님의 평화─를 선포하는 것이다. 포로의 삶으로부터의 귀환(이사야 52장의 주제)을 선포할 당시처럼 이제 좋은 소식을 들은 자들은 이 좋은 소식을 전해야 한다. 바울은 상상력을 동원해 평화의 복음을 선포하기 위한 준비태세를 갖춘 교회의 모습을 "신"을 신는 것─다시 말하면 (평화로운) 전투화를 착용하는 것─에 비유한다. 즉 평화와 사랑과 의의 삶에 지속적으로 주의를 기울임으로써 교회의 내적인 삶은 이 세상에서 증인의 삶을 구현하는 모습을 드러낼 뿐 아니라 그 원동력이 되는 것이다. 그런 의미에서 "성령이 하나 되게 하신 것을 힘써 지키[는]"(4:3) 삶을 드러내는 교회의 증언은 매우 중요하다.[52] 바로 이렇게

---

52   여기서는 예수가 그의 제자들이 이 세상에 적절하고 신뢰할 만한 증인이 되도록 서로 하나

하나되게 하고 평화를 창조하는 성령이 교회로 하여금 하나님의 말씀을 통해 복음을 선포하도록 능력을 부어주시는 분이신 것이다(6:17).

이와 동시에 우리는 평화를 증언하는 교회의 참여적 성격을 발견한다. 2장에서 바울은 이사야 52:7의 평화 선포자를 그리스도로 해석했지만, 이제 그는 그 이미지를 교회에 적용한다. 이것은 무슨 의미일까? 근본적으로 이것은 이제 교회가 그리스도 안에서 시작된 하나님의 사역에 동참한다는 것이다. 교회는 이제 말과 행동으로 "우리의 평화이신" 그분을 신실하게 증언함으로써 평화의 좋은 소식을 지속적으로 선포하는 것이다. 이사야서를 **기독론적으로** 읽는 바울의 독법은 그리스도에 대한 초점을 잃지 않으면서도 **선교적** 독법으로 탈바꿈했다. 다시 말하면 교회는 하나님의 평화 사역에 참여할 특권과 책임을 갖고 있지만, 또한 동시에 이 과제를 그리스도를 본받고 그리스도에게 초점을 맞춘, 전적으로 기독론적인 방식으로 수행하도록 부르심을 받았다.

이제 에베소서 6장에 대한 우리의 결론을 내리고자 한다. 이 본문을 이사야 11:5; 59:17, 52:7 등과 같이 그 핵심 자료 혹은 간본문과 서로 대화를 하게 한다면 우리는 화평케 하는 것이 단순히 하나님께 순종하거나, 또는 심지어 하나님을 모방하는 것 이상이라는 결론을 내릴 수밖에 없다. 이것은 심오한 의미에서 이 모든 것을 기독론적으로 이해했을 때, 하나님으로 옷 입는 것이며, 하나님의 성품을 덧입는 것이다. 이것은 어린 아이가 자기 부모의 신을 신거나 옷을 입는 것과 같은 놀이를 하는 것이 아니다. 오히려 이것은 그리스도 안에서, 그리

가 될 것을 기도하시는 요17장(특히 20-23절)이 떠오른다. 영적 전쟁이란 의미가 요 17장에서도 나타난다(특히 14-16절).

삶으로 담아내는 복음

고 그를 통해 평화를 이루시는 바로 그 하나님의 생명에 **참여하는** 것이다. 우리가 평화의 복음을 구현할 때, 그리고 그 복음을 구현해나가는 동안—그리고 이로써 그 복음이 될 때—우리는 하나님의 형상으로 변화하게 된다. 이러한 복음의 구현은 능동적이며, 움직임을 수반한다. 왜냐하면 그것이 신발의 목적이기 때문이다. 복음은 이 세상으로 **가져가는** 것이 아니라 성육신적으로 이 세상으로 **걸어들어 가는** 것이라고 할 수 있다.

여기서 우리가 주목할 것은 이 구절에 나타난 선교적 정체성과 강점에는 삼위일체적인 성격이 다분히 들어 있다는 것이다. 즉 교회는 "주 (예수) 안에서 강하[고]"(6:10), "하나님(아버지)의 전신 갑주"를 입고(6:11, 13), "성령으로" 힘입고 무장하도록 부르심을 받았다(6:17-18). 갑옷을 입는 이미지와 더불어 사용된 두 장소적 어구("~안에"—예수와 성령을 가리킴) 또한 선교적 영성이라는 매우 적극적인 참여 형태를 나타낸다. 이것은 삼위일체 하나님의 선교적 삶에 참여하는 것이다.

바울은 이러한 선교적 소명은 기도를 요구한다고 말한다. 왜냐하면 기도는 신실하고 효과적이기 때문이다. 그는 독자들에게 그들 자신(6:18a)과 "모든 성도"(6:18b)와 자기 자신(6:19-20)을 위해 기도할 것을 촉구한다. 그는 구체적으로 (두 번) 복음의 대사로서 복음을 담대하게 선포할 수 있도록 기도한다(참조. 고후 5:20). 심지어 바로 그렇게 함으로써 투옥되었음에도 말이다. 물론 대다수의 외교관들은 결코 사슬에 매인 대사가 되는 것(일반적으로는 외교관의 면책 특권 때문에 그렇게 **될 수도 없다**[53])을 결코 원하지 않지만, 바울의 경우에는 이러한 처벌

---

53   Lincoln, *Ephesians*, 454.

은 중요한 의미에서 상급이자 기회였다. 이것은 복음의 메시지를 강력하게 구현하는 방식으로 복음을 선포하고, 독자들과 연결되어 그들로부터 영적 지원을 받고, 또 과거와 현재의 독자들이 자신들이 처한 어려운 상황 속에서도 신실한 복음의 대사가 될 수 있도록 격려하는 기회가 된다.

결론: 바울 서신에 나타난 평화와 평화의 현대적 실천

바울에게 있어 그리스도를 따라 화평케 함을 실천한다는 것은 화평케 하시는 분이신 그리스도 안에서 온전히 드러난 하나님의 생명과 선교에 참여하는 것이다. 평화를 실천하고 평화를 이루는 삶은 하나님 자신의 성품 또는 신적 본성에 참여하는 것이다. 바울은 마태복음에 기록된 예수의 말씀에 동의했을 것이다. "화평하게 하는 자는 복이 있나니, 그들이 하나님의 아들이라 일컬음을 받을 것임이요"(5:9). 즉 **화평케 하는 자들은 하나님의 유전자를 가지고 있으며, 그 유전자를 가지고 있다고 주장하는 자들은 화평케 하는 자가 될 것이다.**

"평화 교회"란 용어는 불필요한 말임에도, 안타깝게도 현실에서는 너무 자주 모순어법처럼 들린다. "평화 교회"는 신학적으로 불필요한 반복이다. 왜냐하면 교회에게 주어진 복음은 하나님의 평화 계획이기 때문이다. 이러한 현실에 담겨 있는 함의는 다음과 같이 강력하게 표현될 수 있다. 평화의 복음 외에 다른 복음은 없다. **평화―평화로움과 화평케 함이라는 의미에서―는 복음의 보충물이 아니라 복음에 없어서는 안 될 필수적인 요소다.** 사실 인간과 하나님, 그리고 사람과 사람 사이의 화해는 바울에게 있어 그리스도의 죽음이 만들어낸 현실이며, 구체적이고 일상적인 상황에서 복음이 실제적으로 드러나는 핵심적인 현실이다.

이러한 구체적인 형태의 화해는 그리스도 안에서 창의적으로 나타나는 하나님의 사역의 성격을 반영한다. 이것은 복음의 "즉흥곡"이라고도 할 수 있다. 예를 들어 티모시 곰비스(Timothy Gombis)는 바울과 교회는 "십자가를 본받는 것일 뿐 아니라 전복적인 복음의 구현"을 통한 하나님의 구원 드라마에 참여한다고 말한다.[54] 이것은 교회가 "반항적이며 문제를 일으키는 이들의 무리"라는 의미가 아니다.

> [오히려] 하나님은 교회를 부패하고 파괴적인 삶의 패턴을 전복시키는 공동체로 부르신다.…교회는 깨어지고, 부서지며 지친 이 세상을 위해 하나님의 은혜와 사랑을 구현하는 공동체적인 실천을 장려한다.…우리는 우상숭배적이며 파괴적인 삶의 패턴에 저항할 때…우리의 전쟁을 제대로 치른다.[55]

따라서 아이러니하게도 교회의 화해하는 삶은 때로는 문제를 일으키는 것으로 인식되기도 한다. 현상유지를 전복시키는 것은 심지어 의도적이지 않고, 사랑으로 행할 때에도 반대를 유발할 수 있다. 이는 평화의 왕이 그의 제자들에게 화평케 하는 자가 될 것을 권면했던 것과 같다. "내가 세상에 화평을 주러 온 줄로 생각하지 말라. 화평이 아

---

54   Gombis, *Drama of Ephesians*, 124-25, 133-53(인용문은 124).

55   Gombis, *Drama of Ephesians*, 182-83.

니요 검을 주러 왔노라"(마 10:34). 하나님의 평화의 사명은 사실 십자가로 이끌 수 있지만, 궁극적으로 십자가는 부활과 회복으로 이끈다. 이것이 바로 모든 기독교 선교의 궁극적인 소망이자 근거다(고전 15:58).

그렇다면 교회는 깨어진 세상에 대한 소망의 표시다(혹은 표시가 되어야 한다). 교회는 원수들 간에, 이 깨어진 시대와 장차 올 샬롬의 시대 간에, 그리고 우리 자신의 마음과 다른 이들의 마음속에 있는 증오와 폭력 간에 필요한 다리가 될 수 있다. 앤드루 링컨(Andrew Lincoln)이 말하듯이, "거룩함과 사랑의 삶을 통해" 일어나는 "보편적이며 우주적인 차원의 평화와 화해"를 가져다주는 하나님의 계획에서 교회가 해야 할 역할은 "여전히 무척 매력적이며 소망을 갖게 하는 강력한 자극제다."[56]

교회의 화해 사역은 교회 내에서 시작하여 가정과 공동체, 열방, 그리고 세계로 확대되는 동심원 안에서 일어난다. 다시 말하면 이것은 교회, 가정, 공동체, 국가, 국제 사회 등 다섯 가지 영역으로 나뉜다. 많은 그리스도인들과 교회들은 가정과 가까운 영역에서 이루어지고 있는 사역에 대해 이미 어느 정도 잘 알고 있을 것이므로 여기서는 잠시 국제적 영역에 대해 생각해보는 것이 좋겠다. 교회나 혹은 개인 신자는 어떻게 국제적 차원에서 기여할 수 있을까?

기독교 중재 팀(Christian Peacemaker Teams, CPT)이 이에 대한 답이 될 수 있다.[57] CPT의 사명과 모토는 "폭력과 억압을 변화시키는 협

---

56 Lincoln, *Ephesians*, xcvi.

57 http://www.cpt.org/를 보라.

력 관계를 구축하는 것"이다. 해당 웹사이트에 따르면, 이 단체의 비전은 "인류 가족의 다양성을 함께 포용하며 모든 피조물과 함께 정의롭고 평화롭게 사는 공동체들이 모인 세계"를 구축하는 것이다. 이 단체는 "믿음과 영성을 존중하고 반영하는 사역과 관계를 구축하고, 풀뿌리 계획을 강화하며, 지배와 억압의 구조를 변화시키고, 창조적인 비폭력과 자유케 하는 사랑을 구현하는 것을 추구한다."

CPT는 1984년 메노나이트 국제회의에서 신학자 론 사이더(Ron Sider)가 제기한 도전에 대한 응답으로 시작되었다. 그는 거기서 십자가를 본받는 제자도, 보다 더 구체적으로 말하자면 검의 대안으로서 십자가를 진지하게 받아들이는 제자도―어쩌면 순교의 지점에 이르기까지―를 따를 것을 촉구했다. 1986년에 비전이 형성되었고, 첫 사역을 위한 활동은 몇 해 이후 시작되었다.

이것은 현장에서 무엇을 의미하는 것일까? 이제는 전 기독교적인 사역으로 발전한 CPT은 세계의 분쟁 지역에서 비폭력과 화해를 실천함으로써 갈등 대신 비폭력을 추구하고 예수가 제공한 평화를 증언하도록 모든 그리스도인들에게 영감을 불어넣어 주기를 소망한다. 그들은 이러한 사역을 "폭력 감소 사역"이라고 부른다. CPT는 훈련된 사람으로 구성된 소수의 그룹을 갈등 지역에 배치해 그들이 관찰하고, 기록하며, 주둔하고, 개입할 수 있도록 돕는 데 초점을 둔다. CPT는 팔레스타인, 이라크, 콜롬비아, 특정 원주민/제1세계 지역에 장기적으로 주둔하는 직원들을 파견한다. CPT는 또한 콩고와 멕시코/미국 국경, 그리고 다른 여러 곳에도 일정 기간 직원들을 파견한 바 있다. CPT는 그 지역에서 장기 혹은 단기 직원과 처음으로 함께 일하게 될 참여자들을 파송하는 일도 후원한다. 중재 "군단"(corps)은 3년 간 봉사할 멤

버들과 일 년에 2-12주 동안 헌신할 "예비군"으로 구성된다. CPT는 개인과 교회의 후원을 요청하며, 사역의 기회뿐 아니라 훈련과 예배, 그리고 평화를 위한 교회의 공적 증거 자원을 제공한다.

어떤 상황에서는 기독교 중재자가 된다는 것이 불가능한 일처럼 보일 때가 있다. 특별히 CPT가 활동하고 있는 곳이 그렇다. 좀 더 가까운 지역 출신이지만 그렇다고 덜 도전적이지 않은 수준에서 사역을 감당한 목사 한 분을 나는 알고 있다. 그는 남아프리카에서 아파르헤이트(예전 남아프리카공화국의 인종차별 정책—역자 주) 시절 그의 흑인 동료들에게 정의와 평화를 가져다주기 위해 심각한 위험을 기꺼이 감수했다. 그러나 그의 교단은 복음의 메시지가 위험에 처하지 않게 하고자 교단 성직자들의 "정치적 활동"을 전면 금지했다. (이 교단은 나중에 아파르트헤이트의 억압에 대응하지 못한 자신들의 잘못에 대해 사과했다.) 비폭력과 화해에 헌신한 이 목사는 만약 자신이 종족 간의 중재에 참여하지 못한다면, 자신의 종족 안에서라도 참여할 것을 결심했다. 그는 그렇게 끔찍했던 세월 동안 흑인 대 흑인 간의 폭력이 성행했던 소웨토에 살았다. 따라서 그는 흑인 공동체 내의 평화적 중재에 자신을 헌신했다. 그의 사역은 그가 원했던 보다 폭넓은 화해의 사역이 아니었으며, 그는 자신의 사역이 아파르트헤이트를 종식시키지 못할 것을 잘 알고 있었다. 그럼에도 그의 사역은 아파르트헤이트 이후 시대에 그 공동체 안의 평화에 긍정적으로 기여했다.

또한 구약학자이자 내 친구인 붕기샤바쿠 카토(Bungishabaku Katho) 박사는 콩고민주공화국 부니아 소재 샬롬 대학교의 교장 혹은 총장이다. 이 기독교 대학의 이름은 아름답고 성서적일 뿐만 아니라 매우 적절하기도 하다. 이 대학의 교장, 직원, 학생, 그리고 졸업생들은 분쟁으로 찢겨진 그 나라에서 평화와 화해를 위해 끊임없이 노력했다. 처음에는 성경학교로 시작해서 신학교로 변신한 샬롬은 그 나라에서 일어난 8년간의 전쟁 끝에 대학교가 되었다. 전쟁 기간 중에 상대방 측이 신학교로 접근하자 모든 사람들이 2003년 봄에 캠퍼스에서 큰 전쟁이 일어날 것을 두려워했다. 그러나 신학교 관계자들은 자신들의 공간을 전쟁의 장소가 아니라 평화의 장소로 선포했다. 결국 양측은 신학교의 신성함을 인정하고 학교를 훼손시키지 않았다. 모든 학생과 직원이 캠퍼스를 떠나 대피하자 천 명 이상이 신학교에서 안식처를 찾을 수 있었다. 전쟁이 종료된 이후 첫 번째 평화 회담이 이 신학교에서 열렸다. 이로써 샬롬 대학교의 필요성과 그 이름은 전쟁을 치르는 가운데, 그리고 그 직후에 생겨나게 된 것이다.

전쟁 이후 학교가 인지한 근본적인 질문은 목사들과 다른 기독교 지도자들이 어떻게 변화의 동인이 될 수 있는가 하는 것이었다. 인종간의 화해에서 공동체 발전과 삼림 훼손, 그리고 다른 환경적 문제에 이르기까지 수많은 이슈에 직면하자 학교 당국자들은 학교의 모든 프로그램을 신학과 연결시키는 결정을 내렸다. 그들은 샬롬, 곧 *missio Dei*의 성서적 비전을 하나의 통합적이고 포괄적인 실재로 이해했으며, 지금도 그렇게 이해하고 있다.

내가 본장의 집필을 마무리할 즈음에 나는 화해의 동인으로서의 교회 이미지를 인터넷에서 우연히 발견했다. 그것은 어떤 광장에서 네 명의 정교회 신부가 우크라이나 반군들과 폭동 진압 무기로 무장한 우크라이나 경찰 병력 사이에 서 있는 사진이었다. 이 신부들은 원수마저도 하나되게 하는 그리스도의 평화의 상징으로서 자신들의 목숨을 내걸고 평화를 위해 기도하고 있었다. 이 신부들은 평화의 복음을 처음으로 이토록 강력하게 구현한 선구자들도 아니고, 또한 마지막 주자도 결코 아닐 것이다. (사실 나는 최근에 이와 비슷한 이집트 신부들의 사진들도 보았다.)

그리고 내가 이 책을 마무리할 즈음에 또 다른 사건이 일어났다. 전쟁으로 찢긴 시리아에서 활동 중이던 네덜란드 예수회의 한 신부는 그동안 자신의 양떼를 돌보며 평화, 특히 기독교인과 이슬람교인의 관계를 향상시키기 위해 전념해왔는데, 그는 엄청나게 쇠락한 교회를 떠나지 않기로 결심했다. 프란스 반 데르 루히트(Frans van der Lugt)는 자신의 사람들과 머무르며 그들의 운명에 동참할 것을 거듭해서 강조했다. 슬프게도 4월의 어느 날 아침에 그는 향년 76세의 나이에 뒤통수에 총을 맞고 살해되었다.

물론 모든 기독교 중재자들이 순교자로, 혹은 평화를 위한 국가적 혹은 국제적 사역을 위해 부름을 받는 것은 아니다. 다만 교회는 눈을 활짝 열고 상상력을 동원해 공동체와 가정과 교회 안에서 이러한 극적인 중재 사례를 보다 평범하게 본받을 수 있는 방식을 찾을 필요가 있다. 미국(과 다른 곳)에서 지속적으로 일어나는 사건들이 뼈아프게 보여주듯이 민족적·인종적 소수에 대한 불의가 지속적으로 자행되고 있어 전국적으로, 그리고 지역적으로 화해가 필요하다. 심판과 마찬가지로(벧전 4:17) 이러한 화해는 하나님의 집에서부터—원심적으로, 그리고 구심적으로—시작되며, 또는 시작되어야 한다. 만약 예를 들어, "오전 11시"(은유적으로 말해서)가 여전히 미국에서 가장 선별된 시간이라면 교회는 급진적이며 매우 유의미한 방식으로 복음을 구현하는 데 실패한 것이다. 그러나 희망의 사인은 있다. 에베소서에 담긴 바울의 비전처럼 기독교 공동체는 민족적으로, 그리고 인종적으로 다양하기 때문이다. 나의 매우 개인적인 경험에만 비추어보아도 서로 매우 다른 사람들이 모이는 교회에서 이런 복음을 구현하는 모습을 본다. 예를 들면 다민족적·국제적 분위기의 도심에 자리잡은 미국 성공회 주교좌교회라든지, 특별히 동양인과 유럽 후손들이 함께 모이는 젊은 "이머전트" 교회라든지, 백인, 흑인, 아프리카인, 아프리카계 미국인, 히스패닉 등이 함께 모이는 루터파 교회 등을 꼽을 수 있다. 이러한 다양성 안에 형성된 단일성은 하나님의 평화 선교에 참여하는 이들에게 선물이자 요구다.

마지막으로 한 가지 예를 더 들어보자. 몇 년 전 내가 아는 한 남자 그리스도인은 스쿨버스 안에서 일어나는 괴롭힘의 문제를 해결하기 위해 한 동안 매일 아침 자원해서 그 스쿨버스에 타기로 결심했다. 그 버스의 기사는 이 문제를 해결하지 못했지만, 친절하고 재미있는 성격(이것은 이 남자를 완벽하게 묘사하는 표현이다)의 소유자가 그 버스에 탑승하자 급격히 늘어나고 있던 괴롭힘의 문제에 제동을 걸었을 뿐 아니라 버스 타는 것이 훨씬 더 재미있어졌으며, 이 남자와 교회에 대한 사람들의 평판이 달라지게 되었다.

평화를 위한 가장 일상적인 행동—괴롭힘과 다른 갈등으로 얼룩진 미국의 교외 스쿨버스를 타는 그리스도인의 행동 등—조차도 예언자들이 약속하고, 예수가 시작했으며, 바울이 널리 알린 좋은 소식에 대한 좋은 증거가 될 수 있다. 교회와 신자 개개인에게 주는 도전은 에베소서, 로마서, 이사야서, 그리고 특히 예수에 대한 복음서의 증언을 통해 성령이 우리에게 하시는 말씀을 듣고 보는 것이다.

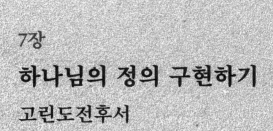

7장

하나님의 정의 구현하기

고린도전후서

지난 두 장에서 우리는 바울 서신에 나타난 평화의 복음을 다루었다. 그 논의의 앞부분에서 우리는 성서에서 평화(샬롬)와 정의 간에 불가분의 연계성이 있음을 발견했다. 정말로 정의는 샬롬의 필수적인 구성 요소다. 그럼에도 "바울과 정의"라는 표현이 "바울과 평화"보다 말하기가 결코 더 수월하지 않다. 사실은 어쩌면 더 어렵다. 따라서 본장에서 우리는 바울의 고린도 서신을 통해 바울과 교회, 그리고 하나님의 정의에 관해 살펴보고자 한다. 어쩌면 우리는 바울의 선교 신학과 실천에 있어 정의가 담당하는 중요한 역할과 더불어 이것이 하나님, 곧 정의의 하나님의 생명에 변혁적으로 참여하는 것에 대한 바울의 이해에서 얼마나 중요한 위치를 차지하는지를 보게 되면 매우 놀라게 될 것이다.

서론: 정의의 하나님, 정의의 백성

좋은 유대인에 대한 한 가지 정의는 하나님이 중요하게 여기시는 것을 그 사람도 중요하게 생각한다는 것이다. 이것은 그리스도인에 대한 묘사라고 해도 그리 틀린 말은 아니다. 위대한 유대인 작가 아브라함 요슈아 헤셸(Abraham Joshua Heschel)은 "예언자의 근본적인 경험은 하나님의 감정과의 교제"이며 "예언자가 된다는 것은 그의 관심사를 하나님의 관심사와 동일시하는 것을 의미한다"고 주장했다.[1] 유대인이나 그리스도인이 된다는 것은 어떤 의미에서 "예언자적"인 반응을 보이는 것—사회적으로 "진보적"이 되거나 혹은 감지되는 불의에 비판적인 목소리를 내는 것이 아니라 단순히 헤셸의 의미대로 하나님의 관심사에 열정적인 관심을 갖는 것—을 의미한다는 결론을 거부하기 어렵다.

이스라엘의 성서, 곧 기독교의 구약성서는 하나님이 가장 크게 관심을 갖는 것 가운데 하나가 바로 정의(*mishpat*: LXX *krima* 및 관련 단어)와 그 유의어인 의(*tsedheq*, *tsedhaqah*, LXX *dikaiosynē*)임을 증언한다.[2] 야웨의 말씀을 "들으라"는 성서의 명령에 관해 논하면서 월터 브루그만(Walter Brueggemann)은, 비록 들으라는 이 명령에는 많은 측면이 있지만, "우리는 이를 요약해서 **이스라엘의 의무는 정의를 행하는 것이**라고 말할 수 있다"고 올바르게 주장한다.[3] 미슈파트(*mishpat*)와 체다카(*tsedhaqah*)라는 두 용어는 종종 함께 등장하며,[4] "사회 정의"로 번역

---

1   Abraham J. Heschel, *The Prophet*, Perennial Classics (New York: HarperCollins, 2001 [1962], 『예언자들』[삼인 역간]), 31; and *Between God and Man: An Interpretation of Judaism* (New York: Free Press, 1997 [1959]), 126.

2   나는 일반적으로 히브리 성서, 70인역(LXX), 신약성서의 정의에 대한 히브리어와 그리스어 단어를 모두 음역했다. 다음에 나오는 여러 각주에서 언급한 저술 외에, 성서적 정의가 보복적이기보다는 주로 분배적이라고 보는 주장의 간략한 요약으로는 Walter Brueggemann, *Theology of the Old Testament: Testimony, Dispute, Advocacy* (Minneapolis: Fortress, 1997, 『구약신학』[CLC 역간]), 735-42을 보라. 또한 역사적 발전 접근법을 사용하는 Bruce V. Malchow, *Social Justice in the Hebrew Bible* (Collegeville, MN: Liturgical, 1996)과 보다 더 종합적이며 주제적으로 논의하는 Christopher J. H. Wright, *Old Testament Ethics for the People of God* (Downers Grove, IL: InterVarsity, 2004, 『현대를 위한 구약윤리』[IVP 역간]), 253-80도 보라. Wright는 하나님은 정의를 (1) 보여주시고 (2) 요구하시며 (3) 실행에 옮기신다고 말한다.

3   Brueggemann, *Theology of the Old Testament*, 421.

4   예컨대 시 33:5; 89:14(모두 하나님의 "인자하신 사랑"(*hesed*)과 관련됨); 또한 창 18:19; 시 72:1-2; 99:4; 잠 2:9; 8:20; 사 5:7; 32:16; 33:5; 렘 22:3.

　　　　　　　　　　삶으로 담아내는 복음

될 수 있는 관용어라고 할 수 있다.[5] 정의에 대한 예언자적 열정은 **의의 사회적 측면이다.**[6]

하지만 성서적으로 말하면 정의는 독립적인 윤리 원칙이 아니다. 이것은 포괄적이며, 언약적이고, 관계적인 위임이다.[7] 정의는 하나님과 관계를 맺는 것, 곧 하나님과 "동행하는" 것의 일환이다.

> [6]"내가 무엇을 가지고 여호와 앞에 나아가며, 높으신 하나님께 경배할까? 내가 번제물로 일 년 된 송아지를 가지고 그 앞에 나아갈까? [7]여호와께서 천천의 숫양이나 만만의 강물 같은 기름을 기뻐하실까? 내 허물을 위하여 내 맏아들을, 내 영혼의 죄로 말미암아 내 몸의 열매를 드릴까?" [8]사람아, 주께서 선한 것이 무엇임을 네게 보이셨나니, 여호와께서 네게 구하시는 것은 오직 공의(*mishpat*, LXX *krima*)를 행하며, 인자를 사랑하며, 겸손하게 네 하나님과 함께 행하는 것이 아니냐?(미 6:6-8)

따라서 성서적으로 말하면 정의는 영성의 한 차원이다. 또한 만약 영성이 궁극적으로 하나님과 깊은 교제를 가짐으로써 하나님의 성품을 취하는 것이라면 정의를 행하는 것은 가장 풍성한 영적 경험과

---

5   예컨대 Wright, *Old Testament Ethics*, 257. 어떤 이들에게는 "사회 정의"라는 용어가 계몽주의 프로젝트에서 발흥한 어떤 근본적인 측면을 지닌 인간이 고안해낸 프로젝트로 인식된다. 그러나 본장에서 예언자들과 (내가 주장하는) 바울의 사회 정의는 결정적으로 신학적이며 하나님 중심임을 분명히 할 필요가 있다. 사실 바울에게 있어 사회 정의는 또한 결정적으로 기독론적이며 그리스도 중심적이다.

6   Willard Swartley, "The Relation of Justice/Righteousness to *Shalom/Eirēnē*," *Ex Auditu* 22 (2006): 29-53 (33).

7   예컨대 Bruce C. Birch, "Reclaiming Prophetic Leadership," *Ex Auditu* 22 (2006): 10-25, 특히 11-13을 보라.

실천 중의 하나다. 왜 그러한가? 이는 성서의 하나님은 정의로우시고 정의를 행하시기 때문이다. 이러한 하나님의 정의는 하나님의 성품(여호와는 "정의를 사랑하시느니라"; 시 99:4)과 하나님의 헤세드(*hesed*) 혹은 변치 않는 언약적 사랑에 뿌리를 둔다. 따라서 이웃을 사랑하라는, 하나님의 백성을 향한 언약적 명령은 정의 실천의 모습으로 나타난다. 하나님을 닮는다는 것은 정의를 행하는 것을 의미한다.

이와 동시에 정의는 분명히 사명에 관한 것이며, 정의를 사랑하고 정의를 행하시는 하나님의 사역에 참여하는 것이다. 그러나 "영성"과 "사명"("정의"를 포함한)이 여전히 빈번하게 서로 분리되고, 심지어 때로는 서로 상충되는 것으로 보이는 현대 교회의 삶과 언어는 안타깝다. 이것은 기독교의 구약성서에서 발견되는 정의에 대한 강조점과는 거리가 멀다.

우리는 정의에 대한 이러한 관심이 다양한 방식으로 토라와 역사서, 그리고 예언서 전반에 걸쳐 나타나는 것을 발견한다. 이러한 관심은 앞에서 인용한 미가 6:8 및 다음과 같은 본문 등 예언서 전승에서 풍성하게 나타난다.

- 선행을 배우며, 정의[*mishpat*, LXX *krisin*]를 구하며, 학대받는 자를 도와주며, 고아를 위하여 신원하며, 과부를 위하여 변호하라 하셨느니라(사 1:17).
- 오직 정의[*mishpat*, LXX *krisin*]를 물 같이, 공의[*tsedhaqah*, LXX *dikaiosynē*]가 마르지 않는 강 같이 흐르게 할지어다(암 5:24).

반복하자면, 가난한 자들에 대한 특별한 관심을 포함하여 정의를 실천하라는 이러한 선교적 명령은 독단적인 명령이 아니라 하나님 자신의 정체성을 하나님의 백성에게 확대하는 것이다. 브루그만은 신명기 10장을 인용하면서 이것은 "야웨 자신의 실천과 성향에 근거하므로 정의의 실천에 있어 이스라엘은 진정 야웨를 닮아야 한다"고 말한다.[8]

> [17]너희의 하나님 여호와는 신 가운데 신이시며, 주 가운데 주시요, 크고 능하시며, 두려우신 하나님이시라. 사람을 외모로 보지 아니하시며, 뇌물을 받지 아니하시고, [18]고아와 과부를 위하여 정의를 행하시며, 나그네를 사랑하여 그에게 떡과 옷을 주시나니, [19]너희는 나그네를 사랑하라. 전에 너희도 애굽 땅에서 나그네 되었음이니라(신 10:17-19).

우리가 이러한 예언자들의 관심사에 정의에 대한 낯설고 21세기적인 정의(definition)를 도입하지 않으려면 우리는 "정의"와 "의"라는 예언자들의 단어를 관계적인 용어로 이해할 필요가 있다.[9] 예를 들면 이 단어들은 보복과는 관련이 없고, 인간 공동체와 온전함을 비롯해 잘못 설정된 관계를 바로 잡고, 억압받는 자들을 해방시키고, 가난하고 궁핍한 자들에게 관심을 기울이는 것과 관련이 있다. 다시 말하

---

8 Brueggemann, *Theology of the Old Testament*, p. 422. Brueggemann은 잠 14:31("가난한 사람을 학대하는 자는 그를 지으신 이를 멸시하는 자요, 궁핍한 사람을 불쌍히 여기는 자는 주를 공경하는 자니라")을 포함하여 다른 추가적인 본문도 인용한다.

9 두 가지 히브리어 용어 중에서 보다 더 법적인 의미를 담고 있는 미슈파트(*mishpat*)의 관계적 특성에 관해서는 Harold V. Bennett, "Justice, OT," in *The New Interpreter's Dictionary of the Bible* 3:476-77 (Nashville: Abingdon, 2008)을 보라.

면 정의는 샬롬이라는 성경의 비전과 밀접하게 연관되어 있다.[10] 하나님의 성품에 근거를 두고 있는 정의는 성서적 종교에 대한 **각주**가 아니라 성서적 믿음의 **중심**을 차지한다.

그러나 예언자들은 하나님의 백성들이 종종 정의를 행하지 않았음을 잘 알고 있었다.

"신실하던 성읍이 어찌하여 창기가 되었는고? 정의가 거기에 충만하였고, 공의가 그 가운데에 거하였더니 이제는 살인자들뿐이로다!"···고아를 위하여 신원하지 아니하며, 과부의 송사를 수리하지 아니하는도다(사 1:21; 23c).[11]

그러나 이사야가 미리 내다보았듯이 그들은 평화와 정의가 나타날 새 날에 대한 비전을 가지고 있었다.

[2]말일에 여호와의 전의 산이 모든 산꼭대기에 굳게 설 것이요, 모든 작은 산 위에 뛰어나리니, 만방이 그리로 모여들 것이라. [3]많은 백성이 가며 이르기를 "오라, 우리가 여호와의 산에 오르며, 야곱의 하나님의 전에 이르자. 그가 그의 길을 우리에게 가르치실 것이라. 우리가 그 길로 행하리라" 하리니 이는 율법이 시온에서부터 나올 것이요, 여호와의 말씀이 예루살렘에서부터 나올 것임이니라. [4]그가 열방 사이에 판단하시며, 많은 백성을

---

10 예컨대 Swartley, "Relation"을 보라. 그리고 예컨대 사 60:17b도 참조하라. 우리는 평화를 다룬 장들에서 이러한 관계에 주목한다.

11 이사야를 비롯해 다른 예언자들도 바울과 같이(롬 1:18-32) 여호와를 버리고 우상숭배를 행하는 것을 이와 같은 불의를 행하는 것(예. 사 2:2-4)과 연관시킨다.

삶으로 담아내는 복음

판결하시리니, 무리가 그들의 칼을 쳐서 보습을 만들고, 그들의 창을 쳐서 낫을 만들 것이며, 이 나라와 저 나라가 다시는 칼을 들고 서로 치지 아니하며, 다시는 전쟁을 연습하지 아니하리라(사 2:2-4; 참조. 미 4:1-4).

적어도 예언자들 가운데 일부는 하나님의 백성들이 하나님 자신에 의해 새겨진 새로운 마음을 갖게 될 것과 하나님의 뜻이 이 세상에서 구현되도록 능력을 받을 것을 예언했다. "또 내 영을 너희 속에 두어 너희로 내 율례를 행하게 하리니, 너희가 내 규례를 지켜 행할지라"(겔 36:27). 이 주요한 규례 중 하나는 특별히 가난한 자들에게 정의를 행하라는 것이었다. 샬롬의 필수적인 요소인 정의는 새 언약, 곧 평화의 언약의 핵심적인 부분이다.[12]

예수의 나사렛 "취임 설교"(눅 4:14-30)가 보여주듯이 새 언약을 가져다주신 분인 예수가 이러한 성서적 비전을 공유했다는 사실은 오늘날 이미 널리 알려진 바다.

[16]예수께서 그 자라나신 곳 나사렛에 이르사 안식일에 늘 하시던 대로 회당에 들어가사 성경을 읽으려고 서시매, [17]선지자 이사야의 글을 드리거늘 책을 펴서 이렇게 기록된 데를 찾으시니, 곧 [18]"주의 성령이 내게 임하셨으니 이는 가난한 자에게 복음을 전하게 하시려고 내게 기름을 부으시고 나를 보내사, 포로 된 자에게 자유를, 눈 먼 자에게 다시 보게 함을 전파하며, 눌린 자를 자유롭게 하고, [19]주의 은혜의 해를 전파하게 하려 하

---

12 새 언약에 관해서는 나의 *The Death of the Messiah and the Birth of the New Covenant: A (Not So) New Model of the Atonement* (Eugene, OR: Cascade, 2014)를 보라. 6장과 7장은 샬롬, 평화의 언약으로서의 새 언약에 초점을 맞춘다.

심이라" 하였더라. [20]책을 덮어 그 맡은 자에게 주시고 앉으시니, 회당에 있는 자들이 다 주목하여 보더라. [21]이에 예수께서 그들에게 말씀하시되 "이 글이 오늘 너희 귀에 응하였느니라" 하시니(눅 4:16-21).

이 말씀은 예수의 사역의 본질이자 참된 모습이 되었다. 더 정확하게 말하자면 하나님의 영으로 충만한 예수는 성서적 정의, 특히 연약한 자들과 소외당한 자들에 대한 그의 관심을 **구현**했으며 복음서 저자들, 특히 누가는 이에 대해 확실히 증언했다. 정의는 그의 정체성과 사명에 있어 필수적이었다. 우리는 심지어 예수는 단순히 이사야를 통해 약속되었던 가난한 자들을 위한 좋은 소식을 **전파했을** 뿐 아니라 바로 그 복음을 **구현했다**고 말할 수 있다. 또한 이스라엘의 성서가 증언하는 하나님과 같이 예수는 선한 사마리아인의 비유(눅 10:25-27)나 양과 염소의 비유(마 25:31-46)와 같은 본문이 분명하게 밝히듯이 그와 함께하던 자들도 그렇게 살기를 기대하셨다.

물론 더 나아가 신약(새 언약)의 야고보서도 다음과 같은 본문에 잘 요약되어 있듯이 정의의 중요성을 인식한다. "하나님 아버지 앞에서 정결하고 더러움이 없는 경건은, 곧 고아와 과부를 그 환난 중에 돌보고, 또 자기를 지켜 세속에 물들지 아니하는 그것이니라"(1:27). 예언자들을 통해 약속되었고, 예수에 의해 도래한 새 언약에 속한 자들을 향한 정의의 지속적인 중요성을 이해하지 못하고서 복음서나 야고보서를 제대로 읽는다는 것은 어불성설이다.

그렇다면 바울은 어떠한가?

바울은 비정상인가, 아니면 정의의 대변자인가?

과연 바울은 예언자적인 정의라는 의미에서 디카이오쉬네(*dikaiosynē*)에 관심을 가졌을까? 아니면 그는 단지 칭의라는 의미에서 *dikaiosynē*에 관심을 가진 것일까? 전통적이며 개인적인 방식으로 이해하든지―"죄인이 어떻게 하나님과 올바른 관계를 맺을 수 있을까?"―혹은 "바울에 대한 새 관점" 중에 일부 버전으로 이해하든지―"누가 하나님의 백성의 일원이며 어떤 기준으로 그렇게 말할 수 있는가?"[13]―간에 말이다. 보다 더 직설적으로 말하자면, 과연 바울은 하나님을 대변하는 예언자로 부르심을 받았다고 주장하면서도(갈 1:15-16) 정의에 관해서는 무관심한 형편없는 유대인이자 실패한 예언자였나? 바울은 예언자들이나 예수와 불협화음을 냈는가? 이 질문을 신학적으로 바꿔서, 그리고 보다 더 직설적으로 던진다면 과연 바울은 하나님과도 불협화음을 낸 것인가?

나는 이러한 질문을 던지는 사람이 나만이 아니라는 사실을 몇 년 전 성서에 나타난 사회 정의에 관한 책의 한 장을 집필하던 중진 신약학자가 나에게 이 주제와 관련하여 바울에 관한 자료가 있는지 도움을 요청했을 때 비로소 알게 되었다. 왜냐하면 그 역시 이와 관련된 자료를 거의 찾지 못했기 때문이다. 보다 더 최근에 남미 출신이지만 미국에서 교육을 받은 한 대학원생은 바울에 관한 최근 연구를 통해 그가 받은

---

13 바울에 대한 "새 관점" 주장자들(James Dunn과 N. T. Wright)은 바울의 신학에서 칭의는 이방인들을 이방인으로서 그리스도 안에 있는 하나님의 백성 안에 포함시키는 것이지, 한 개인이 어떻게 하나님과 올바른 관계를 맺는지에 관한 것이 아니라고 (또는 단지 그런 것이 아니거나 주로 그런 것이 아니라고) 주장한다.

인상을 나에게 표현한 적이 있는데, 그는 자기가 받은 인상은 바울이 정의에는 관심이 없고 오직 칭의(즉 개인의 칭의)에만 관심이 있었다는 것이다.

바울은 과연 성서적 정의에 관심이 있었는가? 그리고 어쩌면 더 중요한 질문일 수도 있는데, 바울 서신을 성령의 영감으로 기록되었고 또 영감을 주는 텍스트로 읽는 이들은 과연 정의를 실천해야 할 **우리의** 선교적 책임에 관해 어떠한 결론을 내려야 할까? 바울은 과연 성서적 게임의 규칙을 바꾸고 있는가? 과연 그는 정의와는 동떨어진 다른 것에 초점을 다시 맞추고 있는 것인가?

바울 자신이 자주 그리스어로 말했던 것처럼, 메 게노이토(*Mē genoito*)!, "[결코] 그럴 수 없[다]!"[14] 바울은 종종 오독되어왔다. 그리고 이러한 오독은 그가 예언자들과 예수, 야고보, 그리고 그들이 증언하는 하나님이 관심을 가지신 것에 관해 조금이라도 관심을 보였는지 의구심이 들 정도로 오늘날 우리가 직면하고 있는 혼란스러운 상황을 야기했다. 하지만 우리는 오히려 1세기 말에 바울은 "온 세상을 향해 정의[*dikaiosynē*]—이 단어의 포괄적인 의미로—를 가르쳤다"(클레멘스1서 5:7)는 로마의 클레멘스의 주장에 동의할 수밖에 없다.

문제와 한 가지 제안

20여 년 전 제임스 던(James D. G. Dunn)은 "하나님의 정의: 이신칭의

---

14 이것은 바울의 대답으로서, 특히 로마서에서 그의 복음이나 또는 그의 신학적 사고로부터 잘못 유추된 터무니없는 결론에 대해 문자적으로 "결코 그럴 수 없다"라는 뜻이다. 롬 3:4, 6, 31; 6:2, 15; 7:7, 13; 9:14; 11:1, 11; 고전 6:15; 갈 2:17; 3:21을 보라. 또 다른 가능한 번역이나 의역으로는 "안 돼!"(No way!)와 "너 제 정신이니?"(Are you out of mind?)를 꼽을 수 있다.

에 대한 새 관점"이란 제목의 설득력 있는 소논문을 발표했다.[15] 던은 유대인 및 이방인과 관련하여 칭의에 대한 자신의 "새 관점"을 요약했을 뿐 아니라 바울의 칭의 신학에 있어 정의의 중요성―성서적·구원론적·회복적·관계적 정의―을 주장했다. 던은 유대교적 사고에서 이러한 "의의 수평적 측면"은 "수직적 관계"와 결코 분리될 수 없다고 주장했다. 즉 하나님과의 올바른 관계는 다른 사람들, 특히 사회적 약자들(disadvantaged)과의 올바른 관계 없이는 존재할 수 없다는 것이다.[16] 그는 심지어 바울이 정의를 중요하게 여겼다는 것을 인정하는 가장 좋은 출발점은 통상적으로 "하나님의 의"로 번역되는 바울의 중요한 어구인 헤 디카이오쉬네 테우(hē dikaiosynē theou)를 "하나님의 정의"로 옮기는 것이라고까지 제안했다. 던은 이러한 번역은 몇 가지 문제점에도 불구하고 "히브리어와 그리스어에서 서로 통합된 개념―의롭게 하다, 의로운, 의, 정의―을 영어로 번역하는 과정에서 서로 다른 단어를 사용할 수밖에 없는 치명적인 문제를 적어도 [피할 수 있게 해준다]"고 주장했다.[17]

15　James D. G. Dunn, "The Justice of God: A Renewed Perspective on Justification by Faith," *Journal of Theological Studies* n.s. 43 (1992): 1-21. 아마도 이 소논문은 성서학만을 전문적으로 다루는 저널에 실렸다면 더 많은 영향력을 행사했을 것이다. 이 주장은 James D. G. Dunn and Alan M. Suggate, *The Justice of God: A Fresh Look at the Old Doctrine of Justification by Faith* (Carlisle, UK: Paternoster, 1993; Grand Rapids: Eerdmans, 1994)에서 훨씬 더 잘 알려졌으며 20세기의 관심사와의 대화를 이끌어냈다. 신기하게도, Dunn의 *The Theology of the Apostle Paul* (Grand Rapids: Eerdmans, 1998)은 관계성에 대한 그의 초기의 관심을 반향하지만, 정의에 관한 주제 자체를 전개하지는 않는다. 이 저널에 담긴 Dunn의 관심사는 이미 Markus Barth, "Jews and Gentiles: The Social Character of Justification in Paul," *Ecumenical Studies* 5 (1968): 241-67에서 예고되었다. "바울의 저술은 칭의가 인간 공동체와 그 공동체의 각 구성원에게 좋은 모든 것을 수반한다는 사실을 지적했다.…칭의는 사회적 사건이다(241).

16　Dunn, "The Justice of God," 18-19.

17　Dunn, "The Justice of God," 21.

던이 지적하는 "용어"의 문제는 복잡하지만 중요하다. 첫째, 영어에는 서로 관련이 없어 보이는 서로 다른 두 어군이 있다. 영어에는 "just-" 어군(just, justice[정의로운, 정의] 등)과 "right-" 어군(righteous, righteousness[의로운, 의] 등)이 있는 반면, 히브리어와 그리스어는 각각 이러한 개념들을 표현할 수 있는 어군을 하나씩 가지고 있다. 영어에서는 이런 다양한 개념이 서로 관련이 없어 보이지만, 히브리어와 그리스어 단어들은 상호관련성을 암시한다. 둘째, 더 나아가 영어에서는 많은 신학적 담론이 "just-" 어군 내에서도 한편으로는 "justice[정의]"와 "just[정의로운]"와 같은 단어 및 개념과, 또 다른 한편으로는 "justification[칭의]"과 "justified[의롭게 되다]"와 같은 단어 및 개념 사이에 어떤 차이가 있어 보이게 만드는 경향을 보인다.[18] 이러한 담론은 "just-" 어군 내에 존재하는 밀접한 언어학적·신학적 관련성을 모호하게 만든다.

던의 새로운 번역 제안은 이러한 언어학적·신학적 문제점을 극복하려는 노력이다. 그러나 안타깝게도 칭의와 정의의 관련성에 대한 던의 강조와 "하나님의 정의"라는 어구는 바울 연구에서 여전히 칭의라는 식단에 주식(主食)으로 오르지 못하고 있다. 물론 던이 주창한 새 관점의 이 측면에 힘을 실어주는 소수의 목소리가 있어온 것은 사실이다. 예를 들면 N. T. 라이트는 "칭의는 궁극적으로 정의에 관한 것이며,

---

18 N. T. Wright, *Paul and the Faithfulness of God,* vol. 4 of Christian Origins and the Question of God (Minneapolis: Fortress, 2013), 801은 *dikaiosynē*에 대한 번역에 관해 다음과 같이 아쉬움을 표명한다. "현대 영어에는(또는 내 생각에는 독일어나 프랑스어에도) 폭넓게 윤리적 의미와 '관계적' 의미를 모두 아우르고, 거기에 법정적인 뉘앙스가 추가되고, 거기에 하나님과 이스라엘의 언약이라는 차원이 부가되고, 거기에 장차 마침내 창조주가 모든 것을 바로잡게 될 최후의 심판을 미리 내다보는 세계관을 배경으로 하는 단어는 물론 어구조차 전혀 없다."

이 세상을 바로잡는 하나님에 관한 것이다"라고 주장했다.[19] 라이트는 "사실 우리는 바울이 갖고 있는 '칭의'에 관한 일련의 생각이 '정의'라는 폭넓은 개념—즉 창조주의 뜻인 지혜로운 섭리를 삶으로 구현하는 공동체의 개념—으로 나아가는 방향으로 따라가야 한다고 단언한다.[20] 그러나 던과 라이트를 비롯한 다른 학자들의 이러한 관심사는 새 관점과 칭의 이슈의 다른 측면들에 관한 학자들 간의 논쟁에서는 지나치게 간과되어온 것이 사실이다. 예를 들어 칭의에 관한 네 권의 근간 저서에 대한 2005년 서평을 보면 더글라스 해링크(Douglas Harink)는 신학적으로 흥미로운 몇 가지 통찰력을 발견했지만, 궁극적으로는 모든 저서가 칭의의 사회적·정치적 결과에는 별 관심이 없고, 상당히 편협하고 개인주의적인 칭의 개념에만 국한되어 있음을 안타까워했다.[21]

더 나아가 던의 중요한 공헌에도 불구하고 그는 오직 로마서 12:9-21과 14:1-15:9의 예만을 간략하게 언급하고, "바울의 가르침에는 상대적으로 이런 보다 온전한 사회적 측면이 나타나 있지 않다"

---

19 N. T. Wright, "New Perspectives on Paul," in *Justification in Perspective: Historical Developments and Contemporary Challenges*, ed. Bruce L. McCormack (Grand Rapids: Baker Academic, 2006), 243-64 (여기서는 264). 또한 예컨대 Barth, "Jews and Gentiles"; Elsa Tamez, *The Amnesty of Grace: Justification by Faith from a Latin American Perspective*, trans. Sharon H. Ringe (Nashville: Abingdon, 1993); John Reumann, "Justification and Justice in the New Testament," *Horizons in Biblical Theology* 21 (1999): 26-45; Miroslav Volf, "The Social Meaning of Reconciliation," *Interpretation* 54 (2002): 158-72; A. Katherine Grieb, "'So That in Him We Might Become the Righteousness of God' (2 Cor. 5:21): Some Theological Reflections on the Church Becoming Justice," *Ex Auditu* 22 (2006): 58-80; Willard M. Swartley, *Covenant of Peace: The Missing Peace in New Testament Theology and Ethics* (Grand Rapids: Eerdmans, 2006), 189-221; and Gorman, *Inhabiting the Cruciform God: Kenosis, Justification, and Theosis in Paul's Narrative Soteriology* (Grand Rapids: Eerdmans, 2009), 40-104, esp. 84-99를 보라.

20 Wright, *Paul and the Faithfulness of God*, 1097.

21 Douglas Harink, "Setting It Right: Doing Justice to Justification," *Christian Century* (June 14, 2005): 20-25.

고 말함으로써 자신의 논지를 의도치 않게 약화시킨다.[22] 우리가 곧 살펴보겠지만, 바울의 정의에 대한 관심은 던이 주장했던 것보다 더욱더 광범위하고 그의 신학의 핵심을 이룬다.

본장 나머지 부분에서 나는 바울 서신에서의 칭의와 정의 간의 일곱 가지 연관성을 간략하게 제시할 것이다(그중 여섯 번째 연관성은 고린도전후서에서 가져온 것이다). 첫째, 나는 전체를 아우르는 작업가설을 제시하고자 한다. 그리스어 성서(70인역에 신약성서를 더한 것)에서 *dikaiosynē kai eirēnē*, "의/정의와 평화"라는 어구는 단 두 번─시편 85:10(히브리어 *tsedheq weshalom*에 대한 70인역의 번역)과 로마서 14:17에서─등장한다.[23]

NRSV는 시편 85:10을 "인애와 신실함이 서로 만날 것이며, 의와 평화가 서로 입 맞출 것이다"로 번역한다. 비록 NAB(New American Bible)와 NJB(New Jerusalem Bible)가 "의"를 각각 "정의"(justice)와 "구원하는 정의"(saving justice)로 번역하지만, 대다수의 역본은 NRSV의 번역을 따른다. NRSV는 로마서 14:17을 "하나님의 나라는 음식과 음료가 아니라 성령 안에 있는 의와 평화와 기쁨이다"로 번역한다. 여기서도 대다수의 역본은 서로 매우 유사하지만, NJB는 "의"를 "구원하는 정의"로 번역하는데,[24] 이는 내가 제안한 시편 85편과의 연관성을 암시한다. 나는 바울이 그리스도 안에서, 성령 안에 있는 생명 안에서 정의와 평화라는 하나님의 속성과 은사가 기뻐하는 사람들 안에서 구현되어 이 땅에

---

22   Dunn, "The Justice of God," 20.

23   이 용어들은 예를 들어 시 34:14-15; 사 32:17; 약 3:18.2에서, 비록 이 정확한 짧은 어구는 아니지만, 서로 연결되어 있다.

24   NAB, NIV, CEB, NET는 모두 "정의"(Justice) 대신 "의"(righteousness)로 번역한다.

나타나게 될 것이라는 시편 저자의 비전이 성취되는 것을 본다고 제안한다.[25] 우리가 곧 탐구하게 될 이러한 연관성은 이 주장을 지지해준다.

칭의와 정의의 연관성에 대한 재고는 칭의를 단순히 죄인에 대한 무죄 판결(개신교의 전통적 이해, "옛" 관점)이나, 심지어 하나님의 백성 가운데 포함되었다는 선언(새 관점의 강조점)으로 보는 것을 자연스럽게 뛰어넘는다. 내가 다른 곳에서 세밀하게 논증했듯이, 칭의에 대한 바울의 이해를 가장 충실하게 잘 보여주는 견해는 참여적이며 변혁적이다.[26] 지면관계상 이러한 칭의 해석에 대한 상세한 설명은 불가능하다. 여기서는 본장의 주장의 기초가 될 부분만을 간략하게 요약한다. (본장은 또한 이 기초를 강화한다.) 우리는 칭의에 대한 참여적이며 변혁적인 설명 역시 본질적으로 선교적임을 확인하게 될 것이다. 더 나아가 칭의의 이러한 참여적·변혁적·선교적 견해는 또한 본질적으로 반문화적, 혹은 타-문화적(alter-cultural)이 될 것이다. 성서적·기독론적으로 형성된 바울의 정의는 로마의 정의(그리고 미국의 정의 등에도)와 극명하게 대립하는데, 우리는 이에 관해서도 간략하게 논평할 것이다. 그러나 본장의 주안점은 정의에 관한 성서적 전통과 바울의 연속성이 될 것이다.

---

25 사 32:16-17에 잘 요약되어 있는 예언자적 비전도 참조하라.

26 특히 나의 *Inhabiting the Cruciform God*, 40-104를 보라. Douglas A. Campbell, *The Deliverance of God: An Apocalyptic Rereading of Justification in Paul* (Grand Rapids: Eerdmans), 2009의 주장은 이와 동일한 연결을 암시하지만, 이를 명시하지는 않는다. 아마도 이는 Campbell이 "보복적 정의"에 반대하고, 이를 "회복을 이루는 정의"라기보다는 "자애"로 보기 때문일 것이다. 비록 Campbell이 신학적으로나 개인적으로 회복을 이루는 정의를 선호하지만 말이다. 거의 반세기도 전에 Markus Barth는 그리스도에게의 참여와 정의 간의 연관성을 포착했다("Jews and Gentiles," 243); 또한 Yung Suk Kim, *Christ's Body in Corinth: The Politics of a Metaphor* (Minneapolis: Fortress, 2008)를 보라.

그렇다면 이제 우리는 바울 서신에 나타난 칭의와 정의 간의 일곱 가지 연관성으로 넘어가고자 한다. 먼저 첫 번째 다섯 가지 연관성을 검토한 후 우리는 이러한 연관성이 바울의 매우 실천적인 두 편의 편지에서 어떻게 구체적으로 펼쳐지는지를 살펴보기 위해 고린도전후서를 면밀하게 살펴볼 것이다. 내가 이 편지들을 선택한 이유는 부분적으로 사람들이 이 두 편지를 일반적으로 칭의에 대한 바울의 가르침(즉 로마서와 갈라디아서)과 연관 짓지 않기 때문이며, 이는 또한 예상치 못한 곳에서 예상치 못한 관점을 발견하게 되는 것도 상당히 유익할 것이기 때문이다.

바울 서신에 나타난 칭의와 공의 간의 일곱 가지 연관성

언어학적 연관성

바울 서신에 나타난 칭의와 정의의 가장 근본적이고 명백한 연관성은 언어학적 연관성—"*dikaio-*" 어군(*dikaioō, dikaiosynē, dikaios* 등)—이다. 앞에서 이미 살펴보았듯이 영어에서 이 어군은 "right-" 어군(right[올바른], righteous[의로운], righteousness[의], rightwise[올바르게 하다]) 및 "just-" 어군(just[정의로운], justification[칭의], justice[정의], justify[의롭게 하다] 등)과 같이 두 어군으로 변역된다. 영역본들은 그리스어의 언어학적 연관성을 감추거나 드러낼 수 있지만, 불행하게도 이들은 그 연관성을 감춘다.

예를 들어 NRSV에서는 바울 서신에 등장하는 "*dikaio-*" 어군이 "*justice*"[정의], "*injustice*"[불의], "*just*"[정의로운], "*unjust*"[불의한]

등으로 단지 여섯 번만 번역되는데, 모두 로마서에서 나온다(롬 3:5[세 번]; 7:12; 8:4; 9:14). 대다수의 역본과 마찬가지로 NRSV는 심지어 "*dikaio-*" 어군의 다양한 단어가 함께 등장하고 동사가 "justify"[의롭게 하다]로 번역되는 경우에도 형용사와 명사를 "righteous"[의로운]와 "righteousness"[의]로 옮기는 것을 선호한다.[27] 로마 가톨릭 역본인 NAB는 이보다는 조금 더 낫다. 따라서 영역본을 읽는 대다수의 독자/청자들은 칭의(justification)와 정의(justice)가 바울의 신학과 서로 연관되어 있을 수 있다는 것을 거의, 또는 전혀 알 수 없다. 기독교 신학 담론에서는 "의"와 "정의"가 때로는 서로 분리되어, 전자는 개인적 도덕성과 거룩함을 가리키고, 후자는 사회적 윤리를 가리킨다. "정의"를 생략함으로써 역본들은 바울에 대한 개인주의적인 해석을 반영할 뿐 아니라 그러한 편견을 더욱더 강화시키는데, 이러한 현상은 특히 다수의 개신교 교단에서 나타난다.

방법론적으로, 바울 서신의 번역자들과 해석자들은 "*dikaio-*" 어군의 단어들이 특히 서로 근접하게 나타날 때에는, 강력한 반대 증거가 없는 한, 서로 연관되어 있으며, 또 서로 연관되어 있다고 가정해야 한다. 그러나 일부 해석자들은—우리가 고린도전서 6:1-11에 대한 논의에서 곧 살펴보겠지만—"*dikaio-*" 어군은 사실 서로 다른 두 개념, 곧 "법정적"(법적 또는 사법적 의미) 개념과 윤리적(또는 도덕적) 개념을 반영한다는 주장을 견지한다. 전자는 하나님이 사람들을 의롭다고 선언하시는 것을 가리키고, 후자는 의로우신 하나님이 실제로 사람들을 의

---

27 예. 롬 3:21-26; 4:5-6; 5:18-21; 갈 3:11; 고전 6:1-11. 우리는 이 본문들은 아래에서 상당히 자세히 다룰 것이다.

롭게 만들고, 이로써 의로운 또는 정의로운 공동체를 만드시는 것을 가리킨다는 것이다. 비록 이러한 구별은 분명히 하나의 이론적인 가능성이기는 하지만, 종종 이러한 구별을 선호하는 이들은, 내가 보기에는 증거에 의해 지지받을 수 없는 차이점(또는 어떤 경우에는 신학적 이유로 이러한 차이점을 인지하고 싶어 하는)을 인지하기 때문에 그렇게 하기도 한다. "dikaio-" 어군의 단어들과 특정 용례들이 서로 연관되어 있다고 가정하고 시작하는 것이―반증이 나타날 때까지, 그리고 반증이 나타나지 않는 한―언어학적으로나 성서적으로 가장 적절한 진행 방식이다.

문맥적 그리고/또는 언어학적 연관성을 감추는 번역들은 바울을 로마의 정의―권력과 처벌의 정의―가 신적 정의라는 로마의 주장을 암묵적으로라도 전복시키는 예언자들 및 예수와 동일 선상에 서 있는 자로 이해하는 데 매우 큰 걸림돌이 된다. 따라서 영어로 이러한 연관성을 잘 드러내 보여주는 것이 번역자들의 책무라고 할 수 있다. 한 가지 방법은 hē dikaiosynē theou(예. 롬 1:17; 3:21)를 "하나님의 의"로 번역하고 dikaioō를 "올바르게 하다"[rightwise], "바로잡다"[set right], 혹은 심지어 "의롭게 하다"[make righteous]와 같은 동사를 사용하는 것이다. 그러나 이러한 번역은 모두 어색하고, 논쟁의 여지가 있으며, 그러나/또는 개인주의적인 해석으로 취급될 수 있다. 그러므로 "justify" 동사를 그대로 유지하고, 칭의(justification)와 정의(justice) 사이의 밀접한 연관성을 보여주기 위해 "하나님의 정의"(the justice of God)―하나님의 구원하시고, 해방시키고, 회복시키시는 정의―라는 명사구를 사용하라는 던의 제안을 따르는 것이 더 좋다.[28] 또한 "하나

---

28   또는 어쩌면 NJB처럼 "하나님의 구원하시는 정의" 또는 "하나님의 회복을 이루시는 정의."

님의"라는 표현이 강조된 "하나님의 구원하시는 정의"는 바울의 복음이 다른 종류의 정의와는 근본적으로 다른, 아주 특별한 종류의 신적 특성과 활동—**하나님의** 정의—에 관한 것임을 우리에게 상기시킨다.

인간의 상태와 불의

바울 서신에 나타난 칭의와 정의의 두 번째 연관성은 칭의가 영향을 미치려고 의도한—그리스도 안에서 하나님이 바로잡으려고 한—인간의 상태를 바울이 묘사하는 방식에서 찾아볼 수 있다. 이러한 상황은 언약의 역기능성(covenantal dysfunctionality) 중 하나—하나님과의 고장 난 관계("수직적" 관계)와 서로에 대한 고장 난 관계("수평적" 관계)—로 묘사될 수 있다. 전자는 *asebeia*, "경건하지 않음"(NRSV)이라는 용어로 요약될 수 있는 반면, 후자는 로마서 1:18이 분명하게 보여주듯이, *adikia*, "행악함"(NRSV)으로 특징지어질 수 있다. "하나님의 진노가 불의[*adikia*]로 진리를 막는 사람들의 모든 경건하지 않음[*asebeian*]과 불의[*adikian*])에 대하여 하늘로부터 나타나나니." 다른 영역본들도 대체적으로 NRSV를 따라 *adikia*를 "행악함" 혹은 "불의"로 번역한다.

그러나 문맥을 고려한 더 나은 번역은 다른 인간들을 학대한다는 의미에서 "불의"(injustice)라고 할 수 있다. CEB와 NJB는 여기서 위의 번역들과는 달리, 현명하게 로마서 1:18의 *adikia*를 불의로 번역한다. 로마서 1:18에서 간략하게 요약되고, 로마서 1:18-3:20에서 묘사되고 있는 언약의 역기능성이라는 인간 상태는 와해된 인간관계와 하나님을 향한 직접적인 반란을 포함한다.[29] 바울은 죄의 개념을 타인들과

29　나는 당연히 *The Deliverance of God*에서 1:18-32과 2:1-3:20의 일부가 바울이 아닌 다른

의 언약뿐만 아니라 하나님과의 언약을 깨뜨리는 것을 의미하는 것으로 보았다. *adikia*라는 단어—1:18(2회), 29; 2:8; 3:5에서—는 이러한 상황을 바울의 관점에서 잘 요약해준다.[30] 불의가 난무했고, 이 불의를 바로잡고, 정의를 실현하기 위해서는 하나님의 정의와 하나님의 칭의 행위(divine act of justification)가 필요했다. **영역본에서 "just-" 어군의 일관된 사용은 인간의 상태와 하나님의 해결책이 불가분의 관계로 서로 연관되어 있음을—그리고 그 결과로 나타나는 새로운 상태는 이전 상황의 대립임을—우리에게 상기시킨다.**

그러나 우리는 지금 조금 성급하게 나아가는 것 같다. 현재로서는 불의(injustice)와 칭의(justification)의 문제와 관련하여 이러한 인간 상태를 해결하기 위한 "해결책"은 반드시 이 문제를 직접적으로, 그리고 또 구체적으로 다루어야 하는 것이지, 이 문제로 인해 나타나는 다양한 양상을 단순히 무시하는 것이 아니다. **만약 칭의가 인간관계를 새롭게 하고 회복시키지 않는다면, 이것은 바울이 인식한 대로 인간의 상태를 해결해주지 못한다.**

로마서 1:18-3:20에 나타난 "불의"라는 질병의 증상들에 대한 다양한 목록과 간략한 논의는 상당히 포괄적이며, 바울에 의하면 하나님의 회복과 갱생 프로젝트는 이 모든 것—인류 혹은 한 개인이 범할 수 있는 모든 종류의 악—을 원상 복구시키는 것을 포함한다.[31] *adikia*의 이러한 악한 양상들 가운데 가장 적게 주목받는 것 중 하나가 바로

사람의 견해를 반영한다는 Douglas Campbell의 주장에 동의하지 않는다.

30   NJB는 이 구절에 나오는 *adikia*를 일관되게 "불의"로 번역하지만, CEB는 2:8과 3:5에서 "악함"으로 바꾼다.

31   보다 구체적인 증상에 관해서는 1:24-32를 보라.

폭력—우리가 5장에서 살펴보았듯이, 바울 시대에도 우리 시대보다 덜 보편적이지 않았던 현상—이었다.

> [15]"그 발은 피 흘리는 데 빠른지라. [16]파멸과 고생이 그 길에 있어 [17]평강의 길을 알지 못하였고," [18]"그들의 눈앞에 하나님을 두려워함이 없느니라" 함과 같으니라(롬 3:15-18; 사 59:7-8; 잠 1:16; 시 36:1[LXX 35:2]에서 인용함).

바울은 그가 인용한 이사야서 본문을 통해 이러한 행위들이 정의와 대립된다는 것을 잘 알고 있다. "그들이 행하는 곳에는 정의[마소라 텍스트 *mishpat*; LXX *krisis*]가 없으며"(사 59:8). 그러나 우리가 평화 주제를 개관한 장에서도 지적했듯이, 인간의 상태에 대한 바울의 이해 가운데 이 측면에 충분한 관심을 기울인 바울 해석자는 거의 없었다. 사실은 아이러니하게도 정의의 고대 버전들(라틴어 *iustitia*)과 정의에 대한 일부 현대 해석에서도 폭력의 사용—종종 평화를 이룬다는 명목하에—은 중요한 핵심 요소다. 우리의 가정에서, 우리의 길거리에서, 나라 안에서, 그리고 수천 마일 떨어져 있는 사람 사이에서 일어나는 폭력의 존재는 모두 사람들 사이에, 그리고 사람들과 하나님 사이에 있어야 할 바로잡는 행위와 화해의 필요성을 드러내는 표시이며, 바울과 그의 성서 자료는 이 모든 것이 하나님을 거부하는 인류에 그 뿌리를 두고 있다고 말한다. "그들의 눈앞에 하나님을 두려워함이 없느니라"(참조. 롬 1:18-23).

만약 칭의가 인간의 상태를 교정해야 한다면 칭의는 반드시 폭력을 포함하여 불의의 문제를 해결해야 한다. 즉 칭의는 불의로부터 해방되어 정의를 실천할 수 있게 함으로써 불의를 해결하기 위해 무언가를 해야만 한다. 즉 인간의 상태를 감안하면 불의한 자들의 칭의는 해방과 변화를 모두 가져다주어야 한다.

변혁적 참여로서의 칭의

많은 사람들에게, 특히 개신교 전통에 속한 이들에게 칭의는 단순히 면죄, 곧 불의한 자들을 위한 그리스도의 죽음 때문에, 그리고 그리스도의 의 때문에 하나님이 그들을 의롭다고 여기시는 신적 선언을 의미한다. 그리고 이것이 칭의에 대한 바울의 이해로 종종 이해되어왔다. 그러나 바울이 이보다 더 완벽하고 철저한 칭의 신학을 갖고 있었을 것임을 암시하는 이유들이 존재한다. 로마서는 우리로 하여금 이 서신의 주제문에 나타난 있는 바울의 심오하고 복잡한 정의와 칭의 신학과 당장 직면하게 하는데, 이 진술은 인간의 불의(adikia)를 고발하는 내용보다 앞서 나오며, 또 이 내용과 연관되어 있다.

> [16]내가 복음을 부끄러워하지 아니하노니, 이 복음은 모든 믿는 자에게 구원을 주시는 하나님의 능력[dynamis]이 됨이라. 먼저는 유대인에게요 그리고 헬라인에게로다. [17]복음에는 하나님의 의[dikaiosynē]가 나타나서 믿음으로 믿음에 이르게 하나니, 기록된바 "오직 의인[dikaios]은 믿음으로 말미암아 살리라" 함과 같으니라. [18]하나님의 진노가 불의[adikia]로 진리를 막는 사람들의 모든 경건하지 않음과 불의[wickedness, adikian]에 대하여 하늘로부터 나타나나니(롬 1:16-18; NRSV).

우리는 이것을 다음과 같이 옮길 수 있다.

¹⁶내가 복음을 부끄러워하지 아니하노니, 이 복음은 모든 믿는 자에게 구원을 주시는 하나님의 능력이 됨이라. 먼저는 유대인에게요 그리고 헬라인에게로다. ¹⁷복음에는 하나님의 **구원하시는 공의**[*dikaiosynē*]가 나타나서 믿음으로 믿음에 이르게 하나니, 기록된바 "오직 **정의로운 자**[*dikaios*], 곧 **정의로운 자들이 모인 공동체의 일원**은 믿음으로 말미암아 살리라" 함과 같으니라. ¹⁸하나님의 진노가 그들의 불의[*adikia*]로 진리를 막는 사람들의 모든 경건하지 않음과 **불의**[injustice, *adikian*]에 대하여 하늘로부터 나타나나니.

이 본문과 관련된 모든 번역적·해석학적 이슈를 여기서 다 검토할 수는 없지만,**³²** 그럼에도 한 가지는 분명히 해야 할 필요가 있다. 단순히 면죄 정도로 보는 칭의에 대한 얄팍한 이해와는 대조적으로, 1:16-17에서 정의와 정의로운 자(*dikaiosynē*; *dikaios*)에 관한 용어가 함께 등장하고, 특히 능력(*dynamis*; 1:16)과 생명(*zēsetai*, 1:17, 명사 *zōē*와 관련된)에 관한 언급과 함께 1:18의 불의(*adikian*)에 관한 용어가 사용되었다는 것은 바울이 칭의를 본질적으로 변혁적이며 생명을 주는 것으로 이해하고 있음을 시사한다.**³³**

바울 서신에 나타난 칭의와 정의 사이의 세 번째 연관성은 따라서 칭의 자체의 의미에서 찾아야 한다. 세례와 이를 통해 주어지는 생

—

32 1:17의 "정의로운 자들이 모인 공동체의 일원"이라는 표현은 "칭의"가 어떤 사람들에게 편입되는 것임을 암시한다. 롬 6장과 특히 고전 6:1-11에 관해서는 추가적으로 아래를 보라.

33 의롭게 된 공동체의 표지로서의 변화라는 주제는 또한 롬 12:1-2에서도 나타나는데, 거기서는 롬 1:18-3:20에서 묘사된 상황의 무효화를 나타낸다. 그 결과로 그리스도 안에 있는 공동체는 복음을 구현하고, 하나님의 구원하시는 정의를 구현하게 된다. 이것이 고후 5:21(아래의 논의를 보라)에서 요약적으로 예고된 롬 12-15장의 주제다.

명을 그리스도의 죽음과 장사와 부활에 참여하는 것으로 이해하는 바울은 이러한 실재를 칭의와 분리시키는 것을 거부한다. 사실 그는 세례와 칭의의 불가분의 실재들이 노예생활로부터의 해방과 새로운 출애굽이라고 할 수 있는 하나님의 구원에 대한 그의 확신을 표현하기 위해 *dikaioō* 형태의 동사를 사용한다(*dedikaiōtai*; 롬 6:7). 보다 더 구체적으로 말하자면, 이것은 죄와 불의의 통치로부터 정의와 생명의 통치로 구원을 받는 것이다.[34]

> [6]우리가 알거니와 우리의 옛 사람이 예수와 함께 십자가에 못 박힌 것은 죄의 몸이 죽어 다시는 우리가 죄에게 종노릇 하지 아니하려 함이니, [7]이는 죽은 자가 죄에서 벗어나(*dedikaiōtai*) 의롭다 하심을 얻었음이라.… [13]또한 너희 지체를 불의(*adikias*)의 무기[병기][35]로 죄에게 내주지 말고, 오직 너희 자신을 죽은 자 가운데서 다시 살아난 자 같이 하나님께 드리며, 너희 지체를 [정]의(*dikaiosynē*)의 무기로 하나님께 드리라.…[17]하나님께 감사하리로다. 너희가 본래 죄의 종이더니, 너희에게 전하여 준 바 교훈의 본을 마음으로 순종하여 [18]죄로부터 해방되어(*eleutherōtentes*, "해방시키다"의 보다 더 보편적인 동사의 형태) [정]의(*dikaiosynē*)에게 종이 되었느니라(롬 6:6-7, 13, 17-18).

따라서 (정)의롭게 된 자들 혹은 세례를 받은 자들은 구원 또는

---

34   이 본문은 NRSV를 수정한 것이다. 나는 NRSV의 "악함"을 "불의"로, NRSV의 "의"를 "정의"로 대체했다. 구원으로서의 칭의에 관해서는 특히 Campbell, *The Deliverance of God*을 보라.

35   Robert Jewett, *Romans*, Hermeneia (Minneapolis: Fortress, 2007), 410-11을 보라.

해방되었고(*dedikaiōtai*, 6:7; *eleutherōtentes*, 6:18), 이로써 그들 또는 그들의 "지체"는 더 이상 불의의 무기가 아니라 정의의 무기(*adikias···dikaiosynē*; 롬 6:13, 18)가 될 것이다.[36]

여기서 어떤 일이 벌어지고 있는 것인가? **로마서 1:18-3:20에 묘사된 인간의 상태가 이제 바로잡혀간다. 칭의란 불의한 자들이 정의롭게 살기 위해 불의로부터 해방되는 것을 의미한다.** 칭의란 사망에서 생명으로 부활하는 것, 죄와 사망에 참여하는 것에서 정의와 생명에 참여하는 것을 의미한다. 사실 로버트 주이트(Robert Jewett)가 로마서 6장을 주석하면서 웅변적으로 말한 것처럼, 의롭게 된 자들에게는 새로운 사명이 주어지는데, 이 사명은 심지어 과거의 어떤 형태보다 더 "위험하고" "취약한", 새로운 전쟁에 참전하는 것을 의미한다. "이러한 위험요소들은 다른 이의 손에, 이 경우에는 하나님의 손에 들려진 무기가 된다는 생각에 의해 상쇄되는데, 이 사실은 전례 없는 환대와 사랑의 다른 행동을 위한 자극과 격려를 제공한다." 구속받은 공동체는 "부패한 세상에서 의를 회복하는 새롭고, 비폭력적인 캠페인에" 참여한다.[37]

앞서 지적했듯이, 여기서는 내가 다른 곳에서 주장했던 칭의의 참여적·변혁적 모델을 추가적으로 변호할 만한 지면이 없다.[38] 여기서

---

36 죽음과 부활로서의 세례와 이신칭의 간의 중복적인 의미—즉 함께 십자가에 못 박힘으로써 얻은 새 생명으로서의 세례와 칭의—에 관해서는 나의 *Inhabiting the Cruciform God*, 63-79를 보라.

37 Jewett, *Romans*, 411.

38 특히 *Inhabiting the Cruciform God*, 41-104와 (더 대중적인) *Reading Paul* (Eugene, OR: Cascade, 2008), 111-31을 보라. 이와 유사한 칭의 이해를 보려면 Campbell, *The Deliverance of God*을 보라.

나는 칭의에 대한 전통적인 해석의 여러 측면을 포함하면서도 또한 동시에 칭의의 언약적·공동체적·참여적·해방적·변혁적 그리고 수평적 (과 수직적) 특성에 대한 바울의 강조점도 훨씬 더 적절하게 드러내는 칭의의 정의를 다음과 같이 제시한다.

> 칭의는 그리스도의 신실하심과 사랑의 죽음 및 우리가 그와 함께 십자가에 못 박힘 안에서 역사하시는 하나님의 해방시키시는 은혜를 통해 올바른 언약 관계—하나님께 대한 충성과 이웃을 향한 사랑—를 수립하는 것이다. 따라서 칭의란 하나님을 향한 신실함과 타인을 향한 사랑이라는 새로운 삶으로 그리스도와 함께 부활하는 것을 의미하며, 이것은 구체적으로 하나님이 심판의 날에 부활의 온전한 생명으로 영접하실 것이라는 확실한 소망과 함께 성령의 능력을 받은 하나님의 백성 안에서 이루어지는 성서적 정의를 가리킨다.

그렇다면 칭의는 화해, 언약적 참여 및 언약에 대한 신실함, 공동체, 부활, 생명에 관한 것이다. 그리고 이러한 실재는 바로 죽음, 곧 하나님의 계획과 은혜로 말미암아 과거에는 **우리를 위한** 그리스도의 죽음과 현재에는 **그와 함께** 죽은 우리의 죽음에 의해 주어진 것이다. 의롭다 함을 받은 자들—그리스도 안에 있는 자들—은 그의 언약적 신실하심과 사랑을 본받게 될 것이다.[39] 이러한 믿음과 사랑의 공

---

[39] 바울은 분명히 그리스도의 죽음을 하나님께 대한 그의 순종의 행위(롬 5:19; 빌 2:8)와 우리를 위한 그의 사랑의 행위로 이해한다. 이 책 앞부분에서 지적했듯이 바울 서신의 소위 피스티스 크리스투(*pistis Christou*, "그리스도의 믿음" 또는 혹은 "그리스도에 대한 믿음") 본문을 어떻게 번역할 것인지에 관한 학계의 논쟁에서 나는 Richard Hays, N. T. Wright, 그리고 다른 학자들과 더불어 "그리스도의 믿음"으로 번역할 것을 주장했다(나의

생(symbiosis)은 칭의의 부산물이 아니라 칭의의 핵심 구성요소—올바른 언약 관계의 회복—다. 다르게 표현하자면, 바울은 칭의를 그리스도 안에 있는 하나님의 정의로 참여적 변화를 이룩하며, 이는 정의로운 사람들을 창출하는 것으로 이해한다. **정의는 본질적으로 칭의 안에 내재되어 있다.**

이러한 칭의에 대한 이해는 선교에 대한 교회의 이해에 엄청난 영향력을 행사하게 될 것이다. 바울과 같이, 이러한 칭의 개념을 가지고 살아가는 교회는 단순히 "영혼 구원"을 위해 살기보다는 의롭다 함을 받고 정의로운 사람—변화되어 교회를 통해 그리스도와 그의 현재 사역에 참여하는 사람—을 창출하는 하나님의 대리인이 되고자 할 것이다. 복음전도—좋은 소식 나누기—는 미움과 폭력과 불의를 포함하여 모든 종류의 죄에서 새로운 생명으로 해방되는 것에 관한 메시지가 될 것이다. 원심적 활동, 혹은 아웃리치—공적인 영역에서 좋은 소식을 구현하는 것—는 가까운 지역에서든, 전 세계 어느 곳에서든, 소외되고 학대받는 자들의 편에 서는 것을 의미할 것이다. 사실 "복음전도"와 "아웃리치"와 같은 용어 간의 차이점도 부분적으로 무의미해질 것인데, 이는 예수가, 어떤 포괄적이고 세속적인 의미에서, 정의로 대체되기 때문이 아니라, 예수가 정의, 곧 성육신한 하나님의 정의이기 때문이다. 그 결과는 보다 더 깊은 영성과 하나님(정의의 하나님)과 더 가까이하는 삶을 초래할 것이다. 사실 그 결과는 예수를 향한 열정과

Cruciformity: Paul's Narrative Spirituality of the Cross [Grand Rapids: Eerdmans, 2001], 110-21을 보라). 만약 이 번역이 옳다면, 이는 바울이 그리스도의 죽음을 본질적인 언약적 행위, 순종 또는 충성의 공생, 사랑으로 이해한다는 나의 주장을 강화한다. 내 생각에는 이러한 이해가 바울의 선교적 목표—사람들을 그리스도께로, 곧 "믿음의 순종"의 영역으로 이끄는 것(롬 1:5; 16:26)—에 함축되어 있는 것으로 보인다.

정의를 향한 열정을 모두 가져다줄 것이다.[40]

화평케 함과 마찬가지로(성서적으로 말해 정의와 평화는 사실 샬롬이라는 한 실재의 양면임을 기억하라), 정의에 관해서도 아주 명확하게 할 필요가 있다. 그리스도인들의 정의를 향한 헌신은 그리스도인들의 예수를 향한 헌신과 절대로 분리되어서는 안 된다. 이 두 가지가 서로 분리되면, 그리고 심지어 부분적으로라도 그렇게 되면, 정의에 대한 그리스도인들의 이해는 불가피하게 부차적인 것으로 변해버리고 만다.[41] 이것은 그리스도인들이 정의를 위해 오직 동료 그리스도인들과만 일할 수 있다든지, 혹은 그리스도인들은 오직 그들이 예수의 이름으로 말할 수 있도록 허용될 경우에만 정의를 위해 일할 수 있다는 것을 의미하는 것이 아니다. 그러나 그들이 추구하는 정의의 모습은 반드시 그리스도를 본받는 것이어야만 한다.

그리스도의 십자가에서 나타난 하나님의 정의

넷째, 우리가 이미 여러 방식으로 암시했듯이, 바울에게 있어 칭의와 정의의 상호 연관성의 궁극적인 기원은 하나님의 정의에 대한 가장 고귀한 표현이라고 할 수 있는 십자가에 못 박히신 그리스도 안에 있다. 고린도전서 1:30에서 바울은 "그리스도 예수는⋯우리를 위해 하나님으로부터 온 지혜와 의[dikaiosynē]와 거룩함[hagiosmos]과 구속[apolytrōsis]이 되셨다"라고 선포한다. (다시 말하지만, 오직 NJB만이

40   Esther Byle Bruland and Stephen C. Mott, *A Passion for Jesus, a Passion for Justice* (Valley Forge, PA: Judson, 1983).

41   영성과 사회 정의의 통일성에 관해서는 Allan Aubrey Boesak and Curtiss Paul DeYoung, *Radical Reconciliation: Beyond Political Pietism and Christian Quietism* (Maryknoll, NY: Orbis, 2012)을 보라.

*dikaiosynē*를 "구원하시는 정의"로 번역한다.) "우리를 위해…되셨다"("우리에게…주셨다"라고 말하는 대신에)라는 동사구가 사용된 점과 바울이 방금 전에 그리스도(즉 십자가에 못 박히신 그리스도)가 "하나님의 능력이요 하나님의 지혜"(1:24)라고 주장한 사실을 감안하면, 우리는 1:30을 단순히 그리스도가 우리에게 **제공해주는** 것뿐 아니라 그리스도의 됨됨이, 곧 십자가에 못 박히신 분으로서 그가 체현하신 신적 성품—(능력과) 지혜뿐만 아니라 정의와 거룩함과 구속/해방으로서—에 대한 묘사로 읽어야 한다.

그리스도가 "우리를 위해 하나님의 정의가 되셨다"는 말이 무슨 의미인가? 이에 대한 즉각적인 대답은 고린도전서 1:18-31에서 주어진다. 십자가에 못 박히신 그리스도는 연약함 및 연약한 자들과 하나가 되시는 방식으로 일하시는(*modus operandi*) 하나님을 계시하신다.[42] 하나님이 약한 자들과 하나가 되신다는 것은 물론 이스라엘 성서에 나타나 있는 하나님의 정의의 근본적인 측면이다. 여기 고린도전서 1:18-31에서는 바로 그 정의가 가장 먼저 십자가의 연약함(인간의 기준으로)에서 나타나고, 그다음에는 그 공동체의 연약함(역시 인간의 기준으로)에서 나타난다.

[22]유대인은 표적을 구하고 헬라인은 지혜를 찾으나, [23]우리는 십자가에 못 박힌 그리스도를 전하니, 유대인에게는 거리끼는 것이요 이방인에게

---

[42] 예컨대 Kim, *Christ's Body in Corinth*, 94-95를 보라. 그리고 비록 출판되지는 않았지만 역시 중요한 Shannon Curran, *Become God's Justice (2 Cor. 5:21), Become Known by God (1 Cor. 8:3): How Paul Guides Corinth to Prefer Weakness and to Be Transformed through God's Justice* (M.A. thesis, St. Mary's Seminary & University, 2013)도 보라.

는 미련한 것이로되, ²⁴오직 부르심을 받은 자들에게는, 유대인이나 헬라인이나, 그리스도는 하나님의 능력이요 하나님의 지혜니라. ²⁵하나님의 어리석음이 사람보다 지혜롭고, 하나님의 약하심이 사람보다 강하니라. ²⁶형제들아, 너희를 부르심을 보라. 육체를 따라 지혜로운 자가 많지 아니하며, 능한 자가 많지 아니하며, 문벌 좋은 자가 많지 아니하도다. ²⁷그러나 하나님께서 세상의 미련한 것들을 택하사 지혜 있는 자들을 부끄럽게 하려 하시고, 세상의 약한 것들을 택하사 강한 것들을 부끄럽게 하려 하시며, ²⁸하나님께서 세상의 천한 것들과 멸시 받는 것들과 없는 것들을 택하사 있는 것들을 폐하려 하시나니, ²⁹이는 아무 육체도 하나님 앞에서 자랑하지 못하게 하려 하심이라(고전 1:22-29).

그러므로 우리는 바울 서신에 나타난 하나님의 정의를 **십자가를 본받는** 정의라고 말해야 한다. 그럼에도 이 정의는 이스라엘 역사 전반에 걸쳐 나타난 하나님의 자유케 하시는 정의와 연속성을 지닌다. 왜냐하면, 바울이 이 본문에서 암시하는 본문에서 한나가 기도하듯이, 주님은 "가난한 자를 진토에서 일으키시며 빈궁한 자를 거름더미에서 올리[시기]"(삼상 2:8) 때문이다.⁴³ 바로 이 하나님이 "정의와 의"(*krima kai dikaiosynēn*; LXX 삼상 2:10)를 행하시는 하나님이시다. 그러므로 고린도 공동체에게는 그리스도 안에서, 그리고 그들의 공동체 안에서 나타나는, 자유케 하시며 십자가의 모양을 하신 하나님의 정의—현대의

---

43 Richard B. Hays, *First Corinthians*, Interpretation (Louisville: Westminster John Knox, 1997), 32-35는 조심스러우면서도 설득력 있는 주장을 펼친다. 70인역의 삼상 2:1-10은 종종 여기서 바울이 염두에 두고 있었다고 여겨지는 렘 9:23-24(LXX 9:22-23)과 매우 비슷한 표현을 담고 있다.

용어로 말하자면, 가난한 자들을 우대하는 태도—를 구현할 것을 기대하게 된다. 그러나 우리가 아래에서 곧 살펴보겠지만, 고린도 교인들은 대체적으로 그렇게 하는 데 실패하고 만다.

십자가에 못 박히신 그리스도 안에서 계시된 하나님의 정의의 특성을 고린도전서를 통해 이해한 내용은 로마서를 이해하는 데에도 도움을 줄 뿐 아니라 로마서에 의해서도 확증된다. 복음이 하나님의 구원하시는 정의를 드러내는 "하나님의 능력"—고린도전서 1:18-31을 연상시키는 표현임—이라면(롬 1:16-17) 그 의미는 오직 하나님의 능력을 나타내는 정의의 근원이 십자가에 못 박히신 그리스도일 수밖에 없다. 이것이 바로 로마서 3:21-26이 단언하는 것이다.[44]

> [21]이제는 율법 외에 하나님의 정의(*dikaiosynē*)가 나타났으니, 율법과 선지자들에게 증거를 받은 것이라. [22]곧 예수 그리스도를 믿음으로 말미암아 모든 믿는 자에게 미치는 하나님의 구원하시는 정의(*dikaiosynē*)니 차별이 없느니라. [23]모든 사람이 죄를 범하였으매 하나님의 영광에 이르지 못하더니, [24]그리스도 예수 안에 있는 속량으로 말미암아 하나님의 은혜로 값없이 의롭다 하심을 얻은[또는 "정의롭게 된", "정의로운 공동체의 일원이 된"; *dikaioumenoi*] 자가 되었느니라. [25]이 예수를 하나님이 그의 피로써 믿음으로 말미암는 화목제물로 세우셨으니, 이는 하나님께서 길이 참으시는 중에 전에 지은 죄를 간과하심으로 자기의 구원하시는 정의 (*dikaiosynē*)를 나타내려 하심이니, [26]곧 이때에 자기의 의로우심을 나타

---

44 재차 말하지만, 나는 NRSV를 사용하긴 하지만 "의"라는 표현을 "구원하시는 정의"로 대체하고, *pistis Christou* 어구를 "그리스도의 믿음"으로 번역한다.

내사 자기도 정의로우시며(*dikaios*) 또한 예수 믿는 자[혹은 예수의 신실하심을 "공유하는" 자]를 의롭다 하려 하심이라(*dikaiounta*).

즉 바울은 칭의(*dikaioumenoi*, 3:24; *dikaiounta*, 3:26)를 가져다주는 예수의 신실하신 죽음에서 나타난 정의로우신 하나님(*dikaios*, 3:26)의 정의(*dikaiosynē*, 3:21, 22, 25)에 관해 말하고 있는 것이며, 이는 곧 용서(3:25), 해방/구속(3:24; 참조. 고전 1:30), 정의로운 자들의 공동체 안으로의 편입(앞에서 논의된 롬 6장을 보라) 등을 의미한다.

바울은 또한 로마서 5장에서 그리스도의 죽음을 정의 및 불의와 관련하여 논의한다.

> [6]우리가 아직 연약할 때에 기약대로 그리스도께서 경건하지 않은 자를 위하여 죽으셨도다. [7]의인("정의로운 자"; *dikaiou*)을 위하여 죽는 자가 쉽지 않고 선인을 위하여 용감히 죽는 자가 혹 있거니와, [8]우리가 아직 죄인 되었을 때에 그리스도께서 우리를 위하여 죽으심으로 하나님께서 우리에 대한 자기의 사랑을 확증하셨느니라. [9]그러면 이제 우리가 그의 피로 말미암아 의롭다 하심을 받았으니, 더욱 그로 말미암아 진노하심에서 구원을 받을 것이니, [10]곧 우리가 원수 되었을 때에 그의 아들의 죽으심으로 말미암아 하나님과 화목하게 되었은즉, 화목하게 된 자로서는 더욱 그의 살아나심으로 말미암아 구원을 받을 것이니라(롬 5:6-10).

바울은 고린도전서 1장에서와 같이 여기서도 하나님의 은혜롭고 사랑이 담긴 정의가 연약하고 절망적인 자들에게, 심지어는 불의한 자들(5:7의 *dikaiou*에 의해 암시된)과 원수들(5:10)에게까지 이르렀음을 강조한다. 우리는 로마서 5:8을 다음과 같이 의역할 수 있다. "우리가 아직 다른 이들을 향해 정의롭지 못하고 하나님을 향한 사랑이 없을 때, 그리스도께서 우리에게 정의와 사랑을 회복시키기 위해 우리를 위하여 죽으심으로써 하나님께서 우리에 대한 자신의 정의와 사랑을 입증하셨다."

이것은 분명히 로마의 정의나 또는 지난 이천 년 역사에서 로마에 비견될 만한 제국의 정의도 아니다. 로마의 정의는 로마의 권력에 도전하는 인물이나 개체는 말할 것도 없고, 약한 자들을 무참하게 짓밟는 강한 자들의 정의였다. 즉 결국 예수를 십자가에 못 박았던 정의였다. N. T. 라이트는 다음과 같이 예리하게 지적한다. "카이사르의 적나라한 권력의 상징[십자가]이 이제는 하나님의 적나라한 사랑에 관해 말한다고 보는 것은 오직 천재여야만 가능했다. 그런데 나는 바울이 바로 그 천재였다고 생각한다."[45] 또한 닐 엘리엇(Neil Elliott)은 바울은 아주 기본적인 이유에서 복음을 부끄러워하지 않았다(롬 1:16)고 말한다. "그 이유는 단순히 그 안에 **진정한** 정의, '하나님의 정의'가 보였기 때문이다. 이것은 신실하신 하나님과 신뢰하는 순종으로 행하는 자들 사이에서 진정한 신실함으로 경험되는, 강력하고 구원을 이루는 정의였다. 이것은 하나님이 메시아를 통해 실현하실 것이라고 이스라엘이 기대했던 정의(시 72편)였다."[46]

하나님의 정의로서 불의한 자들에게 주어지는 칭의는 원수를 향한 하나님의 화해이자 연약한 자들을 향한 하나님의 자비를 의미한

---

45 N. T. Wright, *Paul: In Fresh Perspective* (Minneapolis: Fortress, 2005), 73.

46 Neil Elliott, *The Arrogance of Nations: Reading Romans in the Shadow of Empire,* Paul in Critical Contexts (Minneapolis: Fortress, 2008), 51.

다.[47] 이것은 보복적 또는 복수적 혹은 로마풍의 정의라기보다는 회복시키는 정의다. 이것은 예언자들의 정의다. 펌 퍼킨스(Pheme Perkins)의 말을 빌리자면, "정의의 새로운 질서에 하나님의 구원이 나타날 것을 기대한 예언자들의 소망이 마침내 성취되었다."[48] 고린도 교회의 신자들과 마찬가지로 로마 교회의 신자들도 자신들의 공동체와 그들의 원수들을 향해 그러한 새로운 질서의 본질적인 요소로서 동일한 종류의 정의를 실천해야 한다. **하나님의 선교적 정의는 정의의 선교적 사람들을 창조한다.**

바울 자신의 변화

다섯 번째, 바울 자신도 사람이 의롭게 될 때 발생하는 정의로의 돌아섬을 예시한다. 물론 바울은 열성적인 교회를 공공연하게 박해했던 자였다.[49] 그는 이스라엘인 한 명과 미디안 여인을 죽임으로써 이스라엘을 정결케 하고 하나님의 진노를 멈추게 한 난폭한 제사장 영웅 비느하스를, 적어도 어느 정도는, 모방하면서 하나님 앞에서 자신의 정의로움을 확보하려고 노력했을 것이다(민 25:6-13).[50] 시편 106:31(LXX 105:31)에 따르면 비느하스는 자신의 난폭한 열정으로 의롭게 되었다. 그의 행동은 "그에게 의로 인정되었다"(*elogisthē autō eis dikaiosynēn*).

---

47 바울은 칭의와 화해를 5:1, 11에서 인클루지오(수사학적 북엔드)로, 그리고 5:9-10의 두 동의어적 칼 바호메르(*qal wa-homer*, "큰 것에서 작은 것으로"라는 형태의 논증 방식) 본문에 병행적으로 배치한다.

48 Pheme Perkins, "Justice, NT," in *The New Interpreter's Dictionary of the Bible* 3:475-76 (Nashville: Abingdon, 2008), 475.

49 고전 15:9; 갈 1:13-14, 23; 빌 3:6; 딤전 1:13. 행 7:58-8:3; 9:1-2; 22:3-5; 26:9-12.

50 나는 바울이 실제로 예수를 따르는 자를 죽였다는 암시를 주려는 의도가 전혀 없다.

그리스어 어구는 창세기 15:6과 로마서 4:3, 5, 9, 22-24의 병행 본문과 정확하게 일치한다.[51]

바울이 의롭다 함을 받고 하나님과 화해를 이루었을 때 그가 공공연하게 행했던 그의 억압적이고 폭력적인 행동은 극적으로 바뀌었으며, 이로써 그의 영성 및 하나님과 그의 관계 역시 극적으로 바뀌었다. 사실 이 두 가지는 동시에 바뀌었다. 바울은 더 이상 타인을 미워하고, 배제시키고, 학대하는 결과를 가져다주었던 잘못된(그가 나중에 깨달은 것처럼) 하나님을 위한 열정으로 칭의(정의로움)를 추구하지 않았다. 그는 차후에 과거의 자신의 열정적이고 난폭한 행동을 화해/칭의의 필요성을 유발했던 죄와 *adikia*의 발현으로 묘사한다(롬 3:9-18). 바울 자신의 삶의 이야기는 칭의가 공적이며, 가시적이며, 사회적 측면이 있음을 확인해준다. 칭의는 비보복/비폭력(고전 4:11-13)과 화해(참조. 고후 5:18-20)와 가난한 자들에 대한 헌신(예. 갈 2:10과 예루살렘 교회를 위한 연보)이라는 정의로운 행동을 포함한다.[52] 다시 말하면 **의롭게 된다는 것은 선교적으로 재정립되고 방향을 다시 수립하는 것이다.**

지금까지 우리는 바울 서신에 나타난 칭의와 정의 간의 처음 다섯 가지 연관성, 곧 언어학적 연관성, 인간의 상태와 불의, 변혁적 참여로서의 칭의, 그리스도의 십자가에 나타난 하나님의 정의, 바울 자신의 변화 등을 고찰했다. 이제는 이러한 연관성을 행동으로 보여주는

---

51 나는 비느하스와 바울의 관계를 비롯해 바울 서신에 나타난 있는 칭의의 비폭력적 성격에 관해 *Inhabiting the Cruciform God*, 129-60에서 보다 더 자세하게 다루었다. 다른 학자들도 바울과 비느하스를 서로 연관시켰다(그리고 때로는 이스라엘 역사에서 열심 때문에 폭력을 일으켰던 다른 유대인들과도 연관시킴). 예컨대 Wright, *Paul and the Faithfulness of God*, 81-89, 167, 932, 1223; Dunn, *Theology of Paul*, 350-53, 368-71, 375-76을 보라.

52 Volf, "The Social Meaning of Reconciliation"을 보라.

고린도전후서의 몇 가지 본문을 검토하고자 한다.

기독교 공동체에서의 칭의와 정의

바울이 칭의와 정의 사이에서 발견하는 여섯 번째이자 가장 중요한 연관성은 그가 세운 교회의 구체적인 현장에서 발견되는 이 둘의 연관성(또는 때로는 있어야 할 연관성의 부재)이다. 바울은 칭의에서 나타난 하나님의 의도는 하나님의 정의를 구현하기 위해 변화되는 공동체를 만드는 것이었다고 믿었다(고후 5:21; 아래의 논의를 보라). 그의 모든 편지가 이러한 변혁적인 목적을 달성하지만, 지면관계상 여기서는 한정된 본문만을 다루고자 한다. 고린도전후서는 바울이 인간의 불의와 하나님의 십자가를 본받는 정의를 어떻게 다루는지 몇 가지 예를 제공한다. 이 모든 것은 김영석이 "고린도 교인들의 십자가에 못 박히신 그리스도 체현 실패"와 5:1-11:34에서 "십자가에 못 박히신 그리스도에 동참할 것을 촉구하는…바울의 권면"이라고 부르는 것과 연관되어 있다.[53] 우리가 이미 살펴보았듯이 바울은 십자가에 못 박히신 그리스도에 참여함으로써 얻는 칭의, 곧 하나님의 구원하시는 정의의 구현은 정의로운 공동체를 낳아야 한다고 믿는다. 그러한 일이 일어나지 않을 경우에는 어떻게 되며, 그러한 상황은 과연 어떻게 교정될 수 있는가?

---

53 Kim, *Christ's Body in Corinth*, 76. Kim은 고린도전서에 초점을 맞추지만, 고린도후서에까지 그 관심을 확대한다.

고린도전서 6:1-11/정의로운 자들의 공동체 안에서 나타나는 불의의 비극적인 아이러니[54]

고린도전서 6:1-11에서 바울은 제일 먼저 하나님의 정의가 아닌 것이 무엇인지를 보여주면서 교회가 하나님의 정의를 구현하는 것의 구체적이고 극적인 예를 제시한다. 이를 통해 바울은 칭의와 정의 사이에 존재하는 불가분의 관계를 드러낸다.

"사소하고" "일상적인 일"로 서로 소송을 거는(고전 6:2-3) 고린도 교회 신자들의 문제를 다루면서 바울은 이러한 행위는 불의한 것이며 십자가를 본받는 정의를 실천하는 것으로 대체될 필요가 있음을 분명히 한다. 바울은 대체적으로 *dikaio-* 어군에 속한 단어를 다섯 차례나 사용하는 "능숙한 언어유희"[55]을 통해 이러한 뜻을 전달한다. 불행하게도 NRSV는 *dikaio-* 어군의 단어들을 번역하는 데 "justification"(칭의)이라는 단어를 제외하고는 "just"(정의로운)의 형태를 전혀 사용하지 않고 "unrighteous"(불의한)과 "wrong"(잘못된)이란 단어를 사용하면서 이 본문에 나타난 가장 중요한 연결고리 일부를 가려버린다. NIV 역시 "justification"(칭의)을 제외하고는 "just"(정의로운) 형태의 단어들을 전혀 사용하지 않는다. NJB와 특히 NAB는 바울의 언어유희를 훨씬 더 잘 드러낸다.

고린도전서 6:1-11의 가장 핵심적인 부분을 여기에 다시 발췌한다(괄호 안에는 그리스어 핵심 단어와 함께 NRSV를 인용하고; NAB, NIV, NBJ 역본들은 일부 단어를 선별적으로 표기하고, 나의 대안적인 번역은 MJG

---

[54]   이어지는 논의는 나의 *Inhabiting the Cruciform God*, 98-99를 수정한 것이다.

[55]   Hays, *First Corinthians*, 98.

로 표기함).

^{1}너희 중에 누가 다른 이와 더불어 다툼이 있는데 구태여 불의한 자들 [*adikōn*; NAB "불의한"; CEB "정의롭지 않은 사람들"; NIV "경건치 않은"][56] 앞에서 고발하고 성도 앞에서 하지 아니하느냐?

^{7}너희가 피차 고발함으로 너희 가운데 이미 뚜렷한 허물이 있나니, 차라리 불의를 당하는 것[*adikeisthe*; NIV 동일함; NAB "불의를 참는 것"; JNB "불의를 겪는 것"; MJG "부당한 취급을 받는 것" 혹은 "불의를 견디는 것"]이 낫지 아니하며, 차라리 속는 것이 낫지 아니하냐?

^{8}너희는 불의를 행하고[*adikeite*]; NIV "그릇행하고";[57] NAB "불의를 행하고"; NJB "불의를 행하고") 속이는구나. 그는 너희 신자들[*adelphous*]; NAB, NIV "형제들"; MJG "너희 가족 구성원들")이로다.

^{9}불의한 자[wrongdoers, *adikoi*; NAB "불의한 자"; CEB "불의한 자"; NJB "악을 행하는 사람들"; NIV "악한 자들"]가 하나님의 나라를 유업으로 받지 못할 줄을 알지 못하느냐? 미혹을 받지 말라. 음행하는 자나 우상 숭배하는 자나 간음하는 자나 탐색하는 자나 남색하는 자나 ^{10}도적이나 탐욕을 부리는 자나 술 취하는 자나 모욕하는 자나 속여 빼앗는 자들은 하나님의 나라를 유업으로 받지 못하리라.

---

56   이상하게도 NJB는 여기서 "죄인들"로 옮긴다.

57   NIV의 "속이고 그릇 행하다"는 분명히 그리스어 동사의 순서를 바꾼 것이다.

[11]너희 중에 이와 같은 자들이 있더니, 주 예수 그리스도의 이름과 우리 하나님의 성령 안에서 너희가 썻음을 받고, 거룩함을 받고, 의롭다 하심을 받았느니라[edikaiōthēte; MJG "정의로운 자들의 공동체로 편입되었느니라"].[58]

우리는 "dikaio-" 어군을 일관되게 영어의 "just-"(정의로운) 어군으로 번역함으로써(나의 대안적인 번역과 현존하는 번역을 사용하면서) 이 구절에 대한 다음과 같은 번역에 도달한다.

[1]너희 중에 누가 다른 이와 더불어 다툼이 있는데 구태여 **불의한 자들**(unjust) 앞에서 고발하고 성도 앞에서 하지 아니하느냐?…[7]너희가 피차 고발함으로 너희 가운데 이미 뚜렷한 허물이 있나니, 차라리 **부당한 취급을 받는**(treated unjustly) 것이 낫지 아니하며, 차라리 속는 것이 낫지 아니하냐? [8]너희는 **불의를 행하고**(inflict injustice) 속이는구나? 그는 너희 가족의 구성원이로다. [9]**불의한 자**(unjust)가 하나님의 나라를 유업으로 받지 못할 줄을 알지 못하느냐? 미혹을 받지 말라. 음행하는 자나 우상 숭배하는 자나 간음하는 자나 탐색하는 자나 남색하는 자나 [10]도적이나 탐욕을 부리는 자나 술 취하는 자나 모욕하는 자나 속여 빼앗은 자들은 하나님의 나라를 유업으로 받지 못하리라. [11]너희 중에 이와 같은 자들이 있더니, 주 예수 그리스도의 이름과 우리 하나님의 성령 안에서 너희가 썻음을 받고, 거룩함을 받고, **의롭다 함을 받았느니라─정의로운 자들의 공**

---

58 이상하게도, 11절에서 CEB는 "너희가 [정]의롭다 하심을 받았느니라"(you were justified)를 "너희가 하나님과 올바른 관계를 맺게 되었다"(you were made right with God)로 번역함으로써 "just-" 어군에서 벗어난다.

동체로 편입되었느니라.[59]

바울은 동료 신자들을 불의한/의롭다 함을 받지 못한 자들의 법정인 이교도의 법정으로 데려가는 것(1절)을 바울이 칭의라고 부르고, 불의로부터 구원하시는 하나님의 행위(11절)에 반하는 불의한 행위(8절)로 보는 것이 확실하다. 불의를 행하는 것은 하나님에 의해 주어진 칭의를 무효화시키는 것이며, 불의한 자들의 영역으로 되돌아가는 것이고, 하나님 나라라는 미래의 유업을 위태롭게 하는 것이다(9절). 이것은 불완전한 회심의 증거다.[60] 의롭다 함을 받은 자들은 불의를 행하기보다는 오히려 불의를 당한다(7절). 왜냐하면 그것이 바로 유월절 어린양이신 예수가 십자가상에서 하신 일이기 때문이다(고전 5:7).[61] 바울의 말은 주로 공동체 안에서 엘리트가 아닌 자들 혹은 약한 자들을 억압하는 엘리트 혹은 강한 자들을 향하고 있다고 **볼 수** 있는데, 이

---

59 우리는 N. T. Wright의 번역(*Kingdom New Testament: A Contemporary Translation* [New York: HarperOne, 2011])에서 어느 정도 이와 유사한 것을 발견한다. 중심적인 행은 다음과 같다. "불의한 사람들 앞에서 재판을 받고"(1절); "불의한 자가 하나님의 나라를 유업으로 받지 못할 줄을 알지 못합니까?"(9절); "당신은 다시 올바른 자리로 돌아왔습니다"(11절). 그러나 안타깝게도 Wright는 7-8절의 동사를 "잘못을 당하다"와 "잘못을 행하다"로 번역하면서 어휘적 연관성을 놓친다. 복음주의적인 HCSB(Holman Christian Standard Bible)는 위에서 지적한 것 외에도 다음과 같이 번역한다. "[7]…왜 불의를 참지 않느냐? 왜 오히려 속임을 당하지 않느냐? [8]오히려 너희는 부당하게 행하며 속인다. 그리고 너희는 이것을 믿는 자들에게 행한다!"(고전 6:7b-8) CEV(Contemporary English Version)와 같은 소수의 역본들은 본문에서 "just-" 어군을 완전히 생략한다.

60 이 본문과 회심에 관해서는 Stephen J. Chester, *Conversion at Corinth: Perspectives on Conversion in Paul's Theology and the Corinthian Church*, Studies of the New Testament and Its World (London: T. & T. Clark, 2003), 125-48을 보라.

61 바울은 이것을 고전 6:1-11에서 명시적으로 밝히지는 않지만, 유월절 어린양에 대한 언급과 가깝다는 점, 롬 5:6-8과 같은 곳에 그의 십자가 신학이 나타나 있다는 점, 그가 보복하지 않는 것에 대한 예수의 가르침을 암시한 점, 그리고 보복하지 말라는 가르침을 스스로 실천한 점은 모두 그가 여기서 예수의 모본을 염두에 두고 있었음을 보여준다.

살으로 담아내는 복음

러한 행동은 약한 자들을 위한 정의를 촉구하는 예언자적, 그리고 이제는 기독교적 권면(1:18-31에서 암시된)을 경청하는 데 분명히 실패하는 것이다. 그러나 바울은 자신의 관심을 약한 자들에게 행하는 불의에만 한정짓지 않는다. 오히려 그는 단순히 불의가 자행되고 있는 상황, 특히 가족 구성원("형제들," *adelphous*, 8절; 참조. 5, 6절)을 향해 자행되는 불의를 염려한다.

이 본문에서 "*dikaio-*" 단어들의 기발하지만 진지한 언어유희는 11절에서 전통적으로 "너희가 의롭다 함을 받았다"로 번역되는 *edikaiōthēte*가 사용되면서 절정에 이른다. 문맥을 보면 바울은 여기서 면죄 선언 혹은 언약 멤버십 선언 이상의 의미를 포함시키고 있음을 확실히 알 수 있다. 하나님의 은혜로우신 행위로 인해 고린도 교인들은 씻음을 받았거나 세례를 받고 용서함을 받았으며("씻음"은 이미 변화를 암시한다), 거룩함을 받았거나 또는 구별되었고, 정의로운 자들의 공동체로 편입되었다는 의미에서 의롭다 함을 받았다(그리고 이로써 의로워졌다)—또는 더 낫게 말하자면 정의로운 자들의 가족으로 편입되었다.[62] 따라서 이 구절에 나타난 여러 "*dikaio-*" 용어 간의 언어학적 연관성은 바울의 구원론의 기초이지만 해석자들이 종종 간과하는 근본적인 신학적 신념을 나타낸다. 즉 칭의란 불의한 자/의롭다 함을 받지 못한 자의 영역에서 정의로운 자/의롭다 함을 받은 자의 영역으로의 **전환**을 의미하며, 이는 동시에 정의롭지 못한 사람에서 정의로운 사람

---

62 이러한 해석/번역의 적합성은 1, 9, 11절을 모두 함께 종합해볼 때 암묵적으로 거룩하지 않고, 씻음을 받지 않고, 성화되지 않고, 의롭다 함을 받지 못한 자들과 이제는 암묵적으로 씻음을 받고, 거룩하고, 의롭다 함을 받고 거룩한 형제(자매)이며 의로운 자들 간의 명백한 대조를 나타내는 것을 보면 분명히 알 수 있다.

으로의 **변화, 회심**을 의미하며, 이로써 불의를 행하는 것에서 기독론적인 형태의 정의를 행하는 것으로의 **전환**을 의미한다.[63]

그런데 그 무엇보다도 이러한 십자가를 본받는 정의란 특히(비록 전적으로는 아니지만) 가정 안에서 불의를 자행하기보다는 불의를 흡수하는 것을 의미한다. 칭의는 불의한 자를 정의로운 자로 만든다. 즉 고린도후서 5:21에서 말하듯이, 칭의는 사람을 하나님의 정의로 변화시키는 신적 행위다. 사람들은 하나님의 은혜와 능력으로 십자가상에서 나타난 하나님의 정의를 실천할 수 있게 된다. 여기서도 우리는 하나님의 행위와 직면하는데, 그는 고린도전서 6:11에 등장하는 수동태 동사들의 암묵적 행위자다. "너희가 씻음을 받고, 거룩함을 받으며 의롭다 하심을 받았다"는 말은 "하나님이 너희를 씻기셨고, 하나님이 너희를 거룩하게 하셨고, 하나님이 너희를 의롭다 하셨다/편입시키셨다"는 것을 의미한다.[64]

따라서 이 본문은, 비록 바울이 칭의의 법적 실체와 정의의 도덕적 실체를 모두 가리키기 위해 "*dikaio-*" 어군을 사용하지만, 그는 서로 다른 두 의미를 나타내기 위해 하나의 어군을 사용하고 있다는 주장(혹은 가정)이 잘못되었음을 보여준다. 예를 들어 더글라스 무(Douglas Moo)는 이와 관련하여 다음과 같이 말한다.

---

63   Chester, *Conversion at Corinth*는 (Bultmann, Sanders, Martyn에 반하여) 이 본문에 나타난 바울의 칭의의 언어를 법정적이며 참여적인 것으로 보고, 회심(그리고 칭의)을 정체성의 변화와 더불어 이에 상응하는 행동의 변화로 보아야 한다고 올바르게 강조한다. 그의 주장은 바울의 "*dikaio-*" 어군사용을 함께 고려한다면 더욱 강화될 것이다.

64   따라서 6:11에는 삼위일체에 대한 언급이 있는데, 여기서는 그리스도와 성령과 협력하는 관계에서 주요 행위자로서 하나님 아버지를 보여준다.

        삶으로 담아내는 복음

바울은 확실히 *dikaiosynē*라는 단어를 구약과 다른 신약 저자들과의 연장 선상에서 적절한 윤리적 행동을 가리키는 데 사용할 수 있다.…그러나 나는 이러한 용례들이 바울의 "칭의" 개념에 포함되어야 한다는 확신이 없다.…바울의 "*dikaio-*" 용어 중에서 어떤 용례가 바울의 칭의 **개념**을 구축하는 구성 요소가 되어야 할까? 나는 적어도 "*dikaio-*" 용어의 서로 구별 가능한 범주—간략하게 말해서, "도덕적" 범주와 "법정적" 범주—가 건전한 통합적인 사고에 근거하여 70인역과 신약성서에서 모두 찾아볼 수 있고, 또 이 두 범주를 서로 결합시키려는 시도는 잘못되었다고 말하고 싶다.[65]

우리가 무의 견해에 공정을 기하자면, 우리는 비록 이 인용문이 고린도전서가 아닌 갈라디아서에 관한 소논문이긴 하지만, 그가 여기서 의도적으로 바울 서신에 나타난 칭의의 일반적인 "정의 문제"(definitional issue)에 관해 보다 더 광범위하게 언급하고 있음에 주목해야 한다.[66] 그리고 이것은 중요한 문제다.

만약 우리가 로마서에서 발견한 연관성이 일부 독자들을 설득하

---

65 Douglas J. Moo, "Justification in Galatians," in *Understanding the Times: New Testament Studies in the 21st Century; Essays in Honor of D. A. Carson on the Occasion of his 65th Birthday*, ed. Andreas J. Köstenberger and Robert W. Yarbrough (Wheaton, IL: Crossway, 2011), 160-95.

66 Moo, "Justification in Galatians," 175는 이 에세이의 도입부분에서 제기한 "방법론적 이슈"(161-62)에 관해 이야기한다(176). 갈라디아서에 나타난 칭의에 대한 Moo의 해석과 관련하여, 그는 갈 5:5에 언급된 "의(*dikaiosynēs*)의 소망"은 (이미 경험된 *dikaiosynē*로부터 오는 일반적인 소망이라기보다는) 미래의 *dikaiosynē*에 대한 소망에 관한 것이라고 올바르게 주장한다(186-90). 그러나 그는 *dikaiosynē*를 철저하게 법정적 의미로 해석한다. 그러나 문맥은 *dikaiosynē*의 도덕적 이해 또는 *dikaiosynē*의 법정적·도덕적 이해를 가리킬 수도 있다.

기에 불충분했다면, 우리가 검토한 고린도전서 6:1-11의 핵심적인 언어학적·신학적 측면들은 성서적 전통과 연장선상에 있는 바울이 서로 연관 지은 것을 임의적으로 서로 갈라놓는 오류를 드러낸다. 바울은 거의 무심하면서도 신학적으로는 강력한 방식으로 자신에게 있어―그리고 그가 고린도전서 6:11에서 언급할 가능성이 있는 초기 기독교 (세례?) 전승에 있어서도 상당히 어느 정도―칭의와 정의는 서로 불가분의 관계임을 드러냈다. 이러한 불가분의 관계는 단순히 인과관계만을 나타내지 않는다(그것이, 무와 다른 학자들이 제안하듯이,[67] 가능한 결과이든지 필연적인 결과이든지 간에 말이다). 오히려 이 둘은 서로 동전의 양면과도 같다. 의롭다 함을 받은 자들은 정의를 실천하며, 적어도 당연히 그렇게 해야 한다. 고린도전서 6:11에 등장하는 분명한 칭의 언어는―로마서 5:1과 다른 곳에서처럼[68] 수동태를 포함하여―본문 앞부분에서 바울이 옹호한 십자가를 본받는 정의의 주된 근거로서 바울의 글과 부드럽게 연결되며 칭의의 중요한 구성 요소로 제시된다. 칭의는 정의로운 사람들을 창조하거나, 또는 적어도 그렇게 해야만 하며, 그렇지 않을 경우에는 과연 그 사람 또는 그 공동체가 칭의를 제대로 이해했는지 의구심이 들 수밖에 없다. 심지어 그들이 과연 실제적으로 의롭다 함을 받았는지 의심해보는 것이 적절할 수도 있다.[69]

정의로운 사람들을 창조하는 것으로 이해되는 칭의는 그리스

---

67 Moo의 견해에 관해서는 "Justification in Galatians," 176-77을 보라. 또 Moo를 공정하게 평가하자면, 그는 정의와 의로 이끄는 정의와 칭의를 옹호하는 자이지만, 그는 칭의는 오로지 법정적이라는 입장을 견지하면서 이 둘을 불필요하게 분리한다.

68 롬 5:1은 "그러므로 우리가 믿음으로 의롭다 하심을 받았으니…"로 시작한다. 참조. 롬 2:13; 3:20, 24, 28; 4:2; 5:9; 8:30; 10:10; 갈 2:16(3x); 3:11, 24; 딛 3:7.

69 참조. 고후 13:5.

도인의 정체성 문제를 예리하게 제기한다. 따라서 고린도전서 6:1-11의 암묵적인 측면과 그것이 보여주는 사회적 현실은 증언의 문제를 제기한다. 정의로운 자들의 공동체의 구성원들이 자신들의 문제를 불의한 자들의 법정에 제기하면 그들은 분명히 그들의 법정에, 그리고 자신들의 행동에 대해 알고 있는 모든 이에게 무언가를 시사하고 있는 것이다. 사실 그들의 행동은 여러 가지를 시사한다. 첫째, 그들의 행동은 교회 안의 "사소한 일"을 해결할 수 있는 능력 또는 의지가 없음을 암묵적으로 시인하는 것이다. 둘째, 그들의 행동은 십자가에 못 박히신 주님의 복음에 반하는 복음을 암묵적으로 선포하는 것이다. 이러한 복음에 반하는 복음은 그리스도 안에서 역사하시는 하나님의 화해를 이루시는 사랑에 반하는 정의에 초점을 맞춘다. 더 나아가 의롭다 함을 받은 자들이 계속해서 불의를 행하면 그들의 행동은 근본적으로 그들이 부르심을 받은 하나님의 정의로 변화될 필요성이 있음을 밝히 드러내는 것이다. 그들의 행동은 그들이 여전히 하나님의 복음보다는 그들 자신의 문화에 의해 더욱 깊이 영향을 받고 있음을 모든 이에게 선포하는 것이다. 그들이 이 복음이 가져다주는 변화를 지속적으로 거부한다면, 그들의 운명은 의롭게 하시는 하나님의 정의를 한 번도 경험하지 못한 자들의 운명을 따라갈 수밖에 없다(고전 6:10).

이에 반해 그들이 이러한 변화를 허용한다면, 그들은 하나님이 이 세상(개인으로서뿐 아니라 공동체로서도)을 향해 의도하신 뜻(과 정의)을 보다 더 온전히 구현하게 될 것이다. 십자가를 본받는 정의를 실천하는 자들은 분쟁을 해결하는 대안적 방식과 관련하여 이 세상에서—그들의 친구들과 심지어는 공공 법정에서도—증인의 역할을 담당한다. 제롬 머피-오코너(Jerome Murphy-O'Connor)는 바울이 고린도 교인들에게 "그러한 분쟁들을 스스로 해결함으로써 비신자들에게 은혜의 능력을 보여줄 기회를 잡을 것"을 요구했다고 주장했다.[70] 의롭다 함을 얻은 자들은 정의화된 자들이거나(justice-ized) 또는 그렇게 되어야만 하는 자들이며, 때로는 의롭다 함을 얻은 자들이 하지 않는 것과 하는 것으로 인해 이것은 모든 이들이 아는 공공연한 사실이 되어야 한다. 이 둘은 함께 갈 수밖에 없다.

이런 의미에서 2006년에 일어난 열 명의 여학생을 살해한 충격 난사 사건에 대한 펜실베이니아주 니켈 마인스에 있는 아미쉬 공동체의 믿기 어려운 반응을 떠올리지 않을 수 없다.[71] 피해를 입은 개인뿐 아니라 끔찍한 불의에 대해 전 기독교 공동체가 즉각적으로 보인 반응은 온 세상에—그리고 전 우주적 교회에—훌륭한 증언이 되었다. 그것은 십자가를 본받는 대응이었고, 심각한 불의를 심오한 그리스도의 정의로 마주하는 대응이었으며, 지금도 여전히 그러한 대응으로 남아 있다. 보복을 위한 부르짖음도, 법적 고소도 없었다. 오로지 용서와 환대와 사랑뿐이었다. 그리고 오늘날까지도 그 영향력은 다양한 방식으로 지속되고 있는데, 특히 총을 난사한 찰스 칼 로버츠 4세의 어머니 안에서, 그리고 그를 통해 나타나고 있다. 테리 로버츠는 끔찍한 사건 이후에 용서의 능력과, 치유와 기쁨의 가능성에 관한 그녀 가족의 경험을 나누는 사역을 시작했다.

고린도전서 6:1-11과 이제 우리가 곧 다룰 나머지 본문에서 바

---

70   Jerome Murphy-O'Connor, *Paul: A Critical Life* (New York: Oxford University Press, 1996), 285.

71   Donald B. Kraybill, Steven M. Nolt, and David L. Weaver-Zercher, *Amish Grace: How Forgiveness Transcended Tragedy* (San Francisco: Jossey-Bass, 2007)를 보라.

울은 하나님의 백성들 사이에서 벌어지는 불의를 지적하고, 그들을 불의에서 정의로 불러내는 예언자적(그리고 사도적) 임무를 수행한다. 아마도 바울은 상당히 중요한 의미에서 아미쉬와 같았다.

고린도전서 8:1-11:1/권리 주장과 십자가를 본받는 사랑의 포기로 나타난 불의

"*dikaio-*"어군의 단어가 고린도전서 6:1-11에 대거 등장한 데 비해 8:1-11에서는 전혀 다른 양상을 보인다. 사실 이 세 장에서는 이 어군에 속한 그 어떤 단어도 등장하지 않는다. 그러나 이러한 사실은 바울의 사고에서 정의의 부재를 나타내는 표시로 여겨져서는 안 된다. 이것은 바울이 사랑하지 못하는 것(8:1, 암묵적으로 "강한 자"의 편에서)을 공동체 안에서, 이번 경우에는 보다 더 구체적으로 약한 자들을 향한 불의로 나타나는 또 다른 *adikia*로 본다는 것을 다양한 요소를 통해 분명히 알 수 있다. 이러한 요소에는 6:5-8에서처럼 "형제"라는 단어 (8:11-13에서 네 차례: *adelphos*, NRSV의 "신자들", "가족", 그리고 대명사 사용으로 사라진) 사용과 "약한 자"라는 단어의 빈번한 사용(8:7-12에서 다섯 차례) 등이 포함된다. 이것은 친한 자들 간의 부적절한 권력 관계를 나타내는 용어-가정 폭력 용어-다.

이러한 구체적인 상황은 고린도의 일부 교인들이, 오직 한 분 하나님만 존재한다고 알고 있기에, 신학적 지식이 부족한 다른 이들에게 어떠한 영향을 줄지를 전혀 고려하지 않은 채, 이교도 신전 경내에서 고기를 먹는 것을 지속적으로 주장했기 때문에 발생했다(고전 8:1-13). 바울은 후자 그룹을 "약한 자들"이라고 부르는데, 이는 그들의 양심이 "약하기" 때문이다(8:7, 9, 10, 12). 그는 약한 자들에 대한 이러한 몰이해한 행동을 형제들과 그리스도에게 동시적으로 죄를 짓는 것으로 간주하고(8:12), 언약의 수직적 의무와 수평적 의무는 서로 불가분의 관계임을 다시 한번 강조한다.

성서적 정의에 대한 일반적인 논의와 하나님의 공의의 계시로서의 십자가에 대한 논의에서 이미 살펴보았듯이, 바울을 포함한 성서 저자들에게 있어 정의란 사랑의 정반대가 아니라 사랑의 구체적인 표현이다. 우리는 이러한 사랑을 "정의로운 사랑" 또는 십자가를 본받는 정의라고 부를 수 있을 것이다. 여전히 이교도 신전에 가겠다고 주장하는 고린도 교인들은 NRSV와 NAB가 "자유"(liberty)로 번역한 "권리"(exousia; 8:9)의 기치를 높이 든 것이었다.[72] 이것은 받을 자격이나 권리라는 의미에서 정의의 언어다. 따라서 약한 자를 대하는 것에 관해 권면하면서 바울은 고린도 교인들에게 십자가에 뿌리를 두고, 정의로운 사랑을 실천적으로 보여줌으로써 타인의 유익을 위해 스스로 권리를 포기하는 반직관적인 정의/사랑을 실천할 것을 촉구한다.

8:13에서 시작해서 9장에 이르기까지 바울은 우리가 3장에서 이미 살펴보았듯이 타인을 존중하는 사랑, 곧 자신에게 주어진 권리를 스스로 포기하는 사랑의 패러다임(9:4-6, 12, 15, 18)으로서 자기 자신을 하나의 예로 제시한다.

[12]…우리가 이 권리를 쓰지 아니하고 범사에 참는 것은, 그리스도의 복음

---

72 우리는 여기서 그리고 고린도전서 전반에 걸쳐 얼마나 많은 이들이 바울이 언급한 다양한 죄악에 실제로 동참하고 있는지 알지 못한다. 그러나 바울은 Heschel에 의해 밝혀진 예언자적 원칙을 적용하고 있는 것으로 보인다 "잘못은 소수에게 있지만, 책임은 모두에게 있다"(The Prophets, 17).

에 아무 장애가 없게 하려 함이로다.…[15]그러나 내가 이것[재정적 지원, 배우자 동반]을 하나도 쓰지 아니하였고, 또 이 말을 쓰는 것은 내게 이같이 하여 달라는 것이 아니라, 내가 차라리 죽을지언정 누구든지 내 자랑하는 것을 헛된 데로 돌리지 못하게 하리라. [19]내가 모든 사람에게서 자유로우나 스스로 모든 사람에게 종이 된 것은 더 많은 사람을 얻고자 함이라(고전 9:12b, 15, 19).

바울에게 있어 이와 같은 권리 포기는 복음 전파를 위한 선교적 실천임이 분명하며, 이것은 구체적으로 십자가에서 나타난 그리스도의 사랑의 복음에 그 뿌리를 두고 있다. 고린도전서 9:19 본문은 빌립보서 2:6-8에 대한 반향이다.

[6]그[그리스도]는 근본 하나님의 본체시나, 하나님과 동등됨을 취할 것으로 여기지 아니하시고, [7]오히려 자기를 비워 종의 형체를 가지사 사람들과 같이 되셨고, [8]사람의 모양으로 나타나사 자기를 낮추시고 죽기까지 복종하셨으니, 곧 십자가에 죽으심이라.

그리스도의 십자가의 사랑은 바울의 삶을 형성했다. 그런 의미에서 그는 **복음을 구현했고, 고린도 교인들도 이와 같이 할 것을 권면하고 있다.** "내가 그리스도를 본받는 자가 된 것 같이 너희는 나를 본받는 자가 되라"(고전 11:1). 그는 그들의 불의가 그 자신의 사역을 통해 중재된 그리스도의 능력과 본으로 인해 십자가를 본받는 정의로 변화되기를 원한다.

따라서 고린도 교인들도 복음을 구현해야 하며, 선교적 목적을 위해 약한 형제자매들 가운데 아무도 멸망하거나 그리스도로부터 끊어지지 않도록 해야 한다(8:9-12).[73] 더 나아가 바울은 교회 밖을 바라보면서 그 공동체의 구성원이 아닌 이들의 집에서 먹는 음식과 관련하여 그들의 문화적 상황에서 비신자들과 선교적으로 교류하는 차원에서 그들을 권면한다. 바울은 집주인이 이교도 신전의 제사에서 가져온 고기임을 밝히지 않는 한, 비신자들의 집에서 주는 고기는 그 어떤 것이라도 먹으라고 권면한다(고전 10:27-33). 재차 강조하지만, 타인(이 경우에는 비신자)의 유익을 위해 십자가를 본받는 정의의 복음을 구현하는 것(즉 그리스도의 죽음과 바울의 삶을 본받는 것)은 자신의 권리, 욕망, 심지어는 절대적으로 용납될 수 있는 습관까지도 포기하는 것을 의미할 수도 있다(10:23-24). 그렇다면 이것 역시 복음에 뿌리를 둔 복음 전파를 위한 선교적 실천이다. 의도적인 복음전도라는 의미에서 사도적 복음 선포는 아니지만, 이것 역시 선교를 위한 삶이며, 복음을 선포하는 것이다. 바울은 고린도 교인들이 바로 이러한 방식으로 자기를 닮기 원한다. "유대인에게나 헬라인에게나 하나님의 교회에나 거치는 자가 되지 말고, 나와 같이 모든 일에 모든 사람을 기쁘게 하여 자신의 유익을 구하지 아니하고, 많은 사람의 유익을 구하여 그들로 구원을 받게 하라"(고전 10:32-33).

바울은 우리에게, 교회 안에서나 밖에서, 우상에게 제물로 드린 고기 문제와 그런 활동이 타인에게 미친 영향과 관련하여 문화적으로

---

73 나는 다시 한번 여기서 "선교적"이라는 단어를 Michael Barram, *Mission and Moral Reflection in Paul,* Studies in Biblical Literature 75 (New York: Peter Lang, 2006)가 올바르게 제시한 의미—바울이 하나님의 선교에 참여할 때 그의 모든 사도적 활동을 묘사하는 단어—로 사용한다.

적절한 유비를 포착하는 것은 기독교에 속한 모든 개인과 공동체에 필요하다고 말할 것이다. 이것은 일종의 잘 수련된 성서적 상상력과 변화되고자 하는 준비된 자세—그리스도와 복음을 더욱더 깊이 닮아가는—를 요구한다. 이것은 무언가 영원히 간직될 수 있도록 요구되는 것이 아니다. 복음을 구현한다는 것은 언제나 각자에게 주어진 문화에 대한 세밀한 석의와 성서의 본문을 신중하게 읽는 것을 요구한다. 그리고 이 두 가지는 상상력의 회심과 매일의 실존의 회심으로 인도한다.[74]

고린도전서 11:17-34/성만찬의 파괴로 나타난 불의

이제 고린도전서 10장 말미에 언급된 "하나님의 교회"와 특히 예수가 주인이자 손님이신 고린도 교회의 성만찬 행위(고전 11:17-34에서 논의됨)로 다시 돌아가자. 바울에게 있어 성만찬의 문제가 연루되어 있는 고린도 교회의 상황은 여러 측면에서 득이 되기보다는 해가 될 것이 더 많은 매우 심각한 상황이다(17절).

첫째, 성만찬을 위한 고린도 교인들의 모임은 파당 짓기를 좋아하는 그들의 근성을 부추긴다(18절). 둘째, 식사는 더 이상 성만찬이 아니라 사적 식사의 집합체(conglomeration)가 되어버렸다(20-21a). 셋째, 비록 바울이 "*dikaio-*"어군의 단어를 사용하지는 않지만, 이러한 파당주의와 사리사욕의 결합이 공동체 안에 있는 "빈궁한 자들"(22절; *tous mē echontas*)에게 직접적인 피해를 주기 때문에, 이것 또한 또 다른 부당한 행동(술 취함은 말할 것도 없고, 21절)임에 틀림없다. 6:1-11에

74　"성서적 상상력"과 "상상력의 회심"이라는 용어와 관련하여 나는 Richard B. Hays의 학문적이고 교회적인 다양한 저작에 빚을 졌다.

서 다룬 상황과는 다르지만, 8:1-11:1의 상황과 유사한 이번 경우는 분명히 약한 자들과 취약한 자들에 대한 불의의 문제다. 여기서 우리는 바울의 분노를 뚜렷하게 느낄 수 있다. "너희가 먹고 마실 집이 없느냐? 너희가 하나님의 교회를 업신여기고 빈궁한 자들을 부끄럽게 하느냐? 내가 너희에게 무슨 말을 하랴? 너희를 칭찬하랴? 이것으로 칭찬하지 않노라"(22절).

불평등한 대우를 받아서 부당한 취급을 받는 자들은, 아이러니하게도, 바로 식탁의 주인이신 주 예수가 십자가에서 그들과 하나가 되었고, 고린도에서 하나님의 부르심을 받은 사람들이다(1:18-31). "하나님께서 세상의 약한 것들을 택하사 강한 것들을 부끄럽게[kataischynē) 하려 하[신]" 반면(1:27b), 고린도 교회의 강한 자들은 이제 하나님의 정의와 정반대되는 방식으로 행동하며 약한 자들을 부끄럽게[kataischynete]) 하고 있다(11:22). 따라서 이 식사는 그 식탁의 주인이 그의 식탁에서 이러한 불의가 자행되는 것을 용납하지 않을 것이며, 이를 용납하지 않기 때문에, 이 식탁은 결코 성만찬이 될 수 없다. 이 식사는 보잘것없는 자들에게 "더 이상 그리스도의 죽음을 가리키지 않는다."[75]

따라서 바울은 주님—그의 정체성은 결코 십자가상에서의 죽음과 절대 분리될 수 없다(고전 2:2)—이 그 자리에 계시지 않는다는 것을 암시한다. 왜냐하면 고린도 교인들은 근본적으로 십자가를 본받지 않는 방식으로 손님을 대하고, 또 이로써 성만찬을 파괴함으로써 십자가에 못 박히신 주님을 몰아냈기 때문이다. 특정 고린도 교인들

---

75   Hays, *First Corinthians*, 200.

은 자신들이 주님의 임재와 호의를 독점한다고 생각했지만, 바울은 대신 그들이 사도적(11:22), 그리고 특히 신적 심판 아래 있다고 말한다(11:27-31). 예언자들과 마찬가지로 바울 역시 동일하다. 공동체에 대한 하나님의 심판은 그들이 가난한 자들과 소외된 자들을 어떻게 취급하느냐에 근거한다.

바울이 우상숭배뿐 아니라(10:1-22) 불의한 행위도 주 예수와의 교제(*koinōnia*; 10:16-21)와 양립할 수 없다는 것에 대해 이처럼 강하게 발언한 것은 가히 주목할 만하다. 그들이 광야에서 우상숭배와 성적 부도덕함(*porneia*)을 자행한 하나님의 백성들의 운명을 따를 수밖에 없다는 10장의 경고(10:1-14)는 이제 고린도 교회의 약한 자들을 향해 불의를 행하는 자들에게로 옮겨갔다. 죽음으로 부서진 그리스도의 한 몸과 진정한 교제를 나누거나 또는 그 몸에 참여하는 것(1:16)은 주님의 십자가에 근거하여 약한 자들의 편에 서는 삶과 더불어 그리스도의 한 몸인 교회의 실재(10:17; 11:29)를 보여주어야만 한다.

고린도후서 9장에서와 마찬가지로(아래의 논의를 보라), 바울은 신자들 간의 불평등을 불의로 보기도 하고 정의 실천의 기회로 보기도 한다. 고린도 교회의 상황이 심각함에도 불구하고, 아니 어쩌면 그 심각함 때문에, 바울은 고린도 교인들에게 소망을 제시한다. 즉 만약 그들이 그들의 방식을 바꾸고 약한 자들을 잘 영접하고(11:33), 이로써 그 몸(즉 교회의 약한 구성원들을 잘 보살펴야 하는 그리스도의 몸; 29절; 참조. 12:22-26)의 중요성을 잘 인식하면, 그들은 최종 심판을 면하게 될 것이다(32-33절). 그렇게 약한 자들을 존중함으로써 그들은 진정으로 예수를 기념하게 되고, 그의 죽음이 가져다준 새 언약에 참여하며, 말과 행동으로 모두 그 죽음을 선포할 것이다(24-26절). 그렇게 되면 고린도 공동체는 "매일의 삶에서 성만찬을 반복하고 지금도 정의를 실천하고 있는 성도들과 매번 새롭게 교제를 해나갈 수 있게" 될 것이다.[76]

비록 바울이 (이런 일이 벌어졌을 것으로 추정되는) 그 성만찬에서 구체적으로 외부 사람들이나 혹은 선교적으로 이러한 행동이 가져다 줄 만한 부정적인 영향에 관해 언급하지는 않았지만, 고린도 공동체에도 때때로 "방문객"이 있었다는 것을 알고 있다(고전 14:16, 21-25). 내부에서 일어나는 불의도 교회의 증언에 피해를 주는 심각한 외적 결과(이를 뒷받침해줄 만한 최근의 예는 헤아릴 수 없을 만큼 차고 넘친다)를 초래했을 가능성이 있다. 더군다나 만약 어떤 공동체가 이러한 불의한 행동을 자기 구성원들—다름 아닌 자기 **가족** 구성원들—에게 행할 수 있다면, 그들은 또 얼마나 공개적으로 복음을 잘못 구현할 수 있겠는가? 누구에게라도 걸림돌이 되지 않으려는 바울의 마음(고전 10:32) 역시, 확대 적용하자면, 분명히 여기서도 어느 정도 연관이 있어 보인다.

고린도전서 12장/약한 자들을 위한 정의의 현장인 그리스도의 몸

교회를 그리스도의 몸으로 보는 고린도전서 12장의 유명한 본문은 종종 단일성과 다양성, 혹은 "다양성과 상호의존성"에 관한 것으로 알려져 있다.[77] 그러나 바울에게도 중요했던 만큼 이 본문은 그가 1장에서부터 서술하고 지시해왔던 정의의 실천을 반복하며 강조한다. 예

---

76   Luise Schottroff, "Holiness and Justice: Exegetical Comments on 1 Corinthians 11.17-34," *Journal for the Study of the New Testament* 79 (2005): 51-60 (60). R. Alan Street 는 바울(누가 역시)에게 있어 성만찬은 반제국적인 식사이며, 이로써 로마의 이념과 실천은 도전을 받고, 하나님 나라의 원리와 실천은 증진된다고 주장한다(*Subversive Meals: An Analysis of the Lord's Supper under Roman Domination during the First Century* [Eugene, OR: Pickwick, 2013]).

77   Hays, *First Corinthians*, 213.

언자들의 가르침과 그리스도 안에서 이루어진 하나님의 행위와의 연장선상에서 바울은 단순히 이것이 "우리가 행하는"것이라고 주장하면서 "약하고…덜 귀하고…덜 존중받는" 지체들을 "반드시 있어야만 하는", "더 큰 영예[와] 존중"을 받는 지위로 승격시킨다(22-24a).

그러나 물론 바울의 관점에서 이것은 하나님이 이미 우리에게 행하신 것 때문에 "우리"가 행하는 것이다. "오직 하나님이 몸을 고르게 하여 부족한 지체에게 귀중함을 더하사"(24b). 교회는 고난당하는 자들과 같이 가장 취약한 이들에게 특별한 관심을 보이면서 상호 돌봄을 통해 이러한 정의를 실천하는 만큼(25-26절) 하나님의 십자가를 본받는 정의에 참여한다. 따라서 바울의 십자가를 본받는 정의와 십자가를 본받는 교회론—약한 자들을 위한 정의의 현장으로서의 교회—은 궁극적으로 그의 십자가를 본받는 신론—그의 하나님에 관한 교리—에 그 뿌리를 두고 있다.[78] 재차 강조하지만, 바울은 하나님을 약한 자들의 하나님으로, 그리고 우리의 생각과 다르게 생각하시는 하나님으로 보는 성서의 증언을 반향한다. 바울은 이러한 하나님의 생각을 그리스도의 마음으로 본다.

하지만 또 다른 경우 바울은 그리스도의 몸을 이루는 것의 선교적 측면을 **명시적으로** 언급하지 않는다. 그러나 만약 그리스도의 몸이 은유가 아니라 실체—오늘날 이 세상에서 그리스도의 정체성—라면, 그리스도의 몸을 이루는 것에 대한 선교적 결과는 불가피하게 뒤따를 수밖에 없다. 몸이 자신을 돌보며 올바르게 기능하듯이(또는 그렇게 못하듯이) 이 몸은 이 세상에서 그리스도의 지속적인 임재로서 그렇게 하

---

[78] 이에 관해서는 나의 *Inhabiting the Cruciform God*, esp. 9-39; *Cruciformity*, 9-18을 보라.

는 것이다. 그렇기 때문에 그리스도는 "내부인들"이 서로 어떻게 대하느냐에 따라 "외부인들"의 평가를 받는다. 바울은 요한복음에 기록된 예수의 말씀에 전적으로 동의한다.

> [20]내가 비옵는 것은 이 사람들만 위함이 아니요, 또 그들의 말로 말미암아 나를 믿는 사람들도 위함이니, [21]아버지여, 아버지께서 내 안에, 내가 아버지 안에 있는 것 같이 그들도 다 하나가 되어 우리 안에 있게 하사 세상으로 아버지께서 나를 보내신 것을 믿게 하옵소서. [22]내게 주신 영광을 내가 그들에게 주었사오니, 이는 우리가 하나가 된 것 같이 그들도 하나가 되게 하려 함이니이다. [23]곧 내가 그들 안에 있고 아버지께서 내 안에 계시어 그들로 온전함을 이루어 하나가 되게 하려 함은, 아버지께서 나를 보내신 것과 또 나를 사랑하심 같이 그들도 사랑하신 것을 세상으로 알게 하려 함이로소이다(요 17:20-23).

이제 고린도후서의 두 본문으로 넘어가자.

고린도후서 5:21/하나님의 정의로서의 교회

만약 고린도전서 12장이, 길게 전개된 논증임에도 불구하고, 바울 서신 가운데 가장 명확한 본문 중 하나로 여겨진다면, 고린도후서 5:21은, 그 간결성에도 불구하고, 해석자들에게 가장 난해한 본문 중 하나로 꼽힌다.

하나님이 죄를 알지도 못하신 이를 우리를 대신하여 죄로 삼으신 것은, 우리로 하여금 그[그리스도] 안에서 하나님의 의[*dikaiosynē*]가 되게 하

려 하심이라.[79]

이 본문에서 가장 주목해야 할 것은, 모나 후커(Morna Hooker)
가 이미 지적했듯이, 이 본문이 바울의 "상호교환" 본문 가운데 하나
라는 것이다.[80] 바울의 상호교환 본문은 "우리가 그리스도와 같이 되
게 하기 위해 그리스도가 인간의 상태와 같이 되었다"는 개념을 전달
한다.[81] 후커에게 있어 상호교환은 대체가 아니라 그리스도의 대표성
과 우리의 참여를 의미한다. 상호교환 본문은 그리스도가 성육신 그리
고/또는 죽음을 통해 우리의 현실에 참여함으로써 우리와 같이 되고,
이로써 우리가 그와 같이 되며 그의 현실에 참여하는 것을 묘사한다.[82]
여기서 말하는 현실은 그리스도가 우리를 위해 "하나님으로부터 오신

---

79 표준 역본 가운데 그 어떤 것도 *dikaiosynē*를 "정의"로 번역하지 않는다. 놀랍게도, NJB는
이것을 "강직함"(uprightness)으로 번역한다. 이 본문에 대한 보다 더 자세한 논의로는 나
의 "Paul's Corporate, Cruciform, Missional Theosis in Second Corinthians," forthcoming
in *'In Christ' in Paul: Explorations in Paul's Theology of Union and Participation*, ed. Kevin
J. Vanhoozer, Constantine R. Campbell, and Michael J. Thate, WUNT 2 series (Tübingen:
Mohr Siebeck, 2014)을 보라. 이와 같은 간략한 해설과 잘 조화를 이루는 다른 해석으로
는 특히 Grieb, "So That in Him,'"; Morna D. Hooker, "On Becoming the Righteousness of
God: Another Look at 2 Corinthians 5:21," *Novum Testamentum* 50 (2008): 358-75를
보라.

80 Morna D. Hooker, "Interchange in Christ" and "Interchange and Atonement," in *From
Adam to Christ: Essays on Paul* (New York/Cambridge: Cambridge University Press,
1990), 13-25 and 26-41; "On Becoming the Righteousness of God."

81 Hooker, *From Adam to Christ*, 26.

82 또한 갈 3:13a("그리스도께서 우리를 위하여 저주를 받은바 되사, 율법의 저주에서 우리를
속량하셨으니"); 고후 8:9("우리 주 예수 그리스도의 은혜를 너희가 알거니와 부요하신 이
로서 너희를 위하여 가난하게 되심은, 그의 가난함으로 말미암아 너희를 부요하게 하려 하
심이라"); 고후 5:21과 상당히 유사한 롬 8:3-4("율법이 육신으로 말미암아 연약하여 할
수 없는 그것을 하나님은 하시나니, 곧 죄로 말미암아 자기 아들을 죄 있는 육신의 모양으
로 보내어 육신에 죄를 정하사 육신을 따르지 않고 그 영을 따라 행하는 우리에게 율법의
요구가 이루어지게 하려 하심이니라")을 보라.

지혜와 의", 또는 정의(dikaiosynē; 고전 1:30)가 되셨음을 의미한다. 고린도전서 1:30을 고린도후서 5:21과 연결하면 우리는 하나님의 구원하시는 정의가 그리스도 안에 계셔서 우리가 그 안에서 바로 그 하나님의 구원하시는 정의를 구현할 수—참여할 수—있는 결과를 가져다준다고 결론지을 수 있다. 고린도후서 5:21에서 언급된 상호교환은 그리스도의 죽음에 대한 언급으로 이해되어야 하며, 이는 성육신과 그리스도 사건 전체를 모두 포함하는 보다 더 큰 화해 내러티브의 일부다. "하나님께서 그리스도 안에 계시사 세상을 자기와 화목하게 하시며…"(5:19 NRSV 수정). 5:21의 "우리"는 단지 바울과 그의 동료들만을 가리키는 것이 아니라 모든 고린도 교인들을 비롯해 시공간을 초월하여 모든 인간을 가리킨다.[83] 따라서 상호교환 본문으로서 고린도

---

83 소수의 해석자들은 고후 5:21의 "우리"가 그리스도의 몸 전체를 모두 포함하지 않는다고 주장하면서 이 단어를 바울과 그의 동료들로 한정한다(N. T. Wright, "On Becoming the Righteousness of God: 2 Corinthians 5:21," in *Pauline Theology; Volume 2: 1 and 2 Corinthians*, ed. David M. Hay [Minneapolis: Fortress, 1993], 200-208을 보라). 비록 고린도후서에 등장하는 "우리"("we"/"us")가 몇 군데에서 해석하기가 상당히 까다로울 순 있지만, 우리가 바울이 새로운 형태의 제한적인 속죄(!)—"베드로, 야고보, 요한, 디도, 디모데, 유니아, 나, 그리고 아마 몇몇 다른 사람들을 위해 하나님은 죄를 알지 못한 자로 그를 죄가 되게 하셔서 그 안에서 우리 사도들이 하나님의 정의의 복음을 전파함으로써 하나님의 의가 되게 하셨음이라"—로서 그리스도가 단지 사도들만을 위해서 죽었다고 말하는 것으로 상상하지 않는 한, 여기서 이 단어는 모든 사람을 포함한다는 것이 꽤 명백해 보인다. 이것은 아마도 바울의 마음을 제대로 표현해줄 개연성이 거의 없다. 예컨대 바울의 "우리"가 더 광범위한 의미를 갖고 있는 견해에 관해서는 Frank J. Matera, *II Corinthians: A Commentary*, New Testament Library (Louisville: Westminster John Knox, 2003), 144를 보라. Hooker("Becoming the Righteousness of God")는 비록 여기서와 고린도전서 다른 곳에서 종종 언급되는 "우리"가 바울과 그의 동료들을 가리키긴 하지만, 사도 바울의 삶과 사역은 모든 그리스도들을 위한 모본으로 제시된 것이라고 생각한다. "이 여러 장에 걸쳐 사용된 1인칭 복수는 특별히 바울에게 적용된다. 그는 지금 자신의 경험을 묘사하고 있다. 하지만 그가 지금 말하고 있는 것은 일반적인 그리스도인들에게도 적용된다—또는 적용 **되어야** 한다! 복음의 패턴은 **모든** 이들의 삶에 나타나야 한다"(365). 바울의 사역이 하나님의 의를 구현한다는 점도 참조하라. "그럼에도 불구하고 하나님의 의를 구현하는 것은 '우리'이며, 따라서 이 하나님의 의는 사도들의 삶에서뿐만 아니라, **모든** 신자들의 삶에서 나타나야 한다"(373).

후서 5:21은—수 세기에 걸쳐 진행된 이 본문에 암시된 속죄 및 칭의 교리에 관한 논쟁에도 불구하고—근본적으로 참여와 변화에 관한 본문이다. 이 본문의 불가분한 두 가지 측면을 강조하는 핵심 단어는 다름 아닌 "그 안에"(en autō; 참여)와 "되다"(genōmeta; 변화)이다.

변화라는 주제는 문맥상 "더 이상"(16절, 개역개정에는 생략되어 있다—역자 주)과 "새로운 피조물"(17절)이라는 단어에 의해 강화된다.

> [16]그러므로 우리가 이제부터는 어떤 사람도 육신을 따라 알지 아니하노라. 비록 우리가 그리스도도 육신을 따라 알았으나, 이제부터는 그같이 알지 아니하노라. [17]그런즉 누구든지 그리스도 안에 있으면 새로운 피조물이라. 이전 것은 지나갔으니, 보라, 새 것이 되었도다!(고후 5:16-17)

따라서 이 본문에 대한 다음과 같은 리처드 헤이스(Richard Hays)의 강력한 주장은 절대적으로 타당하다.

> [바울은] "우리가 하나님의 의에 **관해 알 수 있다**"거나, 또는 "우리가 하나님의 의를 **믿을 수 있다**"거나, 심지어는 "우리가 하나님의 의를 **받을 수 있다**"고 말하지 않는다. 그보다는 교회가 하나님의 의가 **되어야** 한다. 즉 교회가 예수 그리스도의 세상을 화해시키는 사랑을 그 삶 속에서 구현하는 곳에 비로소 새 창조가 드러나게 되는 것이다. 교회는 하나님의 의를 체현한다.[84]

---

84   Richard B. Hays, *The Moral Vision of the New Testament: Community, Cross, New Creation; A Contemporary Introduction to New Testament Ethics* (San Francisco: HarperCollins, 1996), 24.

따라서 만약 고린도후서 5:21이 칭의와 속죄에 관한 것이라면 (내가 그렇다고 생각하듯이), 바울이 이해하는 각 "교리"는 참여와 변화를 모두 포함한다.

참여라는 주제는 본문의 내러티브 논리에 의해 더욱 강화된다. 하나님은 우리와 같이 되신 그리스도 안에 계셨고, 이제 그리스도 안에 있는 우리는 하나님과 같이 될 수 있다. 사실은 이것이 바로 하나님께서 그리스도 안에서 행하신 화해 행위의 목적("~하기 위하여"; *hina*, 21절)이었다. 하나님께서 그리스도 안에서 우리의 인성에 참여하심으로 우리가 그리스도 안에서 하나님의 신성—구체적으로 하나님의 *dikaiosynē*, 하나님의 정의—에 참여할 수 있게 되었다. (이 책의 서론 ["초대"]에서 이미 지적했듯이, 이렇게 하나님의 성품에 참여하는 것을 특징짓는 한 가지 방식은 "테오시스"라는 용어를 사용하는 것이다.[85]) 로마서 5:1-11에서처럼, 화해 용어와 "*dikaio-*" 용어는 함께 나란히 등장한다. 하나님이 인간의 죄를 그들에게 돌리지 아니한 것(19절)과 그들을 변화시키려는 하나님의 계획(17, 21절)은 서로 분리된 행위가 아니라 하나로 통일된 구원의 행위다. 바울의 다른 본문에서처럼 여기서도 법정적 용어와 참여적 용어가 서로 만난다. 칭의와 정의가 서로를 포용한다. 그리고 후커가 앞에서 지적했듯이 우리의 목적과 가장 부합하는 것은 바로 참여와 **선교**가 서로를 포용한다는 것이다. 아니 이 책 도입 부분에서 언급했던 말을 재차 반복하자면, 테오시스와 선교는 서로를 포용한다.

---

85 로마서에 관해 다룰 장에서 우리는 교회가 하나님의 신성에 참여하면서도 언제나 창조주가 아닌 피조물로 남아 있어서 하나님의 생명에 변혁적으로 참여하는 내용에 관해 더 자세히 다룰 것이다.

캐서린 그립(Katherine Grieb)의 말을 빌리자면, 바울의 요점은 이렇다. "하나님이 그리스도 안에서 성취하신 '새 창조/새 피조물'은 이전에는 불가능했기에 상상조차 할 수 없었던 영적 능력을 힘입은 실재, 곧 (고린도) 공동체 내에서 실현된 하나님 자신의 언약적 의에 속한다."[86] 다시 말하면 고린도 교인들은 그들이 포용한—아니 더 낫게 말하자면 그들을 포용한—복음을 구현할 수 있다. 바울은 인간의 가장 큰 특권이 바로 이 새 창조의 일환이 되는 것이며, 인류를 향한 하나님의 목적에 참여하는 것, 곧 이 세상에서 하나님의 구원하시고, 화해시키시며, 회복시키시는 정의를 구현하는 것이라고 말한다.

그렇다면 하나님의 정의를 구현한다는 것은 무엇을 의미하는가? 이것은 수많은 답변을 지닌 질문이며, 이 질문은 언제나 상상력이 풍부한 응답자를 찾고 있다. 그러나 바울은 고린도후서에서 교회가 하나님의 정의를 구현하는 교회가 되는 구체적인 "현장"의 예 하나를 제시한다.

고린도후서 8-9/은혜롭고 참여적인 경제적 정의

고린도후서 8장과 9장은 바울이 고린도 교인들에게 예루살렘 교회를 위한 모금에 동참해줄 것을 호소하는 내용을 담고 있다. 구체적으로 바울은 그들에게 그러한 헌신에 힘쓰기로 했던 그들의 이전 약속을 지킬 것을 촉구한다. 그리스어는 바울이 고린도에 있는 의롭다 함을 받은/정의롭게 된 공동체를 향해 정의 실천을 촉구할 때 언어유희를 사용할 또 다른 기회를 바울에게 제공한다. 고린도후서 8-9장에서

---

86   Griebe, "So That in Him," 66.

바울은 종종 "은혜"로 번역되는 *charis*라는 단어를 다양하면서도 서로 연결된 의미(자선, 관대, 관대한 행동, 감사 등)로 열 차례 사용한다.[87]

바울은 아마도 하나님의 자비(히브리어 *hesed* 및 이와 어원이 같은 단어로 표현되는)라는 성서적 의미와, 관대한 성격과 관대한 선물과 수혜자에 대한 감사 표시와 빚진 마음을 나타낼 수 있는 *charis*의 동시대 그리스-로마 용법에 모두 의존할 개연성이 있다.[88] 아울러 바울은 동족어인 *eucharistia*, "감사"를 두 차례 사용하고, 9:9에서는 가난한 자들에게 관대함을 표현함으로써 정의(*dikaiosynē*)가 실현되는 것에 관해 이야기하는 시편 112:9(LXX 111:9)을 인용한다. 따라서 이 장들은 교회가 하나님의 정의를 구현하는 것이 어떤 의미인지를 보여주는 한 가지 좋은 예를 제시한다(5:21).

이러한 웅변적인 수사학적 문단은 길게 인용될 가치가 있다. 나는 여기서도 NRSV를 인용하지만, "의"(righteousness)를 "정의"(justice)로 교체한다. 그리고 나는 이 단어와 "은혜"(NRSV는 이 단어를 다양하게 번역함) 및 "감사"(*eucharistia*)는 볼드체로 강조한다.

8장 ¹형제들아, 하나님께서 마게도냐 교회들에게 주신 **은혜**[*charin*]를 우

---

87 8:1, 4, 6, 7, 9, 16, 19; 9:8, 14, 15.

88 따라서 불행하게도 영역본들은 항상 본문에 담겨 있는 모든 언어학적·신학적 연관성을 드러내지 못한다. 이 두 장에 나타난 카리스(*charis*)의 연속적 용례는 롬 5장에 버금간다. 고린도후서의 이 단락에 대한 풍부한 신학적 석의로는 Richard B. Hays, *Echoes of Scripture in the Letters of Paul* (New Haven: Yale University Press, 1989), 87-91; John M. G. Barclay, "Manna and the Circulation of Grace: A Study of 2 Corinthians 8:1-15," in *The Word Leaps the Gap: Essays on Theology and Scripture in Honor of Richard B. Hays*, ed. J. Ross Wagner, C. Kavin Rowe, and A. Katherine Grieb (Grand Rapids: Eerdmans, 2008), 409-26을 보라.

리가 너희에게 알리노니, ²환난의 많은 시련 가운데서 그들의 넘치는 기쁨과 극심한 가난이 그들의 풍성한 연보를 넘치도록 하게 하였느니라. ³내가 증언하노니 그들이 힘대로 할 뿐 아니라 힘에 지나도록 자원하여, ⁴이 **특권**[charin]과 성도 섬기는 일에 **참여함**[koinōnia]에 대하여 우리에게 간절히 구하니, ⁵우리가 바라던 것뿐 아니라 그들이 먼저 자신을 주께 드리고, 또 하나님의 뜻을 따라 우리에게 주었도다. ⁶그러므로 우리가 디도를 권하여 그가 이미 너희 가운데서 시작하였은즉, 이 **관대한 일**[charin]을 그대로 성취하게 하라 하였노라. ⁷오직 너희는 믿음과 말과 지식과 모든 간절함과 우리를 사랑하는 이 모든 일에 풍성한 것 같이 이 **관대한 일**[chariti]에도 풍성하게 할지니라. ⁸내가 명령으로 하는 말이 아니요, 오직 다른 이들의 간절함을 가지고 너희의 사랑의 진실함을 증명하고자 함이로라. ⁹우리 주 예수 그리스도의 **관대하신 행위**[charin]를 너희가 알거니와, 부요하신 이로서 너희를 위하여 가난하게 되심은 그의 가난함으로 말미암아 너희를 부요하게 하려 하심이라.…¹⁶너희를 위하여 같은 간절함을 디도의 마음에도 주시는 하나님께 감사[charis]하노니…¹⁹…이뿐 아니라 그는 동일한 주의 영광과 우리의 원을 나타내기 위하여 여러 교회의 택함을 받아 우리가 맡은 **관대한 일**[chariti]로 우리와 동행하는 자라.…9장…⁸하나님이 능히 모든 **축복**[charin]을 너희에게 넘치게 하시나니, 이는 너희로 모든 일에 항상 모든 것이 넉넉하여 모든 착한 일을 넘치게 하게 하려 하심이라. ⁹기록된바 그가 흩어 가난한 자들에게 주었으니, 그의 **정의**[dikaiosynē]가 영원토록 있느니라 함과 같으니라. ¹⁰심는 자에게 씨와 먹을 양식을 주시는 이가 너희 심을 것을 주사 풍성하게 하시고, 너희 **정의**[dikaiosynēs]의 열매를 더하게 하시리니, ¹¹너희가 모든 일에 넉넉하여 너그럽게 연보를 함은 그들이 우리로 말미암아 하나님께 **감사**[*eucharistian*]하게 하는 것이라. ¹²이 봉사의 직무가 성도들의 부족한 것을 보충할 뿐 아니라 사람들이 하나님께 드리는 많은 **감사**[*eucharistiōn*]로 말미암아 넘쳤느니라. ¹³이 직무로 증거를 삼아 너희가 그리스도의 복음을 진실히 믿고 복종하는 것과 그들과 모든 사람[*eis pantas*]을 섬기는 너희의 후한 연보로 말미암아 하나님께 영광을 돌리고, ¹⁴또 그들이 너희를 위하여 간구하며 하나님이 너희에게 주신 지극한 **은혜**[*charin*]로 말미암아 너희를 사모하느니라. ¹⁵말할 수 없는 그의 은사로 말미암아 하나님께 감사[*charis*]하노라.

카리스("은혜")라는 단어와 신학적 의미가 풍성한 언어가 가미되고 명예와 수치라는 관용어가 예술적으로 뒤섞인 바울의 관대함의 호소는 평등(*isotēs*], CEB, NAB, NET, NIV의 번역; NJB와 NRSV는 "균등") 또는 경제적 정의에 가까운 의미를 전달하는 데 그 목적이 있다.⁸⁹

바울의 호소는 캐서린 그립이 명명한 "하나님의 관대한 정의"에 근거를 두고 있다.⁹⁰ 이 어구는 바울이 *charis*라는 단어와 그 관련 용어를 두 번 사용된 *dikaiosynē*(9:9, 10; 5:21을 반향함)와 함께 여러 차례 사용하면서 전달하고자 하는 의미를 적절하게 요약해준다. 한 단원이라고 볼 수 있는 고린도후서 8-9장에서 바울은 그리스도를 하나님의 관대하고 "이루 형용할 수 없는 선물"(*dōrea*; 9:15)로, 그리고 그리스도

---

89 Gribe, "So Than in Him," 69 et passim. Gordon Zerbe, *Citizenship: Paul on Peace and Politics* (Winnipeg, MB: CMU Press, 2012), 82-87은 "경제적 상호주의"(economic mutualism)가 여러 회중에게 주어진 바울의 가르침과 일치한다고 주장한다. 아리스토텔레스와 같은 고대의 윤리학자들은 종종 정의의 맥락에서 경제적 평등 또는 공평함이란 문제들을 논의했다(이와 관련된 선별적 본문에 관해서는 Craig S. Keener, *1-2 Corinthians,* New Cambridge Bible Commentary [Cambridge: Cambridge University Press, 2005], 206을 보라).

90 Gribe, "So Than in Him," 59-74 et passim.

자신의 은혜로운 자기 내어줌(*charis*; 8:9)으로 묘사한다. 후자는 그리스도의 자기 비움, 혹은 케노시스(빌 2:6-8에서처럼)를 은유적인 경제 용어로 서술한다. 바울은 고린도 교인들에게 이러한 가장 위대한 선물의 수혜자로서 8:9에 요약된 그리스도의 은혜와 9:9-10에 요약된 하나님의 정의에 참여함으로써 이 일에 보다 온전하게, 그리고 책임감 있게—그러면서도 자유롭고, 기쁘고, 근심 없이—참여할 것을 권면한다.

바울은 고린도 교인들의 성령 안에서의 삶이 *charismata*(은사들; 고전 1:7; 고전 12, 14장)뿐 아니라 그리스도를 닮은 *charis*로 특징지어지기를 원한다. 그는 그들의 칭의가 "[그들의] 정의의 추수"(9:10)—궁극적으로는 하나님의 정의(9:9)—로 나타나기를 원한다. 존 바클레이(John Barclay)는 "고린도 교인들은 단순히 이 세상을 향한 하나님의 은혜의 역동성을 **닮을** 뿐 아니라[그리고 우리는 여기에 정의를 덧붙여야 한다] 타인의 필요를 충족시키기 위한 그들 자신의 기부를 통해 그것을 구현하고 지속적으로 확대해나도록 초청받는다."[91] 바울이 여기서 우선은 하나님(그리스도와 성령을 포함한)의 성품으로서, 그리고 그다음에는 하나님의 백성의 성품으로서 은혜와 정의 간의 이러한 밀접한 관계를 보고 있다는 것은 상당히 주목할 만하다. 교회는 하나님의 선교에 참여하는데, 바울은 이 개념을 나눔이라는 보편적 그리스어 단어인 *koinōnia*(8:4; 9:13)를 사용하면서 신학적으로 약간의 변화를 준다.

더 나아가 바울은 하나님은 가난한 자들에 대한 관용과 정의의 궁극적인 근원이시며, 교회는 그 관대한 정의에 참여한다는 것을 분명히 하기 위해 보편적인 이미지—씨 뿌리기—를 활용한다. 바울은 하나

---

91 Barclay, "Manna and the Circulation of Grace," 420(강조는 덧붙여진 것임).

님이 선을 행하는 자들에게 풍성하게 공급해주실 것을 알아 기쁜 마음으로 풍성하게 "씨를 뿌릴 것"을 신자들에게 권면한다(9:6-11). "심는 자에게 씨와 먹을 양식을 주시는 이가 너희 심을 것을 주사 풍성하게 하시고 너희 의의 열매를 더하게 하시리니"(9:10).

이 사실은 시편 112:9을 인용한 9:9의 문법적 주어에 관한 질문을 제기한다. "흩어서" "가난한 자들에게 주는" 자, 곧 그의 "정의가 영원한" 이가 하나님인가, 아니면 정의롭고 신실한 사람인가? 시편 112편에서는 주어가 주를 두려워하는 자이지만, 바울의 용례는 이보다 덜 분명하다. 주어가 하나님일 수도 있다. 그러나 어떤 경우이든, 하나님이 다른 이들을 축복하기 위해 씨를 뿌리는 자를 축복하시고, 또 그 씨를 제공해주시며 큰 수확을 얻게 하시는 "최고의 시혜자"이시다.[92] 토머스 스테그만(Thomas Stegman)은 바울의 이러한 생각은 시편 111편과 112편(70인역에서는 110편과 111편)의 흐름을 잘 반영한다고 제안한다. 즉 시편 111편은 자기를 두려워하는 자들을 먹이시는 관대하시고, 자비로우며, 정의로우신 하나님을 묘사하는 반면, 시편 112편은 정의를 실천하고 가난한 자들에게 줌으로써 바로 그 하나님을 두려워하고 닮아가는 자를 묘사한다.[93] 이 둘은 모두 정의(LXX 110:3; 111:3, 9의 dikaiosynē)로 특징지어진다. 따라서 바울에게 있어 "궁핍한 자들에게 관대하게 베푸는 자들은 자신들의 자선 행위가 그들 자신이 추구하고 그 안에 영원히 거하게 될 보다 더 거대한 하나님

---

92   Keener, *1-2 Corinthians*, 213-14.

93   Thomas D. Stegman, *Second Corinthians*, Catholic Commentary on Sacred Scripture (Grand Rapids: Baker Academic, 2009), 214.

의 의의 일부분을 차지한다는 사실을 알아야 한다."[94] 다시 말하면 이 본문은 선교적 참여에 관한 것이다.

전반적으로 참여적인 성격을 띠고 있는 바울의 부드러우면서도 예언자적인 주장과 *dikaiosynē*라는 용어가 사용되었다는 점은 5:21에 이어 또 다른 "상호교환" 본문인 8:9이 이 장들에 포함되어 있다는 것이 단지 우연이 아님을 시사한다. 그리스도는 우리가 정의로운 자(정의)가 되게 하기 위해 죄가 되셨으며(5:21), 우리를 부요하게 하려고 가난한 자가 되셨다(8:9). 영적으로 가난한 처지에 있는 우리에게 자신을 내어주신 그의 선물은 물질적으로 가난한 처지에 있는 다른 이들에게 주어지는 우리의 물질적 소유의 선물로 바뀐다.[95] 다시 말하지만, 이것은 단순한 모방을 요구하는 것이 아니다. 오히려 이것은 "**신자들이 하나님께 붙들리는 신적 모멘텀을 확인하는 것이며,** 이로써 자신의 삶을 타인과 풍성하게 나누도록 힘입는 것이다."[96] 즉 5:21과 8:9은 모두 우리가 테오시스, 보다 더 구체적으로는 선교적 테오시스에 관해 말하고 있다는 것이다. 이것이 이러한 상호교환 본문들과 이 본문들이 증언하는 실제적 상호교환의 궁극적인 의미다. 고린도후서의 이 두 상호교환 테오시스 본문은 바울의 수신자들이 가난한 자들을 향한 이타적인 관대함으로 표현되는 그리스도의 십자가 은혜를 본받을 때

---

94   Victor Paul Furnish, *II Corinthians,* AB 32a (Garden City, NY: Doubleday, 1984), 449.

95   "궁극적인 목표는 일종의 계급 전쟁을 통한 반전이 아니라 다른 사람들을 위한 메시아의 경제적 박탈의 신호 아래 새로운 경제적 관계의 수립을 통한 '평등'이다"(Zerbe, *Citizenship,* 81-82).

96   Barclay, "Manna and the Circulation of Grace," 421(강조는 덧붙여진 것임). Barclay는 정의의 언어를 사용하지는 않지만, 평등에 대한 바울의 비전을 "잉여의 재분배"로 특징지으면서 정의를 묘사한다. "잉여의 재분배"는 모든 이들이 나누어주어야 할 다양한 종류의 부와 충족시켜야 할 필요를 가지고 있기 때문에 "쌍방적"이며 "상호적"이다(423).

비로소 하나님의 정의를 구현하는 여정에 들어서게 될 것이라고 말한다.[97] 그리고 적어도 고린도후서 9장에서 보살핌을 받아야 할 가난한 자들은 단순히 신자들("성도들"; 9:1, 12)이 아니라 "모든 사람"(9:13; *pantas*; NRSV "다른 모든 사람"), 곧 외부 사람들을 포함한다.[98]

바울은 이런 관대한 정의의 실천을 "사역"(*diakonia*; 8:4; 9:1; 12, 13)으로 묘사하는데, 이 단어가 고린도후서에서 그가 자신의 사역, 즉 구현된 복음을 전파하는 사역(3:8-9; 4:1; 5:18; 6:3; 11:8)을 묘사할 때 사용한 것과 동일하다는 사실은 의미심장하다. 더욱이 그는 자신의 사역을 "정의의 사역"(*dikaiosynēs*; 3:9)으로, 그리고 "화해의 사역"(5:18)으로 부른다. 더 정확하게 말하자면 바울은 하나님의 정의와 화해의 사역에 참여하며, 고린도 교인들도 역시 그러하다. 모나 후커는 다음과 같이 말한다.

8-9장에서 바울이 고린도 교인들에게 호소한 것은 또한 그리스도인들이 의의 대리인이라는 확신에서 나온 논리적 사고라고도 볼 수 있다.…하나님의 의는 영원하기 때문에 그는 **그들의** 의의 열매를 늘릴 것이다(9:8-10). 여기서 또한 우리는 하나님의 의와 그리스도인들의 의의 연관성을

---

97 "건강한 인도주의적 사회관계로서 정의는 건강하지 못한 경제관계를 반전시킨다"(Bannett, "Justice, OT," 477, 시편과 예언서를 주석하면서).

98 Zerbe, *Citizenship*, 80; Bruce W. Longenecker, *Remember the Poor: Paul, Poverty, and the Greco-Roman World* (Grand Rapids: Eerdmans, 2010), 291-94. 우리가 곧 살펴보겠지만 "모두"는 바울이 교회 밖에 있는 사람들을 일컫거나 포함하는 표현 방식이다. 역본들은 9:13에 대한 해석을 다양한 방식으로 표현한다. CEB, NET, Wright, *Kingdom New Testament*는 "모든 사람"(everyone); NIV는 "다른 모든 사람"(everyone else); NKJV: "모든 사람"(all men)으로 옮긴다. NLT의 "모든 신자들"로 번역하는데, 그럴 개연성은 매우 낮아 보인다.

본다(그리고 이 의는 궁핍한 자들에게 도움을 베푸는 것으로 드러난다). 이 단락의 핵심적인 호소가 바울의 또 다른 "상호교환" 진술에 근거하여 이루어진다는 것은 단순히 우연이 아니다(8:9). 고린도 교인들도 다른 사람들에게 부를 가져다주어야 한다. 그렇게 함으로써 그들은 바울의 사역에 동참하게 될 것이며, 하나님의 구원하시는 능력은 그들을 통해 역사할 것이다.[99]

이것은 경제적 정의를 위해 일하는 것과 비신자들에게 전도하는 것이 같다는 것을 의미하는 것이 아니라, 이 둘 다 각각 하나의 사역이며, 각각 하나님의 강력한 회복적 정의와 화해의 복음을 구현하며, 각각 **교회로서** 교회에 적합한 일을 한다는 것을 의미한다.

바울과 이 세상의 정의

마지막으로, 드디어 우리는 바울 서신에 나타난 칭의와 정의 간의 마지막 연관성인 이 세상에서의 교회의 존재를 다루게 되었다. 우리는 방금 고린도후서 9:13에서 이러한 연관성을 살짝 맛보았다. 그러나 바울이 그가 세운 교회에서 정의에 관심을 두었다는 것을 인정하는 해석자들조차도 대체적으로 바울이 사회적 의제를 갖고 있지 않았거나, 또는 이 세상의 운명에 대해 관심이 없었다고 제안하면서 이 사실을 인정하기를 주저한다.

하지만 하나님이 그리스도 안에서 이 세상을 자기와 화목하게 하셨다고 믿고 있던 사도 바울이 그 세상에서 사는 사람들에 대해 관심

—

99   Hooker, "On Becoming the Righteousness of God," 374.

이 없었다거나, 또는 그의 메시아를 통해 도래한 하나님의 샬롬(평화와 정의)이 온 인류의 유익을 위함이 아니라는 것은 이상해 보인다. 분명히 바울은 사회적 병폐를 극복하는 독자적인 프로그램, 혹은 일반적인 인권을 수립한다는 현대적 의미의 사회적 의제를 갖고 있지 않았다.[100] 우리는 이미 본장에서 바울이 교회의 불의 또는 정의의 실천이 외부 세계에 미치는 영향에 관심을 갖고 있었다고 제안한 바 있다. 말하자면 이것은 하나님의 정의에 대한 교회의 수동적인 혹은 비의도적인 증언이다. 그러나 또한 우리가 중요하게 인식해야 할 것은 바울이 그의 공동체들이 단지 교회 안에서만이 아니라 이 세상에서 선함과 긍휼과 화해와 정의의 능동적인 동인이 되기를 기대했다는 것이다. 그는 그들이 동일한 종류의 정의를 신자들에게 뿐만 아니라 외부 사람들에게도 행할 것을 기대했다.

이에 대한 명시적인 증거는 많지 않지만, 현존하는 증거는 묵직하다. 이 증거는, 모든 사람을 가리키는 포괄적 용어로든 혹은 *ekklēsia* 안에 있는 사람과 밖에 있는 사람을 구별하기 위한 용어로든, 이 "모든"(그리스어 *pantas* 등)이란 단어에 달려 있다. 지금까지 우리가 본장에서 만나보지 못했던 세 본문이 있다. 물론 두 번째와 세 번째 본문은 평화에 대한 개관 장에서 논의되었지만 말이다.

[9]우리가 선[*to kalon*]을 행하되 낙심하지 말지니, 포기하지 아니하면 때

100　서로 대화의 상대방으로부터 이익을 얻으려는 가운데 인권을 놓고 갈등하는 바울을 상정하려는 시도로는 Adrian Long, *Paul and Human Rights: A Dialogue with the Father of the Corinthian Community*, The Bible in the Modern World 26 (Sheffield: Sheffield Phoenix Press, 2009)를 보라.

가 이르매 거두리라. [10]그러므로 우리는 기회 있는 대로 모든 이에게[pros pantas] 착한 일[to agathon]을 하되 더욱 믿음의 가정들에게 할지니라 (갈 6:9-10).

[14]또 형제들아, 너희를 권면하노니 게으른 자들을 권계하며, 마음이 약한 자들을 격려하고, 힘이 없는 자들을 붙들어 주며, 모든 사람에게[pros pantas] 오래 참으라. [15]삼가 누가 누구에게든지 악으로 악을 갚지 말게 하고, 서로 대하든지 모든 사람을 대하든지 항상 선을 따르라(살전 5:14-15).

[14]너희를 박해하는 자를 축복하라. 축복하고 저주하지 말라.…[17]아무에게도 악을 악으로 갚지 말고, 모든 사람 앞에서 선한 일을 도모하라. [18]할 수 있거든 너희로서는 모든 사람[meta pantōn]과 더불어 화목하라(롬 12:14, 17-18).

그리고 우리가 방금 전에 다룬 고린도후서의 본문이 있다.

[13]이 직무로 증거를 삼아 너희가 그리스도의 복음을 진실히 믿고 복종하는 것과 그들과 모든 사람[eis pantas])을 섬기는 너희의 후한 연보로 말미암아 하나님께 영광을 돌리고(고후 9:13).

이 모든 본문에서 외부 세계는 "모든 사람"이란 용어로 언급되며, 각각의 경우 성서적 정의에 대한 기대―타인의 유익을 위해 일하고, 약한 자들에게 긍휼을 베풀며, 보복과 폭력을 거부하고 화해하는 것―

는 비신자들의 세상에서 교회가 어떠한 삶을 살아야 할지에 대한 지침으로 제시된다. N. T. 라이트는 이러한 본문들은 "비록 분명한 언어적 반향이 나타나 있지는 않지만, 예레미야 29[LXX 36]:7에서 포로로 잡혀간 자들이 머무는 '도시가 잘 되기를 구하라'는 명령을 기독교화한 것으로 읽는 것이 적절해 보인다"고 말한다.[101] 라이트는 이 본문들이 "단순히 믿음의 가정의 규범을 위한 윤리만이 아니라, 적어도 보다 더 광범위한 세계와의 관계 속에서 그리스도인들이 져야 할 책임에 대한 초보적인 개관의 기초"를 다졌다고 말한다.[102]

더 나아가 로마서 8:18-25의 관점에서 볼 때 이전의 예언자들이 이해했던 인간과 나머지 피조물 간의 연관성(예. 호 4:1-3; 사 65:17-25)을 바울도 인식하고 있었다고 생각하는 것은 그리 지나친 상상력을 필요로 하지 않는다.[103] 바울은 로마 제국의 생태적 착취 행위를 이미 알고 있었을 개연성이 있다.[104] 그는 자신이 세운 교회들이 이에 대해 무언가를 할 수 있다고 생각하지 않았을 수도 있지만, 이는 그러한 생태적 불의에 대해 그가 아무런 사견이 없었음을 의미하지는 않는다.

---

101 Wright, *Paul and the Faithfulness of God,* 380 n. 107. 그는 구체적으로 갈 6:10을 가리키지만, 더 광범위하게 보기도 한다. Wright는 독자들에게 Bruce W. Winter, *Seek the Welfare of the City: Christians as Benefactors and Citizens* (Grand Rapids: Eerdmans, 1994)도 언급한다. Winter는 고후 9:13을 다루지 않는다.

102 Wright, *Paul and the Faithfulness of God,* 380.

103 예컨대 David Horrell, "A New Perspective on Paul? Rereading Paul in an Age of Ecological Crisis," *Journal for the Study of the New Testament* 33 (2010): 3-30; David G. Horrell, Cherryl Hunt, and Christopher Southgate, eds., *Greening Paul* (Waco, TX: Baylor University Press, 2010); Presian Smyers Burroughs, *Liberation in the Midst of Futility and Destruction: Romans 8 and the Christian Vocation of Nourishing Life* (Th.D. diss., Duke Divinity School, 2014)를 보라. 또한 빌립보서를 다룬 장에 있는 간략한 설명도 보라.

104 J. Donald Hughes, *Ecology in Ancient Civilizations* (Albuquerque: University of New Mexico Press, 1975), 99-127을 보라.

그는 하나님의 정의를 구현하는 것이 단순히 교회적 혹은 보편적 선교에 뿐만 아니라 하나님의 우주적인 선교에 참여하는 것임을 잘 알고 있었다(참조. 골 1:15-20).

빌립보서에 관해 다룬 장에서 우리가 이미 살펴보았듯이, 만물의 주이신 예수를 높이는 것은 "지상 대계명"(the great commandment)과 "지상 대위임"(the great commission)뿐 아니라 우리가 "지상 대도전"(great challenge)이라고 부른, 인류에 대한 환경 위기에도 참여하는 것을 의미한다. 여기 로마서에서 우리는 이 동일한 위기를 인류보다 더 거대한 관점에서 보게 된다. 즉 전체 창조 질서와 함께 고통 받고 신음한다는 것(롬 8:18-25)은 하나님이 창조하셨고, 지속적으로 사랑하시며, 온전히 구속하실 이 세상과 공감하고 연대하며 사는 것을 의미한다. 그리스도인들은 그러한 피조물의 구속을 **실행**할 수는 없지만, 그 피조물에게 초기-구속적 방식으로 **영향을 미칠** 수는 있다. 그들은 피조물들의 해방과 구속을 참여적으로 앞당기는 방식으로 살면서 그들의 정의를 확대할 수 있다. 다시 말하지만, 이러한 정의가 이루어지기 위해서는 성서적 상상력이란 행위들이 필요하다.

결론

우리는 과연 바울이 정의에 대한 성서적·예언자적 가르침, 특히 자신의 칭의 신학에 나타난 가르침을 포기했는가라는 질문으로 시작했다. 우리는 이 질문에 강한 "아니요"를 제안했고, 이제 우리는 바울 서신에서 칭의와 정의 간의 깊고도 수많은 연관성을 발견했다. 바울에게 있어 정의는 예언자들의 관심사와 연속성을 지니고 있지만, 그가 선포한 십자가에 못 박히신 그리스도의 복음에 의해서도 재형성된다. 정의는 언약적이며 십자가를 본받는 것이다. 하나님은 그리스도 안에서 이 세상을 자기와 화목하게 하셨고, 지금도 그렇게 하고 계시며, 화해하고 의롭게 된 사람들을 하나님의 정의가 되게 하셨고, 또 그렇게 하신다. 우리는 다시 한 번 이것이 영성 대신 정의를 주장하는 논증이 아니라, 정의의 영적 실천을 **포함하는** 전적으로 성서적인 영성임을 강조할 필요가 있다. 이미 이스라엘의 성서에도 나타나 있듯이, 하나님에 대한 사랑과 이웃에 대한 사랑은 그리스도 안에서 서로 일치한다.

그리스도 안에서, 또한 이제는 성령의 능력으로 교회 안에서, 그리고 교회를 통해 정의와 평화의 종말의 날은, 내가 본장 서두에서 이미 제안했듯이, 단지 부분적으로, 그리고 예기적으로라도 이미 도래했다. 우리가 이미 간략하게 몇 차례 살펴보았듯이 정의는 평화와 불가분의 관계에 있다.[105] 신학적으로 이것은 다양한 이유에서 타당한 결론인데, 그중에서도 핵심적인 내용은 "**정의와 칭의**는 피조물의 구속을 통해 하나님과 세계가 올바른 질서를 확립하는 것을 가리키며" "**화해**는 그리스도의 십자가를 통해 만물이 하나님과 올바른 관계를 확립하게 되는 하나님의 행위다"라는 조나단 윌슨(Jonathan Wilson)의 말에 담겨있다.[106]

마지막으로 우리는 칭의와 정의에 대한 우리의 논의를 다음과 같

---

105 "평화와 정의는 바울 서신과 다른 문헌에 등장하는 성서적 이사일의(hendiadys, 한 단어/개념을 두 단어로 표현하기]다"(Zerbe, *Citizenship*, 174).

106 Jonathan R. Wilson, *God's Good World: Reclaiming the Doctrine of Creation* (Grand Rapids: Baker Academic, 2013), 123.

은 결어로 마무리할 수 있다. 바울에게 있어 하나님은 정의의 하나님이며, 교회는 정의의 공동체다. 정의는 신적 특성이자 교회의 실천이다. 따라서 정의는 바울 및 기독교 복음을 보완해주는 선택사항이 아니다. 정의는 그리스도 안에 있는 하나님을 보여주며, 그리스도 안에 있는 교회를 보여주고, 또 앞으로 완성될 그것을 보여준다. 그것은 바로 교회의 이름, 곧 "하나님의 정의"다. 정의를 포함하지 않은 칭의는 비유대적이며, 비바울적이고, 또 궁극적으로는 비기독교적이다.

오늘날의 선교적 정의

나는 다른 많은 신학자 및 기독교 지도자와 더불어 모든 종류의 그리스도인들이 정의에 대한 예언자적이며, 바울적이고, 복음주의적인 비전을 다양한 방식으로 신중하게 생각하는 것을 환영한다. 이러한 새로운 시도를 여기에 나열하기에는 시간과 공간이 부족하다. 그럼에도 나는 이러한 기독교 선교에 대한 이해의 긍정적인 면과 부정적인 면을 모두 부각하고 싶다. 먼저 부정적인 면부터 시작해보자.

"정의"라고 일컫는 것들이 모두 우리가 논의한 바울의 참여적 정의의 정신을 구현하는 것은 아니다. 예를 들어 1970년대와 1980년대에 어떤 개신교 주류교단은 "선택 정의 기금"(Choice Justice Fund)이라는 것을 설립했다. 이 기금의 유일한 목적은 여성 낙태를 후원하는 기금이었는데, 이들 대부분은 낙태 비용을 지불할 수 없는 도시의 소수 민족 여성들이었다. 낙태 자체의 도덕성에서부터 도시의 아프리카계 미국인들에 초점을 맞춘 것에 이르기까지 수많은 이슈는 차치하더라도 이 기금의 명칭은 그 이름에 걸맞지 않았다. 첫째, 여성들은 자녀를 낳고 양육할 그 어떤 "선택"도 주어지지 않았고, 새 생명의 목숨을 끊는 길 외에는 새 생명을 받아들일 그 어떤 재정적 또는 다른 지원의 가능성도 주어지지 않았다. 그들은 또한 가난 속에서도 엄마(혹은 다시 한번 엄마로서)의 삶을 살 수 있는 후원 네트워크도 전혀 없었고, 핵심적인 문제들을 해결할 길도 전혀 없었다. 자녀들과 엄마들이 안전함을 경험하고 그들의 필요가 평등하게 충족되며, 어떤 이들의 자기를 내어주는 행동으로 인해 모두에게 풍성한 삶이 주어지는 예언자적이며 바울적인 "정의"의 비전은 결코 "선택 정의" 기금의 결과가 아니었다.

이보다 훨씬 더 큰 선택과 정의를 우리는 웨스트버지니아주 블루필드에 있는 마리아의 요람(Mary's Cradle) 사역에서 찾아볼 수 있다.[107] 개신교 주류 교단(연합 감리교)에 속한 다섯 교회의 후원을 받으며 그중 한 교회의 간소하지만 아름다운 공간을 사용하는 마리아의 요람은 다음과 같은 사명 선언문을 갖고 있다. "우리는 마리아의 요람의 섬김을 받는 각 사람을 존중하고자 하는 커다란 소원이 있고, 우리는 그들의 부모들 그리고/또는 보호자들에게 제공하는 우리의 섬김을 통해 모든 신생아들과 어린이들에게 유익을 주고자 최선을 다하고자 한다." 마리아의 요람이 제공하는 서비스는 여성들과 어린이들에게 의복(신생아 단계를 넘어 4T 사이즈까지), 기저귀, 아기용품, 심지어 가구들까지 공급하는 형태로 임신한 여성과 신생아 그리고 영아들을 위한 지원을 포함한다. 이 단체는 또한 어린이들을 위한 책들뿐만 아니라 임신과 건강한 아이들과 특별한 도움이 필요한 아이들을 양육하는 것에 관

---

107 http://www.maryscradle.com/을 보라.

한 책들을 보유한 도서관도 함께 운영한다.

마리아의 요람은 하나님의 정의에 참여하는 그리스도인들과 다른 이들의 관대한 후원 때문에 존재한다. 이 사역은 다른 기독교 사역들과 지역의 WIC(Women, Infants, and Children의 약자로 저소득층을 위한 지원 프로그램―역자 주) 프로그램, 그리고 다른 온정의 손길들과 협력한다.

이와 비슷한 종류의 정의 사역이 서아프리카의 카메룬에서도 이루어진다. 가톨릭 신부이자 신학교 교수인 모리스 아크와(Maurice Akwa)는 그의 조국, 특히 베르투아시에 있는 과부들과 고아들의 운명이 맞닥뜨린 문화적 현실을 해결하는 방법을 파악하는 데 많은 어려움을 겪었다. 전통적으로 카메룬에서 남편이 죽으면 그의 재산은 그의 아내와 자녀들을 궁핍한 상태로 남겨둔 채 그의 가족들에게로 되돌아간다. 모리스 신부는 공동체의 지도자가 된 몇몇 여성과 함께 고아와 과부를 위한 사역을 시작했고, 여성들을 위한 다양한 교육 및 기업 활동을 시작하는 데 도움을 주었다. 이로써 과부들과 다른 이들은 자기 가족들을 부양할 수 있는 상거래와 다른 기술들을 배울 수 있게 되었다.

모리스 신부는 지역 병원에서 가족도 없이, 또는 가족이 근처에 살지 않는 환자들을 돌보는 등 긍휼과 정의를 실천하는 다른 사역도 발견하게 되었다. 병원에서 환자에게 음식을 제공하지 않으므로 모리스 신부는 가족이 없는 이들에게 식사를 제공하는 초교파적 교회 네트워크를 조직했다. 자신들 역시 가난함에도 불구하고(빌립보 교인들과 다른 마케도니아 신자들처럼), 이 그리스도인들은 자신들의 시간과 재물을 기꺼이 드렸다.

보다 더 광범위한 수준에서, 그것이 지역적·국가적 또는 세계적 수준이든지 간에, 다른 그리스도인들도 하나님의 정의 실현 사명에 참여하는 다양한 방법을 스스로 찾고 있다. 십대소년으로서 수영사고로 인해 장애인이 된 조니 에렉슨 타다(Joni Eareckson Tada)는 현재 조니와 친구들의 국제 장애 센터(Joni and Friends International Disability Center)를 지휘하고 있는데, 이 센터의 사명은 "전 세계에서 장애로 어려움을 겪는 이들에게 예수 그리스도의 사랑과 메시지를 전하는 것"이다.[108] 조니와 친구들은 장애인들에게 우호적인 교회들과의 네트워크, 장애 아동 가족을 위한 수련회, 장애인 사역자 훈련, 전 세계 장애인을 위한 휠체어 제공 등 다양한 사역을 진행한다.

그리스도인들(과 다른 온정을 지닌 사람들)은 소액 융자 프로그램을 전 세계에 도입했으며, 이를 통해 소규모 창업지원자에게 창업자금을 지원함으로써 그들의 가족을 빈곤과 죽음으로부터 보호한다. 이 책을 쓸 당시에도 기독교 구호단체인 월드비전은 1993년 이후 350만 달러의 융자를 홀로 내주었으며, 현재에도 수천 명의 사람들이 후원을 필요로 하고 있다.[109]

수 년 동안 이러한 일부 사역들은 다른 그리스도인들에게 정보를 제공해주고 감동을 주는 "정의 컨퍼런스"를 후원해왔다.[110] 이 컨퍼런스의 비전은 "취약하고 억압받는 자들에 대한 공유된 관심을 남성과 여성에게 교육하고, 영감을 주며, 서로를 연결해주는 국가적 차원의 컨퍼런스를 통해 많은 이들에게 도움을 주는 것"이다. 이 컨퍼런스의 조직위원들은 이것을 "전 세계에 흩어져 있는 모든 정의 사역자와 학

---

108   http://www.joniandfriends.org/을 보라.
109   http://www.worldvisionmicro.org/을 보라.
110   http://thejusticeconference.com/을 보라.

생 및 배우는 이들을 위한 연례 순례"라고 묘사한다.

동시 중계되는 이 컨퍼런스에는 N. T. 라이트, 월터 브루그만 (Walter Brueggemann), 미로슬라브 볼프(Miroslave Volf), 니콜라스 월터스트로프(Nicholas Wolterstroff)와 같은 학자들과 짐 월리스(Jim Wallis), 존 퍼킨스(John Perkins), 버니스 킹(Bernice King, 마틴 루서 킹의 딸) 같은 활동가-사역자들, 린 하이벨스(Lynne Hybels)와 같은 목회 지도자들, 쉐인 클레이본(Shane Claiborne)과 같은 공동체 조직가 및 활동가들, 그리고 리치 스턴스(Rich Stearns, 월드 비전)와 스티븐 바우만(Stephen Bauman, Word Relief) 같은 구호 기관장 등 기독교 지도자들이 참여했다. 그러나 이 중에서도 가장 매혹적인 인물은 아마도 유진 조(Eugene Cho) 목사와 같은 강사-참가자일 것이다.[111] 조 목사는 워싱턴주 시애틀에 있는 한 다문화·다세대 교회인 퀘스트 교회 설립자이자 담임목사다. 그는 또한 비영리 공동체 카페이자 음악공연장인 큐 카페 설립자이자 실행이사이며, 전 세계의 극심한 가난을 해소하기 위한 풀뿌리 운동인 하루 임금(One Day's Wages, ODW)의 설립자이기도 하다. 2009년에 설립된 이후 4년 만에 ODW는 협력 단체, 특히 개발도상 지역의 소규모 기관들을 통해 문제 인식을 증진시키고, 단순한 삶을 장려하며, 지속가능한 구호를 지원하기 위해 130만 달러 이상을 모금했다.

나는 이러한 사례를 계속 나열할 수 있지만, 더 이상 그럴 필요는 없다. 요점은 교회가 예언자들과 예수—그리고 바울—로부터 오는 정의의 실현 촉구를 새로운 상상력을 동원해 경청하고 있다는 것이다. 성령의 사역은 지금도 계속된다.

111　http://eugenecho.com/을 보라.

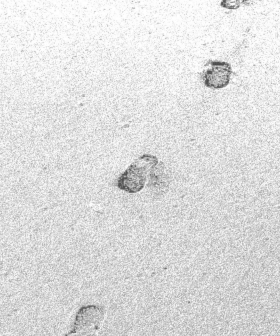

8장

하나님의 정의/의와 영광의 복음 구현하기

로마서에 나타난 선교적 테오시스

나는 본장의 로마서 접근방법이 많은 이들에게 그들이 이전에 미처 경험하지 못한 것이 될 수 있다고 생각한다. 바울의 가장 중요한 편지와 연관된 전형적인 주제—칭의, 하나님의 의, 유대인과 이방인, 믿음의 순종—는 여기서 다시 등장하지만, 사실은 새로운 관용어로 나타난다. 평화(5장을 보라)와 부활/불멸과 같이 로마서에서 덜 주목을 받았던 다른 중요한 주제들도 본장의 로마서 해설에서 나타난다. 여기서 새로운 것은 참여, 구체적으로 하나님의 의(또는 정의)와 영광에 참여하는 것이 강하게 강조된다는 것이다. 또 한 가지 새로운 것—하지만 얼핏 보면 누군가에게는 낯선 것일 수도 있는 것—은 테오시스라는 용어다.

본장의 주장은 로마서의 중심 주제가 테오시스—하나님의 생명에 참여함으로써 하나님과 같이 되는 것—이며 이러한 테오시스는 본유적으로 선교적이라는 것이다.[1] 그렇다면 어떤 면에서 보면 본장은 그리 새롭거나 낯선 것이 **아니다**. 이 용어는 이 책의 서론("초대")에서 이미 소개되었을 뿐 아니라, 본서 전반에 걸쳐 여기저기서 등장했고, 또 가장 최근에는 바로 앞장에서도 등장한 바 있다. 사실 서론에서 나는 이 책 전체의 논지는 테오시스—십자가에 못 박히시고 부활하신 메시아 예수 안에서 계시된 하나님의 생명과 성품에 참여함으로써 성령에 힘입은 변화를 경험하는 것—가 선교의 출발점이자 올바른 신학적

---

[1]   본장은 내 소논문인 "Romans: The First Christian Treaties on Theosis," *Journal of Theological Interpretation* 5 (2011): 13-34를 확대하고 수정한 것이다.

틀이라고 말했다. 그러나 동시에 서론에서 이미 지적했듯이, 바울에게 가장 핵심적인 것이 참여임을 깨달은 이들 모두가 "테오시스"라는 단어와 이와 유사한 용어("신성화"와 심지어 "크리스토시스"와 같은)를 좋아하지 않거나 그 단어를 바울에게 사용하는 것이 적절하다고 생각하지 않는다. 만약 본장을 읽는 독자들이 기꺼이 감내한다면 나는 그들이 비록 궁극적으로 동일한 관용어를 사용하지 않을지라도 이 단어가 선교적으로 로마서에서 주는 중요한 의미를 깨닫게 될 것이라고 생각한다.

그렇다면 이제 마지막으로 (다시) 로마서로 넘어가자.

테오시스 (다시) 소개하기

먼저 다음과 같은 인류를 향한 그리스도의 선교에 대한 묘사로 시작하자.

- "그리스도는 우리가 그의 모습—즉 하나님의 참된 형상—에 참여하도록 하기 위해 우리와 같은 모습—아담(*adam*)—이 되셨다."
- 그리스도는 "인간과 같이 되셨고, 이로써 우리는 그와 같이 되었다."
- "그리스도는 우리가 그의 죽음을 통해 그의 모습이 될 수 있도록 하기 위해 우리와 같이 되셨다."

서구의 많은 그리스도인들에게 다소 낯선 이러한 언어는 다수의 교부들, 특히 동방 교회의 교부들에게는 전형적인 것이었으며, 여전히 정교회에서는 매우 보편적인 언어다. 그러나 이 세 인용문은 이레나이우스나 아타나시오스와 같은 교부로부터 온 것이 아니며, 정교회가 이해하는 구원에 대한 현대적 진술도 아니다. 이 인용문은 각각 모나 후커, 디트리히 본회퍼, 빌리암 브레데 등 지난 세기의 위대한 바울 해석자들이 본 바울의 구원론(구원에 대한 이해)을 요약한 것이다.[2] 모나 후커의 인용문은 구체적으로 로마서 5-8장에 대한 그녀의 요약이다. 다시 말하면 로마서의 전통적인 핵심은 동방 교회가 "테오시스"라고 부르는 것이다. 또한 로마서 연구서로서 특별히 5-8장에 중점을 둔 『하나님의 구원』(The Deliverance of God)에서 더글라스 캠벨(Douglas Campbell)은 두 차례 테오시스가 바울의 구원론을 묘사할 수 있다고 추론한다.[3] N. T. 라이트도 그의 방대한 바울 연구서에서 바울의 구원론은 테오시스로 **묘사될 수** 있을 뿐만 아니라, **반드시** 그렇게 묘사되어야 한다고 말한다.[4]

---

2   "그리스도는 우리의 모습…하나님의 형상이 되셨다"는 Morna D. Hooker, *From Adam to Christ: Essays on Paul* (Cambridge: Cambridge University Press, 1990; repr. Eugene, OR: Wipf & Stock, n.d.), 19에서 가져온 것이다. 바로 앞 페이지에서(18) 그녀는 롬 8장과 관련하여 "그리스도는 (그 안에서) 우리가 그의 모습이 되기 위해 우리의 모습이 되었다"라고 쓴다. Hooker는 바울 서신 전반에 걸쳐 동일한 구원론적 패턴을 발견하는데, 특히 갈라디아서와 고린도후서에서 그렇다. 그리스도는 "그와 같이…인간과 같이 되셨다"는 Dietrich Bonhoeffer, *Discipleship*, Dietrich Bonhoeffer Works 4, trans. Barbara Green and Reinhard Krauss (Minneapolis: Augsburg Fortress, 2001), 285에서 가져온 것이다. "그리스도는 우리의 모습이 되고…그의 모습이 된다"는 William Wrede, *Paul*, trans. Edward Lummis (London: Green, 1907 [1904]), 110에서 가져온 것이다.

3   Douglas A. Campbell, *The Deliverance of God: An Apocalyptic Rereading of Justification in Paul* (Grand Rapids: Eerdmans, 2009), 211, 265.

4   N. T. Wright, *Paul and the Faithfulness of God*, vol. 4 of Christian Origins and the Question of God (Minneapolis: Fortress, 2013), 1021. 문맥은 내주하시는 하나님의 영인 교회에 관한 Wright의 논의다. 그는 "이 대목에서 완전히 새로운 주제가 열리는데, 최근까지만 해도 이 주제는 바울과 관련해서 불가능하다고 여겨졌지만, 성령에 의해 재정의된 선민사상의

서구 그리스도인들에게 테오시스라는 용어는 그리 많이 알려지지 않았거나, 또는 알려졌다 하더라도 환영을 받지 못하거나 심지어 의심의 대상이 된다. 이는 아마도 특히 신성화(deification; divinization)를 가리킬 때에는 이단에 가까운 용어로 이해되기 때문이다. 이 단어들은 각각 인간이 *theos*(그리스어로 "신") 또는 *deus/divus*(라틴어로 "신")가 되는 것, 곧 신성으로의 변화를 암시한다. 인간이 신 또는 심지어 하나님과 같이 된다고? 결코 그럴 수 없다! 예를 들어 나는 개혁주의 전통의 개신교 신학자들이 이 단어를 언급하는 것만으로도 경멸적으로 반응하거나, "알레르기 반응을 일으킬 것 같은데"라는 (심각한) 농담을 던지는 것을 들어본 적이 있다. 한 유명한 성서학자는 어떤 학계 컨퍼런스에서 테오시스는 "특히 미국의 정황에서는 나를 몹시 두렵게 만든다"라고 말했다. 그는 미국인들은 이보다 더 거대한 의미의 우월성, 권력, 신과 같은 지위를 필요로 하지 않는다고 말한다. 또한 우리가 이 책의 서론("초대")에서 이미 지적했듯이, 테오시스에 대해 호의적인 이들 중에도 이것에 초점을 맞추면 본질적으로 선교에 대한 초점이 흐려질 수밖에 없다고 말한다.

그러나 테오시스는 그렇게 쉽게 혹은 빨리 사라지지 않을 것이다. 그리고 테오시스와 로마서 및 선교의 연관성은 우리의 논의가 전개되어나갈수록 더욱 명확해질 것이다. 이것은 우리가 이 책을 통해,

---

관점에서 가능할 뿐만 아니라 핵심적인 것이 되었다. 살아 계신 하나님의 영이 그의 백성 안에 거하시고 그들을 갱신된 성막(또는 새로운 성전)으로 삼으신다면 이러한 변화시키는 영의 사역은 궁극적으로 테오시스 곧 '신성화'의 관점에서 이해될 수 있고, 또 그렇게 이해되어야만 한다." (그러나 이것은 Wright, Campbell 그리고 나와 다른 이들이 모두 테오시스나 바울 신학에서의 테오시스의 역할에 대해 동일한 이해를 갖고 있다고 말하는 것은 아니다.) 어쩌면 여기서 이 인용문에 대한 약간의 수정이 필요해 보인다. 바울을 테오시스의 관점에서 이야기하는 전통은 최근의 것이 아니라 고대의 교부들에게로 거슬러 올라간다.

그리고 고린도후서에 대한 우리의 심도 있는 논의를 통해 논증해온 선교와의 연관성을 보여준다.

1990년에 출간된 한 에세이에서 프란시스 영(Frances Young)은 로마서가 바울 자신이 고린도에 보낸 자신의 사역에 대한 변호 내용의 일부 핵심 주제를 다루고 있기 때문에, 로마서는 고린도후서의 관점에서 읽혀야 한다고 주장했다.[5] 테오시스에 관심이 있는 이들에게는 이러한 통찰력이 특별히 중요하다. 왜냐하면 고린도후서는 적어도 세 개의 명시적인 "테오시스적인" 본문(3:18; 5:21; 8:9)을 포함하고 있기 때문이다. 우리는 이 중 두 본문(5:21; 8:9)을 앞장에서 참여적 의/정의의 예로서 제시했고, 이는 테오시스로 올바르게 묘사될 수 있다고 간략하게 지적한 바 있다.[6]

고린도후서 3:18은 "바울 서신 가운데 가장 솔직한 테오시스적인 본문"으로 일컬어져왔다.[7] "우리가 다 수건을 벗은 얼굴로 거울을 보는 것 같이 주의 영광을 보매, 그와 같은 형상으로 변화하여 영광에서 영광에 이르니, 곧 주의 영으로 말미암음이니라." 고린도후서 5:21 — "하나님이 죄를 알지도 못하신 이를 우리를 대신하여 죄로 삼으신 것은, 우리로 하여금 그 안에서 하나님의 의[또는 정의]가 되게

---

5 Frances M. Young, "Understanding Romans in the Light of 2 Corinthians," *Scottish Journal of Theology* 43 (1990): 433-46.

6 앞장의 논의와 더불어 나의 에세이 "Paul's Corporate, Cruciform, Missional Theosis in Second Corinthians," forthcoming in *'In Christ' in Paul: Explorations in Paul's Theology of Union and Participation*, ed. Kevin J. Vanhoozer, Constantine R. Campbell, and Michael J. Thate, WUNT 2 series (Tübingen: Mohr Siebeck, 2014)를 보라.

7 Stephen Finlan, "Can We Speak of *Theosis* in Paul?" in *Partakers of the Divine Nature: The History and Development of Deification in the Christian Traditions,* ed. Michael J. Christensen and Jeffery A. Wittung (Grand Rapids: Baker Academic, 2007), 68-80(75).

하려 하심이라"—도 모나 후커가 바울의 "상호교환" 구원론의 핵심으로 지목한 본문인데, 이는 역사적으로 기독교 전통에서 테오시스의 패턴에 해당하는 것으로 이해되어왔다.[8] 이 테오시스적인 본문 역시 매우 중요하다. 왜냐하면 아주 매끄럽게 서로 얽혀 있는 변화("우리가… 되기 위하여", *hina hēmeis ginōmetha*)와 칭의(NRSV "의", *dikaiosynē*; 앞장에서 이미 살펴보았듯이 이는 "정의"로 번역하는 것이 더 낫다) 용어가 포함되어 있기 때문이다. 이와 유사한 또 다른 본문은 고린도후서 8:9("우리 주 예수 그리스도의 은혜를 너희가 알거니와 부요하신 이로서 너희를 위하여 가난하게 되심은, 그의 가난함으로 말미암아 너희를 부요하게 하려 하심이라")인데, 이 본문은 바울이 고린도에서 구체적으로 이방인과 유대인 간의 조화(즉 예루살렘 교회를 위한 모금)의 표시로서 관대함과 정의를 장려하기 위해 사용할 때 이 상호교환 "교리"가 그에게 얼마나 실용적이었는지를 잘 보여준다. 우리는 이미 7장에서 이에 관해 상당히 자세하게 다룬 바 있다.

본장에서 나는 로마서가 테오시스에 관한 서신임을 주장할 것이다. 구체적으로 나는 로마서가 테오시스에 대한 초기 기독교의 **교본**이

---

8 나는 이것을 두 가지 의미로 말한다. 즉 상호교환은 테오시스의 근본적인 의미론적·신학적 패턴이며, 또 이로 인해 인간이 그리스도의 형상으로 변화되는 것("크리스토시스")은 하나님의 형상으로 변화되는 것("테오시스")이라는 의미다. 이 본문들에 대한 보다 더 상세한 내용은 앞장의 정의에 관한 논의를 보라. 나는 N. T. Wright와 다른 학자들이 5:21b의 "우리"를 사도를 가리키는 것으로 해석하지만, 그런 해석은 5:21a에 언급된 하나님의 구원하시는 행위를 거의 불가능할 정도로 바울과 그의 동료들로 제한할 것을 요구한다는 것도 알고 있다. N. T. Wright, "On Becoming the Righteousness of God: 2 Corinthians 5:21," in *Pauline Theology*, vol. 2, *1 & 2 Corinthians*, ed. David M. Hay (Minneapolis: Augsburg Fortress, 1992), 200-208. 정의에 관해 다룬 장에서처럼 여기서 제안하는 견해는 A. Katherine Grieb, "'So That in Him We Might Become the Righteousness of God' (2 Cor. 5:21): Some Theological Reflections on the Church Becoming Justice," *Ex Auditu* 22 (2006): 58-80 (66)와 유사하다.

삶으로 담아내는 복음

며, 고린도후서에서 찾아볼 수 있는 칭의와 영화에 대한 테오시스적 또는 참여적·변혁적 주제에 대한 신학적 외연이라고 제안한다. 로마서의 주제는 구원(*sōtēria*), 곧 의롭지 않고 불의하며 영광이 배제된 인류에 대한 하나님의 의/정의(*dikaiosynē*)와 영광(*doxa*)의 회복이다. 바울의 인간의 *dikaiosynē*와 *doxa* 구원론은 의로우시고 영광을 받으신 하나님의 아들이신 메시아 예수의 죽음과 부활에 참여함으로써 신적 *dikaiosynē*와 *doxa*에 참여하는 것을 의미한다. 바울은 이 *sōtēria*를 이제 이방인에게까지 확대된 *sōtēria*와 *dikaiosynē*와 *doxa*(구원, 의/정의, 영광)에 대한 이스라엘의 소망의 성취로 명시적으로 해석한다. 이와 동시에 바울은 적어도 암묵적으로 이러한 *sōtēria*의 메시지를 로마의 *sōtēria*와 *dikaiosynē*와 *doxa*의 사이비복음과 대조를 이루는 하나님의 참된 복음으로 선포한다. 따라서 로마서는 이러한 궁극적인 신적 프로젝트─이스라엘과 열방이 하나님의 정의/의와 영광에 참여하는 것을 허용하는 하나님의 약속을 성취하는 계획─에 합류하여 이를 널리 전파하는 데 동참할 것을 촉구하는 암묵적인 초대장이다. 즉 바울 서신에 나타난 테오시스는 본질적으로 기독론적·정치적·선교적 특성을 띠게 될 것이다.

　이와 같은 주장은 이미 언급한 바 있는 브레데, 본회퍼, 후커, 헤이스, 캠벨 등의 연구를 비롯해 앤 저비스(Ann Jervis)와 같이 특별히 로마서에 초점을 맞춘 다른 해석자들의 연구를 확대하는 것이다.[9] 저비

9　L. Ann Jervis, "Becoming Like God through Christ: Discipleship in Romans," in *Patterns of Discipleship in the New Testament*, ed. Richard N. Longenecker (Grand Rapids: Eerdmans, 1996), 143-62. Jervis와 여기에 언급된 다른 학자들은(Campbell은 제외하고) "테오시스"라는 용어를 사용하지 않지만, 그들은 모두 바울의 참여 그리고/또는 변화에 대한 강조를 적어도 테오시스에 대한 일부 해석과 상당히 유사한 방식으로 이해한다.

스는 고대의 제자도의 목적은, 유대인과 이방인 모두에게, "하나님을 닮아가는 과업을 달성하는 것"이었다고 주장한다.[10] 리처드 헤이스 또한, 비록 그가 테오시스라는 단어를 사용하지는 않지만, 바울의 참여적 구원론에 대한 연구는 테오시스를 향해, 그리고 동방을 향해 바라볼 필요가 있다고 말했다.[11] 이와 더불어 벤 블랙웰(Ben Blackwell)과 데이비드 리트와(David Litwa) 같은 신진 학자들은 바울과 테오시스에 대해 엄청난 관심을 갖고 있다.[12] 예를 들면 블랙웰은 독자적으로 본장의 다수의 주장과 상당히 양립 가능한 논지를 담은 에세이를 썼다.[13]

이와 같이 중진 학자와 신진 학자의 목소리에도 불구하고, 본장의 주장들은 특정한 독자들에게 우려를 자아낼 것이며, 다음과 같은

---

10 Jervis, "Becoming Like God," 144. 그녀는 바울 서신에서 하나님 닮기를 원하는 이러한 열망이 어떻게 "바울 신학의 '신비적'(참여의 의미가 담긴 그녀의 용어)이며 법적인 측면"과 융합되는지를 보여준다. 비록 덜 발전되긴 했지만 이와 비슷한 언어는 Udo Schnelle, *Theology of the New Testament*, trans. M. Eugene Boring (Grand Rapids: Baker Academic, 2009), 261-62, 342-44에서 발견된다.

11 Richard B. Hays는 다음과 같이 말한다. "내 추측으로는 (바울에 나타난 참여에 관한) [E. P.] Sanders의 통찰력은 교부신학, 특히 동방교부들의 사고에 들어 있는 참여 모티프에 대한 신중한 연구를 통해 뒷받침되고 더욱 명백해질 것이다"(*The Faith of Jesus Christ: The Narrative Substructure of Gal. 3:1–4:11*, 2nd ed. [Grand Rapids: Eerdmans, 2002 (orig. 1983)], xxxii). 같은 맥락에서(xxix) Hays는 또한 서방의 대다수의 속죄론에 비해 동방 교회의 "총괄갱신"(이레나이우스로부터 시작하여)에 대한 신학적 관심에 더욱 끌린다고 말한다.

12 예컨대 Ben C. Blackwell, "Immortal Glory and the Problem of Death in Romans 3.23," *Journal for the Study of the New Testament* 32 (2010): 285-308; *Christosis: Pauline Soteriology in Light of Deification in Irenaeus and Cyril of Alexandria*, WUNT 2/314 (Tübingen: Mohr Siebeck, 2011); M. David Litwa, "2 Corinthians 3:18 and Its Implications for *Theosis*," *Journal of Theological Interpretation* 2 (2008): 117-34; *We Are Being Transformed: Deification in Paul's Soteriology*, BZNW 187 (Berlin: De Gruyter, 2012)을 보라.

13 Ben C. Blackwell, "Righteousness and Glory: New Creation as Immortality in Romans" (2009년 여름 세계성서학회에서 발표된 것임). "영광의 이야기"는 그 페이퍼 12쪽에 나와 있다. 이 페이퍼에서 Blackwell은 "영광"이 오로지 미래에 나타날 것(불멸)이며 "영광의 이야기"는 롬 8장에서 끝난다고 주장했다. 그러나 그 이후의 저서인 *Christosis* (157-61)에서 그는 마음을 바꾸어 영광은 현세에서 시작하고 이 주제는 롬 15장까지 지속된다고 주장한다.

세 가지가 (테오시스 자체에 대한 일반적 우려를 제외하고도) 논점으로 떠오를 것이다. 첫째, 일부 학자들은 다음과 같이 반응할 수 있다. "로마서는 특정 상황에 대응하는 편지이지, 신학적인 논문이 아니다. 이러한 해석은 수십 년 또는 수 세기—어쩌면 로마서를 기독교 교훈의 '집약서'라고 부른 멜란히톤까지—를 후퇴시키는 것이다. 이 '논문'은 참여에 대한 초대로도 들리지 않고, 선교에 대한 초대로도 들리지 않는다."

둘째, 다른 학자들은, 비록 로마서가 어떤 의미에서는 신학적 에세이라고 할 수 있다 하더라도, 어떻게 "테오시스"라는 용어를 사용해 그것을 특징지을 수 있는가라고 반문할 수 있을 것이다. 이것을 이신칭의, 또는 믿음으로의 교정으로 부르거나, 보다 더 일반적으로 구원, 그리스도 안에서 이루어진 이방인과 유대인의 조화, 하나님의 묵시론적 구원, 소망, 또는 부활로 부르면 되지 않는가? 이 모든 것은 매우 바울적으로 들리며 타당해 보인다. 다른 학자들은 로마서의 주제가 이 가운데 하나라고 주장했다. 그렇다면 테오시스는 어떠한가? 이것은 적어도 이레나이우스나 아타나시오스 또는 정교회의 총대주교(Ecumenical Patriarch)가 집필한 논문을 가리키는 시대착오적인 용어로 들린다.

셋째, 다른 학자들은 어떤 의미에서는 테오시스가 신학적으로나 석의적으로 바울 및 로마서에 대한 신뢰할 만한 해석이라 할지라도, 테오시스는 절망적으로 비선교적이며 심지어는 자기중심적으로 들린다고 말할 수 있다. 또한 그들은 로마서가 모든 이들을 위한 구원의 복음이자 전 세계에 "믿음의 순종"(롬 1:5; 16:26)과 예수의 주되심을 선포하는 선교 사역(예. 롬 10장)에 관한 텍스트임을 올바르게 강조할 것이다.

따라서 내가 방금 개관한 본장의 제목과 주된 주장은 "테오시스"

라는 용어와 어떤 주제에 대한 "논문"이라는 로마서에 대한 개념, 그리고 테오시스와 선교 간의 연관성과 관련하여 상당히 부정확하고 시대착오적으로 보일 수 있다. 그럼 우선 로마서의 장르와 주제부터 논의해보자. 테오시스와 선교에 관해서는 우리가 로마서 본문을 논할 때 다루기로 하자.

바울이 말하는 테오시스: 로마서의 양식과 주된 주제

로마서의 양식 및 목적과 더불어 로마서의 주제의 상호 연관된 문제를 탐구하는 등 이러한 복잡한 이슈들을 개론적으로 다루는 것조차도 본 장의 범위를 넘어선다. 로마서의 형태와 관련해서는 로마서를 "기독교 교리의 요약본"이라고 불렀던 루터의 조력자 멜란히톤의 과도한 반응은 시계의 추가 지나치게 반대방향으로 움직이게 만들었다고 말하는 것으로 충분해 보인다. 로마서는 기독교 교리의 핸드북이 아닐 수는 있지만, 또한 당신의 일상 편지도 아니며, 더더군다나 바울의 일상적 목회 서신도 아니다. 1:1-15의 공식적인 인사말에 이어 등장하는 열한 장에는 로마에 있는 공동체(들)에 대한 명시적인 언급—다른 바울 서신과 극명하게 다른 차이점—이 거의 없다. 따라서 로버트 주이트(Robert Jewett)는 그의 주석에서 로마서의 각 섹션과 이 서신의 전반적인 목적 사이에 존재하는 연관성을 그(주이트)가 이해하는 로마의 상황에 비추어 주시할 것을 독자들에게 지속적으로 상기시킨다.[14] 이러

---

14   Robert Jewett, *Romans*, Hermeneia (Minneapolis: Fortress, 2007), 예를 들어 203-4, 218,

한 읽기 전략은 바울 자신이 그러한 연결을 명시적으로 하지 않기 때문에 더더욱 필요하다. 그럼 왜 그렇게 하지 않았을까? 이는 적어도 부분적으로라도 그의 편지—어떤 이유에서든지 간에—는 지속적으로 논증을 전개해나가는 논문의 양상을 띠고 있기 때문이다. 한스-요제프 클라우크(Hans-Josef Klauck)는 다음과 같이 올바르게 지적한다. 로마서는 "에피쿠로스의 교리 편지들이나 세네카의 「도덕서한」(*Moral Epistles*)의 후대의 책에 담긴 긴 글들과 비교될 수 있다. 그러나 이러한 저술과 비교해서도 로마서는 여전히 특정한 상황에 더 집중한다."[15]

다시 말하면 로마서는 특이한 종류의 논문이라는 것이다. 로마서는 한 가지 주제를 지속적으로 일관되게 다루며, 그 양식에 있어서는 논쟁적인 측면과 서사적인 측면(한 가지 플롯과 다양한 인물이 들어 있는)을 모두 지니고 있다. 그러나 궁극적으로 이 논문의 내용은 로마에 있는 가정교회들을 위한 것이며 그들에게 적용되는 것이다. 여기서 제기되는 질문은 이 "논문"의 주제가 무엇인가? 하는 것이다.

일부 학자들은 분명히 "우리는 로마서의 주제가 무엇인지 알고 있다. 왜냐하면 바울 자신이 1:16-17(복음은 구원을 위한 하나님의 능력 또는 하나님의 의다)에서나 1:3-4(예수는 부활하신 하나님의 왕적 아들이다)에서, 또는 북엔드 형식으로 1:5과 16:26(이 구절이 원래 편지의 일부라고 가정할 때)에서[16] '믿음의 순종'이라고 우리에게 말해주기 때문"이라고 대답할 것이다. 이 중에 어떤 것이 로마서의 주제로 밝혀지든지 간

235.

15 Hans-Josef Klauck, *Ancient Letters and the New Testament: A Guide to Context and Exegesis* (Waco, TX: Baylor University Press, 2006), 304.

16 이슈들과 주장들에 대해서는 주석들을 보라.

에 혹자는 우리가 바울 자신의 말을 대체하기 위해 "테오시스"와 같이 낯설고 시대착오적인 용어를 도입할 필요가 없다고 주장할 수도 있다.

나는 정당하게 인정받은 로마서의 주제 가운데 그 어떤 것도 폐기하고 싶지는 않지만, 적어도 나는 이 편지의 주제 목록에 테오시스가 추가될 필요가 있다고 주장하고 싶다. 또한 나는 이 주제가 이 편지에 담긴 다른 특정 주제들을 모두 포괄하는 일종의 핵심 주제라고 주장하고자 한다.

우리는 이미 테오시스(혹은 신성화 또는 신화[17])를 "하나님의 생명에 참여함으로써 하나님과 같이 되는 것"이라고 간략하게 정의한 바 있다. 이 용어와 이 용어가 묘사하는 실재는 언제나 피조물과 창조주 간의 구분을 유지한다는 점을 지적할 필요가 있다. 이는 기독교 전통에서 종종 그러했듯이(부분적으로 시 82:6의 영향 때문에; 참조. 요 10:34-36), 심지어 "신이 되다"라는 표현이 테오시스를 묘사하는 데 사용될 때에도 마찬가지다. 그렇다면 테오시스는, 현세에서든 또는 내세에서든 간에, 어떤 신적 성품을 취하는 것을 의미한다. 7세기 비잔틴 신학자인 고백자 막시무스는 불속에 철검을 집어넣음으로써 그 철검이 철검으로 그대로 남아 있으면서도 또한 그 불에 "참여"함으로써 불의 특정 속성—빛과 열—을 취하게 되는 것과 비교하면서 테오시스

---

17 종종 사용되는 또 다른 용어는 *theopoiesis*다. 이 용어는 기독교 신학이나 경험에 국한되지 않는다. 기독교 전통 안에서 이 용어는 때로는 "Christification"(그리스도와 같이 되는 것)으로, 또 최근에는 "Christosis"로 불린다(이 제목을 가진 Blackwell의 책을 보라). 나는 여기서 일부 학자들이 그러듯이 테오시스와 신성화 혹은 하나님과 같이 되는 것을 서로 구별하지 않을 것이며, 테오시스와 크리스토시스 간에도 아무런 차이를 두지 않을 것이다. 나는 또한 우리가 이러한 용어들을 과거나 현재의 특정한 신학자들과 영성 작가들이 했던 것과 동일한 방식으로 정의할 필요가 있다고 제안하지도 않을 것이다. 오히려 나는 테오시스에 대한 일반적 이해로 시작할 것이며, 차후에 바울의 보다 더 구체적인 진술을 보여줄 것이다.

를 설명했다.[18] 이레나이우스는 이보다는 덜 은유적이지만, 다음과 같이 훨씬 더 유명하고 자주 인용되는 말로 테오시스 교리를 요약했다. "그는 우리가 그의 모습을 닮을 수 있게 하려고 우리의 모습이 되었다."[19] 우리는 앞에서 이러한 기본적인 견해를 나타낸 다양한 바울 해석자들의 인용문을 소개한 바 있다.

그러나 우리는 로마서를 다루기 이전에 테오시스에 관한 세 가지 요점을 추가적으로 언급할 필요가 있다.[20] 첫째, 인간이 어떤 신적 성품을 취할 수 있지를 놓고 논쟁이 있지만, 일반적으로 이러한 성품은 거룩함(즉 하나님의 도덕적 성품)과 불멸성을 포함한다는 데 의견을 같이한다. 테오시스는 단순히 "윤리적 행동"이나 "성화"를 의미하는 것이 아니라, 거룩함 뿐만 아니라 종말론적 변화도 포함하는 "신적 성품

---

18 *Ambigua* 7; 참조. Opuscule 16.

19 이것은 여러 인용문을 편집한 것이다. *Against Heresies* 5. Preface.1에서 이레나이우스는 "주 예수 그리스도는…그의 초월적 사랑을 통해 우리가 그의 모습을 알게 하려고 우리의 모습이 되셨다." 또한 Athanasius, *Incarnation of the Word* 54도 보라. 두 저자는 동일한 기본적인 신학적 신념을 다양한 방식으로 표현한다.

20 최근에 출간된 테오시스에 대한 개론서로는 Paul M. Collins, *Partaking in Divine Nature: Deification and Communion* (New York: T. & T. Clark, 2010); Norman Russell, *Fellow Workers with God: Orthodox Thinking on Theosis* (Crestwood, NY: St. Vladimir's Seminary Press, 2009); Daniel A. Keating, *Deification and Grace* (Naples, FL: Sapientia, 2007) 을 보라. 또한 다음과 같은 논문집도 보라. Michael J. Christensen and Jeffery A. Wittung, eds., *Partakers of the Divine Nature: The History and Development of Deification in the Christian Traditions* (Grand Rapids: Baker Academic, 2007); Stephen Finlan and Vladimir Kharlamov, eds., *Theōsis: Deification in Christian Theology* (Eugene, OR: Pickwick, 2006). 테오시스가 다양한 방식으로 나타난 정교회의 신학에 대한 저서로는 John Behr, *The Mystery of Christ: Life in Death* (Crestwood, NY: St. Vladimir's Seminary Press, 2006); John D. Zizioulas, *Being as Communion: Studies in Personhood and the Church* (Crestwood, NY: St. Vladimir's Seminary Press, 1985); Panayiotis Nellas, *Deification in Christ: Orthodox Perspectives on the Nature of the Human Person,* trans. Norman Russell (Crestwood, NY: St. Vladimir's Seminary Press, 1987); Vladimir Lossky, *The Mystical Theology of the Eastern Church* (Crestwood, NY: St. Vladimir's Seminary Press, 1976 [orig. in French, 1944])을 보라.

에 참여하는 자"(벧후 1:4)가 되는 현재와 미래의 실재다. 둘째, 그렇다면 테오시스는 일반적으로 지상에서의 시작부터 종말론적 완성에 이르기까지를 모두 포함하는 연속적인 과정으로 이해할 수 있는데, 이는 분명히 두 단계, 즉 현세적 측면과 종말론적 측면을 갖고 있다. 셋째, 그리스도인들은 성육신을 믿기 때문에 테오시스 또는 신화는 기독론과 결코 분리될 수 없다. 테오시스는 하나님의 형상이신 아들을 닮는 것에 참여하는 것을 의미한다. 바로 그런 이유에서 신화/테오시스는 그리스도화 또는 크리스토시스라고도 불린다. 나는 『십자가의 모양을 하신 하나님 안에 거하기』에서 특별히 바울에게 있어 테오시스는 다음과 같이 정의되어야 한다고 주장했다.

> 성령의 능력을 통해 성육신하시고, 십자가에 못 박히시고, 부활/영광을 받으신 그리스도를 본받아 자기 자신을 비우시고, 십자가를 본받는 하나님의 성품에 변혁적으로 참여하는 것.[21]

비록 "테오시스"는 구체적으로 바울이 사용한 용어는 아니지만, 이 용어를 이러한 변혁적 참여를 묘사하는 데 사용하는 것은 바울 신학을 묘사하기 위해 참여적, 내러티브, 또는 묵시론적 등과 같이 또 다른 "외부" 용어를 사용하는 것에 비해 결코 덜 적절하지 않다. 철학자이자 문학비평가인 미하일 바흐친(Mikhail Bakhtin)이 현명하게 말했듯이, "의미론적 현상은 잠재적으로 감추어진 형태로 존재할 수 있고, 오

---

21   Michael J. Gorman, *Inhabiting the Cruciform God: Kenosis, Justification, and Theosis in Paul's Narrative Soteriology* (Grand Rapids: Eerdmans, 2009), 7, 162.

로지 그 감춰진 것이 드러나기에 호의적인 후대의 의미론적인 문화적 문맥에서만 계시될 수 있다."[22]

그렇다면 "테오시스"는 시대착오적이라기보다는 소급해서 볼 때 적절하다고 보아야 할 것이다. 이제 나는 테오시스는 소급 적용할 때에도 **정확하다**고 보아야 한다는 것을 덧붙인다.[23]

잠시 앞에서 언급한 본문(1:16-17; 1:3-4; 10장; 1:5과 16:26)과 우리가 소환할 수 있는 다른 본문이 로마서의 주제에 기여한다고 가정해보자. 또한 동시에 바울이 서두(1:5)와 서신 말미(16:26)에 배치함으로써 강조하고 싶었던 "믿음의 순종"에 초점을 맞추어보자. 바울 해석자들은 이 어구의 번역과 의미를 상당히 다르게 해석해왔다. 과연 이 어구는 믿음으로부터 오는 순종인가, 믿음과 분리될 수 없는 순종인가, 신실한 순종인가, 믿는 충성심인가, 아니면 다른 무엇인가? 우리가 이것을 어떻게 번역하든지 간에 우리는 바울이 불순종한 아담과 대조를 이루는, **순종한 자**(5:19)로 특징짓는 그리스도와의 연관성을 분명히 인식해야 한다. 그리고 나와 다른 학자들이 주장하듯이, 바울 서신에서 예수의 "믿음" 혹은 "신실함"을 가리키는 어구들이 있는가 하면, 바울 역시 로마서(3:22, 26)와 다른 곳에서 그리스도를 **신실한 자**로 특징짓기도 한다.[24] 따라서 나는 "믿음의 순종"은 바울이 자신의 기

---

22 Mikhail Bakhtin, *Speech Genres and Other Late Essays* (Austin: University of Texas Press, 1986).

23 위에서 이미 지적했듯이, 일부 학자들의 관심사인 테오시스에 관해 말하는 것의 적합성에 대한 폭넓은 신학적 질문은 지면관계상 불가능하다. 나는 올바른 관심사에 대한 해결책은 테오시스라는 개념을 폐기하는 것이 아니라 적절하게 정의하고 설명하는 것이라고 주장한다.

24 갈 2:16(2회); 2:20; 3:22; 빌 3:9. 참조. 엡 3:12. 즉 소위 *pistis Christou*("그리스도의 믿음" 또는 "그리스도에 대한 믿음")의 주격 소유격 독법 및 이와 유사한 본문들이 옳다면, 그리스도가 믿음의 주체가 된다(즉 "그리스도의 믿음"). 앞의 여러 장의 논의를 보라.

독론적 신념을 바탕으로 고안해낸 구원론적 용어라고 주장한다. 즉 그리스도 **안에** 있는 삶은 근본적으로 그리스도의 순종과 신실함에 참여하는 것을 의미한다.

말하자면 "믿음의 순종"은 본질적으로 그리스도를 닮는 것이다. 바울의 사명은 열방 가운데서 순종적이며 신실하신 하나님의 아들을 닮은 "믿음의 순종"을 이루어내는 것이었다. 하지만 우리가 조금 후에 보다 더 상세하게 보게 되겠지만, 이렇게 그리스도를 닮는다는 것은 동시에 하나님을 닮는 것이다. 이로써 "테오시스"라는 용어가 적절하게, 그리고 정확하게 도입되는 것이다. 그러나 물론 바울에게 있어(내가 방금 지적했듯이) 하나님, 그리고 이로써 테오시스는 오로지 기독론적으로만 이해될 수 있는 것이다. 바울의 테오시스는 **십자가를 본받는** 테오시스이며, 집단적 또는 공동체적이다. 왜냐하면 이는 그리스도에게 공동 편입됨으로써 이루어지기 때문이다.

따라서 우리는 존 웨슬리가 제시한 목적을 다음과 같이 풀어 설명하면서 바울의 사명을 묘사할 수 있겠다. "온 땅에 성서적 거룩함을 널리 전파하는 것." 나는 바울의 사명은 공동체적으로 십자가를 본받는 테오시스, 곧 하나님의 *dikaiosynē*(정의/의)와 *doxa*(영광)를 로마 제국을 의미하는 온 세계에 전파하는 것이라고 제안한다.[25] 이 두 용어— *dikaiosynē*와 *doxa*—가 로마 제국의 정체성과 제국이 전하는 "복음"

---

25 바울은 거의 확실하게 자신의 사명을 하나님의 영광이 언젠가 온 우주에 전파되고 모든 이들이 인식하게 될 것이라는 예언자적 약속의 성취의 일환으로 보았다. 우리가 앞선 장들에서 지적했듯이 Wesley는 구원을 테오시스의 관점에서 정의했다. "신성의 회복, 곧 우리의 영혼이 하나님의 형상을 따라 의와 참된 거룩함과 정의와 자비와 진리로 새롭게 되는 것"(Gerald R. Cragg, ed., *The Works of John Wesley, Vol. 11: A Farther Appeal to Men of Reason and Religion and Certain Related Open Letters* [Nashville: Abingdon, 1987], 106, para. 1.3.

의 핵심이었다는 사실은 단순히 우연이 아니다. 로마 제국이 내세우던 이념의 여러 측면처럼 로마가 정의와 영광을 구현하고 로마 시민들에게 정의와 영광을 제공해준다는 주장은 적어도 바울이 로마 교인들에게 쓴 편지에 의해 암묵적으로 도전을 받는다.[26] 이제 이 주제로 돌아가 보자.

로마의 경우, 바울의 목표는 이러한 *dikaiosynē*와 *doxa*의 존재를 현존하는 로마의 가정교회 전반으로 확대하는 것이었다(말하자면 로마 제국의 바로 코앞에서). 이러한 구원의 성취는 종말론적 시대의 (임박한) 도래를 기다리고 있지만, 하나님을 영화롭게 하며 다양성 속에서도 조화를 이루려는 정신을 가지고 믿음, 소망, 사랑이라는 십자가를 본받는 삶을 실천하는, 이방인과 유대인으로 구성된 "의로워진" 또는 "정의로워진"[27] 공동체 가운데 이미 부분적으로, 그리고 예기적으로 실현되었다. **그들은 성령에 힘입어 그리스도를 닮고 하나님을 닮아가는 공동체이며,** 하나님의 최종적 영광과 그 영광에 그들 자신도 참여할 것을 고대하며 사는 의와 (십자가를 본받는) 영광의 공동체다. 따라서 로마서에 나타난 테오시스에 관한 나의 제안은 로마서에 나타난 하나님의 선교에 대한 비벌리 가벤타(Beverly Gaventa)의 설명—"이 세상을 죄와 사망의 권세로부터 구원함으로써 새롭게 창조된 인류(유대인과 이방인)가 새 공동체 안에서 하나님을 찬양하게 하시는" 하나님의 사역—[28]

---

26   로마서의 이러한 측면에 관해서는 Wright, *Paul and the Faithfulness of God*, 279-347, 1271-1319를 보라.

27   비록 나는 신조어를 좋아하지 않으며 이 단어와 또 앞으로 등장할 동족어에 대해 사과하지만, 이 방법은 영어로 "*dik-*" 어군을 하나로 유지하면서도 "*dik-*" 언어가 지니고 있는 도덕적 또는 변혁적 측면을 강조하는 데 유용하다.

28   Beverly Roberts Gaventa, "The Mission of God in Paul's Letter to the Romans," in *Paul*

과 상호 보완적이다.

마지막으로, 우리가 정의/의에 대해서는 이미 한 장 전체를 할애했으므로 이제 로마서를 다루기 이전에 "영광"에 대해 간략하게 살펴보는 것이 필요해 보인다. 이 주제는 바울의 신학 중에서도 상대적으로 잘 탐구되지는 않았지만 논쟁이 되고 있는 영역이다. 벤 블랙웰(Ben Blackwell)은 바울에 나타난 영광에 대한 다양한 연구를 개관하고, 이와 관련해서는 바울의 명예 담론의 일부인 "사회적 혹은 관계적 지위"("명예")와 "하나님의 임재와 관련이 있는" "존재론적 경험" 혹은 "존재의 상태" 등 두 가지 종류가 있다고 제안한다.[29] 바울의 영광 용어의 배경에 관해서는 중요하고도 관련된 논쟁이 있어왔다. 과연 이 용어는 그리스-로마적인가, 아니면 유대적인가? 유대적이라면 구체적으로 무엇을 가리키는가? 이 영광은 본유적으로 하나님께 속한 것이면서도 동시에 인간과 공유될 수 있는 "무언가"인 것으로 보인다. 그렇다면 화려함과 찬란함을 의미하는가? 아니면 윤리적인 완전함인가? 아니면 어쩌면 불멸성을 가리켜 인간과 공유할 때에는 사후의 삶을 가리키는가? 아니면 아담의 잃어버린 영광의 회복―하나님의 청지기로서의 그의 통치권(시 8편을 보라)―을 의미하는가? 아니면 성막/성전 안에 계신 하나님의 임재나 또는 보다 더 구체적으로 어떤 방식으로든 하나님의 임재가 성전으로 돌아오는 것을 가리키는가? 또 아니면 온 세상에

as Missionary: Identity, Activity, Theology, and Practice, ed. Trevor J. Burke and Brian S. Rosner, Library of New Testament Studies 420 (London: T. & T. Clark, 2011), 65-75 (여기서는 65-66).

29 Blackwell, "Righteousness and Glory," ms. p. 2. 전자의 접근법의 한 가지 중요한 예로는 Jewett, Romans를 꼽을 수 있다.

만연해 계시는 하나님의 임재 그리고/또는 하나님의 통치인가?[30]

특히 바울이 십자가에 못 박히시고 부활하신 메시아 안에서 사는 삶이라는 문맥에서 명예와 수치를 재정의한다는 점에서 바울에 대한 그리스-로마의 영향을 배제하지는 않지만, 그에게 있어 "영광"은 주로 성서와 다른 유대교 텍스트들이 증언하는 유대교적 의미를 담고 있는 것이 분명해 보인다.[31] 사실 앞에서 나열한 하나님의 영광 및 인간과의 공유성이 주는 유대교적 의미가 로마서 여러 곳에서 바울에게 영향을 미쳤을 개연성은 꽤 있어 보인다. 이러한 다양한 의미는 상호배타적이지 않다.

블랙웰은 하나님의 영광과 인간의 영광 간의 연관성을 강조하면서 이 영광은 구체적으로 불멸성을 나타내는 "인간의 신적 생명의 경험을 가리키는 것"으로 본다.[32] 블랙웰은 이러한 주장을 뒷받침하기 위해 C. F. 에반스를 인용한다. 에반스에 의하면 영광은 "신적 생명 자체를 가리키기에 가장 적절한 종말론적 용어"이며 성령 안에서의 삶의

---

30 예컨대 이 모든 요소는 *Paul and the Faithfulness of God*(예. 1075)에서 나타난다. 비록 그가 새롭게 갱신된 메시아의 백성이 피조물을 통치할 것임을 강조하지만 말이다(예. 754, 843, 1091-92, 1116-17, 1126). "요지는 이스라엘의 하나님이 인간을 의롭게 하고 그들을 바로잡음으로써 이제 그들은 이 세상이 자신들을 통해 바로잡힐 백성이 될 수 있다. 현재와 미래의 이 세상에 대한 통치가 바로 바울이 롬 8장에서 "영광"이라는 언어를 통해 표현하고자 하는 것이다"(1092). 나는 영광이 현재와 미래의 것이라는 데 Wright에 동의하는 반면, 영화를 다스림(dominion)으로 보는 그의 주장은 바울 서신 내에서 적절한 근거를 찾기 어렵다고 본다. Carey Newman은 이에 대한 다양한 이해를 네 그룹, 곧 찬란함과 가시성을 포함하는 현현, 장막/성전에서의 임재, 종말론적 소망, 왕의 다스림 등으로 나누어 요약한다(Carey C. Newman, *Paul's Glory-Christology: Tradition and Rhetoric*, NovTSup 69 [Leiden: Brill, 1992], 152).

31 나는 여기서 나의 학생인 Daniel Jackson의 영광에 대한 페이퍼에 빚지고 있는데, 특히 그의 (출판되지 않은) 페이퍼인 "The 'Glory About to Be Revealed': Glory in Paul's Letter to the Romans" (St. Mary's Seminary & University, May 2013)에 빚지고 있다. 그는 유대교 배경이 바울의 영광에 대한 이해에 결정적인 영향을 미쳤다고 설득력 있게 주장한다.

32 Blackwell, "Righteousness and Glory," passim (ms. p. 2에서 인용함).

맛보기다.[33] 바울에게 로마서에서 인간이 하나님의 영광에 참여한다는 것은 주로 불멸성 혹은 영생을 가리키며, 이 영생은 로마서, 고린도전 후서, 빌립보서에서 분명히 밝히듯이 **육체를 지닌** 존재를 의미한다(로 마서 외에도 특별히 고전 15:35-57; 고후 5:1-4; 빌 3:21을 보라). 이것은 하나님(아버지)이 육체를 가지고 계시기 때문이 아니라, 바울의 영광에 대한 이해가 기독론적으로 재구성되었기 때문이다. 십자가에 못 박히 시고 부활하신 예수는 신자들이 새롭게 창조되어나갈 하나님의 형상 이다(참조. 고후 4:1-7). 이것은 하나님이 바라시는 바이며(예언자들에 따르면), 이 영광이 온 세상에 알려지고 경험되기를 바라는 바울의 열 망이기도 하다.

그렇다면 하나님의 "영광"은 하나님이 하나님이시기 때문에, 그 리고 하나님이 이를 인류와 함께 공유하기로 결정하셨기 때문에 소유 하고 계시는 영원한 광채와 영예를 가리킨다. 이것은 하나님이 이미 다양하지만 제한된 방식으로 이 영광을 인간들과 공유하고 계시고, 또 하나님의 영광에 대한 합당한 반응으로서 인간이 하나님께 영광(존귀, 찬양)을 돌린다는 유대교 및 기독교 성서의 주된 신념이다. 이와 동시 에 신약과 구약의 종말론적인 소망은 인간이 지금까지 경험하지 못하 고, 심지어 상상조차 하지 못한 방식으로 이 하나님의 영광에 참여함 으로써 하나님께 더 큰 영광을 돌리게 되는 것을 말한다. 바울 자신도 하나님과 인간 모두에게 영광이 되는 이러한 소망을 갖고 있다. 진실 로 이 소망은 로마서에서 중심을 차지한다.

---

33   C. F. Evans, *Resurrection and the New Testament* (London: SCM, 1970), 160, "Righteousness and Glory," ms. p. 4 n. 8에서 인용. Evans는 "영의 현재적 소유가 장차 올 무언가에 대한 맛보기이자 약속이며, 이것이 '영광'의 온전한 삶이다"라고 말한다.

로마서를 십자가를 본받는 선교적 테오시스에 대한 본문으로서 다시 읽기

이제 본장의 나머지 많은 부분에서 우리는 로마서를 테오시스의 관점에서, 보다 더 구체적으로는 십자가를 본받는 선교적 관점에서 테오시스를 해석하면서 로마서 다시 읽기를 시도할 것이다. 물론 이 과정에서 우리는 이 서신의 어떤 부분을 다른 부분보다 더 강조하게 될 것이다. 그렇다면 이것이 옛 관점이나 새 관점 혹은 신선한 관점으로 들릴까? 그럴 수도 있고, 그렇지 않을 수도 있다. 아무튼 우리가 생각할 수 있는 것 중에서 우리가 테오시스를 염두에 두고 바울을 읽는다는 것은 어떤 특정 범주를 초월할뿐더러, 심지어는 이를 무너뜨릴 수도 있다.

인간의 상태: 의와 영광의 결핍(롬 1:18-3:20)

로마서 1:18-3:20은 창세기 3장, 지혜서 12-14장, 출애굽기 32장, 시편 89편과 다른 일부 시편, 그리고 다른 추가적인 본문을 그리스도 안에서 나타난 구원과 의와 영광이라는 프리즘을 통해 창의적으로 재해석한다. 더글라스 캠벨의 불만 표명에도 불구하고[34] 이 본문은 "좌절"이나 "무능함"(*emataiōthēsan*, 1:21;[35] 하나님이 의도하신 목적을 달성하지 못함)이라고 할 수 있는 그리스도 밖에 있는 인간의 상태에 대한

---

34 Campbell은 *The Deliverance of God*(특히 519-600)에서 로마서의 이 단락의 많은 부분은 바울이 아니라 바울을 대적하는 교사들을 나타낸다고 주장한다. *Deliverance*에서 그는 이 본문을 "특징적 연설"(speech-in-character)로 부른다. 한편 그는 최근에 "패러디"라는 표현을 사용했다. 예컨대 Robin Griffith-Jones in Chris Tilling, ed., *Beyond Old and New Perspectives on Paul: Reflections on the Work of Douglas Campbell* (Eugene, OR: Cascade, 2014), 176-81의 비평에 대한 그의 답변을 보라.

35 이제 나머지 피조물과 공유된 상태(8:20).

바울의 묘사로 알려져 있다.[36] 이 목적은 암묵적으로 인간과 하나님 사이에, 인류 자체 안에, 그리고 인류와 나머지 피조세계 간의 조화와 올바른 관계를 가리키는 것으로 묘사될 수 있다. "하나님의 형상"이라는 언어는 적어도 그 배경에 깔려 있다(*homoiōmati eikonos*, 1:23; NRSV "[죽을 수밖에 없는 인간]을 닮은 형상").

보다 더 구체적으로 이 로마서 단락은 인간들이 하나님께 감사하고 영광/존귀를 돌리고(1:21), 동료 인간들에게 정당하고 의롭게 행동함으로써 선을 행하며(2:7), 창조주 대신 피조물에게 영광을 돌리지 않아야 한다(1:23, 25)고 단언하거나 암시한다. 더 나아가 2:7-10에 따르면 인간은 궁극적으로 영광(*doxa*, 2회), 존귀(*timē*, 2회), 평화, 불멸, 영생 등을 위해 지음 받았으며, 이것은 하나님이 의도하신 선(불의함/부당함[*adikia*]과 악보다는)을 행하는 인간의 정상적인 삶을 위함이며, 또한 이에 대한 자연스러운 결과이기도 하다. 따라서 영생을 포함하여 현재의 의/정의와 미래의 영광을 의미하는 *dikaiosynē*와 *doxa*는 인간의 존재 이유에 대한 바울의 이해를 요약하는 두 핵심 용어다.

그러나 인간은 현재 하나님의 의도와는 전혀 다른 모습을 보이고 있다. 바울은 우리에게 이러한 상태를 묘사하는 수많은 용어와 어구를 제공해주는데, 일부는 이방인들을 향해, 다른 일부는 유대인들을 향해 적용된다.

• (1:18) 불경건함과 불의함/부당함(*asebeia*와 *adikia*, 후자는 2회

---

36   James D. G. Dunn, *Romans 1–8*, WBC 38A (Dallas: Word, 1988), 71, 470, 487-88을 보라.

언급됨[37]).

- (1:21) 하나님께 영광을 돌리지(*edoxasan, doxazō*에서 유래[38]) 않고, 하나님께 감사하지 않음.

- (1:21-22) 허망한 생각, 어두워진 마음, 미련함.

- (1:23, 25, 28) "썩어지지 않는 하나님의 영광(*doxan*)을 썩어질 사람의 우상(*homoiōmati eikonos*)으로 바꿈"; "하나님의 진리를 거짓된 것으로 바꾸어 피조물을 조물주보다 더 경배하고 섬김"; "하나님을 알려고 하지" 않음.

- (1:24, 26) "더러움"과 "부끄러운 욕심."

- (1:29-31) "모든 (종류의) 불의함/부당함(*adikia*; NRSV '악함'), 악."

- (1:32) 이러한 것들(모든 형태의 *asebeia*와 *adikia*)을 행하는 자들이 죽어 마땅할 만한 하나님의 정의로운 칙령(*dikaiōma*; NRSV "칙령").

- (2:23) "율법을 범함으로 하나님을 욕되게 함."

- (3:3) 불신앙(참조. 1:31).

- (3:9) "죄의 권세 아래" 있음.

- (3:10-11) "의인(*dikaios*)은 없나니 하나도 없으며, 깨닫는 자도 없고, 하나님을 찾는 자도 없고."

- (3:23) "모든 사람이 죄를 범하였으매 하나님의 영광(*doxēs*)에

---

37 NRSV, NIV, NAB는 불행하게도 *adikia*를 "불의" 또는 "부당함"보다는 "악함"으로 번역함으로써 바울 서신 전반에 걸쳐, 그리고 특히 로마서에서 핵심적으로 드러나는 언어학적·신학적 연관성을 모호하게 만든다. 또한 정의에 관해 다룬 장에서 제기된 이 문제에 관한 논의를 보라.

38 NRSV(비록 NIV나 NAB은 그렇지 않지만)는 다시 한번 "영화롭게 하다"를 "존중하다"로 번역함으로써 로마서에서 핵심적으로 나타나는 언어학적·신학적 연관성을 모호하게 만든다.

이르지 못함."

NRSV가 특히 1:18-32에서 핵심 어구들 간에, 그리고 이 어구들과 1:17(*dikaiosynē*) 사이에 존재하는 상호연관성을 보여주는 데 빈번하게 실패함에도 불구하고, 바울은 인간의 보편적인 문제는 *dikaiosynē*와 *doxa*라는 단어가 가리키는 지시대상과 밀접하게 연관되어 있다고 주장한다.[39] *dikaiosynē*의 정반대의 의미를 갖고 있는 *adikia*는 *doxa*, 곧 영광스러운 생명이 아닌 죽음으로 이끈다. 인간들은 그들을 향한 의도와는 거리가 먼 것이 되었으며, 그들의 운명은 그들을 향해 의도된 *telos*(목표)와는 거리가 먼 것이 되었다. 따라서 "교환"—하나님과, 인간끼리, 그리고 모든 피조물과의 올바른 관계를 가리키는—이 반드시 필요할 수밖에 없게 되었다(1:23, 25, 26).

이러한 상황에서 인간은 단순히 법적 허구는 아니더라도 새로운 시작의 기회와 함께 용서의 말을 필요로 하지 않는다.[40] 그들은 그러한 교환을 무효화하는 강력한 수단과 하나님이 의도하신 하나님의 의를 구현하는 강력한 수단, 그리고 그들에게 결핍되어 있는 영광을 얻는 강력한 수단을 필요로 한다. 물론 바울은 이것이 그리스도 안에서 일어난다고 믿는다. 왜냐하면 복음은 "구원을 주시는 하나님의 능력"이기 때문이다(1:16). 죄와 죄책에 대한 서방 교회의 집착이 때로는 우리로 하여금 바울의 인간론과 구원론에서 영광과 생명과 불멸성—이

---

39 고린도에 보낸 편지에서와 마찬가지로 NJB는 1:18과 1:29에서 모두 "불의"를 사용함으로써 로마서에 대한 대다수의 영역본보다 탁월한 번역을 선보인다.

40 "법적 허구"라는 표현은 칭의를 그리스도 때문에 하나님이 인간의 의에 대해 "법적" 선언을 내리신 것으로 이해하는 특정 해석을 가리키는데, 이는 인간의 불의함에도 불구하고 내려지는 선언이기에 기술적으로 허구인 것이다.

것들은 아담 안에서 찾아볼 수 없고, 그리스도 안에서 회복되어 나타 남—이란 주제가 얼마나 핵심적인지를 볼 수 없도록 만들었다.

크리스토퍼 브라이언(Christopher Bryan)은 바울이 로마서 3:23에 서 인류가 하나님의 영광에 미치지 못한다고 말할 때 그는 "그 본질에 있어서 역시 우리의 영광이기도 한 바로 그 [하나님의] 영광"에 관해 이야기한 것이라고 말한다.[41] 우리가 로마서 1장으로 다시 되돌아가 면 우리는 하나님의 영광을 잃어버리거나 또는 그것이 부족하다는 것 이 이제 무엇을 의미하는지를 구체적으로 깨닫게 된다. 인간은 하나님 께 영광을 돌리고, 다른 인간들과 명예롭게 살도록 창조되었다. 그런 데 인류는 하나님을 영화롭게 하는 데 실패했고, 다른 이들과 수치스 러운 관계를 맺는 자리로 추락했으며, 각양각종의 창의적인 방식으로 하나님과 다른 이들에게 적대감을 표현했고, 마침내 죽음이 바로 이러 한 내리막길의 자연스러운 종착역(6:23에 의하면 그 "삯")임을 깨닫게 되었다.[42]

이러한 인간의 처지에 대한 해결책은, 바울과 동시대를 살았던 다수의 유대인들이 생각했던 것처럼, 영광을 다시 회복하는 것이다.[43] 구체적으로 바울에게 있어 이것은 죄와 사망으로부터 해방시키는 무 언가를 통해 죄로 가득 찬 가운데 죽음으로 곤두박질하는 내리막길에

---

[41] Christopher Bryan, *A Preface to Romans: Notes on the Epistle in Its Literary and Cultural Setting* (New York: Oxford University Press, 2000), 84. Dunn은 바울이 인간은 (아담 때 문에) 하나님의 영광을 잃어버렸고 지금도 그 영광을 되찾지 못한다고 말한다고 제안한다 (*Romans 1–8*, 108).

[42] Blackwell, "Immortal Glory"를 보라. Blackwell은 로마서에서 "영광은 높여진 명예를 나타 낼 뿐 아니라 타락하지 않음을 나타낸다. 따라서 3:23에서 영광의 부재는 죄의 결과로 오 는 죽음과 수치를 가리킨다"고 주장한다(초록, 285).

[43] Dunn, *Romans 1–8*, 168.

서 되돌리는 것과[44], 인간으로 하여금 하나님을 영화롭게 하고 다른 이들을 존중하는 자리로 회복시키는 것, 그리고 *apistia/asebeia*(불신앙/불경건)와 *adikia*(불의)보다는 *pistis*와 *dikaiosynē*의 공동체를 창조하는 것을 가리킨다.[45] 인간에게 필요한 것은 죄의 지배로부터 자유로운 하나님을 닮아가는 현재의 경건한 삶이며, 미래의 사망의 지배로부터 자유로운 영생이다. 다시 말하면 인간은 하나님의 **도덕적** 성품과 하나님의 **영원한** 성품에 참여해야 하는 것이다. 즉 인간은 테오시스와 직결되어 있는 하나님의 주된 성품인 의와 불멸성을 필요로 한다.

하나님의 해결책: 정의/의의 선물과 영광(롬 3:21-8:39)

바울에게 있어 죄와 사망, 그리고 불의와 영광이 없는 인간의 상태에 대한 해결책은 그리스도 안에 참여함으로 얻게 되는 새롭고 영원한 생명이다. 이러한 참여는 인간에게 필요한 윤리적·종말론적 변화를 가져다준다. 그리스도 안에서 인간은 하나님의 의를 공유하는 삶을 시작하며 심지어 하나님의 영광을 공유하는 과정을 시작한다. 이것은 하나님의 의와 영광이 그리스도 안에서 발견되기 때문이며, 그리스도 안에 있는 자들은 변화되고(12:1-2) 그리스도의 형상을 닮아간다(8:29; 참조. 고후 3:18). 그리스도는 하나님의 아들이자 참된 마지막 아담으로서 하나님의 참된 형상이다(고후 4:4). 앞에서 인용한 모나 후커의 말을 인용하자면 "그리스도는 우리가 그의 모습—즉 하나님의 참된 형

---

44 나는 인간을 지배하고 또 인간이 해방되어야 할 권세를 나타내기 위해 "죄"와 "사망"을 대문자로 표기한다.

45 즉 이것은 신실하지 못함(불신앙)/경건하지 못함과 부당함(불의)라기보다는 신실함과 정의다.

상―에 참여하도록 하기 위해 우리와 같은 모습―아담('adam)―이 되셨다."[46]

믿음과 참여(3:21-4:25)

로마서 3:21-26에서 바울은 하나님이 죄와 사망이라는 인간의 위기에 대한 해결책―그리스도의 믿음을 공유하는 자들에게 주어지는 죄 사함(3:25, 속죄)과 자유(3:24, 구속)―을 제공해주셨다.[47] 하나님이 주시는 은혜로운 선물은 명시적으로 인간을 "의롭게 하는" 것으로 묘사되고(3:24, 26) 암묵적으로는 그들이 잃어버린 영광(3:23)을 다시 회복하는 것으로 묘사된다. 이에 대한 인간의 역할은 전통적으로 "믿다"와 "믿음"으로 번역되는 *pisteuein/pistis*(3:22, 26)이지만, 바울의 믿음 개념은 기존의 개념보다 훨씬 더 참여적이다. 사실 3:21-26은 6장과 연결하여 읽어야 한다. 6장은 사실 "이신칭의"를 보완하는 것이 아니라 죽음과 부활에 대한 경험으로서 세례, 곧 칭의 사건의 공적 표현을 묘사한다(추가 내용 아래 참조).

나는 로마서 4장이 아브라함을 이와 같이 그리스도와 함께 죽고 부활한 사건의 원형으로 제시한다고 제안하고 싶다. 만약 내 제안이 옳다면, 아브라함은 이신칭의를 그리스도와 함께 십자가에 못 박히

---

46 롬 5-8장을 요약하는 Hooker, *From Adam to Christ*, 1.

47 3:22과 3:26에는 앞장에서 논의했던 *pistis Christou* 어구의 변형이 등장한다. "예수 (그리스도)를 믿는 믿음"이라는 일반적인 번역이 있음에도 불구하고, 더 선호할 만한 번역은 "예수 (그리스도)의 믿음"인데, 이 번역은 하나님의 정의/의가 그리스도의 신실하심에서 드러나고(3:22), 정의로우신/의로우신 하나님은 그리스도의 이러한 신실하심을 갖고 있거나 공유하는 자를 의롭게 하신다(3:26; 아브라함의 믿음/신실함을 공유하는 것과 비슷한 표현은 4:16를 참조하라)는 의미가 있다. 3:21-26의 핵심은 죄다. 죄와 사망은 모두 6장에서 주목을 받는다.

고 그리스도와 함께 부활한 것으로 보는 바울의 독특한 참여적 이해 (4:16-17)의 한 예시로 기능한다.[48] 여기서 제시되는 기본적인 논리는 아주 단순하다. 아브라함 자신이 기능적으로 죽었기 때문에(4:19a)— 그의 아내의 태와 더불어(4:19b)—그의 믿음은 하나님이 죽은 자신을 다시 살리실 수 있으시며, 그의 죽음을 다시 생명으로 바꾸실 수 있다는 것이었다. 다시 말하면 그의 믿음은 자신이 완전히 개입하고 자신이 참여한 믿음이었다. 그가 믿음으로 의롭게 된 것은 그가 허구적으로 정의롭다거나 의롭다고 여겨진 것이 아니라, 그가 죽음으로부터 새로운 생명이라는 은혜로운 선물을 받았음을 의미한다. 이 사건은 구체적으로 그에게 자손이 태어남으로 성취되었는데, 이는 바울이 로마서 4장에서 제시하는 성서 이야기에 근거한 생명과 부활에 대한 매우 유대교적 개념이다.[49] 이 부활의 생명은 단순히 이삭의 탄생에서뿐만 아니라 후대의 수많은 자손의 삶에서도 실현된다(4:16-18). 이것은 하나님이 예수의 부활을 통해 우리에게 주신 새롭고 영원한 부활의 생명을 예표하고 가리키는데, 이 사건은 **우리의** 칭의(4:24-25), 곧 **우리의** 생명으로의 부활을 위해 일어난 것이다. 돌이켜 생각해보면, 그리스도 안에서 죽었다가 다시 부활한 바울의 입장에서 보면 아브라함의 경험

---

48 "원형"과 "모본"은 아브라함의 역할을 묘사하기에 그리 충분하지 않다. 그는 기원이며 근원이지만, 그리스도, 하나님 아버지, 또는 성령을 대신하면서까지 그런 것은 아니다. 칭의를 함께 십자가에 못 박히기와 함께 부활하기로 보는 견해에 관해서는 갈 2:15-21, 롬 6장, 그리고 나의 *Inhabiting the Cruciform God*, 40-104를 보라.

49 Kevin J. Madigan and Jon D. Levenson, *Resurrection: The Power of God for Christians and Jews* (New Haven: Yale University Press, 2008), 107-20을 보라. 그들은 잉태하지 못한 태와 자손이 먼저 세상을 떠난 것을 죽음에 대한 기능적 동등함으로 말하며(112), 탄생과 자손을 "죽음의 반전"으로 봄으로써 "광범위하게 부활의 기능적 동등함(혹은 일반적으로 죽음 이후의 삶)"으로 말한다(113). "이 이야기에서 하나님의 가장 큰 관심사는 죽음이 아니라 탄생이다"(113).

은 바울이 앞으로 로마서 6장에서 모든 세례 받은 신자들에 관해 이야기한 것과 유사하다. 즉 그들이 믿음으로 의롭다 함을 받은 것은 죽음 가운데 부활을 참여적으로 경험하는 것을 의미한다. 왜냐하면 하나님은 "죽은 자에게 생명을 주시는" 분이기 때문이다(4:17). 따라서 아브라함의 의와 그의 영생—말하자면 그의 영광[50]—은 서로 불가분의 관계에 있다.

테오시스의 현재와 미래(5:1-8:39)

로마서 5장부터 8장은 기존의 생각과는 달리 그리스도 안에 있는 신자의 삶에 대한 내러티브 순서를 제시하지 않는다.[51] 오히려 이 단원은 그리스도의 내러티브에 참여하는 것—즉 그리스도를 닮은 *dikaiosynē*와 *doxa* 또는 십자가를 본받는 테오시스로서의 구원—의 의미에 대한 다양한 설명을 제시한다. 더글라스 캠벨은 『하나님의 구원』(*The Deliverance of God*)에서 로마서 5-8장의 내용은 변화, 성화 또는 "존재론적 재구성"이며, 이것은 복음이나 또는 칭의를 보완하는 것이 아니라 그것의 기본요소라고 올바르게 주장한다.[52] 또한 리처드 헤이스는 "궁극적으로 **그리스도와의 연합은 구원을 의미한다. 왜냐하면 그의 생명을 공유한다는 것은 하나님의 생명을 공유하는 것이기 때**

---

50   롬 1장의 인류와는 달리, 아브라함은 "하나님께 영광을 돌렸다"(4:20). 이것은 바울에게 있어 하나님 자신의 영광으로의 회복이며 그 영광에의 참여의 표시다. 아래의 롬 15장에 대한 논의를 보라.

51   이 내러티브의 순서는 종종 다음과 같다고 본다. 칭의와 새로운 삶→성화의 시작→죄와의 싸움→성령의 사역으로 인해 승리.

52   Campbell, *The Deliverance of God*, 185 et passim.

8장 하나님의 정의/의와 영광의 복음 구현하기: 로마서에 나타난 선교적 테오시스   **481**

문"이라고 올바르게 주장한다.[53] 구원을 서로 연관된 다양한 측면(칭의, 평화, 사랑, 은혜, 화해, 소망, 최후의 영광)으로 개관적으로 묘사하는 5:1-11에 이어 바울은 세 쌍의 대조(5:12-21; 6:1-7:6; 7:7-8:39)를 활용하여 그리스도 안에 있는 삶을 소개한다.[54]

첫 번째 대조가 등장하는 5:12-21에서 바울은 그리스도로부터 오는 의와 생명을 아담으로부터 오는 불의와 사망과 대비시킨다. 5:18-19에서 그는 그리스도의 죽음을 그분 안에 있는 모든 이들에게 의와 칭의와 생명을 가능케 하는 순종과 의의 행위로 묘사한다. 이러한 행위는 그 안에 있는 모든 이들에게 저주와 사망을 가져다준 불순종과 불의의 행위인 아담의 행위와 병치된다. 암묵적으로 여기서는 5:2에서 언급된 하나님의 영광(의와 영생)을 공유하고, 또 공유할 자들과 그 영광을 공유하지 않고, 또 공유하지 않을 자들이 서로 대조를 이룬다. 두 번째 대조가 등장하는 6:1-7:6에서 바울은 죄에 종노릇하는 것과 의에 종노릇하는 것을 서로 대비시킨다. 그는 그리스도의 죽음(그리스도의 순종과 의의 행위)과 부활에의 참여는 새 생명을 가져다주며, 이로써 현재에 의와 순종과 미래에 영생을 가져다준다고 설명한다. 내가 다른 곳에서 길게 논증했듯이, 이것은 함께 십자가에 못 박힘을 통한 칭의/의/생명으로 이해되어야 한다.[55] 대니얼 커크(Daniel

---

53 Hays, *The Faith of Jesus Christ,* xxxiii(강조는 덧붙여진 것임). 바울 서신에 나타난 구원과 참여의 내러티브 성격에 관해서는 Hays의 *The Faith of Jesus Christ*와 그의 소논문 "Christ Died for the Ungodly: Narrative Soteriology in Paul?" *Horizons in Biblical Theology* 26 (2004): 48-69를 보라.

54 롬 5-8장의 이러한 해석에 관해서는 나의 *Apostle of the Crucified Lord: A Theological Introduction to Paul and His Letters* (Grand Rapids: Eerdmans, 2004), 363-79를 보라.

55 Gorman, *Inhabiting the Cruciform God,* 40-104.

Kirk)가 설득력 있게 주장했듯이, 바울은 그리스도 안에 있는 새 생명을 현재 그리스도의 부활에 참여하는 것으로 보고, 영생을 미래에 그의 부활에 참여하는 것으로 본다.[56] 따라서 우리는 현재 경험하는 새 생명과 미래의 영원한 생명이 불연속성보다는 연속성을 지닌 것으로 이해해야 한다. 이 둘은 하나의 참여적인 구원론적 실재인 테오시스의 두 측면이다.

로마서 6장 초반에서 바울은 우리가 그리스도의 죽음과 합하여 세례를 받고 새 생명으로 일으킴을 받았다고 단언한다. 여기서는 세 가지가 중요하다.

- 세례는 그리스도에게로 전환하는 것이다.
- 세례는 그리스도의 죽음, 곧 그의 순종과 의의 행위(6장을 5:12-21과 연결시킨다)에 참여하는 것이다.
- 세례는 그리스도의 부활에 참여하는 것이며, 이는 곧 현재(새 생명으로서; 6:4, 6-7, 11)와 미래(영생으로서; 6:8)를 모두 포함한다.

로마서 6장 나머지 부분에서 바울은 이렇게 그리스도에게 참여하는 것이 어떻게 그리스도의 죽음과 부활, 곧 새 생명과 영생을 덧입는 것을 의미하는지를 더 상세하게 묘사한다. 신자들은 이미 "하나님께 대하여 살았으며"(6:11), 언젠가는 "영생"을 공유하게 될 것이다

---

56 J. R. Daniel Kirk, *Unlocking Romans: Resurrection and the Justification of God* (Grand Rapids: Eerdmans, 2008), 107-17. 또한 나의 *Inhabiting the Cruciform God,* 40-104도 보라.

(6:22-23).

따라서 로마서 6장에서 바울은 인간을 향한 하나님의 목표를 소개한다. 이 목표는 그리스도 안에서 우리가 그의 의—"믿음의 순종"—와 그의 부활의 생명을 체현하며 그리스도와 **같이** 되는 것이다. 더 나아가 그리스도가 하나님의 의와 신실하심을 체현하셨고, 또 죽음을 뚫고 나온 그의 생명은 "아버지의 영광"(6:4)에 의해 주어졌기 때문에, 우리가 새로운 삶을 영위할 수 있는 것도, 비록 예기적이며 부분적인 것이긴 하지만, 하나님의 영광에 참여하고 하나님의 생명 자체를 공유하는 것이다. 이것은 **다시 되찾은** 영광이며 지금 누리는 영화다.[57] 최종적이며 온전한 영광에 대한 소망은 아직까지는 말 그대로 소망이다. 또한 바울이 특히 8장과 12-15장에서 지적하듯이, 현재의 부활이나 영광은 언제나 십자가를 본받는 것이며, 또 반드시 그래야만 한다.

바로 이 지점까지 로마서에서는 이 세상을 향한 공동체의 외부 활동이나 존재감(원심적 활동)이라는 원심적 의미로서 "선교적"이라고 불릴 만한 것이 거의 없었다. 그러나 6장에서 바울은 우리의 삶을, 우리가 본서 5장의 로마서와 평화에 관한 논의에서 지적했듯이, 신자들이 자신과 자신의 지체들을 하나님과 정의/의(6:11-23)를 위해 "무기"(*hopla*; 6:13[2회]; 참조. 13:12)로 바치는 묵시론적 전투로 묘사한다. 즉 하나님의 선교는, 12-15장에서 분명히 밝히듯이, 이 세상에서의 새로운 삶을 통해 이 전투에 동참하고자 하는 백성을 만드는 것이다.

세 번째 대조인 7:7-8:39에서 바울은 육체 가운데 사는 삶과 그

---

57 이와 유사한 주장으로는 새 창조가 (부분적으로나 예기적으로) 지금이라는 고후 5:17에 기록된 바울의 언급이 있다.

리스도와 성령 안에서 사는 삶을 대비시키는데, 전자는 죄와 사망으로 특징지어지며, 후자는 의(8:4)와 생명(8:2, 6)으로 특징지어진다.[58] 바울은 이러한 대조를 8:10에서 아주 탁월하게 요약하고, 8:11에서는 구원의 현재와 미래의 측면이 성령의 삶에 참여하는 두 가지 측면을 가리키면서 서로 밀접하게 연관되어 있다고 말한다. "예수를 죽은 자 가운데서 살리신 이의 영이 너희 안에 거하시면[현재] 그리스도 예수를 죽은 자 가운데서 살리신 이가 너희 안에 거하시는 그의 영으로 말미암아 너희 죽을 몸도 살리시리라[미래]."[59]

사실 로마서 8장 전체는 구원의 현재와 미래의 측면을 다룬다. 이 두 측면은 모두 십자가를 본받는 삶을 지향한다. 8장 초반에서 더 많은 주목을 받은 현재의 의는 "몸의 행실을 죽이는 것"(8:13)을 요구하는 반면, 후반부에서 강조되는 미래에 함께 누리게 될 영화는 사전에 함께 고난받는 것을 요구한다(8:17).[60] 구원 내러티브의 두 측면은, "우리가 소망으로 구원을 얻었으매"(8:24)라는 어구가 분명하게 보여주듯이, 심지어 8장 후반부에서도 여전히 서로 밀접하게 연관되어 나타난다.

바울은 이 문맥에서도 인간이 존재하는 궁극적인 목적(*telos*)이 곧 "하나님의 자녀들의 영광(*doxa*)의 자유"(8:21)를 경험하고 하나님의 아들 그리스도를 본받는 것(8:29; *symmorphous tēs eikonos tou huiou autou*)임을 우리에게 상기시킨다. 그러나 8:29에서 언급된 이 본받

58　죄: 7:8-9, 11, 13, 14, 17, 20, 23, 25; 8:2; 사망: 7:10, 11, 13, 24; 8:2, 6.

59　또한 동일한 연속성과 그 역효과(육체를 따라 사는 현재의 삶과 미래의 죽음의 연속성)를 보여주는 8:12-13도 보라.

60　참조. Blackwell, "Righteousness and Glory," ms. 4. "8장에서는 사망-생명의 변증법이 핵심이며···나의 주장은 8장 후반부의 영광-고난의 변증법은 바로 그 사망-생명의 대조를 다른 용어들을 사용해 반복한다는 것이다."

음—"하나님이 미리 아신 자들을 또한 그 아들의 형상을 본받게 하기 위하여 미리 정하셨으니"—은 윤리적(현재) 또는 종말론적 본받음인가, 아니면 둘 다인가? 여기서의 강조점은 아마도 종말론적인 것으로 보인다. 물론 이와 다소 유사한 고린도후서 3:18(*metamorphoumetha*; NRSV "[우리 모두]가 변화하여")과 로마서 12:2(*metamorphousthe*; NRSV "변화하여")의 표현이 우리가 윤리적 변화를 배제할 수 있도록 허용하지 않지만 말이다.[61] 그러나 이러한 질문은 사실 잘못된 이분법이다. 그리스도를 본받는 것은 현재와 미래를 모두 포괄한다. 이것은 윤리적이며 존재론적이다. 로마서 8:29은 8:3-4에 상응하며, 그 성격은 주로 종말론적이고 존재론적이다. "율법이 육신으로 말미암아 연약하여 할 수 없는 그것을 하나님은 하시나니, 곧 죄로 말미암아 자기 아들을 죄 있는 육신의 모양으로 보내어 육신에 죄를 정하사, 육신을 따르지 않고 그 영을 따라 행하는 우리에게 율법의 요구가 이루어지게 하려 하심이니라." 한편 이 본문은 상호교환 또는 우리가 이미 제안했듯이 테오시스를 가장 근본적으로 나타내는 고린도후서 5:21에 대한 반향이다.[62]

물론 윤리적 본받음이 종말론적·존재론적 본받음보다 선행하며 선행요구사항이라는 의미가 있지만, 이 둘은 서로 연관되어 있고 서로 결코 분리될 수 없다. 동일한 실재, 동일한 내러티브, 곧 참여적 구원의 두 측면이다. 바울은 이미 이러한 불가분의 관계를 8:17에서 분명히

---

61 예컨대 Jewett, *Romans*, 528-30. 심지어 고후 3:18이 오직 사도의 변화만을 언급하는 것이라 할지라도(그럴 가능성은 없어 보이지만), 바울이 로마서에서 "자신의 소명감을 일반화하고 있다"고 말하는 Frances Young의 주장은 타당하다("Understanding Romans," 438).

62 Young은 고후 5:21은 롬 8:3을 "확실하게 설명해준다"고 말한다("Understanding Romans," 440).

살으로 담아내는 복음

밝혔다. "자녀이면 또한 상속자 곧 하나님의 상속자요 그리스도와 함께 한 상속자니, 우리가 그와 함께 영광을 받기 위하여 고난도 함께 받아야 할 것이니라." 고난에서 영광으로, 죽음에서 부활로 이어지는 그리스도의 내러티브 패턴이 우리의 패턴이 되는 것이다. 다시 말하면 현재의 그리스도 닮음—심지어 고난과 죽음도 불사하는 신실한 순종—이 차후의 그리스도 닮음, 곧 영광이 된다. 이 과정은 이음새 없이 진행되며 이것을 우리는 "크리스토시스"라고 부를 수 있다.[63]

하지만 이 용어는 비록 정확하긴 하지만 그 자체로는 불충분하다. 바울은 하나님의 영원한 계획이 맏아들이신 예수를 닮은 형제자매로 구성된 가족을 창조하는 것이라고 말한다. 여기서 바울은 너무나도 당연한 내용을 명시적으로 진술하지 않는데, 이는 아들이 아버지와 같고, 그의 형제자매들은 그 아들과 같기 때문에, 궁극적으로 그 아버지를 닮을 것이라는 것이다. 따라서 크리스토시스는 결국 테오시스다.[64]

이러한 모든 변화는 로마서 8장에서 거의 스무 번이나 언급된 성령 안에서, 그리고 성령을 통해 일어난다. 물론 성령은 일종의 독립된 존재로 일하시는 것이 아니라 아버지와 아들과 함께 삼자 관계 속에서 일하신다. 그러나 만약 우리가 바울에게 있어 그리스도 안에서 이루어지는 하나님의 선교를 온전히 이해하려고 한다면 성령의 사역에 대한 적절한 이해가 없이는 결코 불가능하다. 신자들은 성령 안에 살고, 성령은 신자들 안에 사신다(8:9). 성령의 목적은 신자들에게 생명을 주는 것이며(8:10-13), 이로써 그들이 아버지 하나님의 자녀이자 그리스

---

63 Blackwell, *Christosis*를 보라.
64 Gorman, *Inhabiting the Cruciform God,* 9-39를 보라.

도와 함께 공동 상속자(8:14-17)라는 신분을 깨닫게 하는 것이다. 로마서 8장 후반부는 고난 가운데서도 이 모든 것이 사실이라는 것을 분명하게 보여준다. 사실 바울이 말하는 가장 주된 고난은, 적어도 자기 자신과 관련해서는, 우리가 "선교적" 고난이라고 부를 수 있는, 복음을 선포한 결과로서 오는 고난(8:36)을 가리킨다. 그리고 이러한 고난은 그리스도 안에 있는 이들에게는 그의 고난이 그의 영화보다 앞섰기 때문에 정상적인 것이며, 심지어는 그들에게 "요구되는" 것이다(8:17). 즉 하나님의 선교는, 비록 고난이 이야기의 끝은 아니지만, 고난 속에서, 그리고 고난을 통해 성취되는 패턴을 가지고 있다는 것이다. 바울은 여기서 그의 청중들로 하여금 한 가지 현실을 받아들이도록 돕는데, 그 현실이란 구원을 가져다주는 복음의 능력조차도 때때로 이 세상의 현상유지에 도전하는 하나님의 목적에 의해 위협받는 이들로부터 강한 반발에 부딪힌다는 것이다.

영광보다 고난이 먼저 오는 이 세대를 사는 신자들을 위한 하나님의 목적은 8:29에 잘 나타나 있다. 곧 예정으로부터 궁극적으로 아버지 하나님을 본받고 성령의 역사하심으로써 그리스도를 본받는 자리에까지 이르는 것이다. 이 목적은 8:30에서 추가적으로 설명된다. 이 절에서는 일련의 동사가 하나님의 구원 사역을 단계적으로 소개한다(미리 아시고, 부르시고, 의롭다 하시고, 영화롭게 하심). 이러한 일련의 동사는 종종 *ordo salutis*(구원의 서정), 곧 개인을 향한 하나님의 구원 사역의 순서를 언급하는 것으로 받아들여진다. 하지만 문맥상 마지막 세 동사는 그리스도를 닮은(오늘날에는 하나님을 닮은) 형제자매로 구성된 가족을 만드시기 위해 하나님이 하시는 일에 대한 설명에 더 가깝다. 바울의 요점은 어떤 순서를 정하는 데 있다기보다

삶으로 담아내는 복음

는 하나님의 구원 행위의 효율성과 총체성을 강조하는 데 있다. 열망 (예정/선택)이나 소명(부르심) 그 이상으로서 하나님의 구원은 의인화 (義人化, righteousification)와 올바른 언약 관계의 회복(칭의, 또는 "정의 화"[justice-ification])과 하나님의 영광에의 참여(영화)를 의미한다. 때 로는 "칭의"와 "영화" 사이에 "성화"가 생략된 것이 해석자들을 당 혹스럽게 만드는 계기가 되었다. 이제는 왜 성화가 거기에 없는지가 분명해졌다. **바울은 성화를 칭의와 영화 사이에 있는 구원의 한 단 계로 인식하지 않는다.** 오히려 칭의/의인화와 영화, 새 생명과 영생, *dikaiosynē*와 *doxa*는 서로 분리될 수 없는 하나님의 전체적인 구원 계 획의 두 측면인 것이다.

이제 우리는 8:30에서 사용된 "영화롭게 하셨다" 동사의 부정과 거(일반적으로 과거 시제를 나타내는) 용법을 다룰 차례다. "또 미리 정 하신 그들을 또한 부르시고, 부르신 그들을 또한 의롭다 하시고, 의롭 다 하신 그들을 또한 영화롭게 하셨느니라." 바울은 어떻게 이 고난의 시대에서 영광을 말할 수 있을까? 그리스도는 오직 고난 **이후에** 영화 롭게 되지 않았는가? 많은 주석가들은 "영화롭게 하셨다"는 문자적으 로 과거의 사건이나 경험을 언급하는 것이 아니라고 주장한다. 그들은 5:2("하나님의 영광을 바라고")과 8:17-18("우리가 그와 함께 영광을 받기 위하여…우리에게 나타날 영광") 같이 확고한 기반을 둔 본문을 제시한 다. 따라서 그들은 이 부정과거에 대한 다양한 해석을 내놓는다.

- 예기적, 미래적, 또는 예언적 부정과거: 미래의 행위가 너무나 도 확실하여 과거 시제로 서술될 수 있다.
- 성격상 신학적인 부정과거 용법: 미래의 행위가 하나님의 무한

하고 영원한 관점에서 이미 완성되었다.

- 부정과거의 비역사적 용법: "미리 정하셨다"와 마찬가지로 "영화롭게 하셨다"는, 시간이라는 경계 안에서 일어난 사건을 가리키는 "부르셨다"와 "의롭게 하셨다"와는 달리 우리가 아는 시간이라는 경계 밖에서 일어나는 구원의 사건들에 대한 견해를 나타낸다.
- 순간시점적/비시간적 부정과거: 어떤 행동이 일어난 시간이 아닌 그 상(일회적 또는 완료된 행동)과 관련하여 인식되고 묘사된다.
- 예전적 부정과거: 세례나 또는 예배에서 이루어지는 행위로서, 바울에게 빌려온 용어이지만, 그의 신학을 대변하지는 않는다.[65]

이러한 해석은 각각 개별적으로, 또는 오직 영광스러운 미래의 경험을 분명하게 언급하는 본문과 연관 지을 때에만 이해가 되는 반면, 바울은 그리스도 안에 있는 인간의 영화는 이미 시작되었다고 믿었다고 볼 만한 이유가 적어도 다섯 가지가 있다.[66]

첫째, 이것이 이 지점까지 로마서가 전개해온 암묵적인 주장이다. 부활과 영광이 서로 분리될 수 없기 때문에 로마서 6장에 묘사된 부분적이며 예기적인 부활 경험은 신자들이 장차 올 영광을 이미 맛보았다는 것을 암시한다.

둘째, 그리고 이와 유사하게, 로마서 8장에는 "아들 됨('하나님의

---

65 예컨대 Dunn(*Romans 1-8*, 485-86)은 첫 번째와 세 번째 해석 쪽으로 기운다. Leander Keck(*Romans*, Abingdon New Testament Commentary [Nashville: Abingdon, 2005], 217-18)은 두 번째 해석을 선호한다. 다양한 부정과거 유형에 대한 용어들은 부분적으로 나의 것이다.

66 또한 일부 이와 비슷한 주장들을 펼치는 Jewett, *Romans*, 530도 보라.

삶으로 담아내는 복음

자녀'가 됨; NRSV)과 영광"의 관점에서 설명이 이루어지고 있는 "현재/감추어진—미래/드러난"의 "변증법"이 존재한다.[67] 성령으로 인해 하나님의 자녀가 된다는 것은 지금의 실재(8:14-15)이면서도 또한 장차 드러나고 확대될 실재다(8:19-21). 영광의 상황도 이와 동일하다(8:18, 21 대 8:30). 미래에 나타날 영화의 확실성은 그리스도가 이미 영화롭게 되었을 뿐 아니라 **우리의** 영화도 이미 "시작되었다"는 데 있다.[68] 그리고 이것은 심지어 메시아의 고난에 동참하는 그의 선교적 공동체에게도 동일한 사실이다.

셋째, 바울은 로마서 14장과 15장에서 그리스도 안에 있는 이방인과 유대인으로 구성된, 새롭게 갱생된 선교적 공동체는 하나님의 영광을 체현한다(또는 체현해야 한다)고 말한다(우리는 이에 관해 곧 살펴볼 것이다).

넷째, 로마서를 벗어나서 우리는 고린도후서 3:7-11, 18에서 바울이 현재의 영광에 관해 이야기하는 것을 본다. 물론 여기서는 로마서 8장에서처럼 오직 십자가를 본받는 존재(고후 4:8-12)와 미래의 "지극히 크고 영원한 영광의 중한 것"(고후 4:17)과 관련해서만 언급하고 있지만 말이다.

다섯째, 신약을 벗어나서 로마서의 배후를 보면 우리는 이사야 55장에서 사람들의 영화를 과거 시제(*edoxasen*)로 묘사하고 있음을 발견한다.

---

67   Andrzej Gieniusz, *Romans 8:18-30: "Suffering Does Not Thwart the Future Glory"* (Atlanta: Scholars Press, 1999), 280.

68   이 어구는 Gieniusz의 논의에 나오는 표제에서 가져온 것이다(*Romans 8:18-30*, 278-81).

너희는 귀를 기울이고 내게로 나아와 들으라. 그리하면 너희의 영혼이 살리라. 내가 너희를 위하여 영원한 언약을 맺으리니, 곧 다윗에게 허락한 확실한 은혜이니라.…보라, 네가 알지 못하는 나라를 네가 부를 것이며, 너를 알지 못하는 나라가 네게로 달려올 것은 여호와 네 하나님 곧 이스라엘의 거룩하신 이로 말미암음이니라. **이는 그가 너를 영화롭게 하였느니라**[*edoxasen*]. 너희는 여호와를 만날 만한 때에 찾으라. 가까이 계실 때에 그를 부르라. 악인은 그의 길을, 불의한 자는 그의 생각을 버리고 여호와께로 돌아오라. 그리하면 그가 긍휼히 여기시리라. 우리 하나님께로 돌아오라. 그가 너그럽게 용서하시리라(사 55:3, 5-7, 강조는 덧붙인 것임).[69]

여기서 영화는 우리가 로마서에서 발견하는 주제—하나님의 사랑, 열방을 향한 증언, 죄 사함, 불의한 자들의 변화—와 구체적으로 연결된다. 나는 이 본문이 영광에 대한 바울의 이해에 영향을 미쳤다고 생각한다. **이것은 하나님이 구원하기 위해 찾으셨고, 또 이 구원을 다른 이들과 나누는 공동체로서 로마에 있는 신자들—그리고 모든 시대의 신자들—이 이제 하나님의 영광에 참여하는 선교적 공동체를 가리킨다.**

물론 이러한 영화의 현재적 실체는 미래에 나타날 영광의 완전성을 제거해버리지 않는다. 현재적인 선교적 영광은 부분적이고 예기적

---

69 또한 바울이 롬 14:11에서 사용한 본문(사 45:23)의 문맥(사 45:20-25)에서 볼 수 있는 보편적 구원의 제시와 이스라엘의 영화에 대한 약속도 참조하라. "이스라엘 자손은 다 여호와로 말미암아 의롭다 함을 얻고 자랑하리라 하느니라"(사 45:25). 또한 사 46:12-13도 보라.

삶으로 담아내는 복음

이며—그리고 역설적으로—십자가를 본받는 것이다. 영광은 인류를 향한 하나님의 구속 목적이다. 제임스 던은 로마서 1장을 다시 언급하면서 다음과 같이 말한다. "이것은 사람이 태초에 그의 창조주에게 돌리지 못한 '영광 돌림'(doxazein)이 마침내 하나님이 인간을 '영화롭게 함'으로써(doxazein) 해결된 아주 훌륭하게 기획된 반전이다."[70]

이스라엘을 위한 의와 영광(롬 9–11장)

최근의 로마서에 관한 해석 가운데 아주 중요한 이슈 중 하나는 바로 이 서신에서 9–11장이 차지하는 위치에 대한 해석일 것이다. 그렇다면 이 로마서 단원은 과연 테오시스 및 선교와 무슨 관련이 있는 것인가?

우리가 가장 먼저 언급해야 할 것은 바울이 이 단원에서 칭의/의와 영광에 대한 **내용**에 대해 자신의 견해를 전개하지 않는다는 것이다. 오히려 바울은 대체적으로 하나님이 되돌릴 수 없는 선물을 주셨다는 것과 이스라엘에게 약속을 주셨다는 것(11:29)은 현재 그들에게 결여되어 있는 정의/의(9:31; 10:3; 참조. 11:31)와 한때 그들의 기업이었던 영광(9:4)을 궁극적으로 그들이 받게 될 것임을 의미한다고 주장한다. 즉 만약 우리가 테오시스를 하나님의 정의/의와 영광을 공유하는 것으로 정의한다면, 바로 이것이 로마서 9–11장의 초점이라는 것이다. 하나님의 사명은 이스라엘을 포함하며, 이 사명을 성취하시겠다는 약속은 결코 철회될 수 없다(11:29).

이 로마서 단원은 바울의 좌절로 시작하는데, 이것은 그가 나중에 동료 유대인 대다수의 불신앙(11:20, 23), 불순종(10:16, 21), 그리

70　Dunn, *Romans 1–8*, 485.

고 그릇된 열심(10:2-4)으로 규정한 것들에 대한 애가의 형식을 띤다.

> [4]그들은 이스라엘 사람이라. 그들에게는 양자됨과 영광과 언약들과 율법을 세우신 것과 예배와 약속들이 있고, [5]조상들도 그들의 것이요 육신으로 하면 그리스도가 그들에게서 나셨으니, 그는 만물 위에 계셔서 세세에 찬양을 받으실 하나님이시니라. 아멘(9:4-5).

바울은 그의 백성으로 인해 아파하는데(9:2-3; 10:1), 그의 가장 큰 고통은 하나님의 영광—메시아를 포함하여 다른 모든 은사와 은혜 가운데서도—이 그의 백성인 이스라엘에게 "속한 것"이라는 비극적인 아이러니에 있다. 적어도 (대다수의) 이스라엘 백성과 관련하여 "영광의 이야기"는 급격히 멈추어 선 것으로 보인다. 현재와 미래에 하나님의 영광에 참여한다는 것은 모두 메시아 "안에 있는" 자들을 위한 것이다(8:17-18, 21, 30). 하나님의 정의/의에 참여한다는 것은 그들이 메시아의 신실하심, 구체적으로는 그의 죽음과 부활(이 편지의 전반부를 모두 요약하는 10:3의 "하나님의 의"라는 어구에 암시되어 있음)에 참여함으로써 의롭다 함을 받고 정의로운/의로운 자가 된 이들의 경험이다. 그런데 거의 이방인들만이 이 좋은 소식을 믿는 것처럼 보이고, 따라서 신학적으로 전혀 이해가 되지 않는다.

사실처럼 보이는 것이 주는 함의에 대한 바울의 긴 반론이 여기서 우리를 지체시킬 필요가 없다. 그는 유대인 가운데 남은 자들 중에 믿는 자들이 있음을 믿는다. 그는 유대인들과 이방인들의 믿음과 불신앙 가운데에도 신비롭고 선교적인 하나님의 섭리가 작동할 것이라고 주장한다. 그 무엇보다도 그는 사실 하나님은 자신의 영광과 자신의

삶으로 담아내는 복음

정의/의를 이방인들 및 유대인들과 공유하고 계신다고 주장한다.

> [22]만일 하나님이 그의 진노를 보이시고 그의 능력을 알게 하고자 하사 멸하기로 준비된 진노의 그릇을 오래 참으심으로 관용하시고, [23]또한 영광 받기로 예비하신바 긍휼의 그릇에 대하여 그 영광의 풍성함을 알게 하고자 하셨을지라도 무슨 말을 하리요? [24]이 그릇은 우리니, 곧 유대인 중에서 뿐 아니라 이방인 중에서도 부르신 자니라(롬 9:22-24, 영광에 초점을 맞추어).

> [8]그러면 무엇을 말하느냐? "말씀이 네게 가까워 네 입에 있으며 네 마음에 있다" 하였으니, 곧 우리가 전파하는 믿음의 말씀이라. [9]네가 만일 네 입으로 예수를 주로 시인하며, 또 하나님께서 그를 죽은 자 가운데서 살리신 것을 네 마음에 믿으면, 구원을 받으리라. [10]사람이 마음으로 믿어 의에 이르고, 입으로 시인하여 구원에 이르느니라. [11]성경에 이르되 "누구든지 그를 믿는 자는 부끄러움을 당하지 아니하리라" 하니, [12]유대인이나 헬라인이나 차별이 없음이라. 한 분이신 주께서 모든 사람의 주가 되사 그를 부르는 모든 사람에게 부요하시도다. [13]"누구든지 주의 이름을 부르는 자는 구원을 받으리라"(롬 10:8-13, 칭의, 그리고 이로써 정의/의에 초점을 맞추어).

바로 이러한 확신이 바울로 하여금 선교의 필요성을 주장하도록 부추긴다(10:14-21). 보편적인 테오시스(하나님의 정의/의와 영광에 참여하는 것)에 대한 소망은 냉담한 마음을 갖게 하지 않으며, 심지어 바울과 같이 하나님의 섭리와 주권에 대해 예리한 생각을 갖고 있는 이에게조차도 마찬가지다. 오히려 테오시스에 대한 소망은 바울로 하여금—그리고 확대 적용해서 교회로 하여금—선교를 추진하도록 압박한다. 바울은 로마 신자들에게 가가호호 복음전도를 주문하지는 않았지만, 그들에게 복음을 선포할 자들을 보낼 책임이 있으며(10:14-15), 그러한 복음 선포자들이 자기가 속한 가정교회에서 나오지 말라는 법이 없음을 암시한다.

또한 14장과 15장에 관한 논의에서 우리가 곧 살펴보겠지만, 로마에 있는 가정교회는 살아 있는 복음을 선포하는 교회가 되는 특징을 갖고 있다. 만약 복음이 모든 종족을 포괄하는 의미에서 유대인과 이방인 모두를 위한 것이라면, 교회는 모든 이들을 위한 환대의 장소가 되어야 한다.

그러나 물론 바울은 로마서 9-11에서 단순히 복음이 모두를 위한 것이라고 말하지 않는다. 그는 그가 처음 언급했던 약속으로 되돌아온다. 이스라엘을 향한 하나님의 흔들리지 않는 신실하심을 알고 있기에 그는 오직 믿음의 눈으로만 볼 수 있는 것을 확증한다. 즉 온 이스라엘이 구원을 얻을 것이며(11:26), 온 이스라엘이 메시아 예수 안에서 택한 백성과 온 세상에게 주신 하나님의 선물인 하나님의 영광과 정의/의를 경험하게 될 것이다. 바로 이런 이유에서 바울은 헤아리지 못할 만큼 풍성한 지식과 긍휼을 소유하고 계신 하나님께 영광을 돌리기에 합당한 인간의 반응으로서 이 영광에 동참한다(11:33-36). 이렇게 궁극적으로 드려지는 찬양 행위는 이어지는 12-15장에서 하나님께 영광을 돌리기 위해 그리스도 안에서 하나가 된 이방인들과 유대인들에 대한 묘사를 예고한다.

정의/의와 영광의 공동체: 성령의 능력을 힘입은 그리스도를 닮은 하나님 닮기(롬 12-15장)

우리는 지금까지 테오시스는 하나님의 정의/의와 영광에 참여하는 것을 의미한다고 주장해왔다. 로마서 12-15장은 다음과 같은 질문에 답변을 제시한다. 과연 테오시스는 날마다의 삶속에서 어떤 모습일까? "새벽 동틀 녘의 기품"[71]은 현장에서는 어떤 모습일까? 아버지와 아들과 성령의 생명에 참여하는 *dikaiosynē*와 *doxa*의 공동체가 된다는 것은 무슨 의미일까? 아버지, 아들, 성령의 사역은 5-8장에서 서술되고, 9-11장에서는 유대인들과 이방인들에게 명시적으로 확대된다.

이러한 질문들을 모두 아우르는 답변은 12:1-2의 서론적인 권면에 담겨 있다.

[1]그러므로 형제들아, 내가 하나님의 모든 자비하심으로 너희를 권하노니, 너희 몸을 하나님이 기뻐하시는 거룩한 산 제물로 드리라. 이는 너희가 드릴 영적 예배니라. [2]너희는 이 세대를 본받지 말고 오직 마음을 새롭게 함으로 변화를 받아 하나님의 선하시고 기뻐하시고 온전하신 뜻이 무엇인지 분별하도록 하라.

로마서 1장("몸", *sōmata*; 참조. 1:21; "예배", *latreian*; 참조. 1:25, "경배하고", *elatreusan*)과 로마서 6장("드리다", *parastēsai*; 참조. 6:13,

---

71 롬 12-15장에 대한 Keck의 웅변적인 묘사(*Romans*, 289). 참여를 위한 "실천"에 관해서는 Richard B. Hays, "What Is 'Real Participation in Christ'? A Dialogue with E. P. Sanders on Pauline Soteriology," in *Redefining First-Century Jewish and Christian Identities: Essays in Honor of Ed Parish Sanders*, ed. Fabian E. Udoh et al. (Notre Dame: University of Notre Dame Press, 2008), 335-51과 이 책 1장의 논의를 보라.

16, 19)에 대한 반향은 바울이 그리스도 안에 있는 로마 공동체들이 1-3장에 묘사된 아담적 인간과 대조를 이루고, 구체적으로 그가 (6장에서) 그들이 그렇게 되었다고 말하는, 그리스도 안에 거하며 의롭게 된 인간을 구현하기를 원하고 있음을 보여준다. 관행을 따르지 않음(*mē syschēmatizesthe*)과 변화(*metamorphousthe*)는 테오시스의 가장 중요한 두 측면이다. 바울은 "이 세상" 또는 (더 낫게는) "이 세대"(NAB; *aiōni*)와는 다른 기준과 패턴이 있음을 암시한다. 비록 바울이 구체적으로 그리스도를 언급하지는 않지만, 8:29의 "그 아들의 형상을 본받다"(*symmorphous*)와 유사한 동사 "본받다"(*syschēmatizesthe*)를 사용한 것은, 그가 염두에 두고 있는 변화는 그리스도를 점점 더 본받는 것임을 분명히 한다. 여기에 수동태가 사용된 것은 이것이 하나님의 사역이며, 아마도 더 구체적으로는 성령의 사역임을 암시한다. 이는 또한 6장(6:3-6)에서 여러 차례 등장하는 수동태 용법을 상기시키며, 이러한 변화가 믿음/세례 시에 시작해서 지속적으로 그리스도에 참여한 결과라는 느낌에 확신을 심어준다. 변화의 목표, 곧 "하나님의 뜻"을 분별하고 행하는 것은 성령에 힘입어 그리스도를 본받는 것이 사실 하나님의 뜻임을 말해준다. 하나님의 뜻이 하나님 자신의 성품에 부합해야 하므로, 바울은 다시 한번 그리스도를 본받는 것이 하나님을 본받는 것임을 암시한다.

바울이 "하나님/그리스도와 같이 되는 것"이 로마의 가정교회에서 나타나기를 원하는 방식에는 여러 가지가 있다.

- "그리스도 안에 있는 한 몸"으로서(12:5) 그들은 하나님이 한 분이시라는(3:30) 그들의 고백을 표현한다.

삶으로 담아내는 복음

- 다른 이들을 높이 평가하며 사랑과 선을 행하는 자로서(12:9-10) 그들은 로마서 1-2장에 묘사된 아담 안에 있는 삶의 결과를 뒤집으며 새 아담이신 그리스도의 형상을 구현한다.
- 고난 중에도 기도하며, 소망을 가지고, 인내하는 자로서(12:12) 그들은 영화 이전에 먼저 고난을 당하신 예수의 모범을 다시 이야기한다(re-narrate).
- 그들이 나그네를 환대하며, 악을 행하거나 복수를 하지 않고 (12:14-21) 모든 이들과 평화롭게 살고자 노력하는 가운데, 그들은 우리가 아직 죄인이자 하나님의 원수이었을 때(5:1-11) 우리로 하여금 "평화의 하나님"(15:33)이 주시는 평화(5:1; 14:17)에 참여하게 하시면서 우리를 은혜로 사랑하시고 정의롭게/의롭게 하신 분의 성품을 표현한다.
- 하나됨을 위해 겸손을 실천하는 자로서 그들은 그리스도의 마음을 옷 입는다(12:16, 빌 2:1-5을 반향하고, 15:1-5을 예고하면서).[72]

물론 이 모든 것은 참여를 촉구하는 위대한 권면에 요약되어 있다. 즉 주 예수 그리스도로 옷 입는 것이다(13:14).[73] 예수로 "옷 입는다"는 것은 성령의 능력에 힘입어 복음의 하나님과 같이 되는 것이다.

---

[72] 세 본문 모두(롬 2:16; 15:5; 빌 2:2)에서 *to auto phronein*([그리스도와] "같은 마음")이란 형태가 등장한다.

[73] 신자들이 하나님을 닮지 **말아야** 할 한 가지는 악을 행하는 자들을 처벌하는 것인데, 이것은 신적이며 종말론적 영역에 "속한 권세"다(12:19-21).

선교적 실천

바울을 선교적으로 읽는 독법에서 특별히 중요한 것은 그가 12:13-21에서 외부 사람들을 대하는 문제를 크게 강조한다는 것이다. 우리는 "손님"(13절)이라는 단어가 외부 사람들을 포함하는지 확실히 알 수 없지만, 아마도 그럴 것으로 보인다.[74] 그러나 적어도 박해하는 자들에 대한 언급(14절)에서는 확실히 그렇다고 말할 수 있다. 데살로니가 교인들이나 빌립보 교인들과 마찬가지로 로마 교회 신자들도 그들이 속한 공동체에 상당한 영향력을 행사한 것은 분명하다. 왜냐하면 그들은 심각한 반대─적어도 괴롭힘─를 받았기 때문이다. 로마 신자들은 여러 방식으로, 모양으로, 또는 형태로 다른 이들에게 전도했다. 그들은 아마도 그들의 가족, 친척, 동료 노예 또는 주인, 소속 조합의 동료 등에게 왜 그들이 더 이상 황제를 포함하여 제국을 보호해주는 신들에게 제사를 드리지 않는지를 설명했을 것이다. 어떤 이들은 그들의 새로운 믿음과 새로운 행동과 새로운 공동체를 로마가 제시한 복음과 다른 대안적인 복음과 생활방식, 그리고 가정의 관점에서 설명했을 수도 있다.[75]

우리는 정확히 그들이 무슨 말을 했고 무엇을 실천했는지 확실히 알 수 없다. 그러나 그들이 이전에는 다른 이들에게 무슨 말을 했고, 또 무엇을 행했든지 간에 바울은 이제 그들이 가장 엄격한 형태로 복

---

74 "낯선 사람들"(개역개정은 "손"─역자 주)이 "성도들"(신자들)에 대한 추가적 설명인지, 아니면 다른 그룹인지는 알기 어렵지만, 나는 후자 쪽으로 기운다.

75 난해하고 논쟁적인 본문인 13:1-7에서 바울은 로마의 신자들이 일부 폭력적인 방식으로 나 또는 세금을 내지 않는─또는 더 나쁜─방식으로 로마에 저항하는 유혹을 받지 않도록 유도하기를 원했을 가능성이 있다. 더 나아가 그는 로마의 신자들이 자신들의 복음은 로마에게 속한 모든 것에 도전적일 수 있지만, 정부에 대한 직접적인 공격을 의미하는 것은 아니라는 점을 로마 당국자들이나 그 누구에게든지 설명해줄 준비가 되어 있기를 원한다.

음을 전하고 실천할 필요가 있음을 분명히 한다. 즉 그들은 원수―사실은 모든 이들("모든 사람", 18절)―를 축복하고, 그들에게 선을 행하며, 그들과 더불어 평화롭게 살아야 하는 것이다. 그들은 복음을 급진적인 방식으로 구현할 필요가 있다. 바울은 이것이 "모든 사람"(17절)에게 간증이 될 것이라고 말한다. 왜냐하면 이러한 행동은 다른 이들에게 "고귀한" 행동으로 여겨질 것이기 때문이다. 이렇게 악이 성행하는 가운데 그들이 해야 할 역할은 복수하는 것이 아니라 선을 행하기 위해 최선을 다하는 것―심지어 먹을 것과 마실 것을 주는 것까지도(20절)―이며 이로써 선으로 악을 이기는 것이다(21절). 인접문맥에서 이러한 승리에는 박해하는 자들이 박해를 멈추고, 회개하고 복음을 믿는 것이 포함되는 것으로 보인다.

십자가를 본받는 환대와 조화, 예배, 그리고 인간의 테오시스

이러한 다양한 참여를 실천하고[76] 크리스토시스/테오시스를 실천하는 문제는 바울이 로마서 말미에서 가장 관심을 기울인 이슈, 곧 다양성 가운데서도 조화를 이루는 문제와 함께 등장한다.[77] 분명히 로마서의 목회적·수사학적 목표 중 하나(어쩌면 가장 중요한 목표)는 14장과 15장에서 가장 잘 나타난다. 제임스 밀러(James Miller)는 로마서의 목적이 이러한 문맥에서 나타난다고 설득력 있게 주장한다.

서로를 용납하는 것은 하나님의 종말론적 백성을 위한 하나님의 뜻을

---

76   또한 Hays, "What Is 'Real Participation in Christ'?"를 보라.

77   특히 Philip F. Esler, *Conflict and Identity in Romans: The Social Setting of Paul's Letter* (Minneapolis: Fortress, 2003)를 보라.

구현한다(15:8-12). 그러므로 바울의 목적은 "새 시대를 위한 공동체"를 형성하는 것이다.…바울은 하나님의 종말론적 백성을 위한 공동체를 형성할 뿐 아니라 자신이 이해하는 복음을 변호하기 위해 이 편지를 쓴다.…나는 새 시대를 위한 공동체를 형성하는 것이 바울의 적대자들을 대항하기에 가장 좋은 방어 수단이었다고 주장한다.[78]

밀러는 이렇게 서로 사랑하고 서로 인정하는 공동체는 "그의 적대자들에 대한 그의 가장 좋은 방어 수단"일 뿐만 아니라 "[곧 있을] 그의 스페인 선교를 보존해줄 것"이라고 덧붙인다.[79] 우리가 선교적으로 로마 교회가 차지하는 비중에 대한 이러한 이해에 이의를 제기하는 것은 아니지만, 우리는 이러한 주장에서 한 걸음 더 나아가 이 교회가 하나님의 선교를 가장 잘 보존하는 아주 좋은 예라고 말하고 싶다. 그리고 여기에는 의심의 여지가 없다. 즉 밀러가 올바르게 결론 내리듯이 "바울이 이 편지에서 전개하는 그의 주장의 중심에는 바로 교회가 있다."[80]

바울은 로마 신자들이 약한 자들을 향한 그리스도의 사랑을 그들과 함께 나누기를 원했는데, 이는 또한 동시에 그가 바로 전 두 장에서 간략하게 다룬 내용인 하나님의 공평하심과 사랑과 환대였다.

여기서 사용된 강한 어조의 "그러므로"(dio)는 15:7-13의 수사

---

78 James C. Miller, *The Obedience of Faith, the Eschatological People of God, and the Purpose of Romans,* Society of Biblical Literature Dissertation Series 177 (Atlanta: Society of Biblical Literature, 2000), 176. 확실히 하는 차원에서 말하지만, Miller는 그의 저서에서 "테오시스"라는 단어를 사용하지 않는다.

79 Miller, *The Obedience of Faith,* 177.

80 Miller, *The Obedience of Faith,* 180.

학적 절정을 보여준다.

> [7]그러므로(*dio*) 그리스도께서 우리를 받아 하나님께 영광을 돌리심과 같
> 이 너희도 서로 받으라. [8]내가 말하노니 그리스도께서 하나님의 진실하심
> 을 위하여 할례의 추종자가 되셨으니, 이는 조상들에게 주신 약속들을 견
> 고하게 하시고, [9]이방인들도 그 긍휼하심으로 말미암아 하나님께 영광을
> 돌리게 하려 하심이라.…[13]소망의 하나님이 모든 기쁨과 평강을 믿음 안
> 에서 너희에게 충만하게 하사 성령의 능력으로 소망이 넘치게 하시기를
> 원하노라(롬 15:7-9, 13).

이러한 권면은 15:1-6에서 재차 서술된 그리스도 이야기에 근
거를 두고 있는데, 이 이야기는 하나님의 목적―모든 사람이 조화를
이루며, 한 목소리로 하나님께 영광을 돌리는 것(5-6절)―을 성취하기
위한 신학적·실천적 요구사항으로서 강한 자들이 약한 자들을 배려할
것을 촉구한다(1-4절). 역설적으로 인간은 언제나 피조물일 수밖에 없
기 때문에, 그들은 오직 하나님께 영광을 돌릴 때에만 하나님의 영광
에 참여한다.

이렇게 환영과 경배를 강력하게 구현하며 서로 환대하고 함께 하
나님께 영광 돌리는 이방인과 유대인으로 구성된 이 공동체야말로 사
실상 하나님의 대리인으로서 그리스도의 사명을 제대로 감당한다고
말할 수 있다(8-9절). 즉 하나님이 원하셨던 것을 그리스도가 그대로
실현하신 것이다. 또한 동시에 바울은 다른 사람을 그리스도와 같이
존중하는 모습(7절; 참조. 3절)은 교회 안에서 오직 하나님의 은혜와 사
역을 통해서만 재현될 수 있다(1-2, 5절)고 보기 때문에 그는 이것을

그의 기도로 삼는다(5-6, 13절). 다시 말하면 하나님이 원하셨던 것은 그리스도가 행하신 것이며, 그리스도가 행하신 것은 하나님이 지금 행하고 계시는 것이다. 우리가 여기서 좀 더 복잡하게 설명하고자 한다면, 우리는 로마서 8장으로 되돌아가 하나님이 지금 행하고 계신 것이 지금 그리스도가 행하고 계시고, 또 지금 성령이 행하고 계신 것과 어떻게 해서든 연관되어 있음을 확인하게 된다.

아무튼 이 모든 것은 로마서 15장에 나타난 **기독론적** 책무와 패러다임이 궁극적으로는 신학적(신적) 책무이자 패러다임임을 의미하는 것이다. 바울이 교회에 촉구하는 십자가를 본받는 환대는 궁극적으로 그의 아들을 이 세상에 보내신 아버지가 의도하신 것이며 실현하신 것이다. 그리스도와 같이 된다는 것은 하나님과 같이 되는 것, 곧 하나님의 열망을 공유하고 하나님의 뜻을 행하는 것이다.

이것은 신학적으로 불합리하지 않을 뿐 아니라 로마서에서 예상치 못했던 것도 아니다. 첫째, 바울은 신자들이 하나님의 사랑(5:5, 8)과 그리스도의 사랑(8:35)을 모두 경험하고, 또 이러한 사랑은 사실 성령의 임재 속에서 우리 마음속에 쏟아부어주신 "우리 주 그리스도 예수 안에 있는 하나님의 사랑"(8:39)으로서 한 하나님의 사랑이라고 말할 수 있다. 둘째, 그리스도는 하나님의 아들이시며, 이는 그가 아버지의 왕적 성품에 참여하는 것을 의미하며, 바울에게 있어 이것은 또한 하나님의 정의—그의 회복시키시고 화해시키시는 행위—에 참여하는 것을 의미한다. 셋째, 만약 우리가 로마서 3:21-26의 *pistis Christou*의 주격 소유격("그리스도의 신실하심") 독법을 받아들인다면, 바울은 하나님의 신실하심을 그리스도의 신실하심 안에서 나타난 하나님의 신실하심과 연결시킨다. 즉 로마서에서는 **하나님의** 사랑, 의, 신실하심과 **그리스도의** 사랑, 의, 신실하심이 서로 밀접하게 연관되어 있다는 것이다.

바울은 이러한 신적 생명의 경험을 우리가 개인적으로 해석하도록 허용하지 않을 것이다.[81] 로마 공동체를 진정으로 로마서 1-2장과 대조를 이루고, 인류를 향한 하나님의 의도를 가장 잘 드러내는 좋은 예로 만드는 것은 바로 이 공동체에 속한 이방인들과 유대인들이 하나님께 영광을 돌리기 위해 연합하여 모이는 것이다. 그리고 그 결과는 교회의 가장 강력한 전도 "도구"로 나타나는데, 그것이 바로 이미 복음이 되었고, 지금도 계속해서 복음을 구현해나가는 공동체다.

로마서에 나타난 테오시스와 제국의 정치

본장 여러 곳에서 우리는 교회의 복음과 생명의 반(counter)제국적 또는 타(alter)제국적 성격에 관해 간략하게 언급한 바 있다. 로마는 바울 서신에 나타난 테오시스의 비전―구원, 의, 영광―에 의해 분명히(심지어 암묵적으로라도) 도전을 받고, 또 무효화되는 특정한 주장들을 개진했다.

1. 로마 제국은 구원의 근원이며 영광의 현장이다.
2. 황제는 신적 존재이거나 또는 신격화에 의해 신적 존재가 될 수 있으며, 그들은 주, 구세주, 하나님의 아들 등의 칭호를 얻기

---

81 또한 예컨대 "믿음의 순종"은 사실 공동체적인 소명이라고 주장하는 Miller, *The Obedience of Faith*도 보라.

에 합당하다.

3. 자신을 위해 보다 더 많은 명예를 추구하는 로마의 가치관은 인간이 가장 자연스럽게 추구할 수 있는 가치다.

4. 로마의 정의는 참된 정의이며, 하나님의 정의다.[82]

바울은 이러한 주장과 정면으로 대치하지는 않았겠지만, 그의 복음을 받아들인 자라면 그 누구도 로마의 사이비복음과 그 주장들을 긍정할 수 없을 것이다. 나는 로마의 사이비복음이 1세기 로마에만 국한되지 않는다고 제안한다.

사도행전과 그 책에 서술된 로마 문화와 정치에 대한 초기 그리스도인들의 일관성 있는 도전과 관련하여 캐빈 로우(Kavin Rowe)가 언급한 내용은 바울에게도 동일하게 적용될 수 있다. "새로운 문화에는 예, 쿠데타에는 아니오."[83] 혹은 보다 길게 말하면 다음과 같다.

하나님의 묵시[예수 그리스도 안에 나타난 하나님의 계시]를 증언하는 공동체를 형성하려는 의도를 가진 누가의 두 번째 책은 그리스-로마 세계의 삶의 패턴에 역행하며 총체적으로 다른 대안적 삶의 방식—포괄적인 패턴의 존재—을 구축하는, 극도로 강렬하고 신학적으로도 세련된 정

---

82   다른 학자들 외에도 Wright, *Paul and the Faithfulness of God,* 279-347, 1271-1319; Warren Carter, *The Roman Empire and the New Testament* (Nashville: Abingdon, 2006), 특히 ch. 6, "Imperial Theology: A Clash of Theological and Societal Claims); Neil Elliott, *The Arrogance of Nations: Reading Romans in the Shadow of Empire,* Paul in Critical Contexts (Minneapolis: Fortress, 2008)를 보라.

83   C. Kavin Rowe, *World Upside Down: Reading Acts in the Graeco-Roman Age* (New York: Oxford University Press, 2009), 91; 또한 150도 보라.

치적 문서다.[84]

바울 역시 로마서에서 그러하다. 테오시스는 정치적이며, 반문화적이고 타-문화적이다. 테오시스는 또한 선교적이다. 이것은 하나님이 인간의 잃어버린 *dikaiosynē*와 *doxa*, 곧 의/정의와 영광을 회복하는 프로젝트를 갖고 계심을 의미한다. 또한 이것은 로마의 프로젝트, 또는 인류 역사 가운데 존재했던 과거의 제국이나 현대의 제국이 추진했던 프로젝트로부터 멀리 떨어져 있지 않다.

결론

우리의 연구는 전통적으로 알려져 있는 로마서의 다양한 주제와 기록 목적이 보다 더 거대한 신학적 의제를 제공하기 위해 서로 협력한다고 제안한다. 이 의제는 바로 그리스도 안에서 성령에 힘입어 그리스도/하나님을 닮은 백성, 곧 *dikaiosynē*와 *doxa*의 다문화적 백성을 구원하고 그런 백성으로 형성해나가기를 원하는 하나님의 열망이다. "칭의는 하나님의 새 창조 행위다."[85] 테오시스, 아니 더 구체적으로 말해 십자가를 본받는 공동체적인 테오시스는 로마서의 수사학적·목회적·신학적 주제이자 기록 목적이다. 바울의 극도로 하나님 중심적(이자 그리스도 중심적이며 인간 중심적인) 목표는 다양한 공동체 가운데 로마 공동체

---

84   Rowe, *World Upside Down*, 4.

85   Blackwell, "Righteousness and Glory," 13.

가 거룩하지 못한 유대인들과 이방인들을 동일하게 의롭다 하시며 그들을 한 언약 백성으로 만드시는 공평하신 하나님을 더욱 닮아가는 것이다. 로마서는 하나님께서 지금까지 "구원 역사"를 어떻게 이끌어 오셨는지를 서술하고, 이로써 로마서의 청자들이 로마 제국의 심장인 로마에서 하나님이 하고 계신 일을 알게 한다. 즉 이는 성령에 힘입어 하나님을 닮은 방식으로 다른 이들을 대하고 그들과 함께 하나님께 영광을 돌리는 새로운 인류를 만듦으로써 스페인에도 이 복음이 전파되게 하는 것이다. 새 인류의 한 부분인 이러한 공동체는 본래 올바르게 창조되었음에도 불구하고 오랫동안 잃어버렸던 본래의 영광을 회복해가고 있는 것이다. 그 영광은 오직 마지막 때에 비로소 마침내 실현될 것이지만, 이 영광은 지금도 부분적으로나마, 그리고 예기적으로 하나님께 영광을 돌리며 하나님이 그들을 사랑하셨듯이 다른 이들을 사랑하는 공동체 안에서 경험된다.

오늘날의 십자가를 본받는 선교적 테오시스

앞의 여러 장에서처럼 나는 여기서도 현장에서 볼 수 있는 바울의 참여적 선교 현장의 스냅샷, 이 경우에는 테오시스에 대한 스냅샷을 보여주고자 한다.

수년 전에 나는 볼티모어의 샌드타운 지역에 있는 뉴본 홀리스틱 미니스트리스가 추진하는, 가장 최근의 최대 사역인 주빌리 예술 센터 헌당식에 참여했다. 이 사역은 마약 중독자를 위한 건물을 인수받아 자신들의 사역을 위한 공간을 마련했다. 먼저 한 모퉁이에 여성 재

삶으로 담아내는 복음

활 센터를 지었고, 대각선 건너편에 이들을 위한 장기 숙소를 건축했으며, 다른 세 번째 모퉁이에는 녹색 공간을 개조하고 분수대를 만들었으며, 마지막으로 나머지 모퉁이에는 낡은 건물을 아름다운 예술 센터로 변신시켰다. 한 시간의 연설과 기도, 그리고 "이 작은 나의 빛"과 "나 같은 죄인 살리신"을 열정적으로 찬양한 후, 약 200명 정도의 문화적·인종적으로 다양한 청중들은 네 번째 모퉁이에 있는 새 시설을 둘러보았다. 이 시설은 지역 사회뿐 아니라 온 사방에 하나님의 복음-정의를 널리 알리는 상징적인 의미를 담고 있다.

마지막 기도가 끝나자 한 여인이 내게 말했다. "이것이 바로 하나님 나라의 모습이다." 바울도 아마 동의했을 것이다. 문화적으로 다양한 신자들의 공동체가 삼위일체 하나님께 영광을 돌리고, 서로 돌보아주며, 피조물의 해방을 기대하고, 낯선 자들을 환대하는 모습 말이다. 바울은 그 이유를 다음과 같이 제시한다.

[17]하나님의 나라는 먹는 것과 마시는 것이 아니요, 오직 성령 안에 있는 의와 평강과 희락이라. [18]이로써 그리스도를 섬기는 자는 하나님을 기쁘시게 하며, 사람에게도 칭찬을 받느니라. [19]그러므로 우리가 화평의 일과 서로 덕을 세우는 일을 힘쓰나니(롬 14:17-19).

샌드타운의 한 부분이 로마서 1장에서 로마서 8장과 15장으로 변화되었다. 장차 올 영광의 맛보기인 테오시스가 진행되고 있다.

그러나 전반적으로 교회는 이 면에 있어서는 아직도 갈 길이 멀다. 미국에서는 여전히 "오전 11시"(전통적인 교회 예배 시간)가 한 주간 동안 가장 중요하게 선별된 시간인 것이 사실이다. 다른 문화에 속한 사람―"타자"―에 대한 편견은 여전히 많은 교회를 포함하여 도처에 만연해 있다. 또한 그리스도인들이 그리스도인들에게 폭력을 행사하는 경우는 그 규모가 크든지 작든지 간에 현대 사회에서 그리 낯설지 않은 모습이다. 만약 교회가 "마이크로코스모스, 작은 세계…장차 나타날 것의 원형"이 되려 한다면, 이 고귀한 소명을 감당하기 위해 교회가 가야 할 길은 아직도 멀다.[86]

물론 소망의 불씨는 어디에든지 있다. 샌드타운은 단지 그중 하나일 뿐이다. 로마서를 성서로 읽는 사람들이 아직 절망하지 않고 주변을 살피며 성령에 힘입어 바울이 목표로 삼은 것을 향해 나아갈 수 있는 것은 바로 이런 이유 때문이다.

하나님과 세상이 서로 화해하는 장소, 인류가 서로 화해할 수 있는 장소, 하나님이 피조세계 전체를 위해 의도하신 것이 모두 집약되어 들어 있는 마이크로코스모스, 하늘과 땅이 서로 만나는 일종의 새로운 도시….[87]

86　이것은 바울이 보는 교회의 성격에 대한 N. T. Wright의 요약이다(*Paul and the Faithfulness of God,* 1492).

87　Wright, *Paul and the Faithfulness of God,* 1492.

삶으로 담아내는 복음(보완적 반복)

내가 이 책을 시작하는 "초대"(전통적 서론을 대신한)에서 언급했듯이 본서는 『삶으로 담아내는 십자가: 십자가 신학과 영성』(*Cruciformity: Paul's Narrative Spirituality of the Cross*, 새물결플러스 역간)와 『십자가의 모양을 하신 하나님 안에 거하기』(*Inhabiting the Cruciform God*)에 이어 출간된 일종의 우연한 3부작 중 세 번째 책이다.[1] 이 세 책을 집필하는 과정은 바울을 선교적으로 읽는 훈련이었다. 제목—『삶으로 담아내는 복음: 바울과 하나님의 선교』(*Becoming the Gospel: Paul, Participation, and Mission*)—에 담긴 이 책의 핵심 주장은 이미 1세기에 사도 바울이 그가 편지를 쓴 공동체들이 단순히 복음을 **믿을** 뿐 아니라 복음을 **구현하고**, 이로써 복음을 널리 **전파하기를** 원했다는 것이다. 즉 그들은 복음 선포와 실천, 그리고 심지어 박해를 통해서도 바로 그 하나님의 생명과 선교에 참여해야 했던 것이다. 그들은 복음에 대해 살아 있는 석의가 되어야 했다. 바울 서신을 기독교 성서로, 하나님의 말씀으로 읽는 사람들에게 부차적으로 요구되는 사항은 바로 우리도 이와 유사한 방식으로 우리의 특수한 상황에서 복음을 구현해야 한다는 것이다. 우리는 그동안 지속적으로 바울의 편지들을 미시오 데이(*missio Dei*), 곧 하나님의 선교에의 참여를 반영하고 장려하는 문서로 읽고 해석해왔다.

---

1   *Cruciformity: Paul's Narrative Spirituality of the Cross* (Grand Rapids: Eerdmans, 2001); *Inhabiting the Cruciform God: Kenosis, Justification, and Theosis in Paul's Narrative Soteriology* (Grand Rapids: Eerdmans, 2009).

그러나 "부차적으로 요구되는 사항"이라는 표현이 부수적이거나 또는 덜 중요한 사항을 암시하는 것으로 읽혀서는 안 된다. 이와는 정반대로 이 책이 실제로 강조하고자 하는 바는 해석학적인 부분이다. 즉 바울의 편지들은 우리들에게 선교를 위한 가장 적절한 시작점과 신학적 틀을 제공해주고, 그 선교에 관해 설파한다는 것이다. 그것은 바로 성령의 능력에 힘입어 십자가에 못 박히시고 부활하신 메시아 예수 안에서 계시된 하나님의 생명과 성품에 변혁적으로 참여하는 것을 말한다.

이제는 우리가 어디까지 왔으며, 또 무엇을 발견했는지를 간략하게나마 살펴볼 차례다. 그러나 우리가 여기서 하고자 하는 것은 지금까지 다룬 내용을 상세하게 요약하는 것이 아니라 회고적으로 우리를 성찰하는 것이다.

복음과 미시오 데이

복음을 구현하는 데 있어 중요한 부분은 복음을 올바르게 정의하는 것이다. 복음에 대한 협소하고 개인주의적인 이해(예를 들면 "당신이 예수를 구주와 주로 믿으면 죄 사함을 받고 당신이 죽으면 그분과 함께 있게 될 것입니다")는 교회로 하여금 많은 것을 말하도록 요구할 수는 있지만, 큰 목소리 이상의 것을 구현하도록 요구하지는 않을 것이다. 그것은 교회가 (스스로 생각하기를) 말해야 할 필요가 있는 것을 말하는 이상, 심지어 그리 신뢰할 만한 큰 목소리일 필요도 없다.

그러나 이보다 더 건전한 복음에 대한 이해는 용서와 영생의 메시지를 놓치지 않으면서도 모든 것을 근본적으로 바꾸어버린다. 이 복음은 깊고 폭넓은 수준으로 그 메시지를 바꿀 뿐 아니라, 그 메시지를 전하는 자들까지도 바꾼다. 바울의 관점에서 보면 복음 자체가 변화를 일으키는 강력한 말씀이며, 그 복음의 내용은 말뿐 아니라 행동으로 나타난다. 이것은 말의 필요성 또는 중요성을 배제하는 것이 아니라, 그 말의 의미와 능력이 오직 행동으로 나타난다는 사실을 의미한다. 하나님은 그리스도 안에서 무언가를 하셨다. 그리스도는 인간이 되어 자기 자신을 우리에게 줌으로써 무언가를 하셨다. 성령은 이러한 신적 활동의 좋은 소식을 믿는 자들에게, 그리고 그들을 통해 지금은 무언가를 하고 계신다.

더 나아가, 바울이 선포하는 복음의 내용은 이러한 신적 활동의 특별한 기독론적 형태—예수의 삶과 가르침, 그리고 특히 그의 죽음과 부활—및 성령과 샬롬을 약속한 이스라엘의 성서에 전적으로 뿌리를 두고 있어서 이러한 좋은 소식을 믿는 이들은 불가피하게 그리스도의 형태와 성서의 형태를 띤 이 이상한 실재로 빠져들게 된다. 따라서 복음이 신실한 하나님과 하나님의 샬롬을 도래시킨 고난받는 종, 그리고 예언을 통해 약속된 내주하시는 성령과 관련이 있다면 **바로 그 좋은 소식**을 믿는 개인과 공동체는 그들의 마음과 몸, 그들의 생각과 삶이 하나님을 닮고, 그리스도를 닮고, 성령의 능력을 힘입은 사람으로 만들어, 완벽하지는 않지만 어느 정도 실제적인 방식으로 그들이 믿는 메시지를 실현해나가게 할 것이다. 부드럽게 말해서, 이것은 사실 실행에 옮기기가 쉽지 않다. 바울의 교회들도 완벽하게 해내지 못했고, 우리도 마찬가지다. (한편 이런 종류의 복음을 구현하기가 **어렵다면**, 나는 예수를 믿어 천국에 가는 복음을 구현하기는 **불가능하다**고 말하고 싶다.)

이것이 바로 복음에 대한 우리의 이해와 미시오 데이에 대한 우리의 이해가 서로 연결되어 있는 이유다. 복음에 대한 얄팍하고 가벼운 견해는 구원과 미시오 데이에 대한 얄팍하고 가벼운 이해를 수반한다. 그러나 복음에 대한 견고하고 굳건한 이해는 구원과 미시오 데이에 대해 동일하게 복잡하고 포괄적인 관점을 수반한다.

하나님이 그리스도 안에서 행하셨고, 또 행하고 계신 것은 궁극적으로 그 범위가 우주적이지만, 현세에는 그 미래의 우주적 실재가 에베소서에서 언급된 새 인류의 형성을 예고한다. 만약 십자가에 못 박히시고, 부활하시고 주님으로 높임을 받으신 그리스도의 복음이 인류에게 어떤 의미가 있다면, 이것은 바울에 의하면 하나님의 십자가를 닮은 형상으로 변화되는 것이 현세에도 가능하다는 것을 의미한다. 그리고 이것은 메시지와 사람들, 복음과 교회가 서로 분리될 수 없음을 의미한다. 죽음과 부활을 통한 변화의 실재를 증언해주는 것은 이미 변화되었고, 또 지금도 변화되어 가고 있는 사람들이다.

바울이 현재의 영화라고 부르는 이 현재의 변화는 단지 부분적이며 예기적이다. 왜냐하면 복음이 약속하는 하나님 나라는 **실제로** 여기에 있지만, 아직 **온전히** 나타나지 않았기 때문이다. 따라서 교회의 변혁적 참여는 아직 완성되지 않고, 다만 완성을 고대한다. 그리고 사실 현재의 교회의 영화는, 다시 강조하지만, 십자가를 본받는 것이다. 따라서 교회는 개선가를 불러서도 안 되겠지만, 너무 소극적이어도 안 된다. 하나님의 복음은 이 세상에서, 교회에서, 그리고 개인의 삶속에서 역사하는 능력이다. 복음은 능력이기에 교회는 그들의 사명이 어둠 속에서 속삭이는 가냘픈 소리가 아니라 인간의 상상을 뛰어넘는 무언가에 참여하는 것임을 잘 알고 있다. 그리고 이 능력은 하나님과 분리되어 독자적으로 존재하지 않고, 오히려 정반대로 바로 그 하나님의 생명으로부터 유래한다. 하나님의 복음은 하나님의 능력이며, 따라서 하나님의 성품을 반영한다. 바울의 사명과 우리의 사명은 이 세상에서 역사하는 그 능력—십자가를 본받는 복음의 능력—에 참여하는 것 그 이상도 이하도 아니다. 바로 이 복음과 능력으로부터 바울의 선교적 신학과 실천이 나오는 것이다.

바울의 선교적 신학과 실천의 핵심 요소

이 책에서는 바울의 선교적 신학과 그의 선교적 영성과 실천의 핵심적인 측면이 무엇인지를 밝혀주는 몇 가지 핵심 단어와 표현이 책 전반에 걸쳐 등장했다. 이 용어에는 3부작의 첫 번째 책(『삶으로 담아내는 십자가』)의 핵심 주제를 추가적으로 발전시키는 "십자가를 본받는"(cruciform)과 "십자가를 본받음"(cruciformity; 십자가 형태의 존재)이 포함된다. 또한 그 첫 번째 책에서 중요하게 등장하는 단어는 믿음, 소망, 사랑이다. 이와 더불어 반문화적 또는 타–문화적 공동체로서, 그리고 예수의 경우처럼 고난으로 이끄는 신실함을 닮아 가는 교회를 핵심으로 하는 주제들은 모두 『삶으로 담아내는 십자가』와 본서에서 두드러지게 나타난다.

또한 본서에 등장하는 추가적인 용어들은 3부작의 두 번째 책(『십자가의 모양을 하신 하나님 안에 거하기』)의 핵심 주제—이제는 종종 **기대적** 참여라고 불리는 참여와 비폭력에 큰 관심을 둔 테오시스(역시 『십자가의 모양을 하신 하나님 안에 거하기』의 중요한 측면이기도 한)—

를 한 단계 더 발전시킨다. 우리는 테오시스가 하나님의 생명과 선교에 참여함과, 이로써 하나님을 닮아 가는 것의 실재를 묘사하는 데 유용한 언어라고 주장했다. 바울의 테오시스, 또는 변혁적 참여 개념은 본질적으로 선교적인 의미를 담고 있다. 우리는 또한 "테오시스"라는 용어에 동의하는 것보다 덜 중요한 것이 바울에게 있어 가장 핵심적인 실재(칭의, 구원 등)가 본질적으로 참여적이며, 변혁적이고, 또 선교적이라는 데 동의하는 것이라고 제안한 바 있다.

하지만 세 번째 세트의 용어들은 처음 두 책에서 암시된 바 있지만, 대체적으로 『십자가의 모양을 하신 하나님 안에 거하기』가 출판된 이후에 발전된(바울의 사고가 아니라 필자의 사고에서) 바울의 여러 측면을 보여준다. 여기에는 구체적으로 미시오 데이(우리가 방금 간략하게 다시 살펴본), 원심적 활동과 구심적 활동, 증언을 비롯해 샬롬, 평화와 화해, 정의(구원하고 회복시키는 정의) 등과 같은 보다 더 일반적인 신학적 용어를 포함한다. 물론 이 세 번째 세트의 용어들은 이전의 두 세트의 용어들과 전혀 무관하지 않다. 따라서 이 책의 전체 논의의 중심에는 변화의 개념, 곧 십자가를 본받는 다양한 측면에서 실제로 복음을 구현하는 개념이 자리 잡고 있으며, 이 또한 그 자체로 선교적 형태의 존재이며 복음을 실천하고 증언하는 것이다.

이 책의 핵심 주장은 교회를 향해 "복음을 전파하라"는 바울의 구체적인 권면의 부재가 바울이 교회들에게 이런 것을 전혀 기대하지 않았다거나, 교회들이 공적 증언을 하는 데 실패했다는 것을 의미하지 않는다는 것이었다. 오히려 우리는 바울의 편지들이 (1) 교회들이 공적인 영역에서 삶으로 복음을 담아내고 있거나—신실함과 사랑과 소망과 평화와 정의 등— 또는 어떤 경우에는 그런 삶을 살아야 한다고

삶으로 담아내는 복음

전제하며, (2) 그런 삶을 살거나 그렇지 못할 경우 가져다줄 결과에 대해 다루고 있으며, (3) 그러한 결과가 어떠하든지 간에 지속적으로 그러한 삶을 살 것을 교회들에게 촉구하고 있음을 주장했다. 교회들도 바울 못지않게 빌립보서 2:6-11에 나오는 그리스도의 마스터 스토리를 구현하고, 그들의 구체적인 역할이 바울과 그의 동료들과는 다르더라도, 이로써 그리스도의 대사 곧 하나님의 선교에 참여하는 자가 될 것을 요청받았다. 이러한 결론은 적어도 바울의 선교 신학과 이와 관련된 실천이 단지 안수 받은 목회자 또는 "선교사"뿐만 아니라 교회 전체를 위한 현대 교회의 선교 신학과 실천에 관해 창의적인 제안을 할 수 있음을 의미한다.

더 나아가 우리는 새로운 상황에서도 바울의 주장과 공헌을 염두에 두고 선교적으로 사고하고 행동할 수 있도록 성령께서 주시는 상상력을 발휘하는 것에 대한 중요성을 이 책의 여러 곳에서 이미 주목한 바 있다. 우리는 우리가 이미 고려한 변혁적 참여의 각 차원에 대해 몇 가지 예를 제시하긴 했지만, 의도적으로 독자들이 스스로 창의적으로, 그리고 새로운 상황에 맞추어 사고할 수 있도록 하기 위해 너무 많은 예를 제시하는 것을 자제했다.

정교하게 다듬어진 사고를 개별 목록으로 축소하는 위험을 감수하면서라도 우리는 이 책에서 제시한 바울의 선교적 해석의 핵심 요소들을 다음과 같이 요약적으로 제시하고자 한다.

- 견고하고 굳건한 관점에서 이해하는 용어들로 이해되는 구원의 미시오 데이
- 참여 또는 예기적 참여(이것을 우리 논의의 기본적 틀로 보는 것에

관해서는 1장을 보라)

- 변화
- "제국"과 대비를 이루는 반문화적 또는 타-문화적 존재
- 구심적(공동체를 향한) 활동과 원심적(세상을 향한) 활동
- 말과 행동으로서의 증거
- 십자가를 본받음
- 신실함을 의미하는 믿음, 사랑, 소망(특히 데살로니가전서를 다룬 3장을 보라)
- 고난(특히 빌립보서를 다룬 4장을 보라)
- 샬롬(특히 5장에서부터 7장까지를 보라)
- 평화로움, 화평케 함, 화해(특히 로마서와 에베소서를 다룬 5장과 6장을 보라)
- 십자가를 본받으며, 구원하고/회복하고, 관대한 정의(특히 고린도전후서를 다룬 7장을 보라)
- 테오시스(특히 로마서를 다룬 8장을 보라)

비록 우리가 바울의 여러 편지에서 서로 다른 강조점을 발견하긴 했지만, 그때나 지금이나 바울이 만들고 싶었던 교회는 바로 이와 같은 선교적 덕목과 실천 한두 가지를 구현하는 것이 아니라 이 모든 것을 구현하도록 권면 받는다. 이것이 바로 교회가 교회 되는 것을 의미한다. 진정으로 고귀한 소명이 아닐 수 없다.

바울을 단 한 (수정된) 문장으로 표현하자면…

우리가 바울의 신학과 실천의 이러한 다양한 측면을 종합해보려고 시도할 때—이것은 (내가 지속적으로 주장해왔듯이) 현대 교회의 신학과 실천을 의미하기도 함—우리는 바울과 참여, 그리고 선교에 대한 주장에서 핵심이 되는 어구 또는 문장 하나를 찾아 낼 수 있다.

나는 이전에 쓴 『바울 읽기』(*Reading Paul*)라는 바울에 관한 작은 책(이 3부작 가운데 하나가 아닌)에서 사도 바울이 하고 싶었던 것을 한 문장—아주 긴 한 문장—으로 요약하고자 했다.[2] 그 이후로 바울에 관해 보다 더 구체적으로 바울을 선교의 관점에서 깊이 상고한 나는 그 긴 문장을 다시 수정하지 않으면 안 되었다. 따라서 다음의 문장은 본래의 문장에 볼드체로 수정된 내용을 추가한 것이다.

바울은 공동체를 형성하는 목적으로 보낸 다양한 목회 서신에서 이야기 형태의 묵시적이며 신정적인 복음을 선포하고 설명했다. 이 복음은 (1) 이스라엘의 이야기와 연속성을 가지고 있으며, (2) 로마 제국의 복음(그리고 이와 유사한 권력들)과 구별되었다. 또한 이 복음은 십자가에 못 박히시고 승귀하신 하나님의 메시아인 예수가 그 중심을 차지하며, 그의 성육신과 삶 그리고 그의 십자가상의 죽음은 그의 부활을 통해, 또한 그의 주님 되심을 확증하는 승귀를 통해 하나님의 인정과 신원을 받았다. 예수의 부활과 승귀는 새 시대 또는 새로운 창조세계를 열었다. 이로써 자신을 버리고 자신을 맡기는 믿음으로 그리스도의 죽음과 부활에 참여하

---

2   *Reading Paul* (Eugene, OR: Cascade, 2008), 8.

는 이들, 곧 이렇게 다양하면서도 언약적으로 일관되게 역기능적인 인류에 속한 모든 구성원은 이제 (1) 의롭다 함을 받거나 또는 하나님 및 다른 이들과 올바른 언약적 관계를 회복하고, (2) 카이사르(그리고 이와 유사한 통치자들) 및 복음과 대립하는 가치관을 따르면서 이에 지배를 받는 인간 공동체에 대한 대안적 공동체로서 이 땅에서 주 그리스도의 몸을 특별히 계시하는 교회로 편입되고, (3) 개인적으로나 공동체적으로 하나님의 아들의 영을 받음으로써 과거에는 그리스도의 초림에, 미래에는 그의 재림에 초점을 맞추어 그리스도를 지속적으로 닮아가고 십자가를 본받는 "이중 초점"의 렌즈를 착용하고 생활한다. 이러한 삶은 (1) 믿음(신실함)과 (2) 하나님을 향한 소망과 (3) 이웃과 원수를 향한 사랑(평화로움과 포용으로 특징지어진 사랑)을 가지고 그리스도를 닮고, 십자가를 본받는 삶이다. **이로써 그들은 심지어 고난과 죽음의 위험 앞에서도** (1) 그리스도의 재림과 (2) 죽은 자들의 영생으로의 부활과 (3) 온 창조세계의 갱생을 기쁜 마음으로 고대하면서 **이로써 말과 행동으로 참되신 한 분 하나님과 그리스도의 주님 되심을 증언하고, 성령의 능력으로 그리스도 안에서 화해와 회복을 이루는 정의라는 하나님의 선교에 참여한다.**

나의 본래 문장을 이렇게 수정한 것이 지니고 있는 의미는 이제는 우리가 하나님의 선교와 교회의 사명을 생각하지 않고서는 결코 바울의 목적이나 사명에 대해 생각할 수 없다는 것이다. "십자가를 본받기", "십자가의 모습을 보여주시는 하나님 안에 거하기", 그리스도 안에 거하기, 이 하나님과 이 하나님의 아들의 영으로 충만한 삶 살기는 모두 본질적으로 **선교적** 참여이며, 예언자들에 의해 이미 약속되었고, 하나님에 의해 그의 메시아와 그의 영 안에서 이미 도래한 하나님의 장차 올 샬롬의 나라에 예기적으로 참여하는 것이다.

이분법의 폐기와 다양성의 보존과 교회의 증거의 온전함

교회가 위의 목록에 나열된 것 중에서 중국집 음식을 주문하는 것처럼 두세 가지만을 선택하도록 부름을 받지 않았다면, 이 책의 한 가지 핵심적인 결론 또한 여기서 다시 서술될 필요가 있다. 즉 바울의 편지는 교회 안에서 너무나 빈번하게 발견되는 그리스도인들의 이분법적인 실천들을 폐기할 것을 촉구한다는 것이다. 나는 지금 일부 교회와 기독교 단체가 한편으로는 이 한 가지 일로 잘 알려지는가 하면, 다른 한편으로는 이와 거의 상반되는 일로 알려지는 현상, 곧 기독교의 실천에서 상호 보완적인 측면이 마치 서로 상반되거나, 또는 심지어 상호 배타적인 범주인 것으로 여겨지는 현상을 지적하는 것이다. 이러한 부적절한 이분법 또는 잘못된 것 중의 하나를 택일하는 일에는 다음과 같은 것이 포함된다.

- 영성 vs. 사회 정의
- 전도 vs. 중재
- 목양 vs. 선교 사역
- 예배(혹은 기독교 교육) vs. 외부 활동
- 구원의 "수직적" 측면 vs. 구원의 "수평적" 측면
- 기타 등등

이러한 이중성의 오류는 위르겐 몰트만(Jürgen Moltmann)이 그의
저서 『십자가에 달리신 하나님』(*The Crucified God*)에서 이미 강조한 바
있다.

많은 기독교 교회에서는…전도와 영혼 구원을 교회의 본질로 보는 이들
과 그것을 실제적인 삶의 구원과 해방을 위한 사회적 행동으로 보는 이들
간의 양극화가 나타난다. 그러나 기독교의 관점에서 전도와 교화는 양자
택일의 것이 아니며…믿음의 "수직적 측면"과 이웃에 대한 사랑과 정치
적 변화의 "수평적 측면"도 마찬가지다. "예수론"과 기독론, 예수의 인성
과 신성도 마찬가지다. 이 둘은 모두 그의 십자가상의 죽음에서 서로 일
치한다. 여기서 이 둘을 구별하는 자는 양자택일을 강요하고, 하나님과
성육신하신 사람, 그리스도의 모방과 미래의 하나됨을 나누는 분열을 조
장한다.

이러한 양자택일은 실천의 관점에서도 이치에 맞지 않는다. 전도는
적실성의 위기 혹은 사회의 사회적·정치적 문제에 대한 불가피한 개입으
로 이끈다. 복음 전도를 시작하면 공동체 구성, 자녀교육과 환자와 가난
한 자를 위한 사역 등의 질문에 직면하게 된다. 사회적 교화는 정체성의
위기로, 또는 전도 혹은 목양으로 이끈다.[3]

---

[3] Jürgen Moltmann in *The Crucified God: The Cross as the Foundation and Criticism of
Christian Theology*, trans. Margaret Kohl (Minneapolis: Fortress, 1993 [1974]), 22. 여기
서 볼 수 있듯이 Moltmann은 이 잘못을 신적 그리스도와 인간적 그리스도 중 하나를 선택
함으로써 "이 둘이 십자가에서 서로 일치한다"는 사실을 간과하는 오류와 연결시킨다. 나
는 위에서 열거한 모든 그릇된 이분법이 십자가에서 서로 일치한다고 덧붙이고 싶다(그리
고 Moltmann도 이에 동의하리라 생각한다).

그러나 이것은 모든 교회가 선교적으로 동일한 사역을 할 것임을 의미하는 것이 아니다. 각 교회, 각 기독교 공동체는 자신들에게 주어진 특별한 소명을 분별할 줄 알아야 한다. 선교 해석학의 실천은 상황의 중요성을 강조한다. 그러나 내 요점은 하나님의 복음은 (그릇된) 이분법의 목록에 암시된 모든 실재를 포함하기 때문에, 모든 기독교 공동체는 하나님이 복음의 넓이와 그 복음 안에서 드러난 하나님의 생명에 참여하는 것을 포괄적으로 보여주는 선교적 실천을 어떠한 다양성을 가지고 어느 곳으로, 그리고 어떻게 인도하시는지에 열려 있어야 한다.

궁극적으로 모든 그리스도인들의 증거의 온전함과 영향력은 메시지와 사명의 통합에 달려 있다. 교회나 개인이 복음을 전하면서도 그 복음을 삶으로 담아내지 않거나, 또는 의도적으로 복음의 한 모퉁이만 삶으로 살아낸다면(심지어 다른 모퉁이에 초점을 맞춘 이들을 공공연하게 비판하면서도), 그 증거는 효력이 전혀 없거나, 오히려 부작용만을 드러낼 것이 자명하다. 그러나 교회가 성령의 능력으로 그리스도 안에서 나타난 하나님의 생명에 온전히 참여함으로써 그 온전함 속에서 복음을 구현한다면 그 교회는 적절하면서도 신뢰할 만한 복음을 증언하는 삶을 살게 될 것이다. 이것은 "성공"(적어도 인간이 전형적으로 말하는 성공)을 보장해주지는 않지만, 이러한 복음이 구현되는 것을 보고 듣는 사람들이 살아 계신 하나님을 만나게 될 가능성은 훨씬 더 높아질 것이다.

선교와 성화된 상상력: 초대와 약속

본서의 여러 지점에서 우리는 복음을 구현한다는 것은 단순히 바울과 그가 편지를 쓴 교회들을 모방하는 것이 아니라 그가 쓴 편지와 그 편지의 메시지를 따라 살거나, 또는 적어도 그렇게 살 것을 권면 받은 교회에 의해 촉발된 우리의 상상력을 발휘하는 것임을 강조했다.[4] 그리스도인들의 상상력을 불러일으키고 성화시키는 것이 바로 성령의 사역이며, 이 성령의 사역을 통해 신자들은 그들의 특정 상황에서 데살로니가와 빌립보 등 다른 곳에 있는 여러 교회가 실천한 방식과 유사하게 복음을 구현하는 것이 어떤 것인지를 분별하게 되는 것이다. 현대의 신자들이 고린도와 로마 등 다른 여러 곳의 교회에서 실천한 방식과 유사하게 복음을 잘못 구현하고 있는 것이 무엇인지를 인식하도록 그리스도인들의 비전을 예리하게 다듬어주는 것 역시 성령의 사역이다.

이 책은 전통적인 "서론" 대신 "초대"로 시작했다. 이제 이 책은 또다시 초대라고 할 수 있는 기도로 끝맺고자 하는데, 이는 사실 약속에 더 가깝다. 물론 이것은 바울의 편지에서 가져온 기도이며, 어쩌면 1세기와 21세기 신자 모두에게 보낸 일종의 회람 서신과도 같다. 따라서 이것은 모든 그리스도인들과 모든 시대를 위한 기도이며, 복음의 하나님께 참여하는 것에 관한 기도이며, 우리의 선교적 상상력과 그리스도 안에 있는 우리의 선교적 공동체의 변화에 관한 기도다.

[14]이러므로 내가 하늘과 땅에 있는 각 족속에게 [15]이름을 주신 아버지 앞에 무릎을 꿇고 비노니, [16]그의 영광의 풍성함을 따라 그의 성령으로 말

---

4   이 문장에서 사용한 일부 용어의 결합은 Andy Johnson, "The Sanctification of the Imagination," in *Holiness and Ecclesiology in the New Testament*, ed. Kent E. Brower and Andy Johnson (Grand Rapids: Eerdmans, 2007), 275-92에 의해 영감을 얻은 것이다.

미암아 너희 속사람을 능력으로 강건하게 하시오며, [17]믿음으로 말미암아 그리스도께서 너희 마음에 계시게 하시옵고, 너희가 사랑 가운데서 뿌리가 박히고 터가 굳어져서, [18]능히 모든 성도와 함께 지식에 넘치는 그리스도의 사랑을 알고, [19]그 너비와 길이와 높이와 깊이가 어떠함을 깨달아 하나님의 모든 충만하신 것으로 너희에게 충만하게 하시기를 구하노라. [20]우리 가운데서 역사하시는 능력대로 우리가 구하거나 생각하는 모든 것에 더 넘치도록 능히 하실 이에게 [21]교회 안에서와 그리스도 예수 안에서 영광이 대대로 영원무궁하기를 원하노라. 아멘(엡 14-21).

이것은 삶으로 복음을 담아내기를 원하는 교회의 기도다.

참고문헌

Allen, John L. Jr. *The Global War on Christians: Dispatches from the Front Lines of Anti-Christian Persecution.* New York: Image/Random House, 2013.

Ascough, Richard S. "Redescribing the Thessalonians' 'Mission' in Light of Graeco-Roman Associations." *New Testament Studies* 60 (2014): 61-82.

Bakhtin, Mikhail. *Speech Genres and Other Late Essays.* Austin: University of Texas Press, 1986.

Barclay, John M. G. "Manna and the Circulation of Grace: A Study of 2 Corinthians 8:1-15." In *The Word Leaps the Gap: Essays on Theology and Scripture in Honor of Richard B. Hays,* ed. J. Ross Wagner, C. Kavin Rowe, and A. Katherine Grieb, pp. 409-26. Grand Rapids: Eerdmans, 2008.

Barram, Michael. *Mission and Moral Reflection in Paul.* Studies in Biblical Literature 75. New York: Peter Lang, 2006.

_____. "The Bible, Mission, and Social Location: Toward a Missional Hermeneutic." *Interpretation* 61 (2007): 42-58.

_____. "Reflections on the Practice of Missional Hermeneutics: 'Streaming' Philippians 1:20-30." Paper presented at the Gospel and Our Culture Network Forum on Missional Hermeneutics at the annual meeting of the Society of Biblical Literature. New Orleans, LA, November 21, 2009.

_____. "Pauline Mission as Salvific Intentionality: Fostering a Missional Consciousness in 1 Corinthians 9:19-23 and 10:31-11:1." In *Paul as Missionary: Identity, Activity, Theology, and Practice,* ed. Trevor J. Burke and Brian S. Rosner, pp. 234-46. Library of New Testament Studies 420. London: T. & T. Clark, 2011.

Barrett, Lois Y. et al. *Treasure in Clay Jars: Patterns in Missional Faithfulness.* Grand Rapids: Eerdmans, 2004.

Barth, Markus. "Jews and Gentiles: The Social Character of Justifcation in Paul." *Ecumenical Studies* 5 (1968): 241-67.

_____. *Ephesians: Introduction, Translation, and Commentary on Chapters 1-3.* Anchor Bible 34. Garden City, NY: Doubleday, 1974.

Bassler, Jouette M. "Peace in All Ways: Theology in the Thessalonian Letters. A Response to R. Jewett, E. Krentz, and E. Richard." In *Pauline Theology.* Vol. 1: *Thessalonians, Philippians, Galatians, Philemon,* ed. Jouette Bassler, pp. 71-85. Minneapolis:

Fortress, 1991.

Bauckham, Richard. "Mission as Hermeneutic for Scriptural Interpretation." Lecture presented at Cambridge University, Cambridge, 1999. Cited 31 July 2014. Online: http://richardbauckham.co.uk/uploads/Accessible/Mission%20as%20 Hermeneutic.pdf.

_____. *The Bible and Mission: Christian Witness in a Postmodern World.* Grand Rapids: Baker Academic, 2003.

_____. *Jesus and the God of Israel: God Crucified and Other Studies on the New Testament's Christology of Divine Identity.* Grand Rapids: Eerdmans, 2009.

Behr, John. *The Mystery of Christ: Life in Death.* Crestwood, NY: St. Vladimir's Seminary Press, 2006.

Beker, J. Christiaan. *Paul the Apostle: The Triumph of God in Life and Tought.* Philadelphia: Fortress, 1980.

Bennett, Harold V. "Justice, OT." In vol. 3 of *The New Interpreter's Dictionary of the Bible,* ed. Katherine Doob Sakenfeld, pp. 476-77. 5 vols. Nashville: Abingdon, 2008.

Berlatsky, Noah. "Bend Your Knee." No pages. Cited 11 December 2013. Online: http:// www.hoodedutilitarian.com/2012/04/bend-your-knee.

Birch, Bruce C. "Reclaiming Prophetic Leadership," *Ex Auditu* 22 (2006): 10-25.

Blackwell, Ben C. "Righteousness and Glory: New Creation as Immortality in Romans." Paper presented at the international meeting of the Society of Biblical Literature. Rome, July 2, 2009.

_____. "Immortal Glory and the Problem of Death in Romans 3.23," *Journal for the Study of the New Testament* 32 (2010): 285-308.

_____. *Christosis: Pauline Soteriology in Light of Deifcation in Irenaeus and Cyril of Alexandria.* Wissenschafliche Untersuchungen zum Neuen Testament 2/314. Tübingen: Mohr Siebeck, 2011.

Bloomquist, L. Gregory. *The Function of Suffering in Philippians.* Journal for the Study of the New Testament: Supplement Series 78. Shefeld: Journal for the Study of the New Testament, 1993.

Bockmuehl, Markus. *The Epistle to the Philippians.* Black's New Testament Commentary. Peabody, MA: Hendrickson, 1998.

Boesak, Allan Aubrey, and Curtiss Paul DeYoung. *Radical Reconciliation: Beyond Political Pietism and Christian Quietism.* Maryknoll, NY: Orbis, 2012.

Bonhoeffer, Dietrich. *Discipleship.* Dietrich Bonhoeffer Works 4. Translated by Barbara Green and Reinhard Krauss. Minneapolis: Augsburg Fortress, 2001.

Braaten, Laurie J. "All Creation Groans: Romans 8:22 in Light of the Biblical Sources," *Horizons in Biblical Theology* 28 (2006): 131-59.

Brenneman, Laura L., and Brad D. Schantz, eds. *Struggles for Shalom: Peace and Violence Across the Testaments.* Eugene, OR: Pickwick, 2014.

Bridges, Matthew. "Song of the Seraphs." In *The Passion of Jesus.* London: Richardson & Son, 1852.

Brown, Raymond E. *An Introduction to the New Testament.* Anchor Yale Bible Reference Library. New York: Doubleday, 1998.

Brownson, James V. *Speaking the Truth in Love: New Testament Resources for a Missional Hermeneutic.* Harrisburg, PA: Trinity Press International, 1998.

_____. "A Response at SBL to Hunsberger's 'Proposals⋯' Essay." Paper presented at the Gospel and Our Culture Network Forum on Missional Hermeneutics at the annual meeting of the Society of Biblical Literature. Boston, MA, November 22, 2008. Cited: 31 July 2014. Online: http://www.gocn.org/resources/articles/response-sbl-hunsbergers-proposals-essay.

Brueggemann, Walter. *Theology of the Old Testament: Testimony, Dispute, Advocacy.* Minneapolis: Fortress, 1997.

_____. *Isaiah 1–39.* Westminster Bible Companion. Louisville: Westminster John Knox, 1998.

_____. *Biblical Perspectives on Evangelism: Living in a Tree-Storied Universe.* Nashville: Abingdon, 2003.

Bruland, Esther Byle, and Stephen C. Mott. *A Passion for Jesus, A Passion for Justice.* Valley Forge, PA: Judson, 1983.

Brunner, Emil. *The Word and the World.* London: SCM, 1931.

Bryan, Christopher. *A Preface to Romans: Notes on the Epistle in Its Literary and Cultural Setting.* New York: Oxford University Press, 2000.

Burke, Trevor J., and Brian S. Rosner, eds. *Paul as Missionary: Identity, Activity, Theology, and Practice.* Library of New Testament Studies 420. London: T. & T. Clark, 2011.

Burroughs, Presian Smyers. "Liberation in the Midst of Futility and Destruction: Romans 8 and the Christian Vocation of Nourishing Life." T.D. diss., Duke Divinity School, 2014.

Campbell, Constantine R. *Paul and Union with Christ: An Exegetical and Theological Study.* Grand Rapids: Zondervan, 2012.

Campbell, Douglas A. *The Quest for Paul's Gospel: A Suggested Strategy.* London: T. & T. Clark, 2005.

_____. *The Deliverance of God: An Apocalyptic Rereading of Justifcation in Paul.* Grand Rapids: Eerdmans, 2009.

Carter, Warren. *The Roman Empire and the New Testament.* Nashville: Abingdon, 2006.

Cavanaugh, William T. *Torture and Eucharist: Theology, Politics, and the Body of Christ.*

삶으로 담아내는 복음

Malden, MA: Blackwell, 1998.

Chester, Stephen J. *Conversion at Corinth: Perspectives on Conversion in Paul's Theology and the Corinthian Church*. Studies of the New Testament and Its World. London: T. & T. Clark, 2003.

Chilcote, Paul, and Laceye Warner, eds. *The Study of Evangelism: Exploring a Missional Practice of the Church*. Grand Rapids: Eerdmans, 2008.

Christensen, Michael J., and Jeffery A. Wittung, eds. *Partakers of the Divine Nature: The History and Development of Deification in the Christian Traditions*. Grand Rapids: Baker Academic, 2007.

Collins, Paul M. *Partaking in Divine Nature: Deification and Communion*. New York: T. & T. Clark, 2010.

Colwell, John E. *Living the Christian Story: The Distinctiveness of Christian Ethics*. New York: T. & T. Clark, 2001.

Congdon, David W. "Missional Theology: A Primer," 1-9. Cited 31 July 2014. Online: http://theologyandpraxis.fles.wordpress.com/2008/08/why-i-think-missional-theology5.pdf.

_____. Review of Michael J. Gorman, *Inhabiting the Cruciform God: Kenosis, Justifcation, and Theosis in Paul's Narrative Soteriology*. *Koinonia* 21 (2009): 125-28.

Cragg, Gerald R., ed. *The Works of John Wesley, Vol. 11: The Appeals to Men of Reason and Religion and Certain Related Open Letters*. Nashville: Abingdon, 1987.

Cummins, S. A. "Divine Life and Corporate Christology: God, Messiah Jesus, and the Covenant Community in Paul." In *The Messiah in the Old and New Testaments*, ed. Stanley E. Porter, pp. 190-209. Grand Rapids: Eerdmans, 2007.

Curran, Shannon. "Become God's Justice (2 Cor. 5:21), Become Known by God (1 Cor. 8:3): How Paul Guides Corinth to Prefer Weakness and to Be Transformed through God's Justice." M.A. thesis, St. Mary's Seminary & University, 2013.

Desjardins, Michael. *Peace, Violence and the New Testament*. Sheffield: Sheffield Academic Press, 1991.

Dickson, John P. *Mission Commitment in Ancient Judaism and in the Pauline Communities*. Wissenschafliche Untersuchungen zum Neuen Testament 2/159. Tübingen: Mohr Siebeck, 2003.

Dunn, James D. G. *Romans 1-8*. Word Biblical Commentary 38A. Dallas: Word, 1988.

_____. "The Justice of God: A Renewed Perspective on Justification by Faith," *Journal of Theological Studies* new series 43 (1992): 1-21.

_____. *The Theology of Paul the Apostle*. Grand Rapids: Eerdmans, 1998.

_____. "ΕΚ ΠΙΣΤΕΩΣ: A Key to the Meaning of ΠΙΣΤΙΣ ΧΡΙΣΤΟΥ." In *The Word Leaps the Gap: Essays on Scripture and Theology in Honor of Richard B. Hays*, ed.

J. Ross Wagner, C. Kavin Rowe, and A. Katherine Grieb, pp. 351-66. Grand
    Rapids: Eerdmans, 2008.

Dunn, James D. G., and Alan M. Suggate. *The Justice of God: A Fresh Look at the Old Doctrine
    of Justification by Faith.* Carlisle, UK: Paternoster, 1993. Repr., Grand Rapids:
    Eerdmans, 1994.

Dunne, John Anthony. "Suffering in Vain: A Study of the Interpretation of ΠΑΣΧΩ in
    Galatians 3.4," *Journal for the Study of the New Testament* 36 (2013): 3-16.

Elliott, Neil. *The Arrogance of Nations: Reading Romans in the Shadow of Empire.* Paul in
    Critical Contexts. Minneapolis: Fortress, 2008.

Esler, Philip F. *Conflict and Identity in Romans: The Social Setting of Paul's Letter.*
    Minneapolis: Fortress, 2003.

Evans, C. F. *Resurrection and the New Testament.* London: SCM, 1970.

Fee, Gordon D. *Paul's Letter to the Philippians.* New International Commentary on the New
    Testament. Grand Rapids: Eerdmans, 1995.

Feldmeier, Reinhard, and Hermann Spieckermann. *God of the Living: A Biblical Theology.*
    Translated by Mark E. Biddle. Waco, TX: Baylor University Press, 2011.

Finlan, Stephen. "Can We Speak of *Theosis* in Paul?" In *Partakers of the Divine Nature: The
    History and Development of Deification in the Christian Traditions,* ed. Michael J.
    Christensen and Jeffery A. Wittung, pp. 68-80. Grand Rapids: Baker Academic,
    2007.

Finlan, Stephen, and Vladimir Kharlamov, eds. *Teōsis: Deification in Christian Theology.*
    Eugene, OR: Pickwick, 2006.

Flemming, Dean. *Philippians: A Commentary in the Wesleyan Tradition.* New Beacon Bible
    Commentary. Kansas City, MO: Beacon Hill, 2009.

_____. "Exploring a Missional Reading of Scripture: Philippians as a Case Study,"
    Evangelical Quarterly 83 (2011): 3-18.

_____. "Revelation and the *Missio Dei:* Toward a Missional Reading of the Apocalypse,"
    Journal of Theological Interpretation 6 (2012): 161-78.

_____. *Recovering the Full Mission of God: A Biblical Perspective on Being, Doing, and
    Telling.* Downers Grove, IL: InterVarsity, 2013.

_____. *Why Mission? A New Testament Exploration.* Nashville: Abingdon, forthcoming.

Forum on Missional Hermeneutics of the Gospel and Our Culture Network. Review of
    Michael J. Gorman, *Becoming the Gospel: Paul, Participation, and Mission.*
    Forthcoming.

Foster, Paul. "Who Wrote 2 Thessalonians? A Fresh Look at an Old Problem," *Journal for the
    Study of the New Testament* 35 (2012): 150-75.

Fowl, Stephen E. *The Story of Christ in the Ethics of Paul.* Journal for the Study of the New

삶으로 담아내는 복음

Testament: Supplement Series 36. Sheffield: Sheffield Academic Press, 1990.

_____. "Christology and Ethics in Philippians 2:5-11." In *Where Christology Began: Essays on Philippians 2,* ed. Ralph P. Martin and Brian J. Dodd, pp. 140-53. Louisville: Westminster John Knox, 1998.

_____. *Philippians.* Two Horizons New Testament Commentary. Grand Rapids: Eerdmans, 2005.

_____. *God's Beautiful City: Christian Mission afer Christendom.* The Ekklesia Project Pamphlet #4. Eugene, OR: Wipf & Stock, 2011.

_____. *Ephesians: A Commentary.* The New Testament Library. Louisville: Westminster John Knox, 2012.

Fowler, James S. *Stages of Faith: The Psychology of Human Development and the Quest for Meaning.* San Francisco: HarperSanFrancisco, 1982.

Furnish, Victor Paul. *II Corinthians.* Anchor Bible 32a. Garden City, NY: Doubleday, 1984.

Gabrielson, Jeremy. *Paul's Non-Violent Gospel: The Theological Politics of Peace in Paul's Life and Letters.* Eugene, OR: Pickwick, 2013.

Gallagher, Robert L., and Paul Hertig. "Introduction: Background to Acts." In *Mission in Acts: Ancient Narratives in Contemporary Context,* ed. Robert L. Gallagher and Paul Hertig, pp. 2-17. American Society of Missiology Series 34. Maryknoll, NY: Orbis, 2004.

Gaventa, Beverly Roberts. "Te Mission of God in Paul's Letter to the Romans." In *Paul as Missionary: Identity, Activity, Theology, and Practice,* ed. Trevor J. Burke and Brian S. Rosner, pp. 65-75. Library of New Testament Studies 420. London: T. & T. Clark, 2011.

_____. ed. *Apocalyptic Paul: Cosmos and Anthropos in Romans 5-8.* Waco, TX: Baylor University Press, 2013.

Gibbs, Eddie. *The Rebirth of the Church: Applying Paul's Vision for Ministry in Our Post-Christian World.* Grand Rapids: Baker Academic, 2013.

Gieniusz, Andrzej. *Romans 8:18-30: "Suffering Does Not Twart the Future Glory."* Atlanta: Scholars Press, 1999.

Goheen, Michael W. *A Light to the Nations: The Missional Church and the Biblical Story.* Grand Rapids: Baker Academic, 2011.

Gombis, Timothy G. "The Triumph of God in Christ: Divine Warfare in the Argument of Ephesians." Ph.D. diss., University of St. Andrews, 2005. Cited 31 July 2014. Online: http://research-repository.st-andrews.ac.uk/bitstream/10023/2321/6/TimothyGombisPhDthesis.pdf.

_____. *The Drama of Ephesians: Participating in the Triumph of God.* Downers Grove, IL: InterVarsity, 2010.

Goodwin, Mark J. *Paul: Apostle of the Living God.* Harrisburg, PA: Trinity, 2001.

Gorman, Michael J. *Cruciformity: Paul's Narrative Spirituality of the Cross.* Grand Rapids: Eerdmans, 2001.

_____. *Apostle of the Crucified Lord: A Theological Introduction to Paul and His Letters.* Grand Rapids: Eerdmans, 2004.

_____. " 'Although/Because He was in the Form of God': The Theological Signifcance of Paul's Master Story (Philippians 2:6-11)," *Journal of Theological Interpretation* 1 (2007): 147-69.

_____. *Reading Paul.* Eugene, OR: Cascade, 2008.

_____. *Elements of Biblical Exegesis: A Basic Guide for Students and Ministers.* Rev. and exp. ed. Grand Rapids: Baker Academic, 2009.

_____. *Inhabiting the Cruciform God: Kenosis, Justification, and Theosis in Paul's Narrative Soteriology.* Grand Rapids: Eerdmans, 2009.

_____. "Missional Musings on Paul," *Catalyst* (Spring 2011). No pages. Cited: 31 July 2014. Online: http://www.catalystresources.org/missional-musings-on-paul.

_____. "Justification and Justice in Paul, with Special Reference to the Corinthians," *Journal for the Study of Paul and His Letters* 1 (2011): 23-40.

_____. *Reading Revelation Responsibly: Uncivil Worship and Witness; Following the Lamb into the New Creation.* Eugene, OR: Cascade, 2011.

_____. "Romans: The First Christian Treatise on Theosis," *Journal of Theological Interpretation* 5 (2011): 13-34.

_____. "The Lord of Peace: Christ Our Peace in Pauline Theology," *Journal for the Study of Paul and His Letters* 3 (2013): 219-53.

_____. "Paul and the Cruciform Way of God in Christ," *Journal of Moral Theology* 2 (2013): 64-83.

_____. "The This-Worldliness of the New Testament's Other-Worldly Spirituality." In *The Bible and Spirituality: Exploratory Essays in Reading Scripture Spiritually,* ed. Andrew T. Lincoln, J. Gordon McConville, and Lloyd K. Pietersen, pp. 151-70. Eugene, OR: Cascade, 2013.

_____. *The Death of the Messiah and the Birth of the New Covenant: A (Not So) New Model of the Atonement.* Eugene, OR: Cascade, 2014.

_____. "Paul's Corporate, Cruciform, Missional Theosis in Second Corinthians." In *'In Christ' in Paul: Explorations in Paul's Theology of Union and Participation,* ed. Kevin J. Vanhoozer, Constantine R. Campbell, and Michael J. Tate. Wissenschafliche Untersuchungen zum Neuen Testament 2. Tübingen: Mohr Siebeck, 2014.

Gorman, Michael J., and David W. Congdon. "Theosis and Mission: The Conversation

Continues." No pages. Cited 16 August 2009. Online: http://www.
michaeljgorman.net/2009/08/16/theosis-and-mission-the -conversation-
continues.

Gorman, Michael J., and Richard Middleton. "Salvation." In vol. 5 of *New Interpreter's
Dictionary of the Bible,* ed. Katherine Doob Sakenfeld, pp. 45-61. 5 vols.
Nashville: Abingdon, 2009.

Graham, Billy. *Peace with God: The Secret of Happiness.* Garden City, NY: Doubleday, 1953.
Rev. ed. Nashville: Tomas Nelson, 1984.

Grieb, A. Katherine. " 'So Tat in Him We Might Become the Righteousness of God' (2 Cor.
5:21): Some Theological Reflections on the Church Becoming Justice," *Ex Auditu*
22 (2006): 58-80.

Guder, Darrell L., ed. *Missional Church: A Vision for the Sending of the Church in North
America.* Grand Rapids: Eerdmans, 1998.

Gupta, Nijay K. *Colossians.* Smyth & Helwys Bible Commentary. Macon, GA: Smyth &
Helwys, 2013.

Haacker, Klaus. "Der Römerbrief als Friedensmemorandum," *New Testament Studies* 36
(1990): 25-41.

_____. *The Theology of Paul's Letter to the Romans.* Cambridge: Cambridge University
Press, 2003.

Habel, Norman C. "The Third Mission of the Church: Good News for the Earth," *Trinity
Occasional Papers* 16 (1998): 31-43.

Harink, Douglas. *Paul among the Postliberals: Pauline Theology beyond Christendom and
Modernity.* Grand Rapids: Brazos, 2003.

_____. "Setting It Right: Doing Justice to Justifcation," *Christian Century* (June 14, 2005):
20-25.

Hastings, Ross. *Missional God, Missional Church: Hope for Re-evangelizing the West.*
Downers Grove, IL: InterVarsity, 2012.

Hauerwas, Stanley. *War and the American Difference: Theological Reflections on Violence and
National Identity.* Grand Rapids: Baker Academic, 2011.

Hays, Richard B. *Echoes of Scripture in the Letters of Paul.* New Haven: Yale University Press,
1989.

_____. *The Moral Vision of the New Testament: Community, Cross, New Creation;
A Contemporary Introduction to New Testament Ethics.* San Francisco:
HarperCollins, 1996.

_____. *First Corinthians.* Interpretation. Louisville: Westminster John Knox: 1997.

_____. *The Faith of Jesus Christ: The Narrative Substructure of Gal. 3:1-4:11.* 2nd ed. Grand
Rapids: Eerdmans, 2002.

_____. "Christ Died for the Ungodly: Narrative Soteriology in Paul?" *Horizons in Biblical Theology* 26 (2004): 48–69.

_____. "Reading the Bible with Eyes of Faith: The Practice of Theological Exegesis," *Journal of Theological Interpretation* 1 (2007): 5–21.

_____. "What Is 'Real Participation in Christ'? A Dialogue with E. P. Sanders on Pauline Soteriology." In *Redefining First-Century Jewish and Christian Identities: Essays in Honor of Ed Parish Sanders,* ed. Fabian E. Udoh et al., pp. 335–51. Notre Dame: University of Notre Dame Press, 2008.

Hellerman, Joseph H. *Reconstructing Honor in Roman Philippi: Carmen Christi as Cursus Pudorum.* Society for New Testament Studies Monograph Series 132. Cambridge: Cambridge University Press, 2005.

Heschel, Abraham J. *Between God and Man: An Interpretation of Judaism.* New York: Harper & Row, 1959. Repr., New York: Free Press, 1997.

_____. *The Prophets.* Perennial Classics. New York: Harper & Row, 1962. Repr., New York: HarperCollins, 2001.

Holmes, Stephen R. "Trinitarian Missiology: Towards a Theology of God as Missionary," *International Journal of Systematic Theology* 8 (2006): 72–90.

Hooker, Morna D. *From Adam to Christ: Essays on Paul.* Cambridge: Cambridge University Press, 1990. Repr., Eugene, OR: Wipf & Stock, 2008.

_____. "On Becoming the Righteousness of God: Another Look at 2 Cor. 5:21," *Novum Testamentum* 50 (2008): 358–75.

Hooker, Morna D., and Frances M. Young. *Holiness and Mission: Learning from the Early Church about Mission in the City.* London: SCM, 2010.

Horrell, David. "A New Perspective on Paul? Rereading Paul in an Age of Ecological Crisis," *Journal for the Study of the New Testament* 33 (2010): 3–30.

Horrell, David, Cheryl Hunt, and Christopher Southgate, eds. *Greening Paul: Reading the Apostle in a Time of Ecological Crisis.* Waco, TX: Baylor University Press, 2010.

Hughes, J. Donald. *Ecology in Ancient Civilizations.* Albuquerque: University of New Mexico Press, 1975.

Hultgren, Arland J. *Christ and His Benefits: Christology and Redemption in the New Testament.* Philadelphia: Fortress, 1987.

Hunsberger, George R. "Starting Points, Trajectories, and Outcomes in Proposals for a Missional Hermeneutic: Mapping the Conversation." Paper presented at the annual meeting of the Society of Biblical Literature. Boston, MA, November 22, 2008. Cited 31 July 2014. Online: http://www.gocn.org/resources/articles/proposals-missional-hermeneutic-mapping-conversation.

_____. "Proposals for a Missional Hermeneutic: Mapping a Conversation," *Missiology: An*

International Review 39 (2011): 309-21.

Hunsberger, George R., and Craig Van Gelder, eds. *The Church between Gospel and Culture: The Emerging Mission in North America.* Grand Rapids: Eerdmans, 1997.

Hunsinger, George. *How to Read Karl Barth: The Shape of His Theology.* New York: Oxford University Press, 1991.

Jackson, Daniel. "Te 'Glory About to Be Revealed': Glory in Paul's Letter to the Romans." St. Mary's Seminary & University, Baltimore, MD, May 2013.

Jervis, L. Ann. "Becoming Like God through Christ: Discipleship in Romans." In *Patterns of Discipleship in the New Testament,* ed. Richard N. Longenecker, pp. 143-62. Grand Rapids: Eerdmans, 1996.

Jewett, Robert. *Romans: A Commentary.* Hermeneia. Minneapolis: Fortress, 2007.

Jones, Scott J. *The Evangelistic Love of God and Neighbor: A Theology of Witness and Discipleship.* Nashville: Abingdon, 2003.

Johnson, Andy. "The Sanctification of the Imagination." In *Holiness and Ecclesiology in the New Testament,* ed. Kent E. Brower and Andy Johnson, pp. 275-92. Grand Rapids: Eerdmans, 2007.

_____. *1-2 Thessalonians.* Two Horizons New Testament Commentary. Grand Rapids: Eerdmans, forthcoming.

Kallenberg, Brad J. *Live to Tell: Evangelism for a Postmodern Age.* Grand Rapids: Brazos, 2002.

Keating, Daniel A. *Deification and Grace.* Naples, FL: Sapientia, 2007.

Keck, Leander. *Romans.* Abingdon New Testament Commentary. Nashville: Abingdon, 2005.

Keener, Craig S. *1-2 Corinthians.* New Cambridge Bible Commentary. Cambridge: Cambridge University Press, 2005.

_____. *Romans.* New Covenant Commentary Series. Eugene, OR: Cascade, 2009.

Keown, Mark J. *Congregational Evangelism in Philippians: The Centrality of an Appeal for Gospel Proclamation to the Fabric of Philippians.* Milton Keynes, UK: Paternoster, 2008. Repr., Eugene, OR: Cascade, 2009.

Kim, Yung Suk. *Christ's Body in Corinth: The Politics of a Metaphor.* Minneapolis: Fortress, 2008.

Kirk, J. R. Daniel. *Unlocking Romans: Resurrection and the Justification of God.* Grand Rapids: Eerdmans, 2008.

Klassen, William. "The God of Peace: New Testament Perspectives on God." In *Towards a Theology of Peace: A Symposium,* ed. Stephen Tunnicliffe, pp. 121-30. London: European Nuclear Disarmament, 1989.

_____. "Pursue Peace: A Concrete Ethical Mandate (Romans 12:18-21)." In *Ja und Nein: Christliche Theologie im Angesicht Israels: Festschrift zum 70. Geburtstag von*

Wolfgang Schrage, ed. Klaus Wengst and Gerhard Saß, pp. 195–207. Neukirchen-Vluyn: Neukirchener, 1998.

Klauck, Hans-Josef. *Ancient Letters and the New Testament: A Guide to Context and Exegesis.* Waco, TX: Baylor University Press, 2006.

Kraybill, Donald B., Steven M. Nolt, and David L. Weaver-Zercher. *Amish Grace: How Forgiveness Transcended Tragedy.* San Francisco: Jossey-Bass, 2007.

Lewis, C. S. *Mere Christianity.* New York: HarperCollins, 2001 [orig. 1952].

Lincoln, Andrew T. *Ephesians.* Word Biblical Commentary 42. Dallas: Word, 1990.

_____. "The Letter to the Colossians: Introduction, Commentary, and Reflections." In vol. 11 of *The New Interpreter's Bible,* ed. Leander E. Keck, pp. 551–669. Nashville: Abingdon, 2000.

Litwa, M. David. "2 Corinthians 3:18 and Its Implications for *Theosis,*" *Journal of Theological Interpretation* 2 (2008): 117–34.

_____. *We Are Being Transformed: Deification in Paul's Soteriology.* Beihefte zur Zeitschrift für die neutestamentliche Wissenschaft 187. Berlin: De Gruyter, 2012.

Long, Adrian. *Paul and Human Rights: A Dialogue with the Father of the Corinthian Community.* The Bible in the Modern World 26. Sheffield: Sheffield Phoenix Press, 2009.

Longenecker, Bruce W. *Remember the Poor: Paul, Poverty, and the Greco-Roman World.* Grand Rapids: Eerdmans, 2010.

Lossky, Vladimir. *The Mystical Theology of the Eastern Church.* Crestwood, NY: St. Vladimir's Seminary Press, 1976. Reprint of *The Mystical Theology of the Eastern Church.* London: James Clarke, 1957. Translated of *Essai sur la théologie mystique de l'Église d'Orient.* Paris: Éditions Montaigne, 1944.

Maddox, Randy L. "John Wesley and Eastern Orthodoxy: Influences, Convergences, and Differences," *Asbury Journal* 45 (1990): 29–53.

Madigan, Kevin J., and Jon D. Levenson. *Resurrection: The Power of God for Christians and Jews.* New Haven: Yale University Press, 2008.

Malchow, Bruce V. *Social Justice in the Hebrew Bible.* Collegeville, MN: Liturgical, 1996.

Malherbe, Abraham J. *The Letters to the Thessalonians.* Anchor Bible 32b. New York: Doubleday, 2000.

Marshall, Christopher. " 'Making Every Effort': Peacemaking and Ecclesiology in Ephesians 4:1–6." In *Struggles for Shalom: Peace and Violence Across the Testaments,* ed. Laura L. Brenneman and Brad D. Schantz, pp. 256–66. Eugene, OR: Pickwick, 2013.

Martin, Ralph, and Peter Williamson, eds. *John Paul II and the New Evangelization: How You Can Bring Good News to Others.* Cincinnati: Servant Books, 2006.

Martin, Ralph P. *Reconciliation: A Study of Paul's Theology.* Atlanta: John Knox, 1981.

Martin, Ralph P., and Brian J. Dodd, eds. *Where Christology Began: Essays on Philippians 2.* Louisville: Westminster John Knox, 1998.

Martin, Ralph P., and Gerald F. Hawthorne. *Philippians.* Word Biblical Commentary 43. Rev. ed. Nashville: Tomas Nelson, 2004.

Matera, Frank J. *II Corinthians: A Commentary.* New Testament Library. Louisville: Westminster John Knox, 2003.

Mauser, Ulrich. *The Gospel of Peace: A Scriptural Message for Today's World.* Studies in Peace and Scripture 1. Louisville: Westminster John Knox, 1992.

Míguez, Nestor O. *The Practice of Hope: Ideology and Intention in 1 Thessalonians.* Translated by Aquíles Martínez. Paul in Critical Contexts. Minneapolis: Fortress, 2012.

Miller, James C. *The Obedience of Faith, the Eschatological People of God, and the Purpose of Romans.* Society of Biblical Literature Dissertation Series 177. Atlanta: Society of Biblical Literature, 2000.

_____. *Reading Scripture Missionally.* Eugene, OR: Cascade, forthcoming.

Moltmann, Jürgen. *The Crucified God: The Cross as the Foundation and Criticism of Christian Theology.* Translated by Margaret Kohl. London: SCM, 1974. Repr., Minneapolis: Fortress, 1993.

Moo, Douglas J. "Justification in Galatians." In *Understanding the Times: New Testament Studies in the 21st Century; Essays in Honor of D. A. Carson on the Occasion of His 65th Birthday,* ed. Andreas J. Köstenberger and Robert W. Yarbrough, pp. 160–95. Wheaton, IL: Crossway, 2011.

Morales, Rodrigo. "A Liturgical Conversion of the Imagination: Worship and Ethics in 1 Corinthians," *Letter and Spirit* 5 (2009): 103–24.

Munck, Johannes. *Paul and the Salvation of Mankind.* Translated by Frank Clarke. London: SCM, 1959.

Murphy-O'Connor, Jerome. *Paul: A Critical Life.* New York: Oxford University Press, 1996.

Myers, Ched, and Elaine Enns. *Ambassadors of Reconciliation, Vol. 1: New Testament Reflections on Restorative Justice and Peacemaking.* Maryknoll, NY: Orbis, 2009.

_____. *Ambassadors of Reconciliation, Vol. 2: Diverse Christian Practices of Restorative Justice and Peacemaking.* Maryknoll, NY: Orbis, 2009.

Nellas, Panayiotis. *Deification in Christ: Orthodox Perspectives on the Nature of the Human Person.* Translated by Norman Russell. Crestwood, NY: St. Vladimir's Seminary Press, 1987.

Newbigin, Lesslie. *The Gospel in a Pluralist Society.* Grand Rapids: Eerdmans, 1989.

_____. *The Open Secret: An Introduction to the Theology of Mission. Rev. ed.* Grand Rapids: Eerdmans, 1995.

Newman, Carey C. *Paul's Glory-Christology: Tradition and Rhetoric.* Novum Testamentum Supplements 69. Leiden: Brill, 1992.

Oakes, Peter. *Philippians: From People to Letter.* Society for New Testament Studies Monograph Series 110. Cambridge: Cambridge University Press, 2001.

O'Brien, P. T. *Gospel and Mission in the Writings of Paul: An Exegetical and Theological Analysis.* Grand Rapids: Baker, 1995.

Perkins, Pheme. "Justice, NT." In vol. 3 of *The New Interpreter's Dictionary of the Bible,* ed. Katherine Doob Sakenfeld, pp. 475-76. 5 vols. Nashville: Abingdon, 2008.

Peterson, Brian K. "Being the Church in Philippi," *Horizons in Biblical Theology* 30 (2008): 163-78.

Plummer, Robert L. *Paul's Understanding of the Church's Mission: Did the Apostle Paul Expect the Early Christian Communities to Evangelize?* Paternoster Biblical Monographs. Milton Keynes, UK: Paternoster, 2006.

Porter, Stanley E. "Reconciliation as the Heart of Paul's Missionary Theology." In *Paul as Missionary: Identity, Activity, Theology, and Practice,* ed. Trevor J. Burke and Brian S. Rosner, pp. 169-79. Library of New Testament Studies 420. London: T. & T. Clark, 2011.

Powers, Daniel G. *Salvation through Participation: An Examination of the Notion of the Believers' Corporate Unity with Christ in Early Christian Soteriology.* Contributions to Biblical Exegesis and Theology 29. Leuven: Peeters, 2001.

Prokhorov, Alexander V. "Taking the Jews out of the Equation: Galatians 6.12-17 as a Summons to Cease Evading Persecution," *Journal for the Study of the New Testament* 36 (2013): 172-88.

Purves, David R. "Relating Kenosis to Soteriology: Implications for Christian Ministry amongst Homeless People," *Horizons in Biblical Theology* 35 (2013): 70-90.

Rauschenbush, Walter. *A Theology for the Social Gospel.* New York: Macmillan, 1917. Repr., Louisville: Westminster John Knox, 1997.

Reasoner, Mark. *Roman Imperial Texts: A Sourcebook.* Minneapolis: Fortress, 2013.

Reumann, John. "Justification and Justice in the New Testament," *Horizons in Biblical Theology* 21 (1999): 26-45.

_____. *Philippians.* Anchor Bible 33b. New Haven: Yale University Press, 2008.

Rowe, C. Kavin. *World Upside Down: Reading Acts in the Graeco-Roman Age.* New York: Oxford University Press, 2009.

Russell, Norman. *Fellow Workers with God: Orthodox Tinking on Theosis.* Crestwood, NY: St. Vladimir's Seminary Press, 2009.

Rutba House, ed. *School(s) for Conversion: 12 Marks of a New Monasticism.* Eugene, OR: Wipf & Stock, 2005.

Rynkiewich, Michael A. "Mission, Hermeneutics, and the Local Church," *Journal of Theological Interpretation* 1 (2007): 47-60.

Sanders, E. P. *Paul and Palestinian Judaism*. Philadelphia: Fortress, 1977.

Schnabel, Eckhard J. *Paul the Missionary: Realities, Strategies and Methods*. Downers Grove, IL: InterVarsity, 2008.

Schnelle, Udo. *Theology of the New Testament*. Translated by M. Eugene Boring. Grand Rapids: Baker Academic, 2009.

Schottroff, Luise. "Holiness and Justice: Exegetical Comments on 1 Corinthians 11.17-34," *Journal for the Study of the New Testament* 79 (2005): 51-60.

Shortt, Rupert. *Christianophobia: A Faith Under Attack*. Grand Rapids: Eerdmans, 2012.

Sider, Ronald J., Philip N. Olson, and Heidi Rolland Unruh. *Churches Tat Make a Difference: Reaching Your Community with Good News and Good Works*. Grand Rapids: Baker, 2002.

Smith-Christopher, Daniel L. "Peace in the OT." In vol. 4 of *The New Interpreter's Dictionary of the Bible,* ed. Katherine Doob Sakenfeld, pp. 423-25. 5 vols. Nashville: Abingdon, 2009.

Stegman, Tomas D. *Second Corinthians*. Catholic Commentary on Sacred Scripture. Grand Rapids: Baker Academic, 2009.

_____. " 'Run Tat You May Obtain the Prize' (1 Cor. 9:24): St. Paul and the Spiritual Exercises," *Studies in the Spirituality of the Jesuits* 44 (2012): 16-19.

Still, Todd D. *Conflict at Thessalonica: A Pauline Church and Its Neighbours*. Journal for the Study of the New Testament: Supplement Series 183. Sheffield: Sheffield University Press, 1999.

_____. "Paul's Thessalonian Mission," *Southwestern Journal of Theology* 42 (1999): 4-16.

Stone, Bryan P. *Evangelism afer Christendom: The Theology and Practice of Christian Witness*. Grand Rapids: Brazos, 2006.

Street, R. Alan. *Subversive Meals: An Analysis of the Lord's Supper under Roman Domination during the First Century*. Eugene, OR: Pickwick, 2013.

Stubbs, David L. "The Shape of Soteriology and the *Pistis Christou* Debate," *Scottish Journal of Theology* 61 (2008): 137-57.

Sunquist, Scott W. *Understanding Christian Mission: Participation in Suffering and Glory*. Grand Rapids: Baker Academic, 2013.

Swartley, Willard M. *Covenant of Peace: The Missing Peace in New Testament Theology and Ethics*. Grand Rapids: Eerdmans, 2006.

_____. "Te Relation of Justice/Righteousness to *Shalom/Eirēnē,*" *Ex Auditu* 22 (2006): 29-53.

_____. *Send Forth Your Light: A Vision for Peace, Mission, and Worship*. Scottdale, PA:

Herald Press, 2007.

_____. "Peace in the NT." In vol. 4 of *The New Interpreter's Dictionary of the Bible*, ed. Katherine Doob Sakenfeld, pp. 422–23. 5 vols. Nashville: Abingdon, 2009.

_____. "Peace and Violence in the New Testament: Defnition and Methodology." In *Struggles for Shalom: Peace and Violence Across the Testaments*, ed. Laura L. Brenneman and Brad D. Schantz, pp. 141–54. Eugene, OR: Pickwick, 2014.

Talmon, Shemaryahu. "The Signification of שלום and Its Semantic Field in the Hebrew Bible." In *The Quest for Context and Meaning: Studies in Biblical Intertextuality in Honor of James A. Sanders*, ed. Craig A. Evans and Shemaryahu Talmon, pp. 75–115. Leiden: Brill, 1997.

Tamez, Elsa. *The Amnesty of Grace: Justifcation by Faith from a Latin American Perspective.* Translated by Sharon H. Ringe. Nashville: Abingdon, 1993.

Tannehill, Robert C. "Participation in Christ." In *The Shape of the Gospel: New Testament Essays*, pp. 223–37. Eugene, OR: Cascade, 2007.

Tilling, Chris, ed. *Beyond Old and New Perspectives on Paul: Reflections on the Work of Douglas Campbell.* Eugene, OR: Cascade, 2014.

Tompson, James W. *Pastoral Ministry according to Paul: A Biblical Vision.* Grand Rapids: Baker Academic, 2006.

_____. *Moral Formation according to Paul: The Context and Coherence of Pauline Ethics.* Grand Rapids: Baker Academic, 2011.

_____. *The Church according to Paul: Rediscovering the Community Conformed to Christ.* Grand Rapids: Baker Academic, 2014.

Tompson, Marianne Meye. *Colossians & Philemon.* Two Horizons New Testament Commentary. Grand Rapids: Eerdmans, 2005.

Torrance, T. F. *Theology in Reconstruction.* Grand Rapids: Eerdmans, 1965. Repr., Eugene, OR: Wipf & Stock, 1996.

United States Conference of Catholic Bishops. "Called to Be Disciples: The New Evangelization." Washington, DC: United States Conference of Catholic Bishops, 2012.

Van Gelder, Craig, and Dwight J. Zscheile. *The Missional Church in Perspective: Mapping Trends and Shaping the Conversation.* Grand Rapids: Baker Academic, 2011.

Vanhoozer, Kevin J., Constantine R. Campbell, and Michael J. Tate, eds. *'In Christ' in Paul: Explorations in Paul's Theology of Union and Participation.* Wissenschafliche Untersuchungen zum Neuen Testament 2. Tübingen: Mohr Siebeck, 2014.

Villiers, Pieter G. R. de. "Peace in the Pauline Letters: A Perspective on Biblical Spirituality." *Neotestamentica* 43 (2009): 1–26.

Volf, Miroslav. "Te Social Meaning of Reconciliation," *Interpretation* 54 (2002): 158–72.

Waaler, Erik. "Israel's Scripture in Phil. 2:5-11." Paper presented at the annual meeting of the Society of Biblical Literature. New Orleans, LA, November 23, 2009.

Wagner, J. Ross. "Working Out Salvation: Holiness and Community in Philippians." In *Holiness and Ecclesiology in the New Testament*, ed. Kent E. Brower and Andy Johnson, pp. 257-74. Grand Rapids: Eerdmans, 2007.

Ware, James P. *Paul and the Mission of the Church: Philippians in Ancient Jewish Context.* Grand Rapids: Baker Academic, 2011.

Weima, Jeffrey A. D. " 'Peace and security' (1 Tess. 5.3): Prophetic Warning or Political Propaganda?" *New Testament Studies* 58 (2012): 331-59.

Wengst, Klaus. *Pax Romana and the Peace of Jesus Christ.* Translated by John Bowden. Philadelphia: Fortress, 1987.

Wesley, John and Charles. *Hymns on the Lord's Supper.* Bristol: Farley, 1745. Repr., London: Paramore, 1786. Cited: 31 July 2014. Online: http://divinity.duke.edu/ initiatives-centers/cswt/wesley-texts/charles-wesley.

Williamson, Peter S. *Ephesians.* Catholic Commentary on Sacred Scripture. Grand Rapids: Baker, 2009.

Wilson, Jonathan R. *God's Good World: Reclaiming the Doctrine of Creation.* Grand Rapids: Baker Academic, 2013.

Wilson-Hartgrove, Jonathan. *New Monasticism: What It Has to Say to Today's Church.* Grand Rapids: Brazos, 2008.

_____. *The Wisdom of Stability: Rooting Faith in a Mobile Culture.* Brewster, MA: Paraclete, 2010.

_____. *The Awakening of Hope: Why We Practice a Common Faith.* Grand Rapids: Zondervan, 2012.

_____. *Strangers at My Door: A True Story of Finding Jesus in Unexpected Guests.* New York: Convergent/Random House, 2013.

_____. "Rutba House: Family Economics in the Household of God." No pages. Cited 31 July 2014. Online: http://emerging-communities.com/tag/rutba-house.

Winter, Bruce W. *Seek the Welfare of the City: Christians as Benefactors and Citizens.* Grand Rapids: Eerdmans, 1994.

Witherington, Ben, III. *1 and 2 Thessalonians: A Socio-Rhetorical Commentary.* Grand Rapids: Eerdmans, 2006.

_____. *Paul's Letter to the Philippians: A Socio-Rhetorical Commentary.* Grand Rapids: Eerdmans, 2011.

Witherup, Ronald D. *Saint Paul and the New Evangelization.* Collegeville, MN: Liturgical, 2013.

Wrede, William. *Paul.* Translated by Edward Lummis. London: Green, 1907. Translation of

Paulus. Halle: Gebauer-Schwetschke, 1904.

Wright, Christopher J. H. *Old Testament Ethics for the People of God.* Downers Grove, IL: InterVarsity, 2004.

_____. *The Mission of God: Unlocking the Bible's Grand Narrative.* Downers Grove, IL: InterVarsity, 2006.

Wright, N. T. "On Becoming the Righteousness of God: 2 Corinthians 5:21." In *Pauline Theology.* Vol. 2: *1 and 2 Corinthians,* ed. David M. Hay, pp. 200-208. Minneapolis: Fortress, 1993.

_____. *What Saint Paul Really Said: Was Paul of Tarsus the Real Founder of Christianity?* Grand Rapids: Eerdmans, 1997.

_____. *Paul: In Fresh Perspective.* Minneapolis: Fortress, 2005.

_____. "New Perspectives on Paul." In *Justification in Perspective: Historical Developments and Contemporary Challenges,* ed. Bruce L. McCormack, pp. 243-64. Grand Rapids: Baker Academic, 2006.

_____. *Justification: God's Plan and Paul's Vision.* Downers Grove, IL: InterVarsity, 2009.

_____. *Kingdom New Testament: A Contemporary Translation.* New York: HarperOne, 2011.

_____. *The Case for the Psalms: Why Tey Are Essential.* New York: HarperCollins, 2013.

_____. *Paul and the Faithfulness of God.* Vol. 4 of Christian Origins and the Question of God. Minneapolis: Fortress, 2013.

Yoder, John Howard. *He Came Preaching Peace.* Scottdale, PA: Herald Press, 1985. Repr., Eugene, OR: Wipf & Stock, 1998.

_____. *The Politics of Jesus: Behold the Man! Our Victorious Lamb.* 2nd ed. Grand Rapids: Eerdmans, 1994.

Yoder, Perry B. *Shalom: The Bible's Word for Salvation, Justice, and Peace.* Nappanee, IN: Evangel, 1987.

Young, Frances M. "Understanding Romans in the Light of 2 Corinthians," *Scottish Journal of Theology* 43 (1990): 433-46.

Zerbe, Gordon Mark. "Paul's Ethic of Nonretaliation and Peace." In *The Love of Enemy and Nonretaliation in the New Testament,* ed. Willard M. Swartley, pp. 177-222. Louisville: Westminster John Knox, 1992.

_____. *Citizenship: Paul on Peace and Politics.* Winnipeg, MB: CMU Press, 2012.

Zizioulas, John D. *Being as Communion: Studies in Personhood and the Church.* Crestwood, NY: St. Vladimir's Seminary Press, 1985.

성구 색인

삶으로 담아내는 복음

삶으로 담아내는 복음

삶으로 담아내는 복음

바울과 하나님의 선교

Copyright © 새물결플러스 **2019**

1쇄 발행 2019년 8월 9일

지은이	마이클 J. 고먼
옮긴이	홍승민
펴낸이	김요한
펴낸곳	새물결플러스

편 집	왕희광 정인철 박규준 노재현 한바울
	정혜인 이형일 서종원 나유영 노동래
디자인	윤민주 이새봄 황진주
마케팅	박성민 이원혁
총 무	김명화 이성순
영 상	최정호 조용석 곽상원
아카데미	차상희

홈페이지	www.holywaveplus.com
이메일	hwpbooks@hwpbooks.com
출판등록	2008년 8월 21일 제2008-24호
주 소	(우) 04118 서울시 마포구 마포대로19길 33
전 화	02) 2652-3161
팩 스	02) 2652-3191

ISBN 979-11-6129-117-8 93230

책값은 뒤표지에 있습니다.

이 도서의 국립중앙도서관 출판예정도서목록(CIP)은 서지정보유통지원시스
템 홈페이지(seoji.nl.go.kr)와 국가자료공동목록시스템(nl.go.kr/kolisnet)
에서 이용하실 수 있습니다. CIP2019029708